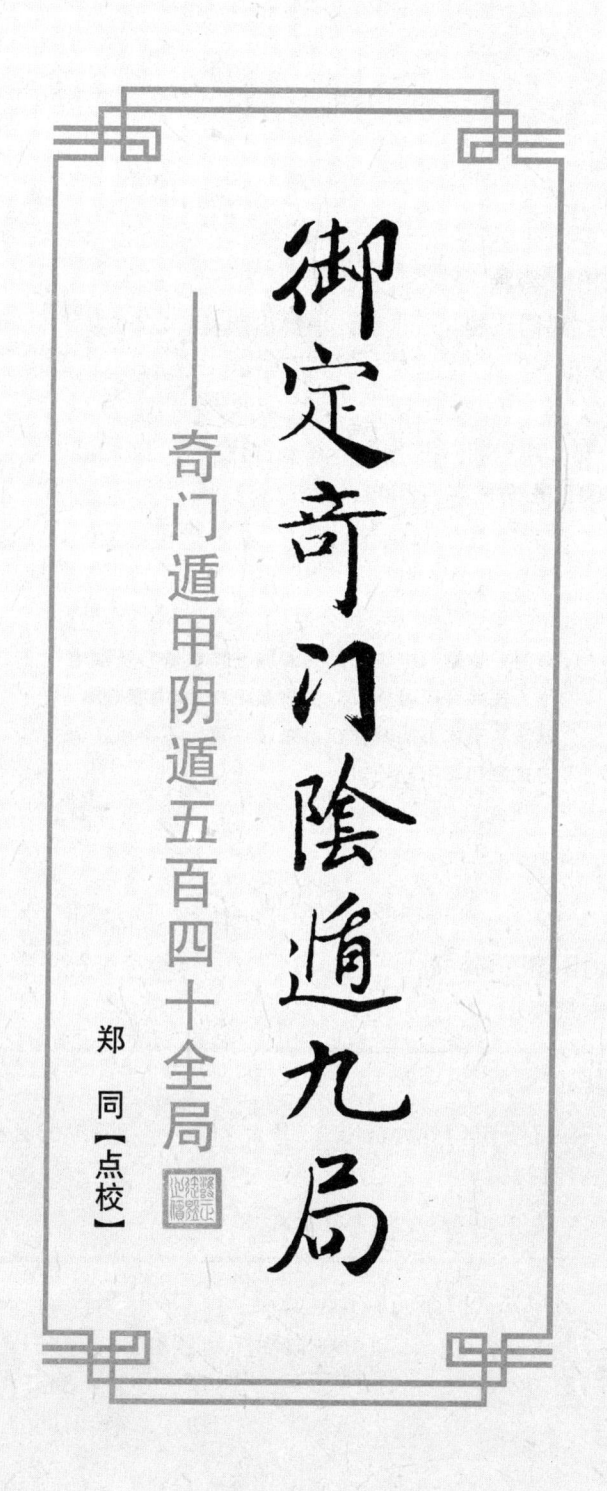

御定奇门阴遁九局

—— 奇门遁甲阴遁五百四十全局

郑同【点校】

华龄出版社

责任编辑：李成志
责任印制：李未圻

图书在版编目（CIP）数据

御定奇门阴遁九局/郑同点校.—北京：华龄出版社，2009.9
ISBN 978-7-80178-685-2

Ⅰ.御... Ⅱ.郑... Ⅲ.占卜—中国—古代 Ⅳ.B992.2
中国版本图书馆CIP数据核字（2009）第173531号

声明：依据《中华人民共和国著作权法》及《中华人民共和国著作权法实施条例》，本书整理者依法享有本书的著作权。未经许可，不得以任何方式翻印本书。

书　　名：	御定奇门阴遁九局
作　　者：	郑同　点校

出版发行：	华龄出版社		
地　　址：	北京市东城区安定门外大街甲57号	邮　编：	100011
电　　话：	（010）58122246	传　真：	（010）84049572
网　　址：	http://www.hualingpress.com		

印　　刷：	河北省三河市九洲财鑫印刷有限公司		
版　　次：	2009年10月第1版　2023年4月第7次印刷		
开　　本：	787×1092　1/16	印　张：	34.5
字　　数：	669千字	印　数：	18001～20000
定　　价：	78.00元		

版权所有　　翻印必究
本书如有破损、缺页、装订错误，请与本社联系调换

缘起

奇门遁甲之学是中华民族最珍贵的传统文化遗产之一，是先贤们经过长期观察、反复验证，总结出来的一种用时间和方位占断吉凶的术数之学。根据《古今图书集成·艺术典·术数集成》记载，奇门遁甲起源于四千六百多年前的黄帝时代。奇门遁甲是一门深奥的学问，它通过利用时间和空间因素来趋吉避凶，以选择最优的方案，而达到天时、地利、人和之目的。

在奇门遁甲的演绎过程中，用八卦记载方位，用十天干而隐其一来配合九宫，以记载天象及地象之交错；用八门记载人事，用九星八神记载空间。有时间，有空间，充分表现出古人宇宙观的智慧。

遁甲之学的关键，在于排盘布局。其天盘为九星，[①] 人盘为八门，[②] 地盘是九宫八卦。排盘布局时，以顺仪[③]逆奇[④]为阳局，以逆仪顺奇为阴局，按年份、节令、时辰将八门、九星、九神，[⑤] 在九宫八卦盘上布列成局。冬至到夏至之间阳气回升，用阳遁；夏至到冬至之间阴气渐长，用阴遁。[⑥]

我们都知道，奇门遁甲是一种时空交替的磁场表现，而人类的吉凶祸福与地球空间概念中的方向、日出日落、月圆月缺、春去秋来息息相关；而日出日落、春去秋来是宇宙星体随着时间变化的结果；相同的空间、方向，在不同的时间里，以宇宙观来看是完全不同的。所以说奇门遁甲是宇宙宏观的学问，有时间、空间的观念，是一种研究时空动力的超时代学问。在古代，奇门遁甲是兵法中的秘密武器，用来调兵遣将、出奇制胜，或者被最高决策者用来预测国家动静及战争胜败，深藏绝对不败的智慧；在现代，人们相信，奇门遁甲作为企业和个人的决策指南，更是出神入化，快速而又准确。

为了将时间的干支和二十四个节气密切联系起来，布局时按正授、超神、接气、置闰的规律，将上元符头[⑦]和节气调整好。这样，我们就可以排出一种奇门遁甲的日

---

① 天蓬、天芮、天冲、天辅、天禽、天心、天柱、天任、天英。
② 休、死、伤、杜、开、惊、生、景。
③ 戊、己、庚、辛、壬、癸为六仪。
④ 乙、丙、丁为三奇。
⑤ 直符、螣蛇、太阴、六合、勾陈、朱雀、九地、九天。
⑥ 详见胡孚琛先生所著《道学通论（增订版）》，社会科学文献出版社，2004年6月第1版。
⑦ 十五日值一个节气，分上、中、下三元，每元五日，第一日为符头。

历，从而用时间、方位即可占断吉凶。奇门遁甲是和古代天文历法之学联系最紧、综合性最强的术数，它将古代术数学家创造的阴阳、五行、天干、地支、河图、洛书、八卦、九宫等学说统统包容进去，并使之联系成一个有机的整体。因此，可以说奇门遁甲是中国的术数之王。

《御定奇门宝鉴》本是康熙御定的皇家秘本，自成书以来，一直深藏大内，民间难得一见；海内外的奇门研究者，无不梦寐以求。我的朋友李升召先生，多年前曾主持出版《故宫珍本丛刊》，居故宫整理藏书多年。以此因缘，我得以识见枕中秘宝。为了弘扬传统文化，与海内外的研究者们共享此珍贵的文化遗产，此次整理出版，全文一字不遗。由于卷帙浩繁，因此分此书为三个部分。其中，《御定奇门宝鉴》原本为内府朱墨精抄本，全书朱画框栏行格，墨笔端楷，前有目录，不著撰人姓氏。此部分为全书的理论总纲，计有奇门源流、遁甲总论、星门起例、门神捷要、奇门杂占、《元机赋》注解等，是为全书的关键部分。另外两个部分为《御定奇门阳遁九局》和《御定奇门阴遁九局》，为清康熙刻本，单面为局象图，详述阴阳遁各540局的所有图解；双面为对应的断语、占语与例释，对每一种局象做出了详尽的分析，是不可多得的奇门宝典。初学者可以直接查对局象，立知趋势好坏；专家们则可以通过深研各种局势，而将奇门真义了然于胸。

1999年，台北武陵出版有限公司出版了《御定奇门宝鉴》中的阴阳遁各540局，为研究者们带来了福音。但此二书仅仅是影印了时盘，正文仅依原书句逗排列了一下，并未详加校勘，甚至于出现了几处局象与断语错排的情况。不知出版社是有意还是无意，至今也未见到《御定奇门宝鉴》的前面关键部分公诸于世，深以为憾。在华龄出版社和李升召先生的帮助下，我以故宫藏本为底本，以影印本《大奇门宝鉴》和南京图书馆所藏的《奇门宝鉴》为校本，并参考《四库全书》、《古今图书集成》所收录的奇门遁甲经典以及《奇门遁甲全书》、《奇门遁甲统宗大全》、《奇门金章》、《奇门法窍》、《奇门遁甲元灵经》等典籍，校正脱字及错误之处，整理出版了《御定奇门宝鉴》、《御定奇门阳遁九局》和《御定奇门阴遁九局》的简体字版。精力所限，识见所囿，如有错讹之处，尚祈各位先进不吝指正。

郑同

2009年9月于北京

阴遁九局快速检索表

日时＼局＼页码	阴遁一局	阴遁二局	阴遁三局	阴遁四局	阴遁五局	阴遁六局	阴遁七局	阴遁八局	阴遁九局
甲己日甲子时	001	061	121	181	241	301	361	421	481
甲己日乙丑时	002	062	122	182	242	302	362	422	482
甲己日丙寅时	003	063	123	183	243	303	363	423	483
甲己日丁卯时	004	064	124	184	244	304	364	424	484
甲己日戊辰时	005	065	125	185	245	305	365	425	485
甲己日己巳时	006	066	126	186	246	306	366	426	486
甲己日庚午时	007	067	127	187	247	307	367	427	487
甲己日辛未时	008	068	128	188	248	308	368	428	488
甲己日壬申时	009	069	129	189	249	309	369	429	489
甲己日癸酉时	010	070	130	190	250	310	370	430	490
甲己日甲戌时	011	071	131	191	251	311	371	431	491
甲己日乙亥时	012	072	132	192	252	312	372	432	492
乙庚日丙子时	013	073	133	193	253	313	373	433	493
乙庚日丁丑时	014	074	134	194	254	314	374	434	494
乙庚日戊寅时	015	075	135	195	255	315	375	435	495
乙庚日己卯时	016	076	136	196	256	316	376	436	496
乙庚日庚辰时	017	077	137	197	257	317	377	437	497
乙庚日辛巳时	018	078	138	198	258	318	378	438	498
乙庚日壬午时	019	079	139	199	259	319	379	439	499
乙庚日癸未时	020	080	140	200	260	320	380	440	500
乙庚日甲申时	021	081	141	201	261	321	381	441	501
乙庚日乙酉时	022	082	142	202	262	322	382	442	502
乙庚日丙戌时	023	083	143	203	263	323	383	443	503
乙庚日丁亥时	024	084	144	204	264	324	384	444	504
丙辛日戊子时	025	085	145	205	265	325	385	445	505
丙辛日己丑时	026	086	146	206	266	326	386	446	506
丙辛日庚寅时	027	087	147	207	267	327	387	447	507
丙辛日辛卯时	028	088	148	208	268	328	388	448	508
丙辛日壬辰时	029	089	149	209	269	329	389	449	509

日时＼局＼页码	阴遁一局	阴遁二局	阴遁三局	阴遁四局	阴遁五局	阴遁六局	阴遁七局	阴遁八局	阴遁九局
丙辛日癸巳时	030	090	150	210	270	330	390	450	510
丙辛日甲午时	031	091	151	211	271	331	391	451	511
丙辛日乙未时	032	092	152	212	272	332	392	452	512
丙辛日丙申时	033	093	153	213	273	333	393	453	513
丙辛日丁酉时	034	094	154	214	274	334	394	454	514
丙辛日戊戌时	035	095	155	215	275	335	395	455	515
丙辛日己亥时	036	096	156	216	276	336	396	456	516
丁壬日庚子时	037	097	157	217	277	337	397	457	517
丁壬日辛丑时	038	098	158	218	278	338	398	458	518
丁壬日壬寅时	039	099	159	219	279	339	399	459	519
丁壬日癸卯时	040	100	160	220	280	340	400	460	520
丁壬日甲辰时	041	101	161	221	281	341	401	461	521
丁壬日乙巳时	042	102	162	222	282	342	402	462	522
丁壬日丙午时	043	103	163	223	283	343	403	463	523
丁壬日丁未时	044	104	164	224	284	344	404	464	524
丁壬日戊申时	045	105	165	225	285	345	405	465	525
丁壬日己酉时	046	106	166	226	286	346	406	466	526
丁壬日庚戌时	047	107	167	227	287	347	407	467	527
丁壬日辛亥时	048	108	168	228	288	348	408	468	528
戊癸日壬子时	049	109	169	229	289	349	409	469	529
戊癸日癸丑时	050	110	170	230	290	350	410	470	530
戊癸日甲寅时	051	111	171	231	291	351	411	471	531
戊癸日乙卯时	052	112	172	232	292	352	412	472	532
戊癸日丙辰时	053	113	173	233	293	353	413	473	533
戊癸日丁巳时	054	114	174	234	294	354	414	474	534
戊癸日戊午时	055	115	175	235	295	355	415	475	535
戊癸日己未时	056	116	176	236	296	356	416	476	536
戊癸日庚申时	057	117	177	237	297	357	417	477	537
戊癸日辛酉时	058	118	178	238	298	358	418	478	538
戊癸日壬戌时	059	119	179	239	299	359	419	479	539
戊癸日癸亥时	060	120	180	240	300	360	420	480	540

目录

御定奇门阴遁一局	1
御定奇门阴遁二局	61
御定奇门阴遁三局	121
御定奇门阴遁四局	181
御定奇门阴遁五局	241
御定奇门阴遁六局	301
御定奇门阴遁七局	361
御定奇门阴遁八局	421
御定奇门阴遁九局	481

御定奇門陰遁一局

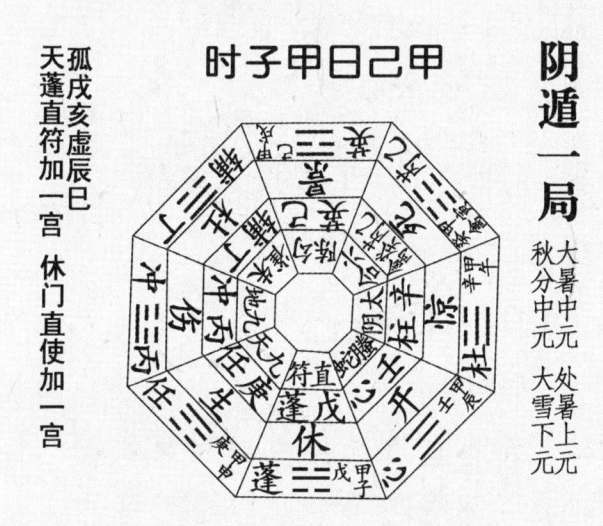

甲子时 甲己日

阴遁一局

大暑中元
秋分中元
处暑上元
大雪下元

孤戊亥虚辰巳
天蓬直符加一宫
休门直使加一宫

乾 坎 艮 震 巽 离 坤 兑
门符伏吟
乙奇入墓
蓬符伏坎为坎
休门伏坎为坎
戊仪加戊为青龙入地格
无奇门 天辅时

断曰：戊在一宫，阳之始而阴之极也。其卦遇坎，有王公设险之象。用天蓬为符，休门为使，威权在握，与时休息，则申画郊圻，慎固封守，海内俱蒙安恬之福矣。若有图谋，则夏利东南，秋冬利西北，东南宜燕翼子孙，西北可敉宁前烈。

兵事星门俱伏于一宫，又值天辅，宜于休兵养士。六庚在乾，盗贼亦伏于天威，不敢窃发。但须训练申饬，令军卒各归队伍，就水草处歇息。在国不得侵扰居民，在营不得擅离寨栅。**出行**夜半伏吟，蓬星为符，宜重门静守，不利远行。阳宅生门星干不吉，修造防有争斗。阴宅无奇门会合，当另选时。

附：**占胜败**不战而退。**虚实**敌必虚张声势而来。**攻城**城中有旧好，可暗通书，令其说降。**守城**防将士有与寇通者。**天时**无雨。**地理**山向不合，且卑湿。**人事**心存宽恕，宜释旧怨。**田禾**谷麦有收。**家宅**天伦团聚，平安吉庆，冬季小心门户。**官禄**居位安久。**应试**卷防火烧，不中。**求财**有阻，不得。**婚姻**冰人出自女家，易成。**胎产**双胎，产难，不育。**疾病**水泛脾虚，宜补土渗水。**捕获**匿于东南文昌祠中香柜下。**失物**为蓬首妇人所取。**远信**未发。**鸦鸣**南方有相争事。**鹊噪**杜门无事。

阴遁一局

大暑中元 秋分中元
处暑上元 大雪下元

甲己日乙丑时

孤亥子虚巳午
天蓬直符加二宫 休门直使加九宫

乾 丙奇入墓 宫克门
坎 宫克门
艮 格刑 宫门比和
震 乙奇升殿 门迫宫
巽 门反吟 门迫宫
离 门反吟 门迫宫
坤 相佐 宫门比和
兑 宫克门
蓬符加坤为水地比
休门加离为水火既济
戊仪加乙为青龙入云格
无奇门 己日飞干格 己日不遇

断曰：戊仪加乙，龙入乎云，似得声应气求；而水符土克，非龙蘖之膠地，即精卫之填河。智力俱困，实为祸胎，其始或因贪癸之苟合乎？休使入离，上乘蛇神，盖欲逞其淫威，而不知元神已煎消矣。此既济所以有濡首之象也。

兵事星受宫克，门值反吟，秋冬可使偏师击贼，夏时不宜。置阵之法，宜疏行广布，四面令折冲果毅出探。近者离幕五里，远至十五里，首尾相见。有警则报马铺举降，各军严备候令。出行秋冬东南可出，宜防欺诈之事。阳宅时逢不遇，修方当另择。阴宅无奇门，造葬无利方。

附：占胜败客兵重伤。虚实敌多虚声。攻城援兵未至，急攻可拔。守城士民惊恐，难保。天时密云不雨。地理山向不利，损人丁。人事有远事关心，或见远处火光。田禾夏旱，禾薄收。家宅作事不顺，人口不安，宜慎火烛。官禄地方不宁，心绪烦扰。应试得而复失。求财人情翻覆。婚姻男家犹豫，未必成。胎产生男，性暴，易产，母安。疾病生冷伤胃，防反覆，不宜延东方医士。捕获河北方巡缉，获后防复逃。失物犬豖之类可得。远信即至。鸦鸣闻盗贼事。鹊噪主文书。

阴遁一局

甲己日丙寅时

大暑中元
秋分中元
处暑上元
大雪下元

孤子丑虚午未
天蓬直符加三宫
休门直使加八宫

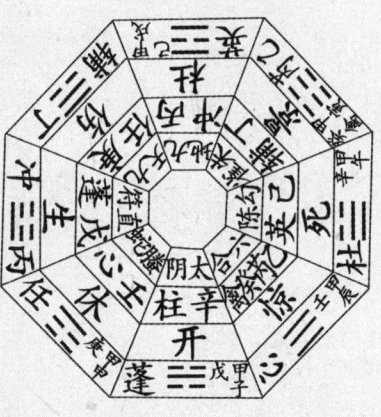

乾 乙奇入墓 宫门比和
坎 门生宫
艮 宫克门
震 龙返首 相佐 符勃 仪刑 宫克门
巽 奇格 宫门比和
离 丙奇升殿 门生宫
坤 雀投江 门生宫
兑 蓬符加震为水雷屯
休门加艮为水山蹇
戊仪加丙为青龙得明格
无奇门

断曰：戊加于丙，符则愁东，而龙则返首，于是丙受其益，而飞升午殿。其犹鸟母哺子，羽满自飞者乎？使乘螣蛇，而入艮受克，是掇蜂受诬，而拾灰致潜也。然丙在离如太清为室，明月为烛，虽有魑魅，何所遁形，则孝思锡类，终得融融泄泄之乐。

兵事既无奇门，又遇刑击，不可出兵，但门已遇贼，必有格斗。宜移营离地，去营九步，刺枪设炮，勇士守之。更于乾坎坤三方，散置伏兵。敌至举号乃发，副营尤宜警备。**出行**远行不宜。近出正东，格合返首可往。**阳宅**生门上乘蓬星，修造防盗。**阴宅**奇门不合，不可葬。

附：**占胜败**客败。**虚实**敌有阻，未至。**攻城**水攻可拔。**守城**用妇人披挂守女墙，分精锐备正北东南之寇可保。**天时**晴。**地理**有龙无穴，未为吉壤。**人事**使人报事不实，或道途有阻。**田禾**麦胜于禾。**家宅**宅可发财，厩房方位不佳，老年常防疾晦。**官禄**避位免灾。**应试**文不入彀。**求财**贵人之财有得。**婚姻**女家不允。**胎产**生女，后能文。**疾病**肾水不足，滋阴可瘥。**捕获**盗匿西南，可获。**失物**无人窃去，正东可寻。**远信**未至。**鸦鸣**有女人来。**鹊噪**见贵人。

阴遁一局

大暑中元 处暑上元
秋分中元 大雪下元

时 卯 丁 日 己 甲

孤 丑 寅 虚 未 申
天蓬直符加四宫
休门直使加七宫

乾　门生宫
坎　神假 宫生门
艮　门迫宫
震　宫生门
巽　刑格 宫克门
离　相佐 宫克门
坤　开与丙合 重诈 宫生门
兑　休与丁合 丁奇升殿 宫生门
蓬符加巽为水风井
休门加兑为水泽节
戊仪加丁为青龙耀明格
己日伏干格

断曰：戊符入巽加丁，而丁复合休加兑，上乘雀武，或有昆仑盗得红绡，送入崔郎之室者乎？抑或织回文之锦，题红叶之诗也。于时本宫遂有乙来作合，如池塘之生春草，谷底之长兰芽，而不免带伤，则风波未息，终属元武临门之故。

兵事符值相佐，使合丁奇，秋时更得生旺之气，宜遣副将出师，从正西前进，更遣别将驻札西南，以为策应。若贼离营南出，宜直捣其东北之穴，可袭击，不可声扬。**出行**西南正西，俱可出。图谋谒贵皆利，逢妇女应。**阳宅**宜建坤兑二门。三七日，进古器。**阴宅**坤山酉山俱吉。作用时，有女持盖，来闻鼓角声。

附：**占胜败**两败俱伤。**虚实**敌营内患将作，不能深犯。**攻城**诱守将出城，且战且走，以偏师直入。**守城**宜筑复城。**天时**有风。**地理**穴吉。**人事**主迅速文牒，防人窥视。**田禾**禾丰，西南尤熟。**家宅**人口康健，惟防口舌。**官禄**官声达于九重，特恩超擢。**应试**文晦不中。**求财**宜近处图谋，费力而得。**婚姻**男有疾，女家不允。**胎产**生男，后贵，母有产疾。**疾病**脾胃有火，服凉药易痊。**捕获**盗匿西方。七日后，有女人来通信，可获。**失物**在东南，可寻。**远信**至。**鸦鸣**有惊疑事。**鹊噪**向西鸣，有喜庆。

阴遁一局

甲己日戊辰时

大暑中元
秋分中元
处暑上元
大雪下元

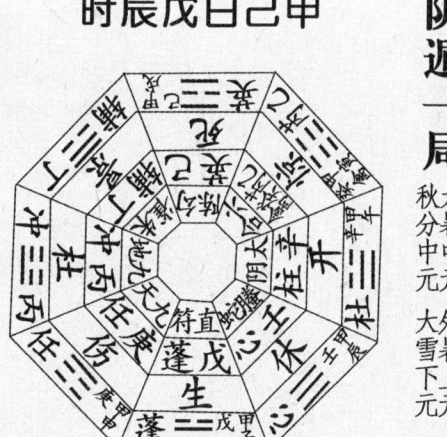

孤寅卯虚申酉
天蓬直符加一宫 休门直使加六宫

乾宫生门
坎宫符伏吟
艮门迫宫
震宫门迫宫
巽宫生门
离宫乙奇入墓 宫生门
坤宫门比和
兑宫伏坎为坎
蓬符加乾为水天需
戊仪加戊为青龙入地格
无奇门

断曰：戊符伏坎，将抚某水某丘，而追念其钓游之时也，乃得生门。如在穷冬，而阳和已动，是贞元之会，实寓循环之机；岂若年华未迈，容貌先秋者乎？休使入乾，上乘蛇神，其亦欲赋归田，心悬魏阙者也。

兵事符伏不宜出兵，阳星阳时，宜先动。敌在东北，扬兵耀武，即设重营于正东，与正北老营，夹敌而阵，不可直犯其锋。转战间，敌已在南，两营并力攻之，背生击死，胜后勿追。**出行**季月出正北，当遇贵人旗仗。秋月出正西，逢挂杖老姬。**阳宅**止可小修正北方，有黄衣贵人至。**阴宅**无奇门，宜另选吉时。

附：占胜败客兵胜。**虚实**敌张声势，尚未至。**攻城**城内自惊，季月急攻，守将当遁。**守城**当镇压将士，谨守西门。**天时**龙入海，不雨。**地理**直使落空，将遇腾蛇，防是假穴。**人事**有越狱盗牢之事。**田禾**禾防虫蚀。**家宅**小口多惊，亦防怪异。**官禄**似宜于本地，宜囊甚丰。**应试**文佳，可作备卷。**求财**无益。**婚姻**成而不速。**胎产**迟产，多惊，生女。**疾病**水燥火炎，宜镇心养肾。**捕获**东南铺兵作贼。**失物**在原处。**远信**已发，将至。**鸦鸣**主文书动。**鹊噪**有闺秀相争。

阴遁一局

大暑中元　秋分中元
大雪下元　处暑上元

甲己日己巳时

孤卯辰虚酉戌
天蓬直符加九宫　休门直使加五宫

乾　丁奇入墓　宫克门
坎　宫生门
艮　小格　门生宫
震　宫克门
巽　符门迫宫
离　大格　奇格
坤　符反吟　宫克门
兑　生与丙合　重诈　门生宫
蓬符加离为水火既济
休门步五为水地比
戊仪加己为青龙相合格

断曰：符反入离，而得戊己之合，则水火不病其相克，而喜其相济。何也？夏日火盛则太炎，得水所以解其渴也；冬日水寒则就冻，得火所以暖其用也。休使入坤，既遇庚乙之合，而复遇庚癸之格，是又凿土可以成川，而壅土即以塞流者乎？

兵事星克宫，宫克门，主客互有伤损。反吟之格，胜败不常，避其胜气，击其惰归。当出正西生门，背西击东，随路结营，随路埋伏，不遇于东北，则遇于西南，必有格斗，先举者得利。**出行**正西可行。八九里，遇高年武士乘马为应。**阳宅**可开兑门。动作时，有执杖女人至。**阴宅**酉山卯向吉。葬时，有野人负薪过。

附：**占胜败**主胜。**虚实**敌当大张声势而来。**攻城**攻其正南则拔。**守城**援兵云合。**天时**阴晴不定。**地理**山向不合，水亦不朝。**人事**闻金声，或贼有战信。**田禾**东北西南，皆有水灾虫变。**家宅**宅有冲射，人宅欠安，财气却好。**官禄**不能满任。**应试**文晦不中。**求财**秋占有获。**婚姻**宜换亲。**胎产**男胎，产时有阻。**疾病**肾子不能养肺母，宜补阴。**捕获**当问西北狱吏女人。**失物**在本家。**远信**迟至。**鸦鸣**夫妻反目。**鹊噪**得文章知己。

阴遁一局

大暑中元
秋分中元
处暑上元
大雪下元

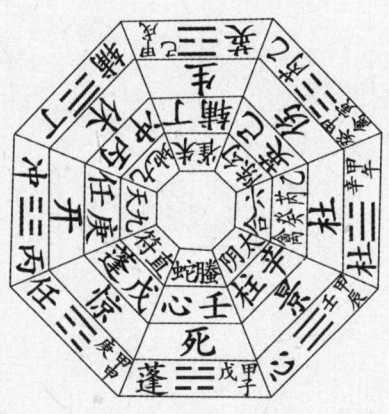

甲己日庚午时

孤辰巳虚戌亥
天蓬直符加八宫 休门直使加四宫

乾 门迫宫
坎 门迫宫
艮 飞宫格 天乙与太白格 宫生门
震 休与丙合 门迫宫
巽 生与丁合 宫生门
离 门迫宫 玉女守门 重诈 门告营
坤 地假 龙逃走 宫克门
兑 蓬符加艮为水山蹇
休门加巽为水风井
戊仪加庚为青龙持势格
甲日不遇 甲日飞干格

断曰：水符入于土宫，已云受克，而天乙复见庚而惊飞，譬犹沛公之遇项王，曰"吾能斗智，不能斗力也"。于时休使入巽，既合丙为重诈，又得丁为守户，则韩彭之将，足以折冲疆场；而良平之臣，又足以运筹帷幄，西楚之强暴何畏焉。

兵事星受宫克，又遇飞格，宜静不宜动。老营东北不利，宜移营于东南，以东西两营为左右翼，严阵以待。东用红旗赤甲，以火制金；西用白旗赤甲，以金制木。敌至则起击之。**出行**冬月出东南四里，逢皂衣妇人。季月出正南九里，逢公吏骑骡马。途中防遗失。**阳宅**宜修建巽离二门。**阴宅**巽山离山俱吉，有禽鸟喧闹为应。

附：**占胜败**主胜。**虚实**贼扬兵前进。**攻城**坚壁不出，围久必遁。**守城**宜备东门可守。**天时**久雨必晴。**地理**龙气有伤，若葬法合宜，亦发财丁。**人事**从容自得，不欺暗室。**田禾**丰，东南尤熟。**家宅**宅春安吉，财亦丰盈。**官禄**当小心办事，仅免参罚。**应试**文佳，中第九。**求财**南方大利。**婚姻**男女俱有刑克，成亦不吉。**胎产**生男，母有病。**疾病**内外有火，急宜清理。**捕获**贼在正南，易捉。**失物**向东北寻，防毁坏。**远信**迟到。**鸦鸣**有女人之事。**鹊噪**钱财进益。

阴遁一局

大暑中元 秋分中元
处暑上元 大雪下元

甲己日辛未时

孤巳午虚亥子
天蓬直符加七宫 休门直使加三宫

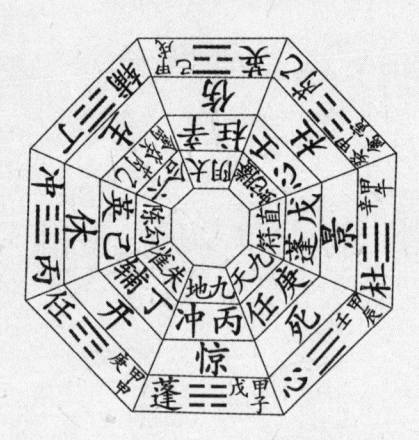

乾 上格 门生宫
坎 鸟跌穴 勃符 门生宫
艮 门开与丁合 丁奇入墓 宫生门
震 门生宫
巽 宫与乙合 风遁 休诈 蛇天矫
离 门迫宫
坤 门迫宫
兑 门生门
蓬符加兑为水泽节
休门加震为水雷屯
戊仪加辛为青龙相侵格

断曰：符入兑而使趋三，是既东封郑，而又欲肆其西封也，于是西值辛虎之争，而东亦逢勾虎之战，二虎临于门户，方且罢于奔命之不暇，岂复可言远略乎？且九天之庚，即为廷尉之遁因；幸巽宫风遁，不异朱虚候之亲兵，藉以无患。

兵事星门与宫俱比，可以不战，战亦不过交绥而退。天蓬直符势本凶狠，庚乘九天，不过虚张声势，实有畏心。分兵一出东北，一出东南，击其正南伤门。彼若倒戈，即可振旅。**出行**季月出东南四里，逢相契人。秋冬出东北，八里见贵家器用。途中防贼。**阳宅**立巽艮二门，有小儿并老人至。**阴宅**巽艮二山吉，孕妇至为应。

附：**占胜败**客胜。**虚实**贼兵动而未进。**攻城**可攻。但城中上下同心，宜加安抚。**守城**难守，宜谨备东北。**天时**有雨。**地理**金水行龙，穴情佳，财丁俱发。**人事**有武人道路传闻。**田禾**丰。**家宅**宅发财丁，须防孝服。**官禄**季月可升，但不显。**应试**文气不舒，难中。**求财**与两人合伙可得。**婚姻**男家有阻，不成。**胎产**生女，难产。**疾病**脾气不顺，勿药可愈。**捕获**贼在东北，匿而不出。**失物**向正西可寻。**远信**迟至。**鸦鸣**有贵人财帛事。**鹊噪**傍晚亲朋至家。

阴遁一局

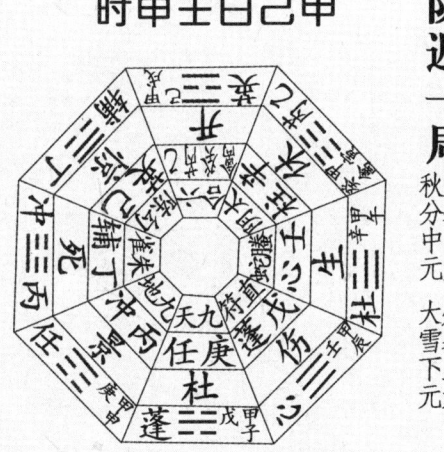

大暑中元
秋分中元
大暑处暑上元
大雪下元

孤午未虚子丑
天蓬直符加六宫
休门直使加三宫

乾宫克门
坎宫克门 荧入白与天乙格 伏宫格 宫生门
艮宫克门 门生宫
震宫迫宫
巽开与乙合 休诈
离宫猖狂 宫克门
坤门生宫
兑虎猖狂 宫克门
蓬符加乾为水天需
休门加坤为水地比
戊仪加壬为青龙破狱格
甲日伏干格

断曰：蓬符趋乾，受生而反伤，何也？盖乾宫之壬以亥为禄，而戊来相克，将欲探骊龙之珠，而适批径寸之鳞，则怒而见伤，所不免矣。休使入坤，遇猖狂之虎，又乘太阴之神，是镯镂之剑也。欲言地天之泰，难矣哉！无已则求救于南乎？

兵事星受生，门受克，急令副军撤营，并入大寨，别遣谋将，统亲兵，用长枪弩箭，从正南而出。遇敌交战，宜背西击东，更须避其前锋。东北荧惑入太白，切不可伏兵安营。**出行**宜出正南。逢人必喜，见小儿或僧人。**阳宅**宜立离门，有患目人至应。**阴宅**宜午山子向。作用时，有鹰掠禽堕地应。

附：**占胜败**客胜。虚实鸣锣挣鼓而来。**攻城**急攻可拔。**守城**防敌人乘机直上。**天时**有风雨。**地理**土色微白，地近镇市，掘得玩器巾环。**人事**有机密事，宜速发。**田禾**麦有收，南方大熟。**家宅**女眷平安，宅长秋月不宜乘马，防有损伤。**官禄**官显易升。**应试**文晦不中。**求财**言约虚伪，不能入手。**婚姻**女佳，难成。**胎产**生男，易产，母安。**疾病**肺气壅滞，清金即愈。**捕获**盗首已死，党羽纷散，无从缉获。**失物**有人窃去，不得。远信未至。鸦鸣有庆贺事。鹊噪向南鸣吉。

阴遁一局

大暑中元 处暑上元
秋分中元 大雪下元

甲己日癸酉时

孤未申虚丑寅
天蓬直符加五宫 休门直使加一宫

乾 开与丙合 重诈 丙奇入墓
坎 休与丁合 门伏吟
艮 格刑 神假
震 乙奇升殿
巽
离
坤 蓬符步五为水地比
兑 休门伏坎为坎
　 戊仪加癸为青龙相和格
天网 己日飞干格

断曰：蓬符入中，精之销亡已甚；休门伏坎，下之漏泄难收，而元武之神，复从而耗之，则飞燕之失衣，丽华之入井，可以为鉴戒矣。然飞丁适至，实足为绛雪之神丹；六合得奇，必能遇苍公之妙术，且癸为天藏，其原可复也。

兵事符受克，使伏吟，宜用幕下之谋，收兵严备。营于乾地，营门深掘陷坑，别立子营于左，各以红旆为号。后通粮道，先设伏于东南，敌若西来，不可迎敌，当以奇正，横冲夹击，切勿追入敌垒。**出行**网低，远行不利。近出，正北可行。西北奇墓，不可往。**阳宅**乾门坎门俱可建，有少女来为应。**阴宅**乾山子山皆吉。作用时，有远方人送书至应。

附：**占胜败**客兵雄盛，主势不敌。**虚实**敌有惊怖，驻营观望。**攻城**守将受伤，难以支吾，将为城下之盟。**守城**难守。**天时**阴云。**地理**山向不合。**人事**主有水利，贼案回文，或女家信至。**田禾**雨旸时若，收成如旧年。**家宅**门庭清吉，安静获福，冬季防失脱。**官禄**小心供职，可以久安其位。**应试**不中。**求财**防争竞，无得。**婚姻**女命硬，恐妨男。**胎产**得女，母多病。**疾病**命门火衰，宜八味丸。**捕获**盗匿北方水边。**失物**在西南，可寻。远信千里内者即至。鸦鸣有钱货缠绕。鹊噪女人进饮食。

阴遁一局

大暑中元
秋分中元
处暑上元
大雪下元

甲己日甲戌时

孤申酉虚寅卯
天英直符加九宫 景门直使加九宫

乾坎艮震巽离坤兑
门符伏吟
乙奇入墓
英符伏离为离
景门伏离为离
己仪加己为明堂重逢格
无奇门　天辅时

断曰：己为湿土而处离宫，时居大夏，长养生育，所以称"土爱稼穑"也。况英为己之印神，午为己之禄地，乘生处旺，何事不宜？戊以阳土居坎，为阳星宗；己以阴土居离，为阴星长，虽司元符勾虎之地，固非所嫌矣。

兵事伏吟天辅，利于安屯训练。夏时乘旺，亦可用兵，但宜速进速退，多设奇兵于左右林麓及堰中堤下。敌从东北来，当迎之于正东伤门之下，以起火为号，伏兵四合击之。勿远退，勿恋战。**出行**求名者正南可出，路逢贵人或钱物应。**阳宅**无奇门会合，修造无利方。**阴宅**甲日贵禄到艮，又得生门，艮山可以权厝。

附：**占胜败**客胜。**虚实**敌伏未动。**攻城**宜缓图。**守城**城上多设火器，急向正南求援。**天时**晴。**地理**向不合，非吉穴。**人事**宜讲论文字，或操演武艺。**田禾**禾麦照旧年收成。**家宅**门庭清吉，荫下尤利。**官禄**清淡无营，可以久安。**应试**下科可中。**求财**迟得。**婚姻**成，女聪明少寿。**胎产**占孕防堕，占产生女，不育，母安。**疾病**过于思虑，心脾有火，宜静养。**捕获**盗匿西北二十里外，门前有破缸。**失物**原处可寻。**远信**有信未至。**鸦鸣**有贵人事。**鹊噪**闻升官事。

阴遁一局

大暑中元 秋分中元 大雪上元 处暑上元

甲己日乙亥时

孤酉戌虚卯辰
天英直符加二宫 景门直使加八宫

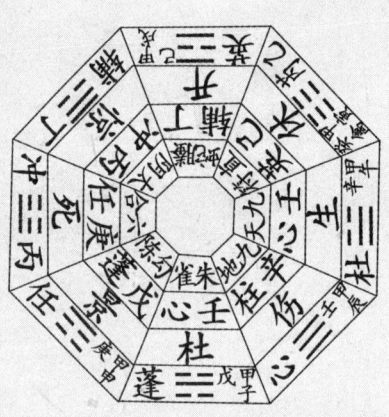

乾宫 宫克门
坎宫 宫生门
艮 天乙与太白奇格 门生宫 宫克门
震 门迫宫
巽 白入荧 奇格 宫克门
离 开与丁合 宫克门
坤 相佐 仪刑 宫克门
兑 生与乙合 虎遁 龙逃走 门生宫
英符加坤为火地晋
景门艮为火山旅
己仪加乙为日入地户格
乙奇得使游仪　己日不遇

断曰：乙奇处于坤宫，方逢入墓，全赖中五之癸，寄焉以相生，而己符以土克之，时干遂失所资矣。然己本畏乙，且为击刑，符亦何利之有？景使泄脱于艮，而又上乘勾虎，下逢六庚，为伤为格，不一而足，殆谚所云"明知山有虎，故作采樵人"者也。

兵事星门生宫，为主极利，阳时季甲，德外刑内，亦可命副将出兵，直捣敌巢。敌若东走，则乘酉孤，追击卯虚，大利。先设奇于左右离兑二方，更遣红衣炮手，伏于东南林内，闻号齐发，以火攻之。**出行**宜出正南，逢近贵之人，或见钱货。**阳宅**宜立离门，有青衣人至。**阴宅**宜午山子向。作用时，见醉翁夜归，闻哭声。

附：**占胜败**主胜。**虚实**敌兵兼程而至。**攻城**先截其外援，急攻南门。**守城**坚守，勿可出战。**天时**阴晴忽变。**地理**穴不暖，防速朽，有官讼。**人事**见物争斗，或幼辈疾病。**田禾**麦丰，梁州益州大熟。**家宅**宅长康健，防外服，有刑伤。**官禄**防盗案缠绕。**应试**不中。**求财**所求如意。**婚姻**男少寿，女家不允。**胎产**生男，母安。**疾病**脾弱不运，饮食无味，宜健脾。**捕获**三日后，将自投，毋庸捕。**失物**为过犯人所窃，不可获。**远信**至，行人丑未日有信。**鸦鸣**闻争斗事。**鹊噪**向南鸣，主贵人事。

阴遁一局

大暑中元 处暑上元
秋分中元
大雪下元

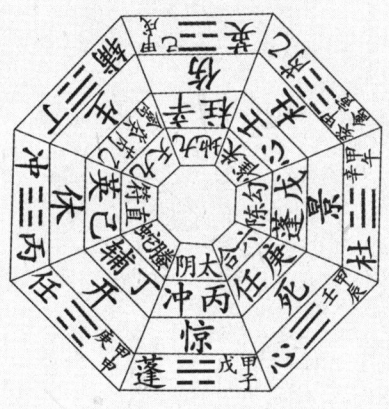

时子丙日庚乙

孤戊亥虚辰巳
天英直符加三宫 景门直使加七宫

乾 上格 门生宫
坎 门与丁合 丁奇入墓 宫生门
艮 开与丁合 丁奇入墓 宫生门
震 龙返首 相佐 符勃 门生宫
巽 与乙合 风遁 蛇天矫 宫克门
离 门迫宫
坤 门迫宫
兑 英符加震为火雷噬嗑
兑 景门加兑为火泽睽
己仪加丙为地户埋光格
庚日不遇

断曰：丙奇月入雷门，乃逢己符之趋三而返首，休门又来相生，可谓"诸福之物，可致之祥，无不毕至"者矣。景以火使，往追金宫，而所乘者仍勾虎之将。夏日则主有井堙木刊之惧，秋时则客有舆尸左次之忧。

兵事 门克宫，阳星阳时，利于为客。正东青龙回首，宜扎住大营，左翼出东北，逢山开道；右翼出东南，遇水叠桥。左翼之左，伏于正北；右翼之右，伏于正南为策应，背东南，击西北。**出行** 东南东北，俱可出行，皆非上吉。一为奇墓，一逢天矫，有迷失，有虚惊。**阳宅** 可修艮巽，有白衣人及武士至。**阴宅** 用艮巽两山，见胡面人应。

附：**占胜败** 客胜。**虚实** 客营多病。**攻城** 宜暂解围。**守城** 东北有惊。**天时** 风雨离迷。**地理** 白虎高昂，东南有道路穿破。**人事** 检点兵器，校阅弓马。**田禾** 有收。**家宅** 人口不安，财亦不聚。**官禄** 身安官逸，春季即升。**应试** 文不中式。**求财** 两处求之，一虚一实。**婚姻** 男命鳏独，不成。**胎产** 生女难产，防血崩。**疾病** 脾吐虚湿，且有道路之祟。**捕获** 向西方寺院中缉。**失物** 失于道途，不可得。**远信** 难至。**鸦鸣** 防贼。**鹊噪** 有妇女口舌。

阴遁一局

大暑中元　处暑上元
秋分中元　大雪下元

时丑丁日庚乙

孤亥子虚巳午
天英直符加四宫　景门直使加六宫

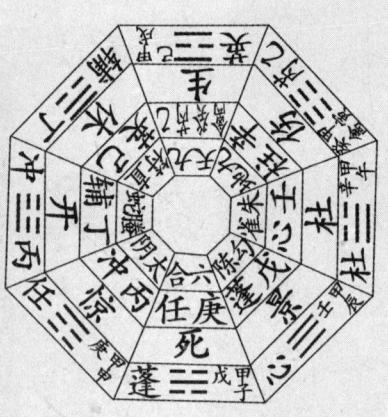

乾　门迫宫
坎　太白与天乙格　门迫宫
艮　荧入白　宫生门
震　开与丁合　门迫宫
巽　相佐　门生宫
离　生与乙合　宫生门
坤　虎猖狂　门迫宫
兑宫克门
英符加巽为火风鼎
景门加乾为火天大有
己仪加丁为明堂贪生格
时干入墓

断曰：巽宫文曲，实主文章而己符丁干，同为旺地。英星辅宿，木火通明，有以文会友，掞藻摛华之象。盖相资则乐理潘文，而互赠则元酬白唱也。使入天门，倘欲荐雄文似，然将乘勾白，虎豹守关，杨得意亦岂易为乎？

兵事门克宫，不利为主。况遇荧入虎狂，利于先动。大张旗鼓，出正南九天之门，战于坤，则九地下之伏兵起应；战于艮，则太阴下之伏兵起应，车驰卒奔，刻不停晷，以神速为最。出行正东门迫将凶，出宜正南。行九里，见僧道或孕妇应。阳宅宜立南向。动作时，有残疾人至。阴宅午山子向可用。葬时，有雷电风雨为应。

附：占胜败主胜。虚实可以因粮于敌。攻城城郭高厚，未易拔。守城宜守东北。天时龙神入墓，雨后即晴。地理右砂太昂，拱护不吉。人事见兵卒争斗文案。田禾丰，南方大熟，正东半收。家宅利于考试，不能发财。官禄入地相宜，词臣尤吉。应试小试大利。求财费力，宜托人转求。婚姻女欲别就。胎产生男，防发痈症。疾病脾有燥火，然可不药。捕获向西方破屋中捕。失物西北厨厕傍寻觅。远信有惊信。鸦鸣因利争竞。鹊噪西南有强人。

阴遁一局

乙庚日 戊寅时

大暑中元
秋分中元
处暑上元
大雪下元

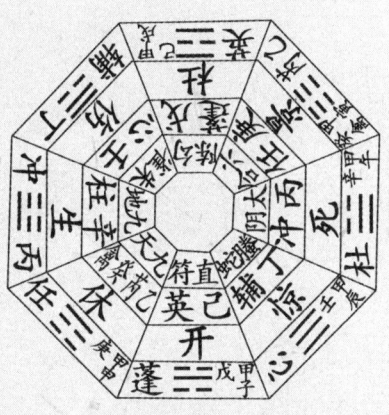

孤子丑虚午未
天英直符加一宫 景门直使加五宫

乾 丁奇入墓 宫门比和
坎 符反吟 门生宫
艮 休与乙合 虎遁 小格
震 宫克门
巽 门生宫 宫门比和
离 奇格 大格 门生宫
坤 门生宫
兑 英符加坎为火水未济
景门步五为火地晋
己仪加戊为明堂从禄格
乙日飞干格伏干格

断曰：戊干居坎，坎戊月精也；己符居离，离己日光也。反而相加，则日月为易，而刚柔相当矣。况直符一反，而乾巽之丁壬，坤艮之庚乙，震兑之丙辛，无不得合。使又步五，上乘合神，为婴儿姹女之黄婆，反吟非大还之理哉！

兵事宫克星，门生宫，利于为主。阴星加于阳时，内宜操兵遣将，外示不战之形，作连环阵法，首尾互应。敌来击左，右营与战；敌来击右，左营与战。敌鸣金我鸣鼓，敌鸣鼓我鸣金。**出行**冬月出东北。八里，见孕妇同行，或见担水过。微嫌同行人羁迟。**阳宅**修艮方吉。**阴宅**艮山坤向吉。作用时，有童子拍掌大笑。

附：**占胜败**客胜。**虚实**贼于道上有阻。**攻城**来和，可息兵。**守城**备正北，宜安人心。**天时**阴云四起，却无雨。**地理**向道不利，难发财。**人事**睽而复合，逆而忽顺。**田禾**去年歉，今年熟。**家宅**人口不宁，却有喜气。**官禄**任中多事，可调繁。**应试**不中。**求财**不得入手。**婚姻**可交互结姻。**胎产**生女，易产，产时有阻。**疾病**肺气不顺，防有变症。**捕获**贼易捉。**失物**向正南寻。**远信**不至。**鸦鸣**主和合婚姻。**鹊噪**东南可捕捉。

阴遁一局

大暑中元 秋分中元
处暑上元 大雪下元

乙庚日己卯时

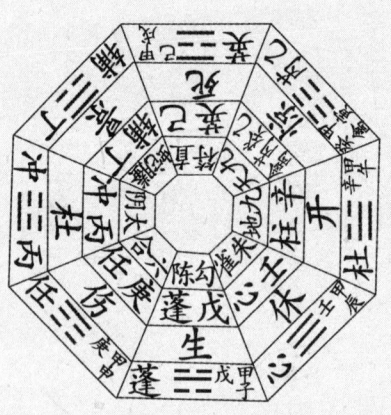

孤丑寅虚未申
天英直符加九宫　景门直使加四宫

乾　宫生门
坎　门迫宫
艮　门迫宫
震　宫门比和
巽　玉女守门　宫生门
离　符伏吟　宫生门
坤　乙奇入墓　宫生门
兑　宫门比和
英符伏离为离
景门加巽为火风鼎
己仪加己为明堂重逢格
无奇门　庚日飞干格伏干格

断曰：己符之离宫，本为逢禄，归而伏焉，则贪禄而寡于才者也。景自受使以来，再逢勾虎，一值合神，兹乃喜入生乡；且有乘旺之丁，守门相待，庶几渐入佳境。而又上下螣蛇之将，则阴私偏有忧虞，和合还成虚假矣。何其数之奇耶？

兵事宫生门，利于为客。但符伏不宜进兵，利于宴享士卒，多设疑兵，或在东，或在西，或在东北，或在西南，或明或暗，更番出没。宜背坤击艮，杀入伤门。敌若归降，可以收用。**出行**无奇门吉格，不利出行。秋冬宜出正西方。**阳宅**奇门不合。看太阳到处，方可修葺。**阴宅**无奇不利。

附：占胜败主客互有损伤。**虚实**敌兵伏而不动。**攻城**城内有惊，当来求和。**守城**备正西，可议和。**天时**天气晴爽。**地理**水口兜收，华表屹立，可发显贵。**人事**有少妇捧匜沃盥，或失手堕地。**田禾**禾麦丰收。**家宅**女人掌家，主发财，人亦旺。**官禄**未能即升。**应试**文佳，利小试。**求财**有得，防口舌。**婚姻**因旧亲成姻。**胎产**双生子，迟三日方下。**疾病**全然火症，宜清凉解毒。**捕获**贼已在西北牢中。**失物**首饰之类，可获。**远信**迟到。**鸦鸣**有女人悬望。**鹊噪**西北方当发水。

阴遁一局

大暑中元
秋分中元
处暑上元
大雪下元

乙庚日庚辰时

孤寅卯虚申酉
天英直符加八宫　景门直使加三宫

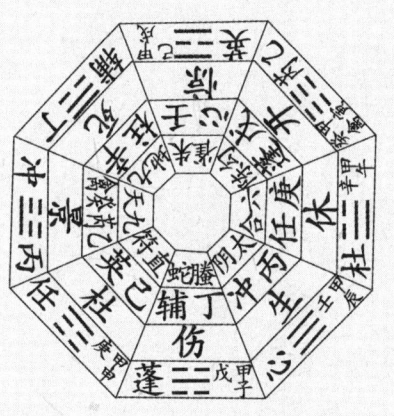

乾　生与丙合　真诈　丙奇入墓　门生宫
坎　宫生门
艮　飞宫格　仪刑　格刑　门迫宫
震　天假　乙奇升殿　宫生门
巽　宫克门
离　宫生门
坤　宫生门
兑　宫生门
英符加艮为火山旅
景门加震为火雷噬嗑
己仪加庚为明堂伏杀格

断曰：直符加庚己，为飞宫见格，而又于己仪为刑格，在丑地为三刑，是犹巉岩峭壁，无路可通，而又逢荆棘之丛，虎狼之窟，忧其伤害也。景使入震，上乘九天，而趋三为吉，受生又吉，盖动而获宜者。己符见之，当有何曾登仙之叹。

兵事符值击刑，格战，不利出师。宜急移营于西北乾地，为月营，面平背险，两翼内向，营内列队，四角使圆，以便穿走。命副将结阵于正东，扬旌多鼓，以作声势。选什之三为奇兵，伺敌动合击。**出行**西北可行。但逢奇墓，作事未免迟滞。**阳宅**宜立乾门。有绿衣人来，或黑禽双至。**阴宅**宜乾山巽向。作用时，有鸦鸣鼓声之应。

附：占胜败主兵不利。**虚实**敌欲休养士卒，尚未至。**攻城**城郭不完，急攻即拔。**守城**寇深难守。**天时**东方有黄云，或白光，先风后雨。**地理**穴有风透。**人事**身心俱不安宁，宜素衣游猎。**田禾**丰熟，西北大丰。**家宅**人口康健，但两姓同居，恐生嫌隙。**官禄**上司不悦，防有参罚。**应试**文佳可中，场后防病。**求财**阴财可得，不能速。**婚姻**男家有阻，不成。**胎产**生男，母有产疾。**疾病**有肝火，恐筋骨酸疼，平肝可愈。**捕获**向正南缉访。**失物**在西南可寻。**远信**至。鸦鸣喜事。鹊噪有惊。

阴遁一局

大暑中元 秋分中元 处暑上元 大雪下元

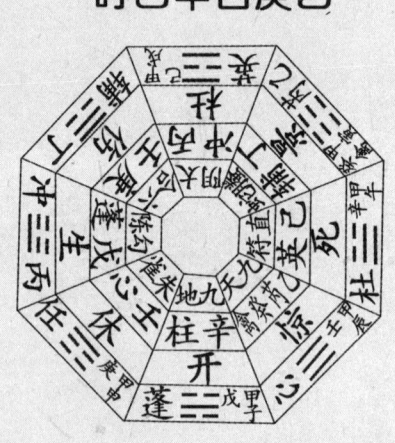

乙庚日辛巳时

天英直符加七宫 景门直使加二宫
孤卯辰虚酉戌

乾 乙奇入墓 宫门比和
坎 门生宫
艮 宫克门
震 宫克门
巽 奇格 宫门比和
离 鸟跌穴 丙奇升殿 勃符 门生宫
坤 雀投江 门生宫
兑 门生宫
英符加兑为火泽睽
景门加坤为火地晋
己仪加辛为天庭得势格
无奇门 乙日不遇

断曰：己符加辛，本曰天庭得势，而挟英以克柱，则辛不以己之相生为感也。本宫鸟来跌穴，丙则升殿，而己反以勃为忧，何施恩之概不见德耶？景使入坤，上有蛇神，且值投江之雀，若石误书马字，而忧其谴者有之。

兵事星克宫，利为客。乙日五符在卯，庚日唐符在卯，俱可出兵。副将用团牌火镰，阵于西南；前锋以青旗长枪，出西北，惊贼本营，设伏于离方旧垒，遇敌以红旗为号。合击其南，东南忌追逐。**出行**请谒谋求，正东生门可出。但防争斗，宜谨慎。**阳宅**无奇门，宜另择时。**阴宅**震宫有月奇生门，乙日禄列卯山，可以浮厝。

附：**占胜败**主胜。**虚实**敌军下欲谋上，未敢来侵。**攻城**城中女将善守，宜以智取，不可力争。**守城**夏月易守。**天时**有风无雨。**地理**穴吉，下有龟穴。**人事**见虚空光彩，或音信急速，或说奇梦怪事。**田禾**麦薄收，秋禾风伤。**家宅**小口有灾晦，住祖居可发财。**官禄**俸厚官久。**应试**中式。**求财**防为强人夺去。**婚姻**男家愿就，女家不允。**胎产**得女，后能文，难产。**疾病**无妨，有虚惊。**捕获**盗在东北，速拔可获。**失物**妇人所窃，藏在桥下。**远信**即至，行人未归。**鸦鸣**有征召喜庆事。**鹊噪**馈食物来。

阴遁一局

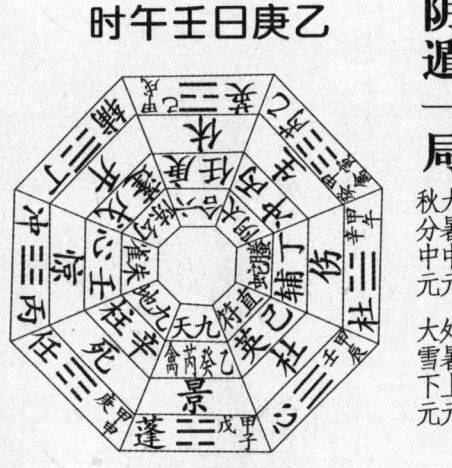

时 午壬日庚乙

孤辰巳虚戌亥
天英直符加六宫 景门直使加一宫

大暑中元
秋分中元
处暑上元
大雪下元

乾 宫克门
坎 天假门反吟 宫克门
艮 宫门迫宫
震 门迫宫
巽 门迫宫 伏宫格 门迫宫
离 刑格 与丙合 真诈 宫门比和
坤 生 丁奇升殿 宫克门
兑 景符加乾为火天大有
英符加坎为火水未济
己仪加壬为明堂被刑格

断曰：己土而逢壬水，英火而加心金，皆将发扬蹈厉，以逞其雄心者。而伏宫适有飞庚，忧其刑格，如元魏北畏柔然，而渡江之志不果也。景使反坎，上乘九天，颇有炎炎之势，特恐其渐灭于坎耳。若使时当盛夏，便应殃及池鱼。

兵事符克其宫，门受宫克，利大将出师。严整队伍，衔枚速发，出西南生门，前锋以朱旂开路，副将押辎重为合后。遇敌于南，用火器大刀压其垒而阵，望敌或取水解渴，即其阵动，抱鼓大喊击之。**出行**宜出西南方，路逢贵人，宜为机密之事。**阳宅**宜立坤门，南方有鸟鹊至。**阴宅**坤山艮向吉。作用时有白衣女人来，狗衔花戏应。

附：**占胜败**客胜。**虚实**探听未的。**攻城**城中防守甚严，援兵亦即至，宜退师徐图之。**守城**敌人不能持久，可保。**天时**有风雨。**地理**砂不合，有蚁聚。**人事**欲动不能，欲罢不可。**田禾**时雨早降，五谷丰登。**家宅**同居不合，女眷多病，过道间有怪异，宜镇之。**官禄**有参罚，不升。**应试**文高，可望中。**求财**所求如意。**婚姻**女慧能文，女家不许。**胎产**生男，后当富。**疾病**水火不交，反覆难瘥。**捕获**盗在正东。**失物**同室人窃去，不获。**远信**至，行人防争斗阻滞。**鸦鸣**有恩荣。**鹊噪**贵人之事。

阴遁一局

大暑中元
秋分中元
处暑上元
大雪下元

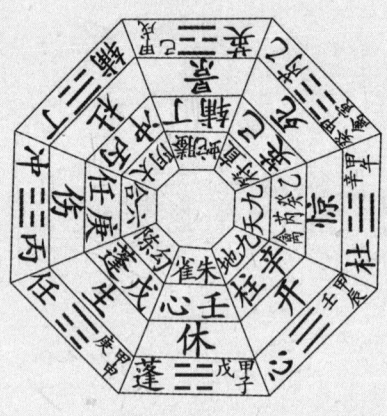

时未癸日庚乙

孤巳午虚亥子
天英直符加五宫 景门直使加九宫

乾 坎 艮 震 巽 离 坤 兑
天乙与太白格
白入荧 奇格
门伏吟
仪刑
龙逃走
英符步五为火地晋
景门伏离为离
己仪加癸为明堂合华盖格
无奇门 天网 时干入墓

断曰：癸干未支，已成入墓，又处中五，以承己符，恐涓涓之细流，不能胜此叠叠之厚土也。然符亦自有步五击刑之忌，庸材而涉险地，不已殆乎？景使伏离，网高九尺，而蛇神复守之，袁闳土室，亦时势使然耳。

兵事 击刑最凶，大将不宜居西南直符下，可伏于巽地，作环营自固，副将守离方老营。正东白来入荧，敌必速至。急伏兵于西北正西，敌若犯西，勿与战，走合西北，转入正东，敌来奋击，可胜。**出行** 时值天网，又无奇门，有事则从天马方而出。**阳宅** 奇门不合，不可动作。**阴宅** 无利方，当另选时。

附：**占胜败** 客胜。**虚实** 贼兵即至。**攻城** 宜用火禽火箭，内外焚烧，乘乱突入。**守城** 求援可守。**天时** 东方电雷交作，阴晴忽变。**地理** 穴不吉，防速朽，损丁。**人事** 主女人得禄。**田禾** 麦防旱，禾秋有伤。**家宅** 家长防疾，尤宜小心火烛。**官禄** 宦况清苦，升转尚迟。**应试** 落第。**求财** 防争讼，无得有费。**婚姻** 女家不肯，难成。**胎产** 胎防堕，产生女，不育。**疾病** 有伏火，迁延岁月。**捕获** 盗伏正北泽中。**失物** 在东北近山林处。**远信** 至，行人不来。鸦鸣有文书纠缠。鹊噪闻北方失盗事。

阴遁一局

乙庚日甲申时

孤午未虚子丑
天任直符加八宫 景门直使加八宫

大暑中元
秋分中元
处暑上元
大雪下元

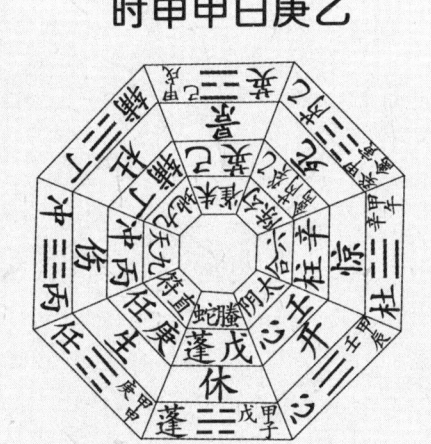

乾 门符伏吟 仪刑 伏宫格
坎 飞宫格 时干格
艮
震 地假
巽
离 乙奇入墓
坤
兑 任符伏艮为艮
  生门伏艮为艮
  庚仪加庚为太白重刑格
无奇门 天辅时 庚日伏干格 飞干格

断曰：庚以刚猛之性，居元符九天之宫，本有飞动之志，而壬符生使，皆伏不动，非力不能也，有相时之意焉。兵法曰："静而观其怠。"候敌先动，则以计应。譬夫虎豹不动，不入槛阱；麋鹿不动，不罹网罗。是故善战者慎动。

兵事孟甲伏吟，利主不利客。寅申刑击，且逢干格宫格，本营中，必有将佐离心，士卒叛亡者。战固不利，守亦不安。宜歼其叛首，赦其余党，开诚布公，以启自新之路，庶可收厥成功。**出行**符宫凶格相并，又无奇门，不利出行。必不得已，当从时令旺气出行，不可无害。**阳宅**时干禄马在寅，生门尚可用。**阴宅**门不得奇，惟诸家斗首不忌。

附：**占胜败**两败俱伤。**虚实**敌尚未至。**攻城**宜先破其重城。**守城**防西北。**天时**有雨。**地理**庚龙入首，杀气太重，财帛不聚。**人事**武贵人自言劳勋。**田禾**歉。**家宅**宅长有灾，安守犹吉。**官禄**防有提问，京官武官无害。**应试**文有瑕点，难中。**求财**无得，有灾。**婚姻**男有刑克，女有丧服，不吉。**胎产**女胎，难产。**疾病**金郁之症，宜泻白汤。**捕获**贼在南方庙宇中。**失物**在正北原处，已失其半。**远信**尚无。**鸦鸣**方遗失。**鹊噪**若在东北，恐有刑伤。

阴遁一局

乙庚日乙酉时

孤未申虚丑寅
天任直符加二宫　生门直使加七宫

秋分中元　大暑中元
大雪下元　处暑上元

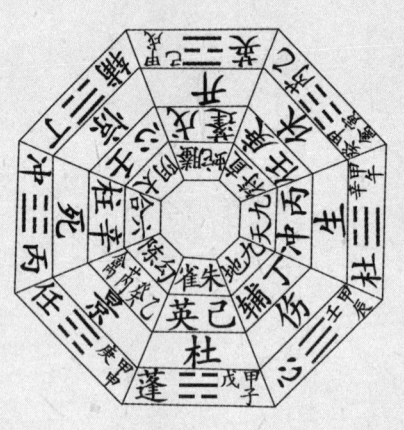

乾宫生门　神假　丁奇入墓　宫克门
坎宫生门　小格　门生宫
艮宫克门　门迫宫
震宫克门
巽宫克门
离宫相佐　符反吟　时干格
坤奇格　宫克门
兑生与丙合　神遁　门生宫
任符加坤为山地剥
生门加兑为山泽损
庚仪加乙为太白贪合格
乙日飞干格伏干格

断曰：任符而得庚仪，所往皆格，而遇乙则独与为合。然值反吟，则犹有心密迹疏者焉。盖故剑之寻，必俟事定时清之日也。生使合丁于乾，又乘九地之神，非不多谋善算，暗地得通，而入墓韬光，遇而不遇，或者汉宫犹见李夫人乎？

兵事门生宫，利于主。阳星阳时，宜先动。乾有神假，兑有神遁，西北一带，宜以神道设教，披发魇胜。伏兵于东南，大张金鼓，出正西生门，背生击死。西北发其神兵，东南发其伏卒。**出行**利出正西，当遇贤主人。行八九里，逢飞骑奔腾。**阳宅**乙日不用，庚日宜立西门，当闻鼓声为应。**阴宅**酉山卯向可用。有远方人，送书信为应。

附：**占胜败**西南客胜，东北主胜。虚实合战不已。**攻城**令内应举火，即可拔。**守城**宜备南门。**天时**不晴亦不雨。**地理**山凹透风，山向不吉。**人事**有荤牧之利，闻班马声。**田禾**西南有虫灾，正西大熟。**家宅**财官两旺，但防刑伤。**官禄**有参罚，难升迁。**应试**临场有阻。**求财**秋占大利。**婚姻**各有所属。**胎产**生男，产母啾唧。**疾病**心火太盛，可以不药。**捕获**匿正北方，门前有水池。**失物**已不可得。**远信**为阴人沉搁。**鸦鸣**事有反覆。**鹊噪**有阴私。

阴遁一局

秋分中元　大暑中元
大雪下元　处暑上元

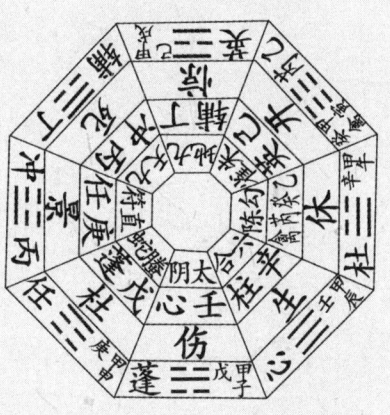

乙庚日丙戌时

孤申酉虚寅卯
天任直符加三宫　生门直使加六宫

乾　门生宫
坎　宫生门
艮　天乙与太白格　门迫宫
震　奇格　时干格　宫生门
　　龙返首　相佐　格勃　白入荧
巽　宫克门
离　宫克门
坤　宫生门
兑　休与乙合　虎遁　龙逃走　宫生门
任符加震为山雷颐
生门加乾为山天大畜
庚仪加丙为太白入荧格
庚日不遇　时干入墓

断曰：符入震宫，庚加于丙，返首之吉，不能敌入荧格勃之凶也。于是对宫遂有龙逃之患，则胡桑对蓟，入望惊心；鲁析闻邾，临风动魄矣。生使乘六合而入乾，得则为开疆辟土之谋，失则有越礼忘羞之事，而时干入墓，总之其事无成。

兵事宫克星，不利为客。门生宫，龙返首，主人大利。宜按兵不动，老营于正东，列成阵势，坐东朝西，俱用白旗圆阵，以应逃走之龙。老营却用红旗锐阵，以应入荧之白。俱宜后应。**出行**冬月出正西七里，逢女人引孩儿。格遇猖狂，宜防争斗。**阳宅**宜立兑门，有乌鹊报喜。**阴宅**酉山卯向吉。日合元辰，时为廉子化木，有气可用。

附：**占胜败**主胜。**虚实**贼势甚猖獗。**攻城**宜缓图。**守城**西南守将，其意欲逃。**天时**风云俱散，天气清爽。**地理**穴下有狸洞蚯蚓，左山无情，不甚吉。**人事**有武人来进物。**田禾**岁丰，秋间微有水患。**家宅**宅安发人，东有冲射，宜防窃贼。**官禄**美中不足，未必满任。**应试**利小考。**求财**和气可求。**婚姻**男女有刑伤，不成。**胎产**生男，易产。**疾病**情欲所致，尚可调理。**捕获**已逃难获。**失物**四足之物，在篱壁下。**远信**迟至。**鸦**鸣有贵人事。**鹊**噪行人至。

阴遁一局

乙庚日丁亥时

大暑中元
秋分中元
处暑上元
大雪下元

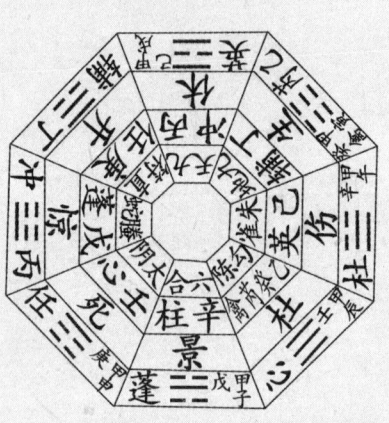

孤酉戌虚卯辰
天任直符加四宫
生门直使加五宫

乾 乙奇入墓 宫克门
坎 宫克门 门迫宫
艮 宫门比和
震 门迫宫
巽 相佐 仪刑奇格 时干格 门迫宫
休与丙合 丙奇升殿 门迫宫
离 生与丁合 重诈 雀投江
坤 门反吟 宫门比和
兑 宫克门
任符加巽为山风蛊
生门步五为山地剥
庚仪加丁为太白受制格

断曰：庚与丁格，符又击刑，真所谓"虓虎之地"也。而丁方恃木之生，乘风之助，虽以庚之强力，不能不为之屈。是故临三军者，困于帷簿，往往有之。乃生使又合飞丁，反加于乙，是别宅藏娇，恰逢主母之妒，然相见欢然，必曰我见犹怜耳。

兵事宫克星，利为主。阳星加阳时，亦利于战。时干逢格，不能免于交锋，俟敌上门，自来受制，空其老营。一枝明出南门，一枝暗出坤门，东北正北，皆伏要害，以中军火起为号。**出行**冬出正南九里。逢皂衣妇人，或运动之物。季月出西南二里，闻哭声，或人携笼鸟而行。**阳宅**立离坤二门吉。**阴宅**午山坤山俱利，南方有火光应。

附：**占胜败**主胜。**虚实**贼兵甚弱。**攻城**坚守不出，利缓取。**守城**城中大有生气。**天时**天晴，当有风。**地理**龙脉伤，无朝山，防是古墓。**人事**有女人暗来求赏。**田禾**农劳有收。**家宅**宅发财丁，但微嫌暗耗。**官禄**宜小心文书。**应试**利于小考。**求财**不利。**婚姻**男家怀畏，不成。**胎产**生男，发贵，防小产。**疾病**肝火郁结，宜滋阴。**捕获**在正西，易获。**失物**已毁坏。**远信**托人转寄，不至。**鸦鸣**有贵家喜事。**鹊噪**有伤损。

阴遁一局

大暑中元
秋分中元
处暑上元
大雪下元

丙辛日戊子时

孤戌亥虚辰巳
天任直符加一宫　生门直使加四宫

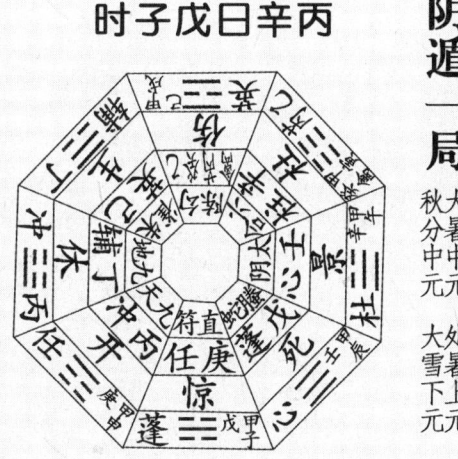

乾　门生宫
坎　太白与天乙格　时干格　门生宫
　　开与丙合　鸟跌穴　勃符
艮　荧入白　宫生门
　　休与丁合　重诈　门生宫
震　玉女守门　宫克门
巽　门生宫
离　虎猖狂　门迫宫
坤　门迫宫
兑　任符加坎为山水蒙
　　生门加巽为山风蛊
　　庚仪加戊为太白逢恩格
　　丙日飞干格

断曰：任符加坎则克宫，庚仪加戊则时格，触目皆折戟沈沙，残山剩水也。乃生使入巽，恰逢守门之玉女，或有迎风待月，愁闻长乐之疏钟者乎？于雀武上乘，感物思变，则介虫出土，升木为蝉，惟觉哀音之动人而已。

兵事星往克宫，庚金乘旺，秋冬皆可举兵。先发露布，声明教条，大将建朱旗赤纛，从东北方出。既至敌处，宜就正东安营，向平负险，后通樵牧，设伏于坤兑二方。战时大将坐正北，击正南大利。**出行**秋宜出东北，冬利出正东，图谋百事皆吉。**阳宅**宜立艮震二门，阴日有白衣人至应。**阴宅**艮山震山俱吉，有雉飞鼠走应。

附：**占胜败**主客各有胜负。**虚实**消息未真。**攻城**援兵近，宜缓图。**守城**严守勿懈，敌人自退。**天时**正北起黄云，阴晴不定。**地理**砂水不合，防官非。**人事**若行捕捉，即获。惟不利产妇及小儿。**田禾**麦丰，荛青大熟。**家宅**宜者甚利，内助贤能。冬季防口角，有虚惊。**官禄**政声四达，立致公卿。**应试**文佳可中。**求财**中人得力，可获。**婚姻**男家中阻，不成。**胎产**生女，难产。**疾病**旧病复发，调理即愈。**捕获**盗匪东南，易捕。**失物**在西北方，老人窃去。**远信**未至。**鸦鸣**主阴人事。**鹊噪**财喜。

阴遁一局

大暑中元 处暑上元
秋分中元 大雪下元

丙日辛己丑时

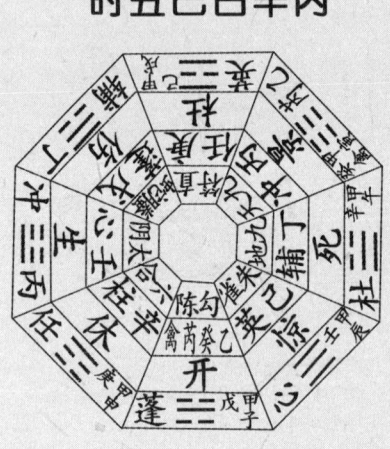

孤亥子虚巳午
天任直符加九宫 生门直使加三宫

乾 宫门比和 开与乙合 龙遁 门生宫
坎 宫门比和
艮 宫克门
震 宫克门
巽 宫门比和 门生宫
离 刑格 时干格 门生宫
坤 天假 鬼假 门生宫
兑 丁奇升殿 门生宫
任符加离为山火贲
生门加震为山雷颐
庚仪加己为太白大刑格
时干入墓 辛日飞干格

断曰：庚符加离，离乃火宫，能化金而生土，是铜山金穴，皆由鼓铸而成，非天造也。既见刑格，复逢杜塞，则钱刀龟贝，或有不通于时用者矣。生使入震受克，岂无抑郁之情，而太阴乘之，毋乃"朝嫌剑光短，暮嫌剑光冷"乎？

兵事星受宫生，门受宫克，主客互有损益，但阴时入墓，不利用兵。符下遇格，宜移营伏于正东，掘壕为城，营正北，置战楼，伏精锐守之。西南五十步，置旋风炮，更设疑兵以应天假。正西不可埋伏。**出行**正北可行，路逢刚暴人，防有争斗。**阳宅**宜立坎门，有皂衣人至应。**阴宅**子山午向吉。作用时，见南方火光应。

附：**占胜败**主胜。**虚实**闻言不可信。**攻城**城守甚固，未能速拔。**守城**城中防走消息。**天时**天气晴爽。**地理**案山层耸，穴情生动。**人事**主尊贵相蒙，或暗事心疑。**田禾**麦有收，禾防虫灾。**家宅**女眷康宁，家长有晦。**官禄**案牍劳形，却可升转。**应试**文合主司意，必中。**求财**阴人之财有得。**婚姻**男贫女贵，族大非耦。**胎产**生女，有智能，嫁富夫。**疾病**感冒轻疾，勿药有喜。**捕获**盗与捕同姓，丑日可擒。**失物**为皂衣人所窃，藏西北木竹下。**远信**至。**鸦鸣**无事。**鹊噪**虚惊。

阴遁一局

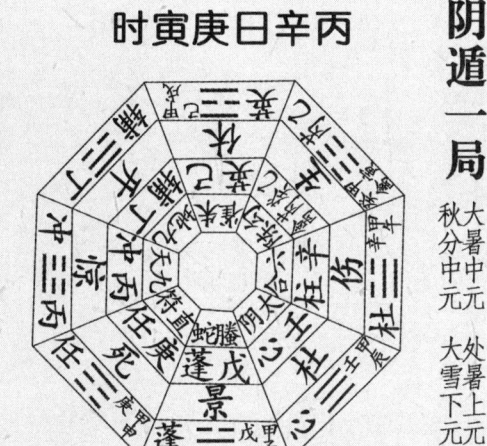

时寅庚日辛丙

孤子丑虚午未
天任直符加八宫　生门直使加二宫

大暑中元
秋分中元
大处暑上元
大雪下元

乾　宫宫克门
坎　宫克门
艮　符伏吟　仪刑　飞宫格　伏宫格
震　时干格　宫门比和
巽　开与丁合　重诈　门迫宫
离　生与乙合　乙奇入墓　门反吟　宫门比和
坤　门迫宫
兑　符伏吟为艮
任　生门加坤为山地剥
庚仪加庚为太白重刑格

　　断曰：符伏使反，俱乘勾白之神，始合中睽，以兵相向，大则楚汉之争雄，小则张陈之隙末也。乃符得死门，难见江东之父老；使合乙奇，不啻入海之蛟龙，吉凶成败，判若天渊。用兵则主钝而客利，凡事则上损而下益，但嫌奇墓，尚须待时。

　　兵事飞宫伏宫，反覆多凶，兵宜静镇。安营于巽地，掘濠筑土城，营外更置拓队，每幕抽一二人充之，备火枪，施拒马。副将别营于西南，宜慎择地，勿近塚墓，及飞锋天灶之类。贼至合击，交战西方。**出行**宜出东南方，求财谒贵皆吉。西南奇墓，作事不能称心。**阳宅**宜建巽坤二门，有孕妇至应。**阴宅**坤山巽山俱吉。作用时，见荷蓑戴笠人应。

　　附：占胜败胜负相等。**虚实**敌情反覆。**攻城**援兵未至，急攻可拔。**守城**民心向敌，难保无虞。**天时**阴晴不定。**地理**穴有窝脐，朝案不佳。**人事**思旧念远，或有田桑之事。**田禾**麦丰，东南西南俱大熟。**家宅**上下和，防有刑伤，家长利外出。**官禄**升后有灾。**应试**不中。**求财**有得，但防二竖为祟，仅为医药之费。**婚姻**成，不谐老。**胎产**得男，易育，母安。**疾病**木乘土位，宜健脾疏肝。**捕获**盗匿正南，用计可擒。**失物**小儿取去，恐投于水火中。**远信**至。**鸦鸣**文书淹滞。**鹊噪**进熟物。

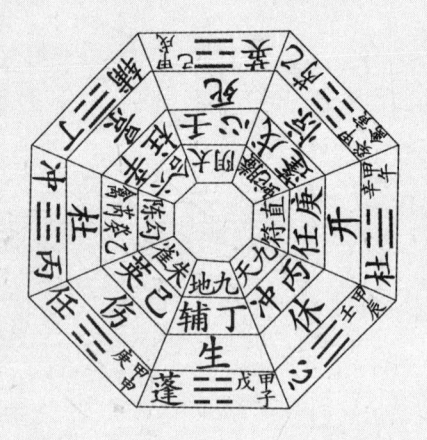

阴遁一局

大暑中元 处暑上元
秋分中元 大雪下元

丙辛日辛卯时

孤丑寅虚未申
天任直符加七宫 生门直使加一宫

乾 休与丙合 丙奇入墓 宫生门
坎 生与丁合 重诈 门迫宫
艮 格刑 门迫宫 乙奇升殿 宫门比和
震 宫生门
巽 宫生门
离 宫生门
坤 时干格 宫门比和
兑 生门加坎为山泽损
任符加兑为山水蒙
庚仪加辛为太白重锋格
辛日伏干格

断曰：庚禄在申而加于酉，是带刃也。遇辛又为太白之重锋，则暗鸣叱咤，奔走风雷，于以开拓疆宇，何难哉！佐使合丁，乘九地而入坎，是诚有谋有勇，足以夺阴山之险，击单于之颈矣。时惟秋旺，入冬过险而成功。

兵事宫受星生，门却克宫。大将宜镇老营，命副将统轻锐前发，至敌境，先择水草处立营，昼则扬兵于西北，多设旌旗，变易耳目；夜则用夜营法，持更严警，更伏奇兵于东。战则背正北，击正南。**出行**宜出正北方，求谋大利。西北月奇逢墓，未为全吉。**阳宅**宜立乾坎二门，有少女来应。**阴宅**宜子山午向。丙日禄到巳，乾山巽向亦吉。

附：占胜败客胜。虚实敌军未至。**攻城**羸师佯北，候悉甲出追，截其归路，拔帜而登。**守城**多惊。**天时**雨。**地理**结穴朝案俱佳。**人事**北方有女人，谈幽冥事，或密信至。**田禾**麦丰，雍冀倍收。**家宅**进益好，女眷安，惟嫌兄弟不睦，有分拆事。**官禄**有为有守，同寮妒忌，防中伤。**应试**不中。**求财**取求如意。**婚姻**男家中止。**胎产**生女，防慢惊风。**疾病**纵欲所致，水衰火旺，宜峻补。**捕获**盗在东北，近江河山中。**失物**钢铁之类，在厕傍，或木屑中。**远信**无。鸦鸣朋来。鹊噪向北鸣，有吉事。

阴遁一局

丙辛日壬辰时

大暑中元
秋分中元
处暑上元
大雪下元

孤寅卯虚申酉
天任直符加六宫　生门直使加九宫

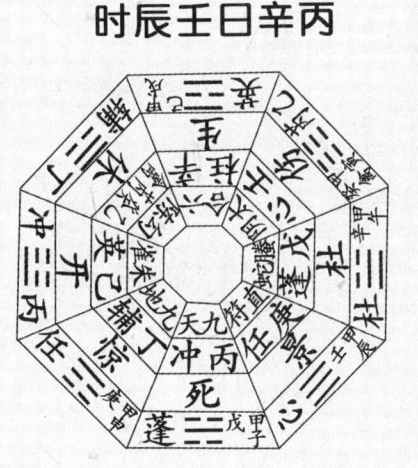

乾　上格　时干格　门迫宫
坎　门迫宫
艮　丁奇入墓　宫生门
震　门迫宫
巽　休与乙合　风遁　蛇夭矫　门生宫
离　门迫宫
坤　宫克门
兑　生门加乾为山天大畜
任符加乾为山天大畜
生门加离为山火贲
庚仪加壬为太白退位格
时干入墓

断曰：壬干在乾，名为天狱，而庚符加之，非甘陈之械系，即条侯之对簿也。又加以景门，而邹阳之书，岂复能感六月之霜哉！生使入离，似欲投生，而六合临午，有文字之追呼；值辰时，为冒妄之争讼。恐天上金鸡，不复下夜郎矣。

兵事星生宫，宫生门，主客均利。阳星加阴时，宜外动内静。盖直符被格，时干入墓，诸事皆宜守旧。扬兵于北，戒严蓐食，东北结车为阵，西南伐木益兵。应敌则出东南，且战且守。**出行**庚符遇格，出行有阻。东南虽合风遁，又遇天矫，所到之处，地主不吉。**阳宅**丙日可修巽方。**阴宅**巳山亥向吉，葬时见扛树人应。

附：占胜败主败。**虚实**有说客阻挠。**攻守**守将诈而勇，宜缓图。**守城**防正东门不牢。**天时**微云细风。**地理**拱护不密，水亦反射。**人事**闻敌人失势喜信。**田禾**有虫，薄收。**家宅**屋有冲射，厨厕欠利，不能聚财。**官禄**士民嗟怨，不能满任。**应试**途中有阻。**求财**秋夏俱利。**婚姻**女有媵妾极贤。**胎产**生男，母成，暗疾。**疾病**肺经受克，宜培其母。**捕获**向茶酒肆中捕。**失物**为少女所藏。**远信**中途担搁。**鸦鸣**东南鸣，防有虚诈。**鹊噪**客来。

阴遁一局

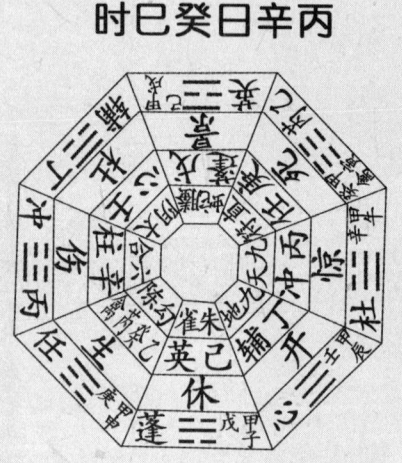

大暑中元　秋分中元　大雪下元　处暑上元

时 巳 癸　日 辛 丙

孤卯辰虚酉戌
天任直符加五宫　生门直使加八宫

乾　开与丁合　重诈　丁奇入墓
坎　生与乙合　虎遁　小格　门伏吟
艮
震
巽　符反吟　大格　时干格　奇格
离
坤　任符步五为山地剥
兑　生门伏艮为艮
　　庚仪加癸为太白刑隔格
天网

断曰：庚符加癸，既刑且格，又反吟入网，恐平沙浩浩，千里绝烟，呼庚癸而莫应也。若卢龙之塞，尚有田子春在，则可因而得济，从旁之乙，即其人乎？生使伏艮，飞乙又来作合，则玉门关内，复睹班超，其得力于上书之人，为不少矣。

兵事时网门伏，不宜出兵。西北合重诈之格，虚立营盘，潜师出东北生门，敌来则往，敌往则来，怒其师而乱其部，乃发东南伏兵中断之。一战于东北，一战于西南，使敌疲于奔命。**出行**符遇大格，出行欠利。出西北，二十里，逢阴贵人应。**阳宅**东北生门得奇，可以修造，微有口舌应则吉。**阴宅**乾山可用，有孕妇携小儿至。

附：**占胜败**胜败互有。虚实反覆不定。**攻城**有内应，立破。**守城**宜守西南，更防东北地道。**天时**阴云满天。**地理**水法不合，宜改向。**人事**有方外人，面合心离。**田禾**麦熟，禾防根下生虫。**家宅**人口不安，夫妻反目。**官禄**有参罚，可以起复。**应试**卷防水汙。**求财**可得，有阻，当是外家之财。**婚姻**已各有属。**胎产**生女，子母俱危。**疾病**劳复食复之症，急切难愈。**捕获**正方富家作窝主。**失物**因惊失去，难寻。**远信**将至。**鸦鸣**因财物角口。**鹊噪**有酒食。

阴遁一局

丙辛日甲午时

大暑中元
秋分中元
处暑上元
大雪下元

孤辰巳虚戌亥
天柱直符加七宫
惊门直使加七宫

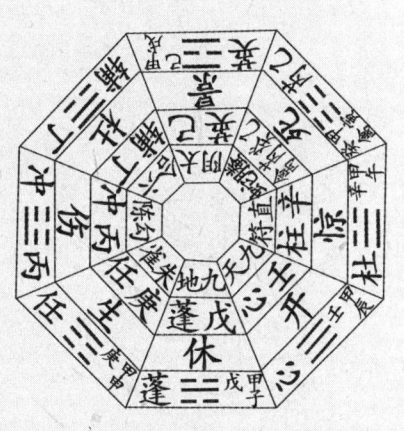

兑 坤 离 巽 震 艮 坎 乾
辛仪加辛为天庭自刑格
惊门伏兑为兑
柱符伏兑为兑
门符伏吟
乙奇入墓
　　地假
无奇门
　　天辅时

断曰：六辛分符，居于酉地，既逢禄而处旺，又司元符太阴之方，且以柱为星，以惊为使，无一非金。譬之层城阆苑，以金银为宫阙，以瑶玉为楼观，亭台阶砌，璀璨辉煌，而金母端坐于其中，旺于秋，休于冬，大暑则其相气也。

兵事仲甲之时，门符俱伏，不宜兴兵。宜于正北结为大营，休兵养辛，秣马厉兵，赦过宥罪，更定号令。伏轻兵于正南，不时四辑，以备不测。敌至，宜绕其后，背东北以击西南。**出行**无奇门，不利远行。秋冬暂出，西北正北皆可。**阳宅**乾方有门无奇，伏而不动，不宜用。**阴宅**年月日俱利，宜另选一时。

附：**占胜败**主胜。**虚实**敌兵不动。**攻城**远攻不甚利。**守城**防火箭延烧。**天时**天晴，有云。**地理**破军行龙，世代发武。**人事**有贵人微睡，呼而惊醒。**田禾**丰歉如上年。**家宅**丁财俱发，微嫌小口有惊，宜静不宜动。**官禄**不能即升。**应试**文不畅满，止宜小考。**求财**有阻隔。**婚姻**成后有口舌。**胎产**生女，应三七日生。**疾病**咽喉口齿之疾，宜清肺。**捕获**系大盗，在东北。**失物**缺齿人盗去。**远信**不至。**鸦鸣**事涉女人。**鹊噪**有田产交易事。

阴遁一局

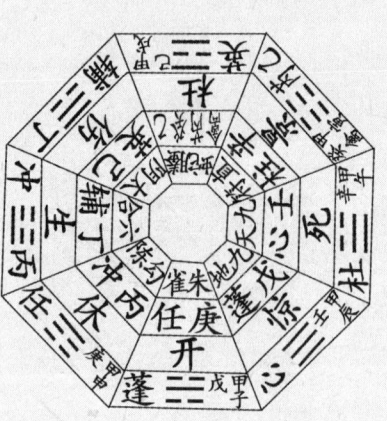

丙日辛乙未时

秋分中元 大暑中元
大雪下元 处暑上元

孤巳午虚亥子
天柱直符加二宫　惊门直使加六宫

乾　宫门比和
坎　太白与天乙格　门生宫
艮　休与丙合　荧入白　宫克门
震　生与丁合　休诈　宫克门
巽　神假　宫门比和
离　门生宫
坤　相佐　虎猖狂　门生宫
兑　门生宫
柱符加坤为泽地萃
惊门加乾为泽天夬
辛仪加乙为白虎猖狂格
乙奇得使游仪　丙日飞干格

断曰：乙处坤中，以芮为家，辛符从而克乙，柱星从而盗芮，是强邻压境，而子女玉帛，悉为彼军所取也。然辛加乙，而乙临巳，舍入墓而得游仪，邠谷既弃，岐阳以兴，亦何患于猖狂之虎？使入天门，利在比和，惜乘九地暗晦之将，未为全吉。

兵事宫门比和，阳时利客。荧入虎狂，皆先举者胜。宜分兵两道出师，一出直符之下，战于西南；一出休诈之下，战于东北。乾方伏兵，从西南方助战；巽方伏兵，从东北方助战。**出行**季月出正东。三里，逢公吏勾当人。冬月出东北。八里，逢大禽前引，途中防口舌。**阳宅**立震艮二门吉。**阴宅**卯山吉，艮山亦可用。有童子牵牛为应。

附：占胜败利为客。**虚实**贼欲劫营。**攻城**用水灌之，可拔。**守城**谨防正北难守，勿惊怖。**天时**日入云中，天阴不雨。**地理**巨门星入首，穴结窝中，下有黄沙，虎昂非吉。**人事**当有钱粮事务经心。**田禾**东方熟。**家宅**人不宁，防暗脱。**官禄**恃才太狂，风波不免。**应试**小试取第三。**求财**大获利。**婚姻**不成。**胎产**生女。若生男，不能育。**疾病**脾有湿气，宜泻肺。**捕获**人赃俱在北。**失物**向西北泥土中寻。**远信**有喜信，却未至。**鸦鸣**贵人有事相商。**鹊噪**有行人至。向东方鸣，即有喜信。

阴遁一局

时申丙日辛丙

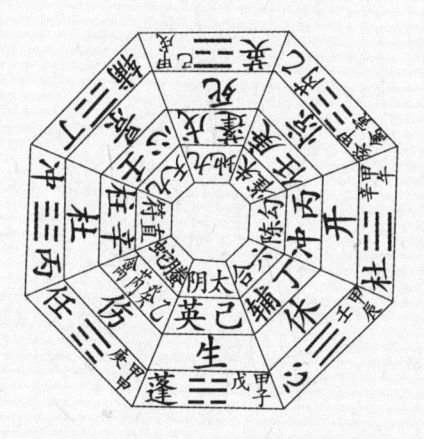

孤午未虎子丑
天柱直符加三宫　惊门直使加五宫

大暑中元
秋分中元
处暑上元
大雪下元

乾　休与丁合　休诈　丁奇入墓　宫生门
坎　门迫宫
艮　小格　门迫宫
震　龙返首　相佐　符勃　符反吟
宫门比和
巽　宫生门
离　大格　奇格　宫生门
坤　开与丙合　鸟跌穴　勃符　宫门比和
兑　柱符加震为泽雷随
惊门步五为泽地萃
辛仪加丙为天庭得明格

断曰：辛符丙奇，彼此互加，而返首跌穴，二美并具，又逢威权之合，宜乎吉矣。然丙虽喜辛，冲实畏柱，恐合中之反覆尚多；惊使步五，乘雀武，遇癸庚，乃逢乙奇，如行地穴之中，幽怪既甚，艰险复多，忽焉日光相照，几疑别有天地也。

兵事返首之格，利为主。门遇庚格，恐贼来惊撼，或劫我旁营。宜遣别将，分二军，一阵正西，一阵西北。先遣游兵，暗伏敌营坎方，伺敌既出，即驰入其营，击金鼓，树青旗为号。敌若返救，则二军从后乘之。**出行**秋月宜出正西，冬利西北。往西见女人引孩儿，往西北防道途迷失。**阳宅**宜立乾兑二门。有白衣人至应。**阴宅**乾山巽向、酉山卯向俱吉。

　附：**占胜败**主胜。**虚实**防暮夜偷劫。**攻城**有内应可拔。**守城**城中有党，终夜虚惊，宜去城求援。**天时**晴。**地理**龙穴俱佳。**人事**主盗贼擒获，占音书，防有阻。**田禾**有年，雍益尤丰。**家宅**宅居聚财登贵，人口健旺，季月宜防失脱。**官禄**官显俸厚，必遇超升。**应试**文高中式。**求财**北方阴贵人之财得。**婚姻**交门为婚，易成。**胎产**生女，防恶阻。**疾病**女人产后之症，延西北方医易治。**捕获**知风远遁，难获。**失物**主自遗忘，宜问大腹人。**远信**未至。**鸦鸣**主见文书。**鹊噪**有惊。

阴遁一局

丙辛日丁酉时

大暑中元 秋分中元
大处暑上元 大雪下元

孤未申虚丑寅
天柱直符加四宫 惊门直使加四宫

乾 丙奇入墓 宫克门
坎 地假 宫生门
艮 格刑 门生宫
震 乙奇升殿 宫克门
巽 玉女守门 相佐 门迫宫
离 宫克门
坤 伏宫格 门生宫
兑 柱符加巽为泽风大过
惊门加巽为泽风大过
辛仪加丁为白虎受伤格
无奇门 丁奇得使遇甲 辛日伏干格
辛日不遇

断曰：辛符挟柱以伤辅，其锋锐不可当，乃丁奇据焉。火风成象，方乘旺以克辛，不几攘臂而往者，垂首而归乎？幸有直使同加，玉女守门相待，会稽栖而文种求成于伯嚭，白登围而陈平行间于阏氏，可谓善排难解纷者矣。

兵事星门皆克宫，宜先举兵，倍道深入。军行用捉生法，选骁果，熟谙道路者为前队。遇故人樵牧，间觇者生擒以归，讯问贼情，及险隘小路。格遇守户，贼军必有归心于我者。与约暗号，刻期赴之，宜慎。**出行**伏宫格，又无奇门，远行不利。**阳宅**生门上乘雀武，动作防失脱。**阴宅**奇门不合，当另择时。

附：**占胜败**主胜。**虚实**防敌诱我。**攻城**宜退兵诱敌出战。**守城**防有奸细在城。**天时**斜风密雨。**地理**土如豆色，来龙气厚，拱护森严。**人事**有宴会歌舞之事，或见骑马美人。**田禾**有年。**家宅**宅长安宁，小口防惊痫。**官禄**治地遂意，士民爱戴。**应试**公荐得中。**求财**坐贾获利。**婚姻**女有才，不寿。**胎产**胎稳，产迟，生男。**疾病**是旧病，冷坛邪神为祟，祀之愈。**捕获**盗匿正西赌博场中，易缉。**失物**西北缺唇人所盗，赃在床足下。**远信**无。**鸦鸣**主女人事。**鹊噪**进西方财物。

阴遁一局

丙辛日戊戊时

大暑中元
秋分中元
大处暑上元
大雪下元

孤申酉虚寅卯
天柱直符加一宫　惊门直使加三宫

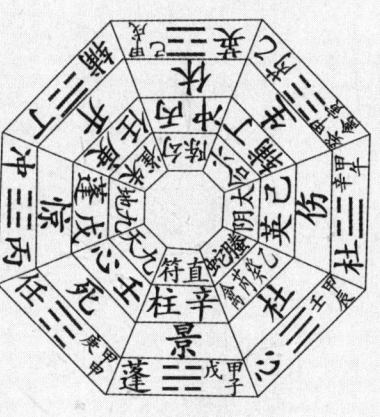

乾　乙奇入墓　宫克门
坎　宫克门
艮　门宫比和
震　门反吟　门迫宫
巽　奇格　门迫宫
离　休与丙合　丙奇升殿　门迫宫
坤　生与丁合　休诈　雀投江　宫门比和
兑　神假　宫克门
惊门加震为泽雷随
柱符加坎为泽水困
辛仪加戊为龙虎争强格
时干入墓

断曰：戊土居水旺之宫，已忧财多身弱，辛符又盗之以生水，戊益困矣。然戊固脱，而辛亦不免于泄，庸独利乎？惊使反而迫震，乃乘九地，且值丙火，进则趑趄而不敢前，退则徘徊而未能决，所以为暗晦，所以为呻吟也。

兵事时逢入墓，动必无成。宜与副将合军，屯于震地，用柴营法，密排钉撅，横其车为护，急则推转外向，伏精锐于离坤二方，置烽火为号。却遣游奕跳荡为远探，出西北，敌来佯败，伏兵乘之，战于正西伤门。出行正南西南俱吉。往南见飞鸟，往西南遇小儿见人喜笑。阳宅宜立坤门离门。半年内，得武人财宝。阴宅宜午山坤山，老人持杖应。

附：占胜败客胜。虚实来情多诈。攻城城中女子知兵，防御甚严，宜缓图之。守城敌将渔色，无心攻战。天时占雨即雨。地理屏障拱护不佳。人事东方见宽衣大帽人，或术士老疾人。田禾麦丰，西南尤熟。家宅卧房幽晦，心绪不舒，兼有暗耗。官禄居官不显。应试文合主司意，限额不取。求财友朋处告贷，有得。婚姻女家不允。胎产得男，母安。疾病因惊停积，脾胃不和，宜疏肝健脾。捕获向东南巡缉。失物为东方人所盗。远信在中途。鸦鸣无事。鹊噪有贵人事。

阴遁一局

秋分中元　大暑中元
大雪下元　处暑上元

丙辛日己亥时

孤酉戊虚卯辰
天柱直符加九宫　惊门直使加二宫

乾　上格　宫生门
坎　生与丙合　天遁　门迫宫
艮　神假　门迫宫
震　地假　宫门比和
巽　蛇天矫　宫生门
离　仪刑　宫生门
坤　人假　宫生门
兑　宫门比和
柱符加离为泽火革
惊门加坤为泽地萃
辛仪加己为虎坐明堂格

断曰： 辛符加己，虽曰虎坐明堂，利于为客，然星仪并畏英火，且为午符自刑之乡，将遁逃之不暇，奚暇谋利？惊使入坤，喜于受生，然癸已先寄，壬又来加，地网天罗，森然布列，而乘九天变动之将以临之，吾惧其动而多戾也。

兵事 符值自刑，兵不可妄动，且防营中有变。宜如初下营时，令司兵巡队，不许出入。司骑巡骡马，司胄巡器仗，司仓巡粮食讫，再申明约束，换置军号。虞侯巡军三周，刻漏鼓角，皆有定数，为严备。**出行**宜出正北方。路遇武贵，或见斗殴人。**阳宅**宜建坎门，有人抱小儿至。**阴宅**宜子山午向。作用时，闻鹊鸣犬吠应。

附：占胜败主胜。**虚实**敌军途有险阻。**攻城**城中空虚，将士寒心，必来求款。**守城**寇深援远，士无斗志。**天时**阴晴忽变。**地理**有碍后人。**人事**虚中有惊，或睡梦神飞。**田禾**雨水及时，年丰。**家宅**有刑伤，有虚惊，宜修德以迓福。**官禄**不升，且有灾。**应试**文呈荐，有二卷相较，为其所夺。**求财**可获，防相争。**婚姻**不果成。**胎产**生女，有虚惊。**疾病**土虚水泛，补脾自愈。**捕获**盗匿西北，难获。**失物**在正西幽暗处。**远信**未至。**鸦鸣**有火惊。**鹊噪**西北方人馈菓品。

阴遁一局

丁壬日庚子时

大暑中元
秋分中元
处暑上元
大雪下元

孤戌亥虚辰巳
天柱直符加八宫
惊门直使加一宫

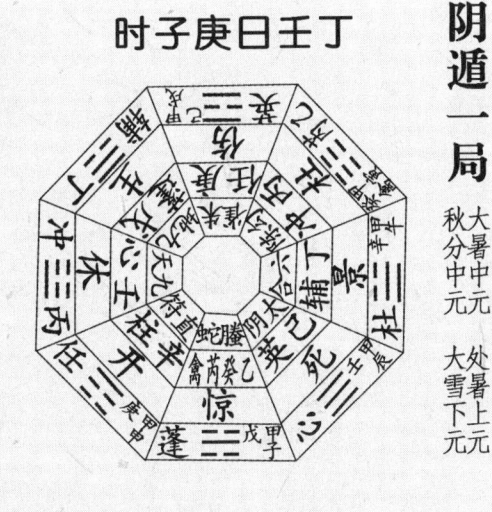

乾 鬼假 门生宫
坎 门生宫
艮 飞宫格 宫生门
震 门生宫
巽 刑格 门生宫
离 门迫宫
坤 丁奇升殿 门迫宫
兑 柱符加艮为泽山咸
　 惊门加坎为泽水困
　 辛仪加庚为虎逢太白格
　 无奇门

断曰：庚干居艮，方据生乡以雄视，而辛符往而争之，飞宫之被格也宜矣。然任土终脱于柱金，庚岂能禁辛之肆暴，大约季月则庚可自豪，秋时则辛必得志耳。使脱于坎，且值蛇神，俱主虚耗之占。幸逢癸合于戊，可无大害。

兵事宫生星，门生宫，主客俱利。宜坐军门于东北，左伏于东南，右伏于西北，游兵出没于东西之间。敌营方自相仇杀，不敢加兵于我。若必欲战，宜出背水阵，背北击南，敌退则止。**出行**休门生门皆可。东南闻锣鼓声，正东遇雨应。**阳宅**东南方可小修，有小儿骑牛马应。**阴宅**壬日贵在兔蛇，卯山巽山俱可厝，有禽兽惊走或二人相逐应。

附：**占胜败**主得利。**虚实**敌有刑伤，不足畏。**攻城**攻其东北，城内必惊，自亦防损。**守城**宜谨东北。**天时**天朗气清。**地理**穴中有石，不利后人。**人事**有女眷胎产虚惊。**田禾**正南防旱。**家宅**小口多惊，孕妇防病。**官禄**位隆任重，两袖清风。**应试**文章极合主司意。**求财**田土之财，冬月最利。**婚姻**男性凶，女亦妄，不可就。**胎产**难产，生女。**疾病**肝肾之病，症非一端，宜延正西医士。**捕获**匿于南方残疾人家。**失物**失于东南木石间，不可得。**远信**尚无。**鸦鸣**主文书和合。**鹊噪**防伤损。

阴遁一局

大暑中元
秋分中元
处暑上元
大雪下元

丁壬日 辛丑时

孤亥子虚巳午
天柱直符加七宫
惊门直使加九宫

乾 门生宫
坎 宫生门
艮 门迫宫
震 宫生门
巽 鬼假宫克门
离 宫克门
坤 生与丁合 乙奇入墓 宫生门
兑 符伏吟 宫生门
柱符伏兑为兑
惊门加离为泽火革
辛仪加辛为天庭自刑格

断曰：酉本辛之禄地，直符贪而归伏，乃成天庭自刑。辛之逢禄，殆所云"麝以香自烧，膏以明自煎"者耶？使入南方，门受宫克，幸有上下太阴，暗中或相解免，如袁盎适吴，逢其故从史也。盛夏当有灾危，正秋则无深虑。

兵事符伏不宜出兵。宫克门，客尤不利。庚伏于东北，志在自守，本无远图。大将居于正西胜地，分兵于南北，伏于要害。使游骑从正东，掠其左辖。敌出，则以两翼伏兵，齐起麾之。**出行**西南可行。但逢奇墓，恐有迷津。阳宅小修西南门，当有天目人至。阴宅坤山可用。作用时，东方有师巫至。

附：占胜败可以议和。**虚实**敌尚未至。**攻城**攻西南门，立破。**守城**东北隅必有重围。**天时**晴云淡泊。**地理**案山逼迫，向道不利。**人事**有下人私谋蒙蔽者。**田禾**禾麦俱小丰。**家宅**老阴人不利，亦不聚财。**官禄**俸久不能即升。**应试**可中，防孝服。**求财**宜托人转借。**婚姻**男女不吉。**胎产**生男，有惊。**疾病**脾胃火盛，时有惊悸，宜退火。**捕获**大伙在东北。**失物**在正北泥水处。**远信**途中逗留。**鸦鸣**有争斗，或堕马。**鹊噪**任性致祸。

阴遁一局

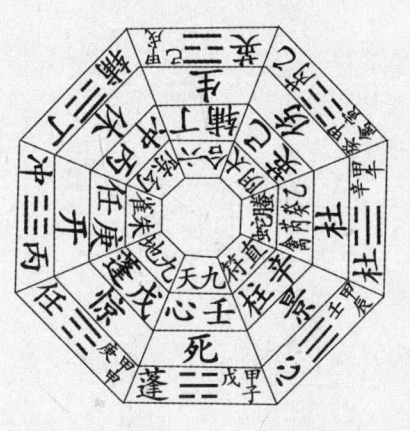

大暑中元
秋分中元
处暑上元
大雪下元

丁壬日 壬寅时

孤子丑虚午未
天柱直符加六宫 惊门直使加八宫

乾 门迫宫
坎 门迫宫
艮 天乙与太白格 宫生门
震 白入荧 奇格 门迫宫
巽 生与丁合 门生宫
离 神假 门迫宫
坤 龙逃走 宫克门
兑 柱符加乾为泽天夬
　　惊门加艮为泽山咸
　　辛仪加壬为天庭逢狱格

断曰：乾宫壬水，时干已得生乡，辛柱又从而加之，印累累而绶若若。干则美矣，乃符入天门，翻为逢狱，岂恩多成怨故耶？惊使入艮，受生可喜，然乘九地之将，以临六庚之宫，可安然而无患乎？莫谓受恩深处，便可为家也。

兵事宫生门，利于客。天乙与庚格，大将不利。宜遣左部伏于东北，遣右部伏于西南。贼至东，则发左伏；贼至西，则发右部，皆不可先动，俟其犯我，然后击之，以应入荧龙走之格。**出行**季月出正南，九里逢公吏。冬月出东南四里，逢皂衣人相争。**阳宅**宜立离巽二门，有笼鸟歌唱应。**阴宅**午山巽山俱吉。作用时，有童子持花果至。

附：**占胜败**不利为客。**虚实**贼即至，防其行劫。**攻城**垂得复失。**守城**谨备正东。**天时**云开见日。**地理**龙有损伤，主生恶人。**人事**有为敌人谋间者。**田禾**欠丰，东南熟。**家宅**门上伏刃，人口有刑伤。**官禄**难升。**应试**小试极利。**求财**与者受者皆喜。**婚姻**男女俱有刑伤，不成。**胎产**生男，当是老母末胎。**疾病**脾经之疾，南方有名医，能治。**捕获**贼在正东，自投罗网。**失物**失于东北，防毁。**远信**有喜信，即至。**鸦鸣**有贵人来。**鹊噪**行人即至。

阴遁一局

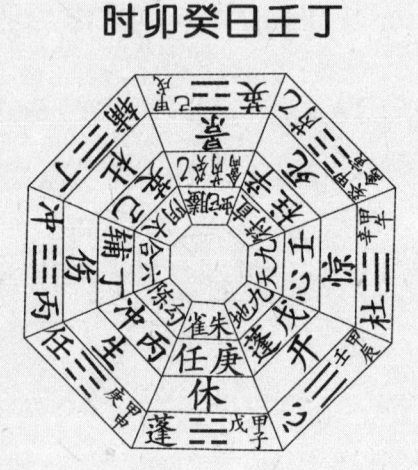

大暑中元 秋分中元 大暑处上元 大雪下元

时卯癸日壬丁

孤丑寅虚未申
天柱直符加五宫
惊门直使加七宫

乾　太白与天乙格
坎　生与丙合　荧入白
艮　神假　物假
震　地假
巽
离　门伏吟
坤　人假
兑　柱符步五为泽地萃
　　惊门伏兑为兑
　　辛仪加癸为虎投罗网格
天网　丁日不遇

断曰：癸水处中而寄坤，相逢禽芮，厚土而埋细流，癸之存也几希。得辛柱之金以加之，泄土气，益水源，癸何幸耶？辛虽生癸为脱，而得土培，则仍是惠而不费也。使伏而乘九天，乃不能静而思动者，殊非守己待时之道。

兵事门伏网张，不宜兴师动众。但荧入虎狂，对敌不宜后应。局有四假，或播流言，或设陷阱，或凭鬼物，或饰狮象。闻敌人所在，实时发兵追讨。在东北用火阵，在西南用金阵。**出行**季月出东北八里，逢屠猎人。但天网门伏，乘凶入白，不出亦可。**阳宅**宜立艮门，有持铁器至。**阴宅**艮山坤向吉，作用时有犬吠及鼓声为应。

附：占胜败客胜。虚实贼正歇息未来。**攻城**城内甚恐，可以诈取。**守城**备西北，防火劫。**天时**有云起，日藏云内。**地理**地不佳，防葬师与土人串合，以假地骗人。**人事**有越狱事，或闻风雨声。田禾夏旱，欠丰。**家宅**右首房高，防有火烛。**官禄**太使性，不能升。**应试**文章灵动，可望中。**求财**置货求财则利。**婚姻**冰人虽好，女家畏惧，难成。**胎产**胎稳，生女，母恐成痫。**疾病**肾气不静，宜溢金生水。**捕获**贼在正北水洲。**失物**西北土上寻。**远信**有喜信，封面损伤。鸦鸣有忧。鹊噪有阻隔事。

阴遁一局

大暑中元 秋分中元 处暑上元 大雪下元

时辰 甲日壬丁

孤 寅卯虚申卯酉
天心直符加六宫 惊门直使加六宫

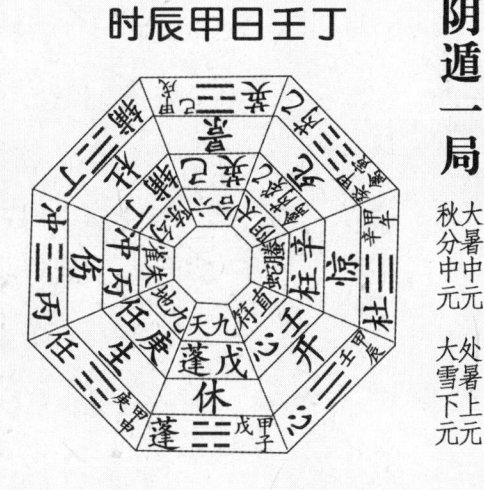

乾 门符伏吟
坎
艮
震
巽
离
坤 鬼假 乙奇入墓
兑
心符伏乾为乾
开门伏乾为乾
壬仪加壬为天牢自刑格
无奇门 天辅时

断曰：壬仪在乾，为天上之水，雨露之泽，而得象于亥，则为恩诏，为宴赐，为官俸，有涵濡长养之意。天心开门，皆安然不动，则辰星效于奎娄室壁之间，可卜时和而年丰矣。时值天恩转赦，更宜省图圄，脱桎梏之事。

兵事星门不动，壬仪受生，宜遵法镇静，周巡营垒，密布蒺藜、鹿角。昼以旌旗形色为号，夜以金铎鼓角茄笛为节。凡遇旋风尘起，野兽踪迹，男女物件皆令报知。惟东北西南，贼所出没，更须严警。**出行**秋可出西北，冬可出正北，亦不利大事。**阳宅**生门上乘庚干，修造不利。**阴宅**坤宫有日奇，合鬼假，坤山可暂厝。

附：**占胜败**先动者败。**虚实**敌不至，迟则计生。**攻城**城中有阴谋，宜乘夏令，用火具攻之。**守城**宜振作士气。**天时**雨。**地理**山向不合。**人事**宜开释疑虑，舍旧更新。**田禾**收成如去年。**家宅**官者安吉，恩荣叠加。**官禄**京员靖恭，亦可升转。**应试**不中。**求财**有阻，不得。**婚姻**成，男家富，女不寿。**胎产**生女，子母俱不利。**疾病**肺肾虚，不能速愈。**捕获盗匿**正东二十五里外，门前有火烧横木。**失物**为近水人所取，其人身长有须。**远信**无。**鸦鸣**有隐密和合事。**鹊噪**有阴贵人来。

阴遁一局

时巳乙日壬丁

孤卯辰虚酉戌
天心直符加二宫 惊门直使加五宫

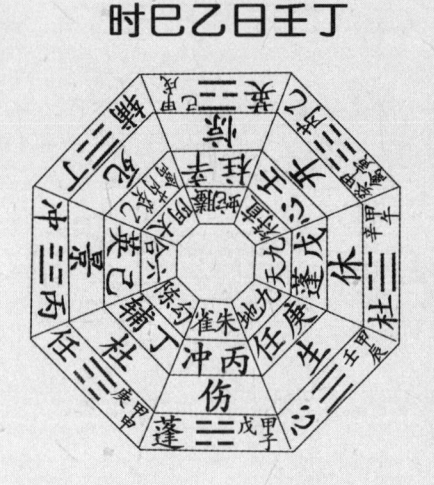

大暑中元
秋分中元
处暑上元
大雪下元

乾 伏宫格 上格 门生宫
坎 宫生门
艮 丁奇入墓 门迫宫
震 宫生门
巽 鬼假 蛇夭矫 宫克门
离 宫生门
坤 相佐 宫生门
兑 宫生门
心符加坤为天地否
门开步五为天地否
壬仪加乙为日入九地格
无奇门 丁日飞干格 壬日伏干格

断曰：符入坤而取用于乙，在甲则为枝荣木茂，在壬则为水清木华。且坤土生金，而申金又生壬水，可称有体有用，事无不可为矣。开使步五寄坤，是殊途而同归者也。又乘六癸，则江沱潜汉，无非一源，而三壤成赋，声教暨讫，其明德永垂矣乎？

兵事星门俱受宫生，宜与副将分道出师，刻期会于敌境。惟乾方路格，不可行兵。既至，亦不可安营乾地。即从西方进兵，直击正东，获利即止。屯于西南，伏兵坎艮，以伺敌间，或行招抚。**出行**无奇门会合，远行不利。近出，西南直符下可往，路逢贵人。**阳宅**无奇门，日干又逢格，修造不吉。**阴宅**巽宫有日星二奇，壬日禄在亥。巽山乾向，可以浮厝。

附：**占胜败**客兵胜。**虚实**敌有阻，未至。**攻城**可以长驱直入。**守城**当筑复城御敌。**天时**密云不雨。**地理**地有更变，防遭兵火。**人事**一事两心，彼此似合非合。**田禾**麦防虫灾，禾有收。**家宅**人口康宁，但不发财。**官禄**小心供职，仅免参罚。**应试**届期有灾。**求财**不得。**婚姻**女夭，不及完姻。**胎产**生男，后当贵，母安。**疾病**因于情欲，肾水虚惫，宜峻补。**捕获**盗匪北方，捕人私纵。**失物**西方人窃去，不得。**远信**友朋沉滞，未至。**鸦鸣**有财帛事。**鹊噪**无关休咎。

阴遁一局

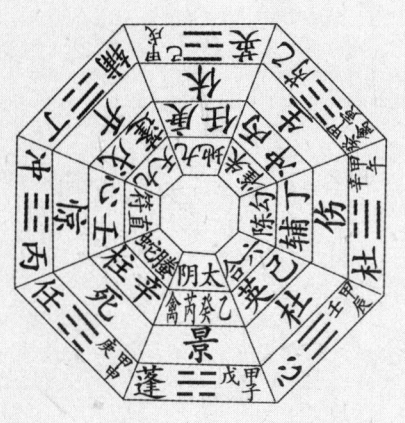

丁壬日丙午时

大暑中元
秋分中元

大处暑下元
大雪上元

孤辰巳虚戌亥
天心直符加三宫
开门直使加四宫

乾 地假 宫克门
坎 宫克门
艮 宫门比和
震 龙返首 相佐 符勃 门迫宫
巽 玉女守门 门反吟 门迫宫
离 刑格 门迫宫
坤 生与丁合 宫克门
兑 丁奇升殿 门迫宫
心符加震为天雷无妄
开门加巽为天风姤
壬仪加丙为天牢伏奇格

断曰：符值返首，吉矣，而壬加于丙，则奇伏于牢，光明不能无损。将毋震本财宫，而取之过刻，利适足以害义乎？使遇玉女于巽，又与元符相值，则大堤逢旧，情不自胜，鲤鱼尾，猩猩唇，所以言欢也。然乘九天，其志本不在小，切勿溺于利欲。

兵事星门克宫，不利为主。青龙返首，宜从直符下出兵。七煞在离，南方必有贼伏，且逢刑格，不可安营，止利于西北一路，随路埋伏。游兵贼归巢，背西南，击东北，大兵则从旁奋击。**出行**西南可行。十里内外，逢白衣逃窜公吏。**阳宅**宜立西南门，周年进绝户田园大吉。**阴宅**坤山艮向吉。作用时。闻东方有喊笑声。

附：占胜败主军大胜。**虚实**敌伙相刑。**攻城**宜纵反间。**守城**决水灌敌军，必走。**天时**有风雨不久。**地理**龙脉甚真，穴下恐有金石。**人事**有升迁事，或开算钱粮。**田禾**禾防旱，荆州大熟。**家宅**屋宇宏敞，恐不能久居。**官禄**复任则吉，即可升迁。**应试**得而复失。**求财**有得，费口舌，防有盗贼。**婚姻**男有刑伤，不吉。**胎产**生男，当有文名。**疾病**脾气不实，即愈，可不药。**捕获**匿西南僧道之家。**失物**为幼女所得。**远信**吉信将至。**鸦鸣**闻妊喜。**鹊噪**有佳音。

阴遁一局

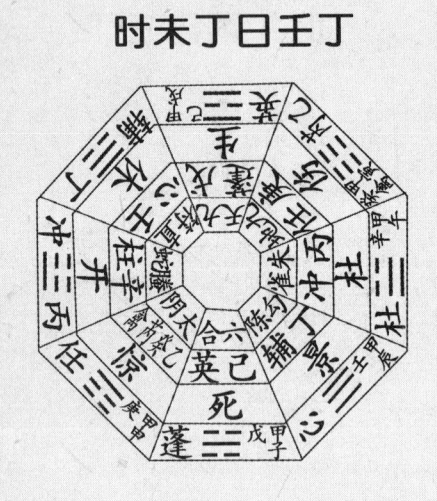

大暑中元　秋分中元　处暑上元　大雪下元

时末丁　日壬丁

孤巳午虚亥子
天心直符加四宫
开门直使加三宫

乾　丁奇入墓　门迫宫
坎　鬼假　门迫宫
艮　小格　宫生门
震　相佐　仪刑　符反吟　门生宫
巽　门迫宫
离　宫生门
坤　大格　奇格　门迫宫
兑　宫克门
心符加巽为天风姤
开门加震为天雷无妄
壬仪加丁为太阴被狱格
无奇门

断曰：符巽使震，比肩接迹，前后相引，非以取财，则借径于财也。乃符则丁壬相合，使则丙辛相化，其权术有过人者矣。然符则反吟自刑，使则螣蛇虚耗，是作伪心劳，而有齿焚身也。若能用之以正，则心逸日休，而一枝飞焰，直朗天门矣。

兵事星门克宫，利于为客。但直符自刑，不宜出兵。好生休养士卒，屯聚粮草，以为后图。虚张兵势于正南，固守老营于巽地，西南东北，皆有贼伏。上遇大格小格，误入必有损伤。**出行**无奇门，开下有丙，可向东行。然将遇螣蛇，符遇击刑，惊伤不免。**阳宅**可小修正南屋宇，闻锣鼓声应。**阴宅**卯山可厝，有瘦妇与僧道同行应。

附：**占胜败**主兵胜，有伤残。虚实敌军未来。**攻城**可说之来归。**守城**宜备南门。**天时**久雨不晴。**地理**地与化命相合，但有刑伤。**人事**有武人升迁，中多冒功。**田禾**禾有灾。**家宅**宅长有灾，家多惊恐。**官禄**防参劾入狱。**应试**名落孙山。**求财**季月占，可得。**婚姻**宜换亲。**胎产**难产，母子不保。**疾病**金气克木，宜清肺。**捕获**贼匿不出，难捕。**失物**大叫呼则得。**远信**无。**鸦鸣**防有争斗。**鹊噪**防马逸。

阴遁一局

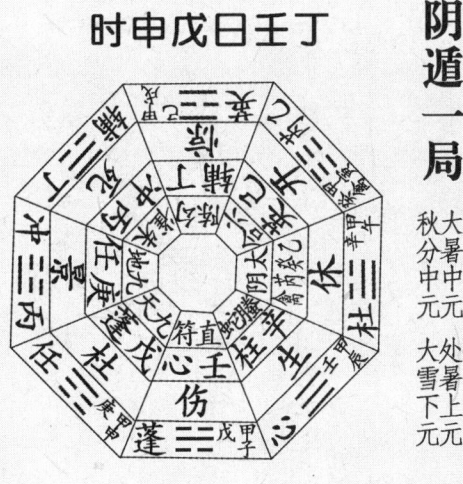

大暑中元
秋分中元
大处暑下上元
雪元

丁壬日戊申时

孤午未虚子丑
天心直符加一宫 开门直使加二宫

乾 门生宫
坎 宫生门
艮 天乙与太白格 门迫宫
震 白入荧 奇格 宫生门
巽 宫克门
离 宫克门
坤 宫生门
兑 休与乙合 真诈 虎遁 龙逃走 宫生门
心符加坎为天水讼
开门加坤为天地否
壬仪加戊为青龙入狱格
壬日不遇

断曰：金符加坎，是为旺宫；而壬仪亦得相地，金明水秀，如玉壶之冰，秦台之镜矣。开使入坤，将有吴吟之意；而六合临申，见关津之渡越，思彼美之云遥，则有对此清秋，怆然伤神者。西行访道，合虎遁之吉；东出仓星，慎入荧之咎。

兵事星生宫，宫生门，主客俱利。龙逃白入，尤利为主。分兵伏于正东正西，不可先动，掩旗息鼓。敌若过东，则东击其首，西击其尾；敌若过西，则西击其首，东击其尾。大将背西北，击东南。**出行**壬日不用，隐遁当出西门。一八里，逢青衣九流。**阳宅**宜立正西门，有三五妇女至应。**阴宅**辛酉山吉。作用时，闻西方怀娠妇人哭泣声。

附：占胜败主胜。**虚实**寇即至。**攻城**守将欲弃城暗遁。**守城**宜备正东。**天时**阴晦不雨。**地理**龙气不住，左砂不紧。若遇壬日，当损人丁。**人事**有亲戚相会。**田禾**正西不熟。**家宅**正西门廊不整，有妇女口舌。**官禄**壬日占，难升。**应试**不第。**求财**多费口舌，薄有所得。**婚姻**女妨夫，不吉。**胎产**生男，当贵。**疾病**胃有杂火，宜导。**捕获**逃人在西南仕宦家。**失物**已不可得。**远信**带信人被劫，却是好音。**鸦鸣**有阴私事。**鹊噪**防小灾。

阴遁一局

丁壬日己酉时

孤未申虚丑寅
天心直符加九宫 开门直使加一宫

大暑中元 秋分中元
处暑上元 大雪下元

乾 鸟跌穴 勃符 丙奇入墓 宫门比和
坎 开与丁合 门生宫
艮 格刑 宫克门
震 生与乙合 乙奇升殿 云遁
巽 真诈 宫克门
离 门生宫
坤 门生宫
兑 门生宫
开门加坎为天水讼
心符加离为天火同人
壬仪加己天地刑冲格

　　断曰：心符加离，金入火乡，受克深矣。赖壬水可以相救，而又遇己克，杜门又助火而仇金，是一室之内，片刻之间，而有烈焰沸腾，戈矛相向者。开使入坎，虽欲为被发缨冠之救，而西江水远，莫及于然眉；且乘勾白，防道路之有格斗也。

　　兵事宫克星，门生宫，利于为主。直符受克，大将不利。宜遣副将，别开营门于正北，立炮台于乾宫。敌至，则以火枪居前，筅手随后，杀出正东生门，杀入东南伤门，听中军鼓声进退。**出行**开门将凶，生门将吉。宜从正东，出三里，逢孝衣孕妇。**阳宅**利开东门，有渔猎人至为应。**阴宅**卯山可用。周年后，生贵子，得横财，大发。

　　附：**占胜败**主兵大胜。**虚实**西方有伏兵。**攻城**守将有谋，未易拔。**守城**北门兵利害。**天时**晴明。**地理**穴情极佳，右砂微昂。**人事**有女眷孝服，或争斗。**田禾**麦大收。**家宅**屋宇甚新，但防损丁破财。**官禄**武弁最吉。**应试**文不通畅，不利场屋。**求财**大利，当密图之。**婚姻**男不寿，不能就。**胎产**防胎动，产生女。**疾病**肾火上炎，宜用附桂招之。**捕获**宜向西北马厩中捕。**失物**杂于西南文卷中。**远信**已发。**鸦鸣**有迁变事。**鹊噪**泥金报喜。

阴遁一局

大暑中元
秋分中元
处暑上元
大雪下元

丁壬日庚戌时

孤申酉虚寅卯
天心直符加八宫 开门直使加九宫

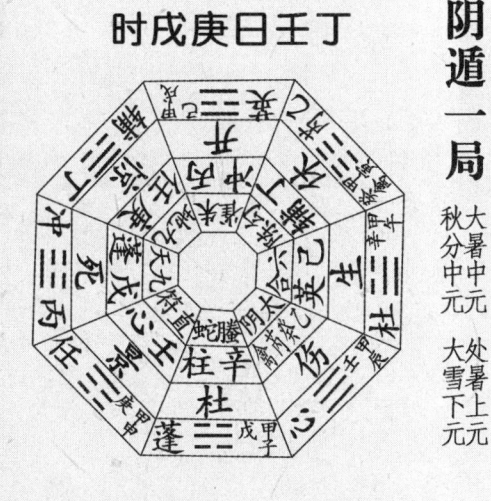

乾 神假 乙奇入墓 宫克门
坎 宫生门
艮 飞宫格 门生宫
震 宫克门
巽 奇格 门迫宫
离 开与丙合 雀投江 宫克门
坤 门休与丁合
兑 门生宫
心符加艮为天山遁
开门加离为天火同人
壬仪加庚为虎逢太白格
壬日飞干格 丁日伏干格

断曰：符加于艮，格遇飞宫，虽谓庚金本属同气，而熊虎之声，豺狼之性，岂能爱其所亲，于是假手景门之火以制之。此如袁绍之召董卓，除害而害更及身，非计之得也。独开使入离，遇当阳之丙，乃以相照而非以相伤，其为图南之吉乎？

兵事 宫克门，不利客。直符飞格，旧营不利。即宜移营于东南，借丁奇以制庚煞，前营分伏于西北，左右两部，一居正南，一居正东。敌若犯我，或出正南，或出西南，以前营绕击敌后。**出行** 壬日飞干，丁日伏干。坤离虽有奇门，未为全吉。阳宅坤门可立，不利士子家。阴宅午山子向吉，有赤白马至应。

附：占胜败 客兵胜。**虚实** 敌有暗谋。**攻城** 守将有谋，不可躁进。**守城** 宜备正南。**天时** 阴云不雨。**地理** 元辰直泄，日久必遭兵火。**人事** 有捷书，或武臣议叙。**田禾** 防旱。**家宅** 厨灶不吉，事不顾叙。**官禄** 有盗案参罚，难升。**应试** 卷防污损，不中。**求财** 秋占有得。**婚姻** 有刑伤，不吉。**胎产** 产速，生男。**疾病** 心火盛，宜安神。**捕获** 贼匿南方仕宦家。**失物** 失于东方，已不可得。**远信** 喜信即至。**鸦鸣** 事有阻隔。**鹊噪** 有亲朋至。

阴遁一局

大暑中元 处暑上元
秋分中元 大雪下元

丁壬日辛亥时

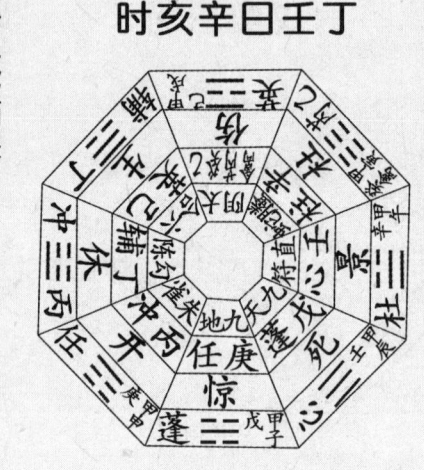

孤酉戌虚卯辰
天心直符加七宫　开门直使加八宫

乾　门生宫
坎　太白与天乙格　门生宫
艮　开与丙合　荧入白　宫生门
震　休与丁合　门生宫
巽　宫克门
离　神假　门生宫
坤　虎猖狂　门迫宫
兑　门迫宫
心符加兑为天泽履
开门加艮为天山遁
壬仪加辛为白虎犯狱格

断曰：金本从革之性，心符入兑，化顽烈为精纯，则景门之功也。开使入艮，得丙奇照曜，如山头明镜，足征境遇之光荣，而无如荧入太白，为猛火之铄金；雀武临门，防暗中之行劫。德修谤兴，履安知惧，是为得之。

兵事宫生门，利为客。大将坐西，以后营为中军，前营出正东休门，为正兵；左翼居北，右翼居南，伏而不动，为奇兵。战于东北，则发左伏；战于西南，则发右伏。皆宜先举，后营为声援。**出行**正东可行，当逢皂衣女人。若出东北，当逢道旁口角。**阳宅**东门可开，亦可小修东北门，有皂衣贵人至。**阴宅**卯山可用，艮山次之，有跛足青衣人至应。

附：占胜败客胜。**虚实**敌兵必退。**攻城**宜用冲车。**守城**当谨守东北。**天时**半阴半晴。**地理**右砂太昂，棺木易朽。**人事**宜遣将出兵征讨。**田禾**正东大获。**家宅**人口平安，微有口舌，亦防火烛。**官禄**可因捕盗得迁。**应试**秋战不利，小考最利。**求财**反有所失。**婚姻**难成。**胎产**胎安，产迟，生女。**疾病**心血妄行，且防增病。**捕获**宜向东北山冈，仕宦家捕。**失物**失于西北丧家。**远信**即至。**鸦鸣**有贵人喜庆。**鹊噪**有外人相侮。

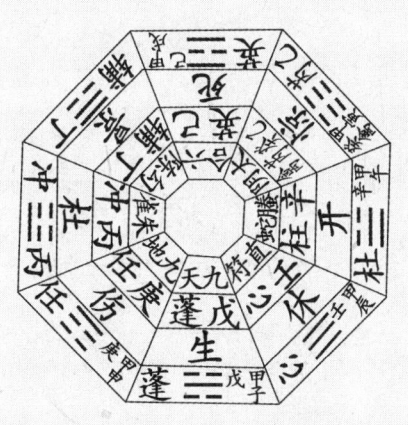

阴遁一局

大暑中元　秋分中元
处暑上元　大雪下元

时子壬　日癸戊

孤戌亥虚辰巳
天心直符加六宫
开门直使加七宫

乾　符伏吟　宫生门
坎　门迫宫
艮　门迫宫　宫生门
震　宫门比和
巽　宫生门
离　鬼假　乙奇入墓　宫生门
坤　宫门比和
兑　心符伏乾为乾　开门加兑为天泽履　壬仪加壬为天牢自刑格　无奇门

断曰：符伏于乾，壬加于壬，更乘休门，如金山第一泉，乃伏江流之下，必深入取之，其泉始得，是出于江而不混于江也。开门加兑，又值重复之辛，其纤微必辨，殆陆鸿渐之品泉耶？而螣蛇临酉，为炉灰，为釜鸣。时则清适有余，惟茶烟一榻而已。

兵事 符伏，又无奇门，阴星加时，不宜出兵。直符自刑于乾，大将不利。宜以副将署理军务，深沟高垒，坐于正北生方，止摇旗呐喊，大鸣金鼓，勿与交锋。敌若退，发西南伏兵可击。**出行** 无奇门，不利长行。冬月暂出西北，六里逢贵人，或财帛。**阳宅** 时当另选。**阴宅** 亥山犹可浮厝。

附： **占胜败** 主胜。**虚实** 贼伏不动。**攻城** 宜打正西地道。**守城** 可守，亦可议和。**天时** 有雨，戊日当晴。**地理** 人财俱发。**人事** 有求禄人，诡谲难托。**田禾** 丰。**家宅** 大人平安，小口有惊。**官禄** 安吉，升迁却迟。**应试** 小考利。**求财** 行动可求。**婚姻** 可成，亦利重结丝萝。**胎产** 生女，防有虚惊。**疾病** 肺气太盛，泄金可愈。**捕获** 贼在正东伏而不出。**失物** 失于原处，可寻。**远信** 勾留不至。**鸦鸣** 有口舌。**鹊噪** 所谋不遂。

阴遁一局

戊癸日癸丑时

大暑中元 秋分中元 处暑上元 大雪下元

孤亥子虚巳午
天心直符加五宫 开门直使加六宫

心符步五为天地否
开门伏乾为乾
壬仪加癸为阴阳重地格
天网

乾 门伏吟 上格 伏宫格
坎 休与丙合
艮 生与丁合 丁奇入墓
震 神假 物假
巽 地假 蛇天矫
离
坤
兑

断曰：壬符在乾，不啻金盘之露，而入中寄坤，往加于癸，其为水则一也，而淄渑混矣。毋乃谓此辈清流，当投之浊流耶？开使归伏，上乘九地，内明外暗，有身隐焉之旨，盖梁伯鸾吴隐之一流人也。惟时奇门会于东北，知买山之有素志矣。

兵事 天网门伏，不利出兵。西北庚伏于宫，且逢上格，敌人必有劲兵，私伏于内。宜于东南，预伏重兵，假作粮草衣甲，诱其东来抢劫。大军分出正北东北，登伏合击，以应蛇之天矫。**出行** 冬月出正北，一里，逢水中之物。季月出东北，八里，逢公吏。**阳宅** 宜立坎艮二门。**阴宅** 丑山甲山俱利。作用时，有妇人携酒至为应。

附：占胜败 客胜。**虚实** 敌有所阻，不进。**攻城** 急攻可拔。**守城** 难守，贼从西北门入。**天时** 阴晦不晴爽。**地理** 外山不护，向亦不利，未为安妥。**人事** 无事，当有密札，臧否人物。**田禾** 禾防生虫，东北丰。**家宅** 有冲射，人口欠利。**官禄** 难升。**应试** 利小试，不利大比。**求财** 有口舌，难得。**婚姻** 有阻隔，女家不许。**胎产** 胎安，生女。**疾病** 肺家有积，不能生水，急宜滋阴。**捕获** 贼当自露。**失物** 衣裳首饰之类，向正西寻。**远信** 迟至。**鸦鸣** 有惊惶。**鹊噪** 有喜事。

阴遁一局

时寅甲日癸戊

孤子丑虚午未
天禽直符加五宫 死门直使加五宫

大暑中元
秋分中元
大雪上元
处暑上元

兑 坤 离 巽 震 艮 坎 乾

门符伏吟 地假

禽符伏五为坤 仪刑 乙奇入墓
死门伏五为坤
癸仪加癸为天网重张格
无奇门 天辅时 戊日不遇

断曰：阳遁穷于九，阳尽午中之义也。阴遁穷于一，阴尽子中之义也。而其甲寅之符，皆在中宫，盖中五之地，造化之枢纽，品汇之根柢也。故发舒之极，必归于中，而后可以息机；敛藏之极，亦必归于中，而后可以起化。

兵事孟甲符伏，不宜出兵。德内刑外，营中宜肯灾肆赦，咸与维新。发游兵，从正西侦探。东南屯粮积草，西北汲水樵苏。为方阵方营，火枪强弩，四周排向，敌至则应，不必远袭。**出行**无奇门，不利远行。戊日不遇，尤为不宜。若吊唁，出西南亦可。阳宅不宜修造。阴宅土山用斗首元辰，尚有用者。

附：占胜败相持。**虚实**贼尚不动。**攻城**城内有腹心，可说其降。**守城**防西北有地道。**天时**天晴，亦有风。**地理**坤峰高起，主出寡妇。**人事**有家人孕育之事。**田禾**雨旸时若，有收。**家宅**宅发财，宜静守。**官禄**令曹难升。**应试**文极空灵，止利小考。**求财**从艰难中得。**婚姻**因亲可成。**胎产**胎安，生女。**疾病**水受土克，滋补可愈。**捕获**贼匿水乡。**失物**向原处寻。**远信**无。**鸦鸣**主事有急迫。**鹊噪**主有财喜。

阴遁一局

戊癸日乙卯时

孤丑寅虚未申
天禽直符加二宫　死门直使加四宫

大暑中元
秋分中元
处暑上元
大雪下元

乾　门生宫
坎　宫生门
艮　门迫宫
震　宫生门
巽　鬼假　玉女守门　宫克门
离　宫克门
坤　开与乙合　相佐　符伏吟　仪刑
兑　宫生门
禽符加坤为坤　乙奇入墓　宫生门
死门加巽为地风升
癸仪加乙为日沉九地格

　　断曰：癸符本寄坤宫，与乙同处，及加时干，而仍不出乎坤，是动而仍如未动矣。盖癸为土掩，全赖乙木以疏之，如督井待浚，乃不至有无禽之叹，宜其相亲而不舍也。使入巽宫，相逢玉女，而上下阴神，宜密而又密，以集吾事。

　　兵事门克于宫，不利为客。即收右营副将，合于老营，别移参领，伏于东南林木，敌人若到，止用火枪，更番打放，不得妄动。潜师出于西北，或据其水草，或掠其辎重，敌退即止。**出行**秋冬宜出西南方。二里逢贵人，或银钱布帛。格合龙遁，水行极利。**阳宅**宜立坤门，有患目人至。**阴宅**坤山日为武财。若年月俱合，戊癸有气，为三武一家，极吉。

　　附：**占胜败**两和。**虚实**结党不动。**攻城**当开门纳款。**守城**西南防决水。**天时**起风，天气晴。**地理**坤龙到头，水口亦紧，主发富贵。**人事**见妇人技巧，或笔墨。**田禾**大丰。**家宅**宅吉人安，即发富贵，宜女子掌家。**官禄**当升转。即在本部本地。**应试**文尖刻，荐而不售。**求财**当得暗财。**婚姻**门当户对，可成。**胎产**秋月生贵子。**疾病**日轻日重，心气不足，当泻补同用。**捕获**正北中道逢捕，即获。**失物**正北可寻。**远信**即到门。**鸦鸣**有喜事。**鹊噪**有土木工。

阴遁一局

大暑中元
秋分中元
大雪下元
处暑上元

时辰丙日癸戊

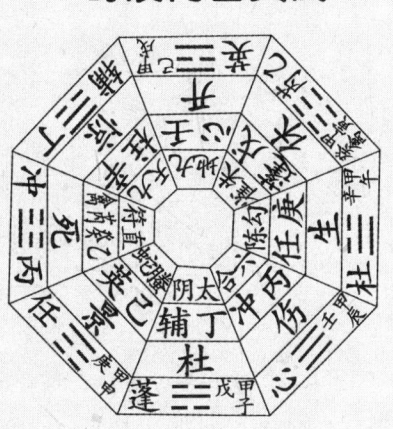

孤寅卯虚申酉
天禽直符加三宫　死门直使加三宫

乾　丙奇入墓　宫克门
坎　地假　宫生门
艮　格刑　门生宫
震　龙返首　相佐　符勃　宫克门
巽　门迫宫
离　宫克门
坤　宫生门
兑　门生宫
禽符加震为地雷复
死门加震为地雷复
癸仪加丙为明堂犯悖格
无奇门　丙奇得使遇甲

断曰：符入震宫，禽芮并受冲伤，而丙干喜于返首，乙奇乐于升殿，岂所云"妻子欢娱僮仆饱"者耶？然癸符久困于土，正喜冲木相救，亦似借他人酒杯，浇自己块垒耳。使逐符行，乃受宫克，其奋身以卫生者哉！

兵事宫克星门，不利为客。直符虽有返首之吉，上值凶门，即为符勃，军中纪律，必有未严。宜整顿行伍，操练步伐。敌至，则以后营为前军，背东南，击西北。但六合为将，士卒皆胆怯。**出行**近出，宜向南行，九里逢高年道人。**阳宅**休下有乙，可小修西南屋宇，有病脚目人至。**阴宅**坤山可以浮厝。葬后，有绝户人家，送产物至。

附：**占胜败**客兵胜。**虚实**敌有猛将。**攻城**城中将士用命，未易拔。**守城**效死勿去。**天时**有风而晴。**地理**龙真穴的，穴下当有羽翼之物。**人事**有舟车事，或河上工程。**田禾**禾半收。**家宅**屋甚轮奂，宅长防有长服。**官禄**防丁艰。**应试**中后有刑伤。**求财**无得，且有争。**婚姻**女畏男家，不成。**胎产**生男，不育。**疾病**水道不利，宜肝肾同治。**捕获**向西南渔水次捕。**失物**被窃难获。**远信**有疾病之信，迟至无虞。**鸦鸣**惊。**鹊噪**东南鸣者吉。

阴遁一局

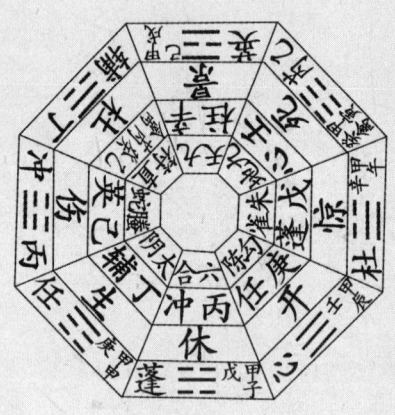

大暑中元　秋分中元　处暑上元　大雪下元

戊癸日丁巳时

孤卯辰虚酉戌
天禽直符加四宫　死门直使加二宫
禽符加巽为地风升
死门伏坤为坤
癸仪加丁为螣蛇夭矫格

乾　上格
坎　休与丙合　休诈
艮　生与丁合　真诈　丁奇入墓
震　相佐　仪刑　蛇夭矫
巽　门伏吟
离
坤
兑

断曰：癸以直符加丁，夭矫之威自倍，又久困土中，蛇初出蛰，毒且愈甚矣。然癸怒禽芮之埋，而不顾其受克，卒亦蹈击刑之凶，如魏博借梁兵以歼牙军，终成铸错之悔也。中本借使于坤，乃因时支而伏，譬奉使而便道过家，殊非靡盬之义。

兵事星受宫克，不利于客。阳星加阳时，亦可先举。但直符击刑，终防伤损。不如反主为客，虚其老营，左右伏为两翼，让敌人杀入空营，炮举伏发，两翼并力合击，以应蛇之夭矫。**出行**东北正北，俱可出行。东北遇妇女同行，正北见小儿乘马。**阳宅**宜立坎门艮门，有执杖人至应。阴宅子山艮山俱吉。作用时，有青衣妇人，抱小儿至。

附：占胜败主兵不胜。**虚实**客军中道有阻。**攻城**城不坚，可攻。**守城**宜备西北。**天时**有久雨。**地理**山向不吉，不能聚财。**人事**忽忆狱中疾病人。**田禾**兖冀皆大熟。**家宅**房屋幽暗，家多疾病。**官禄**防有罪谴。**应试**不中，小考得意。**求财**可求阴人财帛。**婚姻**男家有阻，女亦见畏，不成。**胎产**胎安，产迟，生女。**疾病**水木不能相生，未能即愈。**捕获**人赃俱在正西，捕防受伤。**失物**已窃去。**远信**将到。**鸦鸣**有迁移。**鹊噪**北向鸣，有喜庆。

阴遁一局

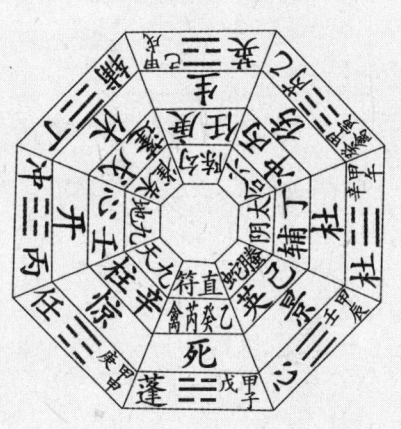

大暑中元
秋分中元
处暑上元
大雪下元

戊癸日戊午时

孤辰巳虚戌亥
天禽直符加一宫
死门直使加一宫

乾 门迫宫
坎 门迫宫
艮 门迫宫生门
震 门迫宫
巽 门生宫
离 刑格 宫生门
坤 地假穴 丁奇升殿 门迫宫
兑 鸟跌穴 勃符 门克门
禽符加坎为地水师
死门加坎为地水师
癸仪加戊为青龙入地格
无奇门

断曰：癸符加戊于坎，戊喜于得配，癸喜于逢禄，可谓相需甚殷，乃坎为雀武之宫，易致争竞，而直使同行，又从而迫之。合本无情，更复有此龃龉，吾恐因细人而兄弟分颜，缘小节而友朋解体也。占者当自敦秩叙，勿令物腐虫生。

兵事星门俱克宫，不利于主。阳星天禽加阳时，亦宜先动。生门刑格，不宜出师。宜出西南伤门，以应跌穴之吉。分兵伏于正东正西，截其粮道汲路。合兵击其西北，得胜即止。**出行**冬月暂出东南方。四里逢有包裹之物，途中防有盗贼。**阳宅**无奇门，不宜修。**阴宅**此日午时以后，俱无奇门，当另择日。

附：**占胜败**利于主。**虚实**贼伙自相刑杀。**攻城**攻之不利。**守城**可守，城中防有疫气。**天时**半日阴。半日晴。**地理**龙带贵格，入首不清，防是伪局。**人事**追念旧人，喜动颜色。**田禾**不丰。**家宅**宅不吉，防损人。**官禄**不升。**应试**文利小考。**求财**宜江湖上行。得贵人之力。**婚姻**男有刑克，难谐。**胎产**生男，母有病。**疾病**土克水，无良医，自宜调摄。**捕获**贼难捉。**失物**向东南可寻。**远信**不即至。**鸦鸣**西北有小人惊恐。**鹊噪**有酒食。

阴遁一局

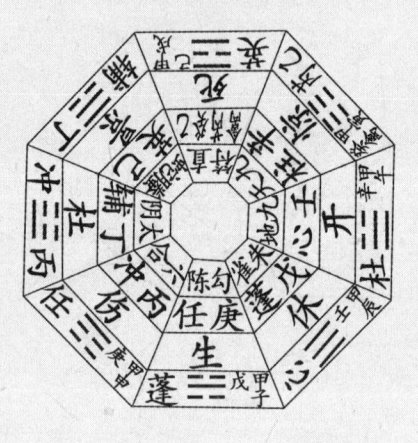

戊癸日己未时

大暑中元 秋分中元
处暑上元 大雪下元

孤巳午虚亥子
天禽直符加九宫 死门直使加九宫

乾 宫生门
坎 太白与天乙格 门迫宫
艮 荧入白 门迫宫
震 地假 宫门比和
巽 宫生门
离 宫虎猖狂 宫生门
坤 虎猖狂 宫生门
兑 宫门比和
禽符加离为地火明夷
死门加离为地火明夷
癸仪加己为华盖入明堂格
无奇门 癸日不遇 戊日伏干格

断曰：己干之在南方，离乃生乡，午为禄地，既力大而势雄，而禽芮得英之助，亦愈足以困癸矣。癸符外迫于强梁，内制于跋扈，惟赖乙奇同行，庶或相救。乃死门直使，又受英景之恩，而入禽芮之党者，复何望焉。

兵事宫生门星，利于为客。东北荧入太白，预宜伏于正东，遣偏师直击其伤门，东伏策应。西南白虎猖狂，上乘九天，不可直击，预宜伏于正西，大将绕道横截之，西伏为策应。**出行**秋冬近出，西方亦可。但有门无奇，终非上吉。**阳宅**癸日禄在子，坎门庶几权用。**阴宅**不宜安葬。

附：占胜败利为客。**虚实**贼欲截我粮道。**攻城**不宜用火攻。**守城**其势难守。**天时**红日当空，微风拂户。**地理**离龙入首，可以发福，但防回禄。**人事**强为欢笑，不露声色。**田禾**不丰。**家宅**两姓同居，发丁不发财。**官禄**吉，难即升。**应试**文涩，不中。**求财**有阻隔。**婚姻**不成。**胎产**胎动，生女，母防发狂。**疾病**火侮所不胜，宜调补水。**捕获**贼在西北，宜急捕之。**失物**胥吏藏匿。**远信**不至。**鸦鸣**女人有惊恐。**鹊噪**佳音至。

阴遁一局

戊癸日庚申时

大暑中元
秋分中元
大处暑上元
大雪下元

孤午未虚子丑
天禽直符加八宫　死门直使加八宫

乾　地假　丁奇入墓　宫克门
坎　宫克门
艮　飞宫格　小格　门符反吟　宫门比和
震　门迫宫
巽　门迫宫
离　门迫宫
坤　伏宫格　大格　奇格　宫门比和
兑　宫克门
禽符加艮为地山谦
死门加艮为地山谦
癸仪加庚为天网冲犯格
无奇门　癸日飞干格伏干格

断曰：癸水本居中五，而寄于坤宫，加于艮地，无往不遇土，则无往非受伤也。况反吟而被格，往来交困，莫此若矣。门使为禽芮之同气，且同符反，既无足倚，止有乙奇相救，又为庚合而去，癸不且复复而子子焉乎？

兵事 虎宫伏宫，大格小格，战必有伤，然不能不战。门符反吟，正宜反败为功，反凶为吉。正东虚张旗帜，一伏于西北山岗，一伏于东南丛树。敌西，则发东伏击东；敌东，则发西伏击西。**出行** 季月近出东南。二里，逢残疾人，亦防小人反覆。**阳宅** 无奇门，不宜修造。**阴宅** 坤山年月日俱合三武，奇到方利。

附：占胜败 互相损伤。**虚实** 贼兵往而复来。**攻城** 城中人心不守，可以说降。**守城** 备东南，不宜出击。**天时** 晴爽。**地理** 龙极变动，得穴，富贵双全，但防失向。**人事** 敌人诡有和局，前后反覆。**田禾** 去年歉，今年丰。**家宅** 人口不宁，恐有迁移。**官禄** 任内多事，升转却迟。**应试** 不中。**求财** 从辛劳中得，防有争。**婚姻** 两家互相结婚。**胎产** 生男，极速。**疾病** 先天不足，宜改旧方。**捕获** 贼在正南，有改过之意。**失物** 向正南刀仗左右寻。**远信** 不至。**鸦鸣** 虚惊。**鹊噪** 主得酒食。

阴遁一局

时酉辛日癸戊

孤未申虚丑寅
天禽直符加七宫　死门直使加七宫

大暑中元　秋分中元
处暑上元　大雪下元

乾　宫门比和
坎　门生宫
艮　天乙与太白格　宫克门
震　白入荧　奇格　宫克门
巽　宫门比和
离　地假　门生宫
坤　门生宫
兑　龙逃走
禽符加兑为地泽临
死门加兑为地泽临
癸仪加辛为华盖受恩格
无奇门
戊日飞干格

断曰：癸符困于土宫，见制久矣。乃始得加辛于兑，有华盖受恩之名，吾知其相得甚欢，恨相知之晚也。且辛门之土，逢金皆脱，土愈脆，则制癸者愈微；金愈旺，则生癸者愈厚，一举而两善备矣。然乙独不免于受伤，岂事之全美者，固难得哉！

兵事门星生宫，利于为主。白入龙逃，客尤不利。大将坐于正西，坚壁勿动。左翼伏于正北，右翼伏于正南，前营列炮，红旗红甲，以厌金胜。敌至，视中军彩旗高飐，即四面奋击。出行秋冬出正北一里，逢暗昧不明之物应。阳宅无奇门会合，再选一时。阴宅子山有门无奇，非上吉，不可用。

附：占胜败主胜。虚实贼即至，来极凶悍。攻城宜缓取。同守之人欲遁，可以反间。守城可守，勿使居人逃奔。天时晴明，空中常见云气。地理无左砂，发财丁，房分不匀。人事有钱粮侵蚀，亏空那移事。田禾秀而不实。家宅左房空缺，不利长子，阴人有病。官禄未必满任。应试场内有惊，小试却利。求财卖货得利。婚姻难成。男女俱有刑伤，成亦不利。胎产生女，胎安。疾病血不荣筋，宜滋补。捕获贼易获。失物失于东北，寻得一半。远信至。鸦鸣事主三人牵连。鹊噪有喜。

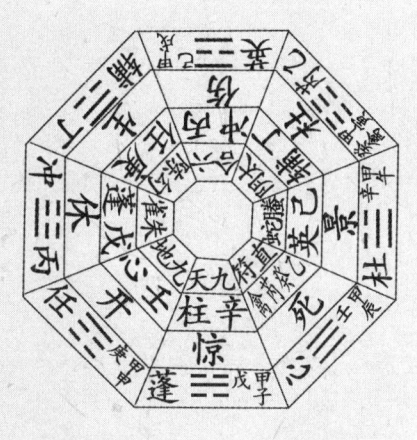

阴遁一局

大暑中元
秋分中元
处暑上元
大雪下元

时戊 壬日 癸戊

孤申酉虚寅卯
天禽直符加六宫
死门直使加六宫

乾 乙奇入墓 门生宫
坎 门生宫
艮 宫生门
震 门生宫
巽 奇格 宫克门
离 丙奇升殿 雀投江 门迫宫
坤 地假
兑 门迫宫
禽符加乾为地天泰
死门加乾为地天泰
癸仪加壬为天网覆狱格
无奇门

断曰：壬干已据生乡，癸符复随而往，时干之克友爱耶？直符之有竞争耶？癸挟禽芮以临壬，亦不免被克，时干之善分灾耶？直符之能嫁祸耶？坤宫之乙同行，出墓而仍入墓，固知随人俯仰，不必胜特立独行也。

兵事星门生宫，利于为主。左营与中军，皆不可动，以前营伏于正南，以右营伏于西南，止遣游骑，出东南生门，如侦探之状。敌至则疾走西南，起火一枝，伏兵齐起。旗甲皆宜墨色。**出行**生下有丁，近出宜向东南。四里，见铁石损伤物。**阳宅**可小修东南屋宇，有小儿骑牛马至为应。**阴宅**无奇门，宜另选时。

附：占胜败客兵负。**虚实**敌伙不和。**攻城**夏月可攻，秋宜撤围。**守城**东北防穿地道。**天时**早阴晚晴。**地理**元辰直泄，不能聚财。**人事**有木材，暗中估算。**田禾**禾熟麦歉。**家宅**厨灶欠利，弟兄不睦。**官禄**宜留心文卷，防有遗失。**应试**小试利。**求财**入春方得。**婚姻**女多病，且妨夫。**胎产**女胎，产母有厄，更防小产。**疾病**水肿之疾，虽危有救。**捕获**贼在正东弄枪棒。**失物**为僧道所取。远信将至，有谋干事。鸦鸣鸣向西南，当有文书遗失。鹊噪有尊长到。

阴遁一局

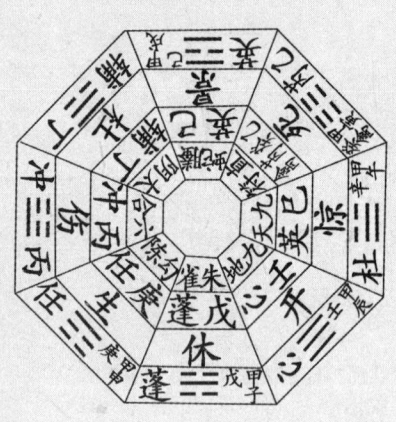

戊癸日 癸亥时

大暑中元 处暑上元
秋分中元 大雪下元

孤酉戌虚卯辰
天禽直符加五宫 死门直使加五宫

乾 坎 艮 震 巽 离 坤 兑
　　　　　　　地假
　　　　　　门符伏吟
　　　　　乙奇入墓
　　　　　仪刑
禽符伏五为坤
死门伏五为坤
癸仪加癸为天网重张格
无奇门
天网四张

断曰：一局为阴遁之终，癸亥为寅符之末，此真剥复之际，穷上而将返下之时也。于是癸仪成功而退，死门亦谢事而归，相与静守以俟时。其在月令，仲夏曰阴阳争，以待宴阴之所成；仲冬亦曰阴阳争，以待阴阳之所定，故知君子最慎之。

兵事星符俱伏，天网四张，不可出兵。正西敌楼，宜更鼓分明，提铃唱号，瞭望四远。正东置燎，宜远不宜近，以便巡哨人员，能见奸细。塞东南门，开西北门，有暗号不对者，扭禀中军。**出行**时遇天网四张，不利远行。如若逃亡，宜出东南。**阳宅**不宜修造。**阴宅**坤山艮向，日时俱合武财，但有奇无门，亦不宜用。

附：占胜败两军相持，彼此不战。**虚实**贼兵不动，贪生畏死。**攻城**宜加重围。**守城**固守议和。**天时**天晴，亦起风。**地理**峰峦簇拥，干龙结穴，主发贵。**人事**有思家念旧之心。**田禾**有收。**家宅**宅吉发人，防有刑伤。**官禄**有归山之意。**应试**中锁榜。**求财**可求。**婚姻**世代为姻。**胎产**生女，平安。**疾病**女子之病，当调经而愈。**捕获**贼自投到。**失物**向原处寻。远信至。鸦鸣有惊恐。鹊噪本家人到。

御定奇門陰遁二局

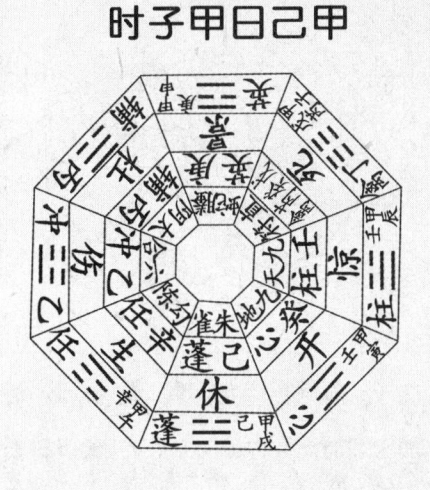

孤戌亥虛辰巳
天芮直符加二宮　死門直使加二宮

阴遁二局

小暑中元
霜降下元
立秋上元
小雪下元

乾　坎　艮　震　巽　离　坤　兑　芮符伏坤为坤　死门加戌为青龙入地格　戊仪伏坤为坤　无奇门　天辅时

乙奇升殿　　门符伏吟　人假

断曰：甲干子支，托于坤中。盖坤为万物之母，故干以木，支以水，纳音以金，仪以土，所寄之奇以火，五行杂揉，错居并处，而各得其所安，圣人容保无疆之义也。星门不动，天乙辅时，亦属端拱无为，而德洋恩普，万国咸宁之象。

兵事星门俱伏，刑德在门，不利为客。宜安营于西北，伏兵于东南。敌至从东北生门出师，击其正东伤门，大有杀获。**出行**无奇门，不利远行，暂出从正北三白方皆可。秋宜开门，冬宜休门，四季宜生门。**阳宅**东北方利，但宜修葺，不宜创造。有飞鸟至，一年内，进财物。**阴宅**震山兑向，权厝亦吉。作用时，有风雨至应。

附：占胜败主强可胜。**虚实**敌兵在近，当来议和。**攻城**重兵临压，可以谕降。**守城**援兵与敌相通，难恃。**天时**阴雨连绵，有西南风，始晴。**地理**左仙宫利，可用。**人事**闭门谢客，安静无为，或闻室中闲谈欢笑。**田禾**有收，麦尤胜。低处防水。兖州最熟。**家宅**安吉，宅长当登仕路。**官禄**当守职，不可妄动。**应试**不中。**求财**妄求无益。**婚姻**媒出女家，可谐。**胎产**生女，恋胎，迟产。**疾病**脾家壅滞未消，饮食难进，辰日当愈。**捕获**匿于西方，难缉。**失物**妇人窃去。**远信**不至。**鸦鸣**有虚惊。**鹊噪**无事。

阴遁二局

甲己日乙丑时

小暑中元
霜降下元
立秋上元
小雪下元

孤亥子虚巳午
天芮直符加三宫 死门直使加一宫

乾 乙奇入墓 门迫宫
坎 宫门生宫迫宫
艮 门宫生门
震 开与丁合 仪刑 门迫宫
巽 门生宫
离 小格 门生宫
坤 宫克门
兑 芮符加震为地雷复
死门加坎为地水师
戊仪加乙为青龙入云格
己日不遇

断曰：戊符以时干之乙，与冲为官乡；乙干以直符之戊，与芮为财运。盖相须甚殷者，而适得夫击刑之凶，则名羁利锁，均之为累矣。直使迫支于坎，而介在阴武之间，则支固将以诡秘之谋，而逞其虚诈之术。民之无良，不可不慎。

兵事宫克星，利为主。设伏于北，所谓"致之死地而后生"。敌至从正东方出师御之，恰逢刑击，不可不慎。安营宜在南方，又逢庚格，防敌人先据其地，或有川泽之阻。**出行**宜出正东方，求名应试最吉。八里十八里，见人持竹杖，或年少女子喜笑应。**阳宅**宜立震门，修造正东屋宇。有小儿成群至，周年生贵子。阴宅卯山酉向吉。

附：**占胜败**主兵大胜。**虚实**敌人有惊。**攻城**秋冬可攻。**守城**严守可保。**天时**有黄云见，无雨。**地理**排峰整，向道佳。甲日占，吉。**人事**主有文书之事，南方来客，可托腹心。**田禾**禾胜于麦。己日占，农劳，歉收。**家宅**宅南有冲射，不发财，小口亦常有晦。**官禄**可升。**应试**己日占，可望中。**求财**难得。**婚姻**可成，男性刚戾。**胎产**生男，母有惊恐。**疾病**命门火衰，峻补可愈。**捕获**速向东方捕之，迟则远遁。**失物**为人所窃，藏于近处人家。**远信**近人近信即至。**鸦鸣**有和合事。**鹊噪**无事。

阴遁二局

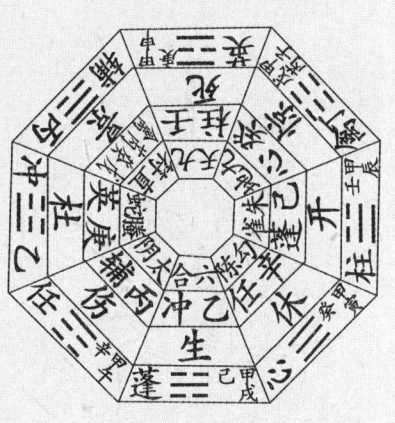

霜降下中元
小立秋下上元
小雪下元

甲己日丙寅时

孤子丑虚午未
天芮直符加四宫
死门直使加九宫

乾 宫生门
坎 生与乙合　休诈　龙遁　门迫宫
艮 门迫宫
震 奇格　宫门比和
巽 龙返首　相佐　符勃　宫生门
离 宫生门
坤 蛇天矫　宫生门
兑 宫门比和
芮符加巽为地风升
死门加离为地火明夷
戊仪加丙为青龙得明格

断曰：丙干处于禄旺之地，以承返首之龙，而戊符偕行之丁，亦与丙共，有火行风起之吉，礼明乐备，焕乎有文矣。时支在离，使往受生，乃乘九天变动之神，而遇六庚强暴之性，"终风且暴，顾我则笑"，诚哉是言也！

兵事星受宫克，格合返首，为主最利。屯兵坤地，大将居东南直符下；分遣奇兵，衔枚潜伏于东北方。俟敌将至，从正北出师迎之，背西击东。坤地若有游兵，宜先击之。**出行**宜出正北方，路逢贵人车马，或见鲜衣少妇。**阳宅**宜立坎门，有皂衣人至。七日后，进财。**阴宅**子山午向吉。作用时，有童子执金银器至。

附：**占胜败**主胜。**虚实**俟其党羽，敌尚未出。**攻城**利用招抚。**守城**可守。**天时**有雨，夏闻雷。**地理**回龙顾祖，吉壤可用。**人事**见武人持兵器，或闻雷声。**田禾**薄收。**家宅**安稳，但不聚财。房若在坤，眷属防有损。**官禄**当遇特恩升擢。**应试**己日占，房考不荐，主司当自拔取。**求财**难得。**婚姻**女家欲就，媒亦得力。**胎产**产生女，母不安。**疾病**阴阳不和，静中时有惊悸，调养可痊。**捕获**易缉。**失物**在厨下柴房。**远信**不至。**鸦鸣**有喜庆事。**鹊噪**宜谨门中，防偷窃。

阴遁二局

霜降下元　小暑中元
小雪上元　立秋下元

甲己日丁卯时

孤丑寅虚未申
天芮直符加五宫　死门直使加八宫

乾　地假　宫克门
坎　宫克门
艮　门反吟　宫门比和
震　乙奇升殿　门迫宫
巽　开与丙合　休诈　门迫宫
离　门迫宫
坤　生与丁合　符伏吟　宫门比和
兑　宫克门
芮符步五为坤
死门加艮为地山谦
戊仪加丁为青龙耀明格

断曰：丁奇寄坤，牵戊而伏，盖自受寄之时，而符已恹恹不振矣。使以死门入于鬼户，同德而不免于反吟，且逢上下勾虎之神，又将有救死扶伤之不暇者。处则眇于欢，出则艰于遇，或处或出，知波澜莫二，盖亦运之衰薄者也。

兵事星门俱与宫比，阳时利为客。故本伏于南方，正欲定其喘息，疾宜出师，一从西南，一从东南，压其营而阵，合兵于东击之。**出行**秋月利出东南，季月利出西南。东南见老妇人，西南遇贵客。**阳宅**东南可开门。动作时，有色衣人至，或见皂衣女人。**阴宅**反伏吟本不吉，巽山犹可用。造葬时，闻鹊噪。七日内，有人进器皿，吉。

附：**占胜败**客败。**虚实**贼自惊，不敢动。**攻城**宜伏内应。**守城**不可轻战。**天时**有雨，午日晴。**地理**土色黄紫，山向不利。**人事**有武人争斗，反覆可恶。**田禾**丰，荆州尤熟。**家宅**防疾病丧服，人口不宁。**官禄**不升，宜谨守。**应试**己日不荐。**求财**可得阴贵人财物，亦防争劫。**婚姻**可成。**胎产**生男，迟产。**疾病**金气闭塞，病多反覆，宜泻肺气。**捕获**可获。**失物**在本家土中。**远信**无。鸦鸣有文书事。鹊噪无事。

阴遁二局

小暑中元
霜降下元
立秋上元
小雪下元

甲己日戊辰时

孤寅卯虚申酉
天芮直符加二宫　死门直使加七宫

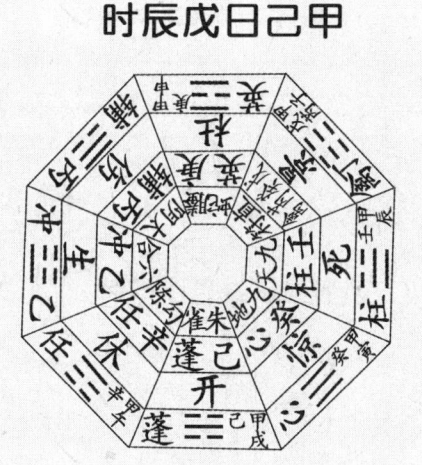

乾　宫门比和
坎　门生宫
艮　宫克门
震　生与乙合　休诈　乙奇升殿
巽　门生宫　　宫克门
离　符伏吟　门生宫
坤　宫门比和
兑　门生宫
芮符加兑为地泽临
死门加坤为坤
戊仪加戊为青龙入地格

断曰：戊以土仪而居土宫，禽芮又皆属土，此中独有丁火，各瓜剖而豆分之，譬人五脏之有脾，全赖命门一点，以为运用，宜于伏而不宜于动者也。使脱于兑，而逢九天之神，盖动而不获其宜，毋宁息吾事而宁吾人。

兵事门生宫，利为主，宜待敌兵先动。出正东生门，安营于西北，设伏于东南，虚惊其南，暗袭其北。敌若不动，即有伏，宜按兵。有从正东报机密者，当防奸计。**出行**可出卯方。行三里十里，逢扛木人，或见婚姻之事。**阳宅**利开震门。二七日，进禽鸟物，吉。**阴宅**卯山酉向吉。作用时，有黄衣老人至为应。

附：**占胜败**客兵败。**虚实**虚张声势。**攻城**不拔。**守城**易守。**天时**阴云蔽障。**地理**地近桥梁，坤龙坤向则可用。**人事**有少女持瓦器来。**田禾**丰，东方麦尤熟。**家宅**宜迁居，防雷声破柱。**官禄**当守俸。**应试**不中。**求财**合伙大利。**婚姻**成。**胎产**生女，未产，胎常动。**疾病**头晕水泻，宜逐水。**捕获**难缉。**失物**向原处觅。**远信**至。**鸦鸣**有贵人财帛事。**鹊噪**无事。

阴遁二局

小暑中元 霜降下元
立秋上元 小雪下元

甲己日己巳时

孤卯辰虚酉戌
天芮直符加一宫　死门直使加六宫

乾　大格　门生宫
坎　门生宫
艮　宫生门
震　门生宫
巽　宫克门
离　门迫宫
坤　门迫宫
兑　门迫宫
芮符加坎为地水师
死门加乾为地天泰
戊仪加己为青龙相合格
无奇门

断曰：戊符偕丁以临己，而己干者，戊与之同德，丁与之同生，三家相见，殆有相视而笑，莫逆于心者乎？然坎宫水旺，不免戊喜而丁愁也。使向天门，而庚格癸闭，又值蛇神，当道有蛇，守关有虎，难乎其为使矣。

兵事门生宫，阴时利主。伺客先动，扬兵于东北，设伏于正西。夏月从生门出师，背直符，击其对冲。先破其党，胜后安营于震。**出行**秋冬利出正东，夏季利出东南，震方当遇老病人，巽方当逢逃窜人。**阳宅**无奇门，不必用。**阴宅**若卯山巽山。作用时，有僧人焚香为应。

附：**占胜败**主人得利。**虚实**贼营有回禄。**攻城**宜从水门进。**守城**西北当防。**天时**龙归大海，雨当止。**地理**土色黑，龙气聚可用。**人事**阍者不肯通报。**田禾**东南有收，西北多水灾虫变。**家宅**防有孝服，诸事不实，北有水沟不通。**官禄**易转。**应试**己日当荐。**求财**得后防争竞失脱。**婚姻**有阻隔，成亦不吉。**胎产**生女。**疾病**肺火盛，不能生水，防惊悸。宜延坤方医士。**捕获**贼必自露。**失物**失于近水处。**远信**近信至。**鸦鸣**主有妇人文书。**鹊噪**己日占，当得财。

阴遁二局

小暑中元
霜降下元
小立秋上元
小雪下元

甲己日庚午时

孤辰巳虚戌亥
天芮直符加九宫　死门直使加五宫

乾　生与乙合
坎　休诈　虎遁　龙逃走
艮　
震　白入荧　奇格
巽　天乙与太白格　飞宫格
离　玉女守门　门伏吟
坤　
兑　芮符加离为地火明夷
　　死门步五为坤
　　戊仪加庚为青龙持势格
　　甲日不遇

断曰：时逢六庚，飞宫被格，然庚居火乡，又加丙为入荧之白，而符挟丁以伐之，庚虽顽梗未除，安能为患乎？使因玉女而伏，乃值螣蛇，且壬己来作合，而又守门以待使，吾恐其为鸠盘荼之容，而摩登伽之行也。

兵事宫生星，利为客。安营于西，设伏于东，宜向东北出师，以合休诈虎遁之吉。但门伏龙逃，宜反客为主，临阵背东南孤地，击其对冲，可胜。出行宜出东北方。八里，逢歌唱之人，或僧道笑迎。阳宅宜立艮门，有卖鱼人至。阴宅艮山坤向吉。作用时，有缺唇人至为应。

附：占胜败客欲和。虚实己日从己方来降者，必有虚诈。攻城城内充足，缓图可拔。守城宜和。天时阴晴不定，冬夜五更大风起，有雪。地理巨门行龙，穴结燕窝，左砂少情。人事门不开，当有行动事。田禾麦大收，稻亦熟。家宅宅宜小修，即发财丁。官禄防堂官见罪。应试甲日可中，临场防有灾病。求财难得，宜二人同求。婚姻不成。胎产生女，产迟。疾病内有伏火，虚痰上升，东北延医可治。捕获贼难获。失物防毁。远信即至。鸦鸣有贵人事。鹊噪行人至家。

阴遁二局

小暑中元　立秋上元
霜降下元　小雪下元

甲己日辛未时

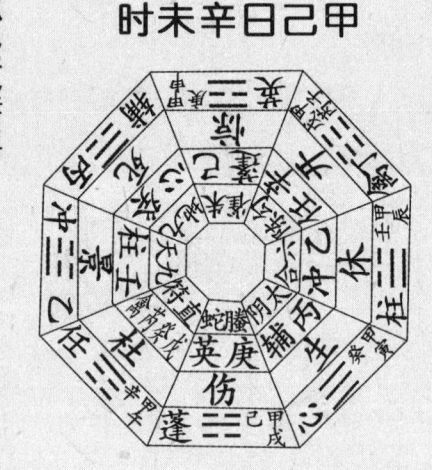

孤巳午虚亥子
天芮直符加八宫　死门直使加四宫

乾　生与丙合　真诈　丙奇入墓　门生宫
坎　刑格　宫生门
艮　符反吟　丁奇入墓　门迫宫
震　宫生门
巽　鬼假　宫克门
离　刑格　宫克门
坤　宫生门
兑　休与乙合　休诈　宫生门
芮符加艮为地山谦
死门加巽为地风升
戊仪加辛为青龙相侵格
己日伏干格飞干格

断曰：辛干居艮，戊将脱焉，而丁乃克之，主非全得，客非全失，其为事也多变，其为情也屡迁，所以为反吟之符也。使投木地，业已见伤，其神又逢阴地，盖所值者，皆阴险诡谲，深情厚貌之徒也。得毋有朝受命而夕饮冰者乎？

兵事宫克门，利为主。俟敌先动，正兵出于正西，奇兵伏于西北。贼方据马饮河，兵绕其后，背午孤，击子虚，贼必自相踩踏，溺于河中。符反之格，必乘乱逆击，乃克。出行宜出正西方。七里，逢皂衣妇人引孩儿。季月出西北方亦可，但奇墓，作事难遂。阳宅立兑乾二门，主发财丁。阴宅酉山乾山俱利。作用时，有老人说婚事。

附：占胜败主胜。虚实客必有伤。攻城宜缓图之。守城备正北，可守。天时天气变，尚无雨。地理艮龙逆结，穴向俱利，戊日占，吉。人事有课卜女人，言风水。田禾雨不调和，禾麦欠收。家宅防暗耗，孕妇有病。官禄事多更变，上司不喜。应试难中。求财费心机。婚姻可成，男有刑克。胎产生男，易产。疾病心肾不交，反覆淹缠。捕获贼在南方，与人口角。失物东北寻之。远信速至。鸦鸣有行动事。鹊噪防有惊。

阴遁二局

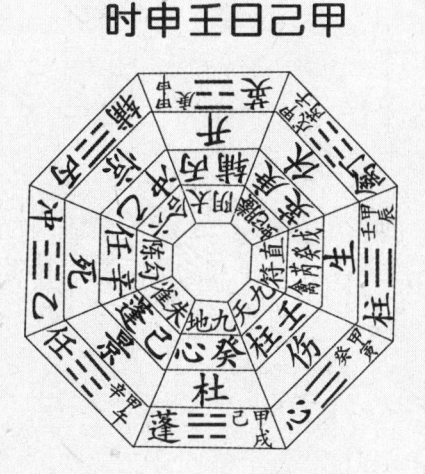

小暑中元
霜降下元
立秋上元
小雪下元

孤午未虚子丑
天芮直符加七宫　死门直使加三宫

乾　宫克门
坎　地假　宫生门
艮　门生宫
震　虎猖狂　宫克门
巽　门迫宫
离　开与丙合　丙奇升殿　重诈
坤　荧入白与天乙格　奇格　宫克门
兑　生与丁合　丁奇升殿　门生宫
芮符加兑为地泽临
死门加震为地雷复
戊仪加壬为青龙破狱格
甲日伏干格

断曰：戊加于壬，虽逢狱而能破，有龙媒不受羁靮之象；同来之丁，与壬相合，化木为财，是又得从旁调剂之人也。直使往入官乡，遇猖狂之虎，则武帐论兵，恐无实用。非赵括之能读父书，即马谡之不守成法。占宜慎于选择。

兵事宫克门，星生宫，阴时利为主。宜安营于北，俟敌至而攻之。正兵出正西，奇兵出正南，伏兵随后，背未孤，击丑虚。丑未日，防敌乘夜劫寨，宜备之。**出行**先出南方，中途再向西方，大利。路遇贵人，或见喜庆事。阳宅离兑二门吉。离门有渔猎人至，兑门七日进田契。阴宅午山子向、酉山卯向俱吉。作用时，见黄衣僧道应。

附：**占胜败**主胜。**虚实**客军屡弱。**攻城**秋月当攻东门。**守城**严守待援。**天时**发东风，西方大雨。**地理**白虎昂头，朱雀低陷，掘下有蛇穴。**人事**见晓音律人，或言户役争讼事。**田禾**禾麦俱登，青州农人有灾。**家宅**右房欺压，人多疾病。秋月发财，有胥吏来争，防讼。**官禄**初任不利。**应试**不中。**求财**贵人财可得。**婚姻**不成。**胎产**生男，产迟，母安。**疾病**金旺木衰，宜补肝。**捕获**盗匪火食房，速捕可获。**失物**自遗，不得。**远信**丑未日有信。**鸦鸣**防贼。**鹊噪**无事。

阴遁二局

霜降中元
小立秋上元
小雪下元

甲己日癸酉时

孤未申虚丑寅
天芮直符加六宫
死门直使加二宫

乾 坎 艮 震 巽 离 坤 兑

开与丁合　丁奇入墓　雀投江

鸟跌穴　勃符　门伏吟　上格

芮符加乾为地天泰
死门仗坤为坤
戊仪加癸为青龙相和格
天网

断曰：戊癸相见，龙得水而遇合；居于乾位，如骖太液之舟，或侍莲池之宴，可以言上下之交矣。直使伏坤，遇跌穴之丙，旁与丁联，又乘太阴之神，则并坐鼓簧，征室家之和乐；双熊入梦，叶男子之休祥。惟以天网为嫌，不利户外之事。

兵事星生宫，利为主。宜安营于东北，伏兵于西南，敌至从西北出师，先惊其西偏，后击其东，使敌首尾不支，可以得志。但逢奇墓，不可远追。**出行**西北可行，恐中途有阻，或有遗忘事。**阳宅**宜立乾门。三七日，进金银物为应。**阴宅**宜乾山巽向。作用时，有妇人提灯笼至。

附：**占胜败**主胜。**虚实**敌兵不至。**攻城**可以后图。**守城**秋月易守。**天时**风雨连绵。**地理**近古塚，穴情佳，惜元辰直泄。**人事**见女人，言音信沉滞，或有机密事。**田禾**防虫灾，惟荆州丰。**家宅**祖居甚利，厨房前防人魔魅，宅长有灾。**官禄**文书舛误，防降调。**应试**卷有遗失。**求财**暗昧之财有得。**婚姻**男家中阻。**胎产**生女，母命卯，后当贵。**疾病**纵欲耗阴，中焦火盛，防变噎膈。**捕获**匿于东方，乘饭时可获。**失物**不得。**远信**无。**鸦鸣**朋来。**鹊噪**无事。

阴遁二局

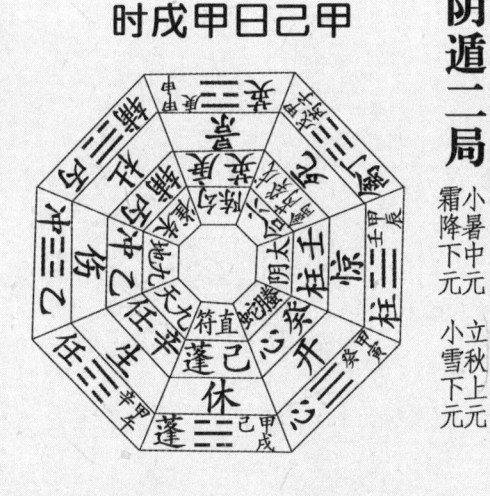

霜降下元 小暑中元
小雪下元 小立秋上元

甲日己甲时戌

孤申酉虚寅卯
天蓬直符加一宫　休门直使加一宫

乾　门符伏吟
坎　乙奇升殿
艮
震
巽
离　鬼假
坤
兑　蓬符伏坎为坎
　　休门伏坎为坎
　　己仪加己为阴堂重逢格
　　无奇门　天辅时

断曰：己土在坎，水中之碛，江间之渚也。与波上下，逐浪转移，舟至则胶，草生必塞，岂复有安敦之象乎？以蓬为符，以休为使，司元符雀武之神，其阴谋秘计，有过人者矣。惟喜时为天辅，诸凶皆伏，则如饥鹰猎犬，发纵得宜，未尝不收其用。

兵事门符俱伏，阳时利为客。兵宜先动，从正北直符之下出师，安营于东，设伏于西，背北击南。庚伏火乡，敌有内患，可以追击，但防伏兵。**出行**冬月暂出正北方。一二里，路逢黄白衣人，或蓬头人。**阳宅**小修坎门，甲日有黄衣人至。**阴宅**子山午向稍利。但蓬星亦非吉星，吉中有凶。

附：占胜败主胜。**虚实**贼有伏兵。**攻城**城内颇足，法当缓取。**守城**可守。**天时**不晴爽。**地理**金水摆荡，穴结脱煞，主次房人丁极盛。**人事**有黄衣人言水利。**田禾**丰，照旧。**家宅**人眷平安，有贵人相扶，静守吉。**官禄**河曹甚利，有小惊。**应试**可中。**求财**得，亦有所耗。**婚姻**因亲而成。**胎产**生女，产迟。**疾病**湿气浸脾胃，淹缠。**捕获**贼在东南。**失物**失于西南，仅得其半。**远信**迟至，为贵人担搁。**鸦鸣**防贼。**鹊噪**作事有碍。

阴遁二局

小暑中元 霜降下元 立秋上元 小雪下元

甲己日乙亥时

孤虚卯辰酉戌
天蓬直符加三宫
休门直使加九宫

乾 地假 丁奇入墓 雀投江 宫克门
坎 宫门比和
艮 相佐 门迫宫
震 门迫宫
巽 休与乙合 重诈 门反吟 门迫宫
离 生与丙合 天遁 宫门比和
坤 上格 宫克门
兑 蓬符加震为水雷屯
休门加离为水火既济
己仪加乙为日入地户格
己日不遇

断曰：乙本升殿于震，贵胄之象也。蓬符自坎来，加于乙为印；己仪于乙为财，有父母传财之义。青箱世守，遗笏满床，自此基之矣。飞乙又随直使入离，遇庚作配，是又如韩姞相攸，燕师完城，显父钱送，而诸娣如云也。占主有婚姻之庆。

兵事门克宫，阳时利为客，兵宜先动。季月正兵出西南，即伏奇兵于正南，别遣游兵伏坎，背西南，击东北。但西南虽合天遁，上乘元武，惟利偷营。正南门迫反吟，亦非全吉。**出行**宜出正南西南。出正南逢患目人，西南逢水族熟物。**阳宅**秋月宜立离门，夏月宜立坤门。**阴宅**离山坤山俱吉，有跛足人至。

附：**占胜败**客胜。**虚实**贼极凶悍，来有阻。**攻城**守将昏庸，说之来和。**守城**可和。**天时**凄凄风雨。**地理**水虽环绕，地非真吉，不利。**人事**来人颇谙阴阳方术。**田禾**欠丰，西南有收。**家宅**家吉人安，常有隐忧。**官禄**任所不宁。**应试**文悖理，不中。**求财**宜缓图。**婚姻**女就男，男别就。**胎产**当毓佳儿。**疾病**肝家暗疾，防伤目。**捕获**贼在西南贵人家。**失物**失于西北。**远信**迟至。**鸦鸣**涉女人事。**鹊噪**有田财进益。

阴遁二局

小暑中元
霜降下元
立秋上元
小雪下元

时子丙日庚乙

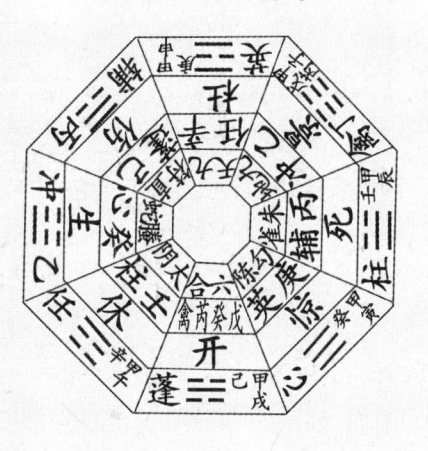

孤戌亥虚辰巳
天蓬直符加四宫　休门直使加八宫

乾　大格　宫门比和
坎　开与丁合　休诈　门生宫
艮　宫克门
震　龙返首　相佐　符勃　宫门比和
巽　天假　乙奇入墓　门生宫
离　门生宫
坤　休门加艮为水山蹇
兑　蓬符加巽为水风井
己仪加丙为地户埋光格
庚日不遇

断曰：丙奇埋光于己，且挟水符而来，则非返首而私勃也。于是飞加于壬，毋乃静固不吉，动亦有悔乎？休使入艮，其土宫之克我，如药之有恶石也。其辛仪之生我，如疾之有美疢也。美疢不如恶石，盖太阴宵小之人，比于阴金，而不比于阳土耳。

兵事星生宫，宫克门，利为主。俟敌先动，从正北出师，安营于西南，设伏于东北，背东击西，可以制胜。有红黄云气在东南助战为应。**出行**宜出正北方。一里六里，逢人赶四足，见女人携子同行。出东南方，取债亦利。**阳宅**宜立坎门，有抱小儿至。**阴宅**子山午向吉。作用时，有人持灯从东方至。

附：占胜败客胜。**虚实**贼甚悍。**攻城**有开门延敌意。**守城**宜备西北。**天时**雨，遇辰日晴。**地理**巽龙入首，向吉，二房发贵。**人事**有深谋人，或老妇人，言牢狱之事。**田禾**丰，麦不熟。**家宅**老女人当家，当得外亲之力。**官禄**冬月可升。**应试**文晦，不中。**求财**难求。**婚姻**男性不良。**胎产**生女，当美。**疾病**水泛为痰，北方医士能治。**捕获**贼在西，难拘。**失物**正北女人取去。**远信**迟到。**鸦鸣**防有欺蔽。**鹊噪**有吊唁事。

阴遁二局

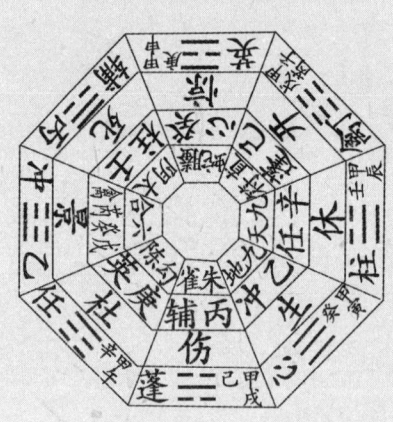

乙庚日丁丑时

孤亥子虚巳午
天蓬直符加五宫 休门直使加七宫

小暑中元 霜降下元 小立秋上元 小雪下元

乾 生与乙合 重诈 乙奇入墓 门生宫
坎 鸟跌穴 勃符 宫生门
艮 门迫宫
震 宫克门
巽 宫生门
离 小格 宫克门
坤 相佐 仪刑 宫生门
兑 宫生门
蓬符步五为水地比 休门加兑为水泽节 己仪加丁为明堂贪生格 时干入墓

断曰：空中之丁，其为流星乎？抑阴火乎？水符来加，宜就湮灭矣。而得开门，转生光霁，何也？则安知水之不为兰膏桂泽也。至休使受生于兑，而得九天之神，是为天家庭燎，晰晰有辉，而鸾声旍色，炳耀耳目，洵哉利见大人之占。

兵事宫克星，宫生门，主客互有损益。但阳时兵宜先动，西北格合重诈，利于出师。安营于乾，设伏于巽，背西北，击东南，可胜。有水禽赤颈翠羽，自北而至为应。**出行**宜出西北方，季月尤利。六里，逢瞽目人。**阳宅**宜立乾门，主得横财。**阴宅**乾山巽向吉。作用时，有青衣人携酒至。

附：**占胜败**两军相持。**虚实**贼不出。**攻城**易取。**守城**当发火御敌。**天时**不得雨。**地理**地有水气，土色漂白，庚日欠利。**人事**有进财宝者。**田禾**岁歉，西北有收。**家宅**欲迁不迁，宅长有脱耗。**官禄**土月日升。**应试**文佳，有两人争。**求财**西北可求。**婚姻**成。**胎产**生男，有刑克。**疾病**大肠有积滞，宜变旧方。**捕获**捕有贿嘱。**失物**正东，防损。**远信**不至。**鸦鸣**有和合事。**鹊噪**无事，或有文书到家。

阴遁二局

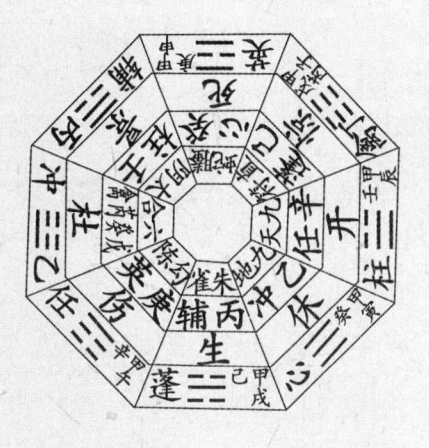

乙庚日戊寅时

小暑中元
霜降下元

立秋上元
小雪下元

孤子丑虚午未
天蓬直符加二宫　休门直使加六宫

乾　休与乙合　重诈　乙奇入墓　宫生门
坎　生与丙合　鸟跌穴　勃符　门迫宫
艮　门迫宫
震　地假　宫门比和
巽　宫生门
离　小格　宫生门
坤　宫门比和
兑　蓬符加坤为水比
休门加乾为水天需
己仪加戊为明堂从禄格

断曰：戊己得合于坤，浑元一气，居长主之位，值贵人之方，在天家庆一统之大，在庶人获安全之吉；而休使入乾，合乙奇九地为重诈，则庙谟神算，非寻常所能窥测。且符使两宫，地天交泰，而丙又跌穴，所谓"上有亲贤，下蒙乐利"者也。

兵事宫生门，利为客，兵宜先举。秋冬利出西北休门，季月利出正北生门，安营于乾，伏兵于巽，背北击南。中防道路阻塞，有赤头青羽异鸟为应。**出行**正北西北，两途皆吉。出西北，遇僧道，或舟车。正北逢逃人，防口舌。**阳宅**宜立乾坎二门。动作时，有黄衣人至，或见执杖人。**阴宅**乾坎两山俱吉。作用时，有贵人乘轿来应。

附：**占胜败**庚日蓬遇五符，主兵胜。**虚实**客兵尚远。**攻城**烧其木城，可破。**守城**宜谨西门。**天时**风雨俱无。**地理**地气厚，防有水。**人事**有替目卜祝人，言地土或身桴事。**田禾**禾麦俱熟，北地倍收。**家宅**人宅安吉，大获水利，冬春尤吉。**官禄**易升。**应试**虽有小疵，可中。**求财**大利，费口舌。**婚姻**女佳，宜就。**胎产**寅申月日生女，母安。**疾病**隐忧成病，当疏达肝气即愈，不药亦可。**捕获**难捉。**失物**有色之物，在木盒中。**远信**沉搁。**鸦鸣**有文书。**鹊噪**田土之事。

阴遁二局

霜降下元 小暑中元
小雪下元 立秋上元

乙庚日己卯时

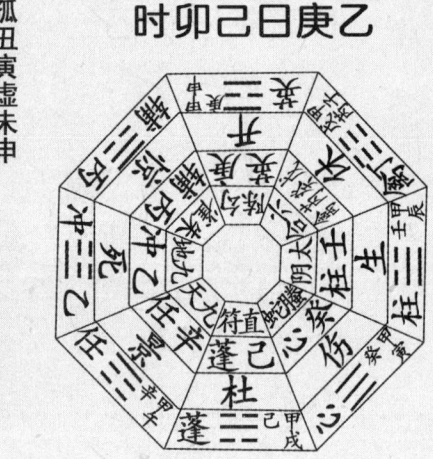

孤丑寅虚未申
天蓬直符加一宫 休门直使加五宫

乾 宫克门
坎 符伏吟 宫生门
艮 门生宫
震 乙奇升殿 宫克门
巽 门迫宫
离 宫克门
坤 与丁合 休诈 玉女守门 宫克门
兑 门生宫
蓬符伏坎为坎
休门步五为水地比
己仪加己为明堂重逢格
庚日飞干格伏干格

断曰：符伏于坎，使入于中，坎本子宫，中寄申位，二贵得合，水土交治，其禹稷之任，饥溺为心者乎？而玉女守门，阴神六合，则到处逢迎，随人款洽，非郑当时之行不赍粮，即蓟子训之家争延食也。若静时占之，则云"谁之思，西方美人"。

兵事宫克门，阴时利为主。宜安营于东，伏兵于西，保险阻以为固。俟敌来，令副将帅师，出西南，击东南，避其中坚，先惊左右。庚日防正南伏兵格战，士卒有伤。**出行**宜出西南方，路逢素服人，或老者。当遇故友，邀留酒食。**阳宅**宜立坤门，有青衣女人至应。**阴宅**宜坤山艮向。作用时，有孕妇至，或鸟鸣应。

附：**占胜败**主胜。**虚实**敌兵未至。**攻城**宜缓图。**守城**来寇有内变，将自退。**天时**阴，无雨。**地理**近泉源。主山方满带岐，穴情安稳。**人事**见少女笑言，或馈方物。**田禾**麦熟，禾防蝗，豫州大丰。**家宅**长幼康宁，内助得人，冬月防失脱。**官禄**尽心供职，可以安久。**应试**主司落卷中拔取。**求财**宜向西南求。**婚姻**始阻，终成。**胎产**胎防堕，产生男，母防血晕。**疾病**胃中伏火，宜泻。**捕获**有女人通音，卯未日获。**失物**不得。**远信**沉滞。**鸦鸣**防有争闹。**鹊噪**无事。

阴遁二局

时辰庚日庚乙

霜降下元　小暑中元
小雪下上元　立秋下上元

孤寅卯虚申酉
天蓬直符加九宫　休门直使加四宫

乾　丙奇入墓　门迫宫
坎　刑格　门迫宫
艮　丁奇入墓　宫生门
震　门生宫
巽　门迫宫
离　飞宫格　格刑符反吟　宫生门
坤　宫克门
兑　宫克门
蓬符加离为水火既济
休门加巽为水风井
己仪加庚为明堂伏杀格
无奇门

　　断曰：己加于庚，而庚复加己，飞伏皆格，动静不宁，勿谓水火有既济之功也。休使入巽，遇三蛇之缠扰，颠倒愁烦，总归虚妄。逢人则谈笑风波，独处亦戈矛衽席。若欲趋避，则生气在南，庶几遇雨则吉。

　　兵事星克宫，不利主，兵宜先举。秋冬月可出正东开门，伏兵随其后，背南击北。但符遇刑格，又属反吟，当乘乱冲突，亦防伤损。**出行**正东可行。出门五里，逢瞽目人，或逢空担，不吉。**阳宅**奇门不合，秋开东门。门迫宫，亦不利。**阴宅**离方宫生门，或可权厝，另择为宜。

　　附：占胜败客胜。**虚实**当即战。**攻城**当待其变。**守城**勿自惊乱，可守。**天时**阴晴不定，主无雨。**地理**山向不利，防有蚁穴。**人事**有孕妇自西北方而来。**田禾**防有虫，麦小收。**家宅**不能聚财，人口不安，有惊恐刑伤。**官禄**有参罚，不能升转。**应试**落第。**求财**无得，有害。**婚姻**男有刑克，虽成不吉。**胎产**生男，防伤产母。**疾病**心胃不交，宜滋补。**捕获**盗匿西北，逃在东北。**失物**犬豕之类，可获。**远信**始发。鸦鸣有遗失事，鹊噪防争殴。

阴遁二局

霜降中元
小暑下元
立秋上元
小雪下元

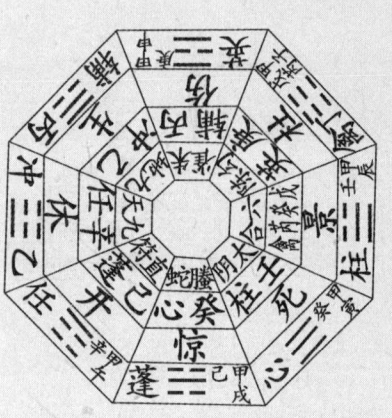

孤卯辰虚酉戌
天蓬直符加八宫　休门直使加三宫

时巳辛日庚乙

乾　门生宫
坎　门生宫
艮　仪刑　宫生门
震　虎猖狂　门生宫
巽　生与乙合　重诈　风遁　宫克门
离　丙奇升殿　荧入白　门生宫
坤　太白与天乙格　奇格　门迫宫
兑　丁奇升殿　门迫宫
蓬符加艮为水山蹇
休门加震为水雷屯
己仪加辛为天庭得势格
乙日不遇

断曰：蓬符加艮，人于鬼乡，而辛复加乙，鬼又入鬼，为猖狂之虎。休使更乘九天之神，则平地风波，青天霹雳，有变起仓卒者。只宜命将出师，扬威征讨。且当轻兵疾击，如司马懿八日而取上庸，李愬一夜而入淮蔡，方能有功。余事皆所不宜。

兵事宫克星，门生宫，利为主。宜据东南山林中立寨，正西奇仪化合，可伏精锐，候敌至，即发兵出巽方，邀击其西北。但逢刑击，士卒多伤。**出行**宜出东南方。逢僧尼，或见有根花木。**阳宅**宜立巽门，见白衣人，或小儿至。**阴宅**宜巽山乾向。作用时，有野人负薪过应。

附：占胜败主客俱有损伤。虚实敌有内顾，将退。**攻城**士卒多伤，未能速拔。**守城**有援，可守。**天时**占晴即晴。**地理**右水反跳，葬后防损丁，或遭官讼。**人事**见武人言养生，或听金声。**田禾**麦大丰，禾防夏旱。**家宅**尊长多病，兼有刑伤，女眷尤宜谨慎。**官禄**当调繁。**应试**不中。**求财**如意。**婚姻**不成。**胎产**生女，子母不利。**疾病**肺病传肝，当急治。**捕获**匿于南方，有缺唇人报信，可获。**失物**小儿盗去，不得。**远信**不至。**鸦鸣**有和合事。**鹊噪**无事。

阴遁二局

时午壬日庚乙

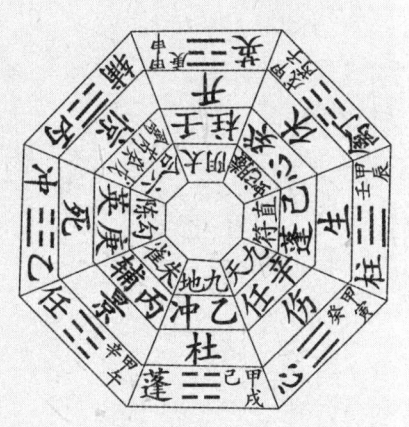

孤辰巳虚戌亥
天蓬直符加七宫　休门直使加二宫

霜降下元　小暑中元
小雪下元　立秋上元

乾　宫克门
坎　宫生门
艮　门生宫
震　奇格宫克门
巽　门迫宫
离　宫天矫宫克门
坤　蛇生宫
兑　门生宫
休门加坤为水地比
蓬符加兑为水泽节
己仪加壬为明堂被刑格
无奇门　乙日伏干格

断曰：水符入兑，受生气也，亦养阴气也。而己加壬为明堂被刑，水嫌内耗，法当养肺以养肾，则土转能生金以生水，而不患其克水矣。休使入坤受制，逢戊癸之化，而值蛇神，或有因劳而动火者，恐衣化缁而发变白也。占宜静养为吉。

兵事宫克门，利为主。宜安营于北，伏兵于南，深沟高垒，以逸待劳。敌至则从正西直符之下出师，背西击东，获其女眷则胜。**出行**西方可行。九里见少女嘻笑，或逢患足目人，防有口角。**阳宅**若修兑方，须防火烛。**阴宅**奇门不合，无大利方。庚日禄到申，坤山可以权厝。

附：**占胜败**主胜。**虚实**敌势勇猛，未至。**攻城**宜乘大风攻之。**守城**宜令女人守障，军士伏于城下。**天时**有风，晴。辰日雨。**地理**四势平陷，不发财丁。**人事**有孕妇受惊，或误污文卷。**田禾**歉。**家宅**有添丁之喜。产后防恶阻，兼慎火烛。**官禄**受贿，有盗案参罚。**应试**可中，榜后防失财。**求财**不得，反费。**婚姻**成，男不寿。**胎产**生男，产迟。**疾病**房劳之后，水衰火旺，宜滋阴。**捕获**匿东北山中。**失物**犬豕之类，可获。**远信**有信，未至。**鸦鸣**防口舌。**鹊噪**有音信。

阴遁二局

小暑中元 霜降下元 小雪下元 立秋上元

时未癸日庚乙

孤巳午虚亥子
天蓬直符加六宫　休门直使加一宫

乾　门伏吟　生与乙合　重诈
坎　生与乙合　虎遁
艮　　　　　龙逃走
震　白入荧　奇格
巽　天乙与太白格
离　休门伏坎为坎
坤　蓬符加乾为水天需
兑　己仪加癸为明堂合华盖格
　　时干入墓　天网

断曰：己符加癸，本为天藏，而得开门，有慢藏之象。开门揖贼之虞，对宫庚复入荧，乘勾白战斗之神，恐敌之朝发而夕至也。乃直使方归于坎，非所休而休焉。为河上之逍遥，忘无衣之踊跃，得毋辎车未逆，而舟中之指可掬乎？占者慎之。

兵事 门伏时墓，利于为主。大将居直符下，先分奇兵，伏于西南，屯军东北，按甲不动，诱敌深入，即从结营方向出师，直击对冲，敌必败北。伏兵据险截击，可以尽降其众。**出行** 宜出东北方，路逢老病人，或僧道。西南东南，不宜前往。**阳宅** 宜立艮门，有飞禽自东北来应。**阴宅** 艮山坤向吉。作用时，闻鼓声，或小儿骑牛至应。

附：**占胜败** 主胜。**虚实** 敌来甚速。**攻城** 宜缓图。**守城** 可守。**天时** 有雨，秋冬多风。**地理** 地近通衢，左脉奔泄，巽山尤不利。**人事** 宜调神静摄，或有尊贵人来，议论风生，剧谈武事。**田禾** 农劳，有收，麦尤胜，兖州倍熟。**家宅** 祖业安居，但不发财，内眷亦常有晦。**官禄** 宦途平顺，升转尚迟。任于东南，不吉。**应试** 难中。**求财** 不能遂意。**婚姻** 男寡发，性躁，有刑克，不宜成。**胎产** 女胎，迟产。**疾病** 肺气不收，宜补脾土以生金。**捕获** 可擒。**失物** 被窃，不获。**远信** 迟至。**鸦鸣** 主有喜事。**鹊噪** 无事。

阴遁二局

乙庚日甲申时

小暑中元 霜降下元
小立雪上秋元

孤午未虚子丑
天英直符加九宫　景门直使加九宫

乾 坎 艮 震 巽 离 坤 兑　无奇门

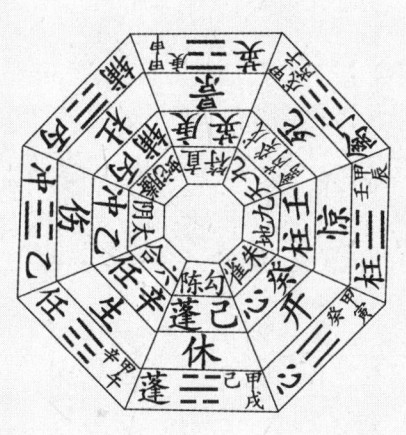

乙奇升殿　门符伏吟　伏宫格　飞宫格　时干格　景门伏离为离　英符伏离为离　庚仪加庚为太白重刑格　天辅时　庚日飞干格伏干格

断曰：六庚之符，其性最刚。为义，为直，为断，为严毅，为干固，刚之善也；为猛，为隘，为强梁，刚之恶也。夫欲自易其恶，自至其中，非陶镕克治之功不可。故庚之处离，乃藉其炉槌，以为玉成也。所谓"学问之功，在于变化气质者"乎？

兵事 门符未分，时遇孟甲，不宜出战。休息兵卒，伏于东西两翼，更番起伏，示之以静。庚为直符，当为曲阵，黑旗黑甲，以厌火胜。**出行** 季月出东北生门，营利有获，当逢喜笑声。**阳宅** 甲禄到寅，甲贵在丑，东北门尚可小修。**阴宅** 冬月艮山可暂厝。作用时，闻娠妇哭泣声为应。

附：**占胜败** 胜负未决。**虚实** 防有伏兵。**攻城** 攻之无益。**守城** 宜迁营。**天时** 主久晴。**地理** 火山土紫，山向不佳。**人事** 有贵人论英勇事。**田禾** 照常，防风损。**家宅** 下人犯上，或同气相争。**官禄** 俸久可升。**应试** 庚日占，可望中。**求财** 不得。**婚姻** 女家欲就，须男家叔伯为媒。**胎产** 胎恋母腹，生女。**疾病** 肺火盛，宜服凉剂。**捕获** 宜向南方，用三人执绳可缚。**失物** 为女人所窃，藏于床榻。**远信** 即至。**鸦鸣** 有贵人文书，或炉冶事。**鹊噪** 有惊恐。

阴遁二局

乙庚日乙酉时

霜降中元　小暑中元
立秋下元　小雪上元

孤未申虚丑寅
天英直符加三宫　景门直使加八宫

乾宫克门
坎宫生门
艮门生宫
震门迫宫　奇格　宫克门
巽门克宫
离宫天矫　宫克门
坤蛇天矫　宫克门
兑门生宫
英符加震为火雷噬嗑
景门加艮为火山旅
庚仪加乙为太白贪合格
无奇门　乙日伏干格

断曰：时干以乙而承庚，得其正合，使庚忘乎克，乙忘乎格，而英与冲因得成其木火通明之美，则合之为利溥也。时支在艮，六合之宫，直使往临，宜亦欢好无间。然受脱而直蛇神，必有操之则慄，舍之则悲者矣。

兵事宫生星，门生宫，主客均利。安营于正南，即从直符本宫，潜师西出。虚击其东南，不可交战；直趋西北，破其伤门。**出行**南行遇雨，西行遇争斗，皆吉。**阳宅**若开西南门，有黑禽至，或西南有黑云起。**阴宅**庚日坤山可用。造葬时，有远信至。周年后，人财俱旺。

附：**占胜败**主兵胜。**虚实**西南有诈兵。**攻城**城内不和，可拔。**守城**秋月宜谨守南门。**天时**风息，无雨。**地理**来脉生动，穴情亦有神气，但后砂不紧。**人事**宜笔墨之事。**田禾**欠丰，荆地尤甚。**家宅**宅长暴躁，时多口舌惊疑。**官禄**称职，不能即升。**应试**乙日占，主考当搜罗。**求财**不得，有争。**婚姻**成。**胎产**生男，难育。**疾病**心火盛，或舌燥，宜清火热。**捕获**贼在西南师巫家。**失物**失于东南。**远信**将至。**鸦鸣**有怪梦。**鹊噪**防脱赚。

阴遁二局

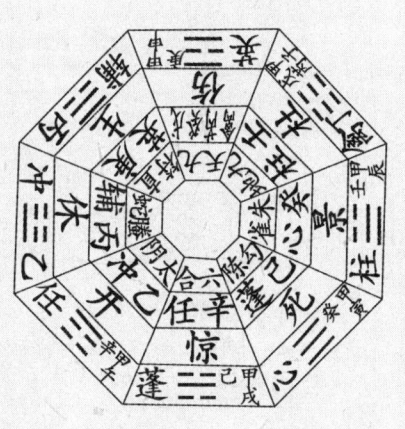

小暑中元
霜降下元
立秋上元
小雪下元

孤申酉虚寅卯
天英直符加四宫　景门直使加七宫

乾　门生宫
坎　门生宫
艮　开与乙合　真诈　虎遁　龙逃走　宫生门
震　休与丙合　门生宫
巽　龙返首　相佐　白入荧　格勃
离　时干格　仪刑　宫克门
坤　天乙与太白格　门生宫
兑　门迫宫
英符加巽为火风鼎
景门加兑为火泽睽
庚门加丙为太白入荧格
庚日不遇　时干入墓

断曰：庚符雄毅之姿，时干以丙承之，烈火而煅顽金，鸷权强谏之象也。虽曰勃逆，安知非逆耳利行之言。使符有转圜之美，而干无批鳞之罪，即返首矣。时支居兑，悦人以口，而将又为雀武，景使迫之，其不惑于啬夫之喋喋哉！

兵事 门克宫，宫生星，利为客。时遇格勃，防本营有叛卒逆臣。冬月正兵出正东，奇兵出东北，伏兵随奇兵之后，背东南直符，击其对冲。但正东上有蛇神，亦须防虚诈。**出行** 宜出东北方。三里八里，逢丑妇，或九流人。**阳宅** 立震艮二门吉。**阴宅** 冬月卯山利，秋月艮山利。作用时，有人大叫为应。

附：**占胜败** 客军失律，不胜。**虚实** 客已动，犹屯于东南。**攻城** 自来降。**守城** 勿宜轻战。**天时** 有风，天气晴明。**地理** 龙格甚贵，地多带煞，安葬亦极难。**人事** 因谑谈起衅。**田禾** 雨水调和，秋收稍薄。**家宅** 宅长美中常不足，防失贼。**官禄** 升，缺不如意。**应试** 难中。**求财** 费力。**婚姻** 不成。**胎产** 生女，有厄。**疾病** 遍身疼痛，三日后愈。**捕获** 贼闻风已去。**失物** 在正南。**远信** 迟至。**鸦鸣** 防贼。**鹊噪** 防火。

阴遁二局

小暑中元　霜降下元
立秋下元　小雪上元

时　亥丁日庚乙

孤酉戌虚卯辰
天英直符加五宫　景门直使加六宫

乾　门迫宫
坎　门迫宫
艮　宫生门
震　虎猖狂　门迫宫
巽　生与乙合　风遁真诈　门生宫
离　勃格　宫生门　鸟跌穴　荧入白
坤　相佐　奇格　时干格　门迫宫
兑　丁奇升殿　宫克门
庚仪加丁为太白受制格
英符步五为火地晋
景门加乾为火天大有

断曰：直符以庚加时，本足为丁干之格，然处离宫，挟英宿，而飞逢玉女见伤，伏受荧惑相制，求芒刃之不顿难矣。景使入乾宫为门迫，乃支方深藏九地之下，而使又介居壬癸之间，恐伐人者乃所以自伐也。

兵事门克宫，阳时利为客。兵宜无动，一起出东南，奇兵出正南。安营于乾，设伏于巽，背南击北，可以制胜，有飞烟绕军为应。若敌兵先起，急宜移帐于正南避之。**出行**宜出东南方，四里，闻歌唱声。出正南方亦利，行九里，逢马惊。**阳宅**宜立巽离二门，有小儿及患目人至。阴宅巽山离山俱利。作用时，有人把火喧叫为应。

附：**占胜败**两军相持，得游兵助力，客威稍挫。**虚实**庚日有暴风从未方来，敌人来犯。**攻城**宜用先声夺之。**守城**可守。**天时**常有阴云，未得晴朗。**地理**燥火之地，须防穴吉，葬凶。**人事**当有文士，引其二子来见。**田禾**大丰。**家宅**人口安，防火烛。**官禄**难升。**应试**不中。**求财**置货得利。**婚姻**不谐。**胎产**生男，防克母。**疾病**水旺火衰，宜益火之原，以壮阳光。**捕获**贼易捉。**失物**了无踪迹。**远信**至。**鸦鸣**卜居事。**鹊噪**有慰唁。

阴遁二局

小暑中元
霜降下元

小立秋上元
小雪下元

丙辛日戊子时

孤戊亥虚辰巳
天英直符加二宫　景门直使加五宫

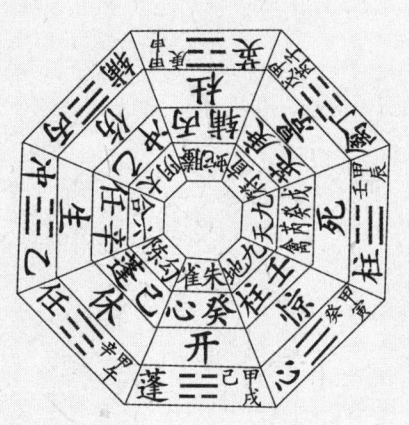

乾　门宫比和
坎　宫克门
艮　宫猖狂　宫克门
震　丙奇升殿　鸟跌穴
巽　虎猖狂
离　勃格　门生宫
坤　玉女守门　时干格　奇格
　　太白与天乙格　门生宫
兑　英符加坤为火地晋
　　景门步五为火地晋
　　庚仪加戊为太白逢恩格
　　无奇门　丙日飞干格

断曰：戊居坤中，禽芮佐之，庚符来加，土重而埋矣。乃适与寄坤之星奇相值，是则丰城之剑，虽埋于狱，而气未尝不冲牛斗也。时支以玉女守门，景使步之，而丁之所寄，即符之所临。其为使也，殆即干将之雷焕乎？

兵事 门星生宫，利为主。宜安营于西北，正西建置旗鼓，诱敌先动。出东方生门，即伏兵于右翼，疾击东南。敌向南走，不可追逐。**出行** 奇门不合，远行不利，急则出天马方。**阳宅** 生门值虎猖狂，修造当遭病患。**阴宅** 时干受格，动作俱不吉，宜另选时。

附：**占胜败** 客胜。**虚实** 南来之寇，当宵遁。**攻城** 季月宜攻北门。**守城** 城中多疫死。**天时** 密云不雨。**地理** 右砂少护，并有变更。**人事** 见文人，言修炼事。**田禾** 麦歉，禾丰，东南尤利。**家宅** 内助贤能，男人利出外求名，在家有官讼。**官禄** 有盗案降革。**应试** 文晦，不中。**求财** 得朋友资助。**婚姻** 女有刑伤。**胎产** 生女，产迟，母防恶阻。**疾病** 亢火伤金，难痊。**捕获** 匿于北方武弁家，捕有三人可获。**失物** 女人取去，匿床下。**远信** 二人带来，中途病阻。**鸦鸣** 有征召。**鹊噪** 无事。

阴遁二局

丙日 辛己丑时

小暑中元　霜降下元
立秋上元　小雪下元

孤亥子虚巳午
天英直符加一宫　景门直使加四宫

乾　休与丙合　丙奇入墓　宫生门
坎　符奇反吟　时干格　刑格　门迫宫
艮　丁奇入墓　门迫宫
震　宫门比和
巽　宫生门
离　宫生门
坤　格刑　宫生门
兑　开与乙合　真诈　宫门比和
英符加坎为火水未济
景门加巽为火风鼎
庚仪加己为太白大刑格
时干入墓

断曰：庚加于己，为刑格，为反吟。自符言之，固将有大凶焉；而以干言之，亦不免于小损也。时支居巽，使往本属生乡，乃地盘之神，则为蛇结，而天盘之将，又为龟蟠，此则入木而逢不若，必且有惊心而动魄者矣。

兵事宫克星，宫生门，主客互有损益。阴时利主，安营于东方，用间谍，设疑兵，诱敌至，出正西迎之。即伏奇阵后，寂若无人，及其未阵，令伏兵冲击。正南但逢刑墓，不战吉。出行西北奇墓，不宜出。正西可行，逢老人与女子同行，或见圆缺器皿。阳宅兑方宜建门，乾方可修葺，有孕妇至应。阴宅兑山乾山俱吉。后五日有两猫入门，当进财。

附：占胜败胜负相均。虚实敌兵立至。攻城急攻无益。守城宜壮军威。天时浮云蔽日，忽阴忽晴。地理龙虎不合，后有刑伤。人事有聪明文士自南来，笑谈闺阁事。田禾西北有收，东南禾丰麦歉。家宅有刑伤，防孕妇口舌，夏月当慎火烛失脱。官禄提问受刑。应试不能终场。求财入情翻覆。婚姻成，不偕老。胎产生女，有虚惊。疾病女人经闭，或鬼胎，反覆难愈。捕获匿东南，五日后可获。失物在东北方，有少妇知消息。远信即至，有文书事。鸦鸣有口角。鹊噪闲鸣。

阴遁二局

小暑中元 霜降下元
立秋上元 小雪下元

时寅庚日辛丙

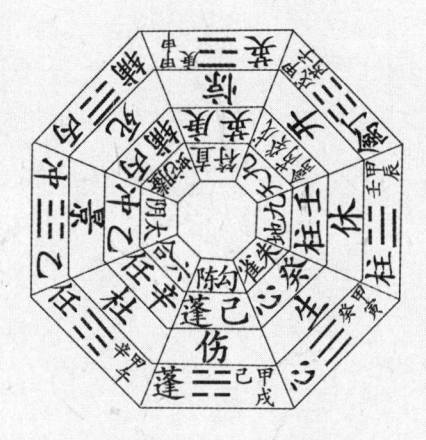

孤子丑虚午未
天英直符加九宫 景门直使加三宫

乾 门生宫
坎 宫生门
艮 门迫宫
震 乙奇升殿 宫生门
巽 宫克门
离 符伏吟 时干格 宫生门
坤 开与丁合 宫生门
兑 宫生门
英符伏离为离
景门加震为火雷噬嗑
庚仪加庚为太白重刑格

断曰：庚伏于庚，而受南方离火之克，所谓"以天地为大炉，以造化为大冶"，听其所铸，而不肯踊跃者。此金之德，所以为从革也。景使入震，上下并属阴神，而受木之相生，则冥冥之中，默相我者多矣。其于公之门间乎？

兵事符伏吟，又值阴时，宜为主。安营于西，故至则绕道出西南开门，击其东北，预伏兵于正东夹击之。东南死门有丙奇，庚符所畏，故不可击。**出行**宜出西南方。二里十二里，闻哭声，或金石之声。**阳宅**夏季坤门最吉，有青皂衣女人应。**阴宅**坤山艮向吉。有捕鱼打猎人至，后进寡妇财产，大发。

附：**占胜败**主胜。虚实彼此相持，客有畏心。攻城几危，幸得女将善守。**守城**宜壮其军声。**天时**晴，寅巳日方变。**地理**土色赤，山向不合。**人事**有阴人谈方术。**田禾**麦歉，稻熟，荆州尤丰。**家宅**符飞鬼乡，人口不宁，且有宠婢挠乱家法。**官禄**地方富庶，上司掣肘。**应试**文晦，可侥幸。**求财**反费，有口舌。**婚姻**成，男不佳。**胎产**男喜，迟产，腹中有声。**疾病**肝郁，宜青州饼子。**捕获**盗在西北窝主家。**失物**沦于土中。**远信**信已寄，未动身。鸦鸣阴人口舌。鹊噪有馈送。

阴遁二局

霜降中元
小雪下元
小暑下元
立秋上元

时卯辛日辛丙

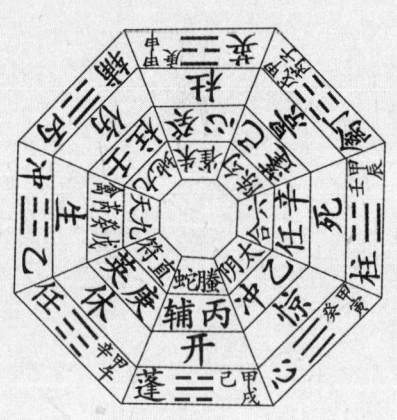

孤丑寅虚未申
天英直符加八宫　景门直使加二宫

乾　乙奇入墓　宫门比和
坎　开与丙合　门生宫
艮　仪刑　时干格　宫克门
震　宫门比和
巽　门生宫
离　门生宫
坤　英符加艮为火山旅
兑　景门加坤为火地晋
庚仪加辛为太白重锋格
辛日伏干格

断曰：时干以辛而受庚符之格，为太白重锋，盖两虎交争，小者死，大者伤，主客并败之象也。景使临坤，与英星异趋而同脱，兼之将为虎而神为蛇，惊伤所不免矣。幸玉女不守门而相直，凶中遇救，乃可无忧。

兵事 宫生星，门生宫，主客均利。阴时宜后举，伏兵于西北，常有惊，不可动。俟敌至，出正东生门应之，击其西来之众。神坛中，恐有贼伏，遣兵搜索。**出行** 宜出正北，或正东。北遇黄衣骑骝马，东遇高人馈饮食。**阳宅** 开坎门震门吉，有黄白鸟从西北来。**阴宅** 夏秋之交，坎山最利，冬宜震山。若遇雷鸣，当进妇人财宝，大发。

附：**占胜败** 客胜。虚实阻于南方，不果战。**攻城** 有夹城，先破其郭。**守城** 兵将忠良，可守。**天时** 主雨，未晴。**地理** 山高土白，不能聚财。**人事** 有屠宰人受责罚。**田禾** 麦胜于稻，北直山东皆大熟。**家宅** 有刑伤孝服，并官事牵连。**官禄** 革职勘问。**应试** 文大佳，中第三。**求财** 有两重财。**婚姻** 男益女家，成。**胎产** 女胎，火日生。**疾病** 五积之症，当下之。**捕获** 盗在南方马厩旁，有贼首与失主同姓。**失物** 在东屋食物边。**远信** 即有喜信。**鸦鸣** 防孝服。**鹊噪** 喜从东来。

阴遁二局

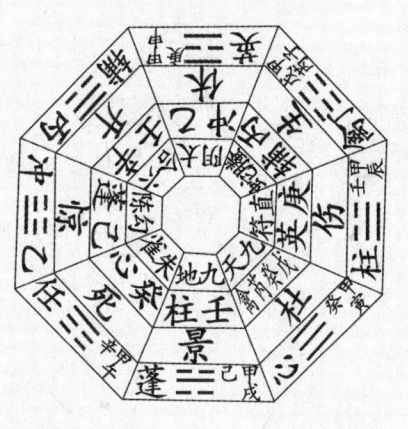

小暑中元
霜降下元 立秋上元
小雪下元

时辰壬日辛丙

孤寅卯虚申酉
天英直符加七宫　景门直使加一宫

乾　雀投江　丁奇入墓　宫克门
坎　门反吟　宫克门
艮　宫门迫宫
震　门迫宫
巽　门迫宫
离　休与乙合　真诈　门迫宫　天遁　宫门比和
坤　生与丙合　时干格　宫克门
兑　上格　英符加兑为火泽睽
景门加坎为火水未济
庚仪加壬为太白退位格
时干入墓　丙日不遇

　　断曰：庚符加壬，已为上格，又挟英以伐柱，是既用堰水之谋，复出火攻之策也。然飞干投旺于坎地，天乙来合于伏宫，其行成而退者乎？景使反坎，受伤九地之下，壬干实转临焉。景岂阴山之洪皓，真州之郝经耶？

　　兵事门被宫克，利于为主。俟敌先动，出西南生门，伏兵于正南直符之下。但时干入墓，直符畏丙，虽得奇门吉格，不能全保无虞。丙日尤当避忌。**出行**舟行可出西南，营利有得。陆路南出亦可，得旧居停相契。**阳宅**可修南门。三七日，进男女财帛。**阴宅**坤山可用。葬后，有红面人作牙，进羽音人产业。

　　附：占胜败主胜。**虚实**贼有叛归者。**攻城**攻其西北险塞。**守城**宜备东南。**天时**有雨。**地理**远案无情，人丁不旺。**人事**有瞽目人，言趋避事。**田禾**麦丰，楚地尤稔。**家宅**门户不宁，事多忧患，防病。**官禄**民怨，难升。**应试**文不合式。**求财**如意。**婚姻**女胜于男，有阻。**胎产**生男，有惊，后当贵。**疾病**水土不服，防变症。**捕获**贼匿于东北山中，易擒。**失物**西北有水木处寻。**远信**非沉搁，即失水。**鸦鸣**旧事反覆。**鹊噪**防有飞孝。

阴遁二局

时巳癸日辛丙

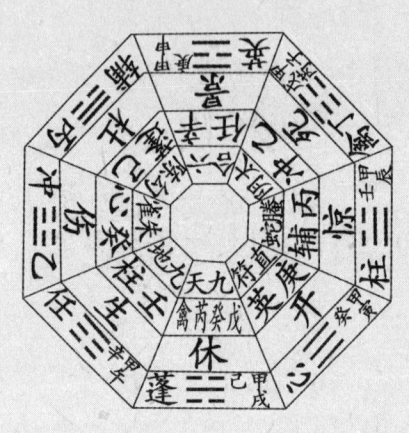

霜降中元
小暑下元

小立雪秋
下上元元

孤卯辰虚酉戌
天英直符加六宫　景门直使加九宫

乾　大格　时干格
坎　休与丁合
艮
震　门伏吟
巽
离　乙奇入墓
坤
兑　英符加乾为火天大有
　　景门伏离为离
　　庚仪加癸为太白刑隔格
天网　辛日飞干格

断曰：癸干以闭藏为意，庚符以阻格为心，盖各一见而不能相通者。乃并处乎雀武之宫，以交争于天阙之下，岂朝中朋党，甚于河北贼耶？景使归伏，独逢合神，则超然事外之申屠蟠也。若非衣冠涂地，何至猿鹤笑人。

兵事星克宫，不利主。兵宜先动，扬旗鼓噪，出正北休门，屯正兵于东北，设疑兵于正西，为犄角之势，牵制其左右。但符遇大格，不宜追逐；乙奇入墓，不可用伏。**出行**正北可行。出门三十里，见阴贵人，或舞枪击鼓。阳宅利开北门，有皂衣人至应。**阴宅**坎山离向吉。作用时，有吏人持盖至为应。

附：占胜败客兵胜。虚实必战，各有损伤。**攻城**宜开诚布德，以待其降。**守城**易守。**天时**早阴晚霁。**地理**水不朝堂，发丁不发财。**人事**闻少妇笑言，或有文移。**田禾**收，北直更丰。**家宅**家有喜事，同气不和。**官禄**有阻，难升。**应试**文不生动，主考不录。**求财**费力不得。**婚姻**可成，女益于男。**胎产**生女，产母有厄。**疾病**火伤肺，宜补气。**捕获**捕役拏贼，不能获。**失物**询黄衣幼女，可得。**远信**尚未发。鸦鸣有同气会合事。鹊噪妊妇防损。

阴遁二局

丙辛日甲午时

小暑中元
霜降下元
立秋上元
小雪下元

孤辰巳虚戌亥
天任直符加八宫
生门直使加八宫

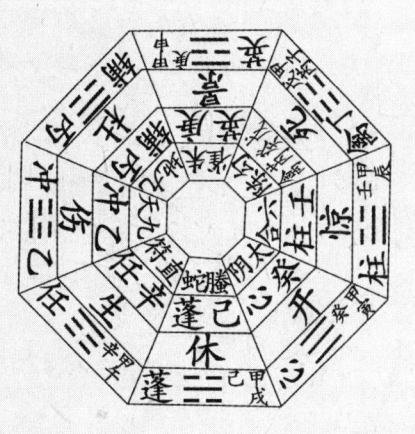

乾 坎 艮 震 巽 离 坤 兑
门符伏吟
乙奇升殿
任符伏艮为艮
生门伏艮为艮
辛仪加辛为天庭自刑格
无奇门
天辅时

断曰：辛本西方之金，司严肃之令，而居于艮宫，得春气之发生，其稑生之稻乎？抑化生之蛮乎？乃值勾白元神，星门俱伏，则丛丛者其生不荣，蠕蠕者其动不直也。惟乙丙得禄于震巽，仕路方亨；阴合分乘乎壬癸，儿孙多福，又偏以晚发为吉。

兵事门符俱伏，阳时利主，兵宜先动。向东北直符之下出师，设伏于乾，临阵背东北击西南，与伏兵合于正西，截其南来之众。杜门临于九地，亦可暗伏，奇兵击其中坚。**出行**无奇门，不利远行。若出东北方，八里，逢白衣人，求财者多求少获。**阳宅**无奇门，难修。**阴宅**日吉，时宜另选。

附：**占胜败**客欲和。**虚实**未得其便，按兵不进。**攻城**利缓图。**守城**备其西北，可守。**天时**天气晴明未变。**地理**地成坦局，可发显贵，但稍迟。**人事**无外人，家有屠宰人争闹。**田禾**欠丰。**家宅**人眷平安，防因旧事涉讼。**官禄**可起用。**应试**文不流动，抄旧作，不中。**求财**本家之财，可得。**婚姻**因亲成亲。**胎产**生女，尚未产。**疾病**肺有积气，迁延时日。**捕获**以贼窝贼，防捕役纵。**失物**向原处寻。**远信**有滞。**鸦鸣**防盗贼。**鹊噪**有小人窥视。

阴遁二局

霜降中元　小暑下元
小雪上元　立秋下元

时　未乙日辛丙

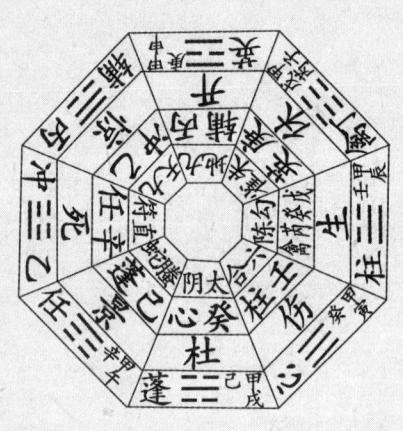

孤巳午虚亥子
天任直符加三宫　生门直使加七宫

乾　宫克门
坎　地假　门生宫
艮　门生宫
震　相佐　虎猖狂　宫克门
巽　荧入白　宫克门
离　开与丙合　重诈　丙奇升殿
坤　太白与天乙格　奇格　宫克门　门生宫
兑　生与丁合　丁奇升殿
任符加震为山雷颐
生门加兑为山泽损
辛仪加乙为白虎猖狂格
丙日飞干格

断曰：符入震宫，逢虎狂于门户；使乘勾白。为二虎之排牙，其凶锋过处，草木皆惊。于是乙遂避地而卜邻于巽，然带羊刃，临空亡，终非宁宇也。若欲托强者以庇身，则生门丁合，犹为彼善于此，如二境之玉帛，终不若完守仗信之为得耳。

兵事门生宫，宫克门，利为主。秋冬从正南出师，季月从正西出师，安营于离，设伏于坎，背巳孤，击亥虚。敌在正南，急宜发兵剿除，直捣其巢，不可后应。**出行**宜出正西方生门。七里，逢孝服人。若出南方，荧白相战，途中不宁。**阳宅**修离兑二方，吉。**阴宅**午山酉山俱吉。作用时，有人携酒食至。

附：**占胜败**主胜。若遇于南，又当客胜。**虚实**敌虽犯境，不来。**攻城**宜缓。**守城**备正南，可无忧。**天时**风雨，忽变为晴。**地理**卯龙入首，白虎欺迫，穴下见蛇穴。**人事**有男女相争，或见阴阳乐户。**田禾**禾防有损，西南稍丰。**家宅**右房高压，防有孝服，宅颇发财旺丁。**官禄**贪贿即参。**应试**文意雷同，难中。**求财**吉。**婚姻**不成。**胎产**男胎防堕。**疾病**火不调经，调理自愈。**捕获**贼自败露。**失物**失于宅内有水处，可寻。**远信**同行人附至。**鸦鸣**有事缠绕。**鹊噪**勿躁进。

阴遁二局

丙辛日丙申时

孤午未虚子丑
天任直符加四宫
生门直使加六宫

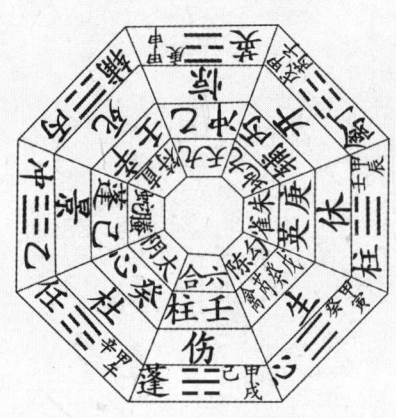

小暑中元
霜降下元
小立秋下元
小雪上元

乾 宫生与丁合 丁奇入墓 雀投江 门生宫
坎 宫生门
艮 地假 门迫宫
震 宫生门
巽 龙返首 相佐 符勃 宫克门
离 宫克门
坤 开与丙合 重诈 宫生门
兑 上格 门生宫
任符加巽为山风蛊
生门加乾为山天大畜
辛仪加丙为天庭得明格

断曰：丙干得禄于巽，而值返首之龙，君子有迁官之庆，小人有复业之乐。况丙辛相遇，流泽无穷，《经》所谓"下天上施"者也。生使入乾，戊癸相见，他乡得遇故交，而白虎伤之，非舟中之敌，则狭路之逢，出处之际，安危判然矣。

兵事 门生宫，宫克星，利于后应。伏兵于东北，从西北出师应敌，潜师却于西南。西有险隘之阻，宜绕道从东南合前伏之兵，击其正北伤门，可以制胜。**出行** 西南开门可行，路逢哭声。出西北奇墓，防中路迷失，或见坟墓上马足。**阳宅** 宜立坤门，北方有鸟鹊至。**阴宅** 坤山乾向俱吉。作用时，天中有大鸟飞鸣，负辕人至。

附：占胜败 先举者胜。**虚实** 来寇中途有阻。**攻城** 无破其郭，可设计诱降。**守城** 防敌乘风纵火，须备水龙待之。**天时** 微风细雨。**地理** 案砂少获，元辰直泻。**人事** 家有女人调禽鸟，或口舌。**田禾** 稻有收，麦歉，西北有虎患。**家宅** 小口有疾，防官讼孝服。**官禄** 文案被参。**应试** 卷污防贴。**求财** 虚约。**婚姻** 女家不允。**胎产** 生男，产迟，孕妇防堕。**疾病** 脾中水火夹杂，宜清。**捕获** 盗匪西门，门前有飞禽。**失物** 小儿取去。**远信** 无，行人三日后有的音。**鸦鸣** 防虚惊。**鹊噪** 无事。

阴遁二局

小暑中元
霜降下元
小立秋上元
小雪下元

时 酉 丁 日 辛 丙

孤未申虚丑寅
天任直符加五宫　生门直使加五宫

乾　丙奇入墓　宫克门
坎　刑格　宫克门
艮　丁奇入墓　宫门比和
震　门迫宫
巽　门迫宫
离　玉女守门　相佐　门符反吟　宫门比和
坤　宫克门
兑　生门步五为山地剥
辛仪加丁为白虎受伤格
无奇门　丁奇得使遇甲　辛日不遇

断曰：符使相携步五，虽曰反吟，而值守门遇甲，如远道访亲，故交投宿，有胶漆之投，水乳之合矣。独嫌旁有子午冲射，龙虎交争，则同室有斗，自应被发缨冠，一人向隅，亦当举坐不乐。然君子相亲，自能闻流言而不信，岂宵小所能间乎？

兵事宫门比和，主客均利。阳时利先发制人，安营于西北，伏兵于东南，从西南直符下出师，乘敌阵未固，疾击东北死门。庚乘刑格，可以尽歼其众。**出行**西北生门可行。六十里，见贵人车马，利阴私之事。**阳宅**坤方玉女守门。上乘天任，不利修造。**阴宅**奇门不合，造葬无利方。巽宫内有丙奇，上乘开门太阴，可权厝。

附：**占胜败**主胜。虚实敌未入境。**攻城**城中兵盛，未能速图。**守城**宜备东南。**天时**阴晦。**地理**四势不合，后有更改。**人事**屏绝外务，闭门养静，或宴乐公庭。**田禾**麦丰，禾薄收。**家宅**有进益，惟人口欠安，更防争讼。**官禄**升转有阻。**应试**头场防火烧卷。**求财**贵人之财有得。**婚姻**成，有刑克。**胎产**得男，易产，后当贵。**疾病**肺有火，宜泻白散。**捕获**贼匿草室中，有妇人指引，可擒。**失物**巫人所窃，后七日可得。**远信**信无。人在中途，因于酒食，不至。鸦鸣防贼。鹊噪有文书事。

阴遁二局

小暑中元
霜降下元
立秋上元
小雪下元

丙辛日戊戌时

孤申酉虚寅卯
天任直符加二宫　生门直使加四宫

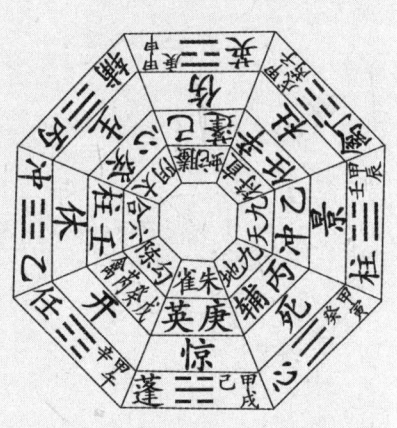

乾　丙奇入墓　门生宫
坎　刑格　门生宫
艮　开与丁合　丁奇入墓　宫生门
震　门生宫
巽　符反吟　门迫宫
离　格刑　门生宫　门迫宫
坤　门迫宫
兑　生门加坤为山地剥
任符加坤为山地剥
生门加巽为山风蛊
辛仪加戊为龙虎争强格
时干入墓

断曰：戊干戊支，时为入墓，既不利于攸往，而辛符自艮来加，反覆冲射，以视前时之步五，尤为灾之切近者也。生使入巽，似欲就丙火之生扶，而太阴癸闭，如浮云之蔽日，细雨之湿衣，其妻菲岂能免乎？幸本宫得开，尚可借彼秋风，扫此落叶。

兵事宫克门，利主。阳时又利先发，伏兵于巽，从东北方出师，击正北方，彼若惊散，不必追袭。缘时逢入墓，符属反吟，兼以刑格格刑，本军亦有伤损。**出行**不利远行，暂出宜从东北。见白衣人，防有争竞之事。**阳宅**东北方可修葺，见人携文书纸笔过。**阴宅**艮山坤向可用，闻西南喧声应。

附：**占胜败**两伤。**虚实**敌有阻隔，不能即至。**攻城**本军防变，宜拊循之。**守城**守将有灾。**天时**日入云中，阴而不雨。**地理**拱护不吉，后有迁改。**人事**见孕妇，或有密札。**田禾**农劳，麦有收，禾阴旱。**家宅**家政内操，防有刑伤。**官禄**宦途淹滞，动多掣肘。**应试**文佳，可中，但防场后风波。**求财**不得。**婚姻**女有才貌，成后防刑伤。**胎产**胎不安，产生女。**疾病**阴盛阳衰，反覆未愈。**捕获**贼在本家，当自败露。**失物**被窃，匿于近竹木处。**远信**有阻，迟至。**鸦鸣**事涉长上。**鹊噪**所谋不就。

阴遁二局

丙 辛 日 己 亥 时

霜降下元　小暑中元
小雪下元　立秋上元

孤酉戌虚卯辰
天任直符加一宫　生门直使加三宫

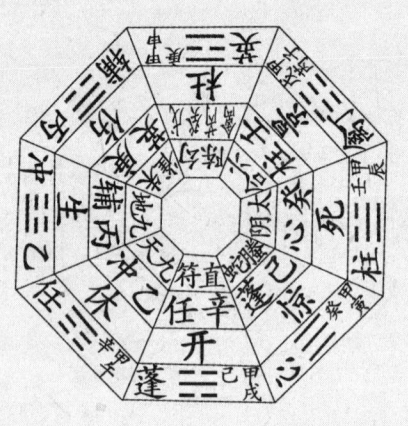

乾　宫门比和
坎　门生宫
艮　休与乙合　虎遁　龙逃走　宫克门
震　生与丙合　重诈　宫克门
巽　白入荧　奇格　宫克门
离　天乙与太白格　门生宫
坤　门生宫
兑　鬼假　门生宫
任符加坎为山水蒙
生门加震为山雷颐
辛仪加己为虎坐明堂格
丙日伏干格

断曰：辛符入坎，又得开门，加于己干，则金明水秀，人杰地灵矣。生使到震，得日月之光华，逢重诈于九地，如游文章之府，见东坚图书，灿然夺目，而本宫复得虎遁之吉，《易》曰："大人虎变，其文炳也。"斯为奇局最吉之占。

兵事宫克门，阴时利主。宜安营于震地，分奇兵出东北，扼据险要；更简精锐，潜伏兑方。敌至，从正东出师迎之，背北击南，伏兵突起，横冲其阵。敌必奔溃，奇兵遮击，断其归路，其将可擒。出行正东最利。路逢病目人，或隐晦不明之物。阳宅宜立震门，东北亦利修葺。有捕鱼人，或小儿持铁器至。阴宅艮震两山皆利，有跛足人至应。

附：占胜败主胜。虚实敌当疾趋而至，有备可覆其众。攻城抚之可定。守城议和可保。天时有黑云起，雨来甚速。地理穴有结构，可发财丁，微嫌左砂不合。人事当与贵人晋接，促膝密谈机务。田禾春熟大丰，徐州秋禾有损。家宅居人安吉，有名仕籍，旺丁聚财。官禄文学侍从之职，即升。应试丙日占，吉。求财智取可得。婚姻男有刑克，不成。胎产胎安，产女。疾病郁火内炎，泄之当愈。捕获盗匿近地临水处。失物在本家木料中。远信人不至。鸦鸣有喜事。鹊噪防贼。

阴遁二局

丁壬日庚子时

小暑中元
霜降下元
立秋上元
小雪下元

孤戌亥虚辰巳
天任直符加九宫　生门直使加二宫

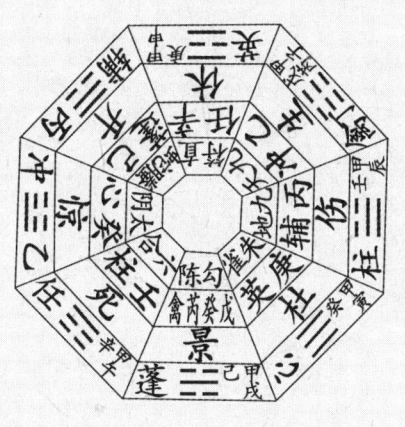

乾宫　大格　宫克门
坎宫　宫克门
艮宫　门迫宫　门迫宫比和
震宫　门迫宫
巽宫　仪刑　飞宫格　门迫宫
离宫　生与乙合　乙奇入墓　门反吟
坤宫　门克门
兑宫　任符加离为山火贲　生门加坤为山地剥　辛仪加庚为虎逢太白格

断曰：辛加于艮，合则为干将莫邪，伤则为缺斨破斧，同遇于离，又得休门，水火相济，宜其煅炼之精矣。而符嫌自刑，毋乃合处少而伤处多耶？生使合乙临坤，乘以九天之神，上动下墓，恐亦如燕之巢于墓上也。虽曰比和，岂能免反覆之患。

兵事宫生星，阳时利为客。兵宜先动，令副将督师，出西南生门，直击其东北左翼。大将别选奇兵，衔枚疾走，亲捣其穴，见朱鸟飞翔，敌师已遁。**出行**西南可行。十里遇昏目公吏，或见动物有足。**阳宅**利开坤门，有白衣人至。六十日，进文契，吉。**阴宅**坤山艮向可用。葬后有生气入屋，田蚕当倍收。

附：占胜败客兵胜。**虚实**敌有阻，未至。**攻城**守将智勇，不可躁进。**守城**谨守东南，可御。**天时**阴雨迷空。**地理**山向不吉，更防白蚁。**人事**鱼鸟适情，或谈道术。**田禾**麦大熟，荆地尤丰。**家宅**发丁发财，官者亦显，但太劳动。**官禄**职司财赋，武臣不吉。**应试**当公荐。**求财**季月占，大利。**婚姻**女有奁田，岳母亦贤，宜速成。**胎产**生男，乃头产。**疾病**足少阳少感，勿药有喜。**捕获**贼匿金旁姓人家。**失物**在正北炉灶处觅之。**远信**信带财，中道有失，难得。**鸦鸣**主争利。**鹊噪**有文书阻隔。

阴遁二局

丁壬日辛丑时

霜降中元 小暑下元
小雪上元 立秋下元

孤亥子虚巳午
天任直符加八宫　生门直使加一宫

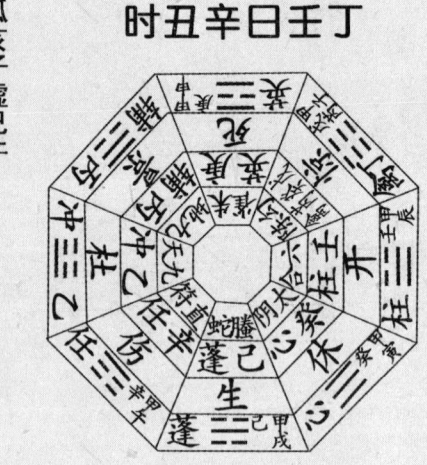

乾宫生门
坎　门迫宫
艮　符伏吟　门迫宫
震宫生门
巽宫生门
离宫生门
坤宫生门
兑　生门伏艮为艮
任仪加坎为山水蒙
生门加辛为天庭自刑格
无奇门

断曰：辛伏于辛，岂其见过而内自讼者乎？伤门相加，或且欲寡而未能，则克治者深矣。使值螣蛇，临于坎位，既多虚假，又逢迫制，是谓服之不衷，身之灾也。犹喜蛇临丑时，蟠而不动，且见水而思潜，将祸消而福至，丁日尚宜慎之。

兵事门克宫，阴时利主。据巽地立营，伏兵于前部，敌人偷劫，入我伏中，见有备，必当南窜，即以尾为首，发营中生力军截击之。亦防有伏。**出行**秋冬可出正西。七里十七里，逢妇女携孩童欢笑，或食水果。**阳宅**壬日小修西北，见捕鱼人为应。**阴宅**乾山巽向亦可发财。葬时，有稚子牵牛应。

附：**占胜败**主兵胜。**虚实**客兵怯战。**攻城**宜攻西门。**守城**勿恃勇出战。**天时**晴朗。**地理**向不合局，防有刑伤。**人事**有工事拘牵。**田禾**谷防水，麦防虫。**家宅**宅不宁，宜安静，能发财。**官禄**才不称官，当有参罚。**应试**文有光焰，却不入彀。**求财**徒费口舌。**婚姻**男不寿，欠吉。**胎产**产速，生女，防刑克。**疾病**脾火下陷，淹缠未愈。**捕获**贼匪正南，有孝服家。**失物**向西南原处觅。**远信**耽搁。**鸦鸣**有不快事。**鹊噪**当问疾吊唁。

阴遁二局

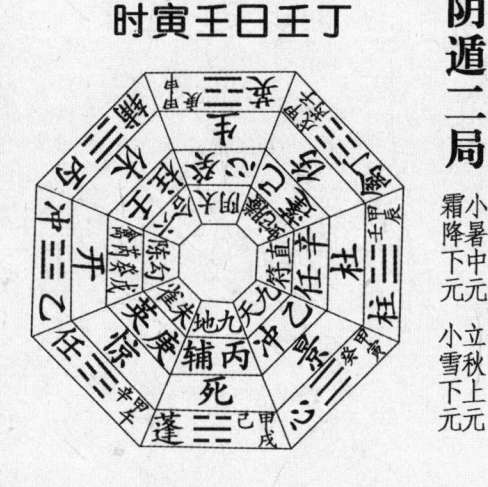

小暑中元
霜降下元 立秋上元
小雪下元

时寅壬日壬丁

孤子丑虚午未
天任直符加七宫　生门直使加九宫

乾　天假　乙奇入墓　门迫宫
坎　门迫宫
艮　伏宫格　宫生门
震　开与丁合　门迫宫
巽　门生宫
离　小格　宫生门
坤　宫克门
兑　宫迫宫
任符加兑为山泽损
生门加离为山火贲
辛仪加壬为天庭逢狱格

断曰：兑宫之壬，金精之流也。在人为柔险，如乌喙之勾践，可与同患难，不可与共安乐也。辛符相加，有罗狱之象，又逢杜塞，岂能望金鸡之飞下乎？直医入离，似欲图南受生，而六庚见格，太阴上乘，小则暗耗私谋，大则舞文弄法，罗织者益众矣。

兵事星生宫，宫生门，主客均利。阴时候敌先动，从正东出师，宜背丑孤，击未虚。但出兵之方，奇仪上乘勾虎，门复制宫，战时又宜反主为客。**出行**出正东方。三里，逢凶悍人，或白衣人。**阳宅**宜立震门，有女人至。**阴宅**卯山酉向吉。作用时，有水禽飞鸣。

附：占胜败客不利。**虚实**东北方有伏贼。**攻城**防其出战。**守城**不守。**天时**有云气。**地理**门阳入穴，地有湿气，不吉。**人事**从东南方来者，有私语。**田禾**欠丰。**家宅**宅发财丁，但宠妾不和。**官禄**有两人同升。**应试**文高爽，小试尤利。**求财**未能到手。**婚姻**可成，男不佳。**胎产**生男，母不利。**疾病**是女人病，不能即愈。**捕获**贼匿武弁家。**失物**在夹道，防损。**远信**防旁人开看。鸦鸣恐有行动。鹊噪主惊。

阴遁二局

小暑中元 霜降下元 立秋上元 小雪下元

丁日壬时 癸日卯时

孤 丑寅虚未申
天任直符加六宫 生门直使加八宫

乾 休与乙合 龙遁
坎 生与丙合 鸟跌穴 重诈 勃符 门伏吟
艮 奇格
震
巽
离 鬼假 蛇天矫
坤 任符加乾为山天大畜
兑 生门伏艮为艮 辛仪加癸为虎投罗网格
天网 丁日不遇 壬日飞干格

断曰：辛癸相遇，此则缚虎，不得不急；彼则入网，犹有余威，而乾位得开，安知非成汤之网开三面者乎？生使归艮，逢飞丙之跌穴，又得九地为重诈，是堂阜之囚，且当着一匡九合之续，而暂时之伏，亦不过尺蠖之屈而已。

兵事星生宫，利为主。安营于艮，设伏于坤，季月从东北出，冬月从正北出师，或正兵出正北，奇兵出东北，亦利。临阵背东北，击西南，可胜。但出兵虽合吉格，而天网门伏，必行动艰难。**出行**宜出正北东北二方。出正北一里，闻锣声。东北八里，逢人问津。惟丁日勿用。**阳宅**修坎艮二方吉。**阴宅**子山艮山俱言。作用时，有吹角声为应。

附：**占胜败**主胜。**虚实**客未进兵。**攻城**城中坚守，勿出。**守城**西北宜有备。**天时**浮云不定，辰日开霁。**地理**天市见玄，穴下见有顽砖，不发福。**人事**有子孙辈文墨。**田禾**禾有伤，东北极利。**家宅**财暗脱，有喜事。**官禄**任所吉利，升转犹难。**应试**文气涩，难望中。**求财**利。**婚姻**女有貌，可赞。**胎产**女喜，防鬼胎。**疾病**郁火所致，服加味逍遥。**捕获**贼眷捕家。**失物**路人拾去，难寻。**远信**难达。**鸦鸣**事有协助。**鹊噪**灾难当退。

阴遁二局

小暑中元
霜降下元
小雪下元
立秋上元

时辰甲日壬丁

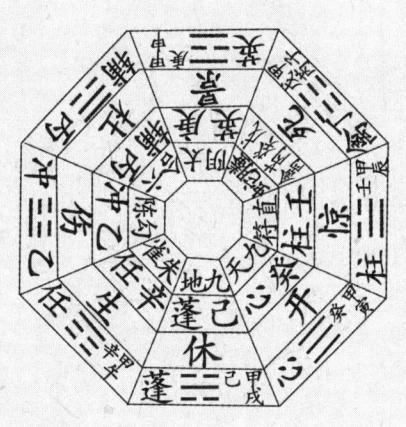

孤寅卯虚申酉
天柱直符加七宫　惊门直使加七宫

兑坤离巽震艮坎乾
　门符伏吟
柱符伏兑为兑
惊门伏兑为兑
壬仪加壬为天牢自刑格
无奇门　天辅时
乙奇升殿

断曰：兑宫正西金旺之乡，金旺则水生，宜壬之托于兑也。由是干之甲为壬嗣，支之辰为壬库，皆从壬而托焉。且当星门未动，天恩转赦之时，膏泽旁流，湛恩汪濊，此兑所以为万物之所说也欤？

兵事 星门伏宫比和，主客均利。但逢阴宿，又无奇门，不宜出兵。先安营于正北，据正南之险要，藏匿精锐，寂若无声。敌来伏发，一鼓可擒。**出行** 无奇门，不利远行，近出当择天马方。**阳宅** 生门上乘雀武，修造有口舌。**阴宅** 奇门不合，不利造葬。

附：**占胜败** 冬月客败。**虚实** 敌军不和，有内患，未能深入。**攻城** 城中防御甚严，宜相时而动。**守城** 士民多死亡，季月可保。**天时** 阴晴忽变。**地理** 山向犯煞，葬后若发贵，有刑伤。**人事** 天伦团聚，妇子嘻嘻，无外人来。**田禾** 麦防虫，禾防风损。**家宅** 人口安宁，不能发财。**官禄** 可安，久未能升。**应试** 文晦，不中。**求财** 有口舌，不得。**婚姻** 成，女多病。**胎产** 生女，不育。**疾病** 土虚水泛，宜补中气。**捕获** 贼匿东北山中，易获。**失物** 在西南悬吊处，可寻。**远信** 未发。**鸦鸣** 防火烛。**鹊噪** 有馈送食物。

阴遁二局

霜降下元　小暑中元
小雪上元　立秋下元

丁壬日乙巳时

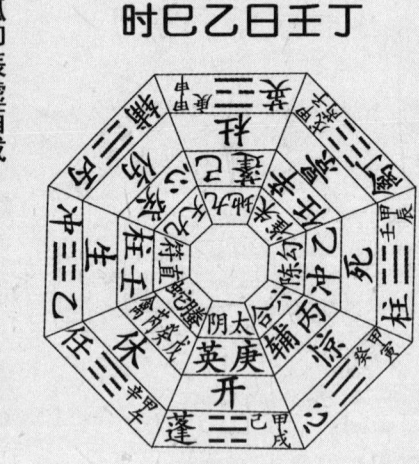

孤卯辰虚酉戌
天柱直符加三宫　惊门直使加六宫

乾　丙奇入墓　宫门比和
坎　刑格　门生宫
艮　休与丁合　丁奇入墓　宫克门
震　相佐　符反吟　宫克门
巽　宫门比和
离　地假格刑　门生宫
坤　门生宫
兑　柱符加震为泽雷随
惊门加乾为泽天夬
壬仪加乙为日入地户格

断曰：乙以木干而受壬之水符，非雨露之养，即灌溉之滋。乃壬方挟柱以来，则金气胜而润泽之益衰，木心伤而向荣之意浅，故反覆而吟也。惊使乘六合以入九天，既得比和之宫，又逢和合之将，天门九重，翔步而进可矣。

兵事星克宫，利为客。宜安营于南，建旗鼓于巽方。正北防敌有伏，先遣游兵巡缉，从正东直符下出师，向西直击，可以制胜。东北奇墓，不宜出。**出行**东北方可往。见小儿骑牛，恐迷道，或有缠绕事。**阳宅**宜立艮门。三七日，进书契，或青色物。**阴宅**宜艮山坤向。作用时，有女人抱布来应。

附：**占胜败**主胜。**虚实**敌有阴谋。**攻城**宜用地道，从北门而入。**守城**兵精粮足，常有虚惊。**天时**有风雨。**地理**土色带碧，地近道路，终当迁移。**人事**天威咫尺。**田禾**麦歉，禾有收。**家宅**上下相凌，作事不顺，小儿有惊痫症。**官禄**案牍繁扰，才不称职，左迁。**应试**不中，场后有文书口舌。**求财**无。**婚姻**女益男家，可成，不能偕老。**胎产**生女，产后防惊悸。**疾病**小肠火闭，恶心气逆，反覆不安。**捕获**是军夫，可获。**失物**不得。**远信**至。**鸦鸣**防贼。**鹊噪**无事。

阴遁二局

丁壬日丙午时

小暑中元 霜降下元
立秋上元 小雪下元

孤辰巳虚戌亥
天柱直符加四宫
惊门直使加五宫

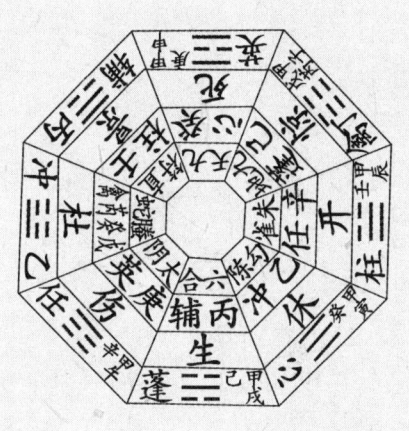

乾 休与乙合 乙奇入墓 宫生门
坎 生与丙合 休诈 门迫宫
艮 门迫宫
震 宫门比和
巽 龙返首 相佐 符勃 仪刑 宫生门
离 小格 宫生门
坤 玉女守门 宫生门
兑 宫门比和
柱符加巽为泽风大过
惊门步五为泽地萃
庚仪加壬为太白退位格

断曰：时干入宫，丙为逢禄，于以承返首之龙，格之最贵者矣。然丙畏于壬，辅伤于柱，则非可豢之龙，而辰又为自刑，亦且有败鳞残甲之患，是主不利而客亦凶也。使逢玉女而乘九地，庶几夙兴夜寐，无愧于屋漏乎？

兵事宫生星门，阳时宜先发制人。出正北生门，即伏兵于左翼，击其东北伤门，先剪其羽翼，乃攻中坚。本营亦防有惊，宜塞井夷灶。**出行**西北乙墓，且有虎伤，不可出。出正北乃吉，见赤黑色马。**阳宅**夏宜修坎方。立北门，有人进菜盒则吉。**阴宅**乾山坎山皆利，遇大雪则大发。

附：**占胜败**主大胜。**虚实**贼伙不和。**攻城**有别门可通，防其堵塞。**守城**困守受伤。**天时**主久雨，寅日方晴。**地理**土如豆色，恐是旧坟，损人丁。**人事**有黄衣老人，谈鬼神报应。**田禾**麦丰，禾歉，直隶熟。**家宅**宅安稳，但低暗，防阴人有刑克。**官禄**官声大振，自己反累。**应试**文太怪，不利。**求财**似畏我而馈送者。**婚姻**女家安乐，防妨男。**胎产**生女，防慢惊。**疾病**胃不和，卧不安，宜泻。**捕获**盗匿西方武弁家。**失物**少女取去。**远信**有阻。**鸦鸣**贵人至。**鹊噪**虚惊。

阴遁二局

霜降中元 小立秋上元 小雪下元

时 未 丁 日 壬 丁

孤巳午虚亥子 天柱直符加五宫 惊门直使加四宫

乾 神假 宫克门
坎 宫生门
艮 龙逃走 门生宫
震 宫克门
巽 白入荧 奇格 门迫宫
离 开与丁合 天乙与太白格 宫克门
坤 相佐 宫克门
兑 门生宫
柱符步五为泽地萃
惊门加巽为泽风大过
壬仪加丁为太阴被狱格
丁日飞干格

断曰：壬为水符，于五常为智；丁为火干，于五常为礼。用地盘之丁奇，承天盘之壬符，盖智崇礼卑，效天法地之象也。使迫支丁巽宫，而止当荧白交战之时，带甲满天地，胡为君远行，吾知其废然而返矣。

兵事宫生星，门克宫，阳时利客。安营于西北，出南方，背西击东。巽方贼亦有伏，宜先期据其要害，掩旗息鼓，寂若无人。敌来即堕吾术中，尽歼其众。**出行**正南可行，亦防盗贼虚惊，见少妇即应。**阳宅**南门小吉，但逢庚遇蛇，有驳杂，不用为妙。**阴宅**午山子向，乘庚辛逆龙入穴，见僧妇同行，吉。

附：**占胜败**客败。**虚实**贼立至。**攻城**已伏于城中。**守城**不保。**天时**阴晦，六月有雷声。**地理**土色黄黑，龙虎低卸，防速朽。**人事**有文书从南方来。**田禾**稻不收，东南尤甚。**家宅**家政大乱，亦有盗贼来劫，须慎。**官禄**冬月占少安，防仆人谋主。**应试**文佳，防贴出。**求财**宜转借。**婚姻**男妇皆夭。**胎产**男喜，不育。**疾病**亢火刑金，未能瘥可。**捕获**盗匿北方患手足人家。**失物**南方人强夺去。**远信**有两信，不数日俱到。**鸦鸣**有争。**鹊噪**主虚惊。

阴遁二局

丁壬日戊申时

霜降下中元 小立秋下上元

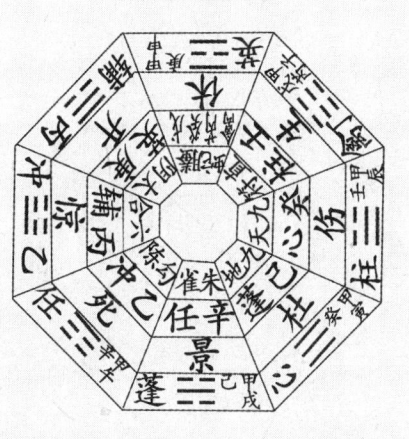

孤午未虚子丑 天柱直符加二宫 惊门直使加三宫

乾 地假 宫克门
坎 宫克门
艮 门龙逃走 宫门比和
震 门反吟 门迫宫
巽 白入荧 奇格 门迫宫
离 休与丁合 天乙与太白格 门迫宫
坤 宫门比和
兑 宫克门
坤宫 惊门加震为泽雷随
柱符加坤为泽地萃
惊门加戊为青龙入狱格
壬日不遇 丁日飞干格

断曰：六戊土干，本壬符所甚畏，而乃予以芮星，以为柱之所主；投之丁奇，以为壬之所合。如教民者，劳而来之；如柔远者，嘉而矜之，自非壬日损明，未有不契合者矣。惊使返而迫震，虽成合璧之美，无救反吟之凶。

兵事门克宫，不利主。丁日飞干，以火克金，亦宜先发制人。出正南休门，向北而战，或背西南，击东北。更宜伏兵于东南林木中，须搜其余党，防贼亦有伏。壬日不遇，防军中有叛卒，以下谋上。**出行**宜出正南门，有不良人虚惊。**阳宅**丁日可开南门。三七日后，进水族飞禽。**阴宅**午山可用。造葬时，有三教色衣人至。

附：占胜败主败。**虚实**敌兵即至。**攻城**从东南进城。**守城**贼伏城中。**天时**晴而有风。**地理**龙虎皆不合法。**人事**有厩马归槽，牧人抚掌。**田禾**谷有虫灾，不甚为害。**家宅**夫妇最和，有贵人作炒。**官禄**任上娶妾，致坏官防。**应试**文反题意，不中。**求财**从中贵人阻格，不可得。**婚姻**男克女，女不吉。**胎产**生男，产不顺，有惊。**疾病**肝火太旺，宜清补。**捕获**贼匿北方炉冶人家。**失物**同伴女人取去。**远信**浮沉。**鸦鸣**主阴人耗失。**鹊噪**文书事。

阴遁二局

小暑中元 霜降下元 立秋上元 小雪下元

丁壬日己酉时

孤未申虚丑寅
天柱直符加一宫 惊门直使加二宫

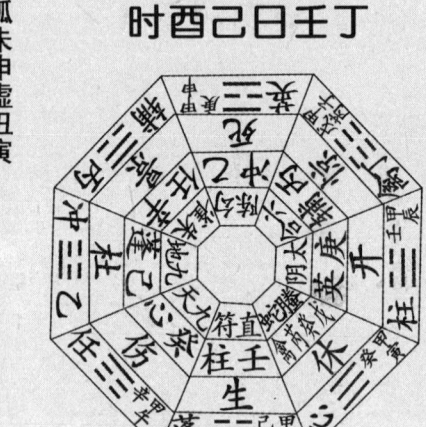

乾 门迫宫 休与丁合 雀投江 丁奇入墓 宫生门
坎 门迫宫
艮 门迫宫
震 地假 宫门比和
巽 宫生门
离 宫生门
坤 宫生门
兑 生格 宫门比和
柱符加坎为泽水困
惊门加坤为泽地萃
壬仪加己为天地刑冲格
壬日伏干格

断曰：己土时干，本能克水，而壬符趋于旺地，有浩乎沛然之势，以区区之己而隄防之，譬犹一璞塞江，一石填海也。直使受生于坤土，玉女适寄其中，合神复临其上，臭味之投，必有相视而笑，莫逆于心者矣。

兵事星生宫，宫生门，主客均利。奇门在乾，但丁奇投江入墓，不利为客。后应宜从正北直符下出兵，直击南寇。惟夏月不吉，庚格取于太阴之下，防正西敌亦有伏。**出行**西北格凶，开遇火格，生遇门迫，三吉门皆不宜出。阳宅壬日差可小修北门。阴宅乾山可浮厝。作用时，有妇人把火为应。

附：占胜败客败。**虚实**敌未至。**攻城**当截其援。**守城**谨守西门。**天时**阴云蔽日。**地理**地无气脉，向亦不合。**人事**有文书照会。**田禾**雍州秋水。**家宅**当有喜事，防厩马之惊。**官禄**不能满任。**应试**武试中。**求财**得贵人之财。**婚姻**成，不吉。**胎产**生女，母有惊。**疾病**火症，不谨所致。**捕获**匿武人向南门中。**失物**可得其半。**远信**失水。**鸦鸣**有妇女口舌。**鹊噪**防遗失。

阴遁二局

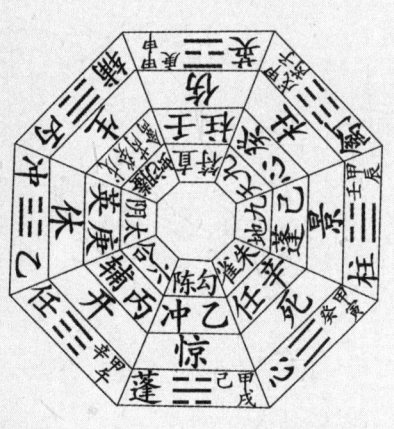

丁壬日庚戌时

小暑中元
霜降下元
立秋上元
小雪下元

孤申酉虚寅酉卯
天柱直符加九宫　惊门直使加一宫

乾　门生宫
坎　门生宫　开与丙合　休诈
艮　奇格　门生宫　宫生门
震　生与丁合　宫克门
巽　飞宫格　门生宫　门迫宫
离　蛇天矫　门迫宫
坤　门迫宫
兑　柱符加离为泽火革
惊门加坎为泽水困
壬仪加庚为天牢倚势格
壬日飞干格

断曰：庚本壬符之所受生，而困于南方火旺之地，壬往加之，不啻甘露洒心，醒醐灌顶矣。然壬既仇火，柱亦畏英，而又逢庚壬之格，是以圆枘入方凿也。使加于坎，母子相依，惜乎神逢勾白，则见草而疑于蛇，见石而疑于虎，惊门之所以惊也。

兵事门生宫，宫克星，利为主。俟敌先动，正兵出东北，偏师出东南，安营于西，设伏于东，背东南，击西北。敌从东走，必遇伏兵，可以邀击。若遇于西南，当先击之。**出行**宜出东北方。八里，逢贸易人。未戌月，出东南亦利，但嫌中途有惊。**阳宅**宜立艮巽二门，有贵人及小儿至。**阴宅**艮巽二山俱利。作用时，有把火寻物为应。

附：占胜败可因粮于敌。**虚实**敌有伏，在东方。**攻城**城中惊惶，可以计取。**守城**谨备东北，犹可保全。**天时**雨必开霁。**地理**离峰高起，防有白蚁，不甚吉。**人事**有九流人言生死事。**田禾**禾有损伤，东北颇丰。**家宅**宅不平安，人有虚惊，不甚吉。**官禄**上司不喜。**应试**文佳，小试利。**求财**不能全得。**婚姻**成，可赘。**胎产**女难产，孕妇有厄。**疾病**肝虚有惊，病势危笃，却可治。**捕获**贼近丧家，可捕。**失物**向东南寻。**远信**迟至。**鸦鸣**事有疑惑。**鹊噪**主武人丧事。

阴遁二局

时亥辛日壬丁

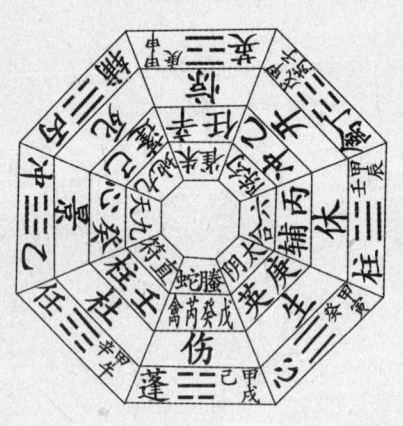

霜降下中元
小立秋下上元
小雪下元

孤酉戌虚卯辰
天柱直符加八宫 惊门直使加九宫

乾 大格 门生宫
坎 宫生门
艮 门迫宫
震 宫生门
巽 鬼假 宫克门
离 开与乙合 乙奇入墓 宫生门
坤 休与丙合 鸟跌穴 休诈 勃符 宫生门
兑 柱符加艮为泽山咸
　 惊门加离为泽火革
　 壬仪加辛为白虎犯狱格

断曰：柱星而逢任宿，壬符而遇辛干，皆将盗其气者。而人盘以杜门隔之，盖朕我以生，固宜实应且憎耳。时支在离，朱雀之神得气，使往而受宫克，且介于庚辛二虎之间，萋菲贝锦之伤，负箧探囊之盗，恐不免矣。

兵事宫克门，阴时利为主。西南虽有奇门，乘凶入墓，不若出正西，以合休诈跌穴之吉，击其正北伤门。其左，贼必有伏。宜别遣奇兵，压其拦入。**出行**出正西方，七里逢皂衣人相契。秋冬出西南方亦利。**阳宅**冬立艮门，秋修坤门，亦利。**阴宅**坤兑二山俱利，有黑衣人携物至。

附：**占胜败**客得利。**虚实**贼有暗谋。**攻城**城内畏惧，自相损伤，可攻。**守城**宜备西南，勿惊恐。**天时**常有云气。**地理**龙气飞腾，开穴有铁器，则不吉。**人事**有争斗，或饶舌人。**田禾**欠熟，西南颇丰。**家宅**宅不吉，防失盗，亦有外孝。**官禄**未能即升。**应试**文不整齐，难中。**求财**有阻，未能得。**婚姻**可成，不能偕老。**胎产**生男，易产，似服中子。**疾病**肺气不足，而似有余，法当分理。**捕获**贼在南，有大伙。**失物**向正北寻。**远信**即至。**鸦鸣**有行动事。**鹊噪**弟兄有争。

阴遁二局

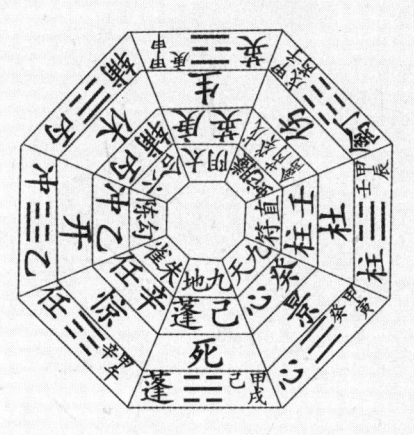

霜降下元 小暑中元
小雪下元 立秋上元

戊癸日 壬子时

孤戌亥虚辰巳
天柱直符加七宫　惊门直使加八宫

乾 门迫宫
坎 宫生门 鬼假门迫宫
艮 宫生门 开与乙合 乙奇升殿 门迫宫
震 宫生门 休与丙合 休诈 门生宫
巽 门迫宫 云遁
离 宫迫宫
坤 符伏吟
兑 宫克门
柱符伏吟兑为兑 惊门加艮为泽山咸
壬仪加壬为天牢自刑格

断曰：壬伏于壬，柱伏于柱，以金白水清言之则为吉，以金寒水冷言之则为凶。要之有专一之失，而无相济之功，伏吟之所以病也。使虽受生于艮，然上下俱逢雀武之神，天高而䠞，地厚而蹐，保无有不辰之叹乎？

兵事宫生门，利为客。宜安营于正北，先遣游兵，从正东而据正南要地，俟敌入于伏，举火为号。大兵出东南，夹击其西南伤门，若敌退伏，勿宜远追。**出行**正东东南俱可行。往东逢争闹，往东南见好友，或有和合事。**阳宅**宜建震巽二门，闻金革声应。**阴宅**宜震巽二山。作用时，东方有人持刀斧过。

附：占胜败客胜。**虚实**敌有内顾，伏而不动。**攻城**预伏敏锐，以老弱诱而擒之。**守城**固守勿出。**天时**早阴晚晴。**地理**白虎回头作案，葬后当发武贵。**人事**有勒命，或火烛惊疑。**田禾**禾麦有收，东南尤熟。**家宅**宅长康泰，季月防失脱。**官禄**政声洋溢，宦橐萧然。**应试**文高，不荐。**求财**有阻。**婚姻**女出贵族，益男家，可成。**胎产**生男，不育，难产。**疾病**肺气壅滞，宜清金。**捕获**贼知音惊走。**失物**大腹人取去。**远信**有疾，不至。**鸦鸣**贵客来。**鹊噪**无事。

阴遁二局

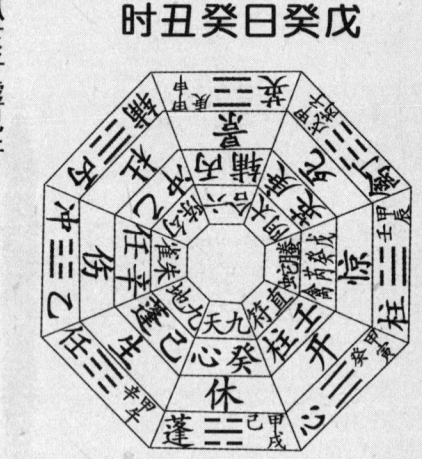

戊癸日 癸丑时

小暑中元
霜降下元
立秋上元
小雪下元

孤亥子虚巳午
天柱直符加六宫　惊门直使加七宫

乾　坎　艮　震
虎猖狂

巽　丙奇升殿　荧入白
离　太白与天乙格　奇格
　　丁奇升殿　门伏吟
坤　柱符加乾为泽天夬
兑　惊门伏兑为兑
　　壬仪加癸为阴阳重地格
无奇门　天网　戊日伏干格

断曰：以癸承壬，以心受柱，水与水相连，金与金相比，如于喁之唱，前后同声，晏子所谓"据亦同耳，焉得为和"者也。惊使归伏，上有蛇神，象为主人安居，而室中之怪百出，惟以不见不闻处之，则彼之伎俩有限矣。

兵事宫门比和，主客俱利。时值天网，奇门不合，妄动非吉。宜安营于东北，先奖励士众，激其胜气，乃可击敌。有男子荷戈西来，用为向导，从直符下出师，击西南之寇。**出行**网低一尺，又无奇门，不利远行。**阳宅**东北生门，上乘九地，可小修葺。**阴宅**癸禄在子，子山可厝，闻鼓吹为应。

附：**占胜败**客胜。虚实敌畏，将遁。**攻城**火攻可拔。**守城**城中防有奸细。**天时**西北有大雷雨。**地理**拱护不吉，葬后防官讼。**人事**有母家人，言惊疑事。**田禾**夏有灾，禾五分收。**家宅**人口平安，须防火烛，夏日当慎女人口舌。**官禄**照旧供职，不升。**应试**落第。**求财**置货有利。**婚姻**男有疾，女家不允。**胎产**生女，未产。**疾病**君火太盛，脉亦不和，宜静养。**捕获**盗匿于东方，为水客。**失物**在室西隅。**远信**近信即至，行人三月后来。**鸦鸣**有喜庆。**鹊噪**防虚惊。

阴遁二局

戊日癸甲寅时

小暑中元
霜降下元
立秋上元
小雪下元

孤子丑虚午未 天心直符加六宫
天心直符加六宫 开门直使加六宫

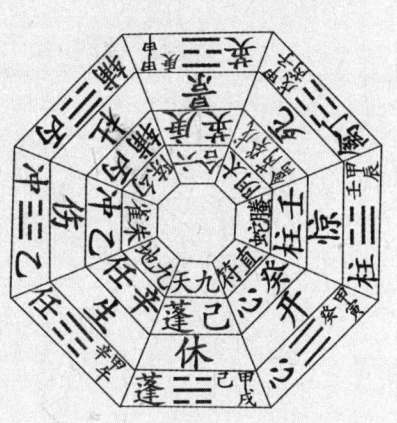

乾 门符伏吟
坎
艮 乙奇升殿
震
巽
离 鬼假
坤 人假
兑 心符伏乾为乾
开门伏乾为乾
癸仪加癸为天网重张格
无奇门 天辅时 戊日不遇

断曰：癸水伏于九地之下，其暗不足以鉴形，其浊不能以止渴，而居乾位，似欲为仙露明珠之用，岂可得乎？然甲到亥为长生，而寅亦得合，则插柳可以成阴，编竹可以成器，究其根柢，自不能无土膏之润也，何得以浊暗弃之。

兵事 天辅之时，阳时利客。安营东北，设伏西南，大将居直符下，振旅而出，背子孤，击午虚。伏兵旁冲其阵，可以取胜，降者抚之，敌当望风迎降。**出行** 西北可行。十里内，见马相啼啮，或空虚奇巧之物。**阳宅** 东北西北，小修为利。有白衣人，或怀孕妇人至。**阴宅** 不利营葬。

附：占胜败 客胜。**虚实** 敌兵观望，按甲不前。**攻城** 不烦兵力，可以谕降。**守城** 季月可守。**天时** 晓云凝翳，向晚得开。**地理** 平稳可用。**人事** 来人外暗内明，可与计事。**田禾** 有年，丰劳。**家宅** 祖业安居，慎守平吉。**官禄** 宦途安稳，升转尚迟。**应试** 不中。**求财** 难得。**婚姻** 女家欲就。**胎产** 女胎，迟产。**疾病** 湿气内蒸，尚防泄泻。**捕获** 匿于坤方，不能即获。**失物** 埋于土中，未日可得。**远信** 不至。**鸦鸣** 有喜庆。**鹊噪** 无事。

阴遁二局

戊癸日乙卯时

小暑中元 霜降下元
立秋下元 小雪上元

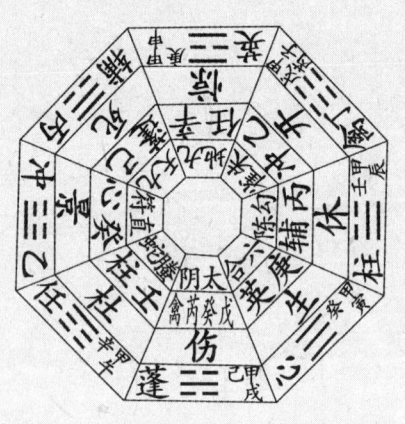

孤丑寅虚未申
天心直符加三宫　开门直使加五宫

乾　大格　伏宫格　门生宫
坎　神假　宫生门
艮　门迫宫
震　相佐　宫生门
巽　宫克门
离　开乙合　玉女守门　乙奇乙墓　宫生门
坤　休与丙合
兑　心符加震为天雷无妄
　　开门步五为天地否
　　癸仪加乙为日沉九地格
　　癸日伏干格

断曰：乙奇升殿于震，而有癸水以滋其根，心金以成其器，既欣欣以向荣，亦骎骎其日上矣。门步于五，是宅中之枢也。幸而吉门遇奇，而上乘雀武，则妇姑豀勃，保无有如贾谊之谓，母取箕帚立而诟语者乎？

兵事星克宫，宫生门，阳时利客。安营于南，设伏于北，从正西出师，交战于正北伤门之下，伏门闻号，自后掩击，使敌首尾不能相顾。敌阵若在西北，切勿轻犯，西南亦忌进兵。**出行**宜出正西，逢白衣人骑马。出西南，防迷道，见方外人。**阳宅**宜立兑门，有执杖女人至。**阴宅**酉山卯向吉。作用时，见人持雨伞至应。

附：**占胜败**主客互有伤损。**虚实**敌营有变，不能前进。**攻城**城门不闭，守将负伤，长驱直入，须禁掳掠妇女。**守城**难守。**天时**晴有风。**地理**内势宽展，左水不合。癸日占，不可用。**人事**来人善谈术数，大有开发。**田禾**春熟防水，秋成亦薄。**家宅**有冲射，不聚财。**官禄**任于西北，防参。**应试**不中，且有灾悔。**求财**不得。**婚姻**成。男性强悍，有刑伤。**胎产**宜安胎，生子难育。**疾病**木益于土，宜疏其气。**捕获**逃易获，盗难捕。**失物**家人窃去。**远信**迟至。**鸦鸣**有争竞事。**鹊噪**亲朋相聚。

阴遁二局

戊癸日丙辰时

小暑中元
霜降下元

小立秋上元
雪下元

孤寅卯虚申酉
天心直符加四宫
开门直使加四宫

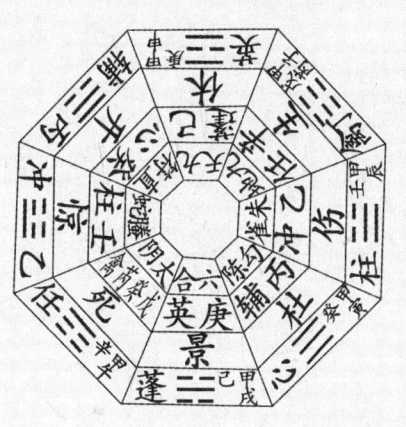

乾 鸟跌穴 丙奇入墓
坎 刑格 宫克门 勃符 宫克门
艮 鬼假 丁奇入墓 宫门比和
震 人假 门迫宫
巽 龙返首 相佐 仪刑 门符反吟
离 格刑 门迫宫
坤 宫门比和
兑 宫克门
心符加巽为天风姤
开门加巽为天风姤
癸仪加丙为明堂犯悖格
无奇门 丙奇得使遇甲

断曰：丙居禄旺，本有热手可炙之势，乃为之符使者，直敢挟其一勺之癸，以侮其所胜，而不知丙之赫然可畏也。但丙止宜居守其地，以待癸之自毙，不意谋之不臧，遽思报复，而反入于金水极旺之乡，直编蒲缉柳，儿戏而已矣。乌乎可？

兵事星门克宫，利于为客。兵宜先动，从东南直符下出兵，以应返首之格。宜先遣偏裨掠阵，乱其营伍。大将乘乱追击，使其首尾不顾，南北受伤。但遇击刑，不战尤利。**出行**东南可行。四里十四里，逢贵人长者，或闻急唱声。**阳宅**开巽门，有官吏至则吉。戊日利。**阴宅**巽山乾向亦利。作用时，有云气从西北起，大发。

附：占胜败主兵胜。**虚实**敌众不协，向南而遁。**攻城**守将颇有诡计，宜防。**守城**正北宜防。**天时**晴明。**地理**龙真穴的，初葬有刑伤。**人事**心绪扰攘不宁。**田禾**麦丰，谷有虫。**家宅**宅不安静，刑伤可免。**官禄**三仕三巳。**应试**中后有刑伤。**求财**有利有害。**婚姻**男有残疾，虽成不吉。**胎产**生男，易产。**疾病**心肾不交，宜静养。**捕获**向西方捕。**失物**去已远。**远信**有阻，迟至。**鸦鸣**姻亲有刑伤事。**鹊噪**不关吉凶。

阴遁二局

霜降下元 小暑中元
小雪上元 立秋下元

时 巳丁日癸戊

孤卯辰虚酉戌
天心直符加五宫
开门直使加三宫

乾 门迫宫
坎 门迫宫
艮 宫生门
震 奇格 门迫宫
巽 宫 休与丁合 真诈 人遁 门生宫
离 宫相佐 仪刑 蛇夭矫 门迫宫
坤 宫克门
兑 宫克门
心符步五为天地否 开门加震为天雷无妄 癸仪加丁为螣蛇天矫格

断曰：癸符步五，本宜与丁为主客，乃反往合于寄宫之戊，而施其夭矫之毒于丁，岂所谓"远交而近攻"者耶？何为操同室之戈也。门使偕庚，迫于震宫，辛遇乙庚之化，又乘合神，鹰化为鸠，鸥鹭怀好音矣，非腐芥曲针之比。

兵事门迫宫，不利主。符遇天矫，当先发兵，以水克火则胜。出巽方休门，乘风纵击，战时防阵后有伏。**出行**出东南休门。五里，逢老妪携皂衣幼女为应。**阳宅**戊日立巽门为遇禄，南方有黑云雨至，当发横财。**阴宅**巽山可厝。葬后六十日，南方有人馈双鲤为应。

附：**占胜败**客胜。虚实故军不能即至。**攻城**冬春始克。**守城**夏秋可守。**天时**风和日暖，不久即阴。**地理**花假之地，不宜用。**人事**有婚姻和美事。**田禾**东南熟，西南大水。**家宅**宅不利，人口不宁。**官禄**地方有变，不能升。**应试**文章背谬，不中。**求财**秋占有利，但费唇舌。**婚姻**男求女，女已别就。**胎产**血阻，非胎。**疾病**太阳表邪，变为百合之症。**捕获**盗在北方门前，有坟墓树木。**失物**在东南。远信迟滞。鸦鸣有淫邪事。鹊噪不吉。

阴遁二局

戊癸日戊午时

小暑中元 霜降下元
立秋上元 小雪下元

孤辰巳虚戊亥
天心直符加二宫 开门直使加二宫

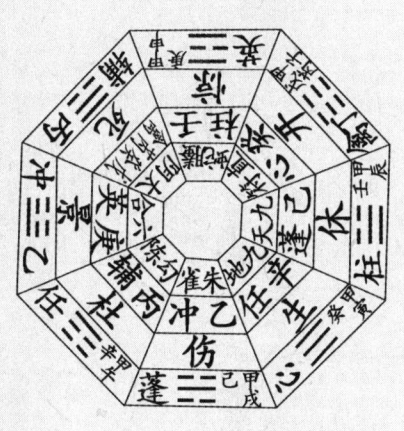

乾 门生宫
坎 门迫宫
艮 奇格 宫生门
震 鬼假 宫克门
巽 人假 宫克门
离 蛇天矫 仪刑
坤 宫生门
兑 心符加坤为天地否
开门加坤为天地否
癸仪加戊为青龙入地格
无奇门

断曰：癸与戊本为同气，则戊之来也，必有倒屣相迎，欢然道故者矣。不意寄宫之丁，睥睨其旁，既虞癸仪为未化之水，又侮符使为相比之金，默默塞塞，必有不怿于心者。先主得孔明而关张不悦，入朝见妒，贤者且不免矣。

兵事星门俱受宫生，利为客。从西南直符之下出师，格合天矫。西南遇寇，即宜疾击，可以扫除。安营于乾，设伏于巽，诱之使进，当背西北，击东南。敌走遇伏兵，军必大溃。**出行**申酉月出东南方。二里，逢动土造宅墓人。**阳宅**无奇门，不宜修葺。**阴宅**年月日俱合山向，本日内另择一时。

附：**占胜败**客胜。**虚实**敌兵强，但贪财，宜以利诱之。**攻城**城虚，守将无计，即可降。**守城**谨备西南。**天时**天晴，忽起风。**地理**来脉不清，开穴见畜骨，防与邻界相争。**人事**有孕妇至，或见两贵人相值。**田禾**西南有水灾。**家宅**家宅利，但灶厕不吉，人口多灾。**官禄**衙署欠利，难升。**应试**文不灵动，难中。**求财**武人之财可求。**婚姻**可成，女有刑伤。**胎产**生男，非肖子。**疾病**心肾不交，淹缠难愈。**捕获**买九流之线，可得。**失物**丧家寻。**远信**不至。**鸦鸣**事有济。**鹊噪**防文书遗失。

阴遁二局

戊癸日己未时

小暑中元 霜降下元 小立秋上元 小雪下元

孤巳午虚亥子 天心直符加一宫 开门直使加一宫

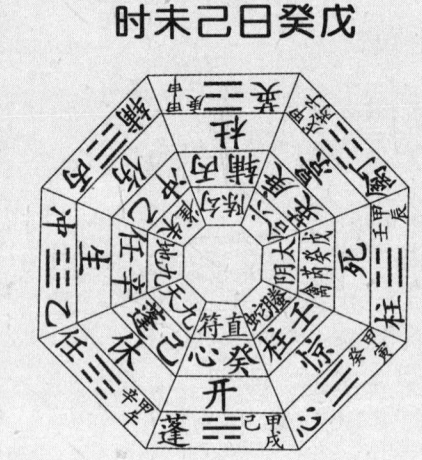

乾 人假 宫门比和
坎 门生宫
艮 宫克门
震 虎猖狂 宫克门
巽 宫门比和 荧入白 门生宫
离 丙奇升殿 太白与天乙格 奇格 门生宫
坤 丁奇升殿 鬼假 门生宫
兑 心符加坎为天水讼 开门加坎为天水讼 癸仪加己为华盖入明堂格
无奇门 戊日伏干格 癸日不遇

断曰：己干为心符之母，癸仪为己干之子，相生则相爱，相爱则相亲，理之最吉者也。况遇此原盘九天之神，一家之内，可以沐浴咏爱矣。但土泄于金，金泄于水，其夫好饮酒者，其妻必贫；其子好臂鹰者，其家必困。故曰："怀与安，实败名。"

兵事宫受星生，门复生宫，利于为主。但震离二宫，格遇虎狂荧入，又宜先发制人，安营设伏，静以待时。毋轻战，毋纵敌。**出行**无奇门，止宜暂出北方。见皂衣妇人，或有口舌争事。**阳宅**小修坎方，闻空中响声应。**阴宅**兑山可厝。见老妇人，或携酒食过。

附：**占胜败**客胜。虚实敌有退志。**攻城**抚之可定。**守城**秋月易守。**天时**晴，有风，秋闻雷。**地理**右水反跳，葬后防有官事。**人事**有工虞之事。**田禾**禾收，麦歉，青州有风灾。**家宅**右房高，不发财丁。南方宜慎火烛。**官禄**有风波，难安久。**应试**不中。**求财**徒劳无益。**婚姻**女有刑克。**胎产**生女，母有惊。**疾病**脾家受湿，药不速效。**捕获**逃人易获，盗匿东南。**失物**失于西方，可寻。**远信**远人不至。鸦鸣有宴会。鹊噪匠木关心。

阴遁二局

小暑中元
霜降下元
立秋上元
小雪下元

戊癸日庚申时

孤行未虚子丑 天心直符加九宫
开门直使加九宫

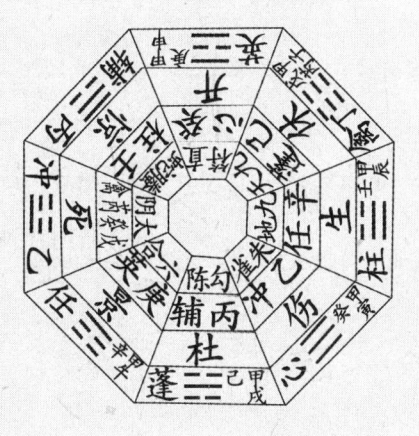

乾 乙奇入墓 宫克门
坎 门生宫
艮 门生宫
震 鬼假 宫克门
巽 人假 门迫宫
离 飞宫格 小格 宫克门
坤 宫生门
兑 门生宫
心符加离为天火同人
开门加离为天火同人
癸仪加庚为天网冲犯格
无奇门 癸日飞干格

断曰：庚居离位，亦名太白入荧，而心符开使，重叠相加，呼朋引类，若全不知火之可畏者，岂爝火之无光耶？抑多金之可畏也。幸有癸仪，制其妻以救其母，而为之金者，复调剂于水火之间，盖水火相憎，相以济其用者，中有鼎也。

兵事宫克星门，阴时利主。安营于正西，伏精锐于敌之左翼，布散流言，依托鬼神，诱敌先动，从正南直符下出师，猝发伏兵，夹攻正东。癸日防格战，士卒有伤。**出行**正南可行。四十里，见猪马，得遇贵人应。**阳宅**离方可小修，有孕妇至。**阴宅**无奇门会合，造葬不利。

附：占胜败利于主。**虚实**敌有党羽。**攻城**死守不克。**守城**防开南门。**天时**晴，热。**地理**水势反弓，且不归库，不吉。**人事**求合反离，求离反合，有西北女眷来。**田禾**豆麦皆歉，禾有虫灾。**家宅**家口不和，男人远出则无害。**官禄**官止于此。**应试**武举利，小试三等。**求财**得不偿失。**婚姻**女有长舌，不能白发。**胎产**生男，面丑，难育。**疾病**水火不交，多为淋浊等症，宜清金。**捕获**盗为其妻所伤，将来归命。**失物**东林之阴。**远信**动而未动。**鸦鸣**喜事。**鹊噪**有道人募造殿宇。

阴遁二局

戊癸日辛酉时

小暑中元 霜降下元
立秋上元 小雪下元

孤未申虚丑寅
天心直符加八宫 开门直使加八宫

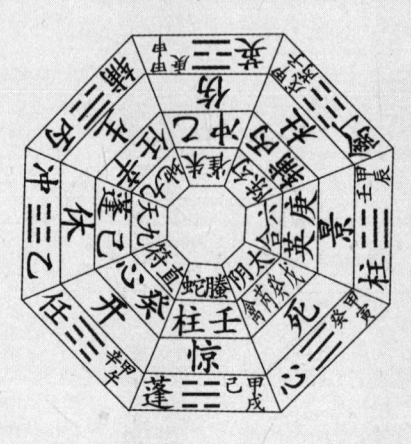

乾 鬼假 雀投江 丁奇入墓 门生宫
坎 宫生门 人假 门生宫
艮 宫生门
震 宫克门
巽 门生宫
离 门迫宫
坤 门迫宫
兑 上格 门迫宫
心符加艮为天山遁
开门加艮为天山遁
癸仪加辛为华盖受恩格
无奇门

断曰：癸仪受生于辛，符使受生于艮，各亲其亲，各子其子，君君臣臣，父父子子，夫夫妇妇，而天下定矣。乃癸之本宫，上逢飞戊；而辛之飞位，下值丙奇。盖妇人从夫，故癸不得不离其母；人臣致身，故辛不得不忘其亲。

兵事宫生星门，利于为客。宜安营于东南乾方，设陷阱，伏兵于后，遣轻骑往诱。军将迎即退，俟敌深入，伏兵痒发，必堕吾术中。**出行**东北可行，见黄衣人，或乘马妇人，防中道有阻。**阳宅**生门下有月奇，亦可小修，见孕妇来应。**阴宅**戊日禄在己，巽山暂厝。作用时，见僧尼把火西南行。

附：**占胜败**不战而退。**虚实**敌畏险阻，半途观望。**攻城**可以计取，未能速拔。**守城**宜备东北。**天时**密云不雨。**地理**主山偏侧，结穴有情，平稳之地。**人事**有货物自西北来。**田禾**麦若旱，禾有虫灾。**家宅**女眷小口有灾，宅长健旺发财。**官禄**有贵人举荐，可升。**应试**道阻，不及进场。**求财**远求有得。**婚姻**女有疾，不成。**胎产**产母多病，宜祀东南。**疾病**脾肺肾俱虚，宜人参补肺汤。**捕获**盗匿正南，难获。**失物**在室中西北方。远信近信至。鸦鸣朋来。鹊噪无事。

阴遁二局

小暑中元
霜降下元

小立秋上元
小雪下元

时戊壬日癸戊

孤申酉虚寅卯
天心直符加七宫
开门直使加七宫

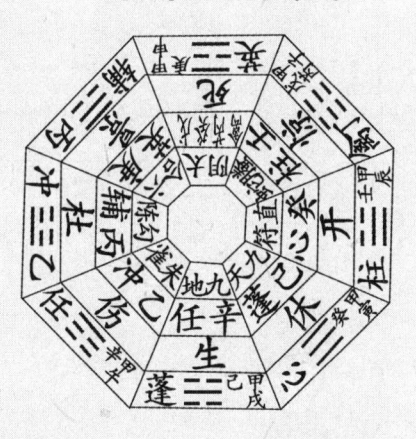

乾 宫生门
坎 门迫宫
艮 龙逃走 门迫宫
震 宫门比和
巽 白入荧 奇格 宫生门
离 鬼假 天乙与太白格 宫生门
坤 人假 宫生门
兑 宫门比和
心符加兑为天泽履
开门加兑为天泽履
癸仪加壬为天网覆狱格
无奇门 戊日飞干格

断曰：乾符而加于兑，癸仪而加于壬，皆以进为退者也。癸为水为智，故恶盈而流谦；乾为金为义，故先人而后己。知其雄，守其雌；知其白，守其黑，此物此志也。故麟有利角，众兽不伏；凤有利觜，众鸟不宾。人知进之进，而不知退之进，误矣。

兵事星门与宫比和，阴时利主。安营在北，入夜当有贼来偷劫。预伏奇兵于营之东偏，敌至伏发，两相格斗，营中将士鼓舞而出，合围纵击，敌必败走。收军勿追，防其有伏。**出行**不宜远行，暂出应从西北。逢贵人，或见奇形异状物。**阳宅**小修正北。动作时，有目疾人至。**阴宅**卯山酉向，权厝亦可。作用时，见窑冶火光起。

附：**占胜败**主胜。**虚实**敌来甚速。**攻城**毋纵投掠，可以谕降。**守城**城中自乱，守将有厄。**天时**彤云密布，夏至有雷。**地理**左脉奔泄，穴有湿气，棺当速朽。**人事**闻车声隆隆。**田禾**薄收，徐州旱。**家宅**居人贫淡，时有小悔。**官禄**谨慎可久。**应试**文不称心，难中。**求财**东南行贾有利。**婚姻**男女皆有刑克。**胎产**胎防漏，产生女。母有灾，子难育。**疾病**寒湿内结，肺气不清，未能速愈。**捕获**难绁。**失物**失于南方，可寻。**远信**行人可至，近信亦来。鸦鸣宜谨门户。鹊噪有失脱。

阴遁二局

戊癸日癸亥时

霜降中下元
小雪上元立秋下元

孤酉戌虚卯辰
天心直符加六宫
开门直使加六宫

乾 门符伏吟
坎
艮
震 乙奇升殿
巽
离 鬼假
坤
兑 人假
心符伏乾为乾
开门伏乾为乾
癸仪加癸为天网重张格
无奇门 天网四张

断曰：癸为天一之所生，虽无上天之路，而能归海之墟，则癸之归而伏也，亦水之性而已。然既居乾位，又遇开门，则其源不穷，其生不息，今年所需，初何假于昔岁之残波；天上所施，不复转于地中之剩水，故君子行健，达士知源。

兵事门符俱伏，天网四张，坚守为吉。敌来交战，当从直符下出师，阵于正北，直击对冲，退敌即止。戒穷追，防中伏。收兵结寨，当在艮方。**出行**不宜出行，随处当有妨碍。阳宅东北方可修葺，有小儿群至应。阴宅营葬不利，宜另选时。

附：**占胜败**主胜。虚实敌心疑畏，观望不前。**攻城**云梯可登。**守城**宜谨守。**天时**早阴晚晴，有风无雨。**地理**拱向不吉，难发财丁。**人事**闭门闲坐，心境不舒，有欲行中止之意。**田禾**农劳，有收。**家宅**居人困守，事多不顾。**官禄**官不显，升有阻。**应试**不中。**求财**宜收本分。**婚姻**成而不吉。**胎产**女胎，迟产。**疾病**肺家受病，水泛为痰，宜逐水。**捕获**匿于本地，不能远遁。**失物**在西南方土中。**远信**不至。**鸦鸣**家中有喜庆事。**鹊噪**无事。

御定奇门阴遁三局

时子甲日己甲

阴遁三局

夏至中元 寒露下元 白露中元 立冬下元

孤戊亥虚辰巳 天冲直符加三宫 伤门直使加三宫

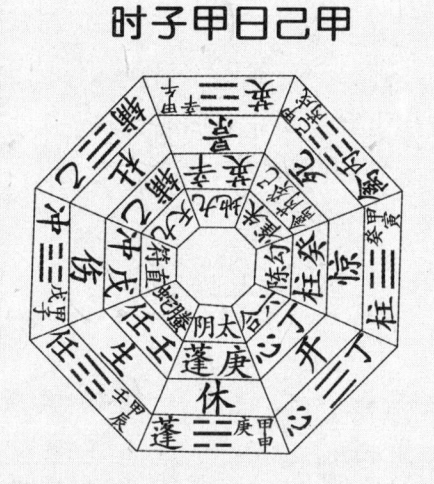

乾 开与丁合 休诈 丁奇入墓
艮坎 仪刑 门符伏吟
震巽离坤兑 冲符伏震为震 伤门伏震为震 戊仪加戊为青龙入地格
天辅时

断曰：震三东方木旺之地，而天乙辅时而动焉。由丽土而滋长，遂甲坼而敷荣，可谓畅茂条达者矣。然木太盛则受戕，且与正西之旺金对，此甲子所以愁东，而以冲名符，以伤名使也。于此而求自全之术，其惟处乎材不材之间。

兵事 星门未分，时遇天辅，利为客。兵宜先动，秋月当出西北开门，安营于正南，伏兵于正北，背东北，击西南。亦可御敌，然遇击刑奇墓，主兵亦防有损。**出行** 可出西北门。行二十里，见猪马及酒食之物。**阳宅** 可小修西北方屋宇。三七十日，当进纯白生气物。**阴宅** 乾山巽向吉。作用时，闻禽噪钟鸣。六十日内，有生气入屋吉。

附：占胜败 客兵胜。**虚实** 客兵未至，且怀虚诈。**攻城** 当用秘计识其将。**守城** 南方有援，秋冬防水灌城。**天时** 己日有雨。**地理** 土色黄碧，前案有伤，己日入地不合。**人事** 有匠役言财帛之事。**田禾** 禾稼有损，欠丰。**家宅** 基址发财，西北厨灶亦吉。**官禄** 治地富饶，却难升转。**应试** 文章沉晦，已日占，欠利。**求财** 本分之财可得。**婚姻** 媒在西北，男家力求，易成。**胎产** 生女。**疾病** 肝制脾土，未能即痊。**捕获** 难获。**失物** 向东方觅。**远信** 不至。**鸦鸣** 有阴私事。**鹊噪** 无事。

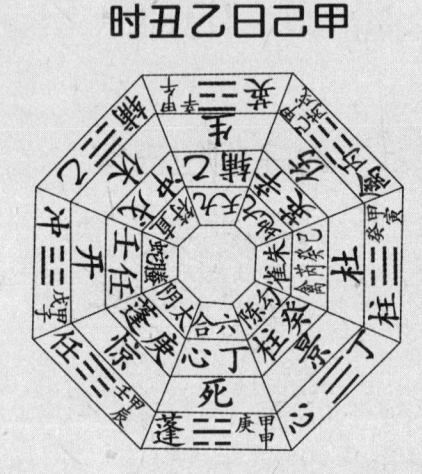

御定奇门阴遁九局

阴遁三局

夏至中元 寒露下元
白露中元 立冬下元

甲己日乙丑时

孤亥子虚巳午
天冲直符加四宫 伤门直使加二宫

乾 蛇天矫 门迫宫
坎 鬼假 门迫宫
艮 上格 宫生门
震 门迫宫 门生宫
巽 相佐 门迫宫
离 生与乙合 虎遁 龙逃走 宫生门
坤 宫克门
兑 符宫门
伤符加巽为雷风恒
冲符加坤为雷地豫
戊仪加乙为青龙入云格
己日不遇

断曰：巽为柔木，乙之柔木居焉；震为刚木，甲之刚木遁焉。以辅承冲，是丰草长林，参天之黛色相映矣。然得无忧松柏之下，其草不殖乎？乙龙见辛而逃，坤上见伤而迫，干支俱病，非靡草之当夏而枯，即蒲柳之望秋而落也。

兵事门生宫，利为主，兵宜后应。季月当出正南生门，以合虎遁之吉。安营于西南，伏兵于东北，背南击此，可以获胜。**出行**正南可行。九里十七里，逢勾当人，或见光采物。**阳宅**利开南门。一七日，当进六畜，或遇北方患疫，乃旺。**阴宅**午山子向吉。作用时，见渔火为应。

附：占胜败主欲议和。**虚实**客兵未至，主情诚实。**攻守**当缓图。**守城**宜塞险固守，以待敌变。**天时**晴，有风。**地理**左势无情，屏障却好，已日不宜。**人事**正南方有牙侩雀角。**田禾**禾稼好，有收。**家宅**正南门廊残损，厨厕不利。**官禄**任内地，或西南，理财赋，难升。**应试**欠利。**求财**多求少得。**婚姻**男家有阻，不成。**胎产**生男，产室亦佳。**疾病**由惊悸致疾，可治。**捕获**逃在正北，可获。贼在正西，防受贿赂。**失物**不失。**远信**不至。**鸦鸣**有相争之事。**鹊噪**惊鸣。

阴遁三局

夏至中元 寒露下元 白露中元 立冬下元

甲己日丙寅时

孤子丑虚午未 天冲直符加五宫
伤门直使加一宫

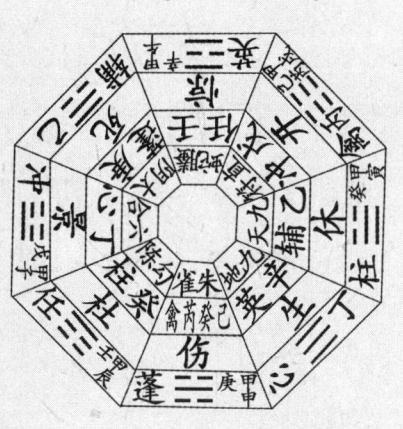

乾 门生宫
坎 门迫宫 荧入白 格刑 宫生门
艮 门迫宫
震 宫克门
巽 奇格 宫克门
离 相佐 人假 宫克门
坤 休与乙合 龙返首 符勃 龙遁 宫生门
兑 伤门步五为雷地豫
冲符加坎为雷水解
戊仪加丙为青龙得明格
丙奇得使游仪 己日飞干格

断曰：丙为朱鸟，而星复为禽，盖不离飞鸟也。乃以母腹之子，承返首之龙，则雏凤声清，亦择栖有智矣。然其转而加坎也，虽为入白之荧，不免水池之火，将无有蜃蛤之化乎？坎地庚丙相战，而使在其间，恐不免有关津之阻。

兵事星克宫，利于为客，兵宜先举。出正西休门，以合龙遁之吉。安营于乾，伏兵于巽，背西北直符，击对冲，可以取胜。**出行**秋冬由水路出正西休门，最吉。行一八里，逢人饮酒歌唱，或见金铁物。**阳宅**利开西门。三七日，进商音人田产，大发。**阴宅**酉山卯向吉。作用时，有怀孕瘦妇至。

附：**占胜败**客兵胜。**虚实**客兵即至，且虚诈难测。**攻城**彼虽有援，可以计降。**守城**当捕奸细，谨备东南。**天时**正北当见虹霓。**地理**主山木体，土色微黑，可用。**人事**正北方有捕盗事。**田禾**丰。**家宅**基址欠佳，时防盗贼。**官禄**治地多盗，当求荐举。**应试**文必呈堂。**求财**难得。**婚姻**女貌甚清，男不佳，不就。**胎产**生男，易产。**疾病**火盛伤肺，不能即除。**捕获**有欺蔽，难获。**失物**失于西南。**远信**不至。**鸦鸣**有隐匿事。**鹊噪**防失脱。

阴遁三局

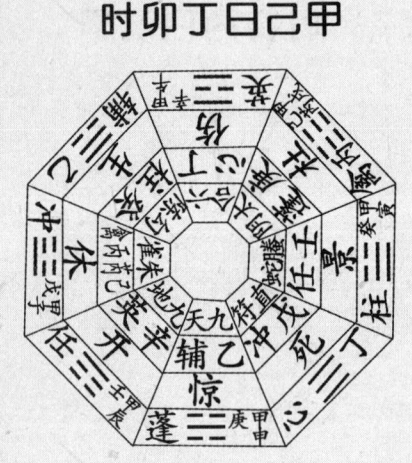

夏至中元 寒露下元 白露中元 立冬下元

甲己日丁卯时

孤丑寅虚未申
天冲直符加六宫 伤门直使加九宫

乾 相佐 门生宫
坎 门生宫
艮 宫生门
震 宫克门 休与丙合 鸟跌穴 勃符 门生宫
巽 神假 门生宫
离 白入荧 刑格 门迫宫
坤 门迫宫
兑 冲符加乾为雷天大壮 伤门加离为雷火丰 戊仪加丁为青龙耀明格 己日伏干格

断曰：丁在戌乡，方忧入墓，而忽焉冲之木符，来以相生，由是而转临于正南之禄地，恰与直使之伤相直，譬若钻燧而得火，遂传薪而不穷。其始也焰焰，其究也炎炎，理固然矣。丙鸟跌穴于符之本宫，盖亦所谓"益火之原"者也。

兵事门生宫，宫克星，利主不利客，兵宜后举。当出正东休门，安营于艮，伏兵于坤，背丑宫游都，击未宫鲁都，可获全胜。**出行**利出正东，冬月尤吉。行四里，逢皂衣匠人，或见水族不洁之物。**阳宅**利开震门，遇北方有雷伤树木，当大发。**阴宅**卯山酉向吉。作用时，有鸟飞兔走。七日后，当进横财。

附：**占胜败**客虽多谋，终必求和。**虚实**客兵至，来情不伪。**攻城**不宜力敌，只可阴谋缓图。**守城**易守。**天时**西南方有雷电。**地理**外案极好，土角流金，己日可用。**人事**有皂衣术士，言财利之事，或西南方，有横逆争斗。**田禾**丰，花豆尤利。**家宅**香火虽好，防家长有灾，外却无患。**官禄**升迁迟。**应试**当荐，甲日可中。**求财**有争斗，欠利。**婚姻**女畏男家，难就。**胎产**胎教，产难。**疾病**小肠之疾，易治。**捕获**难获。**失物**失于西北，难寻。**远信**人信俱至。**鸦鸣**有虚惊。**鹊噪**有喜信佳音。

阴遁三局

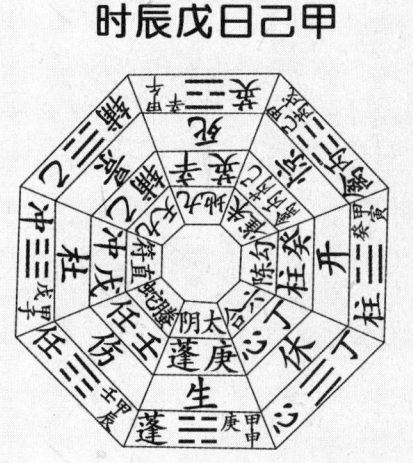

夏至中元　白露中元
寒露下元　立冬下元

甲己日戊辰时

孤寅卯虚申酉
天冲直符加三宫　伤门直使加八宫

乾　休与丁合
坎　门迫宫
艮　门迫宫
震　符伏吟　仪刑
巽　宫生门
离　宫生门
坤　宫生门
兑　宫门比和
冲符伏震为震
伤门加艮为雷山小过
戊仪加戊为青龙入地格

休诈　丁奇入墓　宫生门

断曰：六戊土干，木为木所由植，而冲符因之来归，反获击刑之咎，其斥卤之地力，不足以相生耶？抑瓦砾之场气，反足以相渗也。艮土而受伤门，不无被迫，然崇山峻岭，清流激湍，又益之以茂林修竹，夫何伤？

兵事门克宫，利为客。兵宜先举，出西北休门，以合休诈之吉。安营于正南，伏兵于正北，大将宜背正东卯孤，直击对冲。亦可御敌，然遇奇墓击刑，己兵亦防有损。**出行**西北可行。出门十七里，闻歌唱叹息声，或见果核之物为应。**阳宅**秋冬月，利开西北门，当进金银器物。**阴宅**乾山巽向吉。作用时，闻鼓声，或见渔罟物。

附：占胜败客兵归主。**虚实**敌尚未至，却无欺诈意。**攻城**彼有援，未易拔，己兵亦防受伤。**守城**谨守北门。**天时**酉日有雨。**地理**地近曲涧，土色黄碧，己日不宜。**人事**有文士言树木工匠之利。**田禾**丰。**家宅**厨灶佳，安居富厚。**官禄**秋月可以望升。**应试**亥命人可中，小考最利。**求财**本分之财，亦不能即得。**婚姻**当有贵显执柯，易成。**胎产**生女，有虚惊。**疾病**脾胃不快，易治。**捕获**难获。**失物**向东方觅。**远信**将至。鸦鸣有长上事。鹊噪有惊。

阴遁三局

夏至中元　白露下元
寒露下元　立冬中元

时己己日己甲
己己日己

孤卯辰虚酉戌
天冲直符加二宫　伤门直使加七宫

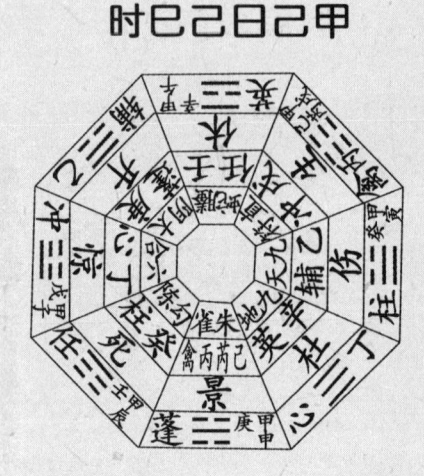

乾　宫克门
坎　荧入白　格刑　宫克门
艮　宫门比和
震　门迫宫
巽　奇格　门迫宫
离　门迫宫
坤　宫克门
兑　门反吟
伤符加兑坤为雷泽归妹
戊仪加己为青龙相合格
无奇门　己日飞干格

断曰：己干之与戊仪，一体而分形，盖雁行而已矣。乃寄宫之丙，偏以母腹之儿，而得符之返首，且孔北海之为群拜纪耶？时干转加于地庚，飞庚来格于伏宫，直使又反吟而受克，凡事害多而利少，败易而成难。

兵事宫克门，不利客，兵宜后举。秋冬宜出东南，子月宜出西南，安营于乾，伏兵于巽，背西南，击东北，亦可以制胜。**出行**秋冬宜出东南，季夏宜出西南。东南闻人言官事，西南闻哭泣声。**阳宅**坤巽两方，皆可立向。动作时，见皂衣白衣人应。**阴宅**巽坤两山俱可用。作用时，有女人抱布来，或小童喊叫应。

附：占胜败客兵大胜。**虚实**客情不实，当即去。**攻城**当伏内应，后用抚绥。**守城**宜捕奸细，防东南方。**天时**北方当见虹霓。**地理**内案不佳，却可用。**人事**有书吏言禽鸟之事。**田禾**防旱。**家宅**近北过路不吉。厨内厨中，防有虚惊。**官禄**己日占，防参劾。**应试**甲日占，不荐。**求财**欠吉。**婚姻**女清瘦，男黑矮，不就。**胎产**生男，产母多病。**疾病**心虚之症，可治。**捕获**逃人在正东方，可获。**失物**失于内舍。**远信**不至。**鸦鸣**防有贼。**鹊噪**不系吉凶。

阴遁三局

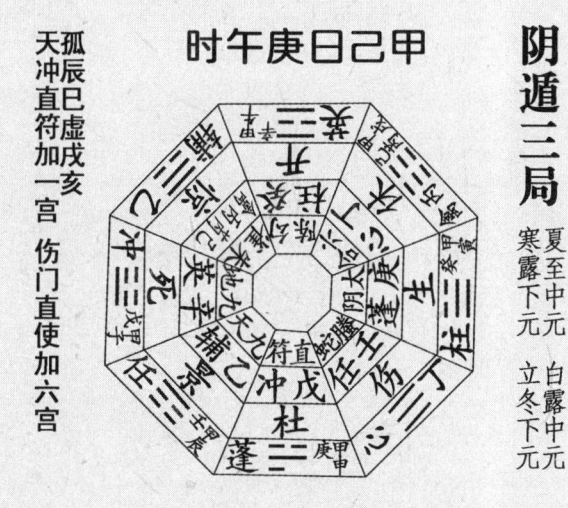

甲日己日庚午时

孤辰巳虚戌亥
天冲直符加一宫　伤门直使加六宫

夏至中元
寒露下元
白露中元
立冬下元

乾　玉女守门　宫克门
坎　飞宫格　宫生门
艮　门生宫
震　门迫宫
巽　宫克门
离　休与丁合　休诈　宫克门
坤　大格　门生宫
兑　冲符加坎为雷水解
伤门加乾为雷天大壮
戊仪加庚为青龙持势格
甲日不遇　甲日飞干格

断曰：坎一水乡，仪喜其财而符乐其生，乃庚干亦复喜冲之财而乐戊之生也。人各有心，固宜庚格而杜塞矣。直使挟壬以求合，玉女守门以待加，又逢六合之阴神，不谓干戈抢攘中，仍得此和合欢娱之事。

兵事宫克门，五阴时，利为主，兵宜后应。当出西南休门，秋冬尤利。安营于东，伏兵于西，背丑宫游都，击未宫鲁都，可以获胜。唯甲日不宜。**出行**利出西南。行十里，逢皂衣颁白人，或见衣裳及相合物。**阳宅**宜开西南门。动作时，有人担水过。**阴宅**坤山艮向吉。作用时，西北方有黄色禽兽至，主生贵子。

附：占胜败客兵欲罢。**虚实**客兵有阻，闻见实。**攻城**宜用阴谋，易拔。**守城**援兵虽近，却不能守。**天时**己日雨。**地理**主山方正，朝案亦佳，可用。**人事**有公吏言患病求医之事。**田禾**丰收，麻豆尤利。**家宅**香火吉，当发财，唯内患难弭。**官禄**防上司见尤，难升。**应试**申命人可中。**求财**有阻，难得。**婚姻**冰人好，可成。**胎产**当诞贵儿。**疾病**肺气不顺，不能即瘥。**捕获**宜向东南可获。**失物**失于正北阴室。**远信**已发。**鸦鸣**有文墨往来事。**鹊噪**鹊自惊鸣。

阴遁三局

夏至中元 寒露下元 立冬下元 白露中元 立冬下元

时未辛日己甲

孤巳午虚亥子
天冲直符加九宫 伤门直使加五宫

乾 丙奇入墓 门迫宫
坎 小格 门迫宫
艮 丁奇入墓 宫生门
震 太白与天乙格 伏宫格 门迫宫
巽 门生宫
离 乙奇入墓 门迫宫
坤 宫克门
兑 冲符加离为雷火丰 伤门步五为雷地豫
戊仪加辛为青龙相侵格
无奇门
甲日伏干格

断曰：辛居午中，盖金之在冶，欲跃而不得者。冲以木符来加，又生火而烁金，几何不消镕殆尽也。辛干之趋酉而就癸，其亦执热愿凉之意乎？伏宫被格，而直使步五，符亦内顾不遑，非辛之所忧也。

兵事门克宫，不利主，兵宜先动。秋冬当出东南休门，安营于正东，伏兵于正西，背正南午孤，击正北子虚，亦可胜敌。**出行**宜出东南门。行五里，逢皂衣妇人，及闻歌唱声，或见虚假之物。**阳宅**利开巽门。动作时，见东方有枯木火惊，大发。**阴宅**巽山乾向可用。造葬时，西北方有人争产。百日内，遇文信人入室时大发。

附：占胜败客兵求息。**虚实**敌兵尚远，来情亦远。**攻城**宜智取，不宜力攻。**守城**易守，防有奇计。**天时**寅日有微雨。**地理**地近道路窑灶。己日占，当发财。**人事**有小艺，及工匠人至。**田禾**有收。**家宅**奴隶不顺，常有喧争聒耳之事。**官禄**欠利。**应试**临场前后，防有灾患。**求财**得贵人之财，吉。**婚姻**女畏男家，不就。**胎产**生男极聪俊，产母防有疾。**疾病**由积滞致疾，宜延东北医士。**捕获**难缉。**失物**当在正南，不失。**远信**将至。**鸦鸣**有失亡事。**鹊噪**无事。

阴遁三局

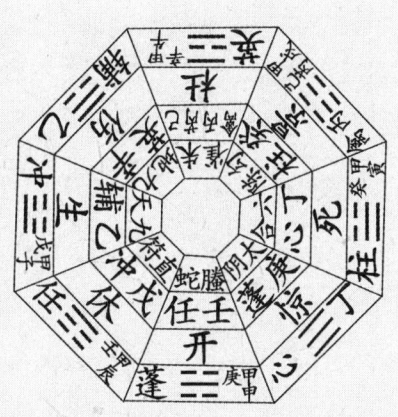

夏至中元　白露中元
寒露下元　立冬下元

甲己日壬申时

孤午未虚子丑
天冲直符加八宫　伤门直使加四宫

乾　宫门比和
坎　门生宫
艮　宫克门
震　生与乙合　云遁　乙奇升殿
巽　虎猖狂　宫门比和
离　丙奇升殿　门生宫
坤　门生宫
兑　丁奇升殿　雀投江　门生宫
冲符加艮为雷山小过
伤门加巽为雷风恒
戊仪加壬为青龙破狱格

断曰：艮中有壬，山下之泉也，靁沸而出，涓涓始流，得木符来加，凿山疏石，剔土濬河，益源深而流广矣。由是壬得以趋水旺之乡，殆若龙门辟而河乃注海，三峡通而江乃朝宗乎？至时支以巽承伤，则同得相比者也。

兵事星克宫，不利主，兵宜先举。季月当大张声势，出正东生门，以合云遁之吉。安营于巽，伏兵于乾，背东击西，可获全胜。**出行**宜出东门。行三里十里，逢匠人扛木，或见有足之物。**阳宅**利开东门。动作时，有渔猎人至。二十七日，进金宝，当大发。**阴宅**卯山酉向吉。作用时，西方有金鼓声，或妇人哭泣声。

附：占胜败主欲议和，客亦愿息。**虚实**主客之情俱实。**攻城**城郭甚固，未易即拔。**守城**当御西北，可守。**天时**正东有奇云，不雨。**地理**来龙属土，主山木形。甲日占，当发兄弟。**人事**正西有文书沉失事。**田禾**农稼俱利。**家宅**财谷极丰，宅长贵显，厨灶不甚吉。**官禄**任于东南，有不吉事。应试房考有厄，欠利。**求财**大利。**婚姻**女佳，婿不快，难就。**胎产**生女。**疾病**肾水上泛，迟愈。**捕获**不获。**失物**向东北觅。**远信**不至。鸦鸣有构怨雀角事。鹊噪有文墨相合事。

阴遁三局

夏至中元 寒露下元
白露中元 立冬下元

甲己日癸酉时

孤未申虚丑寅
天冲直符加七宫 伤门直使加三宫

乾 开与乙合 乙奇入墓
坎 生与丙
艮 门伏吟
震 地假
巽 符反吟
离 冲符加兑为雷泽归妹
坤 伤门伏震为震
兑 戊仪加癸为青龙相和格
天网

断曰：六癸时干，戊仪之配，今乃作合，当有无涯之喜庆；而冲木以畏柱金之克，不免呻吟，合本无情，况于反覆乎？时支以酉而居三宫，盖亦以金之渗木，使因之而归伏，乃所谓"逃归其国而弃其家"者也。

兵事宫克星，五阴时，利为主，兵宜后应。秋冬宜出西北；季月与夏，利出东北。安营于北，伏兵于南，背艮击坤，可获全胜。**出行**季月利出艮，秋月利出乾。东北遇人相斗，西北见红衣公吏。**阳宅**利开乾艮二门。动作时，有缠钱人至，或见卖鱼肉人。**阴宅**乾艮两山皆可用。造葬时，有远信至，或鸡鸣树上吉。

附：占胜败客兵胜。**虚实**客情怀诈，闻见不实。**攻城**城中有备，未易取。**守城**当守南门。**天时**己日有雨。**地理**外案屏障皆吉。惟甲日占，不利生命。**人事**有讼师言网罗事。**田禾**麦大熟。**家宅**井利东北，灶利西北，惟不利宅长。**官禄**秋日升。**应试**欠利。**求财**大利。**婚姻**女畏男家，不就。**胎产**迟产，有惊，生女。**疾病**病在血脏，难得痊好。**捕获**难获。**失物**失于正西，难得。**远信**已发。**鸦鸣**阴私事。**鹊噪**主得田地财物。

阴遁三局

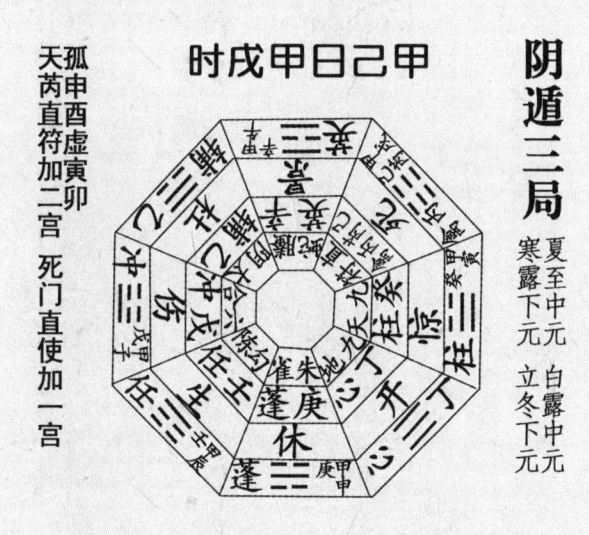

夏至中元 寒露下元 白露中元 立冬下元

甲己日甲戌时

孤申酉虚寅卯
天芮直符加二宫 死门直使加一宫

乾 开与丁合 重诈 丁奇入墓
坎
艮
震
巽 门符伏吟
离
坤 仪刑
兑 芮符伏坤为坤 死门伏坤为坤 己仪加己为明堂重逢格 天辅时

断曰：甲干木也，而居于坤位，则不患其克土，而转藉以养木，何也？坤固土之厚者也。惟时中宫之丙，如当空皓月，低欲亲人；而九地开丁，又如清宵灯火，锦帷不卷，悠悠情事，有不可告人者。宜以宁神安虑，胎息保元为贵。

兵事宫门比和，主客俱利。季甲之时，阳气在外，宜先举。乾方可安营，巽位可设伏，秋冬当从西北方出兵，背西击东。但逢刑墓，不能全胜。出行西北方可行。路逢道姑，或猪马，或见布帛旧物。阳宅宜建乾门。有佩刀人，或持斧人至应。阴宅宜乾山巽向。作用时，有青衣童子至，或闻东北钟声。

附：占胜败主胜。虚实主言不可信。攻城宜攻东门。守城宜备北门。天时酉日雨。地理案山外向不吉，未必发秀。人事利播种栽植，经营窑冶之事。田禾小有年。家宅防口舌，宅长有灾。官禄才不称职，防参罚。应试文呈荐，限额落地。求财不得。婚姻成，女能文，貌美。胎产胎安，产迟，生女。疾病木侮脾土，淹缠难愈。捕获捕受贿不解。失物失于正东，可获。远信南方人占，即至。鸦鸣有求物人来。鹊噪有宴饮之事。

阴遁三局

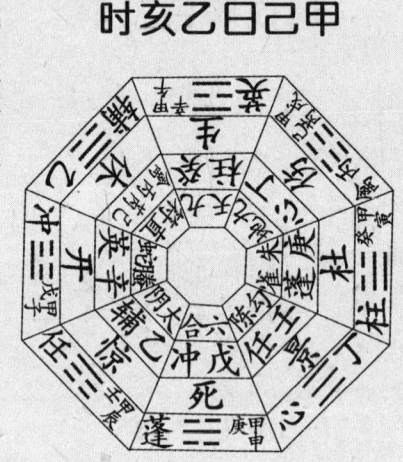

夏至中元
寒露下元
白露中元
立冬下元

甲己日乙亥时

孤酉戌虚卯辰
天芮直符加四宫 死门直使加一宫

乾 门迫宫
坎 天乙与太白格 门迫宫
艮 宫生门
震 门迫宫
巽 宫与乙合 相佐 凤遁 门生宫
离 宫生门
坤 神假 门迫宫
兑 大格 宫克门
芮符加巽为地风升
死门加坎为地水师
己仪加乙为日入地户格
己日不遇

断曰：巽宫乙木，当长养之地，值己符来加，所以培其根者厚矣。又得休门之水以滋之，丙奇之月以照之，其气象之清适，何如乎？但直使乘冲而入坎，有门迫之嫌。合占人事，当见露湿空庭，栖鸦在树，独叹隔千里兮共明月也。

兵事宫克星，门克宫，主客互有损伤，阳时利先举。宜安营于西南，伏藏于东北，从东南出师，背孤击虚，可以制胜。**出行**宜出东南方。路逢皂衣妇人，或见金银之物应。**阳宅**宜立巽门。有贵人，或色衣人至。**阴宅**宜巽山乾向。作用时，西北方有嫁女事应。

附：**占胜败**客胜。**虚实**客言不实。**攻城**易拔。**守城**城中粮虽富足，防军士有与敌暗通，未必能守。**天时**晴有风。**地理**土色带绿，火龙入首，金星结穴，葬后防有刑伤。**人事**利安抚边境，征讨不庭，追亡捕盗之事。**田禾**麦薄收，禾大丰。**家宅**厨灶卧室不吉，女眷常有灾悔。**官禄**不升。**应试**主司不取。**求财**用机谋，可遂意。**婚姻**不成。**胎产**生男，产迟，母有灾。**疾病**风火之症，延北方医易瘥。**捕获**逃人匿于北方，可获。**失物**失于北方，可寻。**远信**不至。**鸦鸣**有争竞事。**鹊噪**无事。

阴遁三局

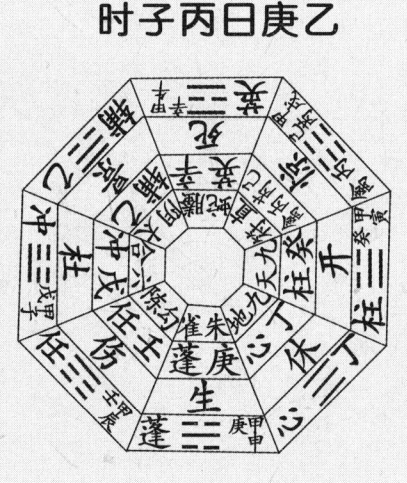

夏至中元
寒露下元　白露中元
　　　　　立冬下元

乙庚日丙子时

天芮直符加五宫
孤戌亥虚辰巳
死门直使加九宫

乾　休门与丁合　　重诈　丁奇入墓　宫生门
坎　门迫宫
艮　门迫宫
震　宫门比和
巽　宫生门
离　宫生门
坤　龙返首　　符伏吟　鸟跌穴　相佐　符勃
　　勃符　　　　　　　宫生门
兑　宫门比和
芮门加离为地火明夷
死门加丙为地户埋光格
己仪加丙为地户埋光格
庚日不遇　庚日飞干格　伏干宫

　　断曰：甲来返首，而丙即跌穴，有宾主同堂，快聚平生之乐。昌黎所谓"观其客，可以知其主"者，宣州也。惟直使入离，似为受生，而螣蛇作耗，将因旧事翻波，难于辨理。若乃子女玉帛，聚于戌库，宜舍南而就北，斯可探囊而得耳。

　　兵事 宫生门，利为客。宜安营于西北，伏藏于东南，从西南直符下出兵，以应返首跌穴吉格。疾击东北伤门，可以制胜。西北奇墓，不可出师。**出行** 冬月利出西北休门。路闻叹息声，或见子母牛应。**阳宅** 宜立乾门。三七日，进金银物为应。**阴宅** 宜乾山巽向。作用时，见雄雉飞鸣，田鼠奔窜应。

　　附：**占胜败** 主胜。**虚实** 主怀欺诈。**攻城** 土旺月日，可攻。**守城** 宜备北门，有虚惊。**天时** 阴雨有风。**地理** 去砂回顾，穴结窝脐，大发后人。掘一有朽骨布帛。**人事** 见老人医士，或有音信至。**田禾** 大有年。**家宅** 祖居大利，聚财发贵，人口康宁。**官禄** 蒙恩超擢。**应试** 中式。**求财** 易得。**婚姻** 成，女有才德。**胎产** 生女，后当贵。**疾病** 有伏火，医不得人，服药少效。**捕获** 逃人匿于南方，不获。**失物** 失于正东方，可寻。**远信** 迟至。**鸦鸣** 有阴私事。**鹊噪** 有财帛事。

阴遁三局

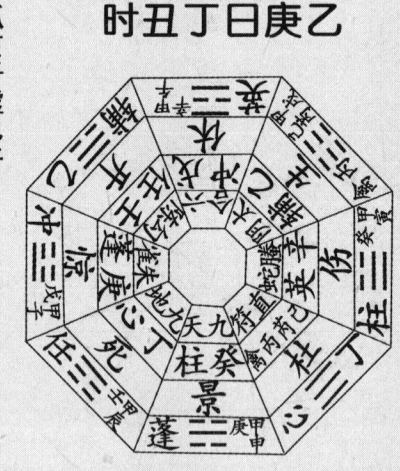

乙庚日丁丑时

夏至中元
寒露下元
白露中元
立冬下元

孤亥子虚巳午
天芮直符加六宫 死门直使加八宫

乾 相佐 丙奇入墓 宫克门
坎 小格 宫克门
艮 鬼假 门反吟 丁奇入墓 宫门比和
震 太白与天乙格 门迫宫
巽 门迫宫
离 生与乙合 真诈 乙奇入墓 宫门比和
坤 宫克门
兑 芮符加乾为地天泰 死门加艮为地山谦 己仪加丁为明堂贪生格 时干入墓

断曰：丁墓在乾，韬光久矣。今甲来加，而丙亦兼临，有通明之象；又得地假，将所谓"人谋鬼谋，龟筮协从"者乎？但丙来同墓，而飞丁又随直使，往墓于艮，则二陵风雨，石马能来；巫峡行云，仙娥已杳。惟本宫真诈格吉，守其雌，完其璞可也。

兵事宫生星，利为主。宜安营于东北，陈兵于坎位，俟敌先动，从西南方出师，伏兵于阵后，击东北虚方。但系奇墓，不能全胜。**出行**西南方可行，路闻啼哭声，或见泥塑神像。**阳宅**宜立坤门。闻鼓声，或西南方，雷伤牛马应。**阴宅**宜坤山艮向。作用时，见南方有火光，或荷伞人至应。

附：**占胜败**主胜。**虚实**敌情多反覆。**攻城**宜用炮火，攻其东南。**守城**有援可守。**天时**有雨。**地理**来龙木形，结穴有情，可发财。**人事**见高道名流，言修炼服食之事。**田禾**夏旱薄收。**家宅**门庭清净，老年女春，防有灾悔。**官禄**治地多事，不能升。**应试**文佳不中。**求财**妇女之财，可以乙取。**婚姻**不成。**胎产**生男，产迟，母有灾。**疾病**心火刑金，医药无效。**捕获**逃人不获，盗易捕。**失物**失于正南，近神祠傍，或炉灶处，可寻。**远信**不至。**鸦鸣**主尊贵之事。**鹊噪**有虚惊。

阴遁三局

夏至中元
寒露下元
白露中元
立冬下元

时 寅戊日庚乙

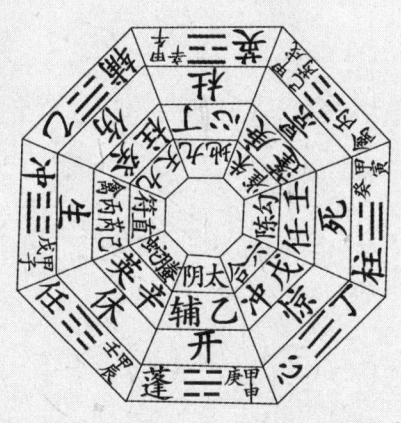

孤子丑虚午未
天芮直符加三宫 死门直使加七宫

乾 宫门比和 开与乙合 真诈 龙遁 门生宫
坎 宫门比合
艮 宫克门 生宫与丙合 天遁 宫克门
震 宫门比和
巽 地假 门生宫
离 白入荧 伏宫格 门生宫
坤 门生宫
兑 芮符加震为地雷复 死门加兑为地泽临
乙仪加戊为明堂从禄格
乙日飞干格

断曰：震本苍龙奋飞之地，而天乙挟丙来加，则从龙变化，有其象矣。直使到兑，又为母女相依之情，将母有女足为门楣者乎？但嫌震宫戊已为比劫，而兑位壬癸作网罗，未免伤财多事。况二庚伏宫，不无隔碍；东西易处，凡事猜疑，未为吉也。

兵事宫克星，门生宫，利为主。宜安营于南，伏兵于北，祭祀风伯雨师，用间谍，设奇兵。季月出正东，秋冬出正北，击其左右，可以制胜。**出行**求财宜出东方，赴任宜出北方。出正东见贵人，出正北遇妇人。**阳宅**宜立坎震二门。闻锣声，或见旌旗枪戟应。**阴宅**子山午向、卯山酉向俱吉。作用时，有女人把火前行，西北轿马至应。

附：占胜败主胜。**虚实**主欲欺客。**攻城**宜攻西门。**守城**宜备西南方。**天时**有风少雨。**地理**地近行道，东有桥梁，六情极佳。**人事**利运筹帷幄，求名问利之事。**田禾**麦大熟，秋有暴风，禾减收。**家宅**过道闻有怪异，奴仆不安欲散，更防失脱。**官禄**有荐举，可升。**应试**不中。**求财**当得意外财。**婚姻**不成。**胎产**生女，易产。**疾病**七情所致，恐有冷庙水祟为灾，宜祈祷。**捕获**逃人难获，盗易缉。**失物**在西北方近金石处，可寻。**远信**不至。**鸦鸣**主有遗失事。**鹊噪**有文书事。

阴遁三局

夏至中元
寒露下元

白露中元
立冬下元

时 卯 己 日 庚 乙

孤丑寅虚未申
天芮直符加二宫 死门直使加六宫

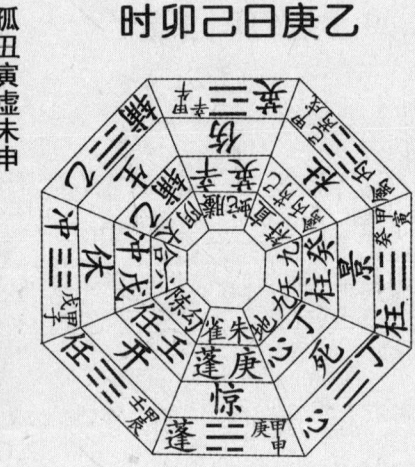

乾 丁奇入墓 玉女守门 门生宫
坎 门生宫
艮 宫生门
震 门生宫
巽 生与乙合 风遁 真诈 宫克门
离 门生宫
坤 门迫宫
兑 门迫宫
芮符伏吟
死门加乾为地天泰
己仪加己为明堂重逢格
庚日飞干格伏干格

断曰：己符之伏，所谓"一击不中，翻然而归"者也。乃杜门又随而迫制之，岂服而舍之之义乎？至直使趋乾，逢入墓之玉女，丁九地之下，则阴私之事必多。非张仪之借径于郑袖，即李园之计成于女弟。虽曰地假，亦诡而伤巧者矣。

兵事门生宫，阴时利为主。宜安营于乾地，伏兵于巽位，俟敌先举，从东南出师，击正南。当有天风助战，可以制胜。**出行**宜出东南方，路逢匠人，或见雕琢之物应。**阳宅**宜立巽门。有白衣人，骑赤马至应。**阴宅**宜巽山乾向。作用时，有跛足人至。葬后，牛自来，大发。

附：**占胜败**主胜。**虚实**客无诈心。**攻城**秋月可攻。**守城**宜向西方求援。**天时**有大风。**地理**火龙文星作案，右仙宫环抱紧密，四势亦佳。**人事**见婺妇倚门，或言妻妾病患事。**田禾**丰。**家宅**宅长病，女眷持家，财物防暗耗。**官禄**升转迟。**应试**文高，遇公荐得中。**求财**所求如意。**婚姻**成。女有才华，奁田厚，媵婢美。**胎产**生女，难产，母有灾。**疾病**郁症，不能速愈。**捕获**逃人自投，盗不获。**失物**失于东方近林木处，可寻。**远信**人信俱至。**鸦鸣**主长上事。**鹊噪**有口舌。

阴遁三局

夏至中元
寒露下元
白露中元
立冬下元

时辰庚日庚乙

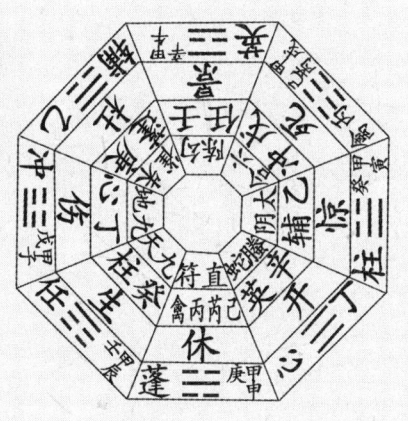

孤寅卯虚申酉
天芮直符加一宫 死门直使加五宫

乾 休与丙合
坎 飞宫格 荧入白
艮 神假奇格
震 门伏吟
巽
离
坤 芮符加坎为地水师
兑 死门步五为坤
己仪加庚为明堂伏杀格
乙日伏干格

断曰：庚干在坎，金之乘旺者也。己符来加，克其子者刑其母矣。直使又步五而寄坤，是以土加土也。戊仪更从而乘之，是益之以土也。土重埋金，况加以入白之荧乎？在天时则辰星不效于角亢，在人身则肺气焦满于太阴，四季月更宜慎之。

兵事宫受星克，利为客。宜安营于东，伏兵于西，从正北直符之下出师，击正南鲁都方，可以制胜。但格逢火入水池，当交绥而退，勿可鏖战。**出行**北方可行。路逢皂衣妇人，或见珍宝之物。**阳宅**宜建北门。有扶杖人至，或闻鼓声应。**阴宅**宜子山午向。作用时，有匠作至应。

附：**占胜败**主有和意。虚实客兵欲退。**攻城**有内应，可拔。**守城**恐有奸细，用心巡缉。**天时**晴。**地理**地近潦水，泉源流破主山，水口无罗星，葬后官非叠出。**人事**见醉人，或狂士，渴饮于河，激水为戏。**田禾**夏旱，禾有损。**家宅**宅长冬月防悔，子女多忧，更须小心火烛。**官禄**地有盗贼，未能升转。**应试**不中。**求财**置货大利。**婚姻**不成。**胎产**生女，产迟，子母不利。**疾病**因于外感，医不得人，变症蜂起，恐转加重。**捕获**逃人易获。**失物**不得。远信迟至。鸦鸣有争竞事。鹊噪无事。

阴遁三局

夏至中元　白露中元
寒露下元　立冬下元

时巳辛日庚乙

孤卯辰虚酉戌
天芮直符加九宫
死门直使加四宫

芮符加离为地火明夷
死门加巽为地风升
己仪加辛为天庭得势格
乙日不遇

乾宫　奇格　门生宫
坎宫　门迫宫
艮宫　乙奇升殿　宫生门
震宫　虎猖狂　宫克门
巽宫　丙奇升殿　宫克门
离宫　门生宫
坤宫　休与丁合　重诈　丁奇升殿
兑宫　雀投江　宫生门

断曰：离宫之辛，本炉中之金，明堂之器也。天乙来临，斯谓握乾符，秉坤珍者乎？于时值三奇之升殿，则工虞水火，分职得人；舟楫盐梅，匡襄有赖，猗欤盛哉！至直使与时干相随，往加于乙，则应扬之佐，更为得力，可以言薄伐矣。

兵事宫生星，宫克门，阴时利为主。宜安营于兑方，伏兵于震位，侯敌先动，从正西出师邀击之。三奇升殿，可获全胜。**出行**宜出正西方。一里八里，逢妇人引孩儿汲水，或见药饵旧物应。**阳宅**宜立兑门。有渔人持网罟，自西北来应。**阴宅**宜酉山卯向。作用时，有两犬争一物，或见斗鸡走狗应。

附：**占胜败**主胜。**虚实**闻言无伪。**攻城**秋冬月，宜汲水灌城。**守城**东方有援兵至，无虞。**天时**日出时，傍带红气晦色，或生黑云如雁阵，正南起素云似匹练，巽方有大风雨。**地理**元辰直泄，右水反跳，不吉。**人事**西方见妓女倚门歌唱，东南有妇人窃负潜逃事。**田禾**秋有灾，薄收。**家宅**虎首房高，人有疾疫，厨灶不净。**官禄**不升。**应试**遭众忌，不中。**求财**不得。**婚姻**不成。**胎产**生男，易产。**疾病**虚症难瘥。**捕获**不获。**失物**在东北方。**远信**无。**鸦鸣**主阴私事。**鹊噪**无事。

阴遁三局

夏至中元
寒露下元
白露中元
立冬下元

时午壬日庚乙

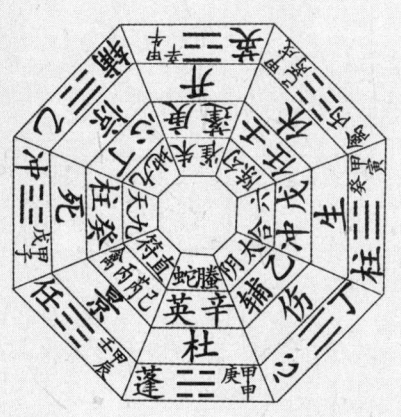

孤辰巳虚戌亥
天芮直符加八宫
死门直使加三宫

乾宫乙奇入墓　宫克门
坎宫生门
艮门生宫
震宫克门
巽门迫宫
离宫克门
坤门生宫
兑门克宫
芮符加艮为地山谦
死门加震为地雷复
己仪加壬为明堂被刑格
无奇门

断曰：壬在艮宫，为山下之水，蒙泉之象也。值坤宫之己来加，则又有谦义焉。盈科后进，于讲学论道为宜，而星门不一，则旁及百家，深通六艺，足征孝先腹笥之富矣。惟直使受克于东方，此正三冬足用之候，尚未九万扶摇之时也。

兵事宫克门，阴时利为主。宜安营于东南，伏藏于西北，以守待攻。敌至则择天马方，出师邀击之，但逢仪刑，不无所伤。**出行**秋冬离坤二方可出。路逢卖买人，负空担应。**阳宅**兑方可小修，有雷雨应。**阴宅**奇门不合，无大利方。庚日禄在申，坤山艮向可用。动作时，西方有妇女骑骡马至。

附：**占胜败**各无斗志，宜和。**虚实**客言不可尽信。**攻城**宜乘虚用云梯直上。**守城**宜备南门。**天时**乌云蔽天，东风聚发，当有雷雨。**地理**土色黄白相间，屏障不佳，家道中落。**人事**见清贵官，或言文书事。**田禾**丰。**家宅**宅眷有刑伤，门厕方位不吉，更防官讼。**官禄**在任有灾。**应试**不中。**求财**不得。**婚姻**不成。**胎产**生男，迟产，母防血晕。**疾病**七情取伤，阴血衰耗，火热炎上。不遇名医，将成痼疾。**捕获**盗不获，逃人可捕。**失物**失于正西枯井之傍，可获。**远信**至。**鸦鸣**有亲戚来探问。**鹊噪**鹊自闲鸣。

阴遁三局

乙庚日癸未时

孤巳午虚亥子
天芮直符加七宫 死门直使加二宫

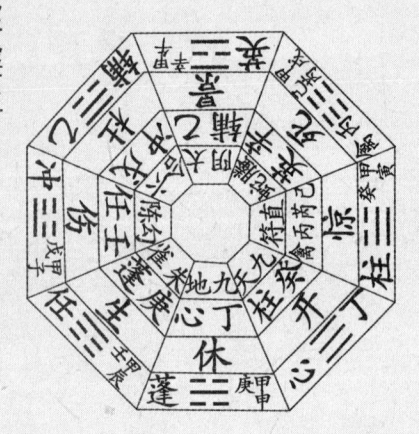

夏至中元
寒露下元
白露中元
立冬下元

乾 蛇夭矫
坎 休与丁合 重诈
艮 上格
震 门伏吟
巽 龙逃走
离
坤 芮符加兑为地泽临
兑 死门伏坤为坤
己仪加癸为阴堂合华盖格
天网 时干入墓

断曰：癸为天网，张于七宫，有雉罹于罗之象。己符之来，以为亲其所生耶？然舍沃土之安，而就寒金之地，则所生之不良，不若生我之厚矣。使门归伏，其有倦息心欤？而螣蛇又随而乘之，是灾之所召，皆符之不安其居也。故去就不可以不慎。

兵事星生宫，阴时利为主。宜安营于北，伏藏于南，陈兵于西北，隅落钩连，曲折相对。出正北，去正东，有紫云气从天门来助战，可以制胜。出行正北方可行，但网低触冠，须俯首而出。二里九里，逢皂衣妇，或见道旁筑室应。阳宅宜立北门。有人抱小儿从南来，或见黑云。阴宅宜子山午向。作用时，有孕妇提筐过应。

附：占胜败主胜。虚实探听未确，敌情多诈。攻城宜分军截其援兵，可拔。守城严守勿懈，可保。天时晴。地理穴情不真，左脉奔陷，兼有行道伤冲也。人事南方有牙行人相争，西北见仆隶奉差奔驰。田禾小有年。家宅厨厕不利，女春多灾。官禄地方多事，防有参罚。应试文不合式。求财人情翻覆，许后复辞。婚姻成。女能文，终有刑克。胎产占孕，防堕或漏胎。占产，生女。疾病心虚之症。未能即愈。捕获逃人在东南。可获。失物在巽方可寻。远信迟至。鸦鸣主女人人事。鹊噪有赠生物。

阴遁三局

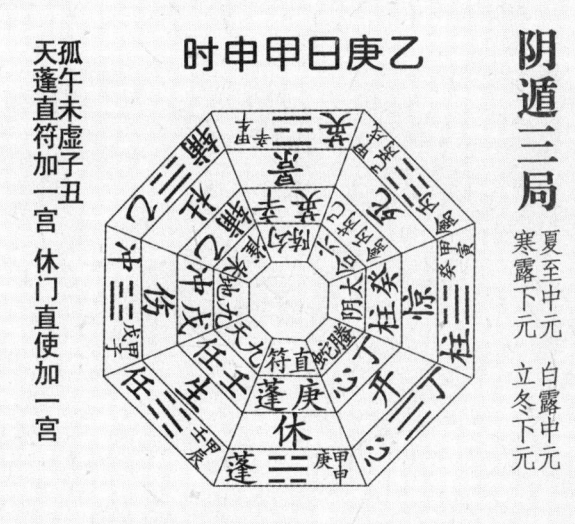

夏至中元
寒露下元 白露中元
立冬下元

时申甲日庚乙

孤午未虚子丑
天蓬直符加一宫 休门直使加一宫

乾 开与丁合 丁奇入墓
　 门符伏吟 伏宫格 飞宫格
坎
艮 震 巽 离 坤 鬼假
兑
蓬符伏坎为坎
休门伏坎为坎
庚仪加庚为太白重刑格
天辅时 庚日飞干格 伏干格

断曰：庚仪而在坎宫，盖泉底之顽铁，所谓"金寒水冷"者，而独喜甲之受生，得以托焉而遁也。夫庚之克甲，甲之畏庚，乃理之自然。兹得蓬休之水，以调剂其间，有递生而无相克。庚既帖然，甲乃安然矣。

兵事孟甲之时，刑内德外，主客皆为不利。但阳时利客，冬月从正北直符下出师，设伏于西，安营于东，宜背东北，击西南。西北门伏奇墓，庚日复飞干伏干，出此未能全胜。**出行**暂出西北方。六里逢老者，或见歪斜不正之物。阳宅小修乾门，有执斧人至。**阴宅**乾山巽向稍吉。作用时，有取水人至为应。

附：**占胜败**主客胜负相等。**虚实**按兵不动，闻见得实。**攻城**内外有援，当以计取。**守城**有援可守。**天时**冬日占，主阴雾。**地理**水星摆荡，内案佳，极发财丁。**人事**有人言承继，或惊险之事。**田禾**有收。**家宅**宅长招人妒忌。厨灶吉，小口平安。**官禄**防上司见罪。官不显，秋冬可升。**应试**丁命占，可中。**求财**利。**婚姻**女极秀，易成。**胎产**生女。**疾病**少阳之症，医不良，难治。**捕获**逃人易拘。**失物**已毁难寻。**远信**迟至。**鸦鸣**防有争闹。**鹊噪**事有窒碍。

阴遁三局

乙庚日乙酉时

夏至中元 寒露下元 白露中元 立冬下元

孤未申虚丑寅
天蓬直符加四宫　休门直使加九宫

乾　宫克门
坎　鸟跌穴　勃格　荧入白　格刑　宫克门
艮　门宫比和
震　门迫宫
巽　相佐　仪刑　时干格　门迫宫
离　宫门比和
坤　宫克门
兑　蓬符加巽为水风井
　　休门加离为水火既济
　　庚仪加乙为太白贪合格
　　无奇门
　　乙日伏干格

　　断曰：时干乙奇，直符以庚来合，似乎门阑喜气，女婿乘龙矣。然庚实勃敌，甲乃以妹妻之，得无有景公之女吴，不免潜焉出涕乎？庚挟蓬以生辅，亦有承筐之意；至乙从庚而化金，则辅之伤实多，非谚所云"女生外向"者欤？

　　兵事门克宫，阳时利为客，兵宜先动。申酉月，从东南直符之下出师，设伏于东北，安营于西南。临阵宜背西南，击东北，时遇跌穴相佐，虽无奇门，亦可取胜。出行暂出东南方。四里六里，逢人歌唱，或见贵家之物。阳宅小修坤门，有锣鼓声应。阴宅坤山艮向稍利。作用时，北方有钟鼓声为应。

　　附：占胜败客胜主。虚实闻见不实。攻城城虽充实，因久必来议和。守城内除奸细，外备东南。天时无雨。地理水木行龙，阳璇入首。庚日占，穴下防有水气。人事有醉客与狂士，水滨相戏，贵客下马问津。田禾岁歉，夏月有损。家宅宅可居，微嫌消耗。官禄官久吉。应试文不惬意，难中。求财不吉。婚姻不成。胎产胎不安，生男。疾病起于情欲，延正北医人可治。捕获防人朦蔽。失物仅得其半。远信即至。鸦鸣有和美事。鹊噪有捕捉事。

阴遁三局

夏至中元
寒露下元
白露中元
立冬下元

乙庚日丙戊时

孤申酉虚寅卯
天蓬直符加五宫　休门直使加八宫

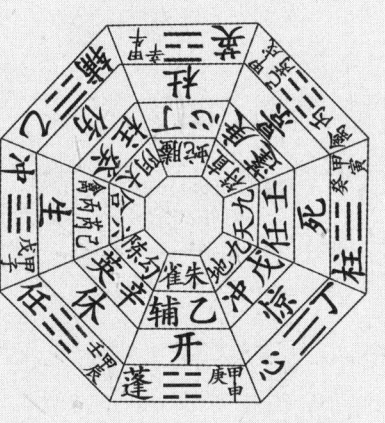

乾　宫门比和
坎　开与乙合　龙遁　门生宫
艮　宫克门
震　门生宫　天遁　休诈　宫克门
巽　神假　宫门比和
离　龙返首　奇格　格勃　刑格
坤　白入荧　时干格　门生宫
兑　门生宫
蓬符步五为水地比
休门加艮为水山蹇
庚仪加丙为太白入荧格
丙奇得使游仪
乙日飞干格　庚日不遇　时干入墓

　　断曰：丙干之受符甲，实惟返首之龙，乃庚金之忌火也，蓬水之愁土也。又以步五得之，非蟠河伏泥不敢动，即败鳞残甲满天飞矣。蓬受制于西南，休受克于东北，所趋不一，而见伤略同，此臧与谷之亡羊也。

　　兵事星门俱受宫克，利于为主。安营于西北，设伏于东南，俟敌先动。正兵出正东，奇兵出正北，飞冬月背亥雄，击巳雌，可以制胜。先锋宜用参将，不宜用副将。**出行**宜出正东正北二方。出正东八里，见新成之物。正北六里，见贵家之物。**阳宅**宜立震坎二门。**阴宅**子山午向、卯山酉向皆吉。作用时，有黄衣人持酒食至。

　　附：**占胜败**客与主和。**虚实**客兵已入内地。**攻城**城坚难破，用奇可入。**守城**难固守。**天时**西南有黄云起。**地理**龙脉飞腾回顾，穴下有骸骨，庚日占防损人。**人事**有素服儒医言事，或北方有婚姻事。**田禾**岁丰，却防秋月有伤。**家宅**宅虽新，却损人，常有灾。**官禄**不甚利。**应试**主考不取。**求财**可得。**婚姻**女家怀畏，不成。**胎产**生女，胎不安。**疾病**手少阴之症，医药无效。**捕获**贼易获。**失物**失于西北。**远信**即至。**鸦鸣**有贵人事。**鹊噪**有亲朋酒食。

阴遁三局

夏至中元
寒露下元
白露中元
立冬下元

时亥丁日庚乙

孤酉戊虚卯辰
天蓬直符加六宫 休门直使加七宫

乾宫相佐 奇格 时干格 门生宫
坎宫生门
艮门迫宫
震乙奇升殿 宫生门
巽虎猖狂 宫克门
离丙奇升殿 宫克门
坤宫生门
兑休与丁合 丁奇升殿 雀投江 宫生门
蓬符加乾为水天需
休门加兑为水泽节
庚仪加丁为太白受制格

断曰：乾宫之丁，逢墓而衰，及其加兑，又有投江之失，可谓进退失所据矣。由是庚本受制于丁者，而翻得挟蓬水以相凌，其符坚汜水之败，慕容乘之而起乎？休使亦与癸比而克丁，则相将入汉宫之象也。

兵事星门俱受宫生，利于为客，兵宜先动。秋冬月，从正东出师，设伏于西南，安营于东北，以副将为先锋，背西北，击东南，可以制胜。出行宜出正西方。一里七里，闻鸟鹊声，或见水中物。阳宅宜立兑门，有持文书至。阴宅酉山卯向吉。作用时，有老人头戴皮帽，手执铁器至。

附：占胜败客兵畏主，意欲求和。**虚实**客心无诈。**攻城**城难克，守将惊疑，可以说降。**守城**宜备西南西北二门。**天时**密云不雨。**地理**金水行龙，合坎癸腾腾入亥乾之局。庚日占吉。**人事**正西有遗失文书之事。**田禾**歉。**家宅**宅发丁，正西有厕，主婢妾得力，但小口多惊。**官禄**升擢极迟。**应试**庚日占，可中。**求财**难得。**婚姻**不谐。**胎产**生男。**疾病**小肠经之症，调理自痊。**捕获**逃人易获。**失物**失于东北。**远信**近信至。**鸦鸣**防有失脱。**鹊噪**有文书事。

阴遁三局

夏至中元 寒露下元 白露中元 立冬下元

丙辛日戊子时

孤戌亥虚辰巳
天蓬直符加三宫 休门直使加六宫

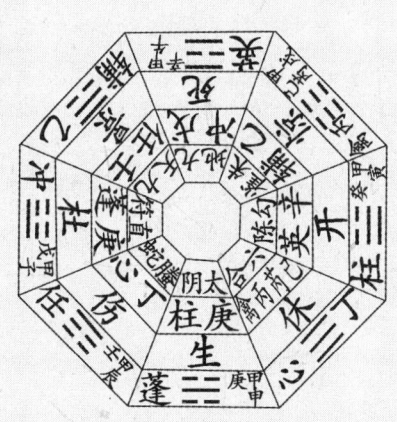

乾 休与丙合 休诈 玉女守门
坎 丙奇入墓 宫生门 休诈
艮 小格 门迫宫
震 丁奇入墓 门迫宫
巽 太白与天乙格 时干格 宫门比和
离 乙奇入墓 宫生门
坤 宫门比和
兑 蓬符加震为水雷屯
休门加乾为水天需
庚仪加戊为太白逢恩格

断曰：六戊时干，甲子之所同也。太白贪戊之为恩，而不知天乙之以己为格，迨据九地而守杜门，庚亦无能为矣。所谓"秦无亡矢遗镞之费，而九国自困"也。使到天门，而逢守门之玉女，其河鼓之天孙耶？抑萧史之弄玉耶？

兵事宫生门，阳时利为客，兵宜先动。西北方格合休诈，本吉，但为奇墓，不利。宜择天马方出，设伏于坎，安营于离。秋月背申击寅，可以取胜。**出行**秋冬暂出西北方。一里六里，逢上下合成之物。**阳宅**宜立乾门，微嫌入墓，西北方生产大发。**阴宅**乾山巽向稍吉。作用时，有禽兽惊走为应。

附：占胜败客必求和。**虚实**客弱，言不敢欺。**攻城**势若难取，惟有奇计可胜。**守城**宜备东西二门。**天时**申时日有雨。**地理**木星入首，向道合法，辛日占发丁。**人事**有阴私和合之事。**田禾**欠丰。**家宅**西北方有灶，主兄弟和睦，兼得亲戚之助。**官禄**任所甚利。**应试**不中。**求财**大利。**婚姻**难成。**胎产**生女。**疾病**积滞所致，调摄难愈。**捕获**防捕人受嘱。**失物**失于正南，难寻。**远信**即至。**鸦鸣**有尊长行动事。**鹊噪**有虚惊。

阴遁三局

丙日辛己丑时

孤亥子虚巳午
天蓬直符加二宫　休门直使加五宫

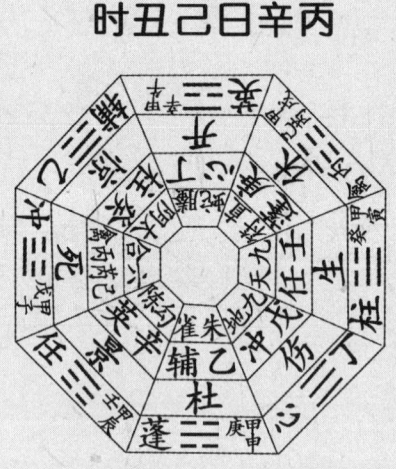

夏至中元　寒露下元　白露中元　立冬下元

乾宫克门
坎宫生门
艮门生宫
震宫克门
巽门迫宫
离开与丁合　时干格　宫克门
坤刑格　时干格　宫克门
兑门生宫
蓬符加坤为水地比
休门步五为水地比
庚仪加己为太白大刑格
丙日伏干格　时干入墓

断曰：干以坤二之芮而受符。支以中五之禽而承使。符使初不同趋。而其归则一。所谓"将军战河北。臣战河南"者也。然蓬休均受上宫之伤。而庚仪又为入荧之日。庚虽雄暴。亦能格而不能久矣。乙奇合庚于本宫。其帐中和歌之美人乎？

兵事星门俱受宫克。利为主。俟敌先动。从正南出师。但开门既受宫克。丁奇又上乘腾蛇虚耗之神。非甚吉利。设伏于巽。安营于乾。背西击东。可以取胜。**出行**秋冬正北可行。九里六里，遇见运动之物。或逢公吏骑马。**阳宅**宜立离门。有青衣人至。**阴宅**午山子向吉。作用时。有雷电风雨为应。

附：占胜败客欲和。**虚实**客入内地。闻见实。**攻城**缓其时日可拔。**守城**有援。可无虞。**天时**晴。**地理**巨门入首。穴下有丝罗。丙日占。可用。**人事**有大腹人至。**田禾**丰。麦有收。**家宅**宅凶。防损人。**官禄**缺不如意。却可望升。**应试**辛命丙日占。可中。**求财**利。**婚姻**不成。**胎产**生男。胎不安。**疾病**系阳明经之症。无良医。难即愈。**捕获**逃人易获。**失物**失于西北幽晴之处。**远信**近信即至。**鸦鸣**主因财利争闹。**鹊噪**不系吉凶。

阴遁三局

丙辛日庚寅时

夏至中元
寒露下元
白露中元
立冬下元

孤子丑虚午未
天蓬直符加一宫　休门直使加四宫

乾宫　丁奇入墓　门迫宫
坎宫　符伏吟　飞宫格　伏宫格
艮宫　时干格　门迫宫
震宫　门迫宫
巽宫　休门生门　与乙合　风遁　门生宫
离宫　门迫宫
坤宫　宫克门
兑宫　蓬符伏坎为坎
　　　休门加巽为水风井
　　　庚仪加庚为太白重刑格

断曰：时干庚也，直符亦庚，两贤岂相厄哉！乃以庚受庚符，因而归伏，并以雄猛之姿，处困穷之会，空怀桀骛，不得展施。且又休使往脱，耗损之事可虞；死门来迫，剥庐之患立见，长使英雄泪满襟者此耳。

兵事门生宫，利为主。安营于东，设伏于西，俟敌先动，向东南出师，格合风遁，可以烧营劫寨。但奇仪皆伏，上秉朱元，未为全吉。立冬后，背丑德，击未刑，可胜。**出行**宜出东南方。一里四里，逢水族之物，防失水。**阳宅**宜立巽门，主发人丁。**阴宅**巽山乾向吉。作用时，有手艺人携物至。

附：**占胜败**客兵意欲议和。虚实两军不动，闻见皆实。**攻城**当用冲车攻击。**守城**备正北正东，可守。**天时**亥日有雨。**地理**坎癸入穴，元辰不卸。丙日占，葬后发财。**人事**有渔翁言移居之事。**田禾**大丰。**家宅**宅有冲射，安床于东南方，甚利。**官禄**防上司不得意。**应试**文晦涩，不中。**求财**南方之财可得。**婚姻**女极秀，可成。**胎产**生男，母有病。**疾病**肺病淹缠。**捕获**贼难获。**失物**已毁坏。**远信**迟至。**鸦鸣**有急迫事。**鹊噪**主有喜庆之事。

阴遁三局

夏至中元 寒露下元 白露中元 立冬下元

丙辛日辛卯时

孤丑寅虚未申
天蓬直符加九宫　休门直使加三宫

乾　乙奇入墓　门生宫
坎　门生宫
艮　开与丙合　休诈　宫生门
震　门生宫
巽　生与丁合　宫克门
离　时干格　符反吟　门生宫
坤　门迫宫
兑　门迫宫
蓬符加离为水火既济
休门加震为水雷屯
庚仪加辛为太白重锋格
辛日飞干格伏干格

断曰：辛在离中以火王，庚在坎中以水王，各君其国，各子其民者也。及庚来加辛，而反吟之格成，水火之争起，兄弟而翦为仇雠，有干戈日寻之象矣。虽然，以舟道则为抽填，以饔飱则为烹饪，彼使之在震，泄脱而已，反不若符有既济之功也。

兵事星克宫，门生宫，彼此互有损益。遇阴时，利为主。安营于兑地，设伏于震方，俟敌先动，以副将为前队，申酉月出东北方，未戌月出东南方，背东南，击西北，可以制胜。**出行**秋冬出东北固吉，但奇为仪制，不为全吉。季月出东南亦利。奇虽受生，而乘螣蛇之凶神，门复受制，亦非大利。**阳宅**宜立艮巽二门。**阴宅**艮巽二山俱利。

附：占胜败两军俱弱，当不战而退。**虚实**客言反覆，不可信。**攻城**外无援兵，当来求和。**守城**议和可守。**天时**卯日雨。**地理**水星摆燥，坎离相交，向道吉。当发幼房。**人事**辛日有人言承继之事，正北有惊。**田禾**丰。**家宅**宅发财，井在东北，兄弟友爱。**官禄**不甚利，季月可望升擢。**应试**乙壬命，辛日占，可望中。**求财**难得。**婚姻**不成。**胎产**生女，母有厄。**疾病**燥火侮金，清火则愈。**捕获**获盗极易。**失物**失于正西。**远信**近信不至。**鸦鸣**有欺蔽。**鹊噪**无事。

阴遁三局

夏至中元
寒露下元
白露中元
立冬下元

时辰 壬日辛丙

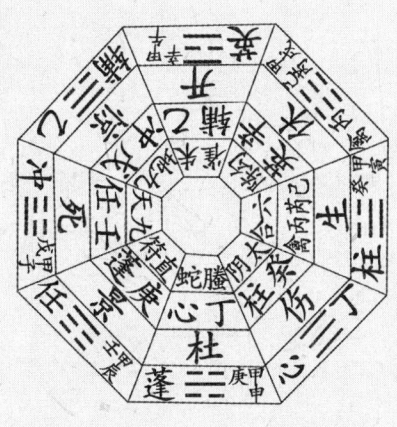

孤 寅卯虚申酉
天蓬直符加八宫 休门直使加二宫

乾 神假 蛇夭矫 宫克门
坎 宫生门
艮 上格 时干格 门生宫
震 宫克门 门迫宫
巽 开与乙合 虎遁 龙逃走 宫克门
离 宫克门
坤 生与丙合 休诈 门生宫
兑 蓬符加艮为水山蹇
休门加坤为水地比
庚仪加壬为太白退位格
时干入墓 丙日不遇

断曰：壬干以一泓之泉，发于山中，藏于土内，乃仅可滥觞者，庚又从而格之，几乎绝源而塞窦矣。然庚本挟蓬以来，壬亦向东而注，殆大河之积石重源，济水之陶丘再见也。休使到坤，与蓬之在艮同伤，殆潘岳所咏白首同归者欤？

兵事星门俱受宫克，利于为主。安营于东南，设伏于西北，俟敌先动，未戌月从正西出师，申酉月从正南出师，背亭亭，击白奸，可以制胜。出行宜出正西正南二方。出正西七八里，见果实。出正南六里九里，见渔蛇。但奇门受制，乘凶神，非上吉。阳宅宜立兑离二门。阴宅酉山卯向、午山子向俱利。作用时，有鸡飞上树应。

附：占胜败主弱可和。虚实客不诳主。攻城守将当来议和。守城当备东北正南。天时东北方有黄云。地理左砂不起，穴前元辰会合，朝向吉，可发贵。人事正南方有牙人图赖。田禾大有年。家宅左房缺陷，宅内常遭口舌，兼主损人。官禄人情不洽，难即升。应试丙日辛癸命占，可中。求财图谋易得。婚姻成。胎产胎不安，生女。疾病肾虚之症，良医可治。捕获贼难缉。失物失于东南，可寻。远信即至。鸦鸣有贵人事。鹊噪有良朋至。

阴遁三局

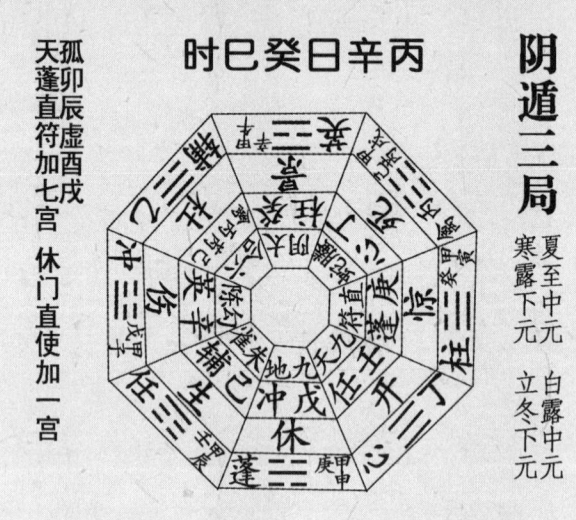

夏至中元
寒露下元
白露中元
立冬下元

丙辛日癸巳时

孤卯辰虚酉戌
天蓬直符加七宫 休门直使加一宫

乾 天乙与太白格 门伏吟
坎 生与乙合 虎遁
艮
震 地假
巽
离 大格 时干格
坤 蓬符加兑为水泽节
兑 休门伏坎为坎
  庚仪加癸为太白刑隔格
  天网

断曰：癸干兑而庚符坎，庚金而癸水，坎水而兑金，生即相生，脱亦互脱。若日中之市，交易而退；若秦晋之军，交绥而解也。庚方往格于癸，有启疆之思，而休乃归伏，栾魇之马首，欲东而先归者耳。

兵事宫生星，利为客，兵宜先动。从东北出师，格合虎遁，利于掩袭邀遮。但奇乘凶神，门系伏吟，终非上吉。安营于坎，设伏于离，背东北，击西南，可以取胜。**出行**未戌月，宜出东北方。八里，见水中之物。但奇乘凶神，宜防盗贼。**阳宅**宜立艮门，有渔人至。**阴宅**艮山坤向吉。作用时，西南方有鼓声应。

附：**占胜败**可以议和。**虚实**客言可信。**攻城**城虚，攻之即拔。**守城**难守。**天时**无雨。**地理**金水到头，穴结窝口，明堂明净，发幼房。**人事**有能言之妇至。**田禾**有水灾，不丰。**家宅**宅中得运，当发人丁。东北方有井，幼房极利。**官禄**人多怨，难升。**应试**难中。**求财**不利。**婚姻**女佳，可成。**胎产**生女。**疾病**情欲所致，其疾难瘥。**捕获**贼易捕。**失物**失于本家，防毁坏。**远信**即至。**鸦鸣**主涉女人之事。**鹊噪**主得田产。

阴遁三局

丙辛日甲午时

夏至中元
寒露下元
立冬下元

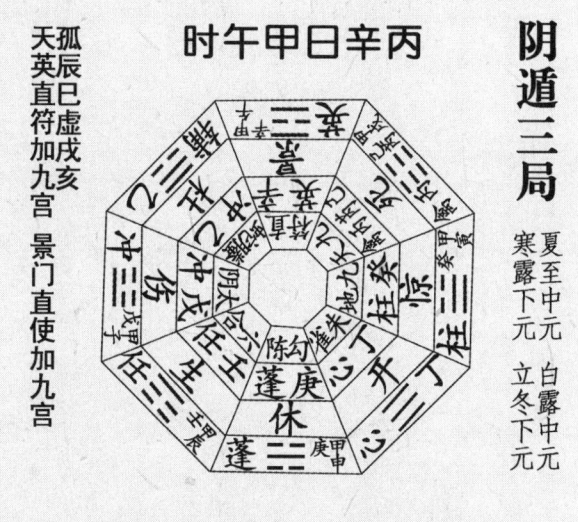

孤辰巳虚戌亥
天英直符加九宫 景门直使加九宫

乾 开与丁合 丁奇入墓
坎
艮
震
巽
离 仪刑 门符伏吟
坤
兑 英符伏离为离 景门伏离为离 辛仪加辛为天庭自刑格 天辅时

断曰：阴金而居旺火之地，又加金焉，或销之以成器，或范之以成像，其大禹之铸鼎乎？但午与午自刑，窃恐百炼之钢虽成，而十州之错亦铸矣。惟甲木参天，脱胜于火，而妙用于金，文武兼资，刑礼互用，炳焉与三代同风者也。

兵事星门俱伏，阳时亦利为客。安营于西，设伏于东，大将居正南直符下，纵兵击其对冲，可以取胜。西北虽有奇门，但系入墓，不利出兵。**出行**奇门带墓，不宜远行。暂出西北方，五六里十里，见犬相咬，马相蹄啮，或人赶猪。**阳宅**宜小修西北方。有人持铁器，或牵牛羊过。三七日，进财物。**阴宅**乾山巽向吉。作用时，南方有婚姻事，猎户持弓矢至。

附：占胜败客胜。**虚实**敌情多诈。**攻城**宜攻东门，分兵截其外援，可以得志。**守城**虽有救兵，不能固守。**天时**申日有雨。**地理**来龙属木，土色红紫，明堂外案俱吉。**人事**有文墨人，外貌光华，中怀隐晦。**田禾**农劳有收。**家宅**宅吉人安，内助得力，微嫌房室幽暗。**官禄**可升。**应试**秋闱可中，小试不利。**求财**可求，合伴经营更利。**婚姻**女美奁厚，男家欲就，易谐。**胎产**生女，母子俱不安。**疾病**情欲致病，不能速愈。**捕获**难缉。**失物**失于正南近林木处，已损。**远信**不至。**鸦鸣**有欺蔽事。**鹊噪**行人远归。

阴遁三局

夏至中元 寒露下元 白露中元 立冬下元

丙辛日乙未时

孤巳午虚亥子
天英直符加四宫 景门直使加八宫

乾 宫克门
坎 宫生门
艮 门生宫
震 乙奇升殿 宫克门
巽 相佐 虎猖狂 门迫宫
离 开与丙合 丙奇升殿 鸟跌穴
坤 勃符 宫克门
兑 宫克门
生与丁合 丁奇升殿 崔投江 门生宫
英符加巽为火风鼎 景门加艮为火山旅 辛仪加乙为白虎猖狂格

断曰：巽为乙之旺地，亦为辛之德乡，故辛之折而入于巽也，实为慕义而来。如南粤之服汉，悉怛之降唐，非一例猖狂之比。是辛之为虎也，直羊之质而已矣。门中有戊，是名天乙，亦号青龙。吉人蔼蔼，咸在朝阳，《诗》所云"王国之桢"乎？

兵事宫生星，兼遇白虎猖狂，利于为客。宜建旗鼓，张声势，从正南出师，安营于西南，设伏于东北，背巳孤，击亥虚，可以大胜。**出行**正南正西，皆可出行。正南二十里，见人衣紫乘马；正西十五里，逢公吏。**阳宅**离兑二门皆吉。立离门，有黑白禽双至；立兑门，有人携纸笔过。**阴宅**午山子向吉，酉山卯向亦利。作用时，见牛马成群过应。

附：**占胜败**客胜。**虚实**敌尚未至，闻见不实。**攻城**宜乘阴雨时攻之，秋冬易拔。**守城**夏月可守。**天时**丑寅日有雷雨。**地理**木龙火穴，屏嶂方向俱佳，但嫌右水反跳。**人事**当见官吏，或西方有遗失文书事。**田禾**有年，麦更丰。**家宅**堂屋明敞，后裔当发。右房太高，时有虚惊。**官禄**任重事烦，小心必升。**应试**辛日占，不中。**求财**可得。**婚姻**有刑克，不宜成。**胎产**生男，恐难育。**疾病**受惊致病，淹缠难愈。**捕获**逃人贿捕，盗亦难缉。**失物**失于东北，可寻。**远信**不至。**鸦鸣**有阴私事。**鹊噪**进财。

阴遁三局

丙辛日 丙申时

夏至中元
寒露下元
白露中元
立冬下元

孤英直符加五宫 景门直使加七宫
天午未虚子丑

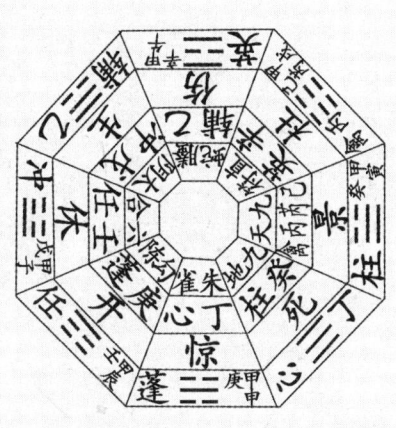

乾 鬼假 蛇夭矫 门生宫
坎 门上格 宫生门
艮 门生宫
震 宫克宫
巽 龙逃走 门生宫
离 龙返首 相佐 符勃 门迫宫
坤 天假 门迫宫
兑 英符步入兑五为火泽睽
景门加兑五为火地晋
辛仪加丙为天庭得明格
无奇门

断曰：丙为天威，居中以运，其照临者远矣。又得辛为之辅，如琥珀之受芥，磁石之引针，秉威权之正合，忘上下之形骸，殆所谓"盐梅舟楫之材"也。门临于兑，丙亦加之，汉帝之驾，幸于霍光；赵普之妻，亦为上寿，真乃一德一心者矣。

兵事星生宫，利为主。安营于西北，设伏于东南，俟敌将至，从西南出师应之，直击其冲，可胜。若敌向正西西北而遁，不可远追。**出行**无奇门，不利远行，暂出从东南方。四里十里，有公吏相语同行，或见文书契券应。**阳宅**宜小修东南屋宇。动作时，见有小儿至，或见新成之物。**阴宅**巽山乾向，权厝为宜。南方有人骑马过应。

附：占胜败当和。**虚实**彼此无欺。**攻城**宜用招抚。**守城**议和可保。**天时**晴。**地理**来龙曲折，环抱有情，微嫌朝向不佳，未为全吉。**人事**有素服医士来，或言祈祷事。**田禾**禾麦俱丰。**家宅**栋宇华整，香火亦安，但防宅长时有小悔，并多口舌。**官禄**谨慎可升。**应试**丙日占中。**求财**阴人之财，必能逐意。**婚姻**女家欲就，可成。**胎产**生女，恐妨母。**疾病**郁气所致，病魔相缠，药不奏效。**捕获**逃人自归，盗贼难缉。**失物**失于东南方，难寻。**远信**迟至。**鸦鸣**主有长上之事。**鹊噪**主有喜信。

阴遁三局

丙辛日丁酉时

夏至中元
寒露下元
白露中元
立冬下元

孤未申虚丑寅
天英直符加六宫 景门直使加六宫

乾 玉女守门 相佐 门迫宫
坎 荧入白 格刑 门迫宫
艮 宫生门 开与丁合 门迫宫
震 奇格 门生宫
巽 宫生门
离 门迫宫
坤 门迫宫
兑 宫克宫
英符加乾为火天大有
景门加乾为火天大有
辛仪加丁为白虎受伤格
丁奇得使遇甲
丙日飞干格
辛日不遇

断曰：丁墓于戌，本非快境，辛临之，则在旺方也。然辛之遁以午，亦牵而入于墓，似欲因火之衰，侮其所不胜，而乃同入陷阱而不知。譬如握火提人，提者未必中而手先沸烂也，盖亦惑矣。门使亦火，与英丁同处，可谓"野烧风吹阔"也。

兵事星门俱克宫，利为客。宜从正东出师，安营于东北，设伏于西南，背东击西。夏秋月，有白云气自西北来助，可胜。**出行**宜出正东门。二十里内，见小儿持竹杖，或水族等物。**阳宅**宜立震门，修造正东屋宇。动作时，有妇人至，三七日，进金银器。**阴宅**卯山酉向吉。作用时，有僧尼把火前来。七十日，进骡马发。

附：占胜败主胜。**虚实**主欺客。**攻城**城已内溃，招抚即当来降。**守城**难守。**天时**有风，微雨。**地理**护山周匝，外案亦佳，后裔当贵。**人事**主有文书作合，或娶妻纳婢之事。**田禾**农劳，禾有收，麦防旱。**家宅**闺门谨肃，内助得人。厨灶亦利，可发财丁。**官禄**宜途顺利，升转却迟。**应试**丙日占中。**求财**有得，坐贾更利。**婚姻**不成。**胎产**男胎，迟产，母不利。**疾病**火旺铄金，肺家受患，医庸无效。**捕获**逃人自返，盗贼难缉。**失物**可寻。**远信**远信即至。**鸦鸣**防有遗失。**鹊噪**主有亲朋至家，宴饮相叙。

阴遁三局

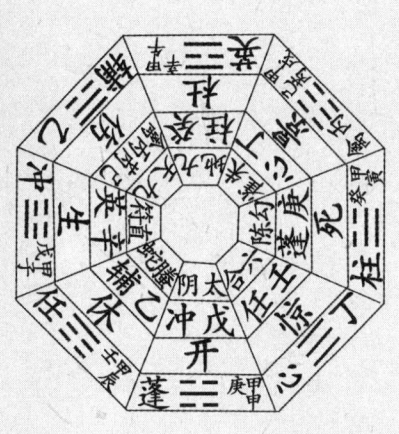

夏至中元 寒露下元 白露下元 立冬下元

孤申酉戌虚寅卯
天英直符加三宫 景门直使加五宫

乾 宫门比和
坎 天乙与太白格 门生宫
艮 休与乙合 虎遁 宫克门
震 宫门比和
巽 宫门比和
离 地假 门生宫
坤 大格 门生宫
兑 英符加震为火雷噬嗑
景门步五为火地晋
辛仪加戊为龙虎争强格
时干入墓

断曰：戊干在东，子既刑卯，辛来克震，午复破卯，是伐枝之斧，反噬之狼，已在肘腋间矣。幸而门中玉女，与丙为姻，皆属使之同气，因而任公竭节，扶危定倾，则门户犹可保全，身家尚未陨越。占者务宜沉几观变，毋蹈危机。

兵事宫生门，宜先举。从东北方进兵，安营于南，设伏于北，背东击西；更分奇兵，扼守险要，绝敌归路，可以尽降其众。**出行**宜出东北门，见扛木人，或虚假奇异之物。**阳宅**宜立艮门，修造东北屋宇。动作时，有人携铁器至。周年进人口。**阴宅**艮山坤向吉。作用时，见窑冶火光起。葬后，得远方财信。

附：占胜败客胜。**虚实**客情不实。**攻城**攻其东南，乘机直上，如入无人之境。**守城**敌劲难守。**天时**酉日有雨。**地理**地近桥梁，内案去脉俱吉，辛日占可用。**人事**有文书音信到门，或经营财利之事。**田禾**丰，春熟倍收。**家宅**平稳发财，妾操家事。若占迁移，东北为利。**官禄**入地相宜，可升。**应试**辛日占中。**求财**易得。**婚姻**女美而才，妆奁丰盛，可成。**胎产**胎安，生女。**疾病**肾虚之症，淹滞难痊。**捕获**逃人难缉，盗财贿蔽。**失物**失于北方音处，可寻。远信迟至。鸦鸣主有失脱。鹊噪有文书事。

阴遁三局

丙辛日己亥时

夏至中元 寒露下元 白露中元 立冬下元

孤酉戌虚卯辰
天英直符加二宫 景门直使加四宫

乾 蛇夭矫 宫生门
坎 生与丁合 门迫宫
艮 上格 门迫宫
震 宫门比和
巽 宫生门
离 龙逃走 宫生门
坤 宫生门
兑 开与丙合 宫门比和
英符加坤为火地晋
景门加巽为火风鼎
辛仪加己为虎坐明堂格

断曰：己土长生于坤，辛之惠然肯来也。将以求庇于己，而从傍忽逢丙之作合，是求食而得酒，求衣而得裳也，可为意外之喜矣。景门加巽，戊为龙，乙亦为龙，讵大禹渡江之舟乎？知非灭明投璧之浦也。夏占尤吉。

兵事星生宫，利为主。营于西北，伏于东南，候敌先动，从正西正北，分道进兵，一击其前队，一袭其辎重，可以擒敌，并获兵符印信。**出行**求名宜出正西，当遇贵人提援；谋利出正北为吉。正西见光亮玲珑物，正北逢巧艺人。**阳宅**宜立兑门，有妇人至。正北亦利修葺，占日进黑色物。**阴宅**酉山卯向、子山午向皆吉。作用时，闻钟声，或鸡鸣。

附：占胜败主强终和。**虚实**主客无欺。**攻城**利用招抚。**守城**宜防火攻，议和可守。**天时**晴。**地理**朝山耸翠，龙脉回顾有情。丙日占，后当发。**人事**主有兵事文书，或惊恐事。**田禾**有收，低处防水。**家宅**栋宇巍焕，香火堂吉。厨灶亦利，当生贵子。**官禄**官显升速。**应试**难中。**求财**可得。**婚姻**中有阻挠，女家欲就，可谐。**胎产**生女，母有惊。**疾病**心悸成疾，神不守舍，药无效，久当瘥。**捕获**逃难捕，盗易获。**失物**难寻。**远信**近人即至。**鸦鸣**有口舌。**鹊噪**主进财产。

阴遁三局

夏至中元
寒露下元　白露中元
　　　　　立冬下元

时子庚日壬丁

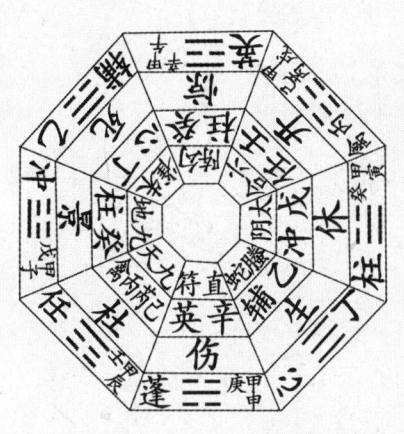

孤戌亥虚辰巳
天英直符加一宫　景门直使加三宫

乾　生兴乙合　乙奇入墓　门生宫
坎　飞宫格　符反吟　宫生门
艮　门迫宫
震　宫生门
巽　宫克门
离　伏宫格　宫克门
坤　宫生门
兑　宫生门
英符加坎为火水未济
景门加震为火雷噬嗑
辛仪加庚为虎逢太白格

断曰：以辛加庚，无嫌无疑，而无如两刚相遇也。齿与齿嚼而碎，唇与齿摩而完，此汉文帝所以用柔道化天下欤？况返吟之格，往来若答，相刃相劇，而子午复为之冲击其间，非安顺处常之道也。门使在震，庶几不丧匕鬯者欤？

兵事宫生门，阴时利为主。敌来从西北方出师，安营于东，设伏于西，背西北，击东南。宜结长阵而进，避其前锋，绕击敌阵之后，可胜。**出行**宜出西北门。见贵人车马，或新成之物。**阳宅**宜立乾门，修造西北屋宇。动作时，有人携铁器至，三七日进金银物。**阴宅**乾山巽向吉。葬后六十日内，进财大发。

附：**占胜败**主胜。**虚实**主怀多诈。**攻城**传檄可定。**守城**宜就招抚。**天时**无雨。**地理**山向不佳，穴有蚁聚。**人事**来人多巧思，利谋工作之事。**田禾**麦忙，麦有收，禾防歉。**家宅**宅不利人，防有家人不睦。**官禄**人地不宜，难升。**应试**不中。**求财**可得，但费手。**婚姻**女美难谐。**胎产**宜安胎，占产，生男。**疾病**感寒伤胃，迟愈。**捕获**盗难捕，逃易获。**失物**失于西方，难寻。**远信**近人近信即至。**鸦鸣**有阴私事。**鹊噪**见光自鸣。

阴遁三局

丁壬日辛丑时

夏至中元 寒露下元 白露中元 立冬下元

天英直符加九宫 景门直使加二宫
孤亥子虚卯辰

乾 丁奇入墓 宫门比和
坎 门生宫
艮 宫克门
震 宫克门
巽 宫门比和
离 门生宫
坤 门生宫 符伏吟 仪刑 宫生门
兑 英符伏离为离
景门加坤为火地晋
辛仪加辛为天庭自刑格
无奇门

断曰：毒可攻毒，盗可捕盗，故鸟喙蚁瘘，良医宝之。张敞之治京兆，龚遂之治渤海，胥用此道也。今以辛加辛，而属自刑，午刑午欤？辛刑辛欤？譬如医之治正治而从治，宫之不易俗而同俗者也。门与丙己，皆同气而加坤，手足之援不少。

兵事门生宫，利为主。宜安营于西，设伏于东，俟敌先至，从正南直符下出师应之，背东击西，可胜。惟嫌符伏奇墓，士卒亦有伤损。**出行**无奇门，不利远行，暂出东北二门。东行十五里，逢官吏；北行见燥烈金石物。**阳宅**不宜建造，止可小修正东屋宇。动作时，有白衣妇人，或巧艺人至。**阴宅**坤山艮向吉，葬时有人持锡器至，或闻金鼓声。

附：占胜败客胜。**虚实**客情多诈。**攻城**利决水灌城，或乘阴雨急攻，可破。**守城**夏月可守。**天时**凝阴不开。**地理**火刑结穴，外案平坦，丁日不吉。**人事**见文墨人，或言手足伤损事。田禾农劳有收。**家宅**房室幽晦，户牖倾欹，暗中有损不利。**官禄**迟滞难升。应试壬日占，可望中，亦防反覆。**求财**不得。**婚姻**男家欲就，媒不得人，未能即成。**胎产**产安，生女。**疾病**积滞成疾，疏通可愈。**捕获**逃人易获，盗贼难捕。**失物**失于东方。远信不至。鸦鸣有邻人觅物。鹊噪文书不利。

阴遁三局

夏至中元
寒露下元
白露中元
立冬下元

时寅壬日壬丁

孤子丑虚午未
天英直符加八宫 景门直使加一宫

乾 宫克门
坎 门反吟 宫克门
艮 宫门比和
震 门迫宫
巽 门与丁合 门迫宫
离 休与丁合 门迫宫
坤 刑格 白入荧 宫门比和
兑 宫克门
英符加艮为火山旅
景门加坎为火水未济
辛仪加壬为天庭逢狱格

断曰：时属壬寅，纳音为金箔之金；金绝于寅，故其体薄弱而为箔也。益之以辛，则薄者少厚，弱者少强。然辛为虎，寅亦为虎，而皆寄于薄弱之地，西方之气其衰矣。门属火，而入于坎，格于庚，且为返吟，如无乙庚之合，吾其为鱼乎？

兵事星生宫，利为主。安营于东南，设伏于西北。敌至，从正南出师，陈于正东，诱敌前犯而后击之。伏兵横冲其阵，敌必大乱。**出行**宜出南门。二十里，逢贵家女，或鱼蛇等物。**阳宅**宜立离门，修造正南屋宇。动作时，见人担水过，或黑禽飞至。**阴宅**午山子向言。造葬时，闻金鼓声。百日内，进财产发。

附：**占胜败**相持不决，终和。虚实敌兵将至，闻见是真。**攻城**秋冬可攻，城中当自惊扰。**守城**防有内变，敌人乘机直入。**天时**有虹。**地理**明堂宽敞，土色紫黑。**人事**有文人来，或言婚姻事。**田禾**秋禾有伤，种麻得利。**家宅**门井不利，宜更改。**官禄**迟升。**应试**丁日占，房考当荐。**求财**卖货得利，强求无益。**婚姻**男克女，不成。**胎产**生男，不安。**疾病**水衰火亢，心肾不交，调理可愈。**捕获**盗贼难缉，逃有朦蔽。**失物**失于西北，难寻。**远信近人**远信将至。**鸦鸣**有偷窃事。**鹊噪**有喜信。

阴遁三局

夏至中元　寒露下元　白露中元　立冬下元

时卯癸日壬丁

孤丑寅虚未申
天英直符加七宫　景门直使加九宫

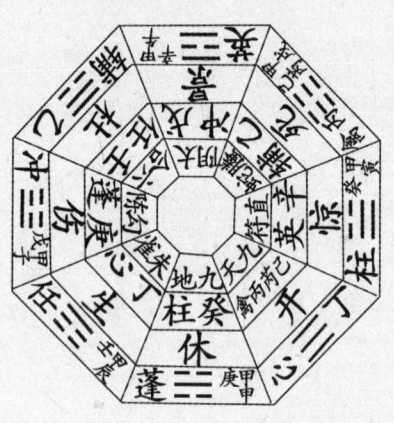

乾　开与丙合　丙奇入墓
坎　小格
艮　生与丁合　丁奇入墓
震　太白与天乙格
巽　乙奇入墓
离　门伏吟
坤
兑　英符加兑为火泽睽
　　景门伏离为离
　　辛仪加癸为虎投罗网格
天网　丁日不遇

断曰：水生于金，癸既居兑以为之主，而重之以辛，则荫我者众矣。乃又飞入于坎以就其禄，而遂遇庚，谓庚之亦能生我也，而不知其格而不入也，则舍利图名者咎也。灵龟在椟，不如泥蟾；牺牛入庙，不如溷鼠，宜门使之伏而不动欤？

兵事官门比和，时遇天网，利于为主。安营于北，设伏于南，固垒以待。敌至，从东北西北，分道出师，背寅孤，击申虚，可胜。**出行**远行多阻，暂出宜从东北西北二门。西北二十里，逢贵人，或金铁器。东北有文书事。**阳宅**乾艮二方，利修葺，不利建造。乾方有绿衣人至，艮方有人携纸笔过。**阴宅**乾艮两山，皆可营葬。有贵人骑马至，飞鸟叫噪应。

附：占胜败主胜。**虚实**两军按甲不动，闻见多虚。**攻城**利用火攻，未能即拔。**守城**严守可保。**天时**西方红光映天，无雨。夏日有雷。**地理**外案可观，水反射，非吉壤。**人事**宜键户静摄，出外恐有惊忧。**田禾**农劳，薄收。**家宅**宅有冲射，不聚财。内房亦暗，难住。**官禄**外任不得民心，内官亦防阻。**应试**不中。**求财**难得。**婚姻**男家当有更变，不成。**胎产**生女，母子俱有灾悔。**疾病**积滞成疾，防有变症，不能即愈。**捕获**难缉。**失物**失于正南，可寻。**远信**不至。鸦鸣无事。鹊噪有交易事。

阴遁三局

夏至中元　白露中元
寒露下元　立冬下元

时辰甲日壬丁

孤寅卯虚申酉
天任直符加八宫　生门直使加八宫

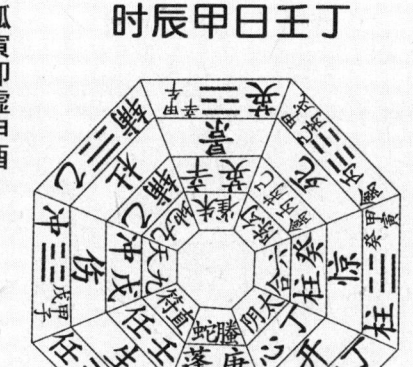

乾　开与丁合　真诈　丁奇入墓
坎
艮
震　门符伏吟
巽
离
坤
兑　任符伏艮为艮
　　生门伏艮为艮
　　壬仪加壬为天牢自刑格
天辅时

断曰：甲干，木也；壬仪，水也；任星，土也，其情性不同。然木得水而滋，得土而植；水得木而升，得土而容，土得木而通，得水而润，三者交相为用，而互相为养，乃不嫌于递克，而甲得以安然于禄旺之乡矣。

兵事门符俱伏，阳时利为客，兵宜先动。西北格合真诈，但丁奇入墓非吉。未戌月，宜从东北直符下出师，设伏于乾，安营于巽，背东北，击西南，可以取胜。**出行**西北可以暂出。行六里，路逢贵家之物，色无光彩。**阳宅**宜立乾门，有牵羊人至。**阴宅**乾山巽向吉。作用时，有青衣人至为应。

附：占胜败主兵胜。**虚实**客心怀畏，显露真情。**攻城**缓图可得。**守城**内外有援，目前易守。**天时**巳日，西方当得雨。**地理**穴结天市垣中。壬日占，主发大贵。**人事**有商贾言贸易事。**田禾**有收。**家宅**厨灶低暗，人居乾方者吉。**官禄**同寮和睦，秋冬可升，但不显。**应试**丁命壬日占，可中。**求财**利。**婚姻**成。**胎产**生女。**疾病**肝肾之症，调摄可瘥。**捕获**逃人不能获。**失物**已毁。**远信**迟至。**鸦鸣**防有失脱。**鹊噪**有文书事。

阴遁三局

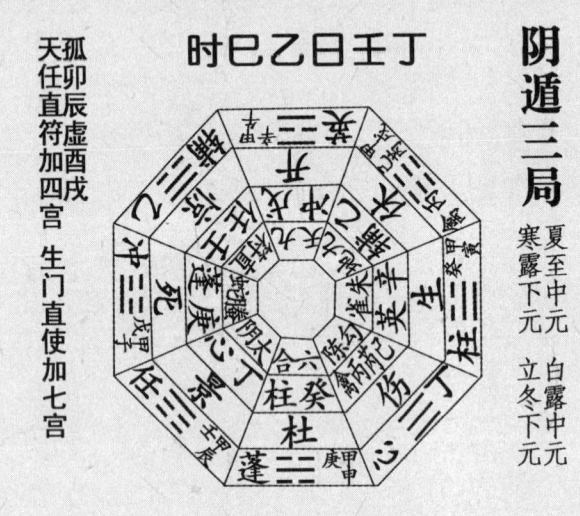

夏至中元
寒露下元
白露中元
立冬下元

时 巳 乙 日 壬 丁

孤卯辰虚酉戌
天任直符加四宫　生门直使加七宫

乾　丙奇入墓　宫克门
坎　小格　宫生门
艮　丁奇入墓　门生宫
震　太白与天乙格　宫克门
巽　相佐　门迫宫
离　宫克门
坤　重诈　乙奇入墓　宫克门
兑　门生宫
任符加巽为山风蛊
生门加兑为山泽损
壬仪加己为日入地户格

断曰：巽宫木地，而乙干居焉。若非金谷满园树，定是河阳一县花也。壬符以水来加，宜润泽以发英华，而不免有击刑之凶，岂漂木之洪涛，妒花之霪雨耶？时支以兑金受生使之土，独蒙其利。

兵事 门生宫，宫克星，利为主。安营于坤，设伏于艮，候敌先动，择天马方出师。若出西南，虽合重诈，但乙奇入墓，门受宫克，不为全美。临阵宜背辰击戌，可胜。**出行** 暂出西南亦可。行一二里，见旧物，作事不能速就。**阳宅** 宜立坤门，有素服人至。**阴宅** 坤山艮向吉。作用时，有女子抱小儿至。

附：**占胜败** 两军皆弱，可以议和。**虚实** 闻见得实。**攻城** 不能速拔。**守城** 宜备正东正南二门。**天时** 亥日雨。**地理** 少男遇巽，福寿全难。壬日占，防损丁。**人事** 西南方有谒贵之事。**田禾** 大丰。**家宅** 香火吉荫。西南方住者，宅长不利，酉年防盗。**官禄** 任内平安，却难升。**应试** 不中。**求财** 难得。**婚姻** 女家畏男家，不成。**胎产** 胎不安，生子当贵。**疾病** 少阳经受病，医药有效。**捕获** 防捕人欺蔽。**失物** 失于正南可寻。**远信** 即至。**鸦鸣** 有女人事。**鹊噪** 有田产事。

阴遁三局

丁壬日丙午时

夏至中元
寒露下元 白露中元
          立冬下元

孤辰巳虚戌亥
天任直符加五宫 生门直使加六宫

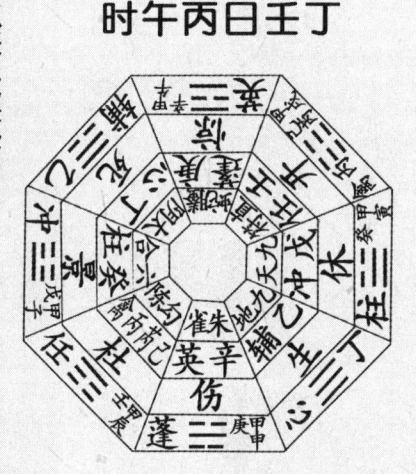

乾 宫生门 生与乙合 重诈 玉女守门 门生宫
坎 宫生门 鸟跌穴 勃符 门迫宫
艮 宫生门
震 宫克门 鬼假 宫克门
巽 宫克门
离 宫生门 龙返首 相佐 符反吟 符勃
坤 宫生门
兑 任符加坤为山地剥 生门加乾为山天大畜 壬仪加丙为天牢伏奇格

断曰：丙午托处中宫，实与二八通气。壬符来加，而丙干往答，为龙返首，为鸟跌穴，彬彬乎投桃报李之欢也。乃终不免以反吟为嫌，岂丙火而壬水，性相制，情相疑耶？然己土攘臂其傍，壬亦不敢包藏祸心，丙干于己，当作衔环之报。

兵事门生宫，利为主。俟敌先动，从西北方出师，设伏于巽，安营于乾，背西北，击东南，可胜。有群鸟集于东北，青云起于西南为应。此时返首跌穴，重诈守门，吉格俱备，宜立大功。但为符反，事多更变。**出行**宜出西北方。六里，遇贵人。**阳宅**宜立乾门，主发财禄。**阴宅**乾山巽向极吉。作用时，有女人穿红衣至为应。

附：占胜败客不欲战，遣使求和。**虚实**客言出于本心。**攻城**迟久可拔。**守城**宜备正南西南二方。**天时**酉日雨。**地理**地吉，穴下有骸骨砖石。壬日占，防冷退。**人事**有文士习岐黄之术者求见，或见贵介责罚奴仆。**田禾**不歉。**家宅**井灶俱吉，宅长得利。**官禄**俸厚可升。**应试**文佳，丁日必中。**求财**无。**婚姻**不成。**胎产**生男。**疾病**手少阴经之疾，调理可瘥。**捕获**防有朦蔽。**失物**失于正西。**远信**不至。鸦鸣有和合事。鹊噪有捕捉盗贼事。

阴遁三局

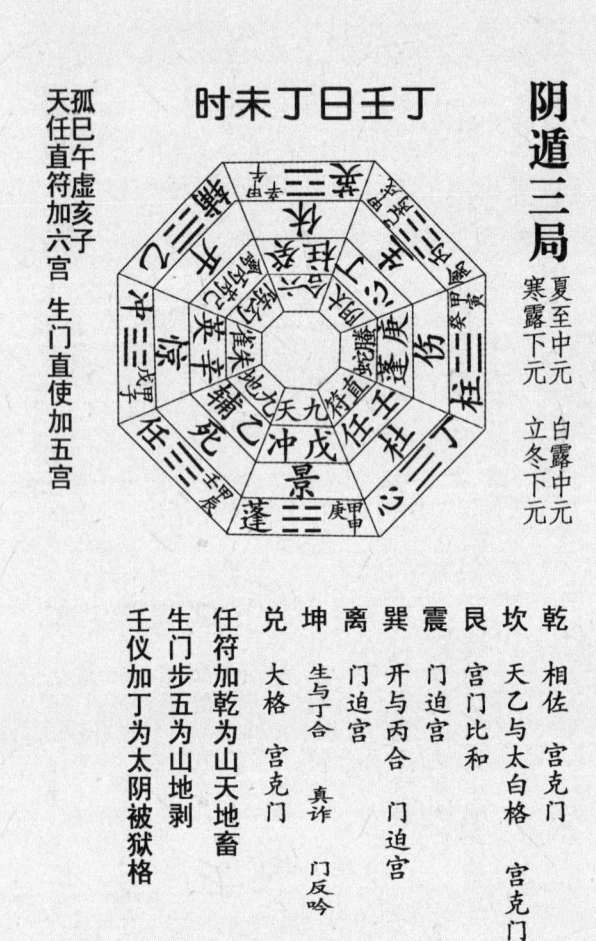

丁 壬 日 丁 未 时

夏至中元 寒露下元 白露中元 立冬下元

孤巳午虚亥子
天任直符加六宫 生门直使加五宫

乾 相佐 宫克门
坎 天乙与太白格 宫克门
艮 宫门比和
震 门迫宫
巽 开与丙合 门迫宫
离 生与丁合 真诈 门反吟 宫门比和
坤 门迫宫
兑 大格 宫克门
任符加乾为山天地畜
生门步五为山地剥
壬仪加丁为太阴被狱格

断曰：丁奇以天阙玉女，作配壬符，洛浦之神妃，湘皋之帝子也。乃卧墓宫而逢死门，霍小玉之薄命如斯，苟奉倩之佳人难再矣。壬符来加，长相思耶？永别离耶？符入乾宫，而使反坤位，亦所谓"上穷碧落下黄泉"也。

兵事星生宫，利为主。安营于艮，设伏于坤，俟敌先动。未戌月，向西南出师；申酉月，向东南发兵，以参将为先锋，背亭亭，击白奸，可以取胜。**出行**出西南方固吉，但为门反，作事恐多更变。出东南，反吟而兼门迫，不利。**阳宅**宜立坤巽二门，有黑禽至应。**阴宅**坤山艮向，巽山乾向俱吉。作用时，有老人说亲为应。

附：**占胜败**两军不战，可以言和。**虚实**彼此不欺。**攻城**易拔。**守城**难守。**天时**无雨。**地理**天市转亥，穴情甚佳。壬日占，向不合法，不利。**人事**西南方，有营求功名之事。**田禾**不丰。**家宅**宅长居近灶，防耗财。香火卧床吉，阴人奴仆极利。**官禄**春月可升。**应试**丙日占，可荐。**求财**迟得。**婚姻**成。**胎产**当生贵子。**疾病**情欲所感，相火太旺，难愈。**捕获**贼易拘。**失物**失于正北，防毁。**远信**至。鸦鸣有长上行动事。鹊噪有惊。

阴遁三局

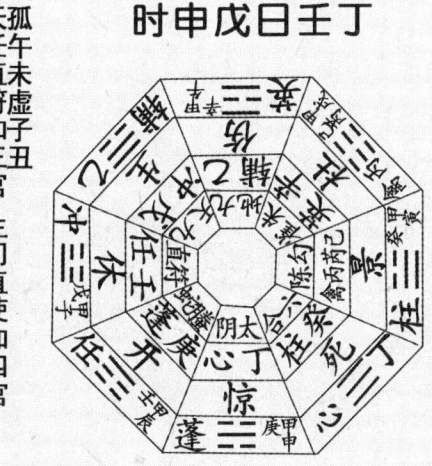

丁壬日戊申时

夏至中元 寒露下元 白露中元 立冬下元

孤午未虚子丑
天任直符加三宫　生门直使加四宫

乾　鬼假　蛇夭矫　门生宫
坎　门生宫　伏宫格　上格　宫生门
艮　门生宫
震　宫克门
巽　门迫宫
离　龙逃走　门生宫
坤　门迫宫
兑　生门加震为山雷颐
任符加震为山雷颐
生门加巽为山风蛊
壬仪加戊为青龙入狱格
无奇门　壬日不遇　丁日飞干格　壬日伏干格

断曰：时干处于震宫，戊土以壬水为财，冲木以任上为财，莫不望为邓通之铜山，郭况之金穴也。乃符已来加，而伏宫被格，则齐人输范氏之粟，见御于赵鞅；韩滉运江南之米，被掠于少游，不免呼庚而怨矣。

兵事星门俱受宫克，利于为主。设伏于坎，安营于南，俟敌先动。冬月，向正东直符之下出师，以参将为先锋，背东南，击西北，可以制胜。**出行**无奇门吉格，不利出行。不得已，暂出正东方。逢巧艺人，或见水中之物。**阳宅**小修震方，有皂白衣人应。**阴宅**卯山酉向利。作用时，见南方有白衣人骑马过。

附：**占胜败**主胜。**虚实**主常欺客。**攻城**久则易取。**守城**宜备东北方，利于议和。**天时**晴。**地理**阳衡入穴，左山不起，来脉模糊，壬日占损丁。**人事**东北方有挑砖担柴人招嗣。**田禾**丰。**家宅**宅损人，难居。**官禄**防科道参劾。**应试**不中。**求财**利。**婚姻**成。**胎产**生女，难产，孕母有厄。**疾病**脾土侮水，淹缠难愈。**捕获**逃人难捕。**失物**失于东南，可寻。**远信**千里内信即至，行人未归。**鸦鸣**防因财致辱。**鹊噪**不系祸福。

阴遁三局

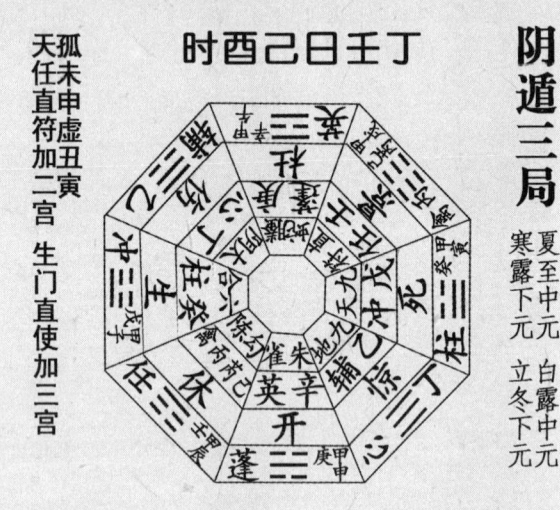

夏至中元
寒露下元　白露中元
立冬下元

丁壬日己酉时

孤未申虚丑寅
天任直符加二宫　生门直使加三宫

乾　乙奇入墓　宫门比和
坎　门生宫
艮　休与丙合　勃符　鸟跌穴　宫克门
震　宫克门
巽　神假　宫门比和
离　符反吟　门生宫
坤　门生宫
兑　门生宫
任符加坤为山地剥
生门加震为山雷颐
壬仪加己为天地刑冲格

断曰：己土而居坤宫，广博深厚，区区之壬水来加，殆弱水之入流沙，东海之沃焦土耶？壬处艮而入坤，反复受克于土；生使亦见伤于本宫，而水独朵颐于寄坤之丙，良所谓"溺者非不笑，罪人非不歌"也。

兵事宫克门，五阴时，利为主，兵宜后应。出东北休门，以应跌穴之吉。安营于西北，伏兵于东南，背未孤，击丑虚，可获全胜。有鸟集东北水上为应。**出行**利出东北方。路逢患眼人，及斗殴，或见蛇虫承族之物。**阳宅**利开艮门。作用时，有青衣贵人往过。**阴宅**秋冬利艮山坤向。作用时，有鸡鸣并至。葬后，遇女人持金银物来发。

附：**占胜败**客将罢兵，欲通和好。**虚实**来情不伪。**攻城**宜缓攻，有反客作主之势，乃下。**守城**易守。**天时**巳申日有雨。**地理**结聚极好，人地相宜，当发富贵。唯穴下有石。**人事**有少年贵介，嗔怒之事。**田禾**大丰。**家宅**屋相益人，妻子安吉。**官禄**俸久可升。**应试**中式。**求财**不甚利。**婚姻**难就。**胎**胜产速，生女。**疾病**心肾两伤之症，未能痊可。**捕获**贼在正北，当自败露。**失物**向西，万寻觅。**远信**即至。**鸦鸣**主有争竞财帛之事。**鹊噪**无事。

阴遁三局

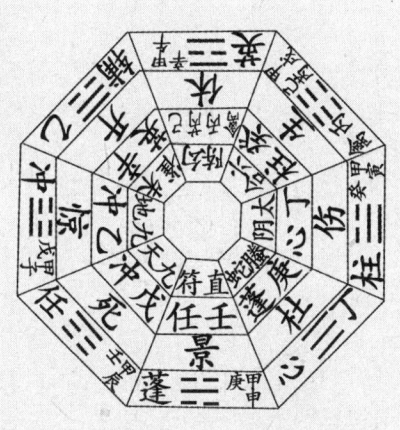

丁壬日庚戌时

夏至中元　寒露下元　白露中元　立冬下元

孤申酉虚寅卯
天任直符加一宫　生门直使加二宫

乾　奇格　宫克门
坎　飞宫格　宫克门
艮　宫门升殿　门迫宫
震　乙奇升殿　门迫宫
巽　门迫宫
离　休与丙合　丙奇升殿　门迫宫
坤　神假　丁奇升殿　雀投江　宫克门
兑　门反吟　宫门比和
任符加坎为山水蒙
生门加坤为山地剥
壬仪加庚为天牢倚势格
丁日伏干格　壬日飞干格

断曰：坎宫水旺之乡，壬符望而趋焉。盖水出山而注海，故壬以艮为原，以坎为委。乃时干以庚而先据之，符来则格，是于水之中流，作一砥柱，如形家所云"水口罗星"也。生使到坤而反，其亦狂澜被障而回之故耶？

兵事星克宫，利为客，兵宜先举。秋冬当出正南休门，安营于正东，伏兵于正西，背东南游都，击西北鲁都，亦可制胜。**出行**利出正南。行一二九里，闻歌唱鸟雀声，或见燥烈之物。**阳宅**利开南门。动作时，有小儿骑牛马至，七日进生气物发。**阴宅**午山子向吉。作用时，南方有贼惊，主大发。

附：**占胜败**客兵求息。**虚实**客兵甚近，来情亦寔。**攻城**宜待时，未易拔。**守城**当虞西北。**天时**西方远处，有雨。**地理**内势极好，朝案不佳。**人事**正西方，有文书损失之事。**田禾**丁日占，不利农人，更防秀而不寔。**家宅**丙年占，利父母，厨灶不吉。**官禄**任于西南，未易升。**应试**丁日占，当荐。**求财**不得。**婚姻**男有目疾，不成。**胎产**生男。**疾病**由郁怒致疾，防医庸药误。**捕获**向东南捕贼，可获。**失物**失于东北，可寻。**远信**即至。鸦鸣有劫迫事。鹊噪有亲朋至家。

阴遁三局

丁壬日辛亥时

夏至中元 寒露下元 白露中元 立冬下元

孤酉戌虚卯辰
天任直符加九宫 生门直使加一宫

乾宫生门 生与丙合 荧入白 格刑 门迫宫
坎宫生门 神假 门迫宫
艮宫门比和
震宫门迫宫
巽宫奇格 宫生门
离宫生门
坤宫生门
兑 开与乙合 重诈 宫门比和
任符加离为山火贲
生门加坎为山水蒙
壬仪加辛为白虎犯狱格

断曰：时干辛金，实能生水，是壬仪之母也。而处于火旺之中，洪炉大冶，日销月烁，其望救于壬久也。符之来加，殆若大目犍连，仗彼佛力，出其母于镬汤烈焰之狱也。生使向坎，无乃有八功德池之思乎？

兵事宫生星，门克宫，利客不利主，兵宜先举。秋冬出正西，夏季出正北，安营于兑，伏兵于震，背北击南，可以获胜。出行正西正北，俱可出行。西行逢公吏，北行逢皂衣人，或见铁石物。阳宅开西北二门皆吉。动作时，有执杖人至，或女子群至应。阴宅子卯两山皆可用。造葬时，西北方有妇人出嫁为应。

附：占胜败客欲求息。虚实客兵近，来情诚恳。攻城可招抚，不须血刃。守城东南可虞，当议和。天时壬日，祈雨得雨。地理土色红黄，火木来龙者吉。壬日占，最宜。人事东北方，有神道设教之事。田禾麦收，谷防旱。家宅坎门能发财，亦防贼扰，唯女眷吉利。官禄易升。应试壬日占，不利。求财虽利，当防贼窃。婚姻不成。胎产生女，产母有厄。疾病病在内伤，不能即除。捕获捕役欺蔽，不获。失物失于西南。远信不至。鸦鸣有可怪之事。鹊宅有好音至。

阴遁三局

夏至中元
寒露下元
白露下元
立冬下元

戊癸日壬子时

孤戌亥虚辰巳
天任直符加八宫 生门直使加九宫

乾 丁奇入墓 门迫宫
坎 符伏吟 宫生门
艮 门迫宫
震 门迫宫
巽 休与乙合 风遁 重诈 门生宫
离 宫迫宫 地假 宫克门
坤 门迫宫
兑 任符伏艮为艮 生门加离为山火贲
壬仪加壬为天牢自刑格

断曰：壬干而得壬符，是为伏吟，本不可以言吉。然山下之水，则为原泉，可以况君子之学；伏而不动，则为止水，可以喻圣人之心。澄之而不清，挠之而不浊，挹之而无尽，取之而无穷，其谓斯欤？若生使在二癸之间，则沟浍之盈而已。

兵事宫生门，利为客，兵利先动。当乘风暗出东南休门，安营于阵后，伏兵于西北乾地，背正南，击正北，可以获胜。但丁奇入墓，防伏兵有迷失之患。**出行**利出东南门。五里逢皂衣僧尼，或见古器模糊。**阳宅**利开巽门，遇东方火惊大发。**阴宅**巽山乾向吉。作用时，有锣声自西北至。

附：**占胜败**客兵当负。**虚实**客尚伏匿不动，主怀欺客之情。**攻城**未能即拔，当待其自变。**守城**可守。**天时**乙日有雨。**地理**拱护无情，案山缺陷欠佳。**人事**有眇目兵卒，争闹财利。**田禾**大有年。**家宅**外榻最吉，长女当贵，唯厨灶不佳。**官禄**难升。**应试**乙命人可中。**求财**欠利。**婚姻**女极贤，男不佳，却可成。**胎产**男子之祥。**疾病**肾经之疾，未能即瘥。**捕获**逃向正西，贼匪正南，可获。**失物**向正东觅。**远信**不至。鸦鸣有隐匿之事。鹊噪有财利事。

阴遁三局

戊癸日 癸丑时

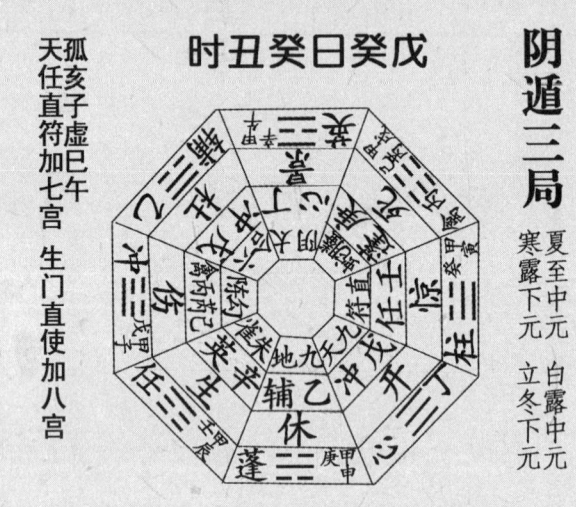

夏至中元 寒露下元 立冬下元

孤亥子虚巳午
天任直符加七宫 生门直使加八宫

乾 休门与乙合 龙遁 重诈
坎 门伏吟
艮 地假
震
巽 地假
离 白入荧 奇格 刑格
坤
兑 任符加兑为山泽损
  生门伏艮为艮
  壬仪加癸为阴阳重地格
天网

断曰：癸水生于金旺之宫，似比壬之出于土中者为胜。然艮为山而兑为泽，泽中之水，虽弥漫盈望，而非得山下之泉，源远流长者以注之，则未几而涸为陆矣。生使归伏，似欲陂水而止之者，岂虑其回头不似在山时耶？

兵事星生宫，阴时利为主，兵宜后应。出正北休门，秋冬水战尤利。安营于阵后，伏兵于正南，背东北，击西南，客兵必遁。**出行**利出正北。行三十里，见阴贵人；或五十里，见蛇鼠及水中之物。**阳宅**利建北门。动作时，有皂衣人至。七日后，当进财喜。**阴宅**子山午向可用。造葬时，东北方有师巫至，及闻锣鼓声。

附：**占胜败**客军乞和之象。虚实客兵退，来情俱实。**攻城**当求反客为主之势，城乃可拔。**守城**可守。**天时**利祈祷雨泽。**地理**天时入于少微，穴极佳。戊日占，当发中男。**人事**坤方有盗贼反覆事。**田禾**大收。**家宅**风水不吉，常有官讼，独利长女。**官禄**俸久可升。**应试**癸日占当荐，戊日占不荐。**求财**可得，但费唇舌。**婚姻**婿不佳，难就。**胎产**迟，不吉。**疾病**当戒情欲惊忧，可愈。**捕获**宜向东北捕贼。**失物**失于西北。**远信**人信将至。**鸦鸣**有遗失事。**鹊噪**无事。

阴遁三局

夏至中元
寒露下元 白露中元
立冬下元

时寅甲日癸戊

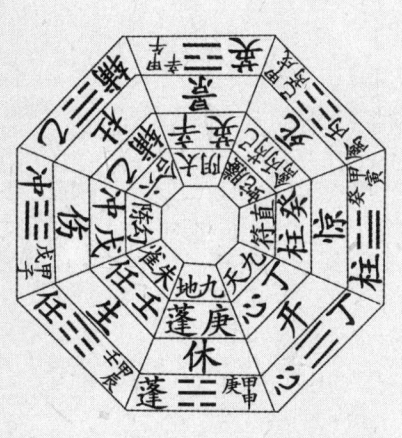

孤子丑虚午未
天柱直符加七宫 惊门直使加七宫

乾 开与丁合 丁奇入墓
坎
艮
震
巽
离
坤
兑 门符伏吟
柱符伏兑兑为兑
惊门伏兑兑为兑
癸仪加癸为天网重张格
天辅时 戊日不遇

断曰：甲干当正秋之位，其为月中之桂乎？抑凌霜之松子，而天乙正临，则鳌头之客也；惊门作使，则吴刚之斧也，且有癸仪之水以滋之，而培养益深矣。或窥二酉之秘，或成七步之词，皆足备一时之选。选才者亦舍春华而取秋实可耳。

兵事孟甲之时，阳内阴外，宜坚壁固垒，以承天辅之吉，为主之道也。敌来则张威西北，却勿与战，潜兵从东南林木之下，袭其惰归之众，万全可胜。**出行**西北方可出，但心却内恋，恐中途而返。见鸟归巢，妇抱子。**阳宅**秋冬可修造西北方，辟门当容驷马。三七日，进金银物。**阴宅**乾山巽向大利，有双峰耸秀。葬时，值雷雨更吉。

附：**占胜败**主兵强盛，不战服敌。**虚实**敌甚暗弱内耗，当溃。**攻城**宜养威持重，以待隆冬。**守城**援虽过而实虚，入秋不守。**天时**夏有伏雷，秋冬风晴。**地理**山向不的，戊日尤不可用。**人事**残灯彻晓，夏日生寒，秋冬有醒而欲睡之意。**田禾**农忙有收。**家宅**居安，时有隐忧。**官禄**有以官为家之象。**应试**癸日占，可作孙山。**求财**不得。**婚姻**不能速成。**胎产**生女，产迟。**疾病**因郁成虚，逍散即愈。**捕获**即获。**失物**自忘其处。**远信**不至。**鸦鸣**财不如意。**鹊噪**日久生财。

阴遁三局

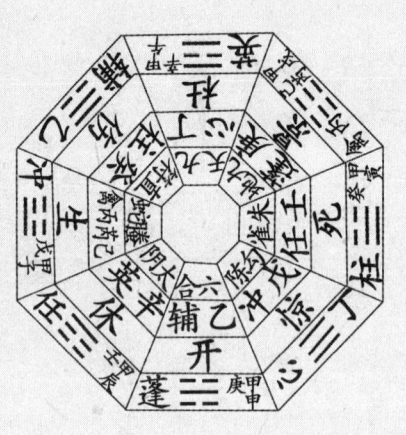

夏至中元　白露中元
寒露下元　立冬下元

戊癸日乙卯时

孤丑寅虚未申
天柱直符加四宫　惊门直使加六宫

乾　玉女守门　宫门比和
坎　开与乙合　休诈　门生宫
艮　宫克门
震　生与丙合　天遁　宫克门
巽　相佐　宫门比和
离　门生宫
坤　门生宫
兑　白入荧　刑格　奇格　门生宫

柱符加巽为泽风大过
惊门加乾为泽天夬
癸仪加乙为日沉九地格

断曰：乙在巽为得地之木，可用之材。金符来加，有雕断成断之义，伤门有运斤成风之巧，洵哉其利用也。使趋于乾，逢玉女之守户，虽无暗中作合，但丁本在墓，则空拾洛浦之珠，或买长门之赋而已。抱负虽宏，终恐遇而不遇。

兵事星符克宫，可以远伐。宜从正东正北，两道进兵，东为前锋，北为后继，兼程而进。如从天而降，自东击西，敌必受缚。余众当向西南而逃，先据其地为上策。**出行**正东正北二方俱可出。冬时尤利于北，见近侍官人群至。**阳宅**修造正东，不如正北更利。有文星入照，闻鼓声应。**阴宅**子山午向大吉，卯酉次吉，冬尤利，子午当修桥。

附：**占胜败**主胜。**虚实**虚声即至，实不敢来。**攻城**当乘虚而入。**守城**宜备西南。**天时**晴。日出时，东南有素罗云起。**地理**来龙得生旺气，罗星左仙宫俱吉。**人事**宜校对文书，雕刻器皿。取材于东北二方，甚佳。**田禾**禾麦俱丰收。**家宅**父母兄弟皆富贵，惟妻宫损泄。**官禄**才大于职，冬日必升。**应试**文字驳杂，难中。**求财**口舌得财，四季尤利。**婚姻**不成。**胎产**生女，产迟。**疾病**冒风即瘥。**捕获**逃自归，贼不获。**失物**西北可寻。**远信**不至。**鸦鸣**防暗耗。**鹊噪**无事。

阴遁三局

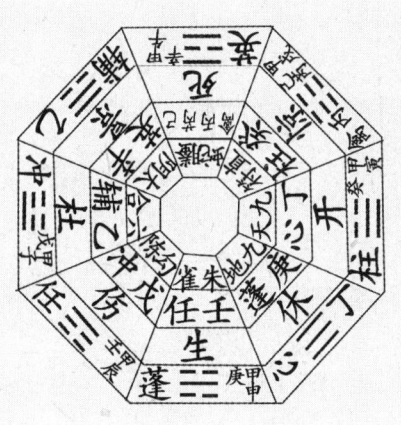

戊癸日丙辰时

夏至中元
寒露下元
白露中元
立冬下元

孤寅卯虚申酉
天柱直符加五宫　惊门直使加五宫

乾　奇格　宫生门
坎　门迫宫
艮　门迫宫
震　乙奇升殿　宫门比和
巽　虎猖狂　宫生门
离　丙奇升殿　宫生门
坤　龙返首　相佐　符勃　仪刑
兑　开与丁合　丁奇升殿　雀投江　宫门比和
柱符步五为泽地萃
惊门步五为泽地萃
癸仪加丙为明堂犯悖格
丙奇得使遇甲

断曰：皓月当空，无所不照，而兑宫之符使并临，所谓"金星与婺女争华，麝月共嫦娥竞爽"者乎？时下值返首之龙，而本宫又得重诈之吉，则两处呈祥，光华焕发，当有琼楼佳句，苏学士词达九重；而飞丁入室，且赋"新得佳人字月华"也。

兵事宫生星门，又返首遇甲，为客大利。结营西北，设伏东南，从正西兑位，建大将旗鼓而出，敌必望风而溃。入夜恐敌来劫寨，预备可获全胜，惟不利文檄。**出行**利西行，秋时更吉。路逢贵家小儿，或竹杖等物，独不宜文书事。**阳宅**秋时利修兑方，有火光飞禽应。**阴宅**利酉山卯向。葬时，有持锄年老人，衣黄衣应。进女人财物。

附：占胜败主劳客逸，胜照亦微。**虚实**主欲开诚招抚。**攻城**宜待时而动。**守城**夏月可守。**天时**阴雨，冬主雾。**地理**回龙逆结，穴有暖气，葬之大发。**人事**途中遇儒者谈医，在家闻惊疑信至。**田禾**丰，农人安。**家宅**屋宇宏深聚气，惟幼小聪慧者有灾。**官禄**持恩升擢。**应试**癸日占，可以抢元。**求财**空费口舌，欲得反失。**婚姻**男貌寝而性凶，勿信媒言轻许。**胎产**产安，生女当贵。**疾病**无病，不必心疑。**捕获**逃匿不获，贼易捕。**失物**东北损毁，不可寻。**远信**近信至。鸦鸣女人事。鹊噪破财。

阴遁三局

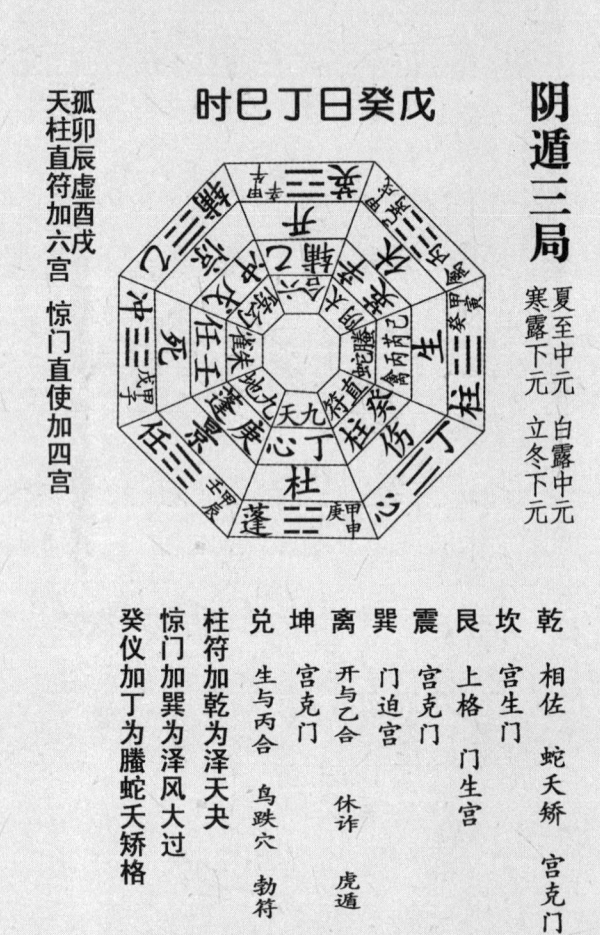

夏至中元 寒露下元 白露中元 立冬下元

时巳丁日癸戊

孤卯辰虚酉戌 天柱直符加六宫 惊门直使加四宫

乾 相佐 蛇天矫 宫克门
坎 宫生门
艮 上格 门生宫
震 宫克门
巽 门迫宫
离 开与乙合 休诈 鸟跌穴 勃符 虎遁 宫克门 门生宫
坤 生与丙合
兑 宫克门
柱符加乾为泽天夬
惊门加巽为泽风大过
癸仪加丁为螣蛇天矫格

断曰：丁为灯光之火，当乾宫寒金之位，又值金符飞至，加以癸仪凝冻之水，斯为夜静灯青，宵寒烬落之象。乃以日中巳时而占得之，则阴气之胜阳，曜火之蔽日也。惟是格合神假，将逢萼绿华来，或叹杜兰香去耶？

兵事门克宫，阳时利先举。正兵出兑地，奇兵走离方，设谋行间，因风纵击，坐西乘旺，攻其东偏。敌若北遁，则以后队邀袭，可以尽降其众，即结营其地以镇之。**出行**夏宜出南得财，秋宜西出，更得自然之利。见绯衣病月人，或文华光彩物。**阳宅**夏宜修离方。秋冬利修兑方，有黑白禽，或雀声。**阴宅**午酉山向俱吉。葬时火光动，有树如蛇形。

附：**占胜败**秋冬主胜。**虚实**敌效真情。**攻城**宜用善言招诱。**守城**有援可守。**天时**夏雨，秋冬风雪。西北有青云聚散。**地理**癸日占可用，但防道路穿伤。**人事**人情反覆，事有更张，终缔解释。田禾丰，晚禾防蚀。**家宅**宅眷不宁，小口有灾，利迁南方。**官禄**夏时可升，须慎文书伤损。应试癸日占，文有奇格者得售。**求财**大利，但费词说。**婚姻**女才美，有查资，速成得益。**胎产**男胎，恐不实。**疾病**阴虚思虑之疾，南方医可治。**捕获**不获。**失物**失久难寻。**远信**不至。鸦鸣暗中有失。鹊噪无关事。

阴遁三局

夏至中元
寒露下元
白露中元
立冬下元

戊癸日戊午时

孤辰巳虚戌亥
天柱直符加三宫　惊门直使加三宫

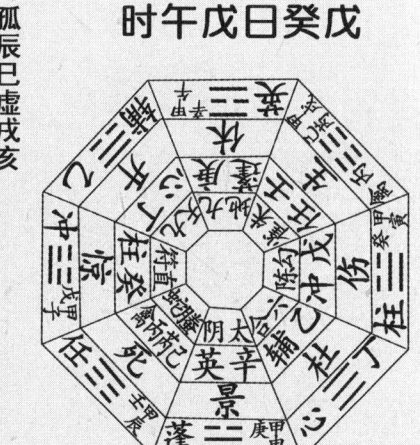

乾　乙奇入墓　宫克门
坎宫克门
艮　宫门比和
震　门符反吟
巽　门开与丁合　门迫宫
离宫迫宫
坤宫门比和
兑宫克门
柱符加震为泽雷随
惊门加震为泽雷随
癸仪加戊为青龙入地格

断曰：反吟本属不宁，况以惊柱冲伤相易乎？独是戊本土也，合于癸而化火，则不惟无畏乎木，而并可以制金，故合化之为用大也。然龙之变也，必乘乎风云，因乎雷雨，有惊世骇俗之举，惟当静镇以收其用，所谓"泛驾跅弛，亦在御之"而已。

兵事星门俱克宫，利为客，且遇戊癸化合，我兵合，则彼兵解矣。当从东南扬兵而进，压敌垒而军之。贼当南走，遇我守营之兵必战，更出北方伏兵夹击之，无不大捷。**出行**宜出东南方，路见小儿持竹杖。**阳宅**利修巽方屋宇。南方有黑云雨至，发财。**阴宅**巽山乾向吉。作用时，有鸦鸣过。六十日水边得古器。

附：**占胜败**主欲言和。**虚实**敌情内怯。**攻城**贼可谕降，但防反覆。**守城**宜备南寇。**天时**夏雷，秋冬风。**地理**向对屏障极佳，恐有反覆变改。**人事**旧事更张，劳而少成，后必多悔。**田禾**防旱，农劳，欠丰。**家宅**不安其居，有东南近处可移。**官禄**办事多差误，赖同僚得力，免劾。**应试**不中。**求财**不得。**婚姻**难成。**胎产**胞安产速，生男当富。**疾病**荣卫有伤，宜用温和之剂。**捕获**逃人远匿，贼可获。**失物**失于缺地废井之间，已坏。**远信近信**近人即至，远者不至。**鸦鸣**无事。**鹊噪**主田畜事。

阴遁三局

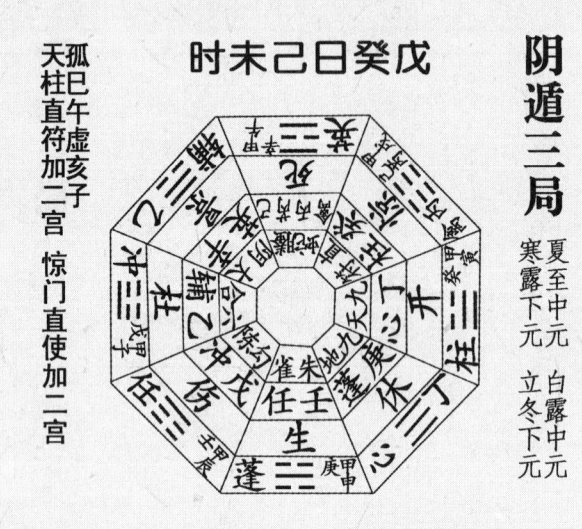

戊癸日己未时

夏至中元　寒露下元　白露中元　立冬下元

孤巳午虚亥子　天柱直符加二宫　惊门直使加二宫

乾　奇格　宫生门
坎　门迫宫
艮　门迫宫
震　乙奇升殿　宫门比和
巽　虎猖狂　宫门比和
　　丙奇升殿　宫门比和
离　雀投江　宫门比和
坤　仪刑　宫生门
兑　开与丁合
　　惊门加坤为泽地萃
　　柱符加坤为泽地萃
　　癸仪加己为华盖入明堂格
　　癸日不遇

断曰：坤宫之己土，大地之膏腴也。符使并驱而受生，如重耳之受块于野人，其霸业所由兆乎？于时三奇升殿，则从者皆足以相国，而原丙之寄坤，宛然龙之返首也；癸仪之同来，不劳而获之天藏也，本宫又得奇门之合，斯为安享其成者乎？

兵事宫生星门，利为客。宜安营于西北，伏兵于东南，从正西出师，偃旗息鼓，背北击南。有飞星陨于军中，勿可追逐。**出行**宜出正西方。七里十七里，逢女人引孩儿，或见金石之物。**阳宅**宜建兑门。七日后，进田产契券。**阴宅**宜酉山卯向。作用时，见有瘦妇，与方外人同行。

附：**占胜败**主欲息兵和好。**虚实**主言无伪。**攻城**可以徐图，不能速拔。**守城**可守。**天时**西北方有雨。**地理**案砂伍卸，虎首伤残，妨碍后人。**人事**见修炼高隐之人，西南方有刑丧吊问事。**田禾**麦苦旱，禾秋有灾。**家宅**厨灶不吉，人口欠安。**官禄**任内防文书错误，有参罚。**应试**卷有遗失。**求财**空费口舌，不能入手。**婚姻**不成。**胎产**生女，母有惊伤。**疾病**胃中有伏火，东方医不可用。**捕获**逃人不获，盗易捕。**失物**失于东北方，可寻。**远信**近信至，远信不至。**鸦鸣**有征召事。**鹊噪**鹊自鸣枝。

阴遁三局

戊癸日庚申时

夏至中元　寒露下元
白露下元　立冬下元

孤午未虚子丑
天柱直符加一宫　惊门直使加一宫

乾　丙奇入墓　门生宫
坎　飞宫格　小格　门生宫
艮　开与丁合　丁奇入墓　宫生门
震　太白与天乙格　门生宫
巽　乙奇入墓　门生宫
离　门迫宫
坤　门迫宫
兑　柱符加坎为泽水困
　　惊门加坎为泽水困
　　癸仪加庚为天网冲犯格
　　戊日伏干格　癸日飞干格

断曰：时干之庚，金也；而居于坎，水也。柱符加，则金与金比矣；癸仪临，则水与水比矣。又入庙相生，同心并力，以淬厉其锋，何难申挞伐之威乎？惟嫌癸与庚格，须防军粮不继。然阃外得人，则量沙可以诓敌，拜井可以得泉，是贵乎设谋通变耳。

兵事星门生宫，阴时利为主。宜安营于东，伏兵于西，俟敌先动，从东北方出师，背东南，击西北。但逢奇墓，未能全胜。**出行**宜出东北方。八里十八里，见阳人言讼事，或见形圆质坚之物。**阳宅**宜立艮门，有黑衣人至。二七日，进金宝应。**阴宅**宜艮山坤向。作用时，东北方有人携盖骑马至。

附：**占胜败**主无战意，将欲求和。**虚实**来情叵测，不可尽信。**攻城**冬月可攻。**守城**求援可保。**天时**阴晴忽变。**地理**穴有风透，葬后有更改，不吉。**人事**见隐士，或端方之人，北方有惊怖凶险事。**田禾**有虫灾，不丰。**家宅**基址不吉。防同室操戈，更宜慎火烛。**官禄**京员外任，均防参劾。**应试**不中。**求财**有阻隔。**婚姻**不成。**胎产**生女，难产，母有悔。**疾病**阴虚阳亢，医不得人，服药无效，宜祈灶司。**捕获**捕役受赂，逃盗俱不获。**失物**不可得。**远信**千里内信至。**鸦鸣**有口舌。**鹊噪**有进益。

阴遁三局

夏至中元 白露中元
寒露下元 立冬下元

戊癸日辛酉时

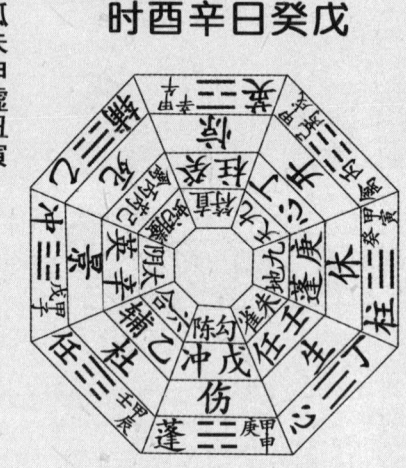

孤未申虚丑寅
天柱直符加九宫 惊门直使加九宫

乾 门生宫
坎 天乙与太白格 宫生门
艮 门迫宫
震 宫克门
巽 宫生门
离 开与丁合 宫生门
坤 伏宫格 大格 宫生门
兑 柱符加离为泽火革 惊门加离为泽火革 癸仪加辛为华盖受恩格
戊日飞干格 癸日伏干格

断曰：火金本不相能，乃有时而相守，则为入炉之金，所以致用也。然火病其炎，金病其燥，得癸水相加，可以柔金而济火矣。但金火重重，而癸水单弱，在夏则杯水不能救舆薪之火，在秋则滴水不能洗武库之兵，调剂得宜，须待入冬之后。

兵事宫克星门，阴时利为主。宜安营于西，伏兵于东，以逸待劳。敌至则出西南方应之，背西北，击东南，可以制胜。**出行**宜出西南方。二里十二里，闻哭声，或见僧道老人为应。**阳宅**宜立坤门。三七日得海味，或北方发水冲决应。**阴宅**宜坤山艮向。作用时，闻远寺钟声，鸡鸣于树应。

附：**占胜败**主胜。虚实敌有畏心，言不敢诈。**攻城**城中空虚，守将可擒。**守城**难守。**天时**晴。**地理**穴有蚁聚。戊日占，葬后当遭兵火。**人事**见性刚躁暴之人，西北方有迁移继嗣事。**田禾**旱灾，不丰。**家宅**宅运已退，招人怨尤，作事不顺，女眷多灾晦。**官禄**政声上闻，民心喜悦，寮寀不睦。**应试**不中。**求财**防口舌，无得有费。**婚姻**成，女性妒，不偕老。**胎产**生男，后当贵。易产，母安。**疾病**精极血虚，火盛无水之症，当复其真阴真阳。**捕获**不获。**失物**可寻。远信至。鸦鸣有争角事。鹊噪无事。

阴遁三局

夏至中元
寒露下元
白露中元
立冬下元

时戊壬日癸戊

孤申酉寅卯丑
天柱直符加八宫 惊门直使加八宫

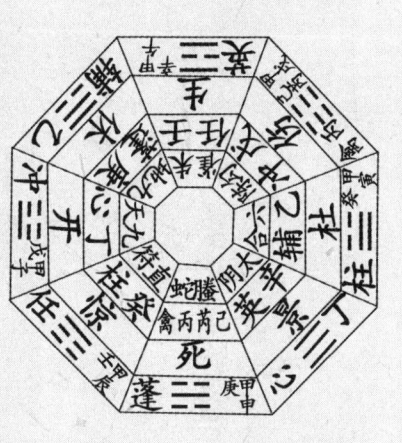

乾 门迫宫
坎 荧入白　格刑
艮 宫生门　　门迫宫
震 门开与丁合　门迫宫
巽 宫生门
离 门迫宫
坤 宫迫门
兑 宫克门
柱符加艮为泽山咸
惊门加艮为泽山咸
癸仪加壬为天网覆狱格

断曰：山腹之壬，淳泓之水也，通于癸，则渐然流矣。故癸不足以滋土，而适足以泄壬，于时下何裨乎？且其格为天网覆狱，而寅来寅位，与辰不能不争，赖酉地符使，亦可作合解救，而金石能鸣，虚惊不免。

兵事宫生星门，利为客。宜安营于东南，伏兵于西北，从正东出师，衔枚疾走，背南击北，出其不意，攻其无备，可以制胜。**出行**宜出东方。三里十三里，逢女人，或官长，或见文书印信之类应。**阳宅**宜立震门。七日后，遭黄白生忞物应。**阴宅**宜卯山酉向。作用时，见军兵相斗，闻犬吠荒村。

附：**占胜败**客胜。**虚实**防敌袭击。**攻城**冬月可攻。**守城**宜向西北求援，可保。**天时**斗下有黑云涌上，夜半风雨骤至。**地理**土色白，地近三叉，傍有台榭，可发财。**人事**见修真士，言七返九还之道。**田禾**丰。**家宅**眷属康宁，惟多口舌。**官禄**即升。**应试**癸日占，可望中。**求财**难得。**婚姻**不成。**胎产**生男，母有伤。**疾病**阴不足，阳易亢之症，宜生金滋水。**捕获**逃者，捕受贿。盗易获。**失物**在西南可寻。**远信**至。**鸦鸣**主女人事。**鹊噪**无事。

阴遁三局

戊癸日 癸亥时

夏至中元 寒露下元 白露中元 立冬下元

孤酉戌虚卯辰
天柱直符加七宫 惊门直使加七宫

乾 开与丁合 丁奇入墓

坎 艮 震 巽 离 坤

兑 门符伏吟
柱符伏兑为兑
癸仪加癸为天网重张格
天网四张

断曰：癸加于癸，天网重张，符使俱伏，金寒水冷，当夏夜而如秋，秋冬将如之何？于时三奇皆不获用，入墓者仍归于墓，居腹者仍藏于腹。惟乘风之乙，似可施展，而六合善遁，亦有翛然远引之思。盖换局之机，静而待动者也。

兵事门符伏宫比和，主客均利。格合天网四张，妄动非吉。宜安营于北，伏兵于南。应敌则出西北方，背东北，击西南。但逢奇墓，不能取胜。**出行**近出，西北可行。五六里十里，逢猪犬相啮，或遇茶酒，见飞鸟应。**阳宅**宜立乾门，有角兽至应。**阴宅**宜乾山巽向。作用时，见山下火光。葬后，有妇人将鲤来吉。

附：**占胜败**主愿和。**虚实**敌有阴谋。**攻城**宜用计招抚，不可急攻。**守城**援近可守。**天时**天中有黑云若猪，滚滚渡河，或遮太阴，次日大雷即雨。**地理**山向不相合。戊日占不利。**人事**有万缘皆寂。回头得见自性之象。**田禾**小有年。**家宅**人口安宁，闭门株守，可以获福。**官禄**清淡无营，不失其位。**应试**不中，求财无得。**婚姻**成。女和顺，美而贤。**胎产**生女，难产。**疾病**井墓神为祟，宜镇之。**捕获**不获。**失物**可寻。**远信**迟至。**鸦鸣**有邻人来。**鹊噪**无事。

御定奇门阴遁四局

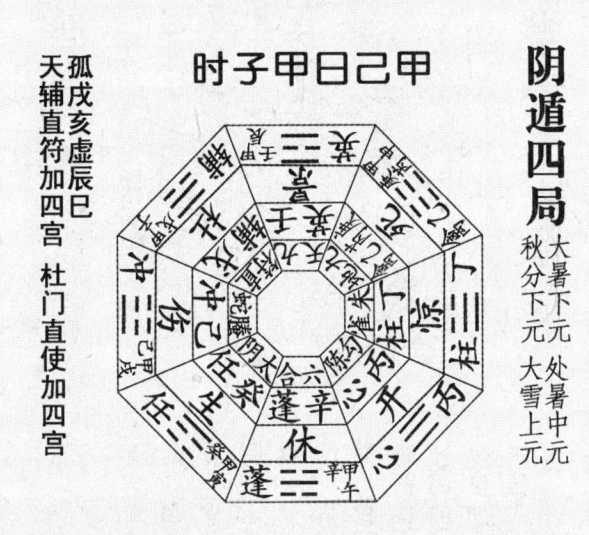

阴遁四局

大暑下元 处暑中元 大雪上元
秋分下元

时子甲日己甲

孤戊亥虚辰巳
天辅直符加四宫　杜门直使加四宫

乾　开与丁合　丙奇入墓
坎
艮
震　门符伏吟
巽　乙奇入墓
离　丁奇升殿
坤　辅符伏巽为巽
兑　杜门伏巽为巽
戊仪加戊为青龙入地格
天辅时

断曰：甲木遁于旺宫，戊仪居于禄位，以文星作符，乃用杜门为使。岂其丹篆已吞腹内，彩笔复贮胸中，而仍下帷攻苦，闭户著书，无意于求闻达耶？然天乙贵人，照临其上，则岩廊之间，已有人为。推而挽之者，谢安有言，正恐不免耳。

兵事仲甲之时，门符俱伏，宜赦过宥罪，不宜出兵。杜门直使，大将宜居直符之下，坚壁清野；分兵伏于东北，以为犄角。敌有党羽，相结甚固，用计以携之，可传檄而定；否则先击。**出行**秋冬出西北。六里，逢残疾老人，或见金石之类，亦防口舌。**阳宅**宜立乾门，西北方生产大发。**阴宅**乾山吉。有野猿入室，主加官禄。

附：**占胜败**主胜。**虚实**敌兵不动，可行苦肉之计。**攻城**可攻，必来议和。**守城**备西北，防同寅。**天时**有风有雨。**地理**木星行龙，发人极秀，左砂不能有情。**人事**宜闭户著书，或有笔墨争。**田禾**西北有收。**家宅**人眷平安，贵而且富。**官禄**秋冬升，官不显。**应试**利小考，不出七名。**求财**可得羽音人之财。**婚姻**亲上加亲。**胎产**生女，产迟。**疾病**脾积不通，宜疏肝气，且消导之。**捕获**难捕。**失物**在东南原处。**远信**二人同行，戊日附至。**鸦鸣**主行动。**鹊噪**女人有惊。

阴遁四局

大暑下元 处暑中元 大雪上元
秋分下元

甲己日乙丑时

孤亥子虚巳午
天辅直符加五宫 杜门直使加三宫

乾 休与乙合 重诈 乙奇入墓
坎 生与丁合 奇格 宫生门
艮 门迫宫
震 宫门比和
巽 宫生门
离 宫门比和 天乙与太白格 宫生门
坤 相佐
兑 宫门比和
辅符步五为风地观
杜门加震为风雷益
戊仪加乙为青龙入云格
甲日飞干格 己日不遇

断曰：中五之乙，合庚于坤，符往加之，而飞宫见格焉。故知横逆之来，不必在人意中矣。然庚为戊嗣，乙为庚配，乙乃用庚而格戊，殆所谓"新妇骑驴阿家牵"者也。杜使乘合到震，宫门比和，如孔明使吴而逢子瑜，名曰主客，其实弟昆耳。

兵事星克宫，阳时利客，宜移营于西北，或诈为叛将，或诡作弱势，诱贼乘夜来劫。以某水某桥为号，敌至炮发，各以短刀接战。预遣东南伏兵，竟出直符下，据其窟宅以结营。**出行**冬月出西北，六里，逢卖卜人，或见瞽目病人。季月出正北，一里，道逢奸人。**阳宅**宜立乾坎二门。**阴宅**亥龙壬山俱利。作用时，有穉子牵犊为应。

附：**占胜败**客胜。**虚实**贼即衔枚而至，亦有伏兵。**攻城**宜云梯上正西城。**守城**防西北有地道。**天时**阴云昏闷，不能晴爽。**地理**龙气带伤，若山向得法，亦可发财。**人事**与士卒相劳苦慰问。**田禾**有收，北方更利。**家宅**宅吉人安，有恶人交好，仗彼荫庇。**官禄**任内吉，未即升。**应试**小考甚利。**求财**易得，不能无耗。**婚姻**女佳，可成。**胎产**生女，有惊。**疾病**肺气不清，宜疏散。**捕获**贼在北方，有女人奇丑。**失物**向西南寻觅，恐两人分去。**远信**不能即至。**鸦鸣**主女人有孕。**鹊噪**有田产进益。

阴遁四局

大暑下元 秋分下元 处暑中元 大雪上元

甲己日丙寅时

孤子丑虚午未
天辅直符加六宫 杜门直使加二宫

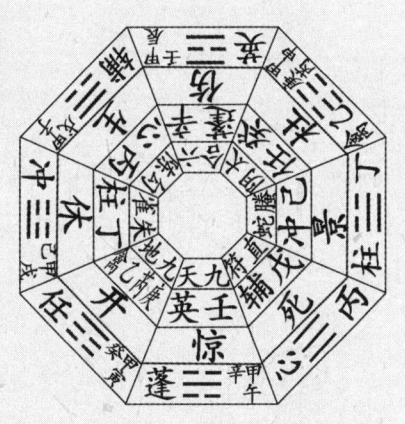

乾 龙返首 相佐 符反吟 符勃 门生宫
坎 休与丁合 门生宫
艮 开与乙合 重诈 虎遁 大格 宫生门
震 生与丙合 天遁 鸟跌穴 勃符 宫克门
巽 门生宫
离 地假 小格 门迫宫
坤 人假 门迫宫
兑 辅符加乾为风天小畜
杜门加坤为风地观
戊仪加丙为青龙得明格

断曰：丙干居乾，龙乃返首，辅且为心所伤，则固实落材亡矣。乃丙之跌穴，下为勃符，而心又克辅，不几披枝伤心乎？为客既受主凌，为主又遭客侮，所谓"反吟凶"也。杜使乘阴神而到坤，虽逢乙庚相合，然门既迫宫，安能保庚之不相格？

兵事宫克星，门克宫，主客互有损伤。阳星加阳时，兵宜先动，但逢反吟，当多设疑兵，远而示之近，近而示之远。出东南生门，杀入正南伤门，艮坤各伏奇兵，截其要路，小觑不为害。**出行**秋冬出东北正东，夏月东南最吉。出开门八里，遇白服公吏。东见酒食口角，东南见孝服人。**阳宅**东北最吉。**阴宅**看山运化命，三吉门皆可用。

附：占胜败主胜。虚实故军尚阻，别有诡谋。**攻城**可以论降。**守城**战必负伤，宜乞和。**天时**有风雨。**地理**龙脉极真，朝案亦耸。**人事**有心腹求退，宜安之。**田禾**偏于东者皆熟。**家宅**东北西南，皆有冲射，不利家长。**官禄**升迁有阻。**应试**中副车。**求财**无利有害。**婚姻**同室为婚。**胎产**女胎，产时血脉凝滞。**疾病**便道不利，宜渗水。**捕获**贼已远遁，难获。**失物**已散乱，不可收拾。远信有惊信至。鸦鸣事不实。鹊噪有佳音至。

阴遁四局

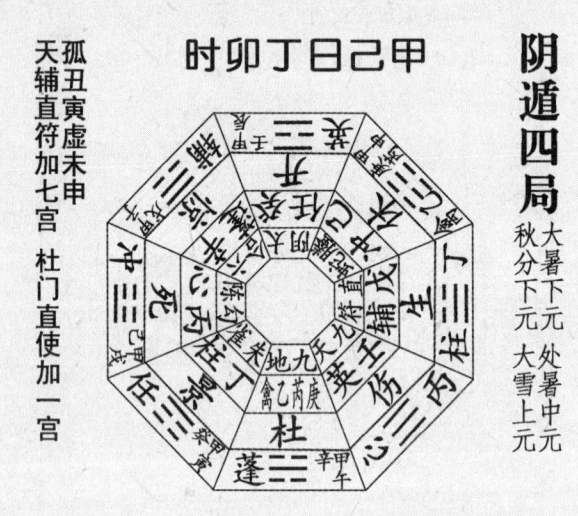

大暑下元
秋分下元　处暑中元
　　　　　大雪上元

甲己日丁卯时

孤丑寅虚未申
天辅直符加七宫　杜门直使加一宫

乾　宫克门
坎　龙逃走　宫生门
艮　雀投江　丁奇入墓　门生宫
震　宫克门
巽　门迫宫
离　宫克门
坤　格刑　门生宫
兑　相佐
杜门加坎为风泽中孚
戊仪加丁为青龙耀明格
辅符加兑为风水涣
无奇门
己日飞干格

断曰：丁为戊仪之母，方升殿于兑宫，直符往加，是宜承其恩荫。而柱星反将克辅，又为雀武之宫，家庭无聚顺之欢，不免叫旻天而号泣矣。杜使到坎，本受宫生，然既逢庚格，且见龙逃，又乘九地之将，知难而退，或庶几焉。

兵事星受克，门受生，为客者损益俱有，总宜先举。宜从正西直符下出生门，背西击东。预伏正北水次，更遣游兵出没于东北，敌至则战。大军抵住，起北方之伏，以应龙走雀投之局。**出行**正西生下有丁，出当见贵人旗仗。**阳宅**秋利南门，有妊妇从东北方至。**阴宅**酉山可厝，有僧道匠役至为应。

附：**占胜败**客得利。**虚实**敌谋而未动。**攻城**宜攻其水门，或通地道。**守城**备南北门。**天时**阴雨。**地理**砂案低卸，不能聚财。**人事**有属国叛降于敌，反劫粮饷。**田禾**旱地防旱。**家宅**暗中抑塞，当大破财。**官禄**掣肘难升。**应试**卷遗失，不中。**求财**贵人之财，大有所获。**婚姻**偕老。**胎产**生男，有刑伤。**疾病**肝肺两经之症，剂宜宣利。**捕获**赃物沉于水中。**失物**已烧坏。**远信**失水不至。**鸦鸣**防贼。**鹊噪**有文书遗失。

阴遁四局

甲己日戊辰时

大暑下元 秋分下元 处暑中元 大雪上元

孤寅卯虚申酉
天辅直符加四宫 杜门直使加九宫

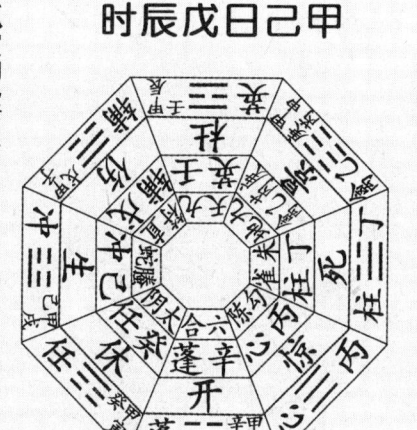

乾 丙奇入墓 宫门比和
坎 门生宫
艮 宫克门
震 符伏吟 宫门比和
巽 门生宫
离 乙奇入墓 门生宫
坤 丁奇升殿 门生宫
兑 辅符伏吟巽为巽
杜门加离为风火家人
戊仪加戊为青云入地格
无奇门

断曰：天辅文星，乃逢归伏，士之怀才未遇，寂守衡门者。而巽宫巳方，干仪并为禄地，岂其未忘情于膴仕，为干禄之子张耶？杜使登九，不免为脱。况当伏吟之时，而乘九天之动，将必有逢时而妄动者，恐非席珍待聘之道。

兵事 门生宫，利为主。直符伏吟，又无奇门可出，宜按兵不动。以所将之兵三分之，二分为外壁，一分为子壁，材士四伏，强弩在外，旗鼓在内，左背山陵，右背川泽，待时而后动。**出行** 秋冬暂出正北。一里，逢妇人喜笑。但有门无奇，不为全吉。**阳宅** 无奇门会合，不宜造作。**阴宅** 己日元辰在震，或可用。

附：**占胜败** 利为主。**虚实** 敌兵不动。**攻城** 小胜，不能即拔。**守城** 谨备正北。**天时** 有风雨，午日午时当晴。**地理** 巽巳行龙，转巽入穴，发人极英俊。**人事** 有从川中来者，知敌消息。**田禾** 丰歉俱同上年。**家宅** 宜改造，不宜迁移，人财俱吉。**官禄** 安吉，未能即升。**应试** 小试大利，秋闱不中。**求财** 半得半失。**婚姻** 可世结婚姻。**胎产** 生女，平安。**疾病** 寒水之症，防有变更。**捕获** 贼匪正西，家有孝妇。**失物** 女人盗去，三日后可获。**远信** 迟至。**鸦鸣** 两人同来诳骗。**鹊噪** 防有内艰文书。

阴遁四局

大暑下元 处暑中元 大雪上元
秋分下元

时 巳 己 日 己 甲

孤卯辰虚酉戌
天辅直符加三宫
杜门直使加八宫

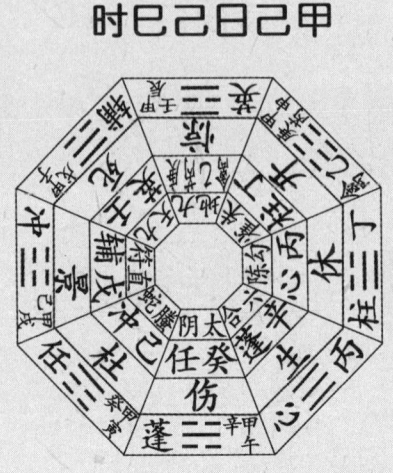

乾 门生宫
坎 神假宫生门
艮 门迫宫
震 仪刑宫生门
巽 宫克门
离 上格宫克门
坤 开与丁合宫生门
兑 休与丙合宫生门
辅 符加震为风雷益
杜 门加艮为风山渐
戊 仪加己为青龙相合格

断曰：以戊仪加己干，则天地之德合矣；以辅星临冲宿，则风雷之益成矣。乃甲子愁东，偏罹击刑之咎，占者于友朋兄弟间，皆当慎其恩中之怨。至杜使到艮，既以制宫为迫，而又上乘蛇神，是又有怨而无恩者也。

兵事 直符刑击，不宜出战，战必有伤。幸七煞在离，既逢宫制，又值壬格，敌人自有阻丧，未必进兵。宜绕正南之后，伏兵伺其间隙，正北却伏精兵，假为奇形怪状，以神道设教。**出行** 宜出西南方，二里逢逃人；出正西方七里，逢争斗带伤者。**阳宅** 秋冬立坤兑二门吉。**阴宅** 坤山兑山俱利，有妇人相争为应。

附：占胜败 主兵不胜。**虚实** 贼来有阻，不能即至。**攻城** 内虽有惊，攻之不利。**守城** 谨备西南，敌兵自退。**天时** 不雨。**地理** 龙气有伤，人丁不利。**人事** 有夫妇二人来投，不宜重用。**田禾** 无收，西南稍熟。**家宅** 诸事纠缠，人口有损。**官禄** 当参处提问。**应试** 小考利，大比防责罚。**求财** 合伙可求。**婚姻** 男家有阻，女意未成。**胎产** 生佳儿，母防下元虚损。**疾病** 当有邪祟，宜正其胃气。**捕获** 防贼格斗。**失物** 甑已破矣。**远信** 转人附至，防其开拆。**鸦鸣** 有贵人骨肉相残。**鹊噪** 贵人到家。

阴遁四局

大暑下元 处暑中元
秋分下元
大雪上元

甲己日庚午时

孤辰巳虚戌亥
天辅直符加二宫 杜门直使加七宫

乾 门迫宫 白入荧 乙奇入墓 门迫宫
坎 门迫宫
艮 门生宫
震 门生宫
巽 门生宫
离 宫生门 天乙与太白格 门迫宫
坤 飞宫格 玉女守门 宫克门
兑 辅符加兑坤为风地观
杜门加坤为风泽中孚
戊仪加庚为青龙持势格
无奇门 甲日不遇 甲日飞干格

断曰：直符加庚被格，不待言矣。中五之乙，方寄坤而合于庚，正可使之调剂于主客之间，而戊仪畏乙相克，将疑忌之情，有不在庚而反在乙者，非甚惑乎？杜使到兑，虽逢玉女，然木入金宫，而乘九天之将，吾恐妄动营私，而忘虑患也。

兵事 符遇庚格，甲日又逢不遇，不利行师。宜按甲束兵，伏于本宫巽地，得太阴六癸之蔽，故不能见。更伏兵于西北，合入荧之格。敌来迎战，背南击北，既走勿追。**出行** 夏月宜南行，秋冬利东南。出生门见奇异物，作事未免阻滞。出休门，当逢阴险人。**阳宅** 南方可小修，须防火烛。**阴宅** 无奇门，造葬不吉。

附：**占胜败** 先动者败。**虚实** 敌人即至。**攻城** 先邀击西北援兵，俟守将出救，截其归路，以偏师直入。**守城** 士卒多伤，防有奸细。**天时** 阴云。**地理** 有蚁聚，有风透。**人事** 事初有阻，后终得合，以尊临卑之势。**田禾** 麦丰禾歉。**家宅** 高年女眷，防跌仆，宦者常被恩荣。**官禄** 防盗案受参。**应试** 文晦不中，场后有灾。**求财** 虚约无得。**婚姻** 再嫁之妇，招婿为婚。**胎产** 生男，母有伤。**疾病** 病因纵欲，静养可瘥。**捕获** 盗首为伙伴之女所杀。**失物** 在西南。**远信** 将至。鸦鸣闻西北贼信。鹊噪闻丁艰事。

阴遁四局

大暑下元 处暑中元 白露上元
秋分下元 大雪上元

甲己日辛未时

孤巳午虚亥子
天辅直符加一宫 杜门直使加六宫

乾 门反吟 宫克门
坎 宫克门
艮 宫门比和
震 乙奇升殿 刑格 门迫宫
巽 开与丁合 丙奇升殿 门迫宫
离 休与丙合 门奇升殿 宫门比和
坤 虎猖狂 蛇夭矫 宫克门
兑 神假 门迫宫
辅符加坎为风水涣
杜门加乾为风天小畜
戊仪加辛为青龙相侵格
己日伏干格

　　断曰：辛金长生于子，而坎亦为戊之祖居，戊生辛金，金生子水，水生辅木，四代俱荣矣。但子午冲击，失于雍和，而门复反吟于乾，上有蛇神，则家之不闲，未免妇姑反唇而稽，取箕帚而谇语者矣，非嘻嘻嘻嘻之道也。

　　兵事符虽受生，门遇反吟受克，切不可出兵。宜列两阵于离巽之地，扬旗鸣鼓，却不出战。更遣游弈跳荡，潜往西方桥梁水泽旁，暗认军号。敌犯我阵，即从其后疾击；敌走西南，则两军俱出并逐之。**出行**秋宜出东南，夏出正南，求谋谒贵皆吉。**阳宅**宜建离巽门。阳日见黄衣人，阴日有一男一女至应。**阴宅**巽山午山俱吉，西北方叫闹应。

　　附：**占胜败**主兵不利。**虚实**敌军雄盛，且多诡计。**攻城**城中粮虽富足，将士疲弱，昼夜急攻，可拔。**守城**勿宜出城交战。**天时**雨。**地理**不发丁。**人事**有虚词不得上达，或远道求谒不见。**田禾**麦丰，徐梁大熟。**家宅**居人有文名，但作事不顺，小口多疾。**官禄**文案反覆，心绪烦扰，捐升庶免参罚。**应试**文合主司意，得而复失。**求财**人情翻覆。**婚姻**成。**胎产**生男，易产。**疾病**愈后复发，未能速痊。**捕获**盗匿东南贵家。**失物**无人窃，向北方寻。**远信**即至。鸦鸣有贵人文书。鹊噪阴贵人来。

阴遁四局

大暑下元 处暑中元
秋分下元 大雪上元

时申壬日己甲

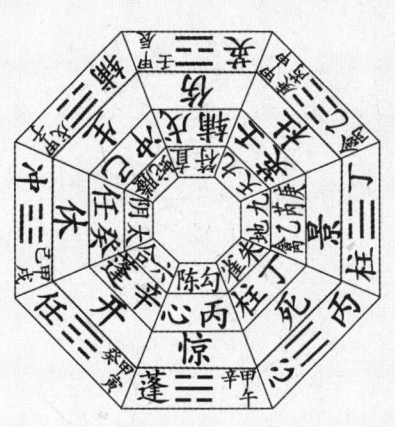

孤午未虚子丑
天辅直符加九宫 杜门直使加五宫

乾 丁奇入墓 门生宫
坎 宫生门
艮 门生宫
震 宫生门
巽 门克宫
离 门迫宫
坤 奇格 门迫宫
兑 杜门步五为风地观
辅符加离为风火家人
戊仪加壬为青龙破狱格
无奇门

断曰：戊利壬财，往加于离，不知午为羊刃之地，而上遇伤门，则下和之玉，自献而求刖者也。然壬戊一气，子辰相合，必有见赏者矣。门与时干，相遇于中宫，上乘九天，毋乃心如悬旌，而无所终泊乎？惟矢朴诚，终当遇合，勿惜三献之劳。

兵事门迫宫，不利于主。星生宫，客亦不利。正西敌必有伏，东北亦有敌人。一为奇格，一为奇墓，我兵皆不利战。宜藏兵于正东蓊蔚之处，或出南，或出北，见可则止，不可恋战。**出行**秋冬近出东北。八里，当逢契友。但有门无奇，防路遇恶人。**阳宅**不宜建造。**阴宅**无奇门会合，别查化命生合。

附：**占胜败**主胜。**虚实**贼有伏兵，火速而进。**攻城**宜离间之。**守城**备东北，可以诈降诱敌。**天时**半阴半晴。**地理**龙气生动，入首有伤，人财不利。**人事**当有刑狱遣发，或停刑事。**田禾**不丰。**家宅**宅不利，急宜迁。**官禄**有木料参罚，难以升转。**应试**不中。**求财**难遂意，亦恐虚惊。**婚姻**男家有阻，却可成。**胎产**胎动生女，占孕有灾。**疾病**水气所阻，下之即愈。**捕获**贼易获。**失物**失于正南，可寻。**远信**迟到。**鸦鸣**有欺蔽。**鹊噪**女人疾病。

阴遁四局

大暑下元 处暑中元 白露上元
秋分下元 寒露中元 大雪上元

时酉癸日己甲

孤未申虚丑寅
天辅直符加八宫 杜门直使加四宫

乾 坎 艮 震 巽 离 坤 兑

门伏吟 太白与天乙格 伏宫格

荧入白

辅符加艮为风山渐

杜门伏巽为巽

戊仪加癸为青龙相和格

无奇门 天网 甲日伏干格

　　断曰：癸主闭藏，遇戊则化而为火，将见宝藏之兴，货财之殖，足以辅相天地之宜，故得生门而其符为辅也。直使归伏，杜其门而塞之，上乘九地，如凿坏而遁者，盖以阿堵为嫌也。乃庚又来格，其或弘羊言利，汲黯戆直，有两不相合者耶？

　　兵事星克宫，不利于主；门伏天网，亦不利出兵。东南太白与天乙相格，路若经此，必有伏兵格斗，主客两伤。宜分兵伏于西北，大将从直符生门下，疾击西南，以应荧入，不可后举。**出行**出东北值符之下。八里，逢年高老叟，或贵人。无奇门，不利远行。阳宅艮方有门无奇，修造不利。阴宅坎山己日为元辰，宜以斗首配合。

　　附：**占胜败**客胜。虚实敌人不至。**攻城**坚壁不出，当以计取。**守城**敌兵甚迫，急备西北。天时无雨。雨中占，即日便晴。地理外护欠佳，葬法不合，人不宁。人事有一人马报敌人消息，甚真。田禾欠丰。家宅宅安，亦发人。两家同居，一利一不利。官禄利于署印，升却迟。应试文佳，可望中。求财贵人之财，难得。婚姻可成，男性不良。胎产生女，难产。疾病肝肺两经之病，绝欲可愈。捕获贼在正南，可获。失物黑白之物，女人所盗，八日可获。远信至。鸦鸣防失脱。鹊噪宜谨汤火。

阴遁四局

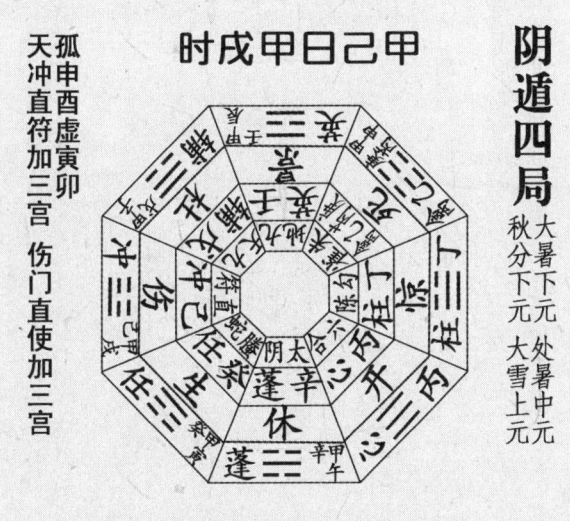

甲己日甲戌时

大暑下元 处暑中元
秋分下元
大雪上元

孤申酉虚寅卯
天冲直符加三宫 伤门直使加三宫

乾 开与丙合 休诈 丙奇入墓
坎
艮 门符伏吟
震
巽 乙奇入墓
离 丁奇升殿
坤 冲符伏震为震
兑 伤门伏震为震
己仪加己为明堂重逢格
天辅时

断曰：巳在震受克，而戌与卯，又为威权之合，毋乃迫而胁之，敢不惟命是听耶？乃居元符螣蛇之宫，以冲为符，以伤为使，所谓"雷霆所加，无不摧折"者。虽在同室作配之人，未必不心怀疑畏也。即或善政得民之财，何需善教得民之心哉！

兵事季甲之时，阴内阳外，利于为客。西北奇门相合，上乘六合，宜扬兵而出，屯营于南，伏兵于正北水次，背东北，击西南，用木土相克之日，青旗青甲，以一字木阵三叠之。秋不利。**出行**西北可行。五六里，逢乘马官吏，笑语为应。**阳宅**利修西北方，有绿衣人至为应。**阴宅**乾山巽向吉。作用时，西方有三五人把火寻物。

附：**占胜败**主胜。**虚实**敌屯西南，伏而不动。**攻城**秋月可拔。**守城**宜防西北有失。**天时**有风雨。**地理**山向不合，不能发财。**人事**有土木事，微有虚惊。**田禾**农劳岁歉，西北有收。**家宅**宅不聚财，人口不宁，幸神佛护佑。**官禄**迟升，可得美缺。**应试**文章雷同，欠利。**求财**徒费口舌。**婚姻**亲上成亲。**胎产**女胎，产迟，下元防虚损。**疾病**脾胃受伤，宜平之。**捕获**已入西南大伙中。**失物**在东南墙头。**远信**无。**鸦鸣**有暧昧事。**鹊噪**有吊唁。

阴遁四局

大暑下元 处暑中元 秋分下元 大雪上元

甲己日乙亥时

孤酉戌虚卯辰
天冲直符加五宫 伤门直使加二宫

乾 门迫宫
坎 龙逃走 门迫宫
艮 雀投江 丁奇入墓 宫生门
震 开与丙合 休诈 鸟跌穴 勃符
巽 门生宫
离 门迫宫
坤 宫克门 仪刑 门迫宫
兑 冲符步五为雷地豫
伤门加坤为雷地豫
己仪加庚为明堂伏杀格
己日不遇 己日飞干格

断曰：符步五寄坤，而使亦加坤，分道而合辙，不约而自同，盖以坤为利薮，天下所共争也。于是符遇乙而使遇庚，自以为蜀得其龙，吴得其虎矣，而不免刑格，则争民施夺，将所谓"百人舁瓢瓢必裂"者耶？所喜庚乙相合，用以婚嫁则吉。

兵事 星门皆克宫，不利于主。阳星加阳时，先举者胜。但直符刑击，又逢飞干格刑，本兵大有伤损。宜出正东门，绕于东北正北，严阵以待，贼至则击，合雀投龙走之应。战时宜背南。**出行** 己日不用，甲日宜向东行，但逢门迫羊刃，于得意场中，当虞伤损。**阳宅** 可修东方屋宇，道人乘马为应。**阴宅** 卯山酉向可用，有跛足青衣人至。

附：占胜败 客兵负，主亦多伤。**虚实** 客畏主，当宵遁。**攻城** 守将当弃城而去。**守城** 正东受敌，宜加谨。**天时** 风雨不起。**地理** 地有变迁，葬后致争，钱财消耗。**人事** 有败兵来降，宜收之。**田禾** 农人有灾，东方颇熟。**家宅** 宅眷不盛，且损人丁。**官禄** 当受议处。**应试** 字号舛错，难中。**求财** 无益之求。**婚姻** 易成，皆不寿。**胎产** 生男，产母多病。**疾病** 胃有积滞，宜通达。**捕获** 盗党极多，宜向正北丧家捕之。**失物** 失于正西，已移妇家去。**远信** 迟至。**鸦鸣** 有人欺蔽。**鹊噪** 酒食相邀。

阴遁四局

大暑下元 处暑中元 秋分下元 大雪上元

时子 丙日 庚乙

孤戌亥虚辰巳
天冲直符加六宫 伤门直使加一宫

乾宫 龙返首　相佐　符勃　门生宫
坎宫 生门
艮 门迫宫
震宫 乙奇升殿　刑格　宫生门
巽宫 丙奇升殿　宫克门
离宫 宫克门
坤 虎猖狂　宫生门
兑 蛇夭矫　宫生门
冲符加乾为雷天大壮
伤门加坎为雷水解
己仪加丙为地户埋光格
无奇门　庚日不遇

断曰：丙干在乾，甲来返首，丙受其益，甲蒙其害，此如慈母之顾子，但求子之安，而自忘其躯者也。然火旺则能制金而救木，安知非齿指负薪，疴痒相关者乎？伤门加坎，非刻木之丁兰，即卧冰之太保也。乘以九天，亦当母以子贵。

兵事星受宫克，门受宫生，主客互有利害。阳星加于天威，宜奉天征讨，但禄存受制，大将不利。宜遣副将，扬兵于北，出西北生门，背亥孤，击巳虚。艮坤二方，伏奇兵为策应。**出行**季月出西北六里，逢贵人及钱粮之类。格合返首，虽无奇到，亦吉。**阳宅**宜立乾门，有贵人至为应。**阴宅**乾山巽向。作用时，有物夜鸣为应。

附：**占胜败**主胜。**虚实**战时敌当自相践踏。**攻城**有高山峻岭，六日可破。**守城**坚守西南，敌有内变。**天时**有风雨。**地理**龙有降势，但来脉不清，右砂崛强，发贵有灾。**人事**有外人接引母舅来见，大利。**田禾**丰。**家宅**宅安发贵，不宜迁移。**官禄**得美缺，升却迟。**应试**可望中。**求财**贵人之财易得。**婚姻**可成，但男有刑伤。**胎产**五子后，又生一女，大贵。**疾病**脾受湿气，宜峻补。**捕获**可获，防私刑拷打。**失物**向正北寻。**远信**卯辰日至。**鸦鸣**东方有两人合伙来偷。**鹊噪**有文书至。

阴遁四局

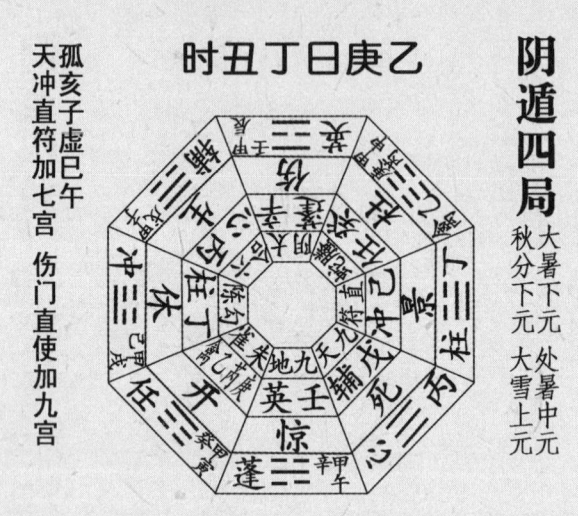

大暑下元 处暑中元 秋分下元 大雪上元

乙庚日丁丑时

孤亥子虚巳午
天冲直符加七宫 伤门直使加九宫

乾 门生宫
坎 门生宫
艮 开与乙合 龙遁 虎遁
震 大格 宫生门
巽 休与丙合 天遁 休诈 宫克门
离 门生宫
坤 小格 门迫宫
兑 相佐 符反吟 门迫宫
冲符加兑为雷泽归妹
伤门加离为雷火丰
己仪加丁为明堂贪生格
时干入墓

断曰：冲符反吟入兑，似乎不惮劳矣，然时当伐木之候，而得匠石之顾，剖劂之加，其荣孰甚焉。且丁与己为一炁，同居长生之方，又得景门，昌明极矣。伤使入离，太阴加之，其毛锥之脱颖乎？但逢蓬星克火，未免文光晦暗，颇费推敲。

兵事星克门泄，不利为客；符反门迫，不宜出兵。艮震巽三宫，皆合奇门，惟六合生门下，出兵最利，但将士少怯。若从正东出，则勾虎破军，将卒骁健，亦恐亲兵有损。伏兵宜在南方。**出行**艮震巽三方，俱可出行，季月出东南更利。有二童子设酒在西北，一鹊鸣。**阳宅**艮震巽三方，俱可动作。**阴宅**巽山吉，艮震二山亦利。葬时防有风雨雷电。

附：占胜败秋冬主胜。**虚实**贼兵有阻。**攻城**守将贤明，不宜速取。**守城**备东北，可守。**天时**无雨有风。**地理**龙气旺，发财丁。**人事**大将有退志，士卒不退，终胜。**田禾**东南极熟。**家宅**宅吉，财丁俱发。不免宠妾太过，致阴人不和。**官禄**当有特恩，季月即升。**应试**可以联捷。**求财**当得意外之财。**婚姻**男家有阻，女佳，必成。**胎产**无胎，乃暗疾。**疾病**肺病，昼夜不宁，宜调气。**捕获**贼欲上山，宜急捕。**失物**女子窃于情人处，向东求之。**远信**有喜信，迟至。**鸦鸣**贵人行动。**鹊噪**有亲朋酒食。

阴遁四局

大暑下元 处暑中元 大雪上元
秋分下元

时寅戊日庚乙

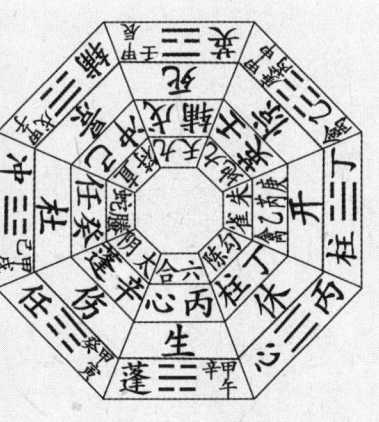

孤子丑虚午未
天冲直符加四宫 伤门直使加八宫

乾 休与丁合 丁奇入墓 宫生门
坎 生与丙合 休诈 门迫宫
艮 门迫宫
震 宫门比和
巽 宫生门
离 宫生门
坤 宫生门
兑 开与乙合 奇格 宫门比和
冲符加巽为雷风恒
伤门加艮为雷山小过
己仪加戊为明堂从禄格

断曰：冲符到巽，若乔柯旁荫，乃郁郁涧底之松也。为是戊己合德，其植根深矣；碧绿交加，其发色茂矣。当雷风之相薄，有一动不可遏之势，然门往遇迫，而癸网也，辛鸟也，蓬逢也，鸟逢网而见伤，岂能脱太阴之机械乎？占当履安思患，居盛防盈。

兵事星宫比和，门制其宫，又季甲阳时，利行征剿。分军为三，大将居中，出西北，左右二军出坎兑二方，依三才阵法，随处安营，随处结阵，且战且进。遇敌在中路，则左右为两翼，在左则左迎，在右则右敌之。**出行**夏宜山正北，秋利正西，冬宜西北。惜乎三奇逢克，逢墓受制，未为全吉。**阳宅**建坎门吉，乾兑次之。**阴宅**子山酉山乾山俱可用。

附：**占胜败**先举者胜。**虚实**防敌偷营。**攻城**宜用地道，从西门入。**守城**城中敌党，多虚惊。**天时**东南起青黄云，先风后雨。**地理**明堂宽敞。**人事**东北可剿捕，或见阴贵人衣白。**田禾**麦有秋，西北尤熟。**家宅**家长康宁，宠婢僭位，下人不安。**官禄**盗案繁剧，才足以理，秋月可升。**应试**文呈荐，限额不取。**求财**所求如意。**婚姻**成，似养媳为婚。**胎产**生女，胎火盛，防惊痫。**疾病**肺受风伤，宜用表剂。**捕获**盗匿正西，伙伴甚众。**失物**阴人所窃，藏在神厨内。**远信**至。**鸦鸣**主贵人事。**鹊噪**有吉庆。

阴遁四局

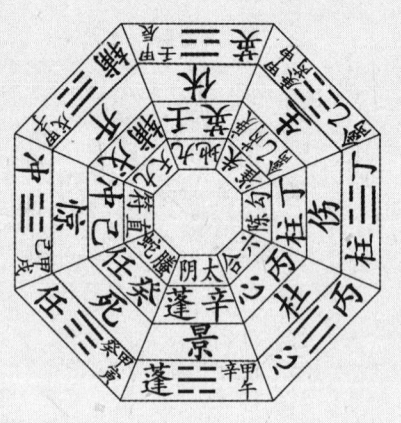

大暑下元 处暑中元 秋分下元 大雪上元

时卯己日庚乙

孤丑寅虚未申
天冲直符加三宫 伤门直使加七宫

乾 丙奇入墓 宫克门
坎 宫克门
艮 宫门比和
震 符伏吟 门迫宫
巽 门迫宫
离 门迫宫
坤 生与乙合 奇格 乙奇入墓 宫门比和
兑 丁奇升殿 玉女守门 门反吟 宫克门
冲符伏震为震
伤门加兑为雷泽归妹
己仪加己为明堂重逢格

断曰：符伏使反，金木相加，冲破惊伤叠见，又乘勾白之神，有戈矛相向之象，而却逢玉女守门，是以兵刃为安也。夫兵危事也，而轻言之，此赵括所以败也。《兵法》曰："一胜者帝，五胜者亡。兵不可黩，战不可久。"胜且不可，而况不必胜乎？

兵事符伏门反，不宜征进。若遇敌格斗，宜据西南要地，为幸然长阵，长枪居前，卫以狼筅。短兵直冲东北死门，先伏奇兵于乾兑二方，举赤旗则发乾伏，举青旗则发兑伏。既胜，收兵屯离地。**出行**西南可行。但奇墓庚祸，未免作事迟滞，且防口舌。**阳宅**宜立坤门，有人裹白衣至。**阴宅**宜坤山艮向。作用时，有女人持筐刃至。

附：**占胜败**主胜。**虚实**敌情多诈。**攻城**有内应，兵至即下。**守城**援兵甚远，满城皆敌党，不保。**天时**风雨连绵。**地理**树木丛杂，山向不合。**人事**有军书紧急，或少女远来，有相争之事。**田禾**麦熟，秋有暴风伤禾。**家宅**家长有惊忧，二女主持门户，作事多颠倒。**官禄**台辅之职，天眷甚隆。**应试**不中。**求财**防口舌。**婚姻**成，似以姊妹为妯娌。**胎产**得男，母有灾。**疾病**劳心好色，内因之症，反覆难痊。**捕获**贼匿西南古墓中。**失物**在东南。**远信**来而复返。**鸦鸣**无争。**鹊噪**进财物。

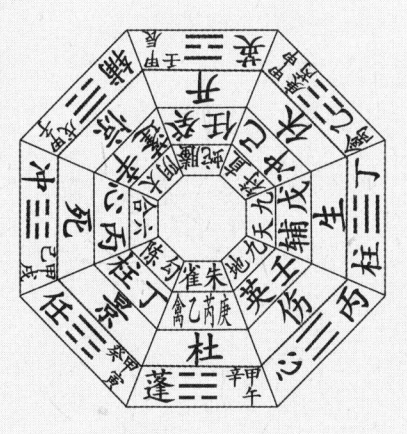

阴遁四局

大暑下元 处暑中元
秋分下元 大雪上元

乙庚日庚辰时

孤寅卯虚申酉
天冲直符加二宫 伤门直使加六宫

乾 宫克门
坎 龙逃走 宫生门
艮 丁奇入墓 雀投江 门生宫
震 鸟跌穴 勃符 宫克门
巽 门迫宫
离 飞宫格
坤 门生宫 格刑仪刑 宫克门
兑 伤门加坤为雷地豫
冲符加乾为雷天大壮
己仪加庚为明堂伏杀格
无奇门

断曰：冲符入坤，欲以一怒取胜，而既刑且格，使又受克，安知我之所以伤人者，非即伤我者乎？此彭衙之战，《春秋》示忿兵之戒也。且驱无辜之人，骈首就戮，以快一时，非仁人掩骼之本志矣。若能震行无眚，则本宫有跌穴之吉，而无死门之凶。

兵事 星克宫，宫克门，主客互有损伤。正东朱鸟跌穴，可以出兵，但乘死门，止宜固守。且直符刑击，可以不战，将卒之福。敌若北来，当长弓强弩，射住阵脚，火枪更番轮击，贼必遁去。**出行** 近出宜正西。行十五里，逢公吏官人，或见刀剑旋转。**阳宅** 宜开西门，有人持文书过。**阴宅** 乙日酉山向上得禄可用，六十日进横财。

附：占胜败 客军当遁。**虚实** 敌兵不来。**攻城** 城坚难拔，久持师老。**守城** 宜向正东求援，谨守南门。**天时** 风雨俱无。**地理** 案山无情，砂不合法。**人事** 有一名士，不宜收用。**田禾** 欠丰。**家宅** 厨灶不吉，宅眷防病。**官禄** 参革审问，必见伤残。**应试** 文不周密，当落孙山。**求财** 长上之财大利。**婚姻** 查赘极厚。**胎产** 生男，产之前后，防有刑伤。**疾病** 肾经有伏火，宜滋阴。**捕获** 匿正北秃发之家。**失物** 失于兵房。**远信** 不至。**鸦鸣** 防争斗。**鹊噪** 若向西南，主有暗伤。

阴遁四局

乙庚日辛巳时

大暑下元 处暑中元 秋分下元 大雪上元

孤卯辰虚酉戌
天冲直符加一宫 伤门直使加五宫

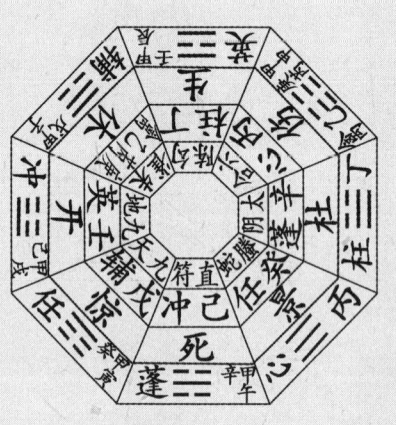

乾 门迫宫
坎 门迫宫
艮 宫生门
震 门迫宫
巽 休与乙合 风遁 太白与天乙格 门生宫
离 荧入白 门迫宫
坤 宫生门
兑 冲符加坎为雷水解
伤门步五为雷地豫
己仪加辛为天庭得势格
乙日不遇

断曰：天冲为酬恩报怨之神，加坎受生而得辛干死门，所谓"千金酬死士，一剑报君恩"者耶？然恩怨不可太分，宜善为解释，以合雷水解之义。伤使步五。乙丙相见，为母子之重逢，而同宫之庚，有入白之凶，须慎旁人间隔，恩怨又不可不明也。

兵事宫生星，门克宫，主客互有损益。东南天乙相格，必有鏖战。中有风遁，宜顺风扬沙，或播流言。战时，宜遣副将出正南生门，斜趋西南伤门，疾如风火，车不停轮，马不停蹄，与荧惑俱入。**出行**乙日不用，庚日宜出东南、正南。东南遇皂衣妇人，正南逢白衣幼女。**阳宅**正南上吉，东南次吉。**阴宅**离巽两山皆吉，有女人抱小儿至。

附：**占胜败**客兵胜。**虚实**敌兵未至，至亦即返。**攻城**秋冬可攻，夏月难破。**守城**防飞箭烧城。**天时**阴晦。**地理**主山为冲天木星，嫌龙脉尚未溶化。**人事**当有敌降，喜信即至。**田禾**稻梁有收，荆地夏旱。**家宅**宜慎火烛，且防宅长多病。**官禄**难升易调。**应试**文章极佳，乙日不中。**求财**大利。**婚姻**乙日防有变更。**胎产**生男，有灾厄。**疾病**心火盛，防增病，不宜服药。**捕获**贼入盗窝。**失物**为东北文人所获。**远信**尚遥。**鸦鸣**防惊。**鹊噪**有酒食。

阴遁四局

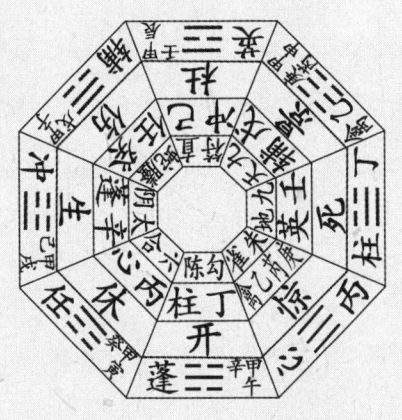

乙庚日壬午时

大暑下元 秋分下元 处暑中元 大雪上元

孤辰巳虚戌亥
天冲直符加九宫 伤门直使加四宫

乾 白入荧 乙奇入墓 宫门比和
坎 天与丁合 休与丙合 休诈 宫克门
艮 宫宫门
震 宫宫门比和
巽 门生宫
离 门生宫
坤 门生宫
兑 门生宫
冲符加离为雷火丰
伤门加巽为雷风恒
己仪加壬为明堂被刑格

断曰：冲符入离，当通衢而遇杜塞，如郭林宗见茅容于树下，风雷交作，而危坐正襟，绝无失色，以是知其贤也。伤使入巽逢乙，足见匠心之巧，而上乘蛇神，巳亦蛇位，则以邪曲见疑，譬画蛇之添足矣，又安在曲如钩之胜于直如弦耶？

兵事星生宫，利于主；阴时白入，俱不利先举，宜致人而不致于人。预于东西各伏奇兵，东北正北，连营严阵，于西北暗藏地雷火柜，贼自西来，万火齐发，四面营兵伏兵，俱来策应。**出行**东北正北，俱可出行。正北见贵人着紫骑马，东北见小儿乘马欢笑。**阳宅**利开东北门，小修正北屋宇。**阴宅**艮坎两山俱可用。葬后有紫衣入屋，当生贵子。

附：**占胜败**客兵负。**虚实**敌兵即至。**攻城**城内有重兵，未易援。**守城**宜严奸细。**天时**晴明不雨。**地理**地多树木，土色带紫，文峰作案，向道亦好。**人事**藏中财物，闻有虚耗。**田禾**东北俱收，惟雍地秋旱。**家宅**孕妇有惊，西北隅防有怪异。**官禄**武弁速升。**应试**得荐。**求财**阴私之财必获。**婚姻**男女俱有刑伤，不吉。**胎产**生女，腹中常有声。**疾病**肾水不足，变为火症，宜滋补。**捕获**西北方军家擒之。**失物**有夫妇二人说话，当高声问之。**远信**尊长有信。**鸦鸣**文书有变迁。**鹊噪**防贼。

阴遁四局

乙庚日癸未时

大暑下元 秋分下元 处暑中元 大雪上元

孤巳午虚亥子
天冲直符加八宫 伤门直使加三宫

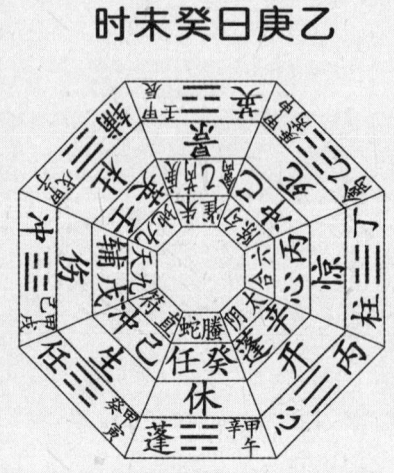

乾 仪刑
坎 门伏吟
艮
震 上格
巽
离
坤 冲符加艮为雷山小过
兑 伤门伏震为震
  己仪加癸为明堂合华盖格
  无奇门 天网 时干入墓

断曰：冲符入艮，将取财于山谷之间，而不虞戌之击刑于丑也。于是动而入网，觉笼山络野，触处纠纷，动而无益，不如返静，此伤门所以伏乎？乃与元符相遇，自显真形，更临九天，则弹琴和歌，可以解匡人之围，终不疑阳虎之貌似矣。

兵事天网之时，时干入墓，不宜出兵。癸为天藏，止宜屯粮积货，恤士安农。东南有戌为天门，择其高阳，坐生向死，劲兵尽伏于西北。凡助我之国，尽陈师于正西。大约南方有小战。**出行**时遇天网，不利远行。近出可向西北，当逢术士禽鸟为应。**阳宅**可小修东北屋宇，有黄衣工匠为应。**阴宅**乾山巽向，可以浮葬。作用时，有群犬争吠为应。

附：占胜败客兵负伤。**虚实**敌人中途有阻，未至。**攻城**夏月不宜攻。**守城**当虞西北。**天时**阴云四塞，却不雨。**地理**无拱护，山向亦不合法。**人事**意欲回兵，或迁吉地。**田禾**北方有收，却防虫蚀。**家宅**事多乖张，心无定见，屠猎人家偏吉。**官禄**难升。**应试**遇蛇兔生命人，可中。**求财**季月有得。**婚姻**男家有阻，成亦不吉。**胎产**生女，产迟。**疾病**多食果品伤脾，缠绵难愈。**捕获**近炉冶处可获。**失物**在正东木上。**远信**中途有阻，不至。**鸦鸣**文书阻滞。**鹊噪**有婚姻事。

阴遁四局

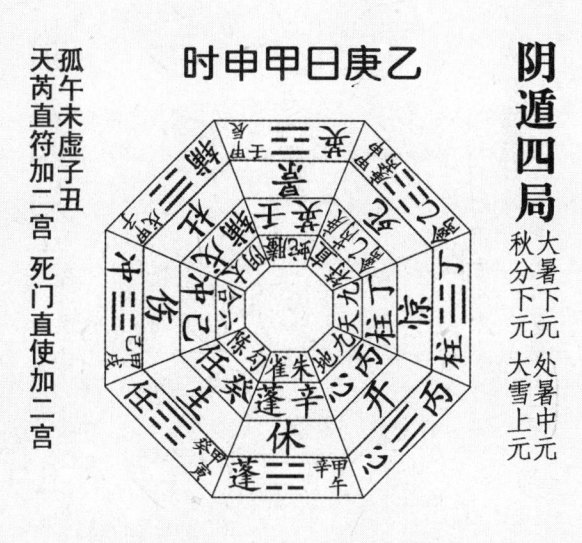

大暑下元 处暑中元 秋分下元 大雪上元

乙庚日甲申时

孤午未虚子丑
天芮直符加二宫　死门直使加二宫

乾　开与丙合　重诈　丙奇入墓
坎　
艮　神假　物假
震　
巽　门符伏吟　飞宫格　伏宫格
离　乙奇入墓　时干格
坤　丁奇升殿
兑　芮符伏坤为坤
　　死门伏坤为坤
　　庚仪加庚为太白重刑格
天辅时　庚日飞干格　伏干格

断曰：六庚之仪，得土以培，又惧土之过重而见埋也，乃藉夫所配之乙，寄焉而为之疏通。且所司者为元符九地之宫，是则断制之才，本于诚信；刚明之德，济以仁慈，可谓"廉而不刿，孚尹旁达"者矣。况天乙辅之，其斯谓宣作后者乎？

兵事仲甲之时，德外刑内，不可出兵。飞干伏干，飞宫伏宫，出必遇战，战必遇伤。止宜赦过宥罪，胁从罔治，广好生之路。不得已而动，宜于东北应之，一路设伏，击其正东伤门。**出行**西北方格合重诈，可以出行。六里逢瞽目人卖卜，门伏奇墓，凡作事先难后获。**阳宅**可立乾门，有飞禽应。**阴宅**乾山巽向吉。作用时，有僧道胡子为应。

附：占胜败主客互有损伤。**虚实**贼兵未发。**攻城**城中固守，难即拔。**守城**宜备西南。**天时**阴云密布。**地理**来脉不活，死如蚯蟮，未必结穴，失向更凶。**人事**大将有和亲事。**田禾**防有虫伤。**家宅**不利行动，止宜静守。**官禄**未能升。即升，官不甚显。**应试**小考极利。**求财**费口舌，可求。**婚姻**有旧亲可成。**胎产**女胎，产迟。**疾病**腹有积滞，淹缠难愈。**捕获**贼自投到。**失物**在东南原处。**远信**已在途中，即至。**鸦鸣**有汤火之惊。**鹊噪**武臣喜信。

阴遁四局

大暑下元 处暑中元
秋分下元 大雪上元

乙 庚日 乙酉时

孤未申虚丑寅
天芮直符加五宫 死门直使加一宫

乾 丙奇入墓 门迫宫
坎 宫迫门
艮 门迫宫
震 门生宫
巽 宫生门
离 乙奇入墓 奇格 门迫宫
坤 相佐 符伏吟 时干格
兑 丁奇升殿 宫克门
芮符步五为坤
死门加坎为地水师
庚仪加乙为太白贪合格
无奇门
乙日飞干格 伏干格

断曰：乙庚仁义之合，而同处于坤宫，盖非仁则义无以立，非义则仁无以行，此庚加乙，乙从庚，动而仍如未动也。直使迫支于坎，神乘雀武，殆背仁义而驰者矣。柳下见饴曰可似养老，盗跖见饴曰可以黏牡，人心不同如此乎？

兵事 门克宫，不利于主。阴星加阳时，半开半阖，宜外动而内静。所战之地，与敌共险，孙子所谓"交地"、"争地"。吾将谨其守，趋其后，车骑为营，骁悍为战，伏兵为应，临期背坤击艮。**出行** 虽无奇门，东南亦可暂行。但仪伏，事难遂意。**阳宅** 丁奇升殿于西，正西可修造。**阴宅** 辰酉山，日时俱合元辰。但奇门不能两合，时宜另选。

附：占胜败 主客俱伤。虚实贼甚跳梁，防其直入营中。**攻城** 可拔。**守城** 城不坚，来兵直入。**天时** 阴而不雨。**地理** 龙脉有伤，不发财丁。**人事** 二人同来，一人献策，一人图利。**田禾** 歉。**家宅** 人口有伤，亦防盗贼。**官禄** 有参劾。**应试** 文利小试。**求财** 南方可求，得半即止，不免有惊。**婚姻** 不能偕老，亦防同姓为婚。**胎产** 胎不安，生男，母有厄。**疾病** 肺病淹缠。**捕获** 北方见群鸟飞鸣，贼在其下。**失物** 向原处寻。**远信** 即附至。鸦鸣在月下，有马惊。鹊噪有鹰鹯掠禽。

阴遁四局

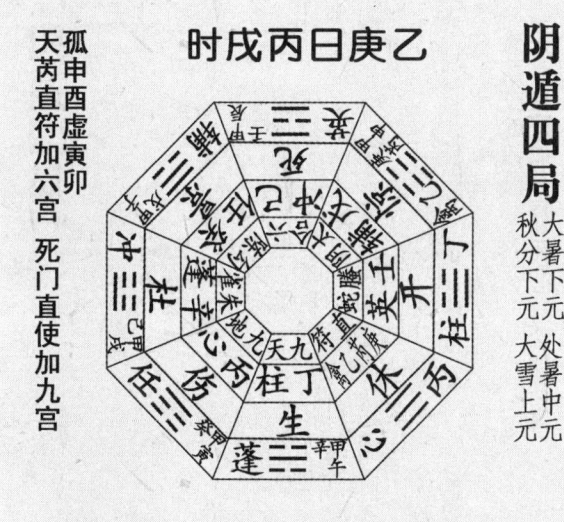

大暑下元 秋分下元
处暑中元 大雪上元

时戊丙日庚乙

孤申酉虚寅卯
天芮直符加六宫 死门直使加九宫

乾 休与丁合 龙返首 格勃 乙奇入墓
坎 白入荧 奇格 时干格 宫生门
艮 生与丁合 门迫宫
震 宫门比和 门迫宫
巽 鬼假 宫生门
离 天乙与太白格 宫生门
坤 宫门比和
兑 芮符加离为地天泰
死门加离为地火明夷
庚仪加乾为太白入荧格
庚日不遇 时干入墓

断曰：丙干戌支，方当入墓，又居乾戌墓宫，忧其衰矣。以既衰之丙，制得柄之庚，则干弱枝强，尾大不掉，宜其为塞而勃乱也。死使受生于离，合神守之，乃狃于嗛嗛之食，而附耳呫呫，相为然诺者，君子耻之矣。

兵事符遇格勃，不宜举动。即于乾位直符下驻扎，严勒队伍，不许妄出樵采。营门宜向西方，更设奇兵于坎地，伏探出艮方，敌来举火为号。俟敌犯大营交战，奇兵绕出其后，夹击之，以应返首入荧。**出行**宜出正北生门。路闻响声，或见傍人争斗。**阳宅**宜建坎门。有人抱小儿至，或见黑云。**阴宅**子山午向吉。作用时，西方有人把火寻物。

附：占胜败胜负相等。**虚实**敌兵兼程而来。**攻城**焚烧其粮草，诱守将出战，可擒。**守城**有虚惊，防火攻，宜预备泥浆桶水袋。**天时**晴。**地理**易朽，不发丁。**人事**主好事多磨，莫如饮食宴乐。**田禾**有年，兖冀尤丰。**家宅**西北隅有怪异，防孝服，小口多病。**官禄**宜告休归里。**应试**届期防病。**求财**阴贵人之财可获。**婚姻**门楣相当。**胎产**生女，母有惊惶。**疾病**胃火盛，本家人能医治。**捕获**盗伙匿于东方，闭门酣睡，速捕即获。**失物**在西南厕傍。**远信**未发。鸦鸣东南争闹。鹊噪向北鸣，进财喜。

阴遁四局

时 亥丁日庚乙

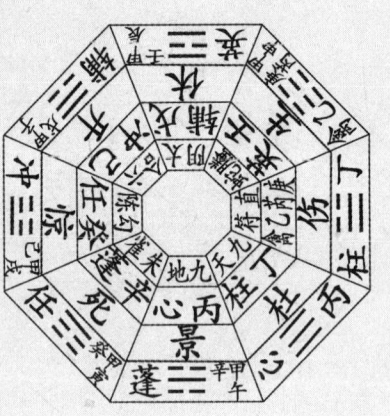

大暑下元 处暑中元
秋分下元 大雪上元 处暑上元

孤酉戌虚卯辰
天芮直符加七宫 死门直使加八宫

乾 丁奇入墓 宫克门
坎 宫克门
艮 门反吟 宫门比和
震 门迫宫
巽 门迫宫
离 宫门比和
坤 相佐 时干格 奇格 宫克门
兑 芮符加兑为地泽临 死门加艮为地山谦 庚仪加丁为太白受制格 无奇门

断曰：兑本金旺之乡，庚符临之，宜云得地，而丁奇先已升殿，庚不敢复与争也。乙奇同行，日可以掩星光，乃亦逢制，则虞渊既沉，长庚独曜矣。使反而乘雀武，虽宫门相比，正恐门祚衰薄，不免栾郤胥原，降在皂隶耳。

兵事门反奇格，不可行兵。西方兑地，乃四战冲击之地，亦不可驻军。宜徙营南方，以就休息。远至六十里外，近十里外，乾坎二路，皆伏探侦，置马铺递信。严刻漏，击刁斗，敌至无患。出行秋月出东南，冬出正南。星门余气虽吉，惜不合奇，未为大利。阳宅生门上乘英蛇，修造防火烛。阴宅奇门不合，无利方。

附：占胜败先动者胜。虚实敌情反覆。攻城士卒多受矢石，重围自下。守城宜固守，挑战不利。天时雨。地理主山形尖中空，葬后有迁移。人事远方盗贼，争斗杀伤，即时擒获。田禾麦防虫灾，禾有收。家宅上下不和，人多疾疫，季月恐有口角。官禄幕中不得人，命盗案有参罚。应试文可中元。求财求谋无实济。婚姻成，有刑伤。胎产得男，易产，母有虚惊。疾病有肺火，防复发。捕获已死，无庸缉。失物妇人窃去。远信千里内者至。鸦鸣无事。鹊噪闻不祥事。

阴遁四局

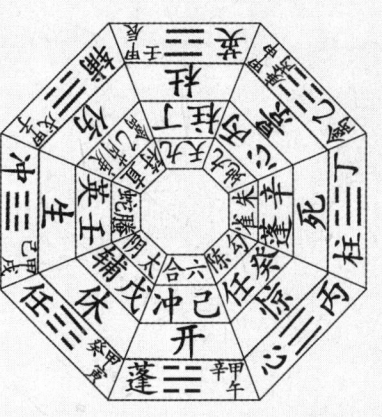

大暑下元 处暑中元 秋分下元
大雪上元

丙辛日戊子时

孤戊亥虚辰巳
天芮直符加四宫
死门直使加七宫

乾 宫门比和
坎 门生宫
艮 宫克门
震 宫克门
巽 仪刑 太白与天乙格 时干格 宫门比和
离 门生宫
坤 玉女守门 门生宫
兑 鸟跌穴 勃格 荧入白 门生宫
芮符加巽为地风升
死门加兑为地泽临
庚仪加戊为太白逢恩格
无奇门 丙日飞干格

断曰：庚符挟乙以加戊干，一欲格之，一欲克之，几成犄角之势。乃禽芮方畏辅而不前，而本宫复有荧入，内忧外患，东倒西倾，曾不得安枕而卧矣。使逢玉女，而雀武临之，惟妇言是听，惟妇言是用，有不为家之索乎？

兵事 宫克星，门生宫，阴时利主。直符刑击，不宜出兵，必有重伤。况时干与庚相格，不战为上。荧入太白，敌亦不来。兵宜屯于戊己之方，正南西南，上有兵丁，庚符所畏，不可向。**出行** 无奇门，远行不利。暂出宜正北，或正东。北遇少妇，东见空虚之物，防虚惊。**阳宅** 无吉方，不宜建造。**阴宅** 西南格遇荧入，兑宫虽系守门，上乘凶星，宜另选时。

附：占胜败 主客皆有损折。**虚实** 敌兵当退。**攻城** 宜招抚。**守城** 城固可守，但士卒多死亡。**天时** 晴，有风，秋阴。**地理** 砂法不合，葬后防官司事。**人事** 有盗案，或有贼惊。**田禾** 禾歉收，麦稍胜。**家宅** 西南房，防火烛，宅眷不能安稳。**官禄** 外任当有盗案文书，阻抑升转。**应试** 房考当荐，被驳不中。**求财** 难得。**婚姻** 成。男女皆有刑克，不能偕老。**胎产** 生女。**疾病** 火盛铄金，旧疾复发，未能即愈。**捕获** 盗匿正西，宜防阖门拒捕。**失物** 失于东南，妇人取去。**远信** 不至。**鸦鸣** 有推算事。**鹊噪** 主有阴私和合。

阴遁四局

丙日辛日己丑时

孤亥子虚巳午
天芮直符加三宫　死门直使加六宫

大暑下元
秋分下元　处暑中元
　　　　　大雪上元

乾　鬼假　门生宫
坎　宫生门
艮　宫生门　门合
震　刑格　与乙合　云遁　乙奇升殿
巽　生与丁合　宫克门
离　丙奇升殿
坤　虎猖狂　门迫宫
兑　蛇夭矫　门迫宫
芮符加震为地雷复
死门加乾为地天泰
庚仪加己为太白大刑格
辛日飞干格　时干入墓

断曰：六己而得丑支，时干已忧入墓；而庚符加之，又为刑格；乙奇同行，亦足制干，何己之多不幸耶？然一冲可以克禽芮，则坚甲利兵，制挺而挞之矣。使入天门，生宫为美，又上乘六合之将，而己干适亦加焉。使其合晋楚之钟仪乎？

兵事宫克星，门生宫，利于为主。直符刑格，大将恐有刑伤。宜遣副将，扬旗挝鼓，出东南生门，分伏于南北要害，敌至则发。若闻敌在正西西南，宜疾趋挑战，反主为客，乃应虎狂蛇矫。**出行**休宫有格，宜出东南。行四里，见明亮有足物，或闻得金铁声。**阳宅**利开东南门，有小儿骑牛马至。**阴宅**巽山乾向可用。葬时，主雾云四合。

附：**占胜**败客军败。**虚实**贼有刑伤。**攻城**暂宜解围。**守城**宜备东北。**天时**风霾尽散。**地理**右水反跳，穴情不实。**人事**有黄衣者，议论最合。**田禾**青徐俱熟，荆益不收。**家宅**家有喜事，亦防外孝。**官禄**宦途荆棘，难得升迁。**应试**字号不符，文佳难中。**求财**及春始利。**婚姻**女子虽佳，男有刑克，成后不吉。**胎产**生女，产母有惊。**疾病**胃有伏火，宜清上部。**捕获**贼方负嵎，难捕。**失物**失在正北水边。**远信**凶信不实。**鸦鸣**防争斗。**鹊噪**有兄弟相争。

阴遁四局

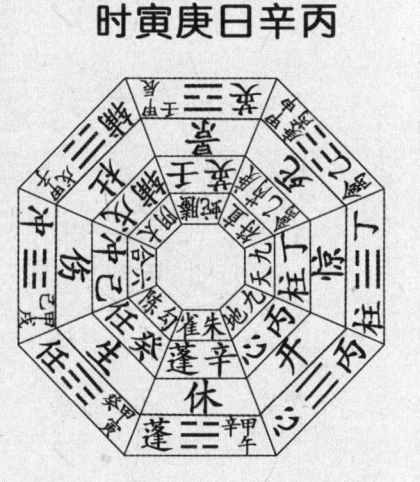

丙辛日庚寅时

大暑下元 处暑中元 大雪上元
秋分下元

孤子丑虚午未
天芮直符加二宫 死门直使加五宫

乾 开与丙合 重诈 丙奇入墓
坎
艮 神假 物假
震
巽
离 丁奇升殿
坤 飞宫格 伏宫格 门符伏吟 乙奇入墓
兑 芮符伏坤为坤
死门步五为坤
庚仪加庚为太白重刑格

断曰：庚符以雄猛之姿，乃伏处于坤，恋所生之地，譬如项羽归于彭城，虽负拔山之气，不免沐猴而冠者也。乙奇同伏，其帐中之美人乎？死使步五，非伏而亦伏，玉斗碎，范增归，疽发背矣。奚待亭长舣舟，乌江渡口耶？

兵事门符俱伏，阴星阴时，不宜出兵。飞宫之格，防敌人掩至，不及措办。宜暗移营于西北，周营暗藏火炮，却潜师伏于东南，人衔枚，马摘铃，待敌至炮发，伏兵齐起，收捕其余孽。**出行**西北可行。出门二十里，见贵人着紫乘马。**阳宅**利开西北门。有昏目老叟，至门为应。**阴宅**乾山巽向吉，葬时有陶冶匠役至。

附：占胜败不战。**虚实**敌兵未动。**攻城**秋月利。**守城**当虞西北。**天时**阴云蔽空。**地理**防有风吹蚁聚，不吉。**人事**一家男妇，彼此酬酢。**田禾**农夫劳苦，西北有收。**家宅**诸事淹滞，且防疾病。**官禄**任久乃升。**应试**不能即售。**求财**难得，有争。**婚姻**当重结丝萝。**胎产**生女，产迟。**疾病**肺有滞气，宜泻白汤。**捕获**向正北水乡捕之。**失物**老阴人取去，即寻可获。**远信**尚未动。鸦鸣妇女有惊。鹊噪防恶人。

阴遁四局

大暑下元 处暑中元 大雪上元
秋分下元

丙辛日辛卯时

孤丑寅虚未申
天芮直符加一宫 死门直使加四宫

乾 门生宫
坎 龙逃走 时干格 宫生门
艮 雀投江 丁奇入墓 门迫宫
震 宫克门
巽 宫克门
离 宫生门
坤 格刑 宫生门
兑 宫生门
芮符加坎为地水师
死门加巽为地风升
庚仪加辛为太白重锋格
无奇门 辛日伏干格

断曰：庚符辛干，本属同气，庚乃挟禽芮以克辛之蓬，兄弟而阋墙矣。然偕行之乙，见辛而逃，则庚之势孤，而辛之威振，是赵王伦见败于弟，而唐太宗克胜其兄也。死使入巽，见克于宫，而雀武临其上，脊令之义益荒矣。

兵事星克宫，宫克门，主客互有伤损。龙走雀投，尤不利。为客宜于东北，列为车营，虚张声势，却选材官勇士，东西分伏。敌必北来，与我军相遇，号炮一发，伏兵四起应之。西南不利。**出行**开门遇格，生门遇蛇。宜出正西休门，见瞽目人应。**阳宅**可小修西北方，遇南方有产亡为应。**阴宅**乾山可浮厝，见红衣女子应。

附：**占胜败**主胜。**虚实**敌尚未至，来亦必败。**攻城**守将不支，当弃城去。**守城**宜谨守西城。**天时**半阴，半晴。**地理**左脉不回，元辰低卸，不宜用。**人事**有盗逃公案，宜捕治。**田禾**不丰。**家宅**门廊有损，亦防盗贼。**官禄**任中有命案，宜详慎。**应试**文暗，且防有伤损。**求财**无，且有惊。**婚姻**两贵，可成。**胎产**生男，易产，防瘀血作病。**疾病**肝胆受伤，宜泻肺气。**捕获**东南闻异鸟声，贼在其地。**失物**为幼女拾去。**远信**沉搁不至。**鸦鸣**有暗谋。**鹊噪**若向正北，当破财。

阴遁四局

大暑下元 处暑中元 秋分下元 大雪上元

时辰壬日辛丙

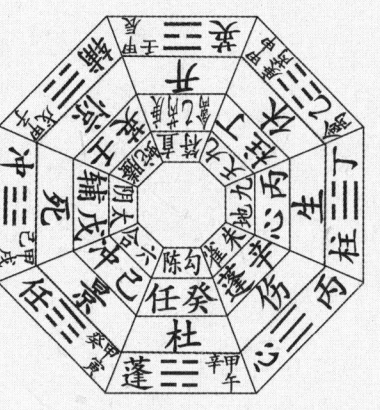

孤寅卯虚申酉
天芮直符加九宫 死门直使加三宫

乾宫克门
坎宫生门
艮门生宫
震宫克门 门迫宫
巽门开与乙合 上格 时干格 宫克门
离开与丁合 宫克门 天遁 重诈 门生宫
坤生与丙合 天遁 重诈 门生宫
兑休与丁合
芮符加离为地火明夷
死门加震为地雷复
庚仪加壬为太白退位格
丙日不遇 时干入墓

断曰：时干六壬，庚符加之为退位，乙奇逢之为入狱，而禽芮之星，并贪受生于离火，非客军见利而贪，即主人诱敌使进也。然开门适在其间，马邑之谋，终当泄于尉史耳。死使游三，阴神相守，而不免于宫克，其目动言肆之时乎？

兵事宫生星，宫克门，主客互有损益。时干入墓，出兵不利。正南险与敌共，猝宜移营于正西，阻水为阵；两肋各伏奇兵，忽远忽近，忽出忽没，多方以误之，使敌疑惑，以应时墓。**出行**宜出正西方。七里，逢术士马上谈论，正南西南亦吉。**阳宅**离坤兑三门俱可立，合本命用之。**阴宅**兑山吉，离坤二山亦利，有孕妇至应。

附：占胜败主胜。**虚实**贼不进。**攻城**攻其南门，守将当求和。**守城**可守。**天时**晴明。**地理**龙不得水，阴阳不和，穴宜偏闪。**人事**当连合我之与国。**田禾**西南丰。**家宅**老阴人防病，有兄弟孝服，可发财。**官禄**署印后可升。**应试**文利小试。**求财**正西可得地土之利。**婚姻**男家尚有阻隔。**胎产**坤宫龙凤呈样，生男当贵。**疾病**脾实，泻黄可愈。**捕获**贼在西北，有投诚意，或合别伙。**失物**防毁。**远信**喜信即至。**鸦鸣**有和合事。**鹊噪**防伤头面。

阴遁四局

秋分下元 大暑中元 处暑中元 大雪上元

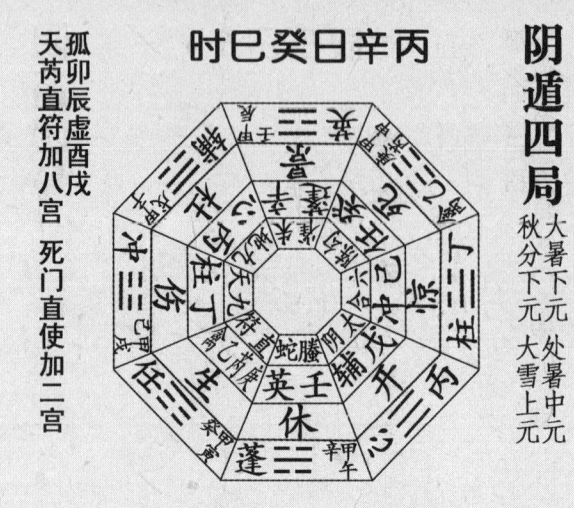

时巳癸日辛丙

孤卯辰虚酉戌
天芮直符加八宫 死门直使加二宫

乾 坎 艮
生与乙合 虎遁 符反吟
时干格 大格 仪刑

震 巽 离 坤 兑
门伏吟 小格
芮符加艮为地山谦
死门伏坤为坤
庚仪加癸为太白刑隔格
天网

断曰：庚金喜于土培，则二八之宫一也。然已不免为反吟之凶，况癸干嫌庚之大格，庚符畏艮之击刑乎？乙奇从庚，亦逢罗网，遇人艰难，中谷所以慨叹也。死使归伏，勾虎之将临之，网虽低而害犹及，可谓"密于秋荼"者矣。

兵事符反门伏，又值击刑，出兵必有大殃。天网在坤，止高二尺，但在死门，逃亡亦难免祸。宜用闭戊之法，出东北生门，尚逢干格大格，战斗不免。乾巽方伏为两翼，随战随退。**出行**季月出东北八里，逢贵人，或钱财布帛事，有旁及者可成。**阳宅**宜立艮门，有卖鱼人至。**阴宅**艮山坤向吉。作用时，南方有黄鸟喧啼。

附：**占胜败**主胜。虚实敌阻不进。**攻城**有水沟可以暗入，则拔。**守城**谨防西北，可守。**天时**申日主有阴雨。**地理**龙气有伤，穴结偏闪。葬法不合，人财两失。**人事**中途有人谋叛，不可信。**田禾**东北春收甚好。**家宅**宅有冲射，当损人，防孝服。**官禄**不能终任。**应试**不中。**求财**费力，两人分得其半。**婚姻**成，男后有刑克。**胎产**女，胎稳，难生。**疾病**肾虚，宜滋补。**捕获**人在火房潜藏，宜急捕之。**失物**自家遗失，难寻。**远信**丑未日有信，人不得归。**鸦鸣**有失脱。**鹊噪**文书不动。

阴遁四局

丙辛日甲午时

大暑下元 处暑中元
秋分下元
大雪上元

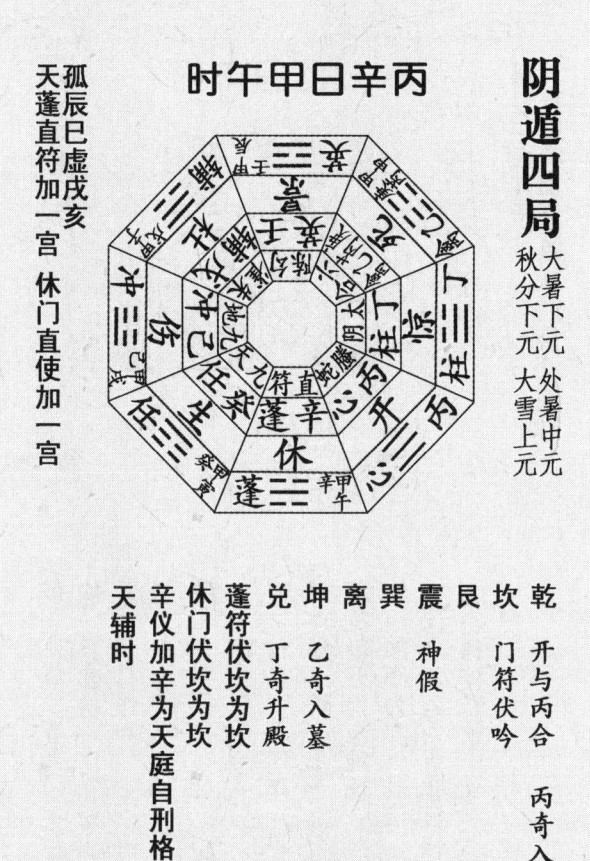

孤辰巳虚戌亥
天蓬直符加一宫
休门直使加一宫

乾 开与丙合　丙奇入墓
坎 门符伏吟
艮
震 神假
巽
离 乙奇入墓
坤 丁奇升殿
兑 蓬符伏坎为坎
　 休门伏坎为坎
　 辛仪加辛为天庭自刑格
天辅时

断曰：甲午在坎，其寒沙之雁耶？抑泛水之鸥耶？虽静处若安，而有悲从中来，不可断绝者，莫谓贵人闲暇，乐而忘忧也。以蓬为符，宜安抚边境，保固城池；以休为使，宜赦狱缓刑，与民休息。则有天辅之休，无伏匿之患。

兵事符使俱伏，时为天辅，奇门在乾，宜选将辑兵，上章奏请，论功行赏，不宜出兵交战。若贼来纳款，可以受降招抚。敌走不可穷追，正西西南，仍当设伏严备。**出行**秋冬西北开门可行。惜逢墓伏，作事未免迟滞。**阳宅**宜建乾门，有绿衣人来应。**阴宅**宜乾山巽向。作用时，有人持铁器至应。

附：占胜败客胜。**虚实**敌多病死，可乘机招抚。**攻城**水土不服，士卒有丧亡，城可下。**守城**城中防有奸细。**天时**雨。**地理**山向不合。**人事**或讲道术，或开家宴。**田禾**收成照旧年。**家宅**衣租食税，免于营求，人口安宁。惟僮仆不得力，防脱耗。**官禄**照常供职，未能升转。**应试**不中，防病。**求财**分内之财可获。**婚姻**成，早夭。**胎产**生一男一女，不育。**疾病**水泛为痰，肺亦嗽伤，未能速愈。**捕获**宜向东南缉访。**失物**有人盗去，不得。**远信**未至。**鸦鸣**南方有相争事。**鹊噪**向西北鸣，闻升迁。

阴遁四局

大暑下元 处暑中元 大雪上元
秋分下元

丙辛日乙未时

孤巳午虚亥子
天蓬直符加五宫 休门直使加九宫

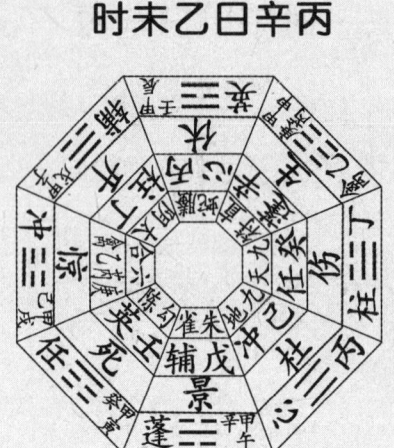

乾 地假 宫克门
坎 宫门克宫
艮 乙奇升殿 刑格 门迫宫
震 开与丁合 真诈 门迫宫
巽 休与丙合 丙奇升殿 门反吟 门迫宫
离 相佐 蛇猖狂 宫门比和
坤 蛇天娇 宫克门
兑 蓬符步五为水地比
休门加离为水火既济
辛仪加乙为白虎猖狂格
乙奇得使游仪 辛日飞干格

断曰：蓬符得辛，为大将秉钺，步五则受命于中宫。其寄坤也，乃欲致讨于庚，而与己遇，或者未得其雄而得其雌耶？抑以玉帛相见而不以兵戎也。休使入离逢升殿之丙，有南征获首之吉，而反吟乘蛇，心事不宁，正恐明月刀头，思归特甚耳。

兵事符遇相佐，门往克宫，秋冬利于为客。大将宜就中央有大树处立寨，命副将统领团牌鸟枪手，从正南进兵。别将率轻锐弩箭，短兵出东南为策应。遇敌，背坤生，击艮死。敌走正东，勿逐。**出行**冬宜出正南，秋宜出东南，求名图利俱吉。**阳宅**宜立巽离二门，有青衣人至应。**阴宅**巽山乾向、午山子向皆利。作用时，有牵羊担酒人过应。

附：占胜败客胜。虚实敌有归者，宜善款之。**攻城**宜用火攻其东南。**守城**勿可交战。**天时**乌云蔽日。**地理**右水反跳。**人事**宜远方谒贵，或文字牵缠，亦主虚诈遗失。**田禾**禾防秋旱，麦薄收。**家宅**人口安宁，宦者最利，夏月宜慎火烛。**官禄**进益好，事简身逸，易升。**应试**头场污卷贴出。**求财**贵人之财，得而复失。**婚姻**冰人得力，易成。**胎产**生男后贵。**疾病**心火盛，反覆难瘥。**捕获**匿北方近水处，其地有文昌阁。**失物**书籍之类，文人所取。远信未至。鸦鸣无事。鹊噪主文书。

阴遁四局

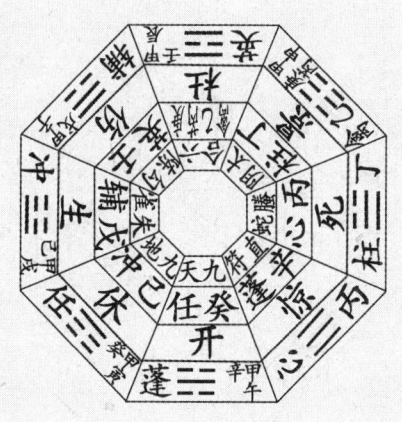

大暑下元 处暑中元 秋分下元 大雪上元

丙辛日丙申时

孤午未虚子丑
天蓬直符加六宫 休门直使加八宫

乾 龙返首 相佐 符勃 宫门比和
坎 门克宫
艮 宫门比和
震 宫门生宫
巽 门生宫
离 上格 门生宫
坤 门生宫
兑 宫门生宫
蓬符加乾为水天需
休门加艮为水蹇
辛仪加丙为天庭得明格
无奇门

断曰：水符入乾，受生子金，而丙辛合化，更值惊门。夫丙与辛，皆鸟象也，乃乘金气之动，因惊而化，其鸠之化鹰耶？或雉之化鹰耶？而得返首之吉，则又凤之将雏者耳。休使入艮受克，又乘九坤，其不能高飞远举，概可知矣。

兵事 符反首，门受克，利于后动。故亦遇格，不能入境。宜四布伏兵，远遣探哨，以东北三方为守卫，西南三军为游弈，从间道入离，可以邀敌归路。**出行** 西北直符下，有吉格可行。路逢贵人或老叟，与孝子同行，乘马亦须防有惊。**阳宅** 生门上秉雀武，修造防口舌。**阴宅** 奇门不合，无利方。

附：占胜败 主兵大捷。**虚实** 敌军有阻。**攻城** 防守甚严，不能速拔。**守城** 援兵云集，无虞。**天时** 云开见日。**地理** 回龙顾祖，有大河环绕。**人事** 有水土工作，穿沟发穴之事，或见病目患足人。**田禾** 麦有虫灾，禾防旱。**家宅** 祖居发贵，荫下尤利，略有虚惊。**官禄** 冬月可升。**应试** 鬼神默佑，得中。**求财** 费唇舌，稍有所获。**婚姻** 成。女性静，妆奁薄。**胎产** 生女，后能文而贵。**疾病** 饮食所伤，脾胃不和，宜消导。**捕获** 匿于东方树林中。**失物** 有身短眼圆人盗去。**远信** 将至。**鸦鸣** 阴私事。**鹊噪** 无事。

阴遁四局

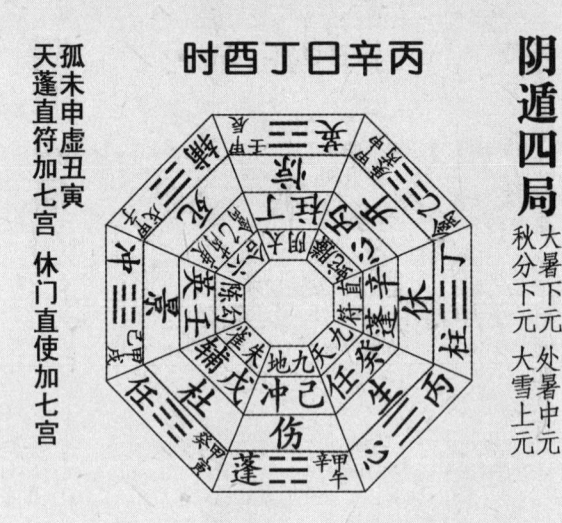

大暑下元　处暑中元　秋分下元　大雪上元

丙辛日丁酉时

孤未申虚丑寅
天蓬直符加七宫　休门直使加七宫

乾　门生宫
坎　神假宫生门
艮　门迫宫
震　宫生门
巽　太白与天乙格　宫克门
离　宫克门　荧入白　宫生门
坤　相佐　玉女守门　宫生门
兑　开与丙合
蓬符加兑为水泽节
休门加兑为水泽节
辛仪加丁为白虎受伤格
丁奇得使遇甲　丙日飞干格　辛日不遇

断曰：酉为丁贵，又为辛禄，而时下丁辛相见，蓬休并临，又为得使遇甲，有"二人同心，其利断金"之义。更逢玉女守户，则孔李通家，王谢世好，且见英俊之兴，冠盖之盛，吉可胜言耶？若前途仕路，则宜戒虚务实，以应开丙之吉，免入白之凶。

兵事遇甲大吉，主客俱利，阳时更利出师。宜用丙日，从西南迅发，大张旗鼓，步骑相续，遇敌即击，以应入白之格。惟防南北有伏，不可深入；正东逢格，亦不可追逐。**出行**宜出正西，路逢贵人应。西南虽有奇门，犯凶格，不大利。**阳宅**坤门可建，须防火烛。**阴宅**宜坤山艮向。作用时，西方有赤马至应。

附：**占胜败**主胜。**虚实**敌军多死亡。**攻城**火攻可拔。**守城**城郭不完，外无救援，宜弃城别图。**天时**彤云密布。**地理**来龙得气，拱护森严。**人事**西方得遇佳音，或送甘辛可食之物。**田禾**有年。**家宅**仕宦之家，当有宠锡，福泽绵远。**官禄**无灾无难，列职公卿。**应试**帘官得意，中亚魁。**求财**尊贵之财，所求如意。**婚姻**成，未能偕老。**胎产**得男，后贵，产迟。**疾病**肺病，可治。**捕获**在东北方，匿在本家。**失物**在土阜，或木料傍。**远信**无。鸦鸣闻争斗事。鹊噪向西鸣吉。

阴遁四局

大暑下元 秋分下元 处暑中元 大雪上元

丙辛日戊戌时

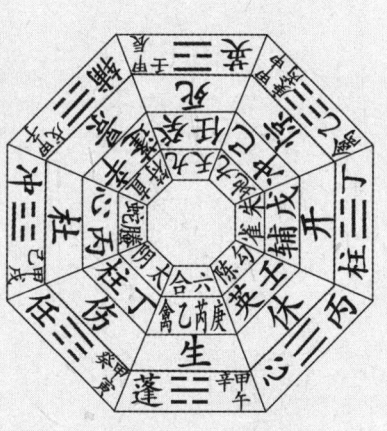

孤申酉虚寅卯
天蓬直符加四宫 休门直使加六宫

乾 宫生门
坎 生与乙合 休诈 龙遁 虎遁
艮 神假 雀投江 门迫宫
震 宫门比和
巽 宫生门
离 格刑 宫生门
坤 宫生门
兑 蓬符加巽为水风井
龙逃走 门迫宫
蓬符加乾为水天需
辛仪加戊为龙虎争雄格
时干入墓 辛日伏干格

断曰：符巽使乾，有伯劳飞燕之意，而一生一脱，此欲市恩于人，而彼则受人之恩，其杨墨之不同道耶？究所由来，止此坎宫之水，如马鬃一滴，而人之待于下流者，不少也。至于庚来伏宫，而屯高有象，则不免有夏咨暑雨，冬怨祁寒者矣。

兵事星生宫，宫生门，主客均利。龙走雀投，不利于客。直符子午冲击，大将不宁。门上乘虎，副将骁勇，可遣伏于东北山谷。又出阵于正北，严军以待，敌至则击，伏兵亦起，为主者胜。**出行**正北可行。十里内，逢皂衣公吏，或见妇女欢笑。**阳宅**可建正北屋宇，有色衣人至。**阴宅**子山午向可用，当有窑冶火惊为应。

附：**占胜败**主胜。**虚实**虚张声势，敌尚未至。**攻城**宜长围。**守城**宜屯兵于西。**天时**微雨。**地理**左右砂飞，不能藏风聚气。**人事**有百人敢以冲阵，宜从之。**田禾**北方熟。**家宅**人口不聚，防口舌破财。**官禄**秋占可升。**应试**场后有灾。**求财**有两处财可得，旋亦防失。**婚姻**成而不佳。**胎产**生女，母有刑伤。**疾病**似有相火，可以不药。**捕获**赃贼在正西武弁家。**失物**为贼所窃，不同。**远信**即至。鸦鸣有贵人至。鹊噪当有行动。

阴遁四局

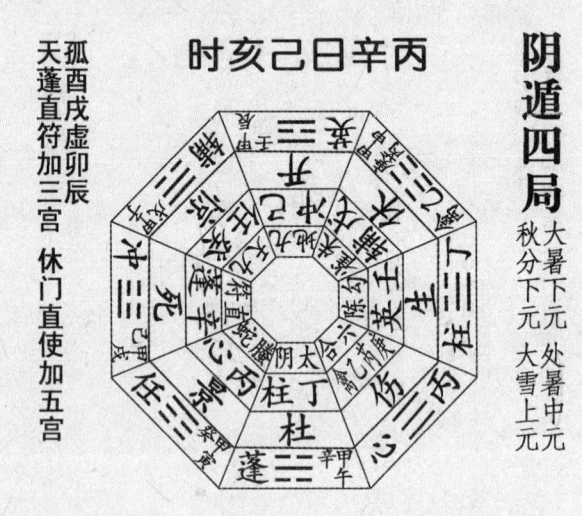

大暑下元 处暑中元
秋分下元 大雪上元
　　　　 处暑上元

丙辛日己亥时

孤酉戌虚卯辰
天蓬直符加三宫 休门直使加五宫

乾　乙奇入墓　奇格　宫克门
坎　地假　宫生门
艮　门生宫
震　宫克门
巽　门迫宫
离　宫克门
坤　天乙与太白格　宫克门
兑　门生宫
蓬符加震为水雷屯
休门步五为水地比
辛仪加己为虎坐明堂格
无奇门　丙日伏干格

断曰：己干在震，非所据而据焉，必多骫骳之形，得辛金一入而其难可解，是鲁连聊城之箭，奉先辕门之战也。然威服不如德化，蓬符之往生，即干羽之舞矣。休门入中，奇坤而遇庚格，则曷不为洗兵之雨，而为漂杵之血耶？

兵事宫克门，不利于客。符遇凶门，使逢死气，大将副将，俱不宜出兵。宜移营于南，伏兵于北，各营暗传号令，坐甲以待，防其偷劫。如有不明暗号者，即系奸细。敌至，听中军喇叭起。**出行**生下有丁，近出利西方。八九里，见金石有足物。**阳宅**可小修正西，有飞禽自西北来应。**阴宅**酉山可厝。作用时，有野猪奔逐，闻鸡鸣犬吠声。

附：**占胜败**主兵当胜。**虚实**敌军即至。**攻城**可说之降。**守城**正南防打地道。**天时**晴朗。**地理**金水行龙，无生动之气。丙日占，地有迁变。**人事**有盗案钱粮开心。**田禾**薄收，西北方有损。**家宅**人宅不顺，时有口舌争讼。**官禄**难升，且防死丧。**应试**临场有病，文不入彀。**求财**无利有害。**婚姻**不吉。**胎产**生男，不易育。**疾病**脾气不和，宜养气血。**捕获**在西南教师家。**失物**西南社屋旁，问女人即得。**远信**有虚惊，信即至。**鸦鸣**东北方，有马惊。**鹊噪**有财帛信。

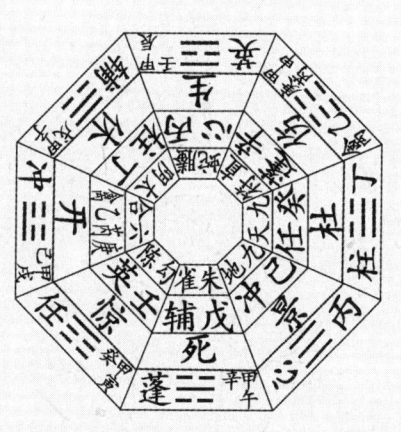

阴遁四局

大暑下元 处暑中元 大雪上元
秋分下元

丁壬日庚子时

孤戌亥虚辰巳
天蓬直符加二宫 休门直使加四宫

乾 门迫宫
坎 门迫宫
艮 宫生门
震 乙奇升殿 开与乙合 云遁 休诈
巽 休与丁合 人遁 真诈 门迫宫 刑格
离 生与丙合 丙奇升殿 宫生门
坤 飞宫格 虎猖狂 门迫宫
兑 蛇天矫 宫克门
蓬符加巽为水地比
休门加坤为水风井
辛仪加庚为虎逢太白格
乙奇得使游仪

断曰：辛虎而逢太白则必斗，斗必伤。天乙之飞，其壁上之观乎？然蓬有贪庚之性，非能超然远患者，巧则为卞庄之刺虎，拙则为冯妇之下车也。休门合丁乘太阴为人遁，乃得解脱全身之道，所谓"入不言兮出不辞，乘回风兮载云旗"者矣。

兵事宫克星，门生宫，利于为主。但蛇矫虎狂，又宜为客。大将性刚，未必成功，副将智勇深沉，可尚委之。正东东南正南，三路出兵，以正东当贼之锋。东南正南，两路分兵截击。**出行**宜出东南方。四里，逢皂衣妇人。东方南方亦利，不能全吉。**阳宅**宜立巽门，震离二门亦利。**阴宅**震巽离三山俱利。作用时，东方有缺唇人至。

附：**占胜败**客胜。**虚实**敌有党，可以用间。**攻城**我兵亦防有损。**守城**防正东，可守。**天时**阴云四起。**地理**龙有伤，穴又露风，若葬之合法，亦可发秀。**人事**当有异人相遇，足智多谋。**田禾**农劳年丰。**家宅**发财旺丁，但不利宅长。**官禄**升后有变。**应试**文可望中。**求财**劳心可求。**婚姻**可成，有刑伤。**胎产**生男，不佳。**疾病**火炎于上，清理可瘥。**捕获**贼易获。**失物**向正北寻。**远信**未动，人在东南，信即至。**鸦鸣**有欺。**鹊噪**有吊唁事。

阴遁四局

大暑下元　秋分下元　处暑中元　大雪上元

丁壬日辛丑时

孤亥子虚巳午
天蓬直符加一宫　休门直使加三宫

乾　丙奇入墓　门生宫
坎　符伏吟　门生宫
艮　宫生门
震　宫克门
巽　门生宫
离　乙奇入墓　门迫宫
坤　丁奇升殿　门迫宫
兑　蓬符伏坎为坎
　　休门加震为水雷屯
　　辛仪加辛为天庭自刑格
　　无奇门

断曰：蓬伏于蓬而自惊，是转蓬之惊飞也；辛伏于辛而自惊，是匣剑之惊鸣也。将有闻鸡起舞，亦或鼓楫中流者，其人其材，固一时之杰矣。休门入震，欲施其用，而上逢九地，毋乃有排挤而下石者耶？所赖九天开霁，前途得明耳。

兵事符伏不宜出兵。门生宫，亦利为主。正西丁奇升殿，得太阴玉女之灵，潜师出伏于草泽之间，掠其辎重，劫其丁口，神鬼不觉，并宜移营于正东，择其林深木茂者下寨。**出行**冬月出正东。三里，逢有包裹之物。**阳宅**无奇门会合，不利修造。**阴宅**亦宜另选一时。

附：占胜败客胜。**虚实**敌不进。**攻城**援兵甚近，未必能拔。**守城**备东北，不宜动。**天时**有雨。**地理**龙气虽不活动。若合葬法，能发财丁。**人事**有密谋，三日后方动。**田禾**有收。**家宅**人口安吉，微有小疾。**官禄**升而不能离任。**应试**利小考。**求财**静有动无，得口旁姓氏人在内撮合，其财可得。**婚姻**可成。**胎产**寅申月日生女，母防有病。**疾病**平胃可愈。**捕获**贼在东南不动，可捉。**失物**失于原处，难寻。**远信**不动。**鸦鸣**主涉女人之事。**鹊噪**进田产。

阴遁四局

时寅壬日壬丁

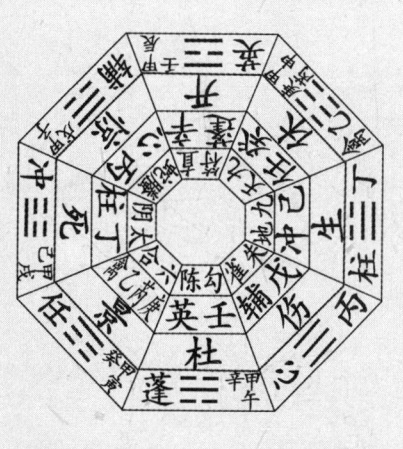

孤子丑虚午未
天蓬直符加九宫　休门直使加二宫

大暑下元
秋分下元　处暑中元　大雪上元

乾　宫克门
坎　宫生门
艮　大格　门克宫
震　鬼假　宫克门
巽　门迫宫
离　符反吟　仪刑　宫克门
坤　小格　宫克门
兑　门生宫
蓬符加离为水火既济
休门加坤为水地比
辛仪加壬为天庭逢狱格
无奇门

断曰：符值自刑，使逢小格，身家多难，作事乖张。其始恃水能克火，而思逞淫威，究之出乎？反乎？卒致金伤水败。于是杜门裹足，而不免勾虎之入宅。此犹鲁以益归，则齐人取谨及阐，又如吴请师，而怒犹未息也。盘无奇门，惟当静思补过而已。

兵事直符反吟，直使遇格，不可出兵。更无奇门，兵宜四面埋伏，安营于兑地。艮震巽三方，皆藏精锐，分别旗幡为号。敌至，视中军举旗，旗黄则发艮伏，青则发震伏，赤则发巽伏。若闻喇叭，则呐喊齐发。**出行**符反刑击，不利远行。**阳宅**生门乘星不吉，动则有灾。**阴宅**奇门不合，当另选时。

附：**占胜败**各有损伤。**虚实**敌军迟疑，未进。**攻城**宜休养士卒，待时而动。**守城**东北有援兵，可保无虞。**天时**阴晴忽变。**地理**穴凶损丁。**人事**事有阻隔，心多妄想。**田禾**旱魃为虐，百螣时起。**家宅**人口不安，更防贼盗。**官禄**参革提问。**应试**不中，场后防文书牵连受刑。**求财**无得有失。**婚姻**成。女有疾，男能文而贫。**胎产**生男不寿。**疾病**女人天癸不通，防成痨瘵。**捕获**盗匿西北，与捕同里。**失物**在西北方，恐再损伤。**远信**中途沉滞。**鸦鸣**有阴私事。**鹊噪**闻刑伤事。

阴遁四局

大暑下元 处暑中元 大雪上元
秋分下元

丁壬日癸卯时

孤丑寅虚未申
天蓬直符加八宫　休门直使加一宫

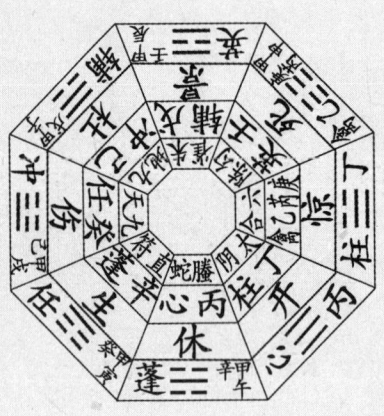

乾　开与丁合　真诈　丁奇入墓
坎　休与丙合　鸟跌穴　勃符　门伏吟
艮　地假
震
巽
离　奇格
坤　蓬符加艮为水山蹇
兑　休门伏坎为坎　辛仪加癸为虎投罗网格
天网　丁日不遇　丁日伏干格

断曰：水符入艮，似欲通源于癸，而不知其非山头之神瀵，乃石门之贪泉也。辛金投之，虽若举网得鳞，恐河鱼之终不能明目耳；休使归伏，遇鸟之跌穴，将有放鹤归来雪满船之兴乎？而上乘螣蛇，则浮家泛宅，往来苕霅间，亦致足乐矣。

兵事宫克星，门伏吟，利为主。宜休兵坎位，坚壁清野，有虚声至勿听。更伏精锐于西北，遣熟路军卒，持青旗，往西探听。敌至烧狼烟，中军放炮一声，伏兵持火器突出，背艮击坤。正西不可追。**出行**西北正北俱可出。惜乎时遇天网，奇逢墓制，未为全吉。**阳宅**宜立乾坎二门，有白衣人至应。**阴宅**乾山子山俱吉。作用时，闻犬吠鼓声，见兔走应。

附：**占胜败**客胜。**虚实**敌军下人谋上，将士惊惶，未敢轻进。**攻城**城中有疫，可乘虚而入。**守城**众寡不敌，难守。**天时**晴。**地理**穴吉，向凶。**人事**宜沐浴。或水浮红果，或剪插红花。**田禾**禾麦如去年。**家宅**有进益，人口安，冬月防火烛虚惊。**官禄**位显官久，官资丰厚。**应试**不中。**求财**东北贵人之财有得。**婚姻**近邻为婚，易成。**胎产**占孕，防死胎。**疾病**水火不交，淹缠。**捕获**向南方缉，在炉冶人家。**失物**有人窃去，不得。远信未至。鸦鸣有文人来。鹊噪主文书事。

阴遁四局

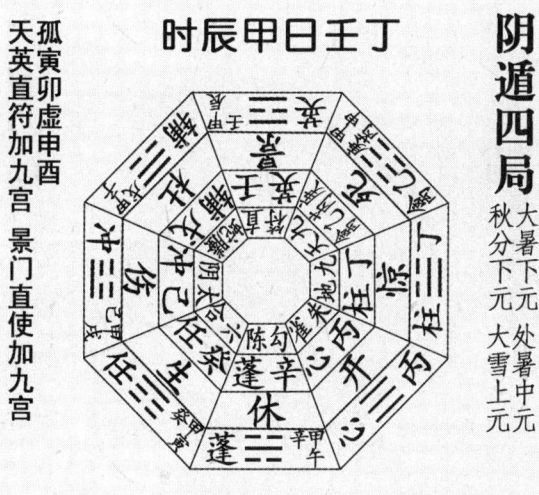

大暑下元 处暑中元 大雪上元
秋分下元

丁壬日甲辰时

孤寅卯虚申酉
天英直符加九宫　景门直使加九宫

乾　开与丙合　丙奇入墓
坎
艮　神假
震
巽　门符伏吟
离　乙奇入墓
坤　丁奇升殿
兑　英符伏离为离
景门伏离为离
壬仪加壬为天牢自刑格
天辅时

断曰：壬以水德，而居离之火宫，水胜则恐英之受伤，火强则忧壬之被渗，仪之与星，不几舟中为敌国乎？然南方午位，实壬水之胎地，方胎则火不至伤，既胎则水不为渗也。况甲木遁为水嗣，则火母可以调于星仪之间，而承天辅之舌矣。

兵事季甲之时，阳外阴内，利于为客。天辅伏吟，宜至敌境屯扎，晓谕招安。敌若负固不服，然后建旗鸣鼓，从西北而进，更伏奇兑地，以为犄角。六七月亭亭在乾，宜背此，击对冲白奸，可胜。**出行**西北可行，但逢奇墓，恐道中有阻。**阳宅**宜立乾门，有黑禽双飞过应。**阴宅**乾山巽向可用。动作时，西北方大雨，鸡飞上树。

附：占胜败两军相持。**虚实**敌军驻营观望。**攻城**有内应即拔。**守城**士卒多死亡，终不能守。**天时**阴晴立变。**地理**环山秀美，穴情不佳。**人事**水从火暖，有南人谮于北事，惟秋时不得其用。**田禾**西北有收，东南防旱。**家宅**门庭清吉，夏月防火烛。**官禄**升后防参。**应试**荐而不取。**求财**友朋处借索可得。**婚姻**男女俱不寿。**胎产**占孕死胎，占产生女。**疾病**命门火盛，宜壮水以镇之。**捕获**匿于西北贵家，不能速获。**失物**原处可寻。**远信**迟至。**鸦鸣**贵人来。**鹊噪**闻升官事。

阴遁四局

丁壬日乙巳时

大暑下元 处暑中元 秋分下元 大雪上元

孤卯辰虚酉戌
天英直符加五宫 景门直使加八宫

丁奇入墓　宫克门

乾　神假 宫生门
坎　门生宫
艮　门迫宫
震　鬼假 宫克门
巽　宫克门
离　相佐 宫克门
坤　生与乙合 奇格 门生宫
兑　英符步五为火地晋 景门加艮为火山旅
壬仪加乙为日入九地格
丁日伏干格　壬日飞干格

断曰：乙值壬为日入九地，是失明也。中五土宫，仪水畏克，而星火忧脱，且寄宫有庚，符将格焉，患不独在时干矣。星入西南，门临东北，而同脱于土，均主耗损之占。然符之遇庚，止于阻塞，而使乘勾虎，更虑伤残，尤宜详慎。

兵事 星门俱乘旺气，阳时可以出兵。宜从兑地祭旗整众，为长阵，首尾相继，席卷而前。更遣副将分道出东北，防其窜逸。伏奇兵丁乾位，背西击东。敌走则副将邀之，可擒。**出行** 宜出正西。闻响声，或见路傍人争斗。**阳宅** 宜立兑门，有三五女人至应。**阴宅** 宜酉山卯向。作用时，有老人持竹杖至。

附：**占胜败** 客胜。**虚实** 敌防耀武扬威。**攻城** 城守甚固，粮足兵强，难拔。**守城** 宜乘风纵火冲突，可解围。**天时** 天色阴晦。**地理** 火龙，木星结穴。**人事** 见红白物，出于炉冶，或人带脓血之灾。**田禾** 麦丰，西北大熟。**家宅** 人口平安，宜防争讼。**官禄** 宜途平顺，未能升擢。**应试** 房考不呈。**求财** 有二人相争，少得。**婚姻** 成，查田厚。**胎产** 生男，母安。**疾病** 肺肾之疾，不宜延东方医士。**捕获** 盗匿北方近水边。**失物** 在正南近烟窗处。**远信** 不至。**鸦鸣** 闻东北方争闹。**鹊噪** 有武贵来。

阴遁四局

丁壬日丙午时

大暑下元 处暑中元
秋分下元 大雪上元

孤辰巳虚戌亥
天英直符加六宫 景门直使加七宫

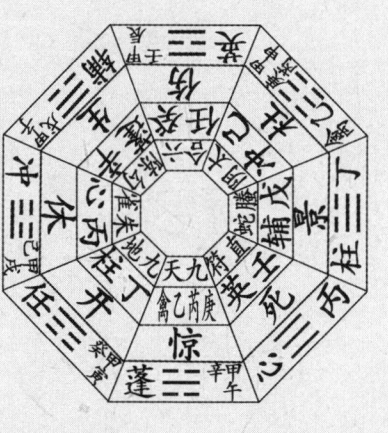

乾 龙返首 符勃 门生宫
坎 龙逃走 开与丁合 门生宫
艮 丁奇入墓宫 重诈 雀投江
休与丙合 门生宫
震 宫克门
巽 神假 门迫宫
离 格刑 门迫宫
坤 玉女守 门门迫宫
兑 英符加乾为火天大有
景门加兑为火泽睽
壬仪加丙为天牢伏奇格

断曰：青龙返首，大都利在丙干，独于壬符得之。水能制火，格为天牢伏奇，丙不得坐收其益矣。然丙方入墓，符乃以英火克心金，可以破墓而出，安知伤我于外者，非救我于内乎？景使虽逢玉女，然乘蛇神而迫宫，恐私谋亦罕能就。

兵事星门俱克宫，利于为客。直符青龙返首，可以出师。宜伏精锐于东北，自西北以至正东，连营百里，一卒不许妄动，让敌空壁而来，且战且退。至伏所，伏发，众军并力邀击。**出行**宜出正东方，路逢逃窜人。东北亦利，但宜小心文书，兼防迷道。**阳宅**宜建震门。有渔猎人至，东北亦可小修。**阴宅**艮震两山皆可用，有风雨至为应。

附：**占胜败**主胜。**虚实**敌兵虚张声势。**攻城**宜谕降。**守城**防溃。**天时**雨，秋冬兼有风。**地理**回龙顾祖，拱护亦佳。**人事**仓场火惊，钱粮亏空。**田禾**麦胜于稻，南方薄收。**家宅**聚财安吉，内助有才。**官禄**宦途稳顺，升转在即。**应试**必中，小试亦利。**求财**可得，但防被窃，或因相争破费。**婚姻**成而不吉。**胎产**占胎防窘。产生女，母有悔。**疾病**肺家受克，郁火未消，宜清理。**捕获**盗匿东方，易绁。**失物**妇人窃去。**远信**人未动，信将来。**鸦鸣**有口舌，或虚惊。**鹊噪**有喜庆。

阴遁四局

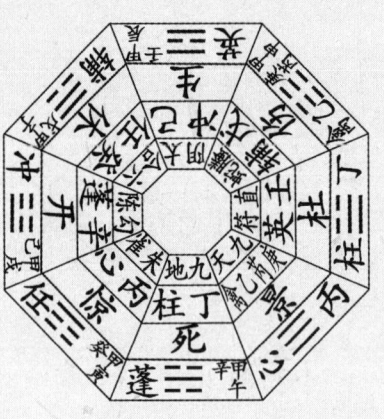

丁壬日丁末时

大暑下元 处暑中元 大雪上元
秋分下元

孤巳午虚亥子
天英直符加七宫 景门直使加六宫

乾 天假 乙奇入墓 白入荧 门迫宫
坎宫生门 门迫宫
艮宫鬼假 门迫宫
震门生宫
巽门生宫
离宫生门 天乙与太白格 门迫宫
坤宫克门
兑 景门加兑为火泽睽 英符加乾为火天大有
壬仪加丁为太阴被狱格
无奇门

断曰：壬符丁干，会于兑地，符喜于水德之长生，干禄于星奇之升殿，此欣彼悦，洵千载一时矣。惟英火能伤柱金，小疵不免，然丁本以火而化金，究以无患于英也。使乘九天而趋阙，乃逢乙墓，庚丙相持，门户竞而钩狱兴矣，尚干进不休乎？

兵事 宫受星门之克，不利为主。正南太阴合于生门，闻敌人有信，即从此地出兵，衔枚疾走，压贼垒而阵。宜用红旗锐阵，以火克金，方应白入之格。正北宜伏死士，截敌归路。**出行** 近出宜向正南。遇黄衣老妪，或见雕琢巧物。**阳宅** 丁日利开南门，闻武士谈方术应。**阴宅** 无奇门，不甚利。惟丁日遇午山子向，差可浮厝。

附：占胜败 主兵胜。**虚实** 敌兵即至，大张声势。**攻城** 夏月宜暂撤围，俟秋再举。**守城** 防正东。**天时** 半阴半晴。**地理** 土色紫赤，穴下有器皿。**人事** 有考试，或迁调之事。**田禾** 有收，西北防损。**家宅** 最利文战，一举成名，内助亦贤能。**官禄** 地多贼案，难以升擢。**应试** 大场中，小试不利。**求财** 可得阴财。**婚姻** 中有变。**胎产** 生男，有虚惊，防是鬼胎。**疾病** 变为阳症，可不药而愈。**捕获** 贼在东北，遇网，易擒。**失物** 在西南。**远信** 即至，宜防失水。**鸦鸣** 有婚姻之庆。**鹊噪** 防惊。

阴遁四局

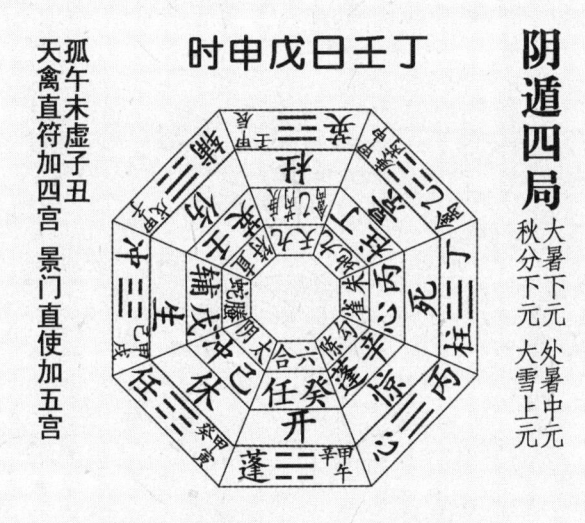

大暑下元 处暑中元
秋分下元 大雪上元

丁壬日戊申时

孤午未虚子丑
天禽直符加四宫 景门直使加五宫

乾 宫门比和
坎 门生宫
艮 宫克门
震 宫克门
巽 仪刑 宫克门 伏宫格 宫门比和
离 门生宫
坤 门生宫
兑 门生宫
英符加巽为火地晋
景门步五为火地晋
壬仪加戊为青龙入狱格
无奇门 壬日不遇 丁日飞干格
壬日伏干格

断曰：壬符加戊，有青龙入狱之名，而巽宫辖辰巳之方，为甲辰自刑之地，此则干仪两有伤残，主客互相猜忌也。乃英火独受辅木之相生，岂东道主人，终不免资粮厞屦之馈耶？景使步五，又乘九地，暗晦甚矣，况寄宫逢庚，安得享嘉？

兵事宫生星，门生宫，主客均利。但直符刑击，大将恐有损伤。景门临于中宫，丁奇合乙，名曰"龙凤呈样"。若可休兵罢战，敌至则击，敌退则守，不乐祸，不邀功，乃《采薇》、《六月》之师。**出行**秋冬近出，正北一里，逢孕妇喜笑。**阳宅**坎方有飞丙到门，可以修造。**阴宅**太阳尊帝，俱到山向，奇门不合，未为全吉。

附：占胜败两军俱有伤。**虚实**敌不进兵。**攻城**守将坚守，宜缓取。**守城**谨备正北。**天时**霖雨连绵。**地理**龙有伤损，露风不利。**人事**当得二奇人，可师可友。**田禾**防虫，有收。**家宅**宅居甚利，但多暗耗，家长防病。**官禄**上司不喜，不能终任。**应试**难中。**求财**可求。**婚姻**有阻隔。**胎产**生女，平安。**疾病**全是火症，三日后可愈。**捕获**贼难捉。**失物**物已毁坏，不能得。**远信**迟至。**鸦鸣**欺骗女人。**鹊噪**正西，人不平安。

阴遁四局

大暑下元　处暑中元　大雪上元
秋分下元

丁壬日己酉时

孤未申虚丑寅
天英直符加三宫　景门直使加四宫

乾宫生门
坎门迫宫
艮门迫宫　宫门比和
震宫门比和
巽天假　太白与天乙格　宫生门
离荧入白　宫生门
坤宫门比和
兑宫门迫　景门加巽为火风鼎
英符加震为火雷噬嗑
壬仪加己为天地刑冲格
无奇门

断曰：壬符在离，居胎养之地；己干在震，处衰病之乡，均当弱丧之时。而己土不忘于克壬水，岂性所相制，不以消长移易耶？然格为天地刑冲，而英星亦盗冲宿之气，要之尔诈我虞，未知鹿死谁手也。使乘九天以加巽，动而受生，可以言吉矣。

兵事星门皆受宫生，为客大利。宜从正北生门下出师，伏兵分为两翼，随路策应；又宜预伏于正南，与正东老营为声援。若战于西南，伏兵起应；战于东南，伏兵与老营同应。**出行**正北有门而迫宫，西北有门而克仪。东南格合天假，主先喜后忧。**阳宅**无奇门，当另择一时。**阴宅**飞丁在北，合于生门，子山可用。

附：**占胜败**两军相持。**虚实**敌兵甚近。**攻城**不能拔，宜抚之。**守城**备正西。**天时**有风雨。**地理**行龙活动，主发财丁。**人事**欲动还静，欲行还止。**田禾**有收。**家宅**宅虽有冲，居可发财。**官禄**未能即升。**应试**文有两大股，不合式。**求财**难得。**婚姻**可成，门户相当。**胎产**女胎，有惊。**疾病**肝肺之病，延正北医士可瘥。**捕获**贼在西南，易捕。**失物**向东北寻，可得其半。**远信**迟到。**鸦鸣**主与人同行。**鹊噪**心有惊。

阴遁四局

大暑下元 处暑中元
秋分下元
大雪上元

丁壬日庚戌时

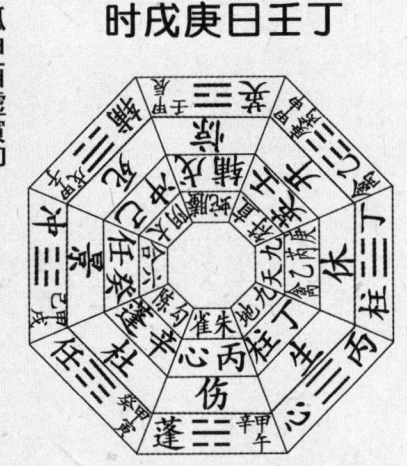

孤申酉虚寅卯
天英直符加二宫　景门直使加三宫

乾宫生门　生与丁合　重诈　丁奇入墓　门生宫
坎宫生门
艮门迫宫
震宫生门
巽鬼假宫克门
离宫克门
坤飞宫格　奇格　宫生门
兑休与乙合
英符加坤为火地晋
景门加震为火雷噬嗑
壬仪加庚为天牢倚势格
丁日伏干格　壬日飞干格

　　断曰：壬符为庚之子，而飞宫亦不免于被格，岂庚性暴于虎狼耶？况壬水性畏土宫，其不利攸往可知矣。幸庚方合乙而柔，为格必浅，而坤申亦水长生之地，苟秋冬得此，安见不可以谋望也？若景使受主于震，且逢合神，斯为履道坦坦耳。

　　兵事天乙飞宫，止宜后应。大将随直符，安屯坤地，遣副将衔枚仆鼓，伏于正东，分两军阵于正西西北。正西宜击鼓鸣金，西北宜藏形匿影。敌来犯塞，止知备我正西，则西北之兵，猝起直击，副将更乘其后麾之。**出行**夏宜西北，秋冬利正西。西北遇瞽目老病人，正西见宰夫兵卒。**阳宅**宜建乾兑二门，有孕妇至。**阴宅**乾山酉山俱可用。

　　附：占胜败主兵不利。**虚实**敌军虚张声势。**攻城**民心归我，兵至成功。**守城**宜防地道，当预设土帘，以备西南。**天时**阴云惨淡。**地理**两肩受风。**人事**事有两重，主水木交合。**田禾**禾麦俱丰。**家宅**御下过刻，家人不安，防犯上。**官禄**有参罚。**应试**不中。**求财**女人之财，告贷可得。**婚姻**成，女好酒。**胎产**生男，母安。**疾病**水虚火旺，宜滋肾。**捕获**盗宿娼家饮酒，可擒。**失物**小女所取，或役于火炉中。**远信**千里内者至，行人午日归。**鸦鸣**东方有产育事。**鹊噪**向西北鸣，当进财物。

阴遁四局

大暑下元 处暑中元
秋分下元
大雪上元

丁壬日辛亥时

孤酉戌虚卯辰
天英直符加一宫 景门直使加二宫

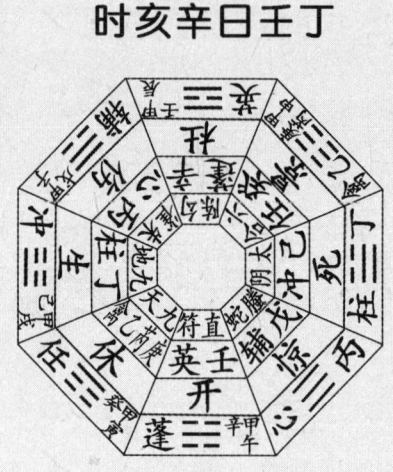

乾 宫门比和
坎 符反吟 门生宫
艮 生与乙合 龙遁 虎遁 宫克门
震 宫门比和 重诈 宫克门
巽 门生宫
离 小格 门生宫
坤 鬼假 门生宫
兑 英符加坎为火水未济
景门加坤为火地晋
壬仪加辛为白虎犯狱格

断曰：白虎犯狱之格，反覆已多，又以反吟之符得之，安能顺利？况辛在坎宫，壬水以逢旺为乐，而英火以受克为忧。溺者入水，救之者亦入水，其情异也。使在庚癸之间，而将为六合，睽而仍合，乖而复和。苟能自薄而厚人，不至离世而绝俗。

兵事符反受克，门遇小格，不宜先动。宜于正东伐木竖栅为营，外用火枪拒马蒺藜为拓队。东北高山处，置敌楼，建青帜，望敌从何来，则指何方。离坤兑三方，皆可设伏。敌犯我东北，则伏兵从后合击。**出行**夏宜出正东，秋冬利出东北。但符反，作事未能顺遂。**阳宅**宜开艮震门，六十日得铜器吉。**阴宅**艮山卯山俱吉。作用时，西方有磬声应。

附：**占胜败**先动者吉。虚实敌尚未至。**攻城**守将能得上心，不能速下。**守城**宜备正北东北。**天时**风雨骤至。**地理**穴近通衢，魂魄下安。**人事**小径得通，尚有微阻。**田禾**麦熟，青兖尤丰。**家宅**人口不安，作事不顺。**官禄**同寮多忌，未升。**应试**不中。**求财**用机谋可获。**婚姻**成，女聪明有寿。**胎产**生女，母有灾。**疾病**内热外寒，肢体觉重，心气不宁，药不对病。**捕获**盗匪东南二十三里外，门前有笼禽。**失物**在西北。**远信**未至。**鸦鸣**西南有逃亡事。**鹊噪**向东北鸣，邀请宴饮。

阴遁四局

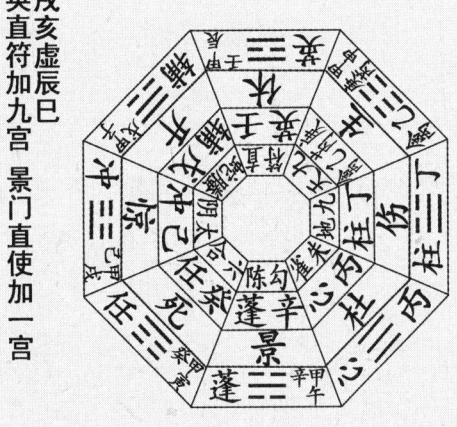

大暑下元　处暑中元
秋分下元　大雪上元

戊癸日壬子时

孤戊亥虚辰巳
天英直符加九宫　景门直使加一宫

乾　丙奇入墓　宫克门
坎　门反吟　宫克门
艮　鬼假　宫门比和
震　门迫宫
巽　门迫宫
离　符伏吟　门迫宫
坤　生与乙合　乙奇入墓　宫门比和
兑　丁奇升殿　神假　宫克门
景门加坎为离　英符伏离为火水未济
壬仪加壬为天牢自刑格

断曰：壬为水符，离其财地，火衰则可望财多，火旺则反忧身弱，符乃贪而伏焉。是见利而遗害，格所以为自刑也。景使反加于坎，受宫之制，反吟则事多变而无定，被克则身见害而有伤，宜乎勾虎之将，亦从而加之矣。

兵事符伏门反，不利行师，秋冬尤甚。宜从兑位安营，明信教谕，且防营门将士有伤。尽伏精兵于坤地，以保辎重，即其处立望竿，以则敌势。游骑带火种，伏西北探听，闻警燃木为号，严阵待敌至击之。**出行**西南可行。惜逢奇墓，未为全吉。**阳宅**宜立坤门。西南方，雷伤牛马应。**阴宅**坤山艮向吉。作用时，见雉飞鼠走，闻锣声。

附：**占胜败**势力相均，各有胜负。**虚实**敌势雄猛。**攻城**宜从东南门入。**守城**无援难守。**天时**天气清朗。**地理**山向俱不吉。**人事**有兵事文书，或讼事，反覆难信。**田禾**麦丰，西南更熟。**家宅**上下不和，行事悖逆。**官禄**同寅不协，防中伤。**应试**文晦不中。**求财**两处求，可得。**婚姻**旧亲联姻，易成。**胎产**得男，母有灾。**疾病**心肾不交，反覆难瘳。**捕获**匿于近处西北方，久当擒获。**失物**主自遗忘，向东南寻。**远信**复带回去。**鸦鸣**北方有争斗事。**鹊噪**向西南鸣，吉事。

阴遁四局

大暑下元 处暑中元
秋分下元 大雪上元

戊癸日 癸丑时

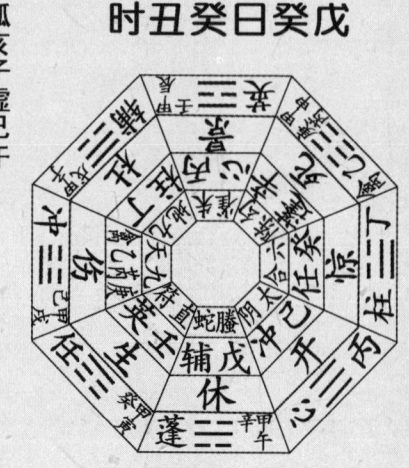

孤亥子虚巳午
天英直符加八宫 景门直使加九宫

乾 坎 艮 震 巽 离 坤 兑
乙奇升殿 刑格
地假
丙奇升殿 勃符
门伏吟
鸟跌穴
虎猖狂
蛇夭矫
景符加艮为火山旅
壬仪加癸为阴阳重地格
英仪加艮为离
景门伏离为离
无奇门 天网

断曰：癸干为壬符之同气，而困处于土宫，壬往加之，颇有脊令急难之意。乃挟英以行，任土得之而益强，非特不能救癸，且愈重之困矣。其志可矜，而其所挟持者则非也。景已归伏，而雀武加之，此为非意相干，惟当以理遣耳。

兵事星生宫，门伏宫，且阴时阴星，利于为主。巽宫得地假，安营最吉。正西西北，皆可伏兵。敌必从正东乘势直入，则正西之兵走合西北。俟敌既入西，则伏兵与大营举号，从后合击，反主为客，以应蛇矫。**出行**无奇门，又遇天网，不利远行。**阳宅**生门上乘英星，修造防火烛。**阴宅**奇门不合，宜另选时。

附：**占胜败**客胜。**虚实**敌必鼓噪而来。**攻城**佯退，诱敌出战，其将可擒。**守城**宜备正东西北。**天时**有风，阴，不雨。**地理**穴吉，惜右水反跳。**人事**神明独照，能使暗昧销奸。**田禾**麦防旱，禾亦薄收。**家宅**祖居顺利，安稳发贵。**官禄**清淡无营，可以安久。**应试**文佳可中。**求财**非分之财不得。**婚姻**男女俱有刑伤。**胎产**得女，产难，子母不利。**疾病**火盛，宜三黄丸。**捕获**匿于南方，严缉可获。**失物**小儿戏藏。**远信**即日至，行人有喜事羁迟。**鸦鸣**主文书。**鹊噪**有恩荣征召。

阴遁四局

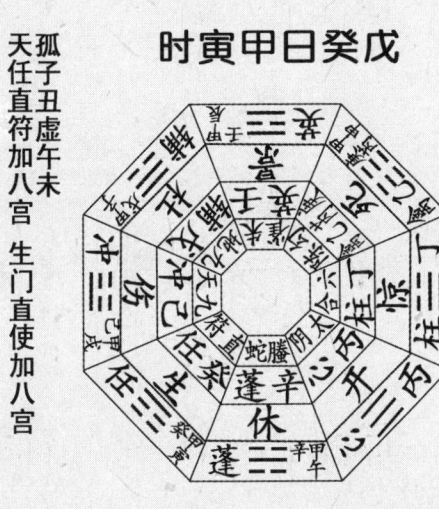

戊日癸甲寅时

大暑下元 处暑中元
秋分下元
大雪上元

孤子丑虚午未
天任直符加八宫 生门直使加八宫

乾 开与丙合 真诈 丙奇入墓
坎 门符伏吟
艮
震
巽 乙奇入墓
离 丁奇升殿
坤 任符伏艮为艮
兑 生门伏艮为艮
癸仪加癸为天网重张格
天辅时 戊日不遇

断曰：甲寅在艮，归于本家，得地极矣。癸水重重，生扶不竭，又何必贰师之刺山，嫖姚之鞭地耶？以天任为符，乃左辅吉星，自能胜栋梁之重；生门为使，则枝叶敷荣，如高松乔岳，不独葛藟之能庇其根本而已。占当定基业之谋，为本支之计。

兵事 孟甲之时，阳内阴外，不可出兵。癸为天藏，艮为鬼方，止宜遵养时晦，屯田积谷。又遇天恩转赦之时，军中小过，尽行蠲除；敌之胁从，一概不治。西北方最利，可挈收，可埋藏。**出行** 西北可行，虽逢奇墓，上乘太阴，路逢喜信。**阳宅** 宜开西北门，有目疾阴人至门应。**阴宅** 乾山可用，有青衫人携酒至。

附：占胜败 主胜。**虚实** 敌军有伏。**攻城** 城中死亡极多，可以招抚。**守城** 西北方，宜添兵防守。**天时** 晴阴各半。**地理** 拱护无情，山向不吉。**人事** 宜颁发禄俸口粮。**田禾** 农劳少获，西北有收。**家宅** 家有兴作。**官禄** 亦旺，防损人口。**官禄** 爵位不显。**应试** 不第。**求财** 相契贵人，可望有得。**婚姻** 再结彩萝。**胎产** 生女难产。**疾病** 血不荣筋，缠绵难愈。**捕获** 贼匿于南。**失物** 失于东南土壤。**远信** 未至，却有喜信。**鸦鸣** 防失脱。**鹊噪** 有刑狱文书。

阴遁四局

大暑下元 处暑中元 大雪上元
秋分下元 大暑中元 大雪上元

戊癸日乙卯时

孤丑寅虚未申
天任直符加五宫 生门直使加七宫

乾 宫克门
坎 宫生门
艮 伏宫格 大格 门生宫
震 鬼假 宫克门
巽 门迫宫
离 相佐 符反吟 小格 宫克门
坤 玉女守门 门生宫
兑 任门加兑为山泽损
癸仪加庚为天网重犯格
生门迫步五为山泽剥
无奇门 癸日飞干格伏干格

断曰：符入中而加乙，得栋梁之材，作舟楫之用矣。乃旁遇庚格，虽不致天乙惊飞，而萋菲贝锦，岂能免乎？如元祐诸君子，非不躬逢明主，而无如倾轧者进也。生使逢守户于兑，上乘九天，则能以正合者矣。物先腐而虫生之，当慎之于密耳。

兵事门生宫，利于主。直符反吟，且太白伏宫，必有丧军失将之事。西北东南，宜隐伏连环阵法。盖敌之出没，总在坤艮，我以大军迎之，或发东南，或发西北，臂指互用，呼吸相通。出行无奇门，符遇小格，不利远行。近出可向正西，或闻雷声，或见兵卒。阳宅时干在坤，上乘休门，西南可以立门。阴宅酉山可厝，见女子渡桥，木匠锯树。

附：占胜败两败俱伤。虚实敌兵有始无终。攻城夏月宜撤围。守城谨守南门。天时有风而晴。地理结穴不实，且防变故。人事有兴作，或迁移差遣。田禾防水灾虫变。家宅房有冲射，招人妒害，改造大吉。官禄任所安逸，升即有祸。应试防场后生灾。求财秋占大利。婚姻有刑克，有阻隔，成亦不吉。胎产生男，子母俱难保。疾病脾胃不和，癸日难愈。捕获盗匪喑哑人家。失物失于西北暗处。远信不止一函，有阻未到。鸦鸣有丧吊事。鹊噪防阴人口舌。

阴遁四局

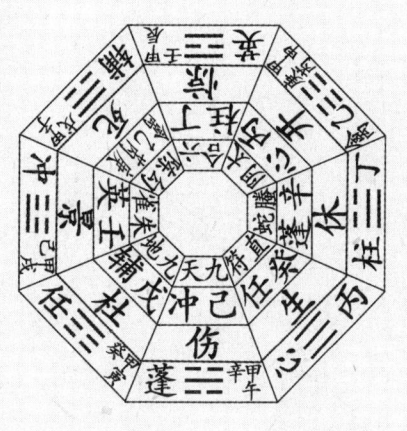

戊癸日丙辰时

大暑下元　处暑中元　秋分下元　大雪上元

孤　寅卯虚申酉
天任直符加六宫　生门直使加六宫

乾宫　龙返首　相佐　符勃　门生宫
坎宫　生门
艮宫　门迫宫
震宫　生门　太白与天乙格　宫克门
巽宫　宫克门
离宫　生门
坤宫　开与丙合　真诈　荧入白　宫生门
兑宫　生门
任符加乾为山天大畜
生门加乾为山天大畜
癸仪加丙为明堂悖格
丙奇得使遇甲　戊日伏干格

断曰：丙本在墓，甲来返首，似可生死而肉骨之矣。乃逢癸水之克，所谓"既挤之，又下石焉"者也。于是丙遂飞坤，而为入白之灾，有激之使然者耳。然值重诈之吉，惟在用得其正，则狼瞫一怒而为君子，况又得使遇甲，岂无克知灼见之主乎？

兵事星门生宫，为主大利。又逢返首，亦可动众兴师。敌在东南，其势甚猛，宜于西南东北二方，各伏精兵，分为四营，大军背乾击巽。敌未败，不可发伏，败则袭杀于西南。**出行**秋冬宜出西南方。二里逢少妇，手携纱绢之类，防与小人争论。**阳宅**宜立坤门，有鹊自南飞至。**阴宅**坤山艮向吉。作用时，有人携鱼罟至应。

附：**占胜败**主胜，西南利为客。**虚实**贼兵并进，宜急击。**攻城**宜从西南攻之。**守城**防有勇士，缘城而上。**天时**虽有阴云，终必开霁。**地理**龙佳发贵。**人事**暗中有喜，不可告人。**田禾**大熟。**家宅**宅吉，主发富贵，宦家即可升官。**官禄**当有特恩，即升。**应试**可中。**求财**贵人之财即得。**婚姻**可成。**胎产**生男当贵。**疾病**当补水中之火。**捕获**在正东可捉。**失物**仅得其半。**远信**马上来。**鸦鸣**防有失脱。**鹊噪**必近汤火。

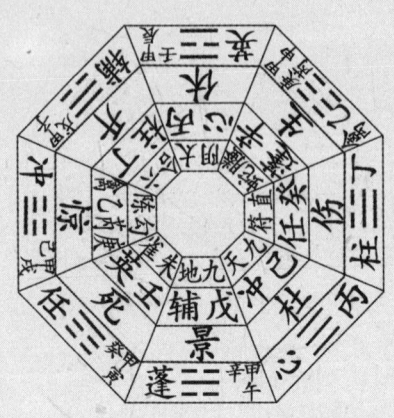

阴遁四局

大暑下元 处暑中元 大雪上元
秋分下元

时 巳丁 日癸戊

孤卯辰虚酉戊
天任直符加七宫　生门直使加五宫

乾宫克门
坎宫克门
艮宫门比和
震乙奇升殿　刑格　门迫宫
巽开与丁合　休诈　门迫宫
离休与丙合　真诈 丙奇升殿 门迫宫
坤相佐　蛇天矫　宫克门
兑虎猖狂　门反吟　宫门比和
任符加兑为山泽损
生门步五为山地剥
癸仪加丁为螣蛇天矫格

断曰：任符到兑，盖欲托于所生也，而以癸加丁，为天矫之蛇，其虚妄已甚。生使步五，又值螣蛇，何乃溷公为耶？且内蛇外蛇，其妖可畏，而庚又窥伺于门旁，丁早遁入于地户，惟见倚弓玉女窗扉，系马凤凰楼柱而已，修德禳灾，其庶几乎？

兵事星生宫，利于主。但蛇矫虎狂，又宜先举。正南东南，奇门相会，且合诈格，宜潜师而出，诡与敌和；或间道疾趋，袭其粮运。大军直出生门，背西南，击东北。正东贼勇，不可击。**出行**秋冬巽离二方俱可出行。但遇门迫，当从艰难中图谋。**阳宅**巽离二门，俱可修葺。有小儿，及患目人至。**阴宅**巽山离山吉。作用时，有女人携酒至应。

附：**占胜败**主不胜。**虚实**可用间，必自相杀。**攻城**城内惊惶，我兵亦有损。**守城**备东南门。**天时**半阴半晴。**地理**来脉不清，人财不利。**人事**见奇丑人，或闻虎惊。**田禾**有水不丰。**家宅**宅不利，人口多灾。**官禄**升后有灾。**应试**文不佳，难中。**求财**费力。**婚姻**成，有刑伤。**胎产**双生子，三日后方下。**疾病**为酒所害，用巫祝方愈。**捕获**贼在东北表家，必败露。**失物**首饰之类，不能得。**远信**有喜信，不能即到。**鸦鸣**有欺。**鹊噪**防水淹。

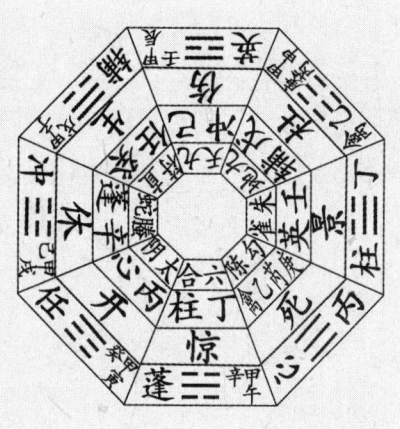

阴遁四局

大暑下元 处暑中元
秋分下元 大雪上元

戊日癸戊午时

孤辰巳虚戊亥
天任直符加四宫
生门直使加四宫

乾 白入荧 乙奇入墓 宫生门
坎 门生宫
艮 开与丙合 鸟跌穴 真诈 勃符 宫生门
震 仪刑 宫克门
巽 门生宫
离 天乙与太白格 门迫宫
坤 门迫宫
兑 任符加巽为山风蛊
生门加巽为山风蛊
癸仪加戊为青龙入地
戊日飞干格

断曰：符使入巽，以癸合戊，其挟新知而见故交耶？抑白发之映红妆也。然寅刑于巳，则妒心未忘，谪言不免；而癸绝于巳，则欢娱时短，寂寞时长，正恐今日菖蒲花，明朝枫树老耳。至于丙月到宫，太阴入室，或且举头见明月，低头思故乡耶？

兵事 符遇击刑，用兵最忌。宜急退于来路旧营处扎定，据东北山冈，为却月之势，四面皆设伏兵。敌若犯我西北，遇伏自败。若犯西南，则中营举炮，伏兵应声合击。敌退即止勿追。**出行** 宜出东北。见女人，或遇人谈方术事应。**阳宅** 宜立艮门，有人持网罟至。**阴宅** 艮山坤向吉。作用时，西北方有黄鸟飞过应。

附：**占胜败** 客胜。**虚实** 敌兵即至。**攻城** 宜迅速长驱，使不及备。**守城** 城外添设木栅，向正西求援。**天时** 乍阴乍晴。**地理** 穴吉，四势不佳。**人事** 林木之间，水土合而生火，有安炉作灶之事。**田禾** 冬歉，禾亦薄收。**家宅** 祖居甚利，可以发贵，惟防刑伤。**官禄** 有荐举可升，新任防参处。**应试** 不中。**求财** 得后防有失。**婚姻** 成。女命硬，妨翁姑。**胎产** 得女难产。**疾病** 肾病难瘥。**捕获** 盗在正西，易获。**失物** 向西南幽隐处可寻。**远信** 千里内者至。**鸦鸣** 闻盗案事。**鹊噪** 闻升迁事。

阴遁四局

大暑下元 处暑中元 大雪上元
秋分下元

戊癸日己未时

孤巳午虚亥子
天任直符加七宫 生门直使加三宫

乾 丁奇入墓 宫门比和
坎 开与丙合 真诈 门生宫
艮 宫门克门
震 宫宫克门
巽 宫门比和
离 门生宫
坤 奇格 门生宫
兑 任符加震为山雷颐
生门加震为山雷颐
癸仪加己为华盖入明堂格
癸日不遇

断曰：震本卯宫，以寅加之，而星门受克，譬犹齐之与纪，本兄弟之国，乃与郑伯并驱如纪，欲以袭之，而不虞纪人之觉也，其志惜矣。然癸则以卯为长生，或者赵氏之孤，仍得育于公宫，而己又克之，岂复有噍类乎？妖蛇之入室，夫有所召之耳。

兵事星门俱受宫克，慎勿先举。宜安营于离位，运筹闭戌，藏形不见，却于正北立背水阵，多伏精兵。敌来犯之，必殊死战。先伏奇兵于西北，昼视旗帜，夜见火光即发。正西勿追，恐杀伤。**出行**宜出正北。路逢皂衣女子，或遇人邀谋机密事。**阳宅**宜建坎门。百日内，进书契应。**阴宅**子山午向吉。作用时，有白鸡，或飞禽自西南来。

附：**占胜败**客胜。虚实敌必鸣锣抱鼓而来。**攻城**宜用水攻。**守城**援兵至，可以解围。**天时**有风无雨。**地理**桥梁冲射，人丁不旺。**人事**缘木求鱼，升高损失，或闻高处响声。**田禾**禾丰，北方尤熟。**家宅**宅发财，惟老年常防疾悔。**官禄**有荐举，可升。**应试**不中，场后防失脱。**求财**长上之财可得。**婚姻**始虽联结，后因狱讼分离，不能合卺。**胎产**生女，母防血晕。**疾病**木乘土位，不宜延西北医士。**捕获**匿于西南，甲乙日可获。**失物**在幽暗处。**远信**无。鸦鸣闻盗贼事。鹊噪文书事。

阴遁四局

戊癸日庚申时

大暑下元 处暑中元 大雪上元
秋分下元

孤午未虚子丑
天任直符加二宫 生门直使加二宫

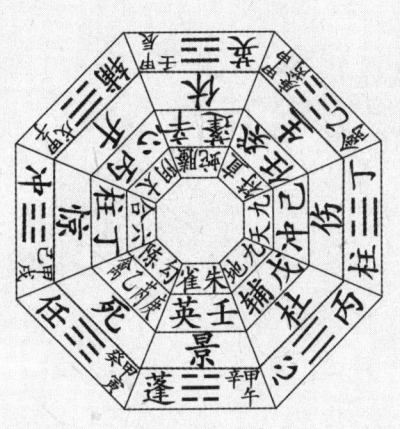

乾 宫克门
坎 宫克门
艮 伏宫格 大格 宫门比和
震 门迫宫
巽 门开与丙合 真诈 门迫宫
离 门符反吟 飞宫格 仪刑
坤 宫克门
兑 小格 宫门比和
生门加坤为山地剥
任符加坤为山地剥
癸仪加庚为天网冲犯格
癸日飞干格伏干格

断曰：任符生使，并反吟而入坤，以为上之同类乎？然有庚在，则包藏祸心者久矣。所赖旁与乙合，或执子婿之礼，而独孤之族，乃转盛于大业之间也。至本宫复有庚乙之入，而乘勾虎之神，毋乃一日数惊，以为石郎来乎？

兵事飞宫击刑，切忌为客。宜与副将合军，屯于坤地，作绳营，禁士卒勿出。遣勇将统团牌刀手，伏于东南；正东林木下，更伏轻骑，多带火箭神枪。西北伏绊索斩马刀手，敌至，大营吹天鹅声，轻骑从后杀入，巽伏砍人，乾伏砍马。出行东南可行。路逢阴险人，语言当留心。阳宅宜立巽门。闻鼓乐歌唱声。阴宅巽山乾向吉。作用时，黄衣僧道至应。

附：占胜败主胜。虚实防敌袭击。攻城城守甚固。守城敌人不能持久，可保。天时阴晴忽变。地理穴有蚁聚，葬后家道中落。人事有两人同为一事，颠倒牵制，终不通达。或有至亲，因家不利来诉。田禾麦丰，禾歉。家宅进益好。同居不睦，防有刑伤。官禄升任，降革。应试不中，场后有灾。求财有阻，不得。婚姻成。女命硬，恐妨男。胎产得男，不寿，母安。疾病土侮所不胜，反覆难瘥。捕获盗匿北方。失物在西北金石傍，可寻。远信未至。鸦鸣防火烛。鹊噪向东南鸣，吉。

阴遁四局

大暑下元 处暑中元 秋分下元 大雪上元

戊癸日辛酉时

孤未申虚丑寅
天任直符加一宫 生门直使加一宫

乾宫生门
坎宫门迫宫
艮门宫生门
震宫门比和
巽宫生门
离宫生门
坤宫生门
兑开与丙合 真诈 宫门比和
任符加坎为山水蒙
生门加坎为山水蒙
癸仪加辛为华盖受恩格

断曰：辛虎也，癸网也。虎在子位，则伏而无害，而符使同心网之，毋乃操之为己蹙乎？或者将欲树德，必先去疾，亦削株掘根之意也。去金留水，此如当途之制；去母留子，盖鉴衰汉之失，而不知三马食曹，已有其兆，亦须防阴神之蛇而可哉！

兵事星门克宫，不利为主。宜从直符下出兵，取克宫之义。正西奇门相合，上临太阴，另分材将悍卒，别为一营，伏于草泽之间。大军背北，战酣时，正西兵疾走西南，据其巢穴。**出行**利出西门。七里逢老人执杖，或见字迹，及能动之物。**阳宅**利开西门，建造兑方屋宇，有人抱小儿至。**阴宅**酉山卯向吉。作用时，见白衣孕妇为应。

附：**占胜败**主兵胜。**虚实**敌兵中道有阻。**攻城**不可入城，宜缓图。**守城**当守西门。**天时**半阴晴。**地理**地近桥梁，穴情甚好。**人事**贵人乞禄，或库吏赏钱。**田禾**正西大熟。**家宅**一家和顺，安富尊荣。**官禄**有荐举可升。**应试**不中。**求财**冬日可得。**婚姻**男家有阻，成亦有伤。**胎产**生女，当贵。**疾病**水气太盛，当渗泄。**捕获**贼在东南，有词讼牵连。**失物**失于正东土中。**远信**已发，迟至。**鸦鸣**有是非。**鹊噪**见文书财帛。

阴遁四局

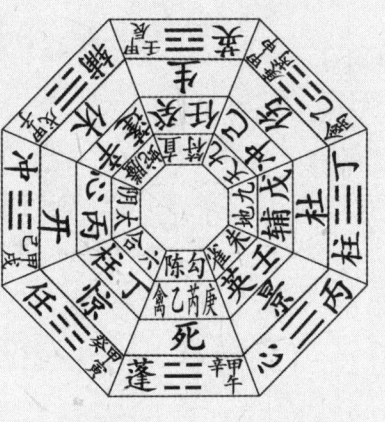

大暑下元 处暑中元
秋分下元 大雪上元

时戊壬日癸戊

孤申酉虚寅卯
天任直符加九宫 生门直使加九宫

乾 门迫宫
坎 龙逃走 门迫宫
艮 丁奇入墓 雀投江 宫生门
震 开与丙合 真诈 门迫宫
巽 宫生门
离 格刑 门迫宫
坤 宫克门
兑 生门加离为山火贲
任符加离为山火贲
癸仪加壬为天网复狱格

断曰：符使俱入于离，似欲同时向荣，而以寅加辰，为虎之斗龙；以虎加壬，为网之覆狱，则败鳞残甲之中，箠楚桁杨之下，宁无误伤而冤抑者乎？故以击断为功，仁人所不忍出也。本宫雀来投江，占主鸡飞鸟怪，亦如古人之禳雉雏庭谷可耳。

兵事星门俱受宫生，利于为客。但逢龙走雀投，战时又宜反客为主。大将坐于正南，预遣精兵，潜出正东开门，伏于山林丛莽。故必北来，大军北击，邀入伏中，猝起而围击之。**出行**正东格合真诈，可以出行，三里逢人谈方术。遇门迫，吉中有凶，秋冬稍利。**阳宅**秋冬立震门吉，见病目人。**阴宅**卯山酉向吉。作用时，有老人持杖为应。

附：占胜败利为主。**虚实**与贼同来者欲遁。**攻城**守将欲逃。**守城**备正东，宜死守。**天时**微风，天气晴明。**地理**龙脉生动，主发丁。**人事**委官盖造营房，将次移营。**田禾**丰。**家宅**人宅相宜，钱财日进。**官禄**春月当升。**应试**文不如意，难中。**求财**阴人之财，可得二三分。**婚姻**可成，女不甚佳。**胎产**胎动，生女，母有病。**疾病**火旺水衰，宜滋肾。**捕获**贼匿西北，急宜捕之。**失物**向正西寻。**远信**恐失水。**鸦鸣**防骗。**鹊噪**宜防汤火，或书籍为水所湿。

阴遁四局

大暑下元 处暑中元 秋分下元 大雪上元

戊癸日 癸亥时

天任直符加卯辰 孤酉戌虚 生门直使加八宫

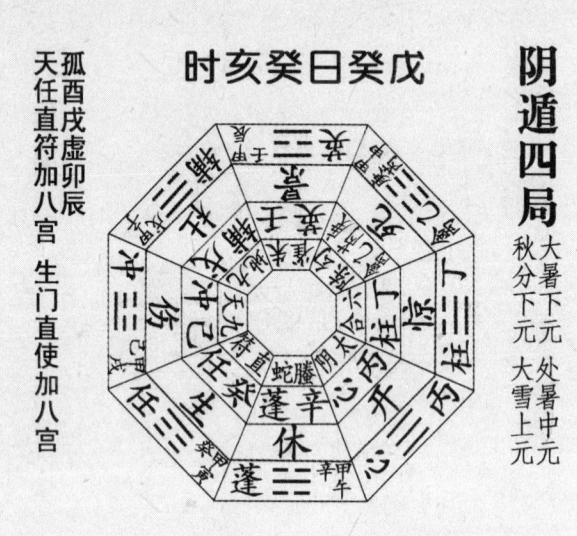

乾　门符伏吟　开与丙合　真诈　丙奇入墓
坎
艮
震
巽
离　乙奇入墓
坤　丁奇升殿
兑　任符伏艮为艮
　　生门伏艮为艮
　　癸仪加癸为天网重张格
　　天网四张

断曰：任符生使，俱伏于艮，有山藏海纳之规，止而不过之义。独嫌癸加于癸，既淫且溢，遂有谓"阿胶不能止黄河之浊，皲草不能救盐池之咸"者。然天乙所生，性本清也，惟动则浊，止则清，寂然无为，可以见性，其义盖取诸此。

兵事 天网四张，阴局之末，宜敛迹藏踪，骑兵归骑，步兵归步。营外更以白绳为限，令樵汲者，皆不得出绳行走。但伏心腹亲兵于乾位，虽有虚惊，宜坚卧勿动，可以无失。**出行** 西北可行，但防道途迷失。**阳宅** 宜立乾门，有绿衣人至应。**阴宅** 乾山巽向吉。作用时，闻妇女啼哭。葬后有人送鲤来，得财。

附：占胜败 两军相持，未决胜败。**虚实** 探听未的。**攻城** 宜截左右援兵。**守城** 内有敌党，不守。**天时** 云开见日。**地理** 不发财丁。**人事** 事宜归结，惟网罗山薮有获。**田禾** 收成如去年。**家宅** 父子睦，夫妇和，门庭清吉。**官禄** 宦途平顺，可望升报。**应试** 主司有收罗意。**求财** 得阴贵财物，傍人分惠其半。**婚姻** 成，不能偕老。**胎产** 得女，在八月。有木姓妇人来家，即生。**疾病** 待至春时方愈。**捕获** 有妇人引至茅檐内，擒之。**失物** 在原处寻。**远信** 迟至。**鸦鸣** 无事。**鹊噪** 主文书。

御定奇门阴遁五局

时子甲日己甲

孤戊亥虚辰巳
天禽直符加五宫　死门直使加五宫

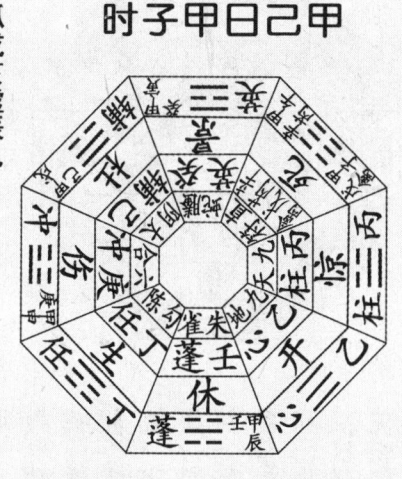

阴遁五局
霜降上元　立秋中元　小暑下元　小雪上元

乾　开与乙合　重诈　乙奇入墓
坎　生与丁合　丁奇入墓
艮　地假
震
巽　门符伏吟
离
坤　禽符伏伏五为坤
兑　死门伏伏五为坤
戊仪加戊为青龙入地格
天辅时

断曰：甲戊居于中五，有建具有极，八方会归之象。奇门合于西北，杂气聚于东南，则居上驭下，如高屋之建瓴水矣。但奸顽东伏，虽带创痍，尚狡而善走，秋冬之后，恐其蠢动复萌也。防于未然，宜早凛朽索之驭。

兵事门符俱伏，刑德在门，日星二奇，又皆入墓，不宜出兵。可向东南播散谣言，或为暗渡陈仓之计，发我正西九天之锐，与东南方西北方两处伏兵，合击伤门。**出行**近出可向乾方。十里内见僧道，或孕妇把青黄吉。**阳宅**甲日可立艮门，有小儿执竹杖至为应。**阴宅**乾艮两山，不忌入墓。作用时，有怀孕妇人至应。

附：占胜败客兵胜。**虚实**敌尚未至。**攻城**援兵虽近，可攻。**守城**防西北。**天时**黄云四塞。**地理**干龙可葬。**人事**妇子相对，微有忧怀。**田禾**麦胜于谷。**家宅**人多屋隘，防有孝服。**官禄**历俸可久。**应试**文空而晦，落第。**求财**迟滞，有争执。**婚姻**男家央媒，女家心尚不允。**胎产**生女，产迟，有两贵人来探即生。**疾病**足阳明之症，不宜延正东医士。**捕获**窝于正北近水处。**失物**在内室可寻。**远信**尚未发。**鸦鸣**孕妇有惊。**鹊噪**有雨。

阴遁五局

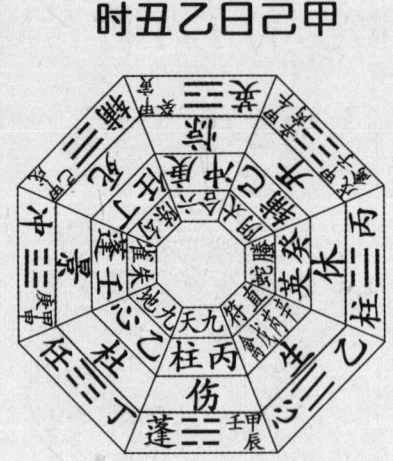

小暑下元 立秋中元 霜降上元 小雪上元

甲己日乙丑时

孤亥子虚巳午
天禽直符加六宫 死门直使加四宫

乾宫相佐 门生宫
坎宫生门
艮门迫宫
震宫生门
巽宫克门
离大格 宫克门
坤宫生门
兑宫生门
禽符加乾为地天泰
死门加巽为地风升
戊仪加乙为青龙入云格
无奇门
己日不遇

断曰：乙既墓于乾矣，戊符又挟猖狂之虎而来，如当门之兰，遇腰镰于八九，能不俱在束薪中乎？乃乙飞而入艮，虽丁火生辉，而重重障蔽，譬犹范宽之画，金碧傅色，而取径极幽，自然深暗如暮夜耳。使乘勾白而加巽，更嫌用违其地，动非其时。

兵事星生宫，宫克门，利主不利客。宜按兵不动，据西南廒仓之粟，即伏重兵，敌必自南来争。宜出西北生门，直截其东南，与西南伏兵夹击之。己日防有下谋上者。**出行**冬宜向西北。出行十七里，内当见高年贵人，乘马为应。**阳宅**小修西北方，有黄黑飞禽为应。**阴宅**无奇门，不甚利，宜另选时。若浮厝，宜择三白方旺相月日用之。

附：**占胜败**客兵胜。**虚实**敌有惊惧，来必迟滞。**攻城**夏月始拔。**守城**宜慎西南。**天时**有风雨。**地理**主山方正，葬之发财。**人事**有妇女口角，或吊唁事。**田禾**欠丰，稻有中变。**家宅**防有官讼，财亦不聚。**官禄**内职不易升。**应试**己日占，当落孙山。**求财**两处财物，但获一处。**婚姻**先有阻隔，后当成。**胎产**生男易产。**疾病**虚火上升，不可动怒。**捕获**贼在正东水次。**失物**在西北贵人家。**远信**当得不吉之信。**鸦鸣**有惊迫事。**鹊噪**防忿怒。

阴遁五局

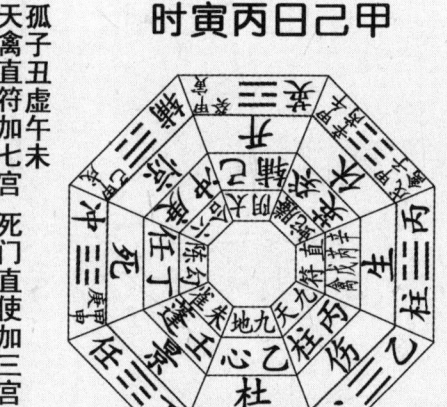

小暑下元 立秋中元 霜降上元 小雪上元

甲己日丙寅时

孤子丑虚午未
天禽直符加七宫 死门直使加三宫

乾 丙奇入墓 宫克门
坎 宫生门
艮 门迫宫
震 宫克门
巽 刑格 门迫宫
离 宫克门
坤 宫克门
兑 龙返首 相佐 符勃 门生宫
禽符加兑为地泽临
死门加震为地雷复
戊仪加丙为青龙得明格
无奇门 己日伏干格

断曰：返首之龙，当秋乘旺，而丙辛逢化，有生生不穷之义。其飞丙之到乾，亦入执宫功之象也。直使趋三，盖欲扬威于远，而上乘当门之虎，下临穷寇之庚，虽挟六丁，如徐夫人之匕首，器非不利也，而迫人于险，君子不为，况其寇且惊而遁乎？

兵事星生宫，宫克门，利为主。安营于北，设伏于正南水次，敌若攻我之营，当从直符下出师，背西击之。防正东，贼有伏兵。宜发南方之伏，合兵于东南。格战时，我军亦防内溃。**出行**季月出正西方，以应返首之吉。行七里，遇妇女与素服人同行。**阳宅**兑方年月日为利，亦可小修。**阴宅**酉山斗首属金，日时为贪官廉子，不利。

附：**占胜败**主胜。虚实敌有惊疑，自相残杀。**攻城**利于缓取。**守城**宜备正南，久则敌兵自乱。**天时**有雨，午日午时方得晴。**地理**龙来顾祖，翻身逆结，主富贵双全。**人事**有丧葬事，或兵战文书。**田禾**风雨调和，有收。**家宅**宅吉，发财丁，有西南同居人协助。**官禄**当有特恩。**应试**可中，文章勿陈腐。**求财**贵人从旁撮合，易获。**婚姻**可成，男有刑伤。**胎产**男胎，防堕。**疾病**肝家怒气，当清火养肝。**捕获**贼自败露。**失物**货与别人。**远信**来非吉信。**鸦鸣**有失脱。**鹊噪**水湿案前书。

阴遁五局

小暑下元 立秋中元 霜降上元 小雪上元

甲己日丁卯时

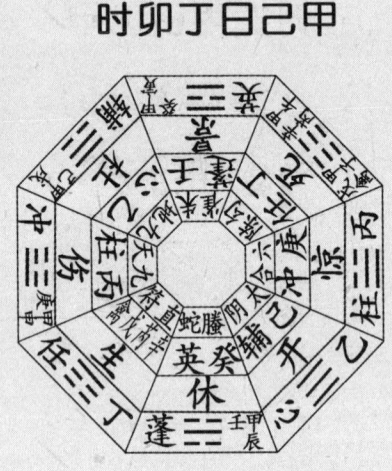

孤丑寅虚未申
天禽直符加八宫　死门直使加二宫

乾　相佐　符反吟
坎　荧入白
艮
震
巽　门伏吟
离　白入荧
坤　禽符加艮为地山谦　奇格
兑　死门加坤为
禽　戊仪加丁为青龙耀明格
　　无奇门

断曰：符艮使坤，一反一伏。此欲登高行远，彼则假道而归，何行事之与中怀，适相左乎？于是时干之丁，内外兼顾，远近交驰，有疲于奔命之状；而所乘之神，总不脱乎勾白，则车殆马烦，折伤不免。而我往彼归，恐终不能相值也。

兵事星门比和，阳时利为客，从东北直符之下出师。贼在正东，宜立时进勤，掩其不备。又当先伏奇兵于西北，敌若过西，不可动，待其杀入阵脚，发伏掩击，以逸待劳。但符反门伏，又无奇门，不战亦可。**出行**东北方有门无奇，亦可暂出。**阳宅**无奇门，不宜修。**阴宅**年月日若利，当于本日再选一时。

附：**占胜败**主胜。**虚实**敌已进兵，反覆惊疑。**攻城**可无。**守城**谨守西北，久当自走。**天时**天虽变，尚无雨。**地理**龙气不佳，难定穴。**人事**有少妇孝服。**田禾**去年歉，则今年丰。**家宅**眷属不宁，防有官事。**官禄**官途有变。**应试**不中。**求财**得亦费力。**婚姻**女嫌男家，难就。**胎产**过月生女。**疾病**火在肺胃之间，反覆难安。**捕获**逢阴雨，可获。**失物**落东北商人之手。**远信**非好信，即日至。**鸦鸣**事有遗亡。**鹊噪**防汤火。

阴遁五局

小暑下元
霜降上元
立秋中元
小雪上元

甲己日戊辰时

孤寅卯虚申酉
天禽直符加五宫 死门直使加一宫

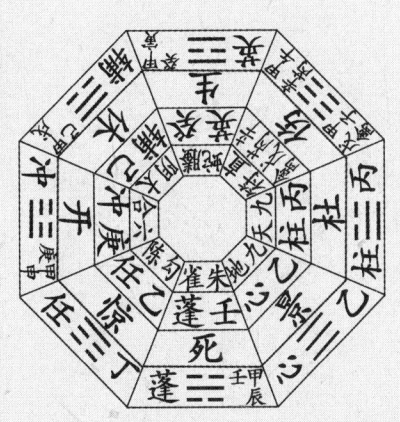

乾 乙奇入墓 门迫宫
坎 门迫宫
艮 丁奇入墓 宫生门
震 门迫宫
巽 门生宫
离 符伏吟 门迫宫
坤 宫生门
兑 禽符伏吟五为坤
死门加坎为地水师
戊仪加戊为青龙入地格
无奇门

断曰：符伏中，使临坎，三门布于东南，三奇列于西北，如萧曹魏邴，谋谟朝右；而卫霍甘陈，立功阃外也。然中五乃安守之地，而坎一为涉险之乡，且乘雀武之神，若欲以勤捕为事，则子位为鬼贼之投井，而辰时防寇盗之登云，勿歼其类可也。

兵事门克宫，阳时利为客。先伏精锐于东南，设疑兵于西，正军用长蛇阵法，从南方生门而出，转击东北，猝发伏兵，直捣正东敌营，使首尾不支，可以逞志。**出行**远行不利，近出东南休门。上乘太阴，亦可以往。路逢女人，或军器应。**阳宅**无奇门，不可修造。**阴宅**星月奇俱入墓，门又不合，当另择时。

附：**占胜败**师老不战。**虚实**敌军有阻。**攻城**正东乘隙即上。**守城**备东门，再向西北求援。**天时**阴云无雨。**地理**结穴有情，穴窝高燥平稳。**人事**当斋戒掩身，见盗案文书。**田禾**虫螟为害，禾麦薄收。**家宅**人口安宁，冬季防失脱口舌。**官禄**安，久不升。**应试**文晦不中。**求财**虚约无得。**婚姻**冰人不得力，未必成。**胎产**得男，母有灾。**疾病**脾虚水溢，迁延时日。**捕获**在正北水边。**失物**尚在家中。**远信**未至。**鸦鸣**有僧道至。**鹊噪**闻冲决事。

阴遁五局

小暑下元 立秋中元
霜降上元
小雪上元

甲己巳己甲时

孤卯辰虚酉戌
天禽直符加四宫 死门直使加九宫

乾　休与丁合　丁奇入墓宫生门
坎　神假　门迫宫
艮　上格　门迫宫
震　小格　宫门比和
巽　宫生门
离　丙奇升殿　宫生门　龙逃走　宫生门
坤　乙奇入墓
兑　宫门比和
禽符加巽为地风升
死门加离为地火明夷
戊仪加己为青龙相合格

　　断曰：土到巽为墓绝之乡，禽符来而受克，毋乃翮羽摧颓，影落湘汉之间乎？直使入离，向荣受生，逢升殿之丙，光辉四映，又乘九天之神，其声名洋溢，有彻野彻天者矣。惟时丁乙皆韬光于不用，不得不让月奇，出一头地也。占当迁流而后得遇。

　　兵事宫克星，阴时利主，分军为三。上军假作神像，依山附谷，伏于东北；下军车载灰沙藏于西南。俟敌一动，大军从直符下出兵，令下军顺风扬沙于前，上军乘乱纵击于后，中军直捣其巢穴。出行西北休门可出，防道途有阻滞。阳宅乾方可立门，有小儿争闹应。阴宅己日禄在午，贵在子，离山可浮厝，乾山可安葬。

　　附：占胜败主胜。虚实敌阻中途。攻城宜用地道攻之。守城正西当备。天时有风雨。地理左脉奔腾，穴迫窑灶，不吉。人事宜登高远望。田禾禾麦薄收。家宅有贵人扶助，利于求名。官禄有忌之者，秋月破财。应试不中。求财友朋之财可得。婚姻女家不允。胎产生女产迟，有虚惊。疾病火盛于上，水衰于下，调其水火自愈。捕获贼已移窝，俟再来可获。失物在东南方近烟囱处可寻。远信闻信必虚。鸦鸣有忻喜事。鹊噪有贵人来。

阴遁五局

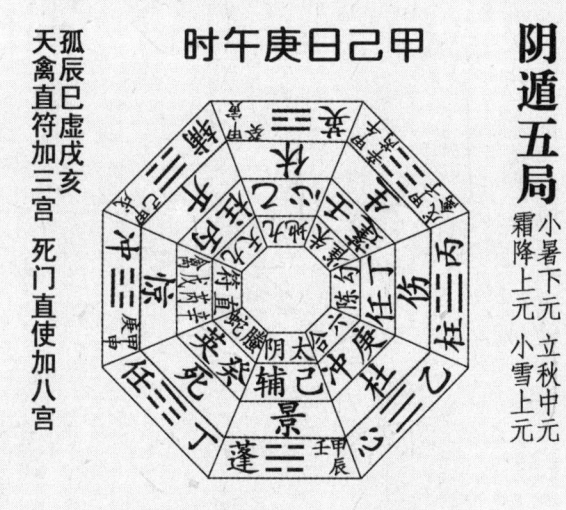

甲己日庚午时

孤辰巳虚戌亥
天禽直符加三宫 死门直使加八宫

小暑下元 立秋中元
霜降上元 小雪上元

乾 奇格 宫克门
坎 宫克门
艮 玉女守门 门反吟 蛇天矫 宫门比和
震 飞宫格 仪刑
巽 开与丙合 门迫宫
离 休与乙合 重诈 门迫宫
坤 丁奇升殿 宫克门
兑 宫门比和
禽符加震为地雷复
死门加艮为地山谦
戊仪加庚为青龙持势格
甲日不遇

断曰：戊符愁东，又直飞宫之格，而旁挟辛虎之威，似欲以强取胜，不知子午冲射，同事已非一心；龙虎相争，所如定多不合。至以直使前导，妄思玉女之助，乃逢天矫之蛇，足见作伪之心劳日拙矣。所喜巽离二宫皆吉，大约灾过福生。

兵事宫克星，利为主，但格遇天矫，故至宜反主为客。一伏于正南，一伏于正北，从东南方扬兵而出，背东击西。防西北贼有伏兵，当慎。**出行**巽离两方皆利。东南逢贵人，或闻雷声。南方逢病目人应。**阳宅**巽门离门，皆可建造。闻鼓乐声，或有方外人至。**阴宅**午山子向吉，巽山乾向亦利。有妇人至，或窑冶火光应。

附：**占胜败**主胜。**虚实**敌兵尚远，其情甚秘。**守城**可攻，秋冬尤利。**守城**难守。**天时**水泄木旺，无雨。**地理**穴情不实，防有风透。**人事**有女人虚惊，茶酒不可多饮。**田禾**薄收，山东苗秀不实。**家宅**厨灶不利，门内常有参商。**官禄**任内多事，迟久可升。**应试**文不合式，且防场后有悔。**求财**可得，后有反覆。**婚姻**女有才貌，男家畏忌，不成。**胎产**生男，母防血崩。**疾病**水盛火衰，宜培土。**捕获**可缉。**失物**失于东方，不得。**远信**近人当至。**鸦鸣**有阴私事。**鹊噪**水土工作。

阴遁五局

小暑下元 霜降上元 立秋中元 小雪上元

甲己日辛未时

孤巳午虚亥子
天禽直符加二宫 死门直使加七宫

乾 乙奇入墓 宫门比和
坎 门生宫
艮 休与丁合 丁奇入墓 宫克门
震 宫克门
巽 门生宫 宫门比和
离 符伏神假 门生宫
坤 符伏吟 门生宫
兑 门生宫
禽符加坤为坤 死门加兑为地泽临
戊仪加戊为青龙入地格

断曰：符加于辛，使加于丙，有望中作合之情。乃符则似伏而非伏，使则见生而不生，犹旅舍不可以言归，瓶花不可以言植也。在人事则为师之左次，役之迁延，亦或虚空摹拟，罔象幻形，如结想遂以成镜，镜化则心复成灰，究何所有哉！

兵事星伏宫，门生宫，宜坚壁固守，分兵设伏，暗藏东南林木盛处。敌至从东北出师应之，避其前锋，示之以弱，俟敌入伏，回兵与战，伏兵乘之，可胜。收军屯西北，毋远追。**出行**利出东北方，但防迷道，逢碧衣妇人应。**阳宅**宜修东北方，有人携文书纸笔过。**阴宅**艮山坤向，得奇得门，但系丁之入墓，不利后人。

附：**占胜败**主客互有损折。**虚实**敌兵按甲不动。**攻城**可攻，但有援兵，不能即拔。**守城**季月易守。**天时**阴云凝结。**地理**山向不利，乾艮两方，尤不可用。**人事**闻马嘶声或遣兵将事。**田禾**农人劳苦，禾麦俱登。**家宅**宅不利人，内房亦暗。**官禄**文书干碍，不能即升。**应试**己日占，不能中。**求财**难得。**婚姻**女性昏昧，且有刑克，不成。**胎产**胎安，生女，产迟。**疾病**火盛烁金，并伤脾土，安神宁气，勿药渐瘳。**捕获**不能远遁，日久终获。**失物**不得。**远信**人信俱不至。**鸦鸣**得财。**鹊噪**防有偷窃。

阴遁五局

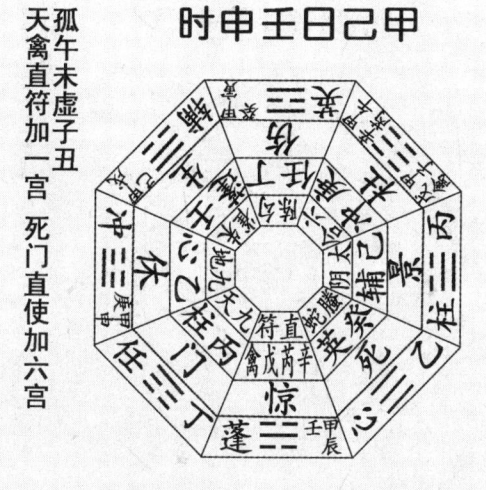

小暑下元 立秋中元 霜降上元 小雪上元

时申壬日己甲

孤午未虚子丑
天禽直符加一宫 死门直使加六宫

乾 门生宫
坎 门生宫
艮 天与丙合 宫生门
震 休与乙合 重诈 乙奇升殿 门生宫
巽 宫克门
离 雀投江 门生宫
坤 太白与天乙格 伏宫格 门迫宫
兑 门迫宫
禽符加坎为地水师
死门加乾为地天泰
戊仪加壬为青龙破狱格
甲日伏干格

　　断曰：符之加壬，是天狱也；使之逢癸，是天网也，一时罗织，能使动静多灾。然戊龙旁挟辛虎，而欲以一网收之，其网之破也必矣。至乾宫之癸，蛇也；上乘之神，又得一蛇，其当道之斩乎？抑两头之埋乎？赖亥为水位，其灾易消，徒为缠扰而已。

　　兵事星克宫，不利主，兵宜先举。当分道而出，正兵宜大鸣金鼓，向东北开门，对冲敌阵；奇兵则偃旗息鼓，从正东直趋敌垒，背东南，击西北。若敌避西南，当发正西伏兵，击其右部。**出行**东北可行。出门八里，见赤白马，或闻金铁声。**阳宅**甲日开东北门最利，当有显爵到门应。**阴宅**艮震两山俱可用。造葬时，闻怀孕妇人哭泣声。

　　附：**占胜败**主不胜。**虚实**防敌人断塞粮道。**攻城**宜断其汲。**守城**小心东北。**天时**不雨。**地理**主山方正，但前案缺陷，不能发丁。**人事**来文不实。田禾谷胜于麦，南方防旱灾。**家宅**家有惊怪，且多口舌。**官禄**当复原职。**应试**文暗难中。**求财**可求，但费唇舌。**婚姻**似乎先合后婚。**胎产**难产，母有厄。**疾病**肾火虚炎，药宜半清半补。**捕获**匿于东南门前有水人家。**失物**在正北贵家。**远信**将至。鸦鸣有文书机密。鹊噪得酒食。

阴遁五局

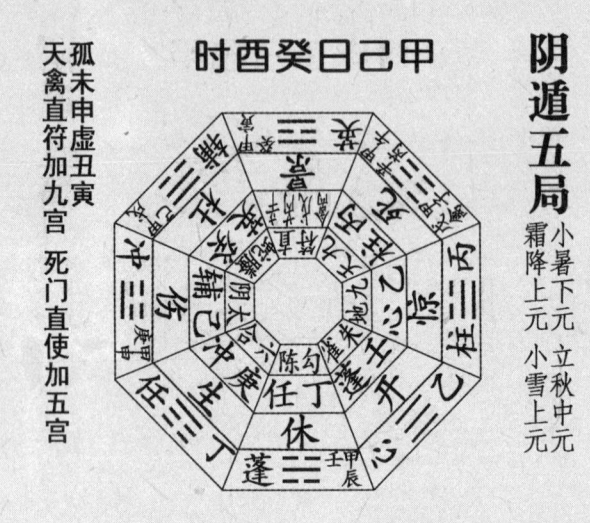

小暑下元 立秋中元
霜降上元
小雪上元

甲己癸酉时

孤未申虚丑寅
天禽直符加九宫 死门直使加五宫

乾 休与丁合
坎 奇格
艮 神假 格刑
震
巽
离 鸟跌穴 门伏吟 勃符
坤
兑 禽符加离为地火明夷
　　死门伏五为坤
　　戊仪加癸为青龙相和格
天网 己巳日飞干格

断曰：戊癸合于离位，子午会于中天，水火相交，阴阳相育，似可问天藏于丹炉，见华池之红莲碧露矣。直使归伏，值跌穴之丙，则月华莹净，有个鸟飞。合而观之，盖即翠虚所谓"药生丹田，阳气上达，丽于目而有光"者也。

兵事宫生星，遇门伏天网，主客均不甚利。正北休门，奇仪相合，可以出兵，但上乘勾虎，刑伤亦所不免。西南飞鸟跌穴，大利于客，宜从直符下出兵，疾击之，遇胜则止，贪敌必败。**出行**四季月出西南亦吉，逢哭声应。余月宜出北门。**阳宅**宜修正北屋宇，有皂衣妇人抱小儿至为应。**阴宅**子山可用，但防白虎撑堂，不若坤山尤吉。

附：**占胜败**不战。**虚实**贼人不动。**攻城**宜乘阴雨，决水灌城。**守城**防西北。**天时**阴晴忽变。**地理**土色紫黑，元武合法，土中有残帛。**人事**有贵人移徙。**田禾**麦歉谷熟，秋风有损。**家宅**宜归旧宅，防有孝服。**官禄**内官吉。**应试**中后有灾。**求财**防因财起衅。**婚姻**男益于女，冰人有力，易成。**胎产**生女，未产。**疾病**心火盛，旧病复发，宜换方。**捕获**防越狱。**失物**堂屋中觅。**远信**不止一函，当即至。鸦鸣见贵人财帛。鹊噪有移徙事。

阴遁五局

小暑下元 立秋中元 霜降上元 小雪上元

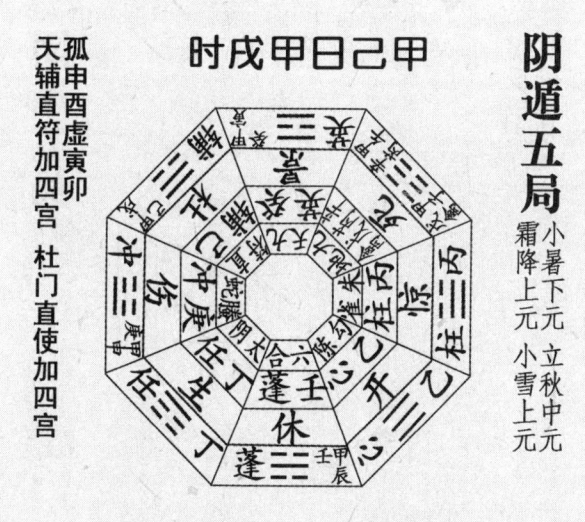

甲己日甲戊时

孤申酉虚寅卯
天辅直符加四宫 杜门直使加四宫

乾 开与乙合 乙奇入墓
坎 生与丁合 真诈 丁奇入墓
艮 门符伏吟
震
巽
离
坤
兑 辅符伏巽为巽 杜门伏巽为巽 己仪加己为明堂重逢格 天辅时

断曰：天辅分符，己仪秉令，处乎巽维之地，上应文曲之星，是以彼诚心，出兹文治，乔皇彪炳，质有其文矣。且君子之德维风，上既顺风而呼，下亦随风而靡。虽用杜为直使，而闭门造车，出而合辙，亦何妨运之堂上而足乎？

兵事星门俱伏，阳时利客。况时遇季甲，阳外阴内，亦利先动。秋月出东北，冬出西北，设伏于东北，移兵东南，背弃孤，击卯虚。贼走东北，遇伏，可以左右夹攻。贼亦伏于东，当搜其巢穴。**出行**东北西北二方，皆合奇门，但为奇墓，不利长行。**阳宅**乾艮二方俱可修，但不宜大动工作。**阴宅**乾艮二山，奇入墓中，山向利，皆可用。

附：占胜败各相守。**虚实**贼兵不动。**攻城**春夏可攻。**守城**难守，谨备西北正西。**天时**浓霜烈日。**地理**结穴有情，当葬左钳。**人事**有笔墨关心。**田禾**丰歉俱同上年。**家宅**人口平安，只宜闭门课子。**官禄**可升，不显。**应试**文求深反晦，不能中。**求财**可求。**婚姻**难谐。**胎产**生女，难产。**疾病**木郁侮土，疏通可愈。**捕获**贼在正西，闻风惊走。**失物**藏于床下。**远信**犹未发信。**鸦鸣**妊妇防胎动。**鹊噪**月夜有惊。

阴遁五局

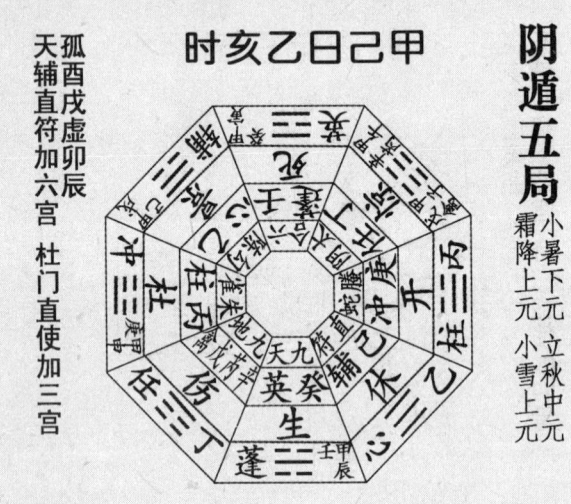

甲己日乙亥时

霜降上元 小暑下元
小雪上元 立秋中元

天辅直符加六宫 杜门直使加三宫
孤酉戌虚卯辰

乾 门迫宫 相佐 符反吟 宫生门
坎 门迫宫
艮 荧入白 宫门比和
震 宫生门
巽 宫生门
离 宫生门
坤 宫生门
兑 白入荧 奇格 宫门比和
辅符加乾为风天小畜
杜门加震为风雷益
己仪加乙为日入地户格
无奇门
己巳日不遇

断曰：己加乙奇，名曰"日入地户"。己土则受乙木之克，而辅木又受心金之伤，且逢反符，得非夷父之逐日，欲反其景，而徒得其渴者耶？杜使趋三，宫门本属比和，乃雀武照临于其上，荧白交战于其间，往而见伤，不如杜门谢客矣。

兵事宫克星，利为主。安营于东北，设伏于西南。寇至，从西北直符下出师，从正西邀遮，背戌孤，击辰虚。伏兵发其左偏，急击勿失，以应入白之格。符值反吟，须乘其乱而取之，否则防其声东击西，互有胜负。出行冬月暂出西北。但为反吟，奇仪受克，作事必难遂意。阳宅己日修方尤不利。阴宅反吟无奇门，此时不宜用。

附：占胜败客胜于主。虚实贼众聚散不常。攻城守将寡断，说之可降。守城谨备正西，可守。天时风动云开。地理山向不合，地亦非真，防损失。人事炉中蒸香，或有文书错误。田禾夏旱有伤。家宅人事乖张，火盗皆可虞。官禄有盗案阻隔升迁。应试中在后。求财水利可求。婚姻女畏男，不能谐。胎产生女防惊。疾病昼夜不宁，须承气汤大泻其火。捕获难拘。失物向东北寻。远信至。鸦鸣慎勿相争。鹊噪宅内防火。

阴遁五局

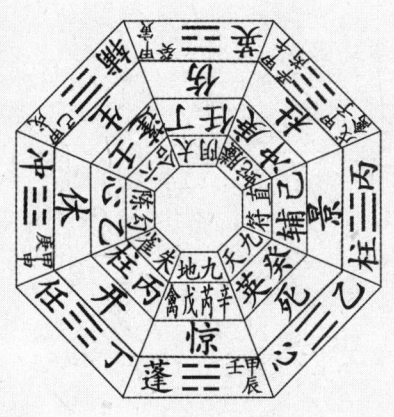

小暑下元 立秋中元 霜降上元 小雪上元

乙庚日丙子时

孤戌亥虚辰巳
天辅直符加七宫 杜门直使加二宫

乾 门生宫
坎 门生宫
艮 开与丙合 宫生门
震 休与乙合 乙奇升殿 云遁 门生宫
巽 宫克门
离 神假 雀投江 门生宫
坤 太白与天乙格 门迫宫
兑 龙返首 相佐 符勃 门迫宫
辅符加兑为风泽中孚
杜门加坤为风地观
己仪加丙为地户埋光格
庚日不遇 乙日飞干格

断曰：时干以丙奇承符甲，合返首之吉占，然丙居兑宫，已云折翅之凤，又遭己仪之地户以埋其光，则六翮全摧，清辉不再觏矣。时支受使之迫，而庚方来格，蛇神又从而乘之，占者之坎坷可知。庚日得之，尤为不利。

兵事宫克星，门克宫，主客互有损伤。阳时宜先举，预伏奇于正南之阳，匿精锐于正北之阴。庚日为圆阵，鸟左蛇右，从东北而出；乙日为直阵，龙前虎后，从正东而出，中途合围奋击。**出行**秋宜出东北，冬利往正东。见军夫，或印信。阳宅艮震二门吉。有飞鸟过，或闻鼓声应。阴宅卯艮山吉，有风雨应。

附：**占胜败**客败。**虚实**敌兵即至。**攻城**先藏内应，斩关直入。**守城**难保无虞。**天时**有风无雨。**地理**回龙顾祖，明堂宽敞，右护亦佳。**人事**闻虚伪，或奇异事。**田禾**禾大熟，麦少收。**家宅**小口有惊，防鬼祟。**官禄**防文书舛误。**应试**交卷时当小心。**求财**可得，防逢盗。**婚姻**男家欲求，女家不许。**胎产**占孕是虚胎，占产生女。母有灾。**疾病**肝火制脾，宜泻肝捕土生金。**捕获**远匿难踪。**失物**书籍之类，阉人所取。远信即至，远人为风雨所阻。**鸦鸣**有喜庆。**鹊噪**阴贵人来。

阴遁五局

小暑下元 立秋中元 霜降上元 小雪上元

时丑丁日庚乙

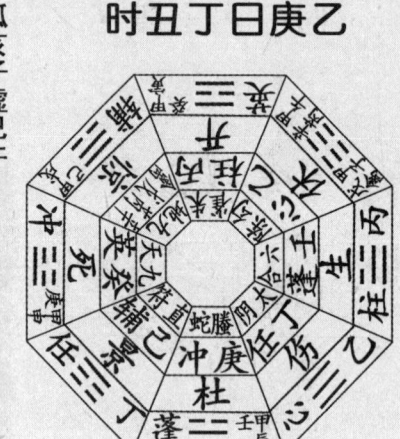

孤亥子虚巳午 天辅直符加八宫 杜门直使加一宫

乾 神假 丁奇入墓 宫克门
坎 仪刑 门生宫
艮 上格 宫生门
震 门迫宫
巽 小格 宫克门
离 开与丙合 丙奇升殿 宫克门
坤 休与乙合 乙奇入墓 龙逃走 宫克门
兑 门生宫
辅符加艮为风山渐
杜门加坎为风水涣
己仪加丁为明堂贪生格
时干入墓

断曰：丁奇居艮而逢丑，为入墓之时干，为鬼户之玉女；己符加之，则壬受辅伤，而丁复游地户，不显而晦，不昭而昏，愁惨之气象见矣。时支在坎，被格于庚，而见脱于杜，又值蛇神，干支殆有同病而相怜者乎？

兵事宫生门，星克宫，阳时利为客。伏奇于乾方，藏锐于巽地，从正南开门而出。先令游骑诱战，继发两翼伏兵，合攻可胜。但逢刑墓，中军慎无轻敌。**出行**西南奇墓，不利远行。正南可往，路闻笑语，或见红色飞禽。**阳宅**宜立离门，有患目人至应。**阴宅**宜午山子向。作用时，云雾四合。葬后，乌猫生白子吉。

附：**占胜败**主胜。虚实故军中道，尚未至。**攻城**宜从正南入。**守城**有虚惊，当向东北求援。**天时**有雨。**地理**左脉不佳，葬后家道中落，人丁不旺。**人事**见花朵，有急谋。**田禾**麦歉，禾有收。**家宅**人口康泰，宜慎火烛。**官禄**爵显难久。**应试**文合式，限额不取。**求财**无得。**婚姻**女家不愿。**胎产**生男，易产，母不安宁。**疾病**肺气不能下降，肾失所养，宜滋其化源。**捕获**盗伙甚强，捕寡不敌。**失物**在东南近竹木处。**远信**至。**鸦鸣**主贵人事。**鹊噪**无事。

阴遁五局

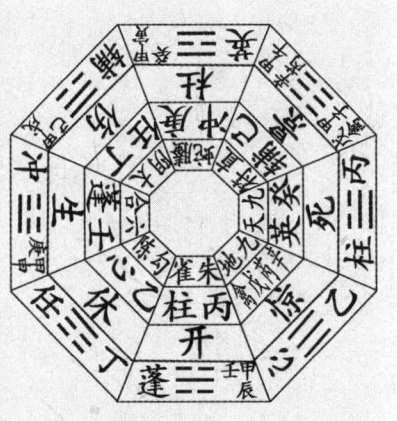

小暑下元 立秋中元 霜降上元 小雪上元

乙庚日戊寅时

孤子丑虚午未
天辅直符加五宫　杜门直使加九宫

乾　虎猖狂　宫门比和
坎　休与乙合　门生宫
艮　开与丙合　门生宫
震　宫克门
巽　神假宫门比和
离　大格门生宫
坤　仪刑门生宫
兑　门生宫
辅符步五为风地观
杜门加离为风火家人
己仪加戊为明堂从禄格

断曰：戊土处中而寄坤，禽芮翼而助之，坤中有辛，为戊之嗣，亦既有此室庐，长我子孙矣。及己符之来，而禽芮皆为辅克，戊始不得安焉。究之戊刑未而仪击之，则己仍不利也。杜门受使而出，凡阅四时而无不与庚值，当有"蹙蹙靡骋"之叹。

兵事门生宫，利于为主。但阳时宜先发兵，出正北开门直击其南，彼必坚壁不出。须于东南林中，先伏神形鬼脸，哨忽而出，彼军自惊，乘乱击之，可以得志。**出行**秋月出正北，冬月出东北。正北见乌鹊，东北见白衣人吉。**阳宅**坎宅艮门皆吉，有小儿提铁器。**阴宅**艮山吉，坎山亦可用。有艺人携文书应，吉。

附：**占胜败**客败。**虚实**有阻隔，贼未来。**攻城**有埋伏，须攻其右。**守城**防正北。**天时**阴晦不雨。**地理**龙气夹杂，左砂太昂。**人事**有盗贼文书，或道上阻隔。**田禾**比旧年略胜，冀兖之间熟。**家宅**诸事有耽搁，有虚惊，无实际。**官禄**部文耽延。**应试**文薄弱不中。**求财**与恶人同伙，可以得半。**婚姻**女好可成。**胎产**生女，当嫁二贵夫。**疾病**咳嗽痰火，宜清火。**捕获**匿于京城。**失物**在西北土中。**远信**有伤损。**鸦鸣**遇贵人。**鹊噪**骑马人到。

阴遁五局

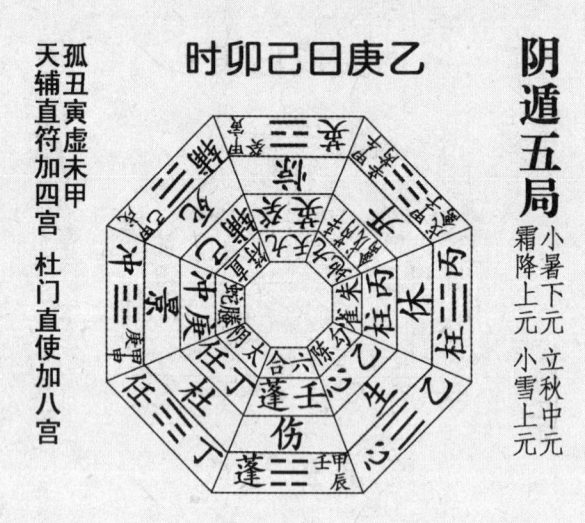

小暑下元　立秋中元　霜降上元　小雪上元

时卯己日庚乙

孤丑寅虚未甲
天辅直符加四宫　杜门直使加八宫

乾　生与乙合　乙奇入墓　门生宫
坎宫生门
艮　玉女守门　地假　丁奇入墓　门迫宫
震宫生门
巽　符伏吟　宫克门
离宫克门
坤宫生门
兑　休与丙合　宫生门
辅符伏吟为巽
杜门加艮为风山渐
己仪加己为明堂重逢格
庚日飞干格伏干格

断曰：巽之为卦，取象于风，而己仪居之，真所谓"大块噫气名为风"者也。然己而加他干，则冷风小和，飘风大和。若既伏矣，则噫气复于大块，而散物之功鲜矣。使逢玉女之守，是少女微风已耳。而制宫为迫，岂仍有落实取材之象乎？

兵事门克宫，阳时利客。故据正东，依险结营。当预伏精锐于其左近山北，鸡鸣蓐食，先发一队出西北，一队出正南。又伏游兵于西南，大军从西门，直抵其巢，伏发合战于北，可胜。**出行**宜出正西，见阴贵人，或鸦鹊噪。出西北亦可。**阳宅**秋立兑门大吉。有三五女人至。**阴宅**乾山兑山皆吉。闻师巫鼓角声应。

附：占胜败有和意。**虚实**贼营有惊。**攻城**即开门纳款。**守城**宜伏兵城内，开门延敌。**天时**有雨，辰日晴。**地理**穴情甚隐，山向不合。**人事**数女人对坐，镌绣物件。**田禾**麦熟，禾防水。**家宅**外人有欺者，女眷不甚和。**官禄**守旧。**应试**有阻隔。**求财**得，有争斗。**婚姻**女克夫，却贤能。**胎产**女胎，未生。**疾病**阴分伏火，又不宜泻。**捕获**贼在正西饮酒啖肉。**失物**在西南原处，旁有钢铁器。**远信**飞马而来。**鸦鸣**防贼。**鹊噪**贵人进门，有财喜。

阴遁五局

小暑下元 立秋中元 霜降上元 小雪上元

时辰 庚日 庚乙

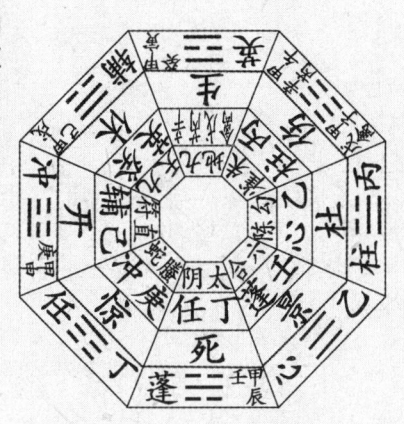

孤寅卯虚申酉
天辅直符加三宫 杜门直使加七宫

乾 门迫宫
坎 鬼假 门迫宫
艮 奇格 宫生门
震 格刑 飞宫格 门迫宫
巽 门生宫
离 宫生门
坤 门迫宫
兑 宫克门
辅符加震为风雷益
杜门加兑为风泽中孚
己仪加庚为明堂伏杀格
无奇门

断曰：六庚之干，己符加之，为刑格，为伏杀，此争彼竞，莫肯降心。而辅星独喜临于木旺之宫，富弼所云"和则利归公上，战则功归臣下"是也。直使逆支于兑宫，幸逢日月合璧，而乘勾白之将，以受克于兑金，岂其覆盆而不能照耶？

兵事宫克门，不利客，兵戒先动。格遇飞宫，后应乃吉。大将宜趋震位以待敌，正北鬼假，当设陷阱，遣将诱其深入，潜出正南，击其艮位。敌不敢东向，必入我阱。**出行**符遇格刑，奇门不合，不甚利。近出正南，当遇昏目老阴人。**阳宅**差可小修正南屋宇，一年内得财宝始吉。**阴宅**无吉格，当另选。

附：**占胜败**主负重伤，客亦不胜。**虚实**敌军最近，防有奸细入营。**攻城**守将持重有谋，未易拔。**守城**东北不过虚声，当备正东格斗。**天时**有风雨。**地理**坐丁杀气，当另择。**人事**有九流争论艺术。**田禾**栽插不能及时，薄收。西南防旱。**家宅**人丁不旺，更防疾病刑克。**官禄**防参罚，难升。**应试**字号有错。**求财**徒费经营。**婚姻**男女俱有刑伤。不吉。**胎产**男胎，母稍有妨。**疾病**心胆不舒，宜散之。**捕获**向西南酒店中缉。**失物**失于南方近山冈处。**远信**已发。**鸦鸣**有和合事。**鹊噪**西南有马伤人。

阴遁五局

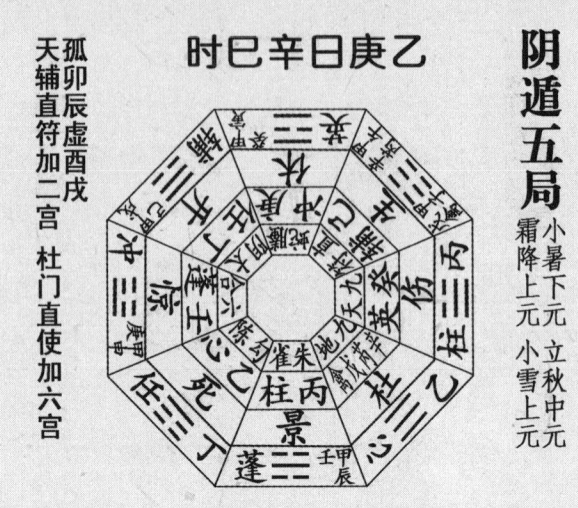

乙庚日辛巳时

霜降上元 小暑下元
小雪上元 立秋中元

孤卯辰虚酉戌
天辅直符加二宫　杜门直使加六宫

乾　门反吟　虎猖狂　宫克门
坎　宫克门
艮　门迫宫
震　门开与丁合　真诈
巽　大格　门迫宫
离　仪刑　宫门比和
坤　宫克门
兑　辅符加乾为风地观
　　杜门加坤为风天小畜
　　己仪加辛为天庭得势格
　　乙日不遇

断曰：辛金处九地之下，藏厚土之中，己又加之；己不免脱，而辛益见埋，盖主客两伤矣。杜门木使，指天阙为官乡，不安于杜而求开，巢由乃拜马首，斯真所谓反也。况逢九地暗晦之将，且值六辛猖狂之虎，亦徒得呻吟而已。

兵事宫门互克，主客俱伤。符遇击刑，不宜出战。不得已而应，当先屯一军于东南，制敌左翼；大将自居西南，镇敌右翼。然后遣将出巽方开门，突其中坚，三面合击，斩获必众。若遇乙日，当虞本营兵卒有变。**出行**近出可向东南，逢隆背老妪，携少女为应。**阳宅**小修巽门，见孩童骑牛马。**阴宅**乙日不用，庚日唯巽山可厝。葬时，有师巫相打应。

　　附：**占胜败**客兵负，主亦伤。**虚实**敌军已近，防战。**攻城**塞险断路，守将不出，夏月可攻。**守城**正北有援可乞，夏月当备南方。**天时**无风雨。**地理**龙脉不真，人丁不旺。**人事**乙日当有卑幼干犯事。**田禾**西北有大风伤稼。**家宅**宅长有灾，丁财不聚。**官禄**任所不安，难升。**应试**暗中有伤，不能得第。**求财**有害。**婚姻**男家有阻，女亦不寿。**胎产**生男，当有刑伤。**疾病**肺胃不清，宜清理。**捕获**北方马上与人争执。**失物**已残毁。**远信**即至。**鸦鸣**宜谨出入。**鹊噪**有文书。

阴遁五局

小暑下元 霜降上元 立秋中元 小雪上元

时午壬日庚乙

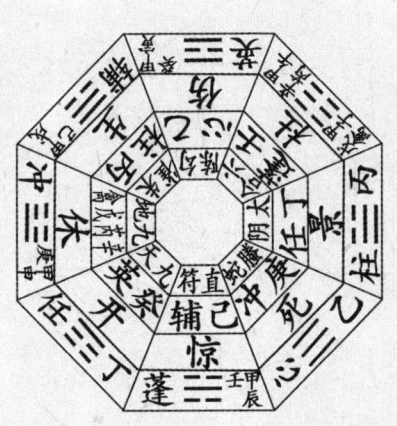

孤辰巳虚戊亥
天辅直符加一宫 杜门直使加五宫

乾 奇格 门生宫
坎 门生宫
艮 蛇天矫 宫生门
震 天乙与太白格 门生宫
巽 生与丙合 鸟跌穴 勃符 宫克门
离 门迫宫
坤 门迫宫
兑 丁奇升殿 门迫宫
辅符加坎为风水涣
杜门步五为风地观
己仪加壬为明堂被刑格
乙日伏干格

断曰：己符伐壬于坎地，杜使迫支于中宫，皆有胜人之心者也。然壬方乘旺，岂区区之己土，能变海为田乎？寄宫有辛，杜使亦难如意，不如舍战而言和，则符入六合之宫，使乘六合之将，蔑不济矣。况本宫丙奇跌穴，自可战胜于朝廷。

兵事宫生星，门克宫，利为客。但阴时，兵宜后动。先伏壮丁于敌之左泽，压其右而阵。先以游卒数扰其军，火起为号，合兵夹击，背东南，击西北，彼必授首。若遇于东北，尤宜速击勿后。**出行**宜出东南方。四里，逢猎者持鸟鹊，或见长女着蓝乘轿。长行防失水。**阳宅**季月立巽门吉。**阴宅**巽山乾向吉。作用时，东北方有人声喧闹。

附：**占胜败**主利。虚实敌丧其将，常自恐。**攻城**先伏城内可拔。**守城**宜察奸细，谨备东北。**天时**不晴爽。**地理**龙力旺，开穴见羽毛，初年人口不利。**人事**喜雨，或携瓶灌溉。田禾丰，东南尤利。**家宅**近水之宅，不利人丁。**官禄**历年久，未能升。**应试**文佳利小试。**求财**东西可求。**婚姻**男欲就女，女已他属。**胎产**女胎，难产。**疾病**水土不服，调理自愈。**捕获**贼自败。**失物**已毁。**远信**书内有书。鸦鸣少妇拥罏。鹊噪喜信至，得田宅。

阴遁五局

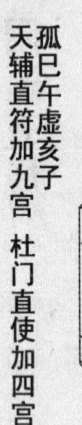

霜降上元　小暑下元　小雪上元　立秋中元

乙庚日癸未时

孤巳午虚亥子
天辅直符加九宫　杜门直使加四宫

乾　开与丙合　丙奇入墓
坎　休与乙合　龙遁
艮　神假
震　伏宫格　刑格　门伏吟
巽
离
坤
兑　辅符加离为风火家人
　　杜门伏巽为巽
　　己仪加癸为明堂合华盖格
天网　时干入墓

断曰：癸干处离火财帛之地，而逢九天变动之神，盖席丰履厚，而不安于分者。于是乎己符来加，癸既受克，而英景之财，反足以生己。"多藏厚亡"之戒，殆为兹设耳。使方归伏，而飞庚格之，蛇神临之，外侮叠侵，恐非杜门所能免也。

兵事星生宫，利为主。正东先伏锐卒，又分兵伏于东北，与前伏为犄角。敌至从正北出师，奋勇先登。上乘白虎，少缓恐生退缩之心。彼欲归巢，伏兵齐起，乘势击之，必溃于东南，不必追袭。**出行**宜出正北方。一里逢担水人，防争闹。**阳宅**宜立坎门，有鼓声为应。**阴宅**坎山吉。乾山奇墓门伏，不宜用。

附：**占胜败**利于水战。**虚实**敌忧惧不出，自相残杀。**攻城**守将寡断，忧疑不决。**守城**可守，久则来兵自损。**天时**雨，必晴。**地理**向不利，防损人。**人事**有刑伤惊恐。**田禾**禾有虫，北地大收。**家宅**人口不宁，防有孝服。**官禄**上司不喜。**应试**三场欠利。**求财**合伙可求。**婚姻**可成，男有刑害。**胎产**胎动，迟生。**疾病**肺叶有损，宜补以气。**捕获**难捕，贼在大门墓旁。**失物**在积壤中。**远信**有阻。**鸦鸣**主干贵人。**鹊噪**贵戚远来。

阴遁五局

小暑下元 立秋中元 小雪上元
霜降上元

时申甲日庚乙

孤午未虚子丑
天冲直符加三宫 伤门直使加三宫

乾 开与乙合 休诈 乙奇入墓
坎 生与丁合 丁奇入墓
艮 门符伏吟 时干格 飞宫格 伏宫格
震
巽
离
坤
兑 冲符伏震为震
伤门伏震为震
庚仪加庚为太白重刑格
天辅时 庚日飞干格伏干格

断曰：震宫有庚，秉刚强之性，而又有飞越之姿，用冲伤为符使，非不行惠施仁，而气象凛森，雄毅特甚，所谓"鬓毛如蝟，眉棱如石"，自是孙仲谋、司马宣王一流人也。惟时南风不竞，恐财赋空虚，而西北之图，皆用奇不用正为得。

兵事伏吟不利行师，天辅只宜赦宥，非战斗之时也。但军行不可无备，宜立假营于正东，虚设大将旗鼓，却休兵于坎方，布蒺藜、施拒马两旁，置大炮。若敌来薄营，即以左翼从后击之。**出行**东北西北二方，俱可行，但恐迷失道路。**阳宅**宜建乾艮二门，有白衣人至应。**阴宅**乾艮二山吉。作用时吏卒持刀，自南来应。

附：占胜败主胜。**虚实**敌有深谋，宜探。**攻城**预为内应，可以长驱而入。**守城**难保。**天时**天朗气清。**地理**庚龙木星结穴，明堂树林丛杂，葬之吉。**人事**可商略兵事。**田禾**麦丰，禾如去年。**家宅**人口康宁，同居不睦，防有入室操戈者。**官禄**长守其位，不能升转。**应试**文晦不荐。**求财**东北阴人之财可得。**婚姻**女族大，非耦。**胎产**将生一男一女，不育。**疾病**肺病传肝，淹缠。**捕获**贼远匿，三五日后有消息。**失物**在东厢，无人盗。**远信**即至，远人渔色。**鸦鸣**闻隐匿事。**鹊噪**闲鸣。

阴遁五局

小暑下元 立秋中元
霜降上元 小雪上元

乙庚日乙酉时

孤未申虚丑寅
天冲直符加六宫 伤门直使加二宫

乾 相佐 奇格 时干格 门迫宫
坎 门生宫
艮 蛇夭矫 宫生门
震 天乙与太白格 门迫宫
巽 休与丙合 门生宫
离 天乙与乙合 休诈 宫生门
坤 门迫宫
兑 丁奇升殿 宫克门
冲符加乾为雷天大壮
伤门加坤为雷地豫
庚仪加乙为太白贪合格
乙日伏干格

断曰：庚符所往，不望其不格矣，而不谓乙之独与为合也。是谓格中之合，如盘根错节，正所以别利器耳。伤门逢太阴于坤位，乃诗书规矩之谋。或作露布于楯鼻，或修武备于甲观，皆有其象。而本宫前遇蛇矫，后得奇门，凡事先难后易。

兵事星制门迫，主客互有不利。敌本强悍，当秋乘旺，宜避其锋，退伏于离。设逻兵于巽，遣副将别立营于西南，更以后队六丁为先锋，探听敌情。若敌合兵贪战，则以巽离之兵，间道捣其正东巢穴。**出行**秋月宜出正南，冬月利出东南。**阳宅**离巽二门皆可建，女人抱瓶至。**阴宅**午山巽山俱吉。葬后，进商音人田地，大发。

附：**占胜败**客胜。**虚实**寇已深入。**攻城**开门延纳。**守城**民心已去，满城皆敌，难守。**天时**清风徐来，云雨不作。**地理**穴结窝脐，右砂紧护。**人事**商议土木事。**田禾**麦大熟，东南尤丰。**家宅**人安，作事不顺，宜防盗贼。**官禄**防盗案参罚。**应试**文合主司意，临期有变。**求财**如意。**婚姻**女贤能，有阻。**胎产**得男，母不安。**疾病**水饮停积，易治。**捕获**盗匪贵家，党翼甚众。**失物**文书之类，乃女子所藏，向东方寻之可得。**远信**飞马带来。**鸦鸣**有贵人事。**鹊噪**朋来。

阴遁五局

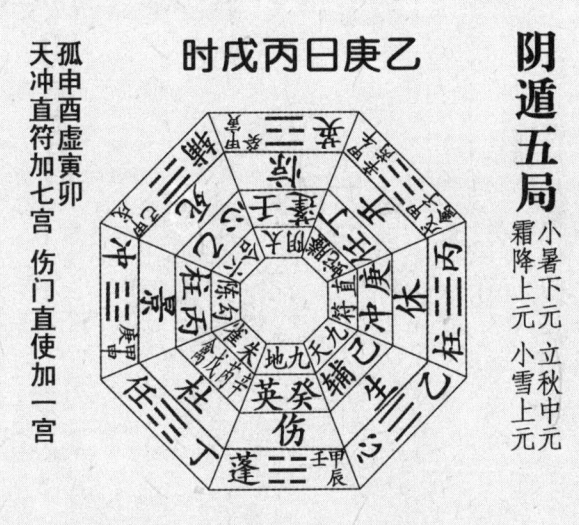

小暑下元 立秋中元 霜降上元 小雪上元

乙庚日丙戌时

孤申酉虚寅卯
天冲直符加七宫 伤门直使加一宫

乾 门生宫
坎 神假宫生门
艮 门迫宫
震 鸟跌穴 荧入白 勃格 宫生门
巽 宫克门
离 开与丁合 宫生门
坤 龙返首 符反吟 白入荧 格勃 宫生门
兑 冲符加兑为雷泽归妹
伤门加坎为雷水解
庚仪加丙为太白入荧格
庚日不遇 时干入墓

断曰：吉格莫吉于返首、跌穴，凶格莫凶于格勃、勃格，而震宫庚符，加兑宫之丙，则四者兼而有之。其得失乃系始谋之顺逆，顺则一怒安民，逆则淫威害物，所嫌特在反吟耳。伤使入坎，如裴航得通于天汉，张搓得泊于支机，凡事宜秘密图之。

兵事宫克星，宫生门，主客互有损益。阳时利客，返吟之格，宜用长蛇率然阵法，首尾互击。一伏正北，一伏正南，或击其东，宜急击；或击其西，宜缓击，南北伏兵皆应。出行宜向坤方，路逢红衣妇人。阳宅夏秋之间，开西南门吉。有黑飞禽至应。阴宅庚山甲向吉，有师巫至应。

附：占胜败主胜。虚实贼营大乱。攻城随得随失。守城防本城外应。天时虽久晴。亦有雨。地理龙穴不真，内有瓦砾，不吉。人事有患目人，言基址事。田禾麦有中变，禾防有水。家宅人口安，阴地不吉，孕妇防病。官禄宦海有风波。应试防覆试。求财当转人求之。婚姻成，女家有丧。胎产生女，有虚惊。疾病湿水伤脾，宜培土。捕获盗匿东北，家有少妇。失物已盗去。远信有两人带来。鸦鸣贼已退去。鹊噪宜闭门静坐。

阴遁五局

霜降上元 小暑下元 立秋中元 小雪上元

时亥丁日庚乙

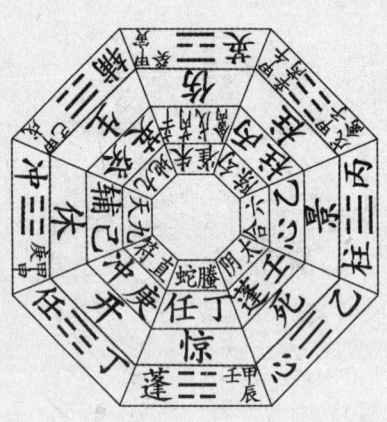

孤酉戌虚卯辰
天冲直符加八宫 伤门直使加九宫

乾 门生宫
坎 门生宫
艮 相佐 仪刑 奇格 时干格 宫生门
震 格刑 门生宫
巽 宫克 门生宫
离 门迫宫
坤 门迫宫
兑 门迫宫
冲符加艮为雷山小过
伤门加离为雷火丰
庚仪加丁为太白受制格
无奇门

断曰：冲符入艮，似得丁之相佐矣，而无如庚之必格也。盖貌合而心违，分亲而情疏者有之，赖得开门，则披肝相示。觉前此之疑，真所谓小过者耳。伤使到离，冲合互见，更乘雀武之神，水来克火，半夜岂无仁贵之登门，诘朝当有王濛之水厄。

兵事 星克宫，阳时利客。宜从直符下出师，结阵于东南，据水草之利，昏时衔枚疾走，二更直抵其营，金声为号，伏发于西北，不战自乱。**出行** 正东休门可出，道上防有阻隔。**阳宅** 秋主艮门，冬立震门，止宜小修。**阴宅** 东南三白方但可浮厝，造葬须择吉时。

附：**占胜败** 客胜。虚实移营于左近。**攻城** 城内伤，未即破。**守城** 将士同心，可守。**天时** 有雨，寅申日不雨。**地理** 穴情不生动，不发丁。**人事** 有盗案文书，或武人财物。**田禾** 薄收，东北民有灾。**家宅** 防盗贼是非，幸有贵人相庇。**官禄** 升，缺不如旧。**应试** 合主司意。**求财** 地土钱粮可得。**婚姻** 成，女亦能文。**胎产** 生男，产速，胞不即下。**疾病** 金土受伤，宜清阳明。**捕获** 盗在正南外妇家。**失物** 在堂中盗去。**远信** 九流人带来。**鸦鸣** 和合事。**鹊噪** 防病目。

阴遁五局

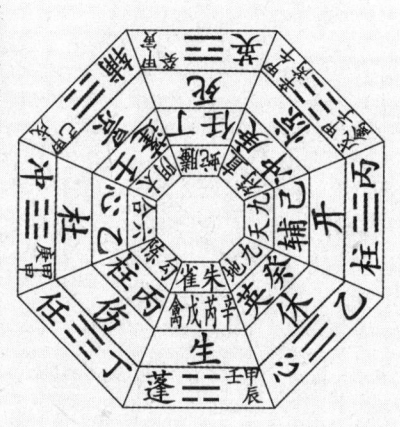

霜降上元 小暑下元 立秋中元 小雪上元

丙辛日戊子时

孤戌亥虚辰巳
天冲直符加五宫
伤门直使加八宫

乾宫 宫生门
坎宫 门迫宫
艮宫 玉女守门 门迫宫
震宫 乙奇升殿 宫门比和
巽宫 雀投江 宫生门
离宫 太白与天乙格 时干格 宫生门
坤宫 宫门比和
兑宫 冲符步五为雷地豫 伤门加艮为雷山小过 庚仪加戊为太白逢恩格 无奇门

断曰：庚符入中，如清晓梵宫，蒲牢一吼，满空发越，闻者莫不惊而猛省，非以挺撞钟者比也。直使到艮，得天盘之丙，与地盘之丁，而暗中又得飞盘之乙，会为天上三奇之局，于以经纶事业，调剂时宜，靡所不可。此明良交会，奇局之全吉者矣。

兵事星门下克，主兵不利，先发者胜。丙日可从正北唐符下出兵，耀兵于兑，安营于乾，疾趋正南逆击之。东南须预伏精锐，防其东窜。**出行**秋宜出正西，冬宜出西北。道逢阴贵人，或四足斗。**阳宅**小修正北屋宇，有鸟雀群飞为应。**阴宅**兑山浮厝。东方有火光至，孩童啼叫。

附：占胜败客兵胜。**虚实**敌兵至近，阻险相持。**攻城**季月易攻。**守城**宜屯重兵于西。**天时**阴云四合。**地理**右砂欺压，前案缺陷。**人事**有报马催促工程，或斗殴事。**田禾**麦有风损，东地多灾。**家宅**发财伤丁，灶下有祟。**官禄**秋月可转。**应试**因有关节不中。**求财**无得，有口舌。**婚姻**不就。**胎产**生女，难产，防惊。**疾病**悲哀起病，心火太炎，宜静养。**捕获**贼匿正北，有山水处。**失物**被窃，有两人。**远信**带信人有死亡事，不至。**鸦鸣**有口舌。**鹊噪**防失脱。

阴遁五局

小暑下元 立秋中元 霜降上元 小雪上元

时丑己日辛丙

孤亥子虚巳午
天冲直符加四宫 伤门直使加七宫

乾 丙奇入墓 宫克门
坎 宫克门
艮 门迫宫 刑格 时干格 门迫宫
震 仪刑 门迫宫
巽 仪刑加巽为雷风恒
离 门反吟 宫克门
坤 宫门比和
兑 冲符加兑为雷泽归妹 伤门加兑为雷泽归妹
庚仪加己为太白大刑格
无奇门 时干入墓

断曰：符到巽而击刑，使入兑而门反，譬人身有疴痒，肢体俱不得蒙其逸也。维时奇门飞散于八宫，时干又入于本墓，则杨朱歧路，阮籍穷途，将何所适从耶？惟当无思无虑，勿逞刚躁之性，则静观自得，佳兴人同，却有与时消息之乐。

兵事宫克门，不利客，兵戒先动。符遇刑格，大将只宜固守营塞，遣将分伏于坤艮二维，敌至则起，敌去则伏。别遣游兵出南门掠阵，门反之格，宜邀其归而击之。**出行**无奇门，不甚利。近出宜向西南，当见老妇人应。阳宅若修西南方，当有正南孕妇至为应。阴宅奇门不合，当另选时。

附：**占胜败**夏月主胜。**虚实**敌有惊。**攻城**有叛降者。**守城**宜守东南。**天时**有风而晴。**地理**砂不合法，防有刑伤。**人事**有飞鸟遗音，或伤坠地上。**田禾**有旱魃虫伤。**家宅**人眷不宁，时防贼盗。**官禄**同寮不睦，难升。**应试**字号舛错，难中。**求财**夏月可得阴私之财。**婚姻**成，男有刑克。**胎产**生男，母子俱安。**疾病**肺气太盛，宜泄泻之。**捕获**藏于捕役家。**失物**已窃去，在正西。**远信**即至。**鸦鸣**防衣物亡失。**鹊噪**有捕猎事。

阴遁五局

小暑下元 霜降上元 立秋中元 小雪上元

时寅庚日辛丙

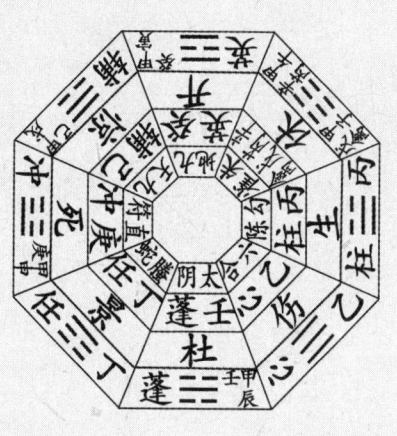

孤子丑虚午未
天冲直符加三宫　伤门直使加六宫

乾　乙奇入墓　宫克门
坎　宫生门
艮　丁奇入墓　门生宫
震　符伏吟　飞宫格　伏宫格
　　时干格　宫克门
巽　门迫宫
离　宫克门
坤　宫克门
兑　生与丙合　门生宫
　　冲符伏震为震
　　伤门加乾为雷天大壮
　　庚仪加庚为太白重刑格

断曰：庚性太刚，非惟不能容人，或且转而猜己，谓一时安得有两我也。故卯为金之胎位，而其门得死。盖胎为生之源，而死又为胎之本，轮回之说，与从革之义，有相通者乎？直使遇乙于干位，得六合之乘轩，亦华表鹤归之意耳。

兵事宫克门，利为主，兵勿先动。当遣游兵分为两队，一从南至东，一从北至东，必遇贼兵，知其消息。大兵出正西合兵击之，遇飞宫伏宫，必上下格战。丙日客胜，辛日主胜。**出行**宜出正西，七里逢武弁。**阳宅**宜立兑门，有抱小儿至。**阴宅**季月酉山吉。作用时，有白鹭及水禽至。

附：占胜败互有损伤。**虚实**敌军多死伤。**攻城**移时可拔。**守城**难守。**天时**天朗气清。**地理**龙如死蟮，面前逼塞，穴亦欠利。**人事**贼兵有降信。**田禾**收成薄。**家宅**宅有冲射，上下不和，仆人逆主。**官禄**上司见罪。**应试**文太幻，难中。**求财**西方可求。**婚姻**非耦，不成。**胎产**男胎，防漏。**疾病**肝气郁而不舒，淹缠不愈。**捕获**贼匿西南两姓同居人家，当自首。**失物**半得半失。**远信**书信重重，来却迟。鸦鸣有虚惊。鹊噪有酒食。

阴遁五局

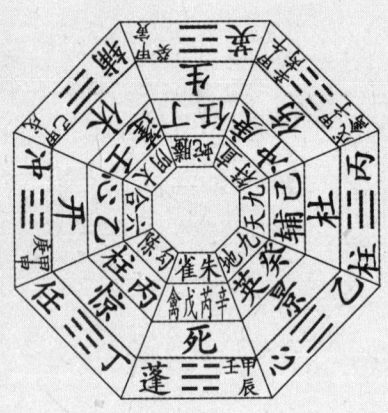

小暑下元 立秋中元
霜降上元 小雪上元

丙辛日辛卯时

孤丑寅虚未审
天冲直符加二宫 伤门直使加五宫

乾 门迫宫
坎 门迫宫
艮 宫生门
震 开与乙合 乙奇升殿 休诈
巽 云遁 门迫宫
离 门生宫
坤 时干格 雀投江 宫生门 门迫宫
兑 宫克门
冲符加坤为雷地豫 伤门步五为雷地豫
庚仪加辛为太白重锋格
辛日伏干格

断曰：符入坤乡，带刑带墓，其以战斗为胜者乎？盖申为庚之禄位，而辛窃据之，于是与其佐使，分道而趋之，并力而争之。虽伤人十万，伤稼八百，亦不顾也。此之谓忿兵。而入江在前，杜塞在后，不免进退迟疑，赖本宫合神相照，终得归休之计。

兵事星门克宫，利为客。当先分一军出正南，伏于东南，断其归路。又分一军出正东，捣其巢穴。若正南遇敌，当反客为主，待其先动，背南击之。**出行**宜出正东。正南防文书失水，出正东利为客。**阳宅**修震离二门吉。**阴宅**卯山午山俱利，有贵人乘轿为应。

附：**占胜败**主胜。**虚实**贼欲来犯。**攻城**城虚，攻必拔。**守城**难守，正东宜加意严防。**天时**阴云四起。**地理**龙身带伤，前案低陷，人财不利。**人事**兄弟言匠役事。**田禾**岁不丰，青扬熟。**家宅**人口不平安，有强宾压主。**官禄**任内多事，木料赔钱。**应试**卷防水渍。**求财**不宜交易。**婚姻**女欲就，男已有他属。**胎产**生男，防损孕妇。**疾病**肺气有伤，大宜滋补。**捕获**贼在正北双姓人家。**失物**两人争夺落水。**远信**浮沉。**鸦鸣**有私事。**鹊噪**有喜慰事。

阴遁五局

小暑下元 立秋中元
霜降上元 小雪上元

时辰壬日辛丙

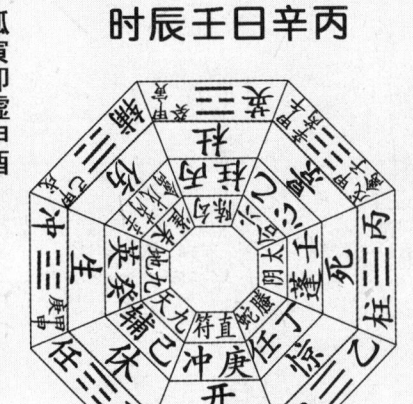

孤寅卯虚申酉
天冲直符加一宫 伤门直使加四宫

乾 丁奇入墓 宫门比和
坎 上格 时干格 门生宫
艮 宫克门
震 小格 宫克门
巽 宫门比和
离 丙奇升殿 门生宫
坤 乙奇入墓 龙逃走 门生宫
兑 门生宫
冲符加坎为雷水解
伤门加巽为雷风恒
庚仪加壬为太白退位格
无奇门 时干入墓 丙日不遇

断曰：符加于坎，申辰会于子位，所谓"万金宝剑藏秋水"者也。以易卦详之，有解象焉。而伤使入巽为涣，合而为恒，以解散而得久道，则树之风声，表厥宅里，在朝廷为教化之源，在士庶有飞腾之兆。但本宫有格，恐密云而不雨也。

兵事 符宫遇格，出师防道上有阻，又时干入墓，凡事不利。若统军辛，宜休养于艮地。正东逢格，切不可安营。更伏兵于离方，以为犄角。辛日掘陷坑于未位，暗伏亲兵守之，以备敌至擒缚。**出行** 奇门不合。近出东北休门可往，远行不宜。**阳宅** 正东生门上乘天英，修造防火烛。**阴宅** 时逢墓格，动作俱不利，造葬当另择时。

附：**占胜败** 主胜。**虚实** 敌兵为水阻，未至。**攻城** 先截其援，后可破。**守城** 宜备北门。**天时** 阴晴忽变。**地理** 主山火形，中有空穴，不甚吉。**人事** 闻鹦鹉，或啄木声。**田禾** 五谷无实。**家宅** 人疾疫，更防口舌失脱。**官禄** 有虚惊，不升。**应试** 文佳，中第六名。**求财** 公门之财有获，须防盗贼。**婚姻** 女貌丑陋，不成。**胎产** 占胎防堕，占产生女，差迟。**疾病** 女人有崩症，二八日可愈。**捕获** 遁久不获。**失物** 锁钥之类，在东方木上。**远信** 未至，远人中途羁留。鸦鸣见少年僧。鹊噪六畜有伤。

阴遁五局

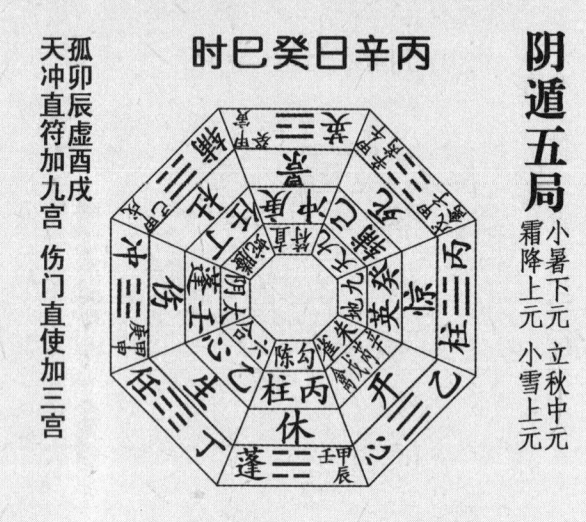

小暑下元　立秋中元　霜降上元　小雪上元

时巳癸日辛丙

孤卯辰虚酉戌
天冲直符加九宫　伤门直使加三宫

乾　休与丙合
坎　生与乙合　休诈　虎遁
艮　门伏吟
震　时干格　大格
巽
离
坤　冲符加离为雷火丰
兑　伤门伏震为震
　　庚仪加癸为太白刑隔格
天网

断曰：符入南离，而奇门会于坎艮之位，何其背道而驰也。或者海中三山，可望而不可即乎？而有格有冲，将见动而有悔矣。直使归伏，非求安也，以避险也。而上乘太阴之神，在卯位为君子之微行，值巳时为泆女之孕育，大抵阴私为累耳。

兵事 阴时门伏，不宜出战。安营当在兑方九地之下，更须多设地雷。离方高阜处，主客所共争，却逢大格，宜避之。暗伏奇兵于坎艮两方，以备冲突。诱敌离营，向西北逐利，则用奇兵掩之。**出行** 正北休门，月奇受制，宜出东北生门，当遇童子酒食。**阳宅** 宜立艮门，有持铁器人至。**阴宅** 艮山坤向吉。作用时，见女人携酒至应。

附：占胜败 不分胜负。**虚实** 敌有内患，不至。**攻城** 当用火攻。**守城** 难守。**天时** 晴。**地理** 山向不合，不发后人。**人事** 刑狱中有书。**田禾** 麦大丰，禾薄收。**家宅** 平安获福。**官禄** 案牍劳形，是非叠出，未能升转。**应试** 文合式，为别人屈抑。**求财** 宜近求，远则无益。**婚姻** 成。女性静，有寿。**胎产** 生女，易产，难育。**疾病** 情欲致疾，静养可瘥。**捕获** 是远方独身人，无从踪迹。**失物** 在西北方，傍有金石。**远信** 至。行人阻于险，丑未日有信来。**鸦鸣** 防有格斗。**鹊噪** 有官长邀请。

阴遁五局

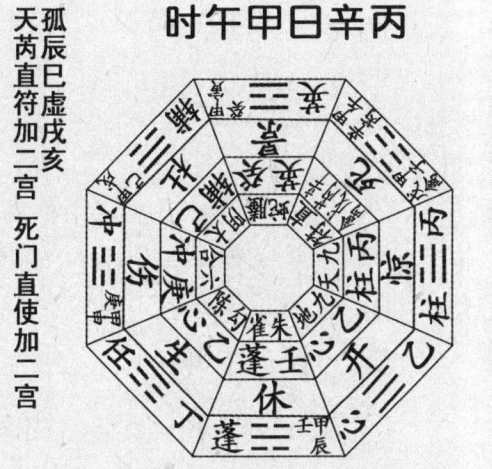

小暑下元 立秋中元
霜降上元
小雪上元

丙辛日甲午时

孤辰巳虚戌亥
天芮直符加二宫 死门直使加二宫

乾 天与乙合 重诈 乙奇入墓
坎 生与丁合 丁奇入墓
艮
震 地假
巽
离 门符伏吟
坤 芮符伏坤为坤
兑 死门伏坤为坤
　辛仪加辛为天庭自刑格
　天辅时

断曰：坤为辛符之生乡，申为辛符之旺地，其乘权用事，福禄绵长也可知。乃与戊同宫，而所司者即天乙之方，所用者印死门之使，则又继体守文，而不改父之臣与政者也。"尔弥尔性，俾似先公"，宜为辛符作《卷阿》之颂。

兵事星门惧伏，利于为主。分道发兵，匿于东南东北二方。更简精锐，暗藏乾地，列阵于西，赢师张敌，诱令深入。西北猝遇伏兵，敌必东走。东南东北，闻号并起，围而击之，可令降。**出行**西北东北皆可，但皆奇墓，中防迷道。逢方外人或白衣妇人应。**阳宅**西北东北宜修葺，不宜建造。**阴宅**乾艮两山俱可。作用时，有蛇当道，或师巫至应。

附：**占胜败**客兵多伤。**虚实**敌兵坚壁不出。**攻城**城中兵无生气，可破，但本军亦有损。**守城**难守。**天时**阴云不雨。**地理**拱护不紧，旺丁不聚财。**人事**安静无为，与古人相对。**田禾**农劳，有年。**家宅**祖业世居，不发财。**官禄**有荐可升。**应试**不中。**求财**宜守本分。**婚姻**女佳，男家畏忌，不就。**胎产**生女，产迟。**疾病**脾家积滞未清，宜泻之。**捕获**盗易捕，逃人匿正东方。**失物**失于本家，尚未动，寻可得。**远信**不至。**鸦鸣**有女人口舌。**鹊噪**有贼匿近水处。

阴遁五局

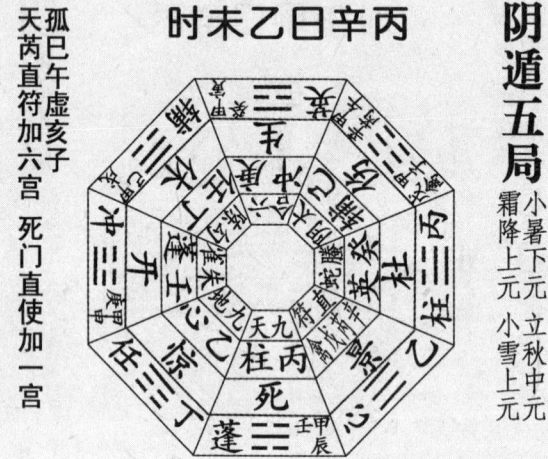

小暑下元 立秋中元
霜降上元 小雪上元

丙辛日乙未时

孤巳午虚亥子
天芮直符加六宫 死门直使加一宫

乾 相佐 虎猖狂
坎 宫生门 门迫宫
艮 门迫宫
震 休与丁合 门生宫
巽 大格 宫生门
离 神假 门迫宫
坤 宫克门
兑 芮符加乾为地天泰
死门加坎为地水师
辛仪加乙为白虎猖狂格

断曰：辛符加乙，虎而猖狂，意中盖欲灭此朝食者。乃同行之戊，本宫之芮，中五之禽，皆畏其克于乙，而愁其脱于心。则虽有虩虎之将，而徒旅尽亡魂丧胆矣。直使乘九天而迫坎，然壬方据旺，恐偏师亦未必成功。

兵事星生宫，门迫宫，主客互有伤损。宜伏精兵于东北，从东南出师，列阵以待。别遣轻骑出直符下，先犯敌阵，大军乘之，攻其西南伤门，伏兵突起三而夹击。敌若南遁，不可远逐。**出行**求名宜出东南，逢白衣妇人，或斗伤人。**阳宅**宜立巽门，见贵人骑马过。**阴宅**巽山乾向吉。作用时，有白色飞禽西南来。

附：占胜败客败。**虚实**敌兵渐近。**攻城**利用火攻。**守城**坚守勿轻出战。**天时**云峰四起，即当开朗。**地理**右水反跳，非吉地。**人事**有邮报，或见霞光烛天。**田禾**禾收麦歉。**家宅**右首高昂，南有冲射，不发丁，迁则吉。**官禄**迟升。**应试**文佳不遇。**求财**难得。**婚姻**男有刑伤。**胎产**生男，母有惊。**疾病**肾虚受克，不能制火，宜滋阴。**捕获**逃人即获，盗多党羽，匿正南方。**失物**失于本家。**远信**远信近人俱至，从南来者不至。**鸦鸣**进财。**鹊噪**防窃。

阴遁五局

霜降上元 小暑下元 立秋中元 小雪上元

丙辛日丙申时

孤午未虚子丑
天芮直符加七宫 死门直使加九宫

乾 相休与丙合 丙奇入墓 宫生门
坎 生与乙合 重诈 龙遁 门迫宫
艮 门迫宫
震 宫门比和
巽 刑格 宫生门
离 鬼假 宫生门
坤 宫生门
兑 龙返首 相佐 符勃 宫门比和
芮符加兑为地泽临
死门加离为地火明夷
辛仪加丙为天庭得明格

断曰：时干丙奇，火能克金，辛符乃不觉其逆而深与之合，则返首之吉成，而符勃之凶去矣。岂符之所以相契者，翻在丙之苦口强项耶？直使临支于离，往而受生，然蛇虚假而阴秘密，庚格塞而癸闭藏，占者勿以利益而忘戒慎可也。

兵事星生宫，言生门，主客互有利益。格遇返首，主兵尤利。宜先伏死士于正南，变服变形，据敌要路。虚设旗鼓于乾，以为疑兵；正兵疾趋正北休门，背水出阵，击其正东。东南防贼兵拦入，亦有刑伤。**出行**正北可行。十里内逢公吏，或见老阴人。**阳宅**开北门极利。七日后，进生气物。**阴宅**乾坎两山俱吉。作用时，有患脚长人，携酒菓至。

附：**占胜败**主胜。虚实敌自相残，尚未至。**攻城**开门诱我，宜暂撤围。**守城**宜御东南。**天时**先晴明，后阴晦。**地理**龙真地吉，宜葬。**人事**有谋议文书。**田禾**北地风雨调和，当大熟。**家宅**宅吉人安，后裔当贵，老阴人防病。**官禄**当钦取。**应试**中后防内艰。**求财**大获。**婚姻**女子佳，男有疾。**胎产**女子之祥。**疾病**脾土不和，宜平胃。**捕获**贼匿东北水木间。**失物**不失。**远信**逗留不至。**鸦鸣**美中有不足。**鹊噪**文书有损。

阴遁五局

小暑下元 立秋中元 霜降上元 小雪上元

时酉丁日辛丙

孤未申虚丑寅
天芮直符加八宫
死门直使加八宫

乾 宫克门 地假

坎 宫克门 玉女守门 相佐 门符伏吟

艮 宫门比和

震 荧入白 门迫宫 开与乙合重诈 风遁 地遁 门迫宫

巽 门迫宫 生与丁合 奇格 宫克门

离 白入荧 宫门比和

坤 芮符加艮为地山谦

兑 死门加艮为地山谦

辛仪加丁为白虎受伤格

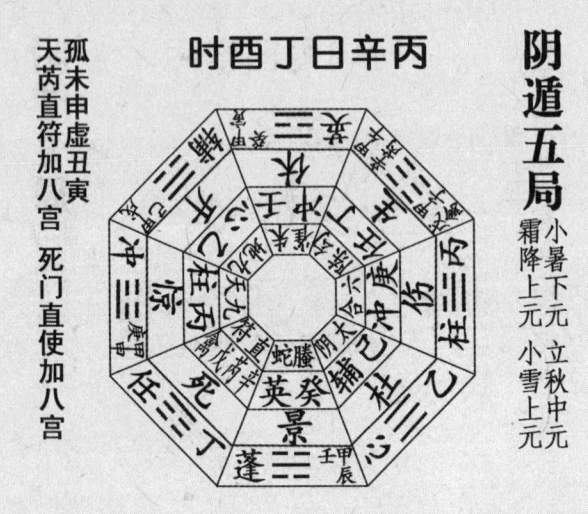

丁奇得使遇甲 丙日飞干格伏干格

辛日不遇

断曰：以反符之辛金，加时干之丁火，又值勾虎为神，客受主伤，不利行师可知也。虽有偕行戊土，可盗火而培金，而同在山夷川塞之时，安能相助？幸有守门玉女，颇利阴私，不如用陈平美人之计，纵其反间，俟敌寡而后乘之。

兵事星门俱比，阳时利客。若东征，宜伏甲于巽，先敌而动。西征，当伏甲于乾，后敌而动，或东西分击，先后亦如前法。大将宜出西南生门，用连环阵法，首尾互击。**出行**东南最利。行四里，当逢高年术士，唯辛日不用。阳宅开东南门最吉，有黄衣人乘马至应。**阴宅**巽山最利，有群鸦四噪为应。

附：**占胜败**主胜。**虚实**东寇当去，西寇即来。**攻城**救援甚近，未易拔。**守城**宜备西门。**天时**晴朗。**地理**辛脉行龙，土色黄黑，恐他日更变。**人事**有贵显人丧亡事。**田禾**不甚熟。**家宅**人口不宁，宜防盗贼火烛。**官禄**有荐举，可升。**应试**不中。**求财**口约心违，终有争竞。**婚姻**不成，男家反覆。**胎产**生男行第四。**疾病**肺与阳明之病，多有起伏。**捕获**向南有水处捕缉。**失物**在东北幼女取去。**远信**即至，且有财。**鸦鸣**有惊。**鹊噪**防大水。

阴遁五局

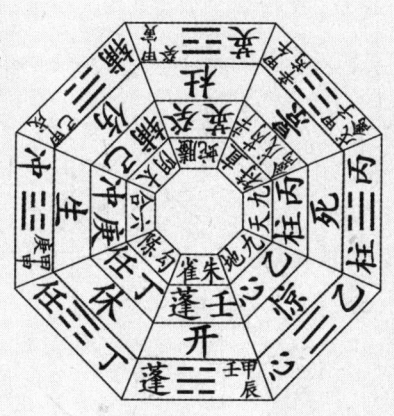

丙辛日戊戌时

霜降上元　小雪上元　小暑下元　立秋中元

孤申酉虚寅卯
天芮直符加五宫　死门直使加七宫

乾　乙奇入墓　宫门比和
坎　门生宫
艮　休与丁合　丁奇入墓　宫克门
震　宫门比和
巽　神假　宫门比和
离　符伏吟　门生宫
坤　门生宫
兑　死门加兑为地泽临
　　辛仪加戊为龙虎争雄格
　　时干入墓
　　芮符步五为坤
　　死门加兑为地泽临

断曰：戊干墓戌，而临戌支，则为入墓。戊仪寄坤，而用辛符，则为伏吟。非父子之共幽忧，即主客之同困阨也。直使乘九天变动之将，当九星昼伏之时，时方静而我欲动，恐如挟鸣瑟而处齐门，资章甫以适越国耳。

兵事 门生宫，利为主，宜按兵不动。敌亦伏于正东，据其孳牧，当分两翼，出没于乾巽之间。敌来，则出东北迎之；敌不来，亦可分掠其粮草辎重。**出行**冬月利出东北方。八里逢皂衣妇人，并孝服人。**阳宅**宜修艮方。**阴宅**艮山坤向吉，有女人抱白布应。

附：占胜败客胜。**虚实**敌方联兵未发。**攻城**可攻，宜缓取。**守城**守将能，先吉后凶。**天时**常有云气。**地理**坤龙入首，发财发丁。**人事**驿递有喜信。**田禾**岁旱有收。**家宅**人口平安，不可动迁，官家最吉。**官禄**京官利。**应试**理致不明，难中。**求财**十得三四，二人求之方遂。**婚姻**女家问卜不谐。**胎产**有两喜，十月后生女。**疾病**火炎于上，防有变症。**捕获**已远去。**失物**在西南本家。**远信**来迟。**鸦鸣**贵人相会。**鹊噪**行人失水。

阴遁五局

丙 辛 日 己 亥 时

小暑下元 立秋中元 霜降上元 小雪上元

天芮直符加四宫 死门直使加六宫
孤酉戌虚卯辰

乾 丁奇入墓 门生宫
坎 宫上格 门生宫
艮 宫生门
震 小格 门生宫
巽 宫克门
离 丙奇升殿 乙奇入墓 门迫宫
坤 龙逃走
兑 门迫宫
芮符加巽 死门加乾为地风升
辛仪加己为虎坐明堂格
无奇门

断曰：己土为辛金之母，久困处于木宫，符之往而救之，宜也。乃芮又将畏辅之克，虽曰金能制木，而区区之辛，外既欲以救己，内复却以顾芮，不免支左而屈右，蹇后而跋前矣。使乘勾虎以临乾，而乾之神为九地，大约事多暗晦，兼有伤残。

兵事门生宫，宫克星，利为主。老营在东南，新营在西南，总营在正南，射住阵脚。但宜呐喊摇旗，尽匿精锐于东北，依山傍水，闻正南轰天炮响，四起截杀。**出行**季月宜出东南直符之下，四里逢公吏勾当人。但无奇门，远行不吉。**阳宅**无守门，不宜修。**阴宅**丙禄在巳，巽山或可用。

附：**占胜败**利于主。虚实贼于道上有阻。**攻城**当有说客来。**守城**谨备东北。**天时**湿云四起，雨却不大。**地理**龙气驳杂，左砂不起。若向吉，可发丁。**人事**见女厨宰杀牲禽。**田禾**晚禾薄收。**家宅**宅暗不发，女人有孝服。**官禄**难升。**应试**文气板实，难中。**求财**贵人之财，求之费力。**婚姻**中有阻隔。**胎产**生女，母有厄。**疾病**血虚火炎，大利滋阴。**捕获**贼向西方捕。**失物**在东南，不可获。**远信**不至。**鸦鸣**防水火盗贼。**鹊噪**防水湿书。

阴遁五局

小暑下元 霜降上元 立秋中元 小雪上元

丁壬日庚子时

孤戌亥虚辰巳
天芮直符加三宫 死门直使加五宫

乾 奇格
坎 蛇夭矫
艮 飞宫格 天乙与太白格
震 门伏吟
巽 丁奇升殿
离 芮符加震为地雷复
坤 死门步五为坤
兑 辛仪加庚为虎逢太白格
无奇门

断曰：庚干处震，久已鸱张其地，辛加之而飞宫被格，戊同行而天乙亦格，且禽芮皆受克于冲，何其若是梗耶？幸震有合神，而庚加乙于乾，又逢合将，或者威不足慑而德可怀耳。死门直使，例有两伏，所谓"两姑之间难为妇"也。

兵事符遇庚格，门值伏吟，不利为客。宜于离地，阻水立木栅为营，分左右两翼为游兵。更立疑阵于东北，遣远探伏于北路。敌若从西北而来，则以中军出生门横击之，游兵掠其后，既退走勿追。**出行**正北休门，上乘太阴，亦可以往。路见文书，有喜庆事。**阳宅**奇门不合，修造欠利。**阴宅**艮宫有丁奇乘生门，艮山坤向可以权厝，闻田鼠声应。

附：**占胜败**客兵强，主势弱。**虚实**敌未入境。**攻城**兵至即下。**守城**守将防疾，难保。**天时**晴。**地理**穴情不真，又近行道，难用。**人事**有羽书至。**田禾**虫螟为害，禾麦减收。**家宅**有口舌，防失财，宅长利于家居。**官禄**防参罚。**应试**不中。**求财**有人欺骗，无得反费。**婚姻**女家不喜冰人，难成。**胎产**生女，母有灾。**疾病**肾水不足，滋阴可愈。**捕获**是僧道人，可向西南方缉访。**失物**是女人所取，已变毁，不可得。**远信**不至。**行人**即日可到，有喜事。**鸦鸣**有妄事。**鹊噪**有断狱问罪之事。

阴遁五局

丁壬日辛丑时

小暑下元 立秋中元 霜降上元 小雪上元

孤亥子虚巳午
天芮直符加二宫
死门直使加四宫

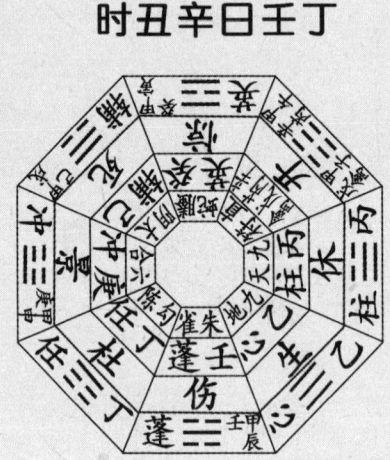

乾宫生门 生与乙合 重诈 乙奇入墓 门生宫
坎宫生门 丁奇入墓 门迫宫
艮宫生门
震宫鬼假 宫克门
巽符伏吟 宫生门
离宫休与丙合
坤符伏坤为坤 芮符伏坤为坤 芮门加巽为地风升
兑死门加辛 辛仪加辛为天庭自刑格

断曰：辛符而值辛干，伏处于西南之乡，深藏于厚土之下，可谓寂然不动。乃开门适在其间，岂其示以杜德机，仍示以衡气机耶？巽辖辰巳，而死使临之，恐有龙蛇之厄。然太阴六巳，并在其上，合鬼假之格，或神道以设教，可反经而合权。

兵事符伏吟，门受制，不宜出师。若兵在路，宜择西北高阜处立营，前队别安小营于兑位，多张旗帜，增灶招兵。更须远其斥候，从东北间道而往。伺敌若动，大将从西鼓行而前，可以走敌。**出行**宜出正西方，路逢僧人，或闻金声。西北奇墓，不可出。**阳宅**宜建乾兑二门，有扶杖女人东来应。**阴宅**乾山巽向、酉山卯向俱吉，葬后有野鸡入屋应。

附：**占胜败**主胜。虚实敌谋未决，不敢深入。**攻城**用谋招降，不费一兵。**守城**士有畏心，难以固守。**天时**天多沉阴。**地理**结穴有情，朝案俱佳，可发贵。**人事**见贵人言钱赋事。**田禾**五谷丰登，西北尤熟。**家宅**女眷有灾，防外孝服。**官禄**得公荐，可升。**应试**不中，场后有悔。**求财**本族女人之财，借贷可获。**婚姻**女富男贫，不成。**胎产**生男，易产，后富贵。**疾病**伤风，脾胃不和，宜延东方医。**捕获**盗匿北方水边。**失物**东方人取去。**远信**无。**鸦鸣**有和合事。**鹊噪**防贼。

阴遁五局

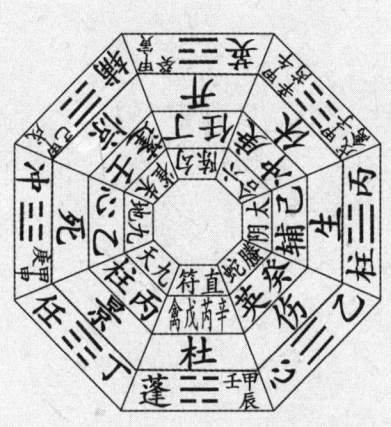

小暑下元 立秋中元
霜降上元 小雪上元

丁壬日壬寅时

孤子丑虚午未
天芮直符加一宫 死门直使加三宫

乾 宫克门
坎 宫生门
艮 天假门 门生宫
震 乙奇升殿 宫克门
巽 门迫宫
离 开与丁合 宫克门
坤 伏宫格 太白与天乙格 宫克门
兑 门生宫
芮符加坎为地水师
死门加震为地雷复
辛仪加壬为天庭逢狱格

断曰：辛符加坎，挟戊仪以克壬干，用禽芮以制蓬宿，几有投鞭断流之势，而不虞庚之格于伏宫，庄周所以感雕陵之鹊也。死门到震，虽亦逢庚，然以九地之将，入六合之宫，且逢乙庚作配，使可通行而无碍矣。

兵事宫克门，利为主，阴时尤不宜先动。天乙伏宫，敌已压我而阵，即宜移老营于北，严其刁斗。正西伏生军，正东伏死士，敌至大开南门，俟其投江，合兵四应，勿贪勿纵。**出行**出南门吉。防有争斗，及文书遗失。**阳宅**开午门，为奇门相合，永无火烛。**阴宅**丁龙可用，有牵狗舞猴应之吉。

附：**占胜败**客胜。虚实敌甚近，方蓐食。**攻城**大将有谋，守甚扃固。**守城**谨备西南。**天时**有雨，子日晴。**地理**地发丁，案山低陷。**人事**暗有消息，敌来求和。**田禾**麦收，稻半获。**家宅**夫妇甚和，心常不快，防疾病。**官禄**不能安静，难升。**应试**必中。**求财**可得，阴人之财尤利。**婚姻**成，但女妨夫。**胎产**男胎，产时大难。**疾病**厥阴之症，外邪合于内，宜分理。**捕获**盗已在东南牢狱中。**失物**沉水中。**远信**为人浮沉。**鸦鸣**主长上事。**鹊噪**有惊。

阴遁五局

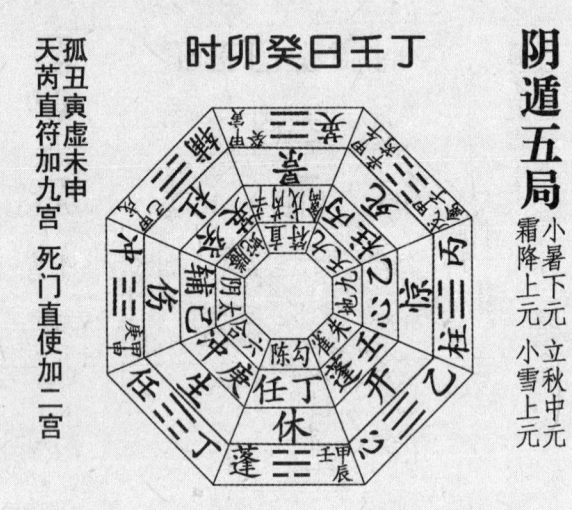

小暑下元
霜降上元 立秋中元
小雪上元

丁壬日癸卯时

孤丑寅虚未申
天芮直符加九宫 死门直使加二宫

乾 休与丁合
坎 神假 格刑
艮 奇格
震 仪刑
巽 鸟跌穴 勃符 门伏吟
离
坤 死门伏离坤为坤
兑 芮符加离为地火明夷
  辛仪加癸为虎投罗网格
天网 丁日不遇 丁日伏干格

断曰：禽芮喜英之生，戊仪贪癸之合，独辛符受脱于癸，受克于英，且又为蛇神虚假之宫，午符自刑之地，苟非睿哲，未有不见利于前，而昧祸于后也。使虽归伏，然丙方以跌穴之鸟，母腹之儿，而与辛相合，则家庭可以聚顺，原不假求之门外耳。

兵事宫生星，利于客。但天网阴时，不宜出师。精锐尽藏于北，大将居于正南直符下，屯粮积货，四布拒马，虽来挑战，不可妄动。日光一出，东方伏贼，自相践而死。**出行**宜出北方。逢阴贵人，或见争斗而伤。**阳宅**宜修北门，见黑云应吉。**阴宅**子午癸丁皆吉，有女人送花应。

附：**占胜败**客得利。虚实敌将为偏裨所制。**攻城**不能即拔。**守城**宜别遣大将镇之。**天时**满天阴雨。**地理**土如牲血则吉。**人事**但有马足声。**田禾**照常收割。**家宅**人宅相宜。月夜天空有异声，当大发。**官禄**任于京职，当显。**应试**还汝旧青毡。**求财**可得，但有阻。**婚姻**可偕老。**胎产**女喜，转胎时，防有厄。**疾病**易动相火，宜静摄。**捕获**盗即就缚，亦防越狱。**失物**在正南篱落外，难寻。**远信**无信。鸦鸣有贵人来。鹊噪有雨至。

阴遁五局

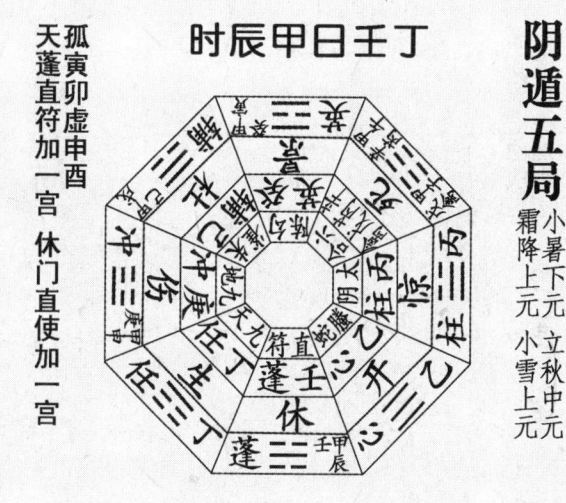

小暑下元 立秋中元
霜降上元 小雪上元

时辰 甲日壬丁

孤寅卯虚申酉
天蓬直符加一宫 休门直使加一宫

乾 开与乙合 乙奇入墓
坎 门符伏吟 丁奇入墓
艮 生与丁合
震
巽
离
坤
兑
蓬符伏坎为坎
休门伏坎为坎
壬仪加壬为天牢自刑格
天辅时

断曰：甲木之喜水固也，而当水涸木落之候，则水或不能滋木，乃壬在子中，为宝瓶常清之水，则函蓄无穷，而甲亦得以养其生气于不息。故值此者，为休休有容，好整以暇之象。虽强梁伏于东偏，而翼卫森严，太阴对制，知准夷之来同矣。

兵事星门俱伏，时遇季甲，阳外阴内，利于为客。但日星两奇入墓，止可从正北直符下出兵，扬兵于东北，以阻其北来；设堑于东南，以伺其南出，然后伏重兵于西。贼人南北不利，将必西行，此时背艮击坤，自可制胜。**出行**乾艮二方可出。乾见四足物，艮见老人与幼女同行。**阳宅**修东北屋宇，可发丁。**阴宅**乾艮两山吉，有渔樵牧子为应。

附：**占胜败**主胜。**虚实**敌尚未至。**攻城**宜用云梯，先破其複城。**守城**东门防损，宜护。**天时**久雨当晴。**地理**左右文峰夹耳，以祖山作案，可用。**人事**宜闭目小憩。**田禾**北地防大水。**家宅**人宅安吉，贵而且富。**官禄**未升。**应试**防墨水污卷。**求财**宜作坐贾，得子母之利。**婚姻**女妨夫。难就。**胎产**难产，生女，恐双生。**疾病**水泛木浮，宜逐水。**捕获**贼在东南。**失物**向西南室中觅。**远信**迟滞。**鸦鸣**有争斗。**鹊噪**无关休咎。

阴遁五局

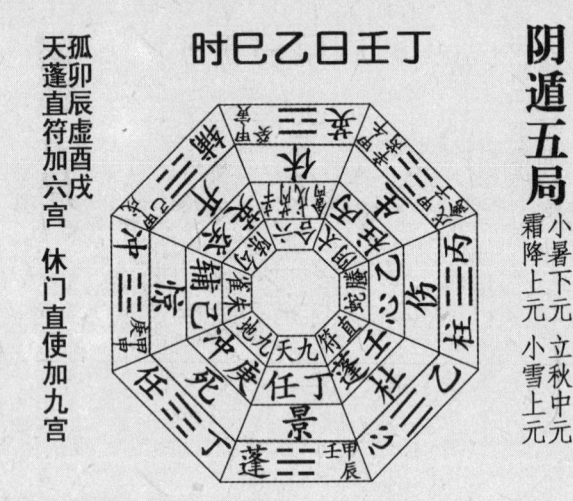

小暑下元 立秋中元 霜降上元 小雪上元

时 巳 乙 日 壬 丁

孤卯辰虚酉戌
天蓬直符加六宫 休门直使加九宫

乾 相佐 宫克门
坎 宫克门
艮 奇格 宫门比和
震 格刑 门迫宫
巽 门迫宫
离 门反吟 门迫宫
坤 生与丙合 真诈 宫门比和
兑 宫克门
蓬符加乾为水天需
休门加离为水火既济
壬仪加乙为日入地户格
丁日伏干格

断曰：乙干在乾，受克居墓，壬符加而得水以生，蔚为芳洲之杜若，其貌已蓬然盛也。而飞入于兑，毋乃创夷未尽复乎？休使反而加九，值六合之阴神，逢戊癸之相化，一呼万诺，可谓"有都俞而无吁咈"矣。亦宜防谗慝之口。

兵事宫生星，门克宫，利客不利主。兵宜先起，遣将移兵于正北，傍敌军之右，潜师尾敌之后。大将出西南生门，背卯击酉。未有军号，伏兵不可起。东北敌亦有伏，宜搜其山之阴。**出行**西南可行。十里内，逢紫衣贵人骑赤白马。**阳宅**利立坤门，见鸟飞应。**阴宅**庚山可用。造葬时，有孕妇携小儿至为应。

附：**占胜败**主兵胜。**虚实**客军不服水土，多病死。**攻城**宜谕降，无庸战。**守城**宜向西南求援，谨防东北。**天时**有雨。**地理**地有更变，山向不利。**人事**有谮我者意甚合。**田禾**西南大熟。**家宅**宅母有才，一家和顺，有喜事。**官禄**性暴而执，难升。**应试**文有讹，不中式。**求财**不求反得。**婚姻**女有疾，男亦不寿。**胎产**生男，当贵。**疾病**脾有湿火，宜用从治法，不可正治。**捕获**东方有窝主。**失物**因喜笑失去，在南方。**远信**将至。**鸦鸣**有尊长文书。**鹊噪**防惊。

阴遁五局

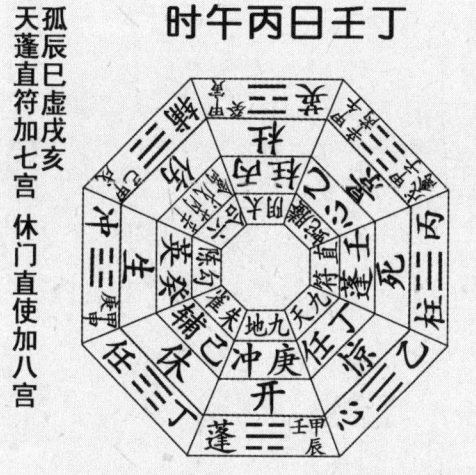

小暑下元
霜降上元 立秋中元
小雪上元

丁壬日丙午时

孤辰巳虚戌亥
天蓬直符加七宫 休门直使加八宫

乾 丁奇入墓 宫门比和
坎 上格 伏宫格 门生宫
艮 玉女守门 宫克门
震 小格 宫克门
巽 宫门比和
离 丙奇升殿 乙奇入墓 门生宫
坤 龙逃走 相佐 符勃 门生宫
兑 蓬龙返首 门生宫
休门加艮为水山蹇 壬仪加丙为天牢伏奇格
蓬符加兑为水泽节
壬日伏干格

断曰：天乙返首于兑宫之丙，而飞丙复升殿于离，则一奇满用，而丁乙之入墓，可以不问矣。若以应举论文，必且靡宋垒而短曹墙，谓之独步可也。直使逢玉女作合，将或得力于"江上峰青"之句乎？独本宫庚格，防悔吝生于得意之后耳。

兵事宫生星，宫克门，主客互有损益。但阳时兵宜先动，从正西直符下出师，以应返首之吉。不遇三奇，又逢死门，终宜慎战。若西南遇敌，即宜按兵不动，反客为主，有白虹见于正西吉。**出行**正西虽合吉格，但无奇门，出行不利。七里逢孝服人。**阳宅**修方宜另择。**阴宅**太阴丙奇列离，午山尚可用。

附：**占胜败**战于西南，主胜。**虚实**敌心狐疑，不敢进兵。**攻城**城中见伤，可破。**守城**谨守正北，久必退。**天时**阴晴倏变。**地理**龙身回顾有情，穴下有坚石，惜左砂不起。**人事**有黄衣人微角口。**田禾**大丰。**家宅**人财俱发，惟防小窃。**官禄**即升。**应试**场中有惊。**求财**隔手难求。**婚姻**不成。**胎产**生女，不育。**疾病**脾火易治。**捕获**贼往东北，可捕。**失物**为远人所盗。**远信**已发，来却迟。**鸦鸣**防人潜逃。**鹊噪**相邀夜酌。

阴遁五局

小暑下元 立秋中元 霜降上元 小雪上元

时未丁 日壬丁

孤巳午虚亥子
天蓬直符加八宫
休门直使加七宫

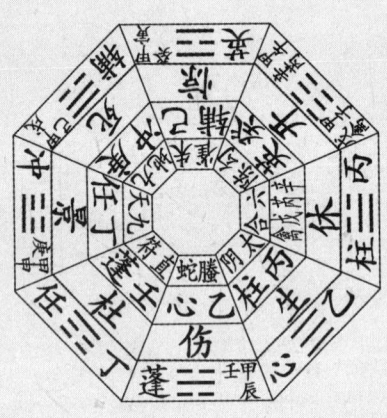

乾宫生门 生与丙合 真诈 丙奇入墓 门生宫
坎宫生门
艮相佐 门迫宫
震天假 宫生门
巽刑格 宫克门
离宫克门
坤宫生门
兑宫生门
蓬符加艮为水山蹇
休门加兑为水泽节
壬仪加丁为太阴被狱格
丁日飞干格

断曰：蓬符入艮，遇丁壬之相合，盖水畏土克，而化木则转能克土，亦可知权变之用矣。休使入兑，又逢丙辛之合化，是北溟之鲲，方化为鹏；而西池之雀，且化为青衣也。于时神逢六合，或当新换门庐，喜值亲朋和会，笙歌盈耳，不亦休乎？

兵事宫克星，宫生门，为客互有利害。阳时兵宜先动，潜师袭击，从西北出兵，神鬼不觉。但奇墓，功难速成。敌居东南，适逢刑格，宜先期设伏，乘衅即击。**出行**宜出西北方。六里，逢赶四足，或见非时鲜物。**阳宅**乾门可修，有飞禽至为应。**阴宅**乾山巽向吉。作用时，有人携酒食至。

附：**占胜败**客胜主。虚实敌有内变，心事不决。**攻城**难拔，求和即可息兵。**守城**谨备西南，来兵日久，自相残杀。**天时**阴云霢霂。**地理**来龙长远，人丁极盛。**人事**二契友至。**田禾**丰收。**家宅**宅内平安，兼有喜气。**官禄**升，宜谨狱讼。**应试**文佳，利小考，临场防阻。**求财**图谋可得。**婚姻**可成，不能偕老。**胎产**生男甚速。**疾病**火伏于内，清理可痊。**捕获**贼惊可捕。**失物**失于正西，可寻。**远信**书已发。**鸦鸣**有行动事。**鹊噪**自己心惊。

阴遁五局

小暑下元 立秋中元 小雪上元
霜降上元 小雪上元

丁壬日戊申时

孤午未虚子丑
天蓬直符加五宫 休门直使加六宫

乾 奇格 宫生门
坎 门迫宫
艮 蛇天矫 门迫宫
震 天乙与太白格 宫门比和
巽 宫生门
离 宫生门
坤 宫生门
兑 开与丁合 丁奇升殿 宫门比和
蓬符步五为水天比
休门加乾为水地需
壬仪加戊为青龙入狱格
壬日不遇

断曰：符入中而寄坤，以为长生乎？而克之者众矣。且有六辛虎视于旁，即是三千槊脚兵也。蓬星虽猛，能不胆落矣乎？休使入干，逢乙庚之交合，在九地之下，虽曰受生，宁非墓夜之金，直与钻穴相窥者等，君子不为也。

兵事符虽受克，却得长生，阳时亦可出兵。建旗鼓于兑位，先遣奇兵，从巽方鱼贯而前，惊敌巢穴，敌必返顾。乃以正兵从西，枹鼓而出，直击对冲，复遣奇兵截其归路。但防敌有伏兵死斗，慎之。**出行**宜出正西方。路见女人笑言，或见有声有足物。**阳宅**宜立兑门，七日进田契应。**阴宅**酉山卯向吉。作用时，有白衣人骑马南来。

附：**占胜败**不分胜负。**虚实**敌有诡计，潜师袭击。**攻城**先破木城，重围必拔。**守城**城中有敌党，宜巡缉。**天时**乌云蔽日。**地理**地近通衢，朝案虽好，幽冥不安。**人事**有享祀神祇之事。**田禾**雨水不时，谷实鲜落。**家宅**人口安宁，季月防虚惊，冬有喜庆事。**官禄**特恩超升。**应试**朱衣暗助取中。**求财**远求逢盗。**婚姻**成后女防瘵。**胎产**生女，产安，子有痼症。**疾病**肺气不降，宜清理。**捕获**盗匿北方仓库傍。**失物**近林木处。**远信**千里内至。**鸦鸣**女人来。**鹊噪**无事。

阴遁五局

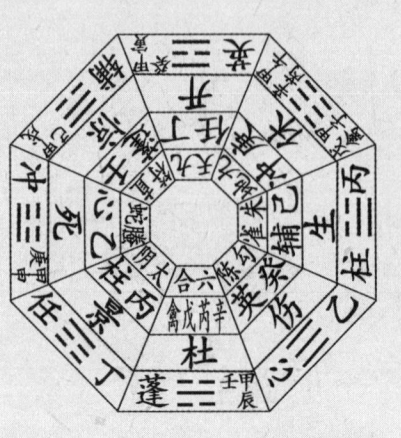

小暑下元 立秋中元 霜降上元 小雪上元

丁日 壬日 己时 酉时

孤未申虚丑寅
天蓬直符加四宫 休门直使加五宫

乾宫 宫克门
坎宫 宫生门
艮宫 门生宫
震宫 乙奇升殿 门迫宫 宫克门
巽宫 仪刑 开与丁合 雀投江 宫克门
离宫 太白与天乙格 宫克门
坤宫 宫生门
兑宫 蓬符加巽为水风井
休门步五为水地比
壬仪加己为天地刑冲格

断曰：壬符入巽，既自刑矣，而又逢戌之冲，则动而无宁宇也。休使步五，逢庚戌之相格，虽则空中龙斗，水或能为之胁，而覆巢之下，岂有完卵乎？所赖乙奇升殿，却为庚用，非甲之利也。惟望穆嬴有三帅之请，庶几济河焚舟，以报殽之役耳。

兵事符遇击刑，门逢克战，静守为贵。但敌已在门，宜速出兵应之。先遣轻锐，从离方逆其前锋，重兵屯于艮地，诱敌深入；乃遣奇兵出敌阵之后，背西击东，使敌首尾不能兼顾，可胜。**出行**宜出正南方。路逢骑马人，或见文书印信。**阳宅**宜立离门，有青衣人至。**阴宅**午山子向吉。作用时，得远方书信应。

附：占胜败主胜。**虚实**敌必衔枚而至。**攻城**先令精锐，假作商贾，藏于城中，势如破竹。**守城**寇已入城。**天时**雨未能晴。**地理**朝山高耸，内案直卸，不吉。**人事**见妇人馈食物。**田禾**麦熟，禾薄收。**家宅**有刑伤，有盗贼虚惊，宜迁移。**官禄**升任，防革退。**应试**文章得意，却不中。**求财**有口舌，不得。**婚姻**再嫁妇可成。**胎产**生男，难产。**疾病**金郁之症，可治。**捕获**盗匪北方，捕受其贿，严比不解。**失物**为小儿所藏，向水木处寻之。**远信**贵人浮沉。鸦鸣有阴私事。鹊噪当进财货。

阴遁五局

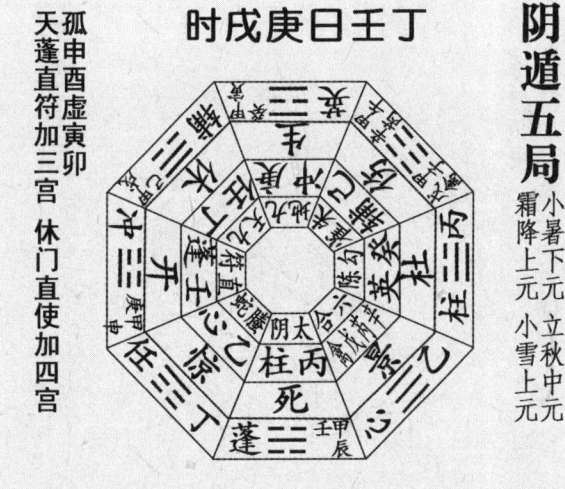

小暑下元 立秋中元 霜降上元 小雪上元

丁壬日庚戌时

孤申酉虚寅卯
天蓬直符加三宫 休门直使加四宫

乾 虎猖狂 门迫宫
坎 宫生门
艮 鸟跌穴 勃符 门迫宫
震 飞宫格 门迫宫
巽 休与丁合 门生宫
离 大格 宫生门
坤 门迫宫
兑 宫克门
蓬符加震为水雷屯
休门加巽为水风井
壬仪加庚为天牢倚势格
壬日飞干格

断曰：庚之在震，当户之兵也。天乙之飞，其或闻乐声而知有伏甲者乎？赖佐使得奇，紧随其后，且有翱翔九神之力，非侧楯之樊哙，即奉璧之张良也。而丙奇又跌穴于本宫，虽上乘阴险之神，苟能用其计谋，必能尽其死力，又何患焉。

兵事星门生宫，利于为主。振旅于东南，敌至慎勿轻战；俟敌气竭，击其西南伤门。但遇大格，本军亦防有损。**出行**宜出东南，求名应试皆吉。路逢执军器人，或闻金鼓声应。**阳宅**宜立巽门。有人骑赤马至，三年内生贵子。**阴宅**巽山乾向吉。作用时，有女人抱白布至。

附：**占胜败**主胜。**虚实**敌营有变，不能前来。**攻城**可攻，但须谨备矢石。**守城**敌锋甚锐，勿轻出战。**天时**风雨凄凄。**地理**水不朝山，穴下有蚁。**人事**林下风来，神清心旷，或闻金石声。**田禾**麦丰，禾歉，梁地有虫。**家宅**安富尊荣，即有乔迁。**官禄**迟升。**应试**文不称意。**求财**不得。**婚姻**成。男有刑伤，难偕老。**胎产**产男，母有灾。**疾病**胃火未清，不必服药。**捕获**得破唇人报信，可捉。**失物**为人窃去，不得。**远信**近信远人即至。**鸦鸣**有喜庆。**鹊噪**土木工作。

阴遁五局

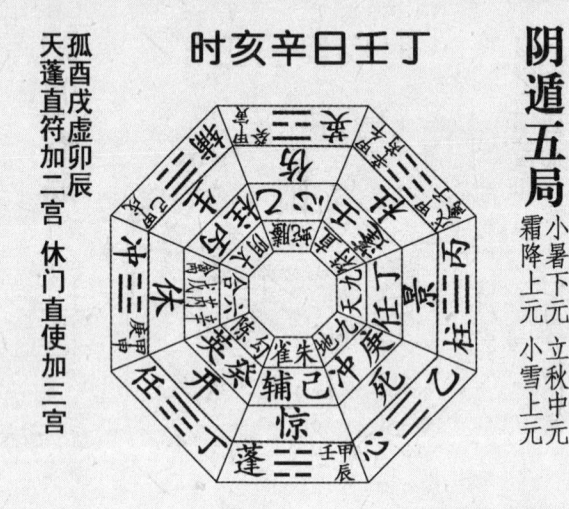

小暑下元 立秋中元 霜降上元 小雪上元

时亥辛日壬丁

孤酉戌虚卯辰 天蓬直符加二宫 休门直使加三宫

乾 奇格 门生宫
坎 门生宫
艮 蛇天矫 宫生门
震 天乙与太白格 门生宫
巽 生与丙合 真诈 宫克门
离 门生宫
坤 丁奇升殿 门迫宫
兑 天假 门迫宫
蓬符加坤为水地比 休门加震为水雷屯 壬仪加辛为白虎犯狱格

断曰：辛壬相遇，亦星家所云"人中三奇"也。此则壬骑龙背，彼则剑带马头，譬之大将莫如韩信，骑将莫如灌婴矣。乃辛又合休使，而飞临于震，正逢格斗之庚，是又如济北淮南之众，俱会垓下，又奚虑强暴之不授首乎？但除兵事外，皆所不宜。

兵事宫克星，门生宫，又值阴时，慎勿先动。宜结寨于正西，即于营前列阵以待，更简精锐，出自东南，伏而不动，互为犄角。敌来挑战，背酉孤，击卯虚，尽发东南之兵，掩敌阵后，敌必奔溃。**出行**东南最吉，正西亦利。出生门逢贵家妇，出景门闻雷声。**阳宅**宜开巽门，有女人从南方至。正西亦可修。**阴宅**巽山乾向吉。动作时，闻钟鼓，发财。

附：**占胜败**主胜。**虚实**敌有阻，不即至。**攻城**难援。**守城**宜慎守。**天时**阴云四合。**地理**向道吉，可发丁。**人事**有工作之事。**田禾**麦有收，禾防旱，徐州倍熟。**家宅**户牖不利，迁东南方则吉。**官禄**任内多事，难升。**应试**文佳可中。**求财**可以智取。**婚姻**女有刑克。**胎产**胎防堕，产生女，母不安。**疾病**肺家之症，近地医人可治。**捕获**盗匪近水处，逃人东遁，可缚。**失物**失于东方，寻之易得。**远信**信可至，近人不来。**鸦鸣**主有恩荣。**鹊噪**有虚惊。

阴遁五局

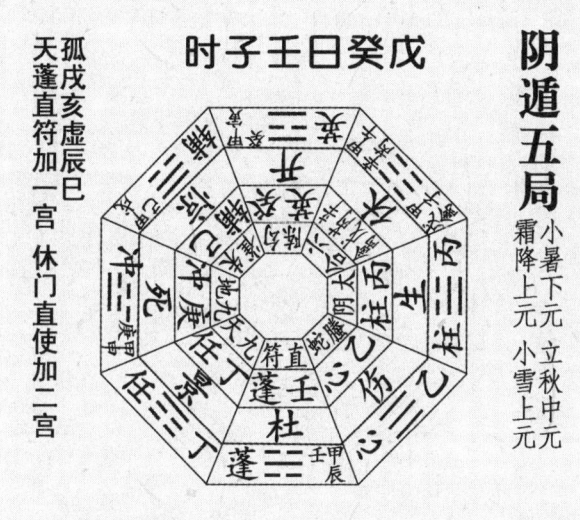

小暑下元 立秋中元
霜降上元 小雪上元

戊日癸壬子时

孤戌亥虚辰巳
天蓬直符加一宫 休门直使加二宫

乾 乙奇入墓 宫克门
坎 符伏吟 宫生门
艮 丁奇入墓 门生宫
震 宫克门
巽 门迫宫
离 宫克门
坤 宫生与丙合 真诈
兑 生 门生宫
蓬符伏坎为坎
休门加坤为水地比
任仪加壬为天牢自刑格

断曰：壬符伏坎，以坎言之，则重险也；以壬言之，则积雨也。乃以杜侯之舟，泛滔天之水，有不沈溺者乎？至休使入坤，而平衍之区，亦当见余波之泛滥矣。时乘六合，又为雷部雨师霹雳之神，何凝阴之不散也。扶阳抑阴，是在调燮之有道。

兵事门受宫制，不利为客。俟敌先动，潜师出正西生门，伏兵随后。张疑兵于东北，伏精锐于正东，背西击之，尽发东西之伏，截其归路。**出行**宜出正西，八九里当遇老阴人。**阳宅**利开西门，当闻鸟雀声。**阴宅**酉山卯向吉。作用时，有二人相逐为应。

附：占胜败守界不战。**虚实**防敌人暗袭。**攻城**内外相持。**守城**宜谨东门。**天时**龙神归海，当晴。**地理**回龙顾祖，宜壬龙壬向。**人事**教子弟做人读书。**田禾**益州大熟。**家宅**人丁旺，家赀厚，和好安吉。**官禄**不升。**应试**文佳不售。**求财**多求少得。**婚姻**男有暗疾，不成。**胎产**生男，产迟。**疾病**胸中停饮，或水道不通，宜渗导。**捕获**匿东南土窑中。**失物**在原处。**远信**将至。**鸦鸣**有移动事。**鹊噪**防阴人口舌。

阴遁五局

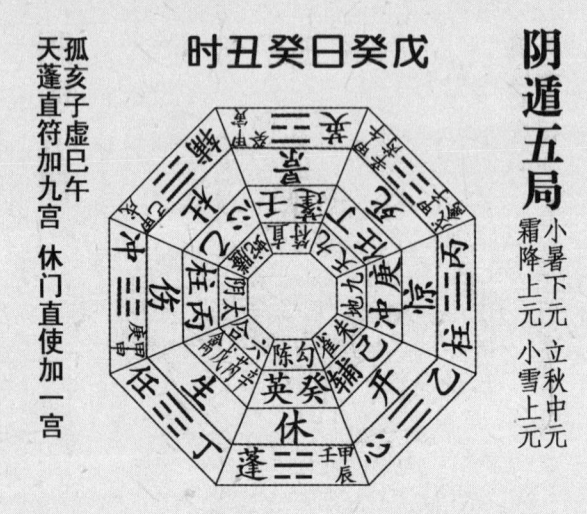

小暑下元 立秋中元
霜降上元
小雪上元

戊癸日癸丑时

孤亥子虚巳午
天蓬直符加九宫 休门直使加一宫

乾 门伏吟
坎 荧入白
艮 符反吟
震
巽
离 白入荧 奇格
坤
兑 休门伏坎为坎
壬仪加癸为阴阳重地格
无奇门 天网
蓬符加离为水火既济

断曰：符反门伏，壬癸交加，为阳裹阴，为阴裹阳，而复得火以炼水，则斗危之间，呕轮吐萌，而铅鼎之光，透帘豁户，将毋蓬莱之路三千，行满独步云归者乎？然西有入荧之白，而东有入白之荧，抑之道术之魔也，是贵乎术之正耳。

兵事星克宫，利为客。但遇天网，不宜出兵。东有敌穴，西有敌营，忽去忽来，宜坚壁以待。若遇于东，即趋其穴，易我之帜。敌若西来，俟其过险，以逸待劳。出行出东北，当见隆背幼女。阳宅开艮门，有果盒遗赠应则吉。阴宅艮山尚可用，有老妇锄园为应。

附：占胜败客利东，主利西。虚实西贼当灭。攻城宜抚。守城东门防有地道。天时晴明。地理拱护不吉，山向欠佳。人事有妇女口角。田禾夏防旱，秋有虫伤，薄收。家宅人口不安，东廊防火烛。官禄迟升。应试文章不灵动，难中。求财素相契人可得。婚姻女畏男家，不就。胎产胎动，生女。疾病肾水上泛，宜渗泄。捕获在西北仕官家。失物不可得。远信有不吉信。鸦鸣干涉贵人之事。鹊噪有口舌。

阴遁五局

小暑下元　立秋中元　小雪上元
霜降上元　小雪上元

戊癸日甲寅时

孤子丑虚午未
天英直符加九宫　景门直使加九宫

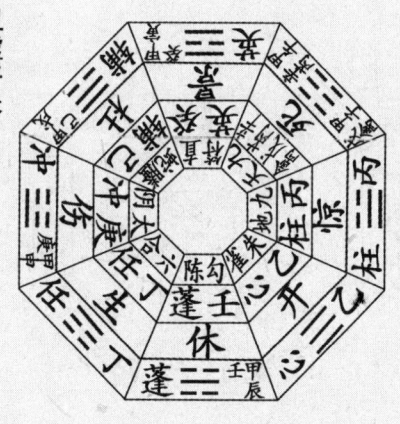

乾　开与乙合　乙奇入墓
坎　生与丁合　休诈　丁奇入墓
艮
震
巽　门符伏吟
离
坤
兑　英符伏离为离
　　景门伏离为离
　　癸仪加癸为天网重张格
　　天辅时　戊日不遇

断曰：甲木遁于离宫，丹家所谓"火里栽莲"也。全局戊土居中，龙西虎东，为之接引，为之交媾，则彼此含真，土木金无间隔矣。九还七返之理，不于斯备乎？至若天乙辅时，星门不动，则又"铅鼎温温，静以养之"之时也。

兵事星门俱伏，阳时利为客。但孟甲之时，刑内德外，主客不利。季月宜出东北，秋冬宜出西北，但属奇墓，恐用人不当，误失军机。当伏重兵于正东，防敌人偷劫。**出行**东北西北二方，俱可出行。见四足斗，或青衣妇人。**阳宅**乾艮二方，俱可修葺。**阴宅**乾山艮山俱利，有僧道至为应。

附：占胜败以利诱之，可胜。**虚实**敌兵不动，宜防妖术。**攻城**可攻，人心摇动。**守城**难守，当安民心。**天时**风起不大。**地理**龙有外护，向首不利，秀而不贵。**人事**闭户著书写字。**田禾**丰歉照旧。**家宅**利静守，不宜上书言事。**官禄**官虽不升，颇得安逸。**应试**文有疵，止利小试。**求财**迟得。**婚姻**屡求不允。**胎产**女胎，动而未产。**疾病**水火不调，东北医家可治。**捕获**难拘。**失物**原处易寻。**远信**未到。**鸦鸣**贵人相候。**鹊噪**西北有喜事。

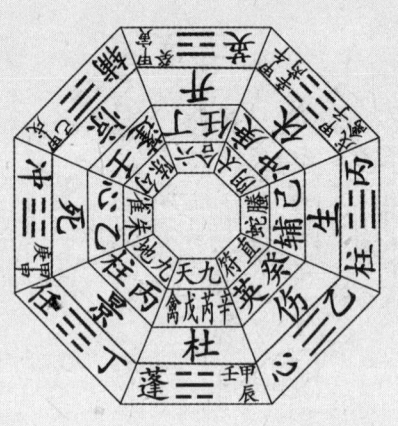

阴遁五局

小暑下元 立秋中元 霜降上元 立冬上元 小雪上元

戊癸日乙卯时

孤丑寅虚未申
天英直符加六宫 景门直使加八宫

乾 相佐 宫克门
坎 宫生门
艮 玉女守门 门生宫
震 乙奇升殿 宫克门
巽 门迫宫
离 开与丁合 休诈 雀投江 宫克门
坤 太白与天乙格 宫克门
兑 门生宫
英符加乾为火天大有
景门加艮为火山旅
癸仪加乙为日沉九地格
戊日伏干格

断曰：以乙奇受癸符，名曰"日沉九地"。然乙方入墓于乾，乃以英火破心之金，以癸水滋乙之木，则安见居乾之非入地，受癸之非登天也。景使虽逢玉女，然乘九地暗晦之将，以加鬼户入墓之丁，欲问阴私，恐不免明珠之暗投矣。

兵事星克宫，宫生门，利为客。秋冬宜从正南出兵，但朱雀投江，受宫迫制，遇敌当按兵不动，俟其前来而后击之，背直符击惊门。坤艮二方，皆可伏兵。巽中有蓬星，敌将亦甚勇，当用宫音之将胜之。**出行**宜出正南方。九里见布帛果实，防文书失水。**阳宅**秋冬立离门，主得横财。**阴宅**午山子向吉。作用时，有瘿瘤人持刀至为应。

附：**占胜败**主胜。**虚实**敌有伏兵在西南。**攻城**当攻南门。**守城**谨备正南。**天时**初阴后晴。**地理**龙真穴的，土色有锦雉文。**人事**有钱粮驿站文书，或宴饮事。**田禾**岁丰，农人得利。**家宅**时丁俱发，利阴人堂家。**官禄**政声洋溢，防文书遗失被参。**应试**似有暗中关节。**求财**可求，但费周折。**婚姻**不成。**胎产**生男，胎防堕。**疾病**火症当清。**捕获**其人在东方，可捉。**失物**两人同偷，在正北，难寻。**远信**防失水。**鸦鸣**宜问卜。**鹊噪**有吊唁之事。

阴遁五局

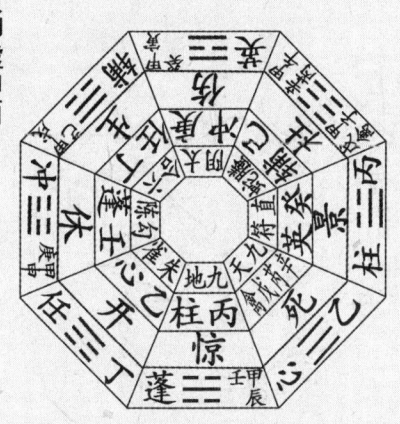

戊癸日丙辰时

小暑下元 霜降上元 立秋中元 小雪上元

孤寅卯虚申酉
天英直符加七宫　景门直使加七宫

乾　虎猖狂　门生宫
坎　门生宫
艮　开与乙合　虎遁　宫生门
震　门生宫
巽　生与丁合　休诈　宫克门
离　大格　伏宫格　门生宫
坤　门迫宫
兑　龙返首　相佐　符勃　门迫宫
英符加兑为火泽睽
景门加兑为火泽睽
癸仪加丙为明堂犯悖格
丙奇得使遇中　癸日伏干格

断曰：时干丙奇，以兑为家，乃丙火则受制于癸符，柱金则见克于英宿，景使又从而迫之，直恐鸟为焚巢，非果龙能返首也。然符之飞宫值丙，勃固可虞；伏宫有庚，格亦为患。癸之为癸，方且狼顾不遑矣，于丙何伤？

兵事返首利主，阳时虎狂，亦可为客。先伏奇兵于东南林木处，多带火箭排枪，并立号炮，乃建青旗赤羽，从东北而出，遇敌则据正西，为锐阵，反客为主，以占返首之吉。闻号伏发，可胜。**出行**宜出东南方，闻唱歌声，或见稚子与黄衣小女相戏。若出东北，防有口舌。**阳宅**宜立艮巽门，南方黑云下雨应。**阴宅**艮巽二山吉，有红衣女人携篮至。

附：**占胜败**先举者胜。**虚实**敌有内患，屯兵不发。**攻城**火攻易拔。**守城**有援可守。**天时**有云无雨。**地理**龙气佳，朝山低陷，不吉。**人事**有产育事，或财帛文书。**田禾**麦丰，谷不熟。**家宅**宅吉人安，可以发财。**官禄**费财可升。**应试**中第七名。**求财**往东南方图谋如意。**婚姻**成，女脸有雀斑。**胎产**生女，难产。**疾病**心火刑金，宜静养。**捕获**盗匿东北方，不能即获。**失物**在西北方，无人盗。**远信**即至，行人亦归。鸦鸣有文书事。鹊噪见阴贵人。

阴遁五局

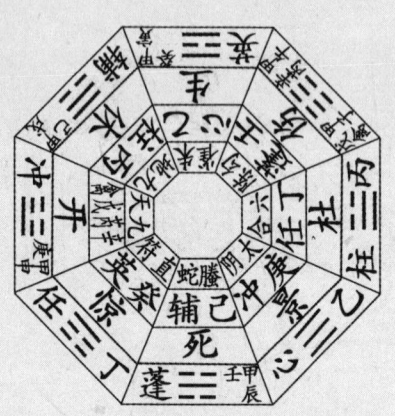

小暑下元　立秋中元　霜降上元　小雪上元

时巳丁　日癸戊

孤卯辰虚酉戌
天英直符加八宫　景门直使加六宫

乾　奇格　门迫宫
坎　门迫宫
艮　相佐　蛇天矫　宫生门
震　天乙与太白格　门迫宫
巽　休与丙合　重诈　门生宫
离　生与乙合　宫生门
坤　地假　丁奇升殿　宫克门
兑　英符加艮为火山旅　景门加乾为火天大有
癸仪加丁为螣蛇天矫格
戊日飞干格

断曰：时干为丁，受癸克矣；时支在干，被景迫矣。然丁以艮之墓宫，承符之蛇矫，及转而升殿于兑，则合神杜门，得地假之格，殆古公之去邠迁岐也。乾宫庚来合乙，上乘太阴，乙庚之交已固，景且暗受其格而不知矣。

兵事 符遇天矫，又值阳时，兵宜先发。大军趋东南立营，前锋用青龙旗号，从离方而出，击敌对冲。更伏轻兵于正西薮泽间，防敌之走。惟西北奇格，不利伏兵，亦不宜追逐。**出行** 宜出东南正南。路逢皂衣妇人，引孩子同行。**阳宅** 离门巽门吉，闻鼓乐声应。**阴宅** 宜巽山午山。作用时，东南方火发喧闹应。

附：**占胜败** 客胜。**虚实** 敌必偃旗息鼓而来。**攻城** 兵至即下。**守城** 寇深难守。**天时** 云开见日。**地理** 地近园林寺院，结穴有情。**人事** 有女亲相会，或主密谋。**田禾** 麦丰，禾歉。**家宅** 女春有灾，宜防火烛，宅长康宁发财。**官禄** 政声洋溢，两袖清风。**应试** 不中。**求财** 有得，防口舌。**婚姻** 男别有属意，不成。**胎产** 生男，母有产疾。**疾病** 因于纵欲，肺肾俱虚，宜峻补。**捕获** 匿于南方富家，可获。**失物** 在正东树林下，或金铁傍，可寻。**远信** 即至。**鸦鸣** 有女人来。**鹊噪** 当进南方财物。

阴遁五局

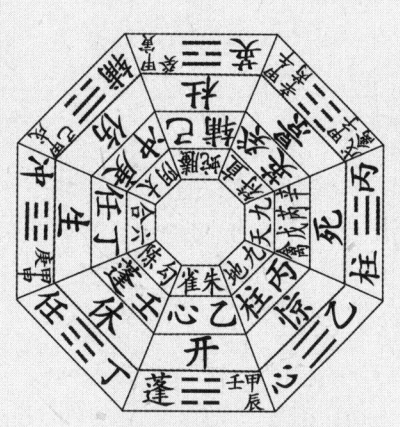

小暑下元 立秋中元
霜降上元 小雪上元

戊日癸 戊午时

孤辰巳虚戌亥
天英直符加五宫　景门直使加五宫

乾　丙奇入墓　宫门比和
坎　开与乙合　龙遁　门生宫
艮　宫克门
震　生与丁合　休诈　宫克门
巽　刑格　宫门比和
离　门生宫
坤　仪刑　门生宫
兑　门生宫
英符步五为火地晋
景门步五为火地晋
癸仪加戊为青龙入地格

断曰：符使均逢步五，癸水又入土宫，不为亨吉。乃戊干为癸符之配，契合方深，于是乎干以奇宫辛仪之金而扶癸水，符以星门英景之火而生戊土，在君臣则为一德，在朋友则曰同心，胶漆之坚，金兰之好，于斯在矣。

兵事 星门生宫，为主乃吉。安营坚守，敌至从正北出师应之。刑格不利对击，避其前锋。分兵出自生门，抄敌阵后。格合休诈，宜剿抚并用，使敌自相攻击。**出行** 宜出正东方，所求如意，逢少如喜笑。正北亦利，见人争斗。**阳宅** 坎震二门，皆可建造。有皂衣人至，或黑禽南来。**阴宅** 子山卯山皆吉。有师巫至，或女人携酒过应。

附：**占胜败** 客兵先胜后败。**虚实** 敌当潜师而来，其兵多伤。**攻城** 宜暂撤围，抚士卒以待时。**守城** 完守以老敌师，毋轻出战。**天时** 晴，有风。**地理** 右砂不合，震山可用。**人事** 利见大人，或有文书谋议。**田禾** 麦大丰，徐州秋旱。**家宅** 聚财。内眷贤而善病，幼小亦常有悔。**官禄** 可升，盐漕之司不利。**应试** 文合主司意。**求财** 易得。**婚姻** 女佳奁厚，肯就男家。**胎产** 胎安，产速，生女。**疾病** 水不制火，宜滋阴。**捕获** 难获，防反伤捕。**失物** 为同室人盗去。**远信** 迟至。鸦鸣事涉长上。鹊噪行人至。

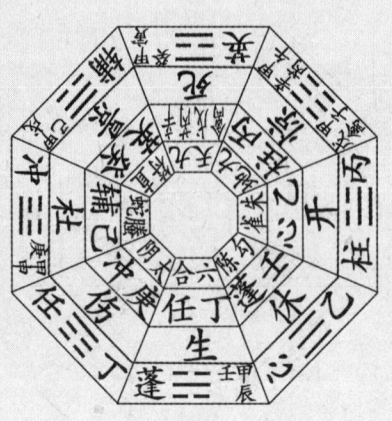

阴遁五局

小暑下元 立秋中元
霜降上元
小雪上元

戊癸日己未时

孤巳午虚亥子
天英直符加四宫 景门直使加四宫

乾 宫生门
坎 生与丁合 休诈 门迫宫
艮 奇格 门迫宫
震 格刑 宫门比和
巽 仪刑 宫生门
离 宫生门
坤 宫生门
兑 开与乙合 宫门比和
英符加巽为火风鼎
景门加巽为火风鼎
癸仪加己为华盖入明堂格
癸日不遇

断曰：癸仪本愁己土，寅符又忌巳乡，而英星景使，独欢然于辅杜之相生，所谓"狂者东走，追之者亦东走"，其所以走者则异也。癸入巽宫，逢击刑之凶，而本宫戊来作合，辛见生扶，"鹧鸪啼罢子规啼"，其亦可暸然而悟乎？

兵事符使皆受宫生，从地户行师，上乘六癸，人不见影，到处如将军从天而降也。宜安营于坤地，结为偃月形，先遣计谋之将，出坎方探敌诈诱，乃以亲兵为前队，向艮建青旗赤帜而进，大将从东南麾之，交战东北。**出行**秋宜西出，冬可北行。若文书事，亦利于北。**阳宅**秋冬利建兑门，坎方亦可小修。**阴宅**子山酉山俱吉，有孕妇提筐应。

附：**占胜败**主兵胜。**虚实**敌军负伤不出。**攻城**守将可以计擒，宜速攻，防救援。**守城**宜近求援兵。**天时**主有暴风，阴晴不定。**地理**明堂向道俱佳，可发财丁。**人事**心多疑虑，或望北来信息，或闻西方补官。田禾丰收，西北大熟。**家宅**人口不安，时有惊疑事。**官禄**不安其职，入秋自吉。**应试**文情发越，可中。**求财**其财甚大，求之费力，难得。**婚姻**女极佳，当浼女眷为媒。**胎产**迟，生女。**疾病**忧虑伤脾，水不润下。**捕获**贼在西路，与胡须人说话。**失物**难寻。**远信**冬占即至。鸦鸣归巢。鹊噪喜事。

阴遁五局

小暑下元 立秋中元 霜降上元 小雪上元

戊癸日庚申时

孤午未虚子丑 天英直符加三宫 景门直使加三宫

乾 生与丁合 休诈 丁奇入墓 门生宫
坎 门迫宫
艮 上格 宫生门
震 飞宫格 小格 宫生门
巽 宫克门
离 鸟跌穴 丙奇升殿 勃符 宫克门
坤 开与乙合 龙逃走 乙奇入墓 宫生门
兑 宫生门
英符加震为火雷噬嗑
景门加震为火雷噬嗑
癸仪加庚为天网冲犯格
癸日飞干格

断曰：癸符以庚金为印绶，景使以震木为生扶，相将而入东方，自谓趋三之吉，不虞庚之将为我格也。蜻蛉黄雀之喻，殆为兹设乎？本宫丙奇升殿，月照端门，于符为跌穴之贵格，所适既非乐郊，不如复我邦族矣。

兵事星门俱受宫生，利为客。秋冬出西南，四季出西北，虽合奇门，奇墓不能全吉。宜多伏轻兵，或南或北，互相救应。正南飞鸟跌穴，客军尤利。但中有破军凶星，凡事慎重。**出行**西北西南二方。俱可行，正南亦利。**阳宅**乾坤二方，俱可立向，见孝服持刀人。**阴宅**亥山坤山俱利，有怀孕妇人应。

附：**占胜败**主胜。**虚实**敌有阻碍。**攻城**城中死亡相继。**守城**当以死守。**天时**天雨必晴，兼有东风。**地理**龙气不旺，左砂空陷，掘得龟板，隔代发福。**人事**有贵人议事不合。**田禾**雨水不调，尚有收。**家宅**宅基不利，人口不安。**官禄**上司不喜，不能即升。**应试**文不合式。**求财**迟得。**婚姻**中有阻膈。**胎产**生男，防不育。**疾病**水不通。妇人防经闭，宜养血。**捕获**防格斗。**失物**向东南丧家寻。**远信**来必迟。**鸦鸣**与贵人相恶。**鹊噪**亲朋远到。

阴遁五局

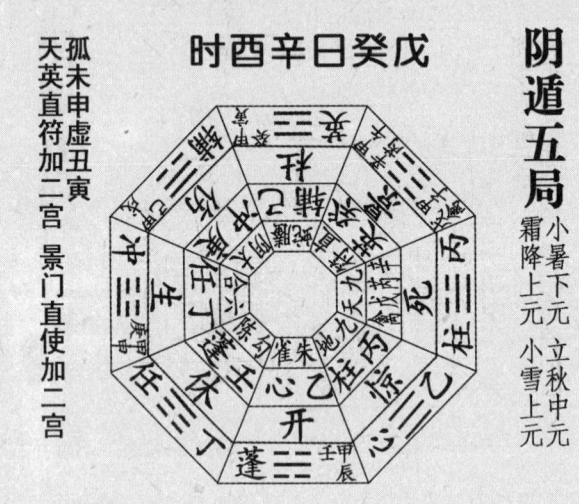

小暑下元 立秋中元
霜降上元 小雪上元

戊癸日辛酉时

孤未申虚丑寅
天英直符加二宫 景门直使加二宫

乾 丙奇入墓 宫门比和
坎 开与乙合 龙遁 门生宫
艮 宫克门
震 生与丁合 休诈 宫克门
巽 刑格 宫门比和
离 门生宫
坤 仪刑 门生宫
兑 门生宫
英符加坤为火地晋
景门加坤为火地晋
癸仪加辛为华盖受恩格

断曰：癸符加辛，华盖为受恩矣，而戊复于不意之中，作合于符，倾盖而谈素心，班荆而道旧故，诚君臣朋友之乐也。然癸本受辛生，乃逢戊合，化而为火，得则为到处逢迎，失则为曲学媚世；得则为河伯之见海若，失则为陈相之从许行。

兵事 星门生宫，利为主。敌必伏兵于东南，当发西南西北两营之兵，潜出东门正西大张声势，使敌不敢西顾。合兵于东南，杀入伤门，可以聚而歼诸。**出行** 季月宜出正东，见果实之类。秋冬宜出正北，见水族之类。**阳宅** 宜立震坎二门，有黑禽至，鼓声应。**阴宅** 卯山子山皆吉。作用时，有雀噪人争为应。

附：**占胜败** 客胜。**虚实** 贼自残戮。**攻城** 宜缓图。**守城** 可守。**天时** 天晴，有云气。**地理** 金水行龙，向利发丁。**人事** 有贵人密札。**田禾** 麦丰，青冀更熟，禾防虫。**家宅** 宅发财，孕生贵子。**官禄** 秋冬可升。**应试** 文合式。**求财** 可得，中有阻。**婚姻** 成。女佳，男有刑克。**胎产** 女胎，易产。**疾病** 肾不足，防失血，宜调摄。**捕获** 在水边，难获。**失物** 因迁徙失去。**远信** 有喜信至。鸦鸣西南有孕妇分娩。鹊噪有升信。

阴遁五局

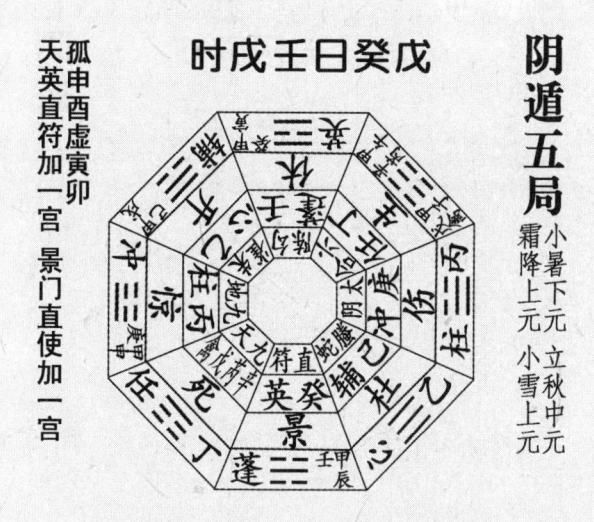

小暑下元 立秋中元 霜降上元 小雪上元

戊日癸 壬日戊时

孤申酉虚寅卯
天英直符加一宫 景门直使加一宫

乾　宫克门
坎　门符反吟　宫克门
艮　宫门比和
震　荧入白　门迫宫
巽　天与乙合　风遁　门迫宫
离　门迫宫
坤　生与丁合　休诈　宫门比和
兑　白入荧　奇格　宫克门
英符加坎为火水未济
景门加坎为火水未济
癸仪加壬为天网覆狱格

断曰：癸符而值壬干，二水相比，以居坎宫水旺之乡，淄渑合而注海，泾渭会而入河，几于莫辨矣。然癸本以离为家，乃贪于趋旺，而不顾英景之受伤，知己而不知人，受身而不爱国，纥干山之雀，半闲堂之蟋蟀，岂可为训乎？

兵事反吟往受宫克，不可进兵。震方九地下，逢荧入白，亦不可安营。宜伏于正西太阴之下，更藏奇兵于坤地，或神庙中，遣心腹谋将，率甲士伏于东南堤下或涧旁，以备邀击归路。**出行**东南利于求名，西南可以求财，或文书事。但东防阴险暗劫，西则欢笑相迎。**阳宅**宜立巽坤二门，有术士少妇至。**阴宅**巽坤两山皆吉，鸟雀争喧应。

附：**占胜败**主胜。**虚实**敌情反复，不可信。**攻城**守将多诈，宜急攻其西门。**守城**有谋可守。**天时**主半阴半晴，有风。**地理**山向不吉，葬防丑声官事。**人事**有文信激怒。**田禾**丰，吴楚滇黔皆大熟。**家宅**宅有动摇，人防离散。**官禄**文书翻覆，秋冬防参。**应试**不中。**求财**田土之财，颇费经营。**婚姻**男诈而狂，女家不愿。**胎产**生男，文秀多智。**疾病**阴阳不分，宜服利下之剂。**捕获**逃人匿于西南少妇家。**失物**失于东北远处，难觅。**远信**迟，有好音。**鸦鸣**有孕育之喜。**鹊噪**主风。

阴遁五局

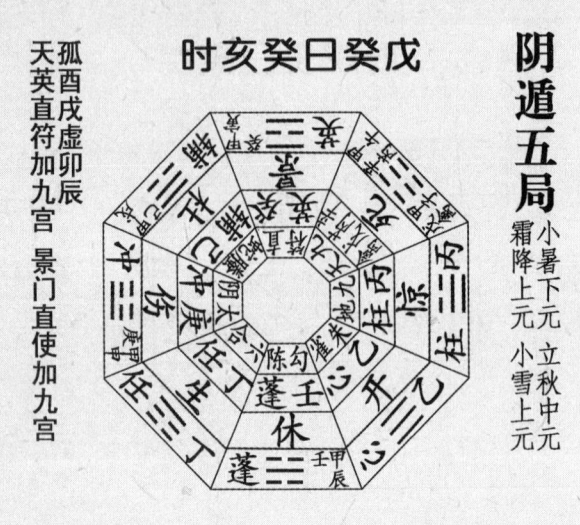

戊癸日癸亥时

小暑下元 立秋中元
霜降上元 小雪上元

孤酉戌虚卯辰
天英直符加九宫 景门直使加九宫

乾 开与乙合 乙奇入墓
坎 生与丁合 休诈 丁奇入墓
艮
震
巽 门符伏吟
离
坤
兑 英符伏离为离 景门伏离为离 癸仪加癸为天网重张格
天网四张

断曰：癸藏离地，阳中之阴，乃所谓真水也。动而不已，则润者日以下，炎者日以上，而铅飞汞走之患生。惟符使并伏，静以养之，庶阴阳相抱，神气相守耳。况癸亥为六十时之末，所以完本元之终，而启后元之始，尤宜息之深深者也。

兵事 天网伏吟，不利出兵。奇门皆聚于北，宜按甲束兵，屯于正西九地下。遣轻骑向艮方探路，更伏奇兵于乾位，以为救应，皆须衔枚隐迹。敌至按天马方而行。**出行** 只宜捕捉出猎打鱼之事，出东北西北俱可。阳宅乾艮二方俱可开门，有孕妇带笑至。阴宅乾山巽向、艮山坤向俱吉。作用时，见渔翁把火应。

附：占胜败 主胜。**虚实** 声息不通。**攻城** 宜筑长围。**守城** 坚闭勿出，可守。**天时** 晴，日中有微风。**地理** 地近陶冶处，穴土枯焦，不可用。**人事** 身逸心劳，如焚如结。**田禾** 麦丰，东北尤熟。**家宅** 人口安宁，夏月防火烛。**官禄** 清淡无营，可以安久。**应试** 文抄旧墨，不中。**求财** 有得。**婚姻** 男有残疾，女家不允。**胎产** 生女，不吉，母有疾。**疾病** 有伏火，宜加味逍遥散。**捕获** 匿于西北，难获。**失物** 在西南悬吊处，无人取。**远信** 午日到。**鸦鸣** 主贵人事。**鹊噪** 见食俸僧人至。

御定奇门阴遁六局

阴遁六局

夏至下元
寒露上元 白露下元
立冬上元

时子甲日己甲

孤戌亥虚辰巳
天心直符加六宫 开门直使加六宫

乾　门符伏吟
坎　生与丙合　重诈
艮
震
巽
离　鬼假
坤
兑　心符伏乾为乾
　　开门伏乾为乾
　　戊仪加戊为青龙入地格
天辅时

断曰：甲居乾位，首出之象也。端拱无为，纪纲肃整，三奇鼎列，象三辅也。三门顺序，象三台也。体不息之健运，宾强梁于荆楚，虽有不轨之徒，皆屏息缩迹而不敢动。秋冬尤得旺气，天辅当沛恩纶，允为元吉。

兵事门符未分，时遇天辅，利于为客，兵宜先举。季月出东北生门，以应重诈吉格。安营于阵后，设伏于西南，背艮击坤，敌必首尾不顾。**出行**当出东北。行八里，逢黄衣阴人，皂衣公吏，或见贵重首饰。**阳宅**利开艮门。动作时，有贵人至。**阴宅**艮山坤向吉。作用时，有赤面长者至。葬后，进商音人古器，大旺。

附：占胜败客兵负。**虚实**主多诈情，客心怀畏。**攻城**守将可擒，易拔。**守城**防敌由东南而入，难守。**天时**夏日有雨，秋冬多风。**地理**甲日占，后裔必贵。**人事**有虚名虚利之事。**田禾**谷防水患，麦可大获。**家宅**香火利，当发少男。**官禄**久俸迟升。**应试**可中。**求财**阴私之财最旺，可得。**婚姻**不成。**胎产**迟延，生女。**疾病**肝气不舒，未能即愈。**捕获**难获。**失物**不能复得。远信发而未至。鸦鸣有喜悦事。鹊噪无事。

阴遁六局

夏至下元 白露下元
寒露上元 立冬上元

甲己日乙丑时

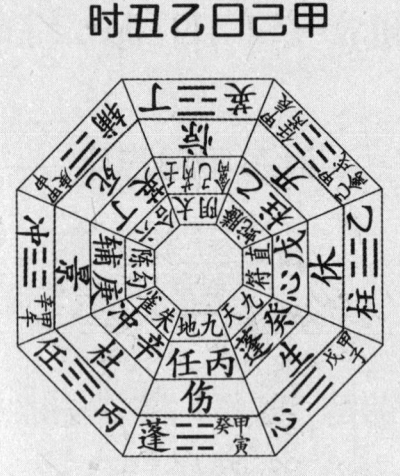

孤亥子虚巳午
天心直符加七宫 开门直使加五宫

乾 门生宫
坎 宫生门
艮 门迫宫
震 宫生门
巽 鬼假 宫克门
离 宫克门
坤 开与乙合 乙奇入墓 宫生门
兑 相佐 宫生门
心符加兑为天泽履
开门步兑五为天地否
戊仪加乙为青龙入云格
己日不遇

断曰：夏至三气，德在酉，刑在卯，则乙之居兑，乃乘德者也。天乙临之，而休使以导其前，则芙蓉与华盖平飞，杨柳共青旂一色。有秋成省敛，劳农行郊之象，或采风问俗之举。而坤为乙墓，将毋乱鸦啼后，归兴浓于酒耶？

兵事宫生门，利为客，兵宜先举。秋月当出西南开门，安营于正北，伏兵于正南。当扬旗抒鼓，直击东南，亦可制敌。但乙奇入墓，不可令参将督师。**出行**可出西南门。行二里十二里，闻哭声，见畜物或虚假物。**阳宅**可开西南门。动作时，当有失明人至。**阴宅**坤山艮向吉。造葬时，北方有匠人，携斧斤至。

附：**占胜败**客兵负。**虚实**主欺客。**攻城**不宜急攻，当俟其变。**守城**防自惊。**天时**晴而有云。**地理**土色黄白。甲日占，不利兄弟。**人事**有黑矮人言财利事，缠绕不去。**田禾**防有螟蛀，欠丰。**家宅**卧榻幽暗。己日占，当损人。**官禄**俸久始得升转，多惊恐。**应试**己命人可望中。**求财**虚而不实。**婚姻**媒妁无力，不成。**胎产**生男，当贵。**疾病**木就金伤，宜补厥阴。**捕获**难获。**失物**向正西寻觅。**远信**不至。**鸦鸣**有争斗事。**鹊噪**无休咎。

阴遁六局

夏至下元 寒露上元 白露下元 立冬上元

甲己日丙寅时

孤子丑虚午未
天心直符加八宫
开门直使加四宫

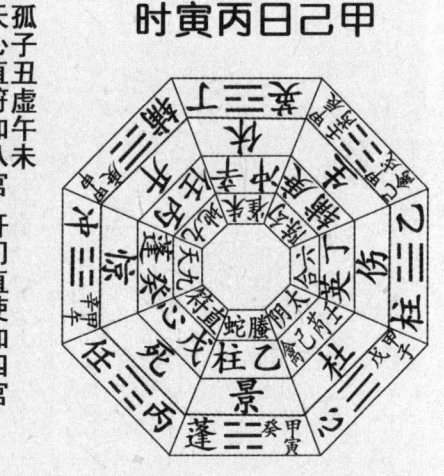

乾 地假 宫克门
坎 宫克门
艮 龙返首 相佐 符勃 宫门比和
震 门迫宫 开与丙合 荧入白 门反吟
巽 门迫宫
离 门迫宫
坤 上格 刑格 宫门比和
兑 神假 物假 丁奇升殿 宫克门
心符加艮为天山遁
戊仪加艮为天山遁
开门加巽为天风姤
丙奇得使游仪
己日伏干格

断曰：丙干居长生之地，值时支之正位，得气乘旺极矣。符来返首，而又合直使到巽游仪，重诈是真，入白是假，不可言凶也。占为佐辅得人，可以开疆辟地；扫荡烟尘。卫霍功名，甘陈奇绩，必且兼而有之。而天乙贵人，遂乃安享青龙得明之吉。

兵事宫生星，门克宫，利客不利主，兵宜先举。秋月出东南开门，季月出东北艮方，以应返首之吉。安营于巽，伏兵于乾，扬兵于正东，击其对宫，可以获胜。**出行**夏月宜向东北行。六十里，见贵人车马，或高年老叟应。**阳宅**秋利开巽门，夏利开艮门。有色衣人至，或见东北方火光。**阴宅**艮山坤向吉。作用时，见童子揶揄大笑应。

附：占胜败主能胜客。虚实主客多反覆，客亦旋去。**攻城**宜戒贪，勿坠术中。**守城**宜备西南，可守。**天时**云开见日。**地理**土色元黄，下有新物，极吉之地。**人事**有紫衣贵客，言阴司生死轮回事，或有贵人密谋。**田禾**夏防旱，有收。**家宅**东南幽暗处，防有贼匪，宅吉益人。**官禄**任东南，位高禄重，唯不能升。**应试**可中。**求财**有害，利微。**婚姻**不就。**胎产**生男。**疾病**脾火大旺，翻覆不常。**捕获**不获。**失物**向东北觅。**远信**将至。**鸦鸣**有相迫之事。**鹊噪**有好音。

阴遁六局

夏至下元 寒露上元 白露下元 立冬上元

甲己日丁卯时

孤丑寅虚未申
天心直符加九宫 开门直使加三宫

乾 门迫宫
坎 大格 门迫宫
艮 丁奇入墓 宫生门
震 门迫宫
巽 休与乙合 门生宫
离 相佐 宫生门
坤 门迫宫
兑 宫克门
心符加离为天火同人 开门加震为天雷无妄
戊仪加丁为青龙耀明格

断曰：丁本通气于午，戊符来加而耀明，又临以生门，以此求财，何求不得？以此炼性，何炼不成？但直使到震为门迫，且是符所愁之乡，而使临之，庸独利乎？将毋巽为财薮，而误入于震，则无怪乎隔艘满载珍珠，而我独载山阴一船土也。

兵事宫克星，门克宫，主客互有损伤。宜出东南休门，安营于正西，伏兵于正东，背南击北，亦可御敌。然丁奇入墓，不可令参将督阵迎战。出行秋冬月，利出东南。逢扛木人，及见异形奇物。**阳宅**利建东南屋宇，开巽向门户。见东方有枯木，主大发。**阴宅**巽山乾向吉。作用时，有小禽四噪。半年后，有猫自来，大发。

附：**占胜败**客兵敢死，主兵当负。**虚实**客怀虚诈。**攻城**攻其东门，当拔。**守城**城郭不完，议和为便。**天时**晴而有微风。**地理**甲龙入首，土色红黄，巳日可用。**人事**有商贾言炉冶或文书事，或女人来。**田禾**防有虫蚀。**家宅**厨灶不吉，屋宇幽暗，唯利小口。**官禄**防因文书受参。**应试**文章不得意。**求财**大利。**婚姻**女佳，不成。**胎产**生男。**疾病**心火旺，东北有良医。**捕获**贼当自露于西北。**失物**向南方觅。**远信**已发。**鸦鸣**有口舌。**鹊噪**有长上财帛事。

阴遁六局

夏至下元 寒露上元 白露下元 立冬上元

甲己日戊辰时

孤 寅卯虚申酉
天心直符加六宫 开门直使加二宫

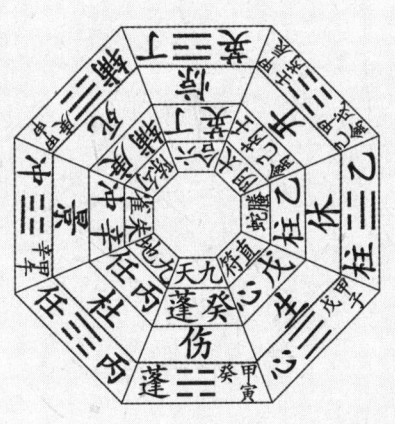

乾宫生门
坎宫门迫宫
艮宫生门
震宫克门
巽宫克门
离宫生门
坤宫生门
兑宫休与乙合 宫生门
心符伏吟乾为乾
开门加坤为天地否
戊仪加戊为青龙入地格

断曰：乾乃戊之本位，飞而复伏，有丰沛之思，不忘故土之意。而门庐忽改，气象聿新，非复草创之初，故山名衣锦，树号将军也。开使入坤，以为庄岳之间乎？不知咻之者甚众，且恐北方之人，不我宜谷，宜急赋归来耳。

兵事宫生门，阳时利为客，兵宜先动。秋冬出正西休门，安营于东北，伏兵于西南，背西北，击东南，亦可制胜。**出行**宜出西门。行二里十二里，逢阴人，或见飞动之物。**阳宅**利开西门。动作时，有三五妇女至。三七日，逢商音人田产，大发。**阴宅**利建酉山卯向。葬时，有陶冶匠役至。葬后，庭生瑞草，主大发。

附：**占胜败**客兵覆亡。**虚实**主欺客。**攻城**易破，守将纳款。**守城**失守。**天时**先阴后晴。**地理**龙不真，穴不的，山向亦欠佳。**人事**田舍富人至，或有老阴人来。**田禾**谷有收。**家宅**利小口，但香火近于不洁，欠利。**官禄**僚友相投，官可耐久。**应试**当荐。**求财**本分之财易得。**婚姻**不成。**胎产**生男，易产。**疾病**脾不能运，宜消导之。**捕获**逃者在南，易获。**失物**失于本家，却不能得。**远信**不至，近信可望。**鸦鸣**有失脱。**鹊噪**无事。

阴遁六局

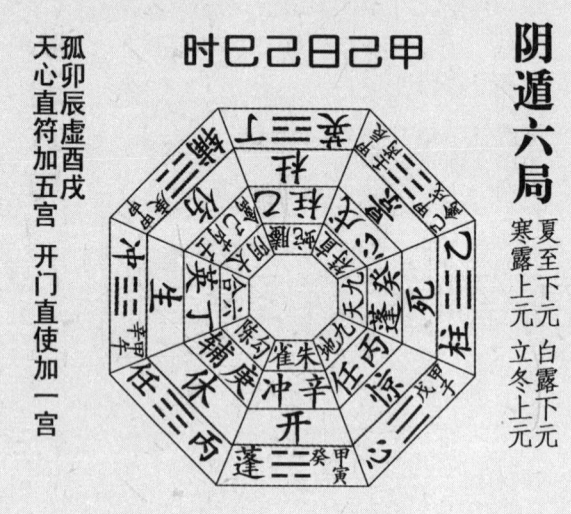

夏至下元 白露下元 立冬上元
寒露上元

时 巳 己 日 己 甲

孤卯辰虚酉戌
天心直符加五宫
开门直使加一宫

乾 门生宫 鸟跌穴 勃符 丙奇入墓 宫门比和
坎 门生宫 白入荧 宫克门
艮 生与丁合 休诈 宫克门
震 神假 格刑 宫门比和
巽 门生宫
离 门生宫
坤 门生宫
兑 门生宫
心符步五为天地否
开门加坎为天水讼
戊仪加己为青龙相合格
己日飞干格

断曰：己在中宫，戊来作合，经纶在手，足司旋转之机，但心每迟疑，事多虚假。盖犹五星之从阳，经旦过中，必迟朝夕，近中必留，虽以金星之速，恒不及日，故出入有先后也。开门到坎乘雀，上燥下湿，上动下陷，如人病泄而患咳，能令良医心苦矣。

兵事门生宫，利为主，兵宜后举。出正东生门，合休诈吉格，安营于西北，伏兵于东南，背坤击艮，可获全胜。当有赤冠朱鸟，翔于军上为应。**出行**宜出东门。行三里十里，逢新衣美妇，或见土木相合之物。**阳宅**利建东门。动作时，有女人成双至应。**阴宅**卯山酉山吉。造葬时，有牛羊相撞，女人相骂。六十日，逢蛇大发。

附：**占胜败**当议和。**虚实**救兵即至。**攻城**宜先伏内应于城中，秋月可破。**守城**防堆土扒城，当谨守东北。**天时**阴云昏冈之象。**地理**龙气旺，向道与前案皆吉，可用。**人事**有武士言雀角事。**田禾**麦大收。**家宅**艮宅最吉，香火幽暗，时防有虚惊。**官禄**己日占，防参。**应试**甲日占，中式。**求财**有利，但费经营。**婚姻**冰人好，偏向女家，可成。**胎产**生女，当贵。**疾病**胃火盛，宜节饮食。**捕获**捕役遭刑。**失物**向内室寻觅。**远信**即至。**鸦鸣**有贵人财帛事。**鹊噪**鹊自鸣枝。

阴遁六局

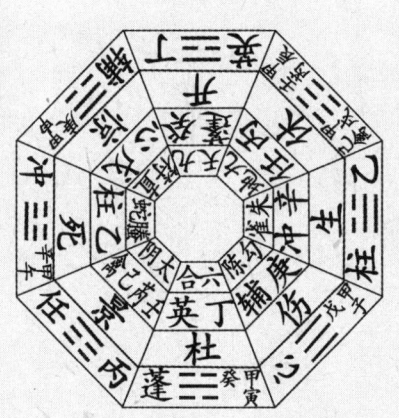

夏至下元　白露下元
寒露上元　立冬上元

甲己日庚午时

孤辰巳虚戌亥
天心直符加四宫
开门直使加九宫

乾　太白与天乙格　伏宫格　宫克门
坎　地假　雀投江　宫生门
艮　门生宫
震　乙奇升殿　龙逃走　宫克门
巽　符反吟飞宫格　天乙与太白格　门迫宫
离　玉女守门　蛇夭矫　宫克门
坤　休与丙合　重诈　宫克门
兑　虎猖狂　门生宫
戊仪加离为天火同人
开门加巽为青龙持势格
甲日不遇　甲日飞干格　伏干格
心符加巽为天风姤

　　断曰：庚本刚暴之金，长生居巳，而得午支为路旁之土，则金之未出土者也。乃戊符恃以为德禄之乡，而远道来临，安得不遇庚而惊飞乎？于是龙虎蛇雀，各相易位，而成妖变之象。立身一败，万事瓦裂，惟西南奇谋之士，可以解救。占者慎之。

　　兵事门克宫，不利主，兵宜先发。出东南休门，合休诈吉格，即营于阵后，伏设艮方，背正西，击正东，亦可以不败。唯甲日不遇，当谨守勿战。**出行**西南可行。出门十里，逢颁白人，及农夫小儿，或见卜祝鬼神事。**阳宅**可开东南门。动作时，有乌鹊至，进绝户田业发。**阴宅**秋冬月日，宜建坤山艮向。造葬时，有青衣女人，抱红衣童子至为应。

　　附：**占胜败**客兵胜。**虚实**客情诈，主怀惊畏。**攻城**守将求和，不须血刃。**守城**当虞西北。**天时**有风雨之势，至本时则晴。**地理**戊土来龙，四势不好，不吉。**人事**有黑矮人，言转变虚诈之事。**田禾**梁旱冀水，益风青歉。**家宅**西屋欺压，厨灶不吉，多魅祟。**官禄**地方有变。**应试**己日当荐。**求财**有得亦有害。**婚姻**男女俱恶，不成。**胎产**生男当富。**疾病**外感之症，病多反覆。**捕获**六合遇网，逃者易获。**失物**向东南觅。**远信**可望，近信不至。**鸦鸣**有阴私事。**鹊噪**有惊惶事。

阴遁六局

夏至下元 寒露上元 白露下元 立冬上元

甲己日辛未时

孤巳午虚亥子
天心直符加三宫 开门直使加八宫

乾 鬼假 丁奇入墓 门生宫
坎 门生宫
艮 开与乙合 虎遁 宫生门
震 仪刑 门生宫 宫克门
巽 小格 门迫宫
离 丙奇升殿 门生宫
坤 门迫宫
兑 奇格 门迫宫
心符加震为天雷无妄
开门加艮为天山遁
戊仪加辛为青龙相侵格

断曰：辛之在震，入林之虎也。戊符来而相侵，不独击刑之为咎矣。赖开使得日月合明之吉，兼虎遁之祥，名利俱可得志。而本宫丁入，合成鬼假，归而谋诸，却得解环之智，盖豪杰举事，不进则退。若少少留恋，即为宴安之鸩毒矣。

兵事星克宫，不利主，兵宜先动。出东北开门，以合虎遁吉格。安营于正南，伏兵于正北，大张声势，背巽击乾，可获大胜。但乾得六合鬼遁，敌遁勿追袭。**出行**利出东北。八里十八里，逢虚花之人，或见虚惊。**阳宅**利开东北门。动作时，有卖鱼人至。**阴宅**艮山坤向吉。造葬时，有人逐羊至为应。

附：占胜败客兵胜。**虚实**敌情不实，相去亦远。**攻城**宜用火攻。**守城**宜谨守西门，终当和。**天时**主无雨而变。**地理**地近寺院，葬后主财帛分张。乾宫鬼假，西北方当有佳城。**人事**有贵戚来，淹滞不去。**田禾**兖州熟。**家宅**有凶灾，惟小口安。**官禄**任内有刑伤事。**应试**欠利。**求财**秋冬最利。**婚姻**易成。**胎产**迟，生男。**疾病**胸中痞塞，金气太旺。**捕获**不利，防格断。**失物**失于正东，已损。**远信**不至。**鸦鸣**防有争竞。**鹊噪**不干休咎。

阴遁六局

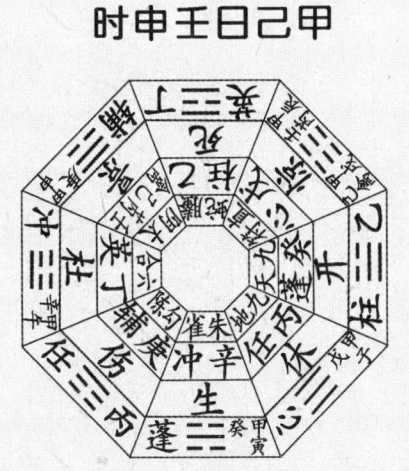

甲己日壬申时

夏至下元　白露下元
寒露上元　立冬上元

孤午未虚子丑
天心直符加二宫
开门直使加七宫

乾　门与丙合　鸟跌穴　重诈
勃符　丙奇入墓　宫生门
坎　门迫宫
艮　白入荧　门迫宫
震　地假　宫门比和
巽　格刑　宫生门
离　宫生门
坤　宫生门
兑　宫门比和
心符加坤为天地否
开门加兑为天泽履
戊仪加壬为青龙破狱格
己日飞干格

断曰：坤本申位，又值申时，为壬干之长生，知所居之安矣。虽旁有己在，不过借栖一枝，分沾余沥焉耳。乃值甲符来加，而构我同室，以决我藩篱，所以有惊象乎？然壬能生甲，终得其欢心，则本宫跌穴之吉，佐使比和之美，益我良多矣。

兵事宫生星，利为客，兵宜先发。潜出西北休门，以合跌穴之吉。安营于阵后，伏兵于东南，背北击南，有战必胜。当有异鸟翱翔于军上为应。**出行**西北可行。出门十七里，逢皂衣阴人，或见瞽目老病人。**阳宅**利开西北门。建造乾方屋宇，当有绿衣人至为应。**阴宅**乾山巽向吉。作用时，有人取水，持伞笠至为应。

附：**占胜败**主心怯，欲议和。**虚实**主客俱实。**攻城**宜伏内应，反劳为逸，始可拔。**守城**备东北可守。**天时**密雨四布。**地理**结穴好，土色红黄，可用。**人事**有屠人至或闻喧声。**田禾**雍州熟，兖州旱。**家宅**屋宇新，仓廪满，防火烛。**官禄**易升。**应试**中。**求财**不利。**婚姻**成，但非佳偶。**胎产**生女。**疾病**肾水不足，宜节欲。**捕获**贼匿正北可获。**失物**向西南方觅。**远信**不至。**鸦鸣**有刑伤阻隔事。**鹊噪**有六畜事。

阴遁六局

夏至下元　白露下元
寒露上元　立冬上元

甲己日癸酉时

孤未申虚丑寅
天心直符加一宫　开门直使加六宫

乾　开与乙合　乙奇入墓　门伏吟
坎
艮
震　奇格
巽
离　鬼假
坤
兑
天网　戊仪加癸为青龙相和格
开门伏乾为乾
心符加坎为天水讼

断曰：癸为天网，其时本凶，但戊来作合，有癸化为火，其网不成，故戊符独不畏网，况《经》有云"一二网低有路踪"者乎？开使归伏，有寻盟念旧之思，而逢投墓之乙，则鸳鸟连枝，情缘未断；加以虚幻之神，则杯蛇弓影，疑惑必多，究不脱乎网之象也。

兵事星生宫，阴时不利客，兵宜后举。秋月出西北开门，安营于正东，伏兵于正西，背东北，击西南，两军相当。冬月客胜，季月主胜。**出行**西北可行。五六里，见绛衣隐士，或见纡曲之物，防中道迷失。**阳宅**可以小修西北方，有黄衣人至为应。**阴宅**乾山巽向可厝。作用时，有女尼僧道，把火自西南来为应。

附：**占胜败**客兵不胜。虚实伏而不动。**攻城**夏月即拔。**守城**南门受敌，宜凿堑以待之，夏月终不能守。**天时**午日占，无雨。**地理**水口罗星得镇，当发财。**人事**有商贾虚假之物苦来相缠，或老年人谈神仙事。**田禾**雍州大收。**家宅**防有虚惊。**官禄**秋月必升。**应试**不中。**求财**秋冬有得。**婚姻**难就。**胎产**产迟，生女。**疾病**水湿之气，缠绵难愈。**捕获**贼在东南，防斗伤。**失物**失于正北。**远信**尚未发。**鸦鸣**有争夺事。**鹊噪**无事。

阴遁六局

夏至下元 白露下元 寒露上元 立冬上元

甲己日甲戌时

孤申酉虚寅卯 天禽直符加五宫 死门直使加五宫

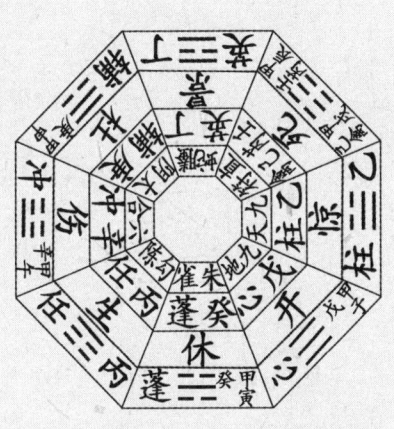

乾 生与丙合
坎
艮
震
巽 门符伏吟
离
坤 仪刑
兑
禽符伏五为坤
死门伏五为坤
己仪加己为阴堂重逢格
天辅时

断曰：土为阴阳之冲气，故应居中，以为万物所资生。而湿土者，尤稼穑之所宜也。己之居于中五也，其冲气之谓乎？中之寄于坤二也，其致养之旨乎？甲之遁于己仪也，其丽土之仪乎？且坤中又有壬水以润，而木以滋生，益足以成长养之功矣。

兵事 星门俱伏，阳时利为客，兵宜先动。从东北出师，但为伏吟，又乘凶神，迟久恐生退缩之心。设伏宜在东南，安营利居西北。冬月背亥雄，击巳雌，可以制敌。**出行** 宜出东北方。八里逢铁石，或损伤之物。**阳宅** 宜立艮门，有人持铁器至。**阴宅** 艮山坤向吉。作用时，有白鸡飞鸣为应。

附：占胜败 主兵有伤。**虚实** 不动。**攻城** 即拔。**守城** 照旧固守。**天时** 天气晴爽，辰日当雨。**地理** 穴结中央，万山朝拱，艮峰高起，幼房极利。**人事** 有习符箓之人，阴谋暗计，本家人到。**田禾** 收获照旧年。**家宅** 宅旺丁，香火利，奴仆得力。**官禄** 任内防有伤损。**应试** 丙日占可望中。**求财** 可求。**婚姻** 不成。**胎产** 胎稳，生女。**疾病** 肝木克脾土，补中益气自愈。**捕获** 贼易获。**失物** 失于西北，可寻。**远信** 即至。**鸦鸣** 有惊疑事。**鹊噪** 主有喜信。

阴遁六局

夏至下元　白露下元　立冬上元
寒露上元

甲己日乙亥时

孤酉戌虚卯辰
天禽直符加七宫　死门直使加四宫

乾宫生与乙合　乙奇入墓　门生宫
坎宫生门
艮门迫宫
震宫生门
巽宫克门
离奇格　宫克门
坤相佐　宫生门
兑开与丁合　宫生门
禽符加兑为地泽临
死门加巽为地风升
己仪加乙为日入地户格
己日不遇

断曰：时干以日奇而居酉，则下春已过，虞渊将沉，莫挥鲁阳之戈，难挽羲和之御矣。己又从而以土霾之，几于黄雾四塞，不特元规之尘汙人也。幸己符有壬水偕行，死使于巽宫受克，两师洒之，风伯清之，岂复有滓秽太清者哉！

兵事星生宫，宫克门，利为主。安营于正北，设伏于正南，俟敌先动。未戌月出西北，申酉月出西南，以参将为先锋，背西击东，可以制胜。**出行**宜出西北西南二方。西北六里，逢公吏；西南二里，逢打四足，或哭声。**阳宅**宜立乾坤二门，主得钱财禄食。**阴宅**乾山巽向、坤山艮向皆吉。作用时，有跛足人至为应。

附：**占胜败**客胜。虚实闻见不尽实。**攻城**外无救援，攻之即拔。**守城**宜备西南正南二方。**天时**有风无雨。**地理**内案屏障有情，财不聚，非吉。**人事**有和合口舌之事。**田禾**欠丰。**家宅**宅可居，但财气不旺。西南有井，幼小平安。**官禄**未戌月可升。**应试**房考不荐。**求财**可得。**婚姻**女极有才，不喜男家，媒人难以赞勤。**胎产**当得佳儿。**疾病**少阳受燥金之邪，平以苦温可愈。**捕获**贼难捕。**失物**失于正北。**远信**近信至。**鸦鸣**防有争殴。**鹊噪**事有阻碍。

阴遁六局

乙庚日丙子时

夏至下元 寒露上元 白露下元 立冬上元

孤戌亥虚辰巳
天禽直符加八宫 死门直使加三宫

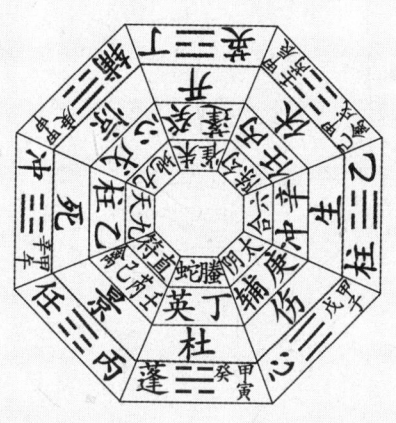

乾 太白与天乙格 宫克门
坎 雀投江 宫生门
艮 龙返首 符反吟 符勃 仪刑
震 乙奇升殿 龙逃走 宫克门
巽 天乙与太白格 门迫宫
离 蛇天矫 鸟跌穴 勃符 宫克门
坤 休与丙合 门生宫
兑 虎猖狂 门生宫
禽符加艮为地山谦
死门加震为地雷复
己仪加丙为地户埋光格
庚日不遇

断曰：丙干以丹山之凤，受符甲之加，返首则吉，跌穴又吉，而特以符之寄坤，丙遂反覆受伤于壬，而不免于呻吟，壬非特在腹之顾兔，实乃蚀月之虾蟆矣。"如何至神物，遭此狼狈凶"，此玉川子所以感愤而作诗也。

兵事宫克门，利为主。俟敌先动，从西南方出。但丙奇乘虎，休门游制，虽为跌穴，未能全吉。宜设伏于西北，安营于东南，背正北游都，击正南鲁都，可胜。**出行**冬月宜出西南方。一二里，遇白衣人，或铁石之类。**阳宅**宜立坤门，有鹊自南方至。**阴宅**坤山艮向吉。作用时，有水畔鸡鸣为应。

附：占胜败主欲和。**虚实**主不欺客。**攻城**困久，必求和。**守城**宜备正南西北，终宜和。**天时**阴云四起，不能成雨。**地理**艮龙杂寅不清，恐犯八曜，且四势散乱，下有新物，不甚利。**人事**有紫衣贵客，或老人乘轿会亲。**田禾**大丰。**家宅**发财旺丁，但房屋不整齐。**官禄**俸深吉。**应试**庚日呈堂不中。**求财**费力可求。**婚姻**不成。**胎产**男胎不安。**疾病**外感之症，昼夜不宁，延西方医士可治。**捕获**贼盗难缉。**失物**失于东南，防毁。**远信**即至。**鸦鸣**有贵人事。**鹊噪**有行人至。

阴遁六局

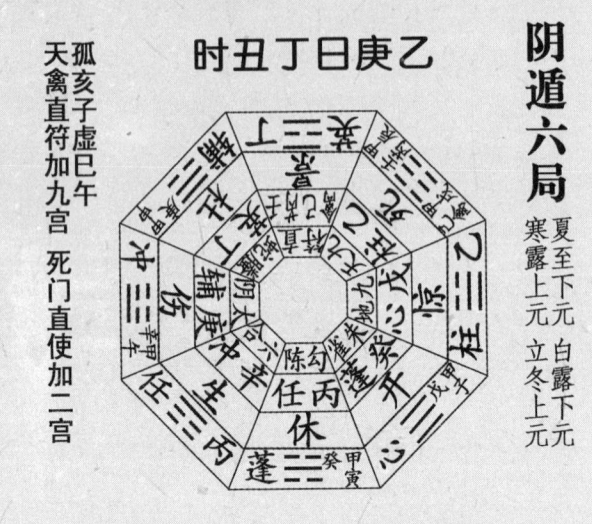

夏至下元
寒露上元 白露下元
立冬上元

时丑丁日庚乙

孤亥子虚巳午
天禽直符加九宫 死门直使加二宫

乾　休与丙合
坎
艮
震　门伏吟　奇入墓
巽　相佐
离
坤　禽符加离为地火明夷
兑　死门加坤为坤
　　己仪加丁为明堂贪生格
　　时干入墓

断曰：南方离火，丁奇处于禄旺之乡，己符以土来加，其望火之相生也至矣。乃与丁作合，而绸缪者，偏在偕行之壬，而己无与焉。譬若五祖之衣钵，神秀以首座而失之，慧能以行者而得之也。死使伏坤，其即归倡南宗之意乎？

兵事宫生星，利为客，兵宜先动。从正北出师，利于神速，不利迟久。设伏于震，安营于巽，门伏不宜用副将冲锋。夏至后，背酉德，击卯刑，可以取胜。**出行**宜出正北方。一里，逢皂衣妇人，同伴歌声，并金石伤损之物。**阳宅**宜立坎门，有执杖人至。**阴宅**子山午向吉。作用时，北方有匠人持斧至。

附：**占胜败**客欲求和。**虚实**客言不虚。**攻城**攻其西北或正东可拔。**守城**可议和。**天时**天气晴明。**地理**阳龙不吉。**人事**南方有文士索饮，座中谈迁葬事。**田禾**岁歉。**家宅**宅发人，可居。正北有厕，奴仆得力。**官禄**居官虽好，未能升。**应试**不中。**求财**不得。**婚姻**难成。**胎产**生女。**疾病**少阴为标，君人为本，火淫所胜，平以咸冷可愈。**捕获**获逃人极易，捕盗贼甚难。**失物**在正西难寻。**远信**近信不至。**鸦鸣**主见贵人。**鹊噪**有亲朋酒食。

阴遁六局

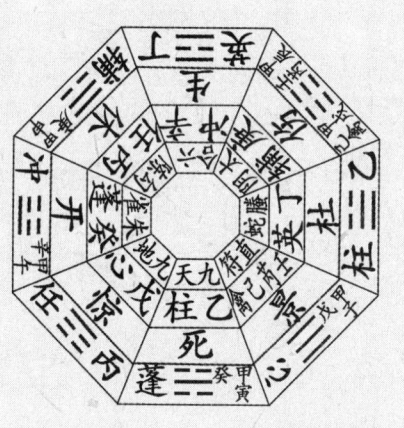

夏至下元
寒露上元
白露下元
立冬上元

乙庚日戊寅时

孤子丑虚午未
天禽直符加六宫　死门直使加一宫

乾宫　门迫宫
坎宫　门生宫
艮宫　门迫宫
震宫　休与丙合
巽宫　荧入白　门生宫
离宫　伏宫生门
坤宫　丁奇升殿　宫克门
兑宫　刑格　上格　门迫宫
禽符加乾为地天泰
死门加坎为地水师
己仪加戊为明堂从禄格

断曰：戊干以六仪之首，而处天门，己符视之，序则宗盟之长，地则九州之伯，君之臭味，何敢差池。乃壬畏戊，而己以寄宫之故，未免趑趄，犹郑制于楚而不得事晋也。死门迫支于坎，盖亦借使之故，壬志非己志耳。

兵事门克宫，阳时利为客，兵宜先动。秋月出东南，设伏于西南，安营于东北，以参将为前队，背丑孤，击未虚，可以制胜。东南荧入于白，又乘白虎，宜速于剿灭，久则反主退缩。**出行**宜出东南方。一里四里，逢人歌唱，作事防紊乱。**阳宅**宜立巽门，闻有乐声。**阴宅**巽山乾向吉。作用时，北方有喧叫为应。

附：**占胜败**客有和意。**虚实**客虽有谋，其言可信。**攻城**用术可攻。**守城**可议知。**天时**秋有风雨。**地理**干龙到头。庚日占，有鼓盆之变。**人事**有迁移事，闻大哭声。**田禾**夏旱，大丰。**家宅**宅可居，但嫌耗财，须防火烛。**官禄**任所不利，防上司见罪。**应试**不中，且防临场有变。**求财**可求。**婚姻**成。**胎产**生男，不利母。**疾病**土侮水，淹缠时日。**捕获**逃人自归，贼难缉。**失物**失于东北，可寻。**远信**即至。鸦鸣有官长事。鹊噪有行人至。

阴遁六局

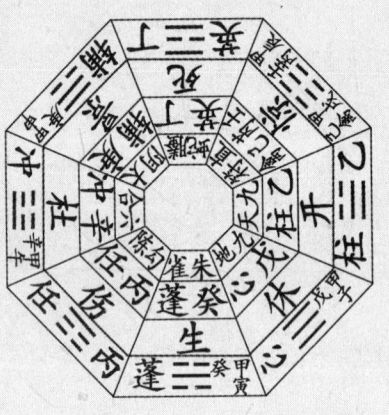

乙庚日己卯时

夏至下元 白露下元
寒露上元 立冬上元

孤丑寅虚未申
天禽直符加五宫 死门直使加九宫

乾 宫生门
坎 门迫宫
艮 门迫宫 宫门比和
震 宫迫宫
巽 玉女守门 宫生门
离 符伏吟 仪刑 宫门比和
坤 开与乙合 宫生门
兑 禽符步五为坤
死门加离为地火明夷
己仪加己为明堂重逢格
庚日飞干格伏干格

断曰：己本中宫之干，因寄于坤，而得壬水之妻财。符之伏也，殆若重耳适齐而安之，姜氏谓之怀安败名是矣。干以寄宫之财，而符为之伏；支以玉女之守，而使为之贪，所谓"上好则下必甚"，亶其然乎？

兵事宫生门，利为客。设伏于东南，安营于西北，从正西出师，摇旗呐喊，奋勇疾击，背正北游都，击正南鲁都，可以制胜。庚日飞伏干格，彼此伤损必多。**出行**宜出正西方。六七里，逢人打四足，或见旋转之物。**阳宅**宜立兑门。有鸟鹊噪，主进商音人田地。**阴宅**酉山卯向吉。作用时，有贵人持文书至。

附：**占胜败**客胜。**虚实**客兵多诈。**攻城**用木姓将士攻之可取。**守城**来兵从东南方，攻正西，难御。**天时**祈晴则晴。**地理**坤峰高起，乾案佳。乙日占，发贵。**人事**有素衣文士缠绕，终日不去。**田禾**禾有收。**家宅**宅长安静，常有虚惊，小口不利。**官禄**官极清闲，秋分后即升。应试乙日房官不荐。**求财**可得。**婚姻**女佳，难成。**胎产**生女。**疾病**中气不足，不能即愈。**捕获**贼易缉。**失物**失于原处，可寻。**远信**近信至。**鸦鸣**主涉阴人之事。**鹊噪**主有田产交易。

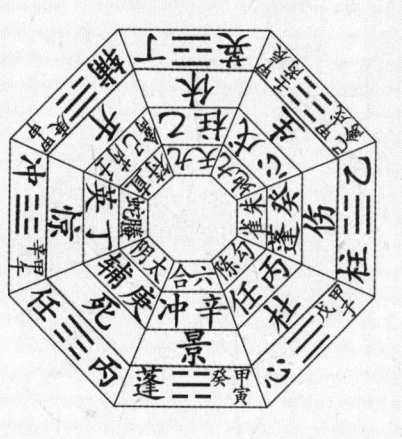

阴遁六局

夏至下元
寒露上元
白露下元
立冬上元

乙庚日庚辰时

孤寅卯虚申酉
天禽直符加四宫　死门直使加八宫

乾　丙奇入墓　宫克门
坎　宫克门
艮　白入荧　奇格　门反吟　宫门比和
震　门迫宫
巽　格刑　飞宫格　门迫宫
离　休与乙合　门迫宫
坤　宫克门
兑　门迫艮为地山谦
禽符加巽为地风升
死门加艮为地山谦
己仪加庚为明堂伏杀格

断曰：六庚之干，无往而不格。不特盗金之壬水，将疑忌而不前；即培金之己土，亦趑趄而自阻，故曰"格则不通"。直使逆支到艮，而适逢太白之入荧，一以觇庚之败，一以贺丙之胜，反吟所为多反覆也。

兵事宫克星，利为主。俟敌先动，向正南出师，宜奋勇先登。但门迫反吟，事防反覆多阻。宜安营于坤地，设伏于艮方，背正东卯孤，击正西酉虚，可以制胜。**出行**宜出正南方。一里九里，逢公吏骑马，或见飞禽，闻天风声。**阳宅**宜立离门，有瞽者至。**阴宅**午山子向吉。作用时，有白羊与黄犬相撞，主双生贵子。

附：占胜败客兵不胜。**虚实**客兵即入内地。**攻城**城虽虚，却宜缓取。**守城**防东南方有奸细埋伏，开门受敌。**天时**辰日雨散。**地理**巳申当二四之偏，发福主房分不匀。**人事**主武人有阴谋者，亦防盗贼。**田禾**荆州大熟。**家宅**宅不利，防小人妬忌，兼防盗。**官禄**任内小有虚惊。**应试**不中。**求财**难得。**婚姻**女佳，可谐。**胎产**生男。**疾病**手少阴之症，正北延医可治。**捕获**防捕人受贿。**失物**失于本家，得半。**远信**即至。**鸦鸣**有和美事。**鹊噪**见有捕捉。

阴遁六局

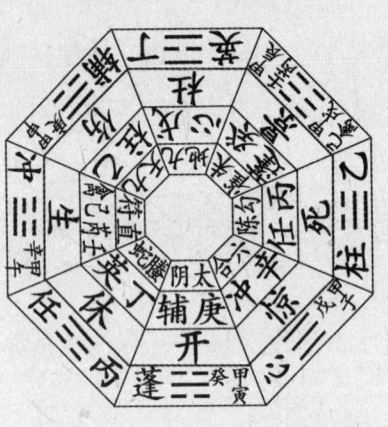

夏至下元
寒露上元
白露下元
立冬上元

乙庚日辛巳时

孤卯辰虚酉戌
天禽直符加三宫 死门直使加七宫

乾 宫门比和
坎 大格 门生宫
艮 休与丁合 丁奇入墓 宫克门
震 宫克门
巽 门生宫
离 门生宫
坤 门生宫
兑 门比和
禽符加震为地雷复
死门加兑为地泽临
己仪加辛为天庭得势格
乙日飞干格 乙日不遇

断曰：时干震而时支兑，震则木旺，符将受伤；兑则金旺，使将受脱。在干支则如御秦于殽，晋角而戎倚；在符使则如吴始伐楚，而子重子反，一岁七奔命也。壬水偕行，而反生冲木，其多鱼之漏师者欤？

兵事门生宫，宫克星，利为主。宜安营于正南，设伏于正北，候敌先动，向东北出师。但奇墓上乘凶神，防有惊恐迷失之事。背辰孤，击戌虚，可以制胜。**出行**宜出东北方。一里八里，逢皂衣妇人，或见怪异虚假事。**阳宅**宜立艮门，有小儿持器至。**阴宅**艮山坤向吉。作用时，南方有鹊噪为应。

附：占胜败客兵不进，意欲议和。**虚实**探听可得实情。**攻城**城虚可抚。**守城**宜备正北。**天时**冬日占，主有风雪。**地理**阳冲之地，宜去林木丛杂，方见内案。**人事**有贵人死丧事。**田禾**丰，豆亦利。**家宅**宅长不利，防损人。香火在艮，幼子极佳。**官禄**任所吉，官却难升。**应试**不中。**求财**可求。**婚姻**可成。**胎产**生女。**疾病**情欲致病，药无近效。**捕获**贼在西南，易获。**失物**失于正南。远信近信速，远信迟。鸦鸣有失脱。鹊噪有文书事。

阴遁六局

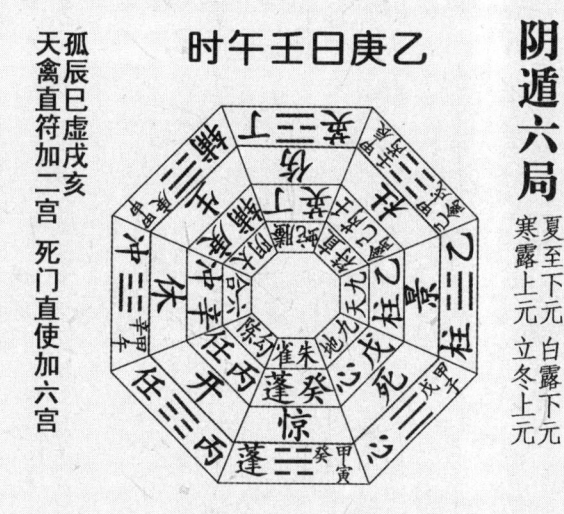

乙庚日壬午时

夏至下元
寒露上元
白露下元
立冬上元

孤辰巳虚戌亥
天禽直符加二宫　死门直使加六宫

乾　门生宫
坎　门生宫
艮　开与丙合　宫生门
震　门克宫
巽　门生宫
离　门生宫　仪刑　门迫宫
坤　符伏吟
兑　门迫宫
禽符加坤为坤
死门加乾为地天泰
己仪加壬为明堂被刑格
庚日飞干格伏干格

断曰：壬干水德，处于坤之土宫，已为非地；又受中五己符之寄，譬若刘璋保有益州，而复迎先主，识者比之独坐穷山，放虎自卫。此黄权所以力争，严颜为之长叹者也。然符亦伏矣，纵有使向天门，奚救偏安之业。

兵事门生宫，利为主。安营宜在西北，设伏利于东南。候敌先动，秋月从东北出师，兵贵神速，不贵迟久。背正北游都，击正南鲁都，可以制胜。庚日飞干伏干，损伤必众。**出行**宜出东北方。六里八里，逢人赶四足，或见素服人。**阳宅**宜立艮门，主有禄食。**阴宅**艮山坤向吉。作用时，有阴人携酒为应。

附：占胜败客胜。虚实客有谋，探听未得真情。**攻城**易取。**守城**援兵远者不来，近者无力，若攻东北难御。**天时**占雨未雨。**地理**护砂有情，发幼房。**人事**有人谈天论地，或卜居之事。**田禾**大丰。**家宅**香火在东北，幼男极利，更得奴仆之力。西北有门，暗中脱耗。**官禄**秋月可升。**应试**庚日占，临场有变。**求财**费力可求。**婚姻**不成。**胎产**生女，母有厄。**疾病**肾家痼疾，未能即瘥。**捕获**贼难缉。**失物**失于原处。**远信**即至。**鸦鸣**有行动事。**鹊噪**防有虚惊。

阴遁六局

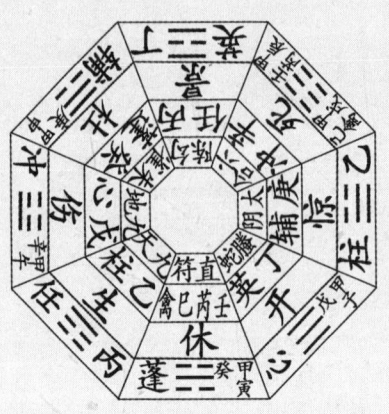

乙庚日癸未时

夏至下元　白露下元
寒露上元　立冬上元

孤巳午虚亥子
天禽直符加一宫　死门直使加五宫

乾　开与丁合　丁奇入墓
坎　生与乙合
艮　生门伏吟
震　小格　虎遁
巽　丙奇升殿
离　门伏吟
坤　奇格
兑　禽符加坎为地水师
死门伏五为坤
己仪加癸为明堂合华盖格
天网　乙日伏干格　时干入墓

断曰：癸干居于坎地，本其旺乡，乃适当入墓之时，以受己符之伐，不免如晋阳之受围，沉灶产蛙矣。幸已挟壬以行，我之同德，若韩魏之从智伯，肘履之间，志已先携也。使之归伏，则智果之别族，为辅氏乎？

兵事星克宫，利为客，兵宜先动。未戌月，正兵出东北，奇兵出西北，设伏于正西，安营于正东，背亭亭，击白奸，可以取胜。但门伏天网，副将率师，恐有不利。**出行**宜出东北方。八里，见生气之物。秋月出西北亦可，但奇墓门伏，作事不能如意。**阳宅**宜立艮乾二门，主发财产。**阴宅**艮山坤向吉，乾山巽向亦可用。作用时，有小儿至为应。

附：**占胜败**客有和意。**虚实**闻见可得真情。**攻城**城虚可以招抚。**守城**宜备西北方，议和亦可。**天时**天虽阴晦，却无雨。**地理**坎龙入首，拱护有情，幼房富贵极盛。**人事**来人极和气。**田禾**岁歉。**家宅**宅近水，发财。香火吉，老父幼男极利。**官禄**官不甚利，即升不显。**应试**难中。**求财**宜缓图。**婚姻**女极佳，可谐。**胎产**胎安，生女，难产。**疾病**寒邪所感，辛热发之可瘥。**捕获**逃人可拘。**失物**失于正东，已毁。**远信**迟至。**鸦鸣**主因利相争。**鹊噪**事有阻滞。

阴遁六局

夏至下元
寒露上元 白露下元
立冬上元

乙庚日甲申时
天辅直符加四宫 杜门直使加四宫
孤午未虚子丑

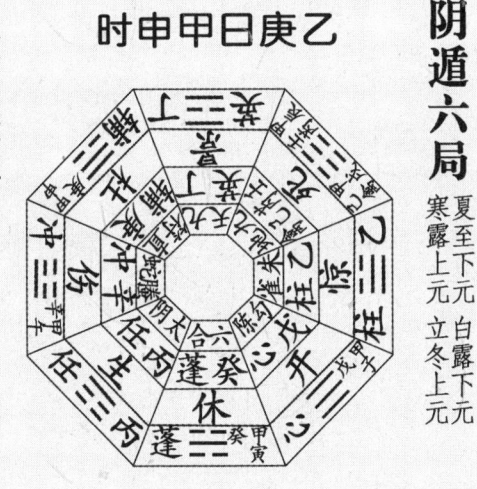

乾 生与丙合
坎 真诈
艮
震 门符伏吟 仪刑
巽 飞宫格 时干格
离 天假 伏宫格
坤 鬼假
兑 辅符伏巽为巽
杜门伏巽为巽
庚仪加庚为太白重刑格
天辅时

断曰：庚以刚燥之金，居于巽宫长林丰草之间，《易》所谓"伏戎于莽"也。以天辅为符，杜门为使，有旌旗蔽日，鼓吹从风之象。但伏于白虎，守于地户，而刑中有生，则贰而伐之，服而舍之，其以生道杀人，而胁从罔治，眚灾肆赦者乎？

兵事 门符伏宫比和，主客均宜。但逢孟甲之时，又值刑击，不利出兵。当安营于坤地，先令军士作鬼神形像，隐伏艮位，南方张旗挢鼓，诱敌至而伏兵四击，可以慑伏其众。**出行**宜出东北方。路逢女人，或阴险人，防欺蔽事。**阳宅**宜立艮门，有贵人至应。**阴宅**宜艮山坤向。作用时，闻金鼓声。葬后见蛇吉。

附：**占胜败**胜负相等。**虚实**闻言可信。**攻城**夏月大利。**守城**未易守。**天时**阴雨。**地理**结穴有情，嫌来龙伤残，未必发后。**人事**宜闭门静坐，恐同气参商。**田禾**麦大丰，徐州防水决，暴风伤稼。**家宅**上下不和，幸内助得人，暗消衅端。**官禄**不升。**应试**落第。**求财**往来有得。**婚姻**不成。**胎产**生女，难产，庚日不吉。**疾病**肺旺肝虚，宜补火制金，滋水助木。**捕获**逃人自投，盗不获。**失物**其物半新旧，向西北破房边寻。**远信**有二人同来，土日至。**鸦鸣**主贵人事。**鹊噪**无所关系。

阴遁六局

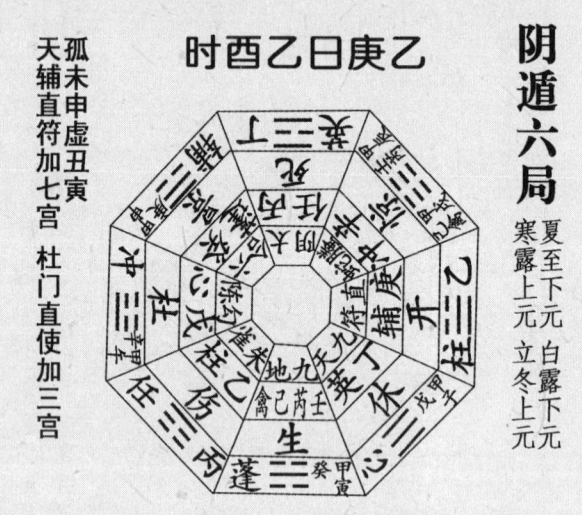

乙庚日乙酉时

夏至下元 寒露上元 白露下元 立冬上元

孤未申虚丑寅 天辅直符加七宫 杜门直使加三宫

乾 门迫宫 休与丁合 丁奇入墓 宫生门
坎 门迫宫
艮 宫门比和
震 门迫宫
巽 丙奇升殿 宫生门
离 小格 宫生门
坤 宫生门
兑 相佐 时干格 奇格 宫门比和
辅符加兑为风泽中孚
杜门加震为风雷益
庚仪加丁为太白受制格
乙日伏干格

断曰：乙庚相遇，合中有使者也。又乘雀武之神，则鼠牙雀角，衅起闺房，非终风之且暴，即行露之厌浥。而使遇勾白，亦主闺人含愠，则啼残秋水，蹙损春山者有之。幸到卯为失地受制，敢怒而不敢言也。唯出行谋事，皆所不宜。

兵事宫克星，利为主。宜安营于北，伏兵于南，俟敌先动，从西北出师，背坤孤，击艮虚，可以制胜。但防迷道，前锋宜乘老马。出行西北可出。见老人，或果实。主有遗忘，或阻滞。阳宅乾方可修葺。防火烛，有角兽至应。阴宅宜乾山巽向。作用时，见僧道把火来，葬后进商音人骡马。

附：占胜败客胜。虚实客言虚。攻城秋月可攻，未能速拔。守城宜向东南求援。天时有雨。地理罗星不佳，屏障少护，癸日尤凶。人事有武贵粗知文墨者，语不投机，数言而去。田禾麦苦旱，禾有虫灾，青州夏水。家宅宅长宜出外，女春小口有灾悔。官禄不升。应试乙日占，主司拔取。求财女人之财，可得。婚姻女家欲就，易成。男性执，女多言。胎产生女，难产，母有惊。疾病有郁火，宜疏达。捕获逃者不获，盗防捕纵。失物在正东林木处，可寻。远信近信至。鸦鸣朋来。鹊噪无事。

阴遁六局

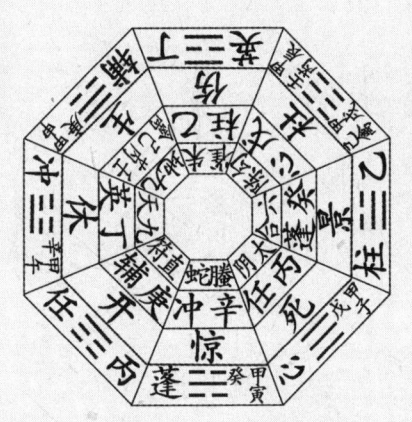

乙庚日丙戌时

夏至下元
寒露上元
白露下元
立冬上元

孤申酉虚寅卯
天辅直符加八宫　杜门直使加二宫

乾　丙奇入墓　门生宫
坎　门生宫
艮　龙返首　相佐　格勃　白入荧
　　时干得格　仪刑　奇格　宫生门
震　休与丁合　门生宫
　　格刑　宫克门
巽　门迫宫
离　门迫宫
坤　门迫宫
兑　辅符加艮为风山渐
　　杜门加坤为风地观
　　庚仪加丙为太白入荧格
　　庚日不遇　时干入墓

断曰：丙投戌墓，宜静而不宜动矣。符来返首，却值刑格诸凶，安知排闼而言欢者，非即毁巢而取子者乎？杜使入坤，既迫而不通，又乘战斗之神，受时下之生扶，则骨肉有田土之争讼，将致庭中荆枯，悔何及哉！见绯衣人，更宜慎之。

兵事 星门克宫，利为客。宜安营于东南，伏兵于西北，从正东出师，背北击南，可以制胜。但值刑击，吾军亦有损伤。西北死门，上乘月奇，不可犯。**出行** 宜出正东方。逢匠作，或女人，或有文书事。**阳宅** 宜立震门，有两女人至应。**阴宅** 宜卯山酉向。作用时，见小儿骑牛至应。

附：占胜败 客胜。**虚实** 防有阴谋。**攻城** 宜待时而动。**守城** 防奸细。**天时** 西北大雷雨。**地理** 无龙气，防损棺，掘得毁伤酒器。**人事** 见性急躁人，或言忿怒事。**田禾** 有年，青州尤丰。**家宅** 艮方有怪异。镇压之，人口平安。**官禄** 防参罚。**应试** 不中。**求财** 费力少得。**婚姻** 成，女有疾，男性暴。**胎产** 生女，难产，母有灾。**疾病** 肝气旺，胃火炽，宜服凉剂。**捕获** 逃者易获，盗匿南方。**失物** 在西南，难寻。**远信** 千里内信即至。**鸦鸣** 有好友来。**鹊噪** 见火而鸣。

阴遁六局

夏至下元 白露下元
寒露上元 立冬上元

时亥丁日庚乙

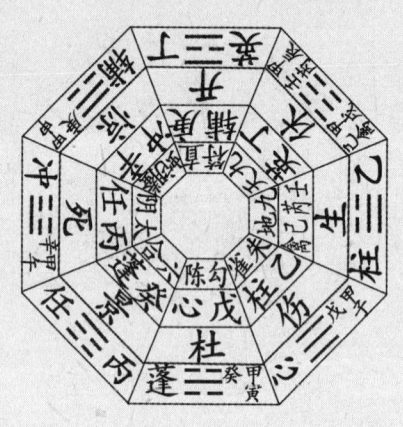

孤酉戌虚卯辰
天辅直符加九宫 杜门直使加一宫

乾 乙奇入墓 宫克门
坎 宫生门
艮 门生宫
震 宫克门
巽 门迫宫
离 相佐 时干格 奇格 宫克门
坤 休与丁合 宫克门
兑 门生宫
辅符加离为风火家人
杜门加坎为风水涣
庚仪加丁为太白受制格

断曰：以迅速之火，遇刚燥之金，无不立镕者。且父母无不爱其所生，则辅符之不为庚用，而为丁用也必矣，有反客为主，静以待动之象。而直使加坎，逢戊龙之入海，勾白之失地，占为宜退而不宜进，无得而反有失。且见芙蓉泣雨，明镜伤痕也。

兵事星生宫，宫生门，主客俱利，阳时先举者尤吉。宜安营于西，伏兵于东，从西南出师，庚日为圆阵，乙日为直阵，避震之月奇，击乾之伤门，可胜。**出行**宜出西南方。十里逢农夫，或有邀留茶酒，或见博弈。**阳宅**宜修葺坤方。有黑衣或青衣女人至。**阴宅**宜坤山艮向。作用时，闻鸡鸣犬吠应。

附：占胜败主胜。**虚实**闻言无伪。**攻城**传檄可定。**守城**来军勇猛，难御。**天时**四望无云，白日当空。**地理**地近污秽之场，乙日占不可用。**人事**见隐士或素服人，言药饵事。**田禾**五分熟。禾有虫灾，冀州防水。**家宅**妻妾有灾，夏月防火烛。**官禄**有参罚。**应试**不中。**求财**迟得。**婚姻**女家欲就，中有阻隔，不成。**胎产**生男，易产，母子俱安。**疾病**脾虚水旺，宜渗湿健脾。**捕获**逃人自来，盗不获。**失物**在北方水边，速寻可得。**远信**近信至。**鸦鸣**有酒食。**鹊噪**无事。

阴遁六局

夏至下元 寒露上元 白露下元 立冬上元

丙辛日戊子时

孤戌亥虚辰巳
天辅直符加六宫 杜门直使加九宫

乾 太白与天乙格 符反吟 时干格
宫 宫门比和
坎 开与丁合 雀投江 门生宫
艮 宫克门
震 生与乙合 虎遁 乙奇升殿
巽 龙逃走 宫克门
离 天乙与太白格 宫门比和
地假玉女守门 蛇天矫 门生宫
坤 门生宫
兑 虎猖狂 门生宫
辅符加乾为风天小畜
杜门加离为风火家人
庚仪加戊为太白逢恩格

断曰：戊为在乾之元仪，而庚符来加，有过祖遇妣之象。然门庐非旧，勾虎冲射，无宁宇矣。直使逢丁，得守户之吉，合家人之卦，但六合值子时，为夫妻反目，有无礼之侵犯；而天矫不祥，恐婵娟之申晜，谣诼谓予以善淫也。

兵事门克宫，宫克星。主客互有损伤。宜安营于东北，伏兵于西南，据险要以招抚叛亡。敌至，则从正东出师，攻正南，有大风助阵，可以获胜。**出行**宜出东方。四里逢匠人，或见馈送果品，宜防口舌。**阳宅**宜建震门。二十七日后，进财物应。**阴宅**宜卯山酉向。作用时，北方有黑云，闻鸡鸣犬吠应。

附：占胜败客胜。**虚实**探听得实。**攻城**秋月用地道可入。**守城**宜备西北方。**天时**清风徐来。**地理**土色灰白，明堂宽敞，子孙清吉。**人事**见孕妇来带喜容，南方有女子和亲事。**田禾**有年，青州尤熟。**家宅**女眷持家，宅长防疾。**官禄**居任不久，升转多阻。**应试**文不得意，难中。**求财**不得。**婚姻**男有疾，不成。**胎产**生女，产迟。**疾病**火旺水衰，大宜滋阴。**捕获**盗匪正东四里外，门前有竹木之类。失物在东南近香味处，可寻。**远信**无。**鸦鸣**有女人来。**鹊噪**有方外人来。

阴遁六局

夏至下下元 寒露上元 白露下元 立冬上元

丙辛日己丑时

孤亥子虚巳午
天辅直符加五宫 杜门直使加八宫

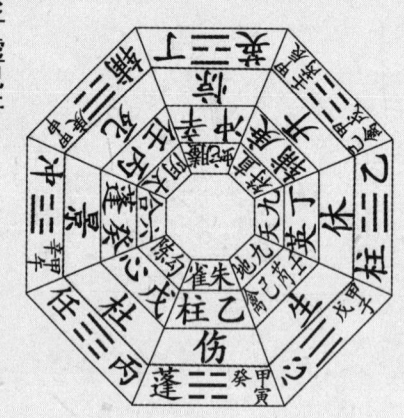

乾 门生宫
坎 宫生门
艮 门迫宫
震 宫生门
巽 鸟跌穴 勃格 荧入白 宫克门
离 宫克门
坤 刑格 时干格 丁奇升殿 宫生门
兑 休与丁合 丁奇升殿 宫生门
辅符步五为风地观
杜门加艮为风山渐
庚仪加己为太白大刑格
时干入墓 丙日飞干格

断曰：时干入墓，诚不可用矣。符来九地而多格，将匿怨而友者乎？至飞丙跌穴，似有恩从天降，而入白为凶，安知非林木之遭殃也。杜使到艮，遇驾牛车之贵客，或逢捧心之美人。否则一榻茶烟，缓歌低唱，聊以写忧而已。

兵事门克宫，利为客。宜安营于西北，伏兵于东南，从正西出师，以应丁奇升殿之吉。背南击北，衔枚掩袭，可以制胜。**出行**宜出正西方。一八里，逢汲水妇，或见旋转物。当得酒食。**阳宅**宜立兑门。七日后，进田契应。**阴宅**宜酉山卯向。作用时，南方有火光，跛足人持伞镜至。

附：**占胜败**两军相持，终归和解。**虚实**防有深谋。**攻城**城中空虚，长驱直入。**守城**不宜出城交战。**天时**浮云蔽日。**地理**朝山秀美，穴情生动，安稳之地。**人事**有近贵人，言病讼事，西南见拗僧化衲衣。**田禾**麦苦旱，农多疾。**家宅**同居不合，不能久住。**官禄**同寮忌，未能升。**应试**房考不呈。**求财**得不遂意。**婚姻**女丑陋，男家不愿。**胎产**得男，母多病。**疾病**脾火太旺，宜清凉。**捕获**盗匿北方寺内。**失物**在家中东北隅。**远信**近信至。鸦鸣有和合事。鹊噪无事。

阴遁六局

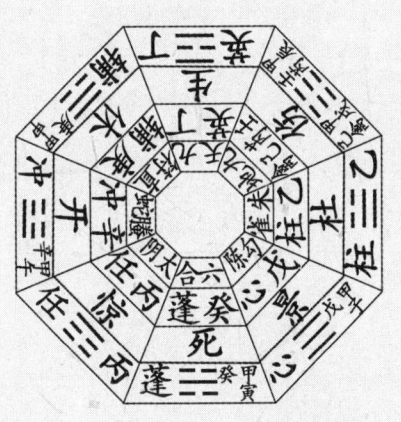

丙辛日庚寅时

夏至下元 白露下元 寒露上元 立冬上元

孤子丑虚午未 天辅直符加四宫 杜门直使加七宫

庚仪加庚为太白重刑格
杜门加为兑风泽中孚
辅符伏巽为巽
兑宫克门
坤神假门迫宫
离生与丁合 宫生门
巽伏宫格 时干格 仪刑 飞宫格
震符伏吟 门迫宫
艮宫生门
坎鬼假门迫宫
乾门迫宫

断曰：庚加于庚，如以剑击剑，以柯伐柯，非此之伤即彼之缺，在人事不免龃龉，所谓"以子之矛，攻子之盾"者也。且值击刑于己，不得以长生言吉矣。杜使入兑，乃雀武之乡，有文字之争辩，或役吏之到门。宜学入定之老僧，勿似丰干之饶舌。

兵事宫克门，阴时利为主。宜安营于西南，伏兵于东北，高垒深沟，秣马以待。敌至，从正南出师，背南击北。但逢刑击，我军亦有伤损。**出行**宜出正南方。九里十七里，逢骑马女人，或见文书，或飞鸟。**阳宅**宜立离门，有青衣人至应。**阴宅**宜午山子向。作用时，有僧道持盖，或牛马喧闹。

附：占胜败各无斗志。**虚实**探听未确。**攻城**宜及时进取。**守城**援兵不至，难守。**天时**阴晴忽变。**地理**土色带绿，案山层耸，元武不佳，不能发财。**人事**见方外人，有辩才，性机巧。**田禾**麦大丰，梁州五谷俱登。**家宅**门庭安吉，荫下尤利。**官禄**防参降。**应试**不中。**求财**空费口舌。**婚姻**女家不愿，难就。**胎产**生男，母有伤。**疾病**肝气衰，血不荣筋，淹缠。**捕获**逃人自归，盗匿正西术士家。**失物**在西北方速寻，可得。**远信**沉滞。**鸦鸣**有相争事。**鹊噪**见光而鸣。

阴遁六局

夏至下元 白露上元 寒露上元 立冬上元

丙辛日辛卯时

孤丑寅虚未申
天辅直符加三宫 杜门直使加六宫

乾 地假 门反吟 宫克门
坎 宫克门 宫门比和
艮 时干格 门迫宫
震 开与丁合 门迫宫
巽 生与乙合 乙奇入墓 宫门比和
离 门迫宫
坤
兑 宫克门
辅符加震为风雷益
杜门加乾为风天小畜
庚仪加辛为太白重锋格
辛日伏干格

断曰：以庚加辛，似乎威压同人，博强凌弱，不免斗粟尺帛之谣矣。然辛在卯，亦有新发于硎，及锋而用之状，岂肯俯首屈膝者乎？直使反吟入乾，逢地假之格，则用法护之术，可以见霓裳于天上，着雅曲于人间，勿因乐而忘返可也。

兵事宫克门，阴时利为主。宜安营于南，伏兵于北，从东南出师，俟敌先举而后攻之，背西南，击东北，可以制胜。防敌佯退，勿可追逐。**出行**宜出东南方。四里外，闻歌声，见老妪，或见有足物应。**阳宅**宜立巽门，有小儿骑牛马至应。**阴宅**宜巽山乾向。作用时，见黄云四起，妇人持铁器来。

附：占胜败胜负不决。**虚实**闻言无伪。**攻城**城中粮足，不能速拔。**守城**援远寇深，难御。**天时**晴明。**地理**虎首缺陷，罗星直泄，葬之子孙家道中落。**人事**有老人与妇女，欲求和解事。**田禾**麦丰，禾歉。**家宅**人口平安，作事不顺，秋季防官讼。**官禄**才能称职，特恩升擢。**应试**不中。**求财**防口舌，不得。**婚姻**不成。**胎产**得男，母有灾。**疾病**土虚水泛，有反覆，宜补中气。**捕获**盗匿西南富家，捕受贿不解。**失物**失于正西，可寻。**远信**至。**鸦鸣**主阴私事。**鹊噪**有人赠财物。

阴遁六局

夏至下元
寒露上元 白露下元
立冬上元

时辰壬日辛丙

孤寅卯虚申酉
天辅直符加二宫　杜门直使加五宫

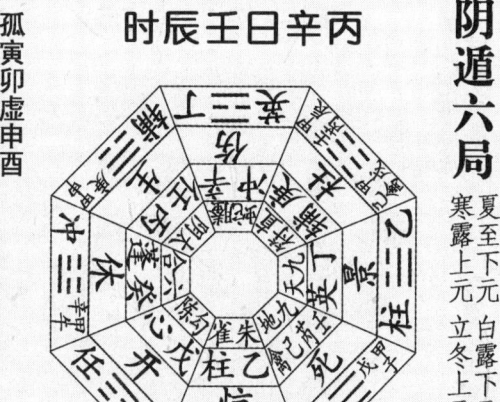

乾　鬼假　门生宫
坎　门生宫
艮　宫生门
震　门生宫　荧入白　宫克门
巽　生与丙合　真诈　鸟跌穴　勃格
离　门迫宫　上格　时干格　门迫宫
坤　天假　丁奇升殿　门迫宫
兑　门步五为风地观
辅符加坤为风地观
庚仪加壬为太白退位格
时干入墓　丙日不遇　丙日飞干格

断曰：壬在坤为通源之水，养而不穷者也。庚仪随辅符来加，有玉虎辘轳，银瓶素绠之象，可以庆王明而并受其福矣。直使步五，似离而实合，趋侍于傍，其或帘外春寒，锦袍望赐者乎？而九地多暗，上格未通，则金茎一杯，未许解侍臣之渴也。

兵事星门克宫，利为客。宜安营于西北，伏兵于东南，从正西出师，以应星见长生之吉。背北击南，用奇兵可制胜。东南虽有奇门，星门俱被宫克，客兵不利。**出行**宜出东南方。四里十里，逢公吏，或见云雾应。**阳宅**宜立巽门，有色衣人至应。**阴宅**宜巽山乾向。作用时，见小卖买人争闹应。

附：**占胜败**两军交绥，不分胜负。**虚实**客兵将退。**攻城**宜佯退，诱其出战，守将可擒。**守城**求援可守。**天时**有云无雨。**地理**土色黄黑，妨碍后人。**人事**见显贵言工程事。**田禾**麦丰，禾有虫灾，豫州防水患。**家宅**老年女人，常防疾悔。**官禄**同寅不协，见罪上司。**应试**辛日占，不中。**求财**如意。**婚姻**女有惊疾，不成。**胎产**生女，难产，母有悔。**疾病**木乘土位，未能即瘥。**捕获**盗匿正北近水边人家。**失物**在东北方，可寻。**远信**至。鸦鸣主贵人事。鹊噪无事。

阴遁六局

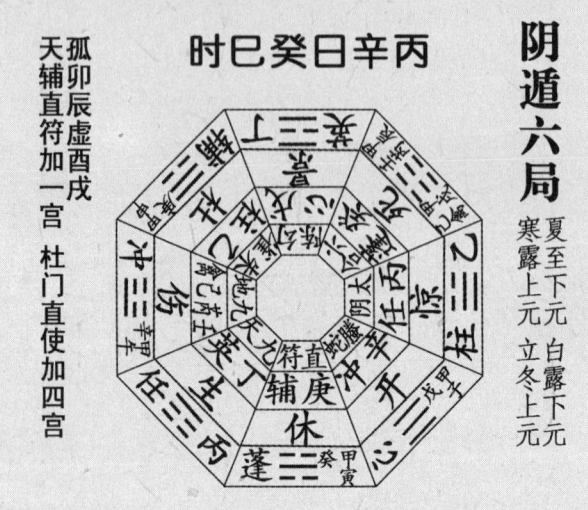

夏至下元　寒露上元　白露下元　立冬上元

時巳癸日辛丙

孤卯辰虚酉戌
天輔直符加一宮　杜門直使加四宮

乾
坎　时干格　大格
艮　生与丁合　丁奇入墓
震　门伏吟
巽　神假
离　鬼假
坤
兑　辅符加坎为风水涣
　　杜门伏巽为巽
　　庚仪加癸为太白刑隔格
天网

断曰：网张于坎，似可绝流而渔矣。岂知辅符之来，乃挟犀利之庚，则千寻铁鏁，可以迎刃而解，勿谓吾剑之不利也。直使伏宫，加以雀武，如泽雉之饮啄，不期畜乎樊中；亦或秋鹰之猛鸷，饥则依人之象，抚而用之，皆足供驱使耳。

兵事宫生星，利为客。但值天网，安静为吉。宜立寨于正东，伏兵于正西。欲动，则从东北出师，击西南死方。胜后即退，勿可追逐。**出行**宜出东北方。八里逢黄衣女人，或见剑戟之属。**阳宅**宜立艮门，有携文书纸笔人至。**阴宅**宜艮山坤向。作用时，有牵黑牛过应。

附：**占胜败**主兵甚强，客势不敌。**虚实**来情无假。**攻城**宜先截其援兵，用云梯而上。**守城**宜备北方。**天时**忽阴忽晴。**地理**穴情不真，未可用。**人事**见方外人讲论静机，更宜观花植木。**田禾**麦丰，禾亦有收。**家宅**长幼康宁，防口舌失脱。**官禄**宜途平顺，升转尚迟。**应试**辛日占，可中。**求财**有得。**婚姻**成，女性和顺。**胎产**占孕安稳，占产生女不育。**疾病**木郁之症，逍遥散可愈。**捕获**逃人易获，盗匿东南山林中。**失物**失于正南，不得。远信人至信不至。鸦鸣有相争事。鹊噪无关休咎。

阴遁六局

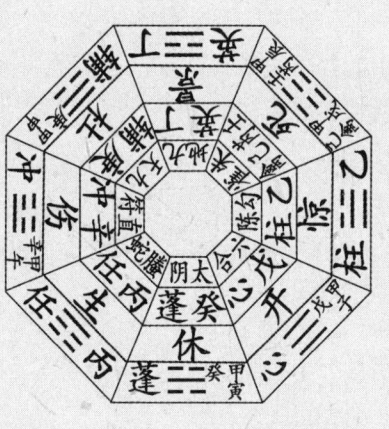

夏至下元 寒露上元 白露上元 立冬上元

丙辛日甲午时

孤辰巳虚戊亥
天冲直符加三宫　伤门直使加三宫

乾　坎　艮　震　巽　离　坤　兑
生与丙合
门符伏吟
冲符伏震为震
伤门伏震为震
辛仪加辛为天庭自刑格
天辅时

断曰：震三东方，盛德在木，甲干到卯，实为乘旺。阴森则乔木千章，葱蒨则修篁万筒，甲之遁焉宜也。顾其遁于辛何也？岂志愿栋梁为用，政藉斤斧相成欤？抑以虎豹在山，藜藿不采，固欲仗其雄风，以保此茂林耶？

兵事 门符俱伏，利于为主。安营于南，设伏于北，敌至从东北方出师，诱敌入伏，击其西南死地，可以取胜。**出行** 宜出东北方。八里逢黄衣妇人，或见奇异巧幻之物。**阳宅** 宜立艮门。修葺东北屋宇，有卖鱼人至，周年进文契发。**阴宅** 艮山坤向吉。造葬时，有师巫至。后四十日，进贵人财。

附：**占胜败** 两军相持，不战而退。**虚实** 主客皆无欺诈。**攻城** 长驱直入，可不血刃而定。**守城** 敌强难御。**天时** 有黄云见，无雨。**地理** 土色带青，山向不吉。**人事** 利于排难解纷，或有土作之事。**田禾** 禾有收，麦尤胜。**家宅** 栋柱有损，时多口舌。**官禄** 迟升，勤慎为吉。**应试** 丙日占，不中。**求财** 难得。**婚姻** 女家不允。**胎产** 生女，恋胎，迟产。**疾病** 肝肺两经之症，静摄可愈。**捕获** 盗贼可获，逃人难捕。**失物** 西北原处可寻。**远信** 人不来，信迟至。**鸦鸣** 主有隐蔽，或庆贺事。**鹊噪** 无事。

阴遁六局

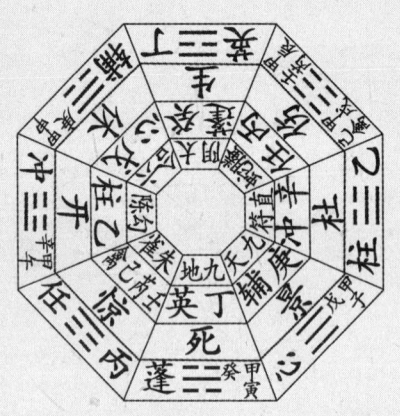

夏至下元 白露上元 寒露上元 立冬上元

丙辛日乙未时

孤巳午虚亥子
天冲直符加七宫 伤门直使加二宫

乾 太白与天乙格 门迫宫
坎 鬼假 雀投江 门迫宫
艮 宫生门
震 开与乙合 乙奇升殿 云遁 门迫宫
巽 天乙与太白格 门生宫
离 蛇天矫 宫生门
坤 门迫宫
兑 相佐 虎猖狂 符反吟 宫克门
冲符加兑为雷泽归妹
伤门加坤为雷地豫
辛仪加乙为白虎猖狂格

断曰：酉为辛禄，乙奇居之，盖非所据而据者。故处则受虎之狂，出则为龙之走，有进退维谷之悲也。然震本乙禄，又值开门合云虎二遁之格，龙既得云而升腾变化，则虎亦啸而入林，莫敢与抗矣。直使迫支于坤，而丙方培之，非伤之所能残也。

兵事星克宫，利为客。安营于坎地，设伏于离方，从正东出师，坐正西，击东南，见有青云四起，魔兵合围，可以取胜，**出行**宜出正方。路逢白衣人，或见伤残之物。**阳宅**宜修正东屋宇。动作时，有人骑马过应。**阴宅**卯山酉向利。作用时，有猎户自林中出。

附：**占胜败**当和。**虚实**敌兵将至。闻见皆实。**攻城**守将欲降。不战自服。**守城**援兵不至。难守。**天时**东方云起。无雨有风。**地理**地近沟涧。右水反跳。穴下有铁器。**人事**主有公事文书。或见赤马。或见幻术。**田禾**禾有收。麦防旱。**家宅**右房太高。卧榻位置失宜。幼小不利。**官禄**新任不吉。治地多疑难事。**应试**有破绽。不入彀。**求财**徒劳无益。**婚姻**有刑克。不成。**胎产**生男。产母不安。**疾病**起于受惊。变为火症。不能速愈。**捕获**难缉。**失物**失于东南。不获。**远信**信在千里外者。将至。**鸦鸣**有长上事。**鹊噪**无事。

阴遁六局

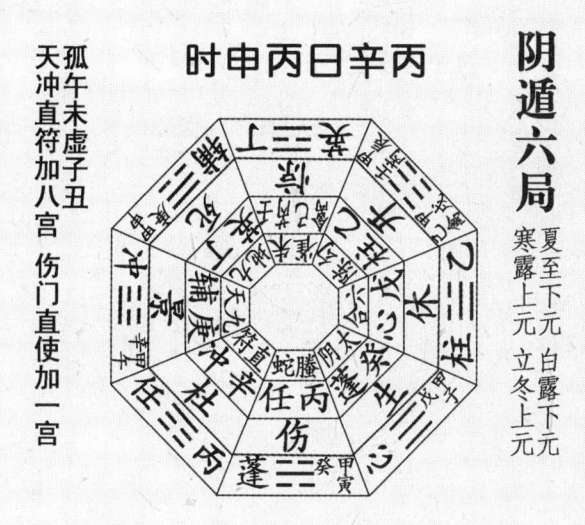

夏至下元
寒露上元
白露下元
立冬上元

丙日丙申时

孤午未虚子丑
天冲直符加八宫
伤门直使加一宫

乾 门生宫
坎 宫生门
艮 龙返首 相佐 符勃 门迫宫
震 伏宫格 宫生门
巽 宫克门
离 宫克门 乙奇入墓 宫生门
坤 开与乙合
兑 宫生门
冲符加艮为雷山小过
伤门加坎为雷水解
辛仪加丙为天庭得明格
辛日伏干格

断曰：丙本丹山之凤，而入坎之水池，值辛符挟冲来克，其势汹汹，乃卒从丙而化者。譬回鹘既睹子仪，自即受盟而退，不在朔方兵之强弱也。时支在坎，使受其生，上逢蛇神，惊忧不免。幸丙为天威，威摄之，而后恩结之，则可以革面洗心。

兵事星克宫，利为客。安营于东南，设伏于西北，自东北直符下出师，背北击南，可以取胜。开门奇墓，不宜进兵。敌若西奔，亦戒远逐。**出行**宜出西南方。逢年老有疾人，防中道迷路。**阳宅**西南方可修葺。有人着白衣至，六十日进文契。**阴宅**坤山艮向吉。作用时，有鹰掠禽堕地。

附：占胜败客胜。**虚实**敌势甚张，情多虚诈。**攻城**观兵城下，可以谕降。**守城**难守。**天时**晴，微有云。**地理**回龙顾祖，内案亦佳，可用。**人事**主有怪貌人来，言多虚假，颠倒纠缠。**田禾**薄收。辛日占，防有虫。**家宅**香火堂吉，丙日占可居。**官禄**谨慎供职，循资可升。**应试**辛日占，可望荐，但防临场有晦。**求财**难得。**婚姻**女美，男有才，畏女家不成。**胎产**胎不固，产生男。**疾病**水火不交，调养自愈。**捕获**易缉。**失物**失于西方。**远信**信将至，人不来。鸦鸣有文书事。鹊噪无关休咎。

阴遁六局

丙辛日丁酉时

夏至下元　寒露上元　白露下元　立冬上元

孤未申虚丑寅
天冲直符加九宫　伤门直使加九宫

乾　门生宫
坎　门生宫
艮　宫生门
震　门生宫
巽　生与丙合　荧入白　宫克门
离　丁奇升殿　相佐　仪刑　门生宫
坤　上格　刑格　门迫宫
兑　丁奇加离为雷火丰　门迫宫
冲符加离为雷火丰
伤门加丁为白虎受伤格
辛仪加丁为白虎受伤格
丁奇得使遇甲　辛日不遇

断曰：丁奇在离，时干得禄，居官旺之地，操薰灼之权，辛符来加，其不为趋炎附热耶？然适得甲午自刑之凶，是未受攀援之利，而先罹其害矣，可以为奔竞者戒。使亦同加，贪其守门，暗相附和，所谓"同臭而异味"者也。

兵事宫受星生，利于为主。宜安营于正西，设伏于正东。敌至，从东南出师应之，直击对冲，奇兵左右夹攻，敌当溃北，大有斩获。**出行**宜出东南门，路逢病目人，或奇形异状之物。**阳宅**宜立巽门，修葺东南屋宇，见东方有火光发。**阴宅**巽山乾向吉。作用时，有鸟鹊喧噪为应。

附：**占胜败**相持不战，终当议和。**虚实**主不欺客。**攻城**传檄可下。**守城**援不足恃，难守。**天时**阴云密雨。**地理**土色青碧，不发财丁，辛日占尤不利。**人事**娶妾立嗣俱吉，或见病人谈幽冥事。**田禾**有年。辛日占，收成不足。**家宅**宅不利人，暗中有损，东南房防火烛。**官禄**休中有咎，迟升。**应试**不中。**求财**可得，置货尤利。**婚姻**男有刑克，难成。**胎产**产生女，母有灾，占胎防窨。**疾病**火刑于金，更有暗病，不妨。**捕获**逃匿东北，贼盗易缉。**失物**失于东北瓦砾之旁。**远信**不至。**鸦鸣**有欺蔽事。**鹊噪**无事。

阴遁六局

夏至下元
寒露上元 白露下元
立冬上元

丙辛日戊戊时

孤申酉虚寅卯
天冲直符加六宫 伤门直使加八宫

乾宫生门
坎宫大格 门迫宫
艮宫丁奇入墓 神假 门迫宫
震宫门比和
巽宫生门
离宫生门
坤宫生门
兑宫开与丙合 宫门比和
冲符加乾为雷天大壮
伤门加艮为雷山小过
辛仪加戊为龙虎争强格
时干入墓

断曰：戊以土干而处金宫，盖自抚其封内而加之子惠也。辛符来加，意亦主于望恩，然冲木甚畏辛金，情有弗顺。如鲁哀向越，而三桓不从，亦奚为乎？时支八宫，受使所迫，但戊干正嫌入墓，而使克而开之，支虽愁而干则喜矣。

兵事宫克星，利为主。安营于东北，设伏于西南，敌至从正西出师应之，背北击南，可以胜敌。敌若北遁，追之反有伤损。**出行**宜出西门。路逢老人执杖，或见空虚巧异之物。**阳宅**宜立兑门。有人抱小儿至。百日内。进人口发。**阴宅**酉山卯向吉。作用时，有女人持布至，或闻鼓声应。

附：**占胜败**有和象。**虚实**敌兵大张声势，尚未入境。**攻城**秋月易拔。**守城**议和可守。**天时**云开雨霁，秋冬有风。**地理**拱护不佳，防有水，不宜用。**人事**来人心多忧虑，或扶病出门，或有少妇殷勤。**田禾**薄收。**家宅**正北有冲射，不可居。**官禄**可升。**应试**丙日占，可望荐。**求财**难得。**婚姻**可成。男有才而富，女清瘦。**胎产**女胎，迟产。**疾病**心火太盛，药不见效，调养可瘥。**捕获**逃人易获，盗贼难捕。**失物**可寻。**远信**远人将至。**鸦鸣**有相争事。**鹊噪**无事。

阴遁六局

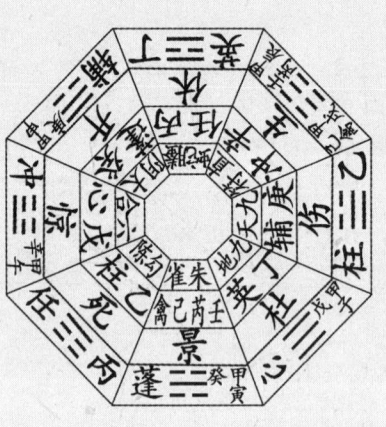

夏至下元　白露下元
寒露上元　立冬上元

时　亥　己　日　辛　丙

孤酉戌虚卯辰
天冲直符加五宫　伤门直使加七宫

乾　地假　丁奇入墓　宫克门
坎　宫克门
艮　宫门比和
震　门迫宫
巽　小格　门迫宫　丙奇升殿　门迫宫
离　休门与丙合
坤　门反吟　奇格　宫克门
兑　冲符步五为雷地豫
伤门加兑为雷泽归妹
辛仪加己为虎坐明堂格

断曰：己干居中而寄坤，土归土宅，而壬为之财，几于上稿壤而下黄泉，其操若蚓矣。辛符乃以金而使之脱，又挟木而使之伤，盖既欲耗其生，而并思毁其室也。时支以兑而克伤，上乘九天之庚，鼓鼙动地而来，急宜撤兵自固。

兵事星克宫，阴时利为主，兵宜后举。出正南休门，夏月更宜出西南生门，安营于乾，设伏于巽，背坤击艮，亦可胜敌。**出行**利向南行。九里内，见皂衣异状人，或遇虚幻之物。**阳宅**秋冬月，可建南门。动作时，有大风。周年内，进田蚕大发。**阴宅**午山子向吉。造葬时，见东北火光，或闻猪犬声。

附：**占胜败**主兵欲罢，当议和。**虚实**敌兵甚近，主不欺客。**攻城**池深城固，未能即拔，宜招抚。**守城**可守。**天时**阴云不雨。**地理**土色黄黑，山向欠利。**人事**有武人争哄，或迁徙事。**田禾**丰，梁地略旱。**家宅**宜迁居于南方，可发财丁。**官禄**任于正西，难迁。**应试**不中，求助无得而有害。**婚姻**女家欲谐，易成。**胎产**生男，产母多病。**疾病**肺金受伤，宜养肝。**捕获**逃在正东。捕之必获。**失物**向东方觅。**远信**不至。鸦鸣有耗损事。鹊噪有文书阻滞。

阴遁六局

夏至下元 寒露上元 白露下元 立冬上元

时子庚日壬丁

孤戊亥虚辰巳
天冲直符加四宫 伤门直使加六宫

乾 乙奇入墓 宫克门
坎 门生宫
艮 门生宫
震 鸟跌穴 勃符 宫克门
巽 飞宫格 门迫宫
离 奇格 宫克门
坤 休与丁合 重诈 宫克门
兑 门生宫
冲符加巽为雷风恒
伤门加乾为雷天大壮
辛仪加庚为虎逢太白格
丁日伏干格

断曰：庚干巽而辛符震，并居所克之宫，象为兄弟之各拥其资，各营其室者。则辛相加，不几金友玉昆，重见荆花之茂乎？乃使趋西北，情与符暌，又使受伤而符被格，想缪肜之闭户自过，终难化其家室耳。

兵事星宫比和，阴时利为主。秋冬宜衔枚出西南方，安营于阵后，设伏于东北。格遇飞宫，大将宜居巽位，背西击东，可获全胜。**出行**宜出西南方。十里内，遇孝服人，或见口舌，并防小人。**阳宅**利开西南门，有皂衣女人至。三七日，北方有大水冲决，乃发。**阴宅**坤山艮向吉。作用时，闻孩童啼为应。

附：**占胜败**主欲议和。**虚实**客势大张，却受主制。**攻城**利用火器，夏月当拔。**守城**当深濬沟水，谨守南门。**天时**有微雨洒尘。**地理**地在闹市，穴中防有蚁聚，不吉。**人事**有残老人，或军吏兵卒。**田禾**丰收，农人不安。**家宅**梁栋伤损，时有内患，人散不吉。**官禄**治地富庶，不能即升。**应试**临场有灾。**求财**季月占，大利。**婚姻**女家富，男家贵，却不成。**胎产**生男。**疾病**少阳伤风，如欲发狂，宜补肝。**捕获**贼易捕。**失物**向北方木器边寻。**远信**已发。**鸦鸣**有口舌。**鹊噪**无事。

阴遁六局

夏至下元 白露下元
寒露上元 立冬上元

丁日 壬日 辛丑时

孤亥子虚巳午
天冲直符加三宫 伤门直使加五宫

乾 门迫宫
坎 鬼假 门迫宫
艮 宫生门
震 符伏吟 门迫宫
巽 门生宫 重诈
离 生与丁合 宫生门
坤 门迫宫
兑 宫克门
冲符伏震为震
伤门步五为雷地豫
辛仪加辛为天庭自刑格

断曰：六辛之干，辛符值之而伏，盖昔则走圹之兽，而今为入林之虎也。时支在中，而中之寄宫为坤，受木使之伤，是中五固被其迫，坤二亦被其迫矣。白起小竖子耳，一战而举鄢郢，再战而烧夷陵，岂非楚之大辱。

兵事星宫相比，阴时利主，兵宜后应。秋月出正东开门，安营于阵后，伏兵于正北，背离击坎，与伏兵南北夹攻，敌军必溃。正南格合重诈，出兵亦可。**出行**正南可行。路逢猎犬，或见少妇为应。**阳宅**利开南门。三七日，见东方兵器，当大发。**阴宅**午山子向可用。造葬时，闻吹笛打鼓声。三年后，遇牛鸣获贼，当发财。

附：**占胜败**持久不决。**虚实**主客俱实。**攻城**守将负伤，攻之必拔。**守城**救远难守。**天时**久晴之象。**地理**地势屈曲而多木，向道不佳，穴情却好。**人事**有武人军吏言捕狱事。**田禾**丰，农夫劳苦。**家宅**厨灶最佳，宜谨雀角。**官禄**内任难升。**应试**丁命人可望中。**求财**多求少得。**婚姻**男畏女，不就。**胎产**生男，产母有病。**疾病**水土不和，宜调中。**捕获**有贿赂，难获。**失物**失于西北。**远信**无。鸦鸣有和合事。鹊噪有匠役土木事。

阴遁六局

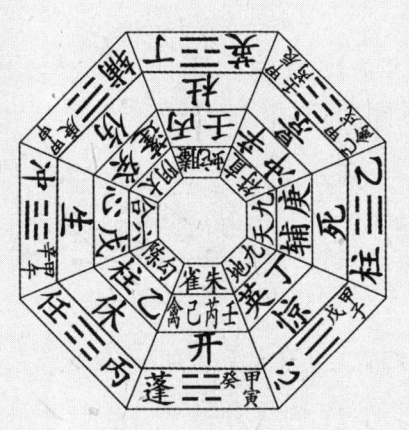

夏至下元 寒露上元 白露下元 立冬上元

丁日 壬日 壬寅时

孤子丑虚午未
天冲直符加二宫
伤门直使加四宫

乾　丁奇入墓　宫门比和
坎　门生宫
艮　休与乙合　虎遁　宫克门
震　宫克门
巽　神假　小格　宫门比和
离　丙奇升殿　门生宫
坤　门生宫
兑　奇格　门生宫
冲符加巽为雷风恒
伤门加坤为雷地豫
辛仪加壬为天庭逢狱格

断曰：壬以区区之水，藏于坤二厚土之中，而又加以所寄之己，其望助于生我之辛符也亟矣。然辛实挟冲，足以残芮，本助之也，而反被其害，非所谓"蹊田而夺之牛"者乎？支在四宫，上遇太阴而遇格，非寅恭之不协，即月信之不调。

兵事星克宫，不利主，兵宜先动。出东北休门，安营于西北，设伏于东南，背正北子孤，击正南午虚，可以制敌。但丁奇入墓，营中防有迷失。**出行**利出东北。一八里，内遇孝服人，及九流术士。**阳宅**宜立艮门。动作时，有小儿将铁器至。**阴宅**艮山坤向吉。造葬时，有青衣童子，持花果至，或遇犬驰，当先败后发。

附：占胜败客欲和。虚实两军相近，未必战。**攻城**饵之可破。**守城**宜备西门。**天时**无雨。**地理**主山属木，内势虽好，与葬命不合。**人事**有老妪乞怜，或邻人告诉工役。**田禾**大熟，兖地尤丰。**家宅**香火明亮，厨灶幽暗，当发财。**官禄**任于东南贫瘠之地。**应试**文章沉晦，却被荐。**求财**合伙有害。**婚姻**可成。**胎产**生女。**疾病**女人经不通，或停饮水胀，宜延邻医。**捕获**易获。**失物**向东方寻。**远信**已到。**鸦鸣**有口舌。**鹊噪**有阴私事。

阴遁六局

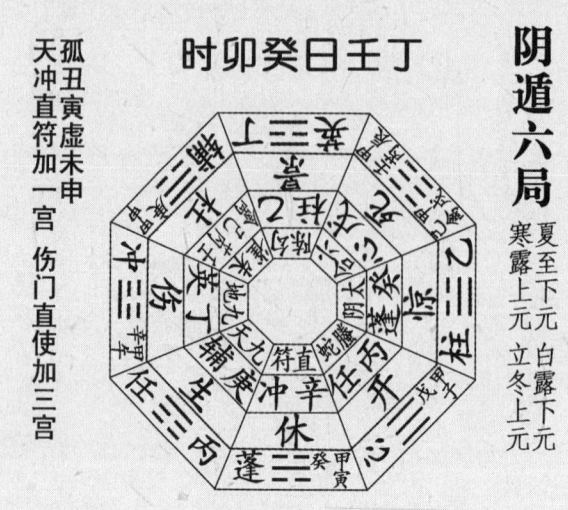

夏至下元　白露下元
寒露上元　立冬上元

丁壬日癸卯时

孤丑寅虚未申
天冲直符加一宫　伤门直使加三宫

乾　开与丙合　丙奇入墓
坎　白入荧
艮　神假　门伏吟
震　格刑
巽
离
坤
兑　冲符加坎为雷水解
　　伤门伏震为震
　　辛仪加癸为虎投罗网格
天网　丁日不遇

断曰：癸以水干而居禄地，水之旺也已极，固无俟于辛符之生也。然玉入于阗之河，珠还合浦之海，虽非所以生水，亦未始不含之而媚矣。支以卯而藏卯，使乃以伤而归伤，格为伏吟，上乘九地，宜附耳而语，勿悬河而谈。

兵事宫生星，利为客，兵宜先动。出西北开门，安营于正东，伏兵于正西，背东北，击西南，亦可不败。惟丙奇入墓，当谨向导，防惊恐。**出行**宜出西北方。二十里，逢紫衣贵人，或空中见火光电影。**阳宅**利开西北门。动作时，有绿衣人至为应。**阴宅**乾山巽向吉，造葬时有人持灯来。若见疾风震雷，六十日内，当进财物。

附：**占胜败**客兵胜。虚实敌势虚张，其情难测。**攻城**宜遣间谍内应。**守城**宜备东北，夏月尤当谨慎。**天时**即雨。**地理**土色黑，穴下有水，丁日不宜用。**人事**有少女言幽冥事，或言病苦。**田禾**丁日占，农劳薄收，雍州大熟。**家宅**香火神堂，当有怪异，亦发财。**官禄**秋月当升。**应试**丁日可荐。**求财**不得，且有失。**婚姻**女家欲谐，易成。**胎产**产迟，生女。**疾病**有伏火迁延，难愈。**捕获**逃亡获，贼不获。**失物**失于西南。**远信**无。鸦鸣有斗狠事。鹊噪防刑伤。

阴遁六局

夏至下元 寒露上元 白露下元 立冬上元

丁壬日甲辰时

孤寅卯虚申酉
天芮直符加二宫 死门直使加二宫

乾 坎 艮 震 巽 离 坤 兑
　　　生与丙合
　　　　　　门符伏吟
　　　　　　　　芮符伏坤为坤
　　　　　　　　死门伏坤为坤
　　　　　　　　壬仪加壬为天牢自刑格
　　　　　　　　天辅时

断曰：甲木乘于辰龙，辰龙乘于壬水，居西南之坤维，司元神之太阴，以芮为符，以死为使，盖地气始肃，利用侵伐者也。时遇天恩转赦，又宜用脱桎梏。如武侯治蜀，罚自二十以上，皆自决之，庶几狱无枉刑，民无怨言。

兵事 天辅之时，星门俱伏，利于为主。安营于西北，设伏于东南，按兵不动。俟敌将至，从东北方出师，诱敌入伏，绕其阵而击之，可胜。**出行** 宜出东北方。见伤损物，或争斗之事应。**阳宅** 宜立艮门，修葺东北屋宇。动作时，有皂衣人至。周年进白畜，大发。**阴宅** 艮山坤向吉。作用时，有渔猎人至。

附：**占胜败** 客胜。**虚实** 客多诈。**攻城** 可拔。**守城** 用云梯来攻，难守。**天时** 阴，夏占有雷。**地理** 土形偏侧，山向不佳。**人事** 有老妇人，或有文书及丧吊之事。**田禾** 农劳，麦有收。**家宅** 奴婢得力，但不聚财。**官禄** 安静无营，可以长久。**应试** 文佳不中。**求财** 迟得。**婚姻** 难成。**胎产** 女胎，迟产，出月后亡。**疾病** 脾家郁滞未消，土强水弱，迁延不能即愈。**捕获** 逃人难获，盗贼自败，易获。**失物** 失于西北，胥吏藏之。**远信** 有信，迟至。**鸦鸣** 主有虚惊。**鹊噪** 无事。

阴遁六局

夏至下元 寒露上元 白露下元 立冬上元

丁巳乙日壬时

时巳乙日壬丁

孤卯辰虚酉戌
天芮直符加七宫 死门直使加一宫

乾 天假 乙奇入墓 门迫宫
坎 宫迫门
艮 宫生门
震 开与丙合 门迫宫
巽 门格 宫生门
离 奇格 宫生门
坤 相佐 宫克门
兑 门迫宫
芮符加兑为地泽临
死门加坎为地水师
壬仪加乙为日入地户格
丁日伏干格

断曰：乙在兑为失地之木，土符来而啖之以利者，安知非厚之以毒乎？于是飞入墓地，则日薄崦嵫，虞渊返景之候也。使迫于坎，亦癸闭而小通。虽漉沙于海上，终不成盐；或投胶于河流，安能止浊？惟丁火在宫，于一纸家书，足抵万金而已。

兵事星生宫，利为主。宜安营于正北，设伏于正南，自正东出师，严阵以待，候敌先动，而后应之。击西南方，伏兵自后夹攻，可胜。**出行**出正东方，求名最利。路逢贵人骑马，或见白衣人应。**阳宅**利开震门，修造正东屋宇。有年老带疾人至。**阴宅**卯山酉向吉。作用时，见两犬相争，葬后生贵子。

附：**占胜败**客胜。虚实敌将至，情多诈。**攻城**可拔，火攻尤利。**守城**难守。**天时**乍阴乍晴，有风无雨。**地理**内势宽展，壬日可用。**人事**来人面带忧色，或有阴谋秘计。**田禾**有年，青州尤熟。**家宅**香火堂吉，平稳可居。**官禄**可升。**应试**不中。**求财**丁日占，不能得。**婚姻**男有刑克，难谐。**胎产**宜安胎，占产生男，母有虚惊。**疾病**脾家受湿，调治可瘥。**捕获**在东北潜藏，己亥日见。**失物**失于北方，寻之即得。**远信**远人不至。**鸦鸣**主见贵人。**鹊噪**不系休咎。

阴遁六局

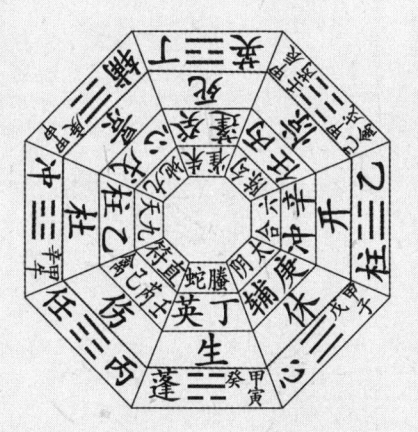

夏至下元 寒露上元 白露下元 立冬上元

丁壬日丙午时

孤辰巳虚戌亥
天芮直符加八宫 死门直使加九宫

乾 太白与天乙格 宫生门
坎 生与丁合 雀投江 门迫宫
艮 乙奇升殿 相佐 符勃返吟门迫宫
震 龙反首 天乙与太白格 宫门比和
巽 天乙与太白格 宫生门
离 玉女守门 蛇天矫 宫生门
坤 鸟跌穴 勃符 宫生门
兑 虎猖狂 宫门比和
芮符加艮为地山谦
死门加离为地火明夷
壬仪加丙为天牢伏奇格

断曰：青龙返首，符之吉也；玉女守门，使之吉也。似乎居则必安，出则必遇矣。然符反吟而遇勾白，则雁乱其行；使入离而遇天矫，则蛇肆其毒。况乎龙虎狂逃，戊庚交战，为武安之屋瓦乎？抑钜鹿之囊沙乎？惟赖飞丙跌穴，是贵有知几之哲耳。

兵事星宫比和，格合返首，为主尤利。营于东南，伏于西北，从东北直符下出师，侯敌先动，背东击西，可以大胜。正北虽有奇门，但系投江，不宜轻易进兵。**出行**宜出正北。一里十里，逢皂衣人，或见空虚之物。若有文书携带，须防遗误。**阳宅**宜小修正北方，见人抱小儿至。**阴宅**子山午向可用。造葬时，有捕猎人，执弓矢过。

附：占胜败主胜。虚实来情多反覆，不可信。**攻城**招抚可降。**守城**议和可守。**天时**密云不雨。**地理**来龙回抱有情。丁日占，有道路穿伤。**人事**有谈术数人来，或有孕妇口舌。**田禾**农劳有收。**家宅**栋宇完好，时有怪异，人口不宁。**官禄**任地多事，升尚迟。**应试**壬日占，可望中。**求财**可求，贸易不利。**婚姻**女有刑克，且畏男家，难成。**胎产**生女，后当贵。**疾病**虚火未熄，水泛为痰，可治。**捕获**是僧道人。**失物**失于正南，已焚之矣。**远信**迟至。鸦鸣有阴私事。鹊噪无事。

阴遁六局

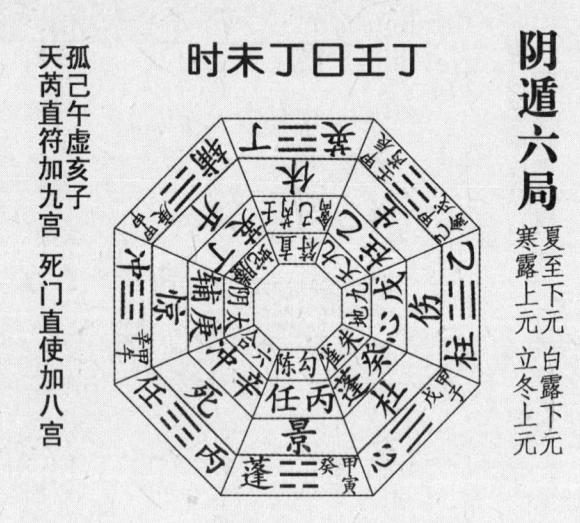

夏至下元　寒露上元　白露下元　立冬上元

丁日壬日丁未时

孤己午虚亥子
天芮直符加九宫　死门直使加八宫

乾宫克门
坎宫克门
艮门反吟　宫门比和
震门迫宫
巽开与丁合　门迫宫
离相佐　门迫宫
坤生与乙合　乙奇入墓　宫门比和
兑宫克门
芮符加离为地火明夷
死门加艮为地山谦
壬仪加丁为太阴被狱格
丁日飞干格

断曰：丁干自离而飞于巽，似欲著木而燃，而下有伏庚，渣滓或未销镕也。壬符相加，休养生息，可收既济之功。而直使入艮，反覆冲动，值丙辛之合化，逢六合之来临，则丝竹之悦耳，案牍之劳形，或当兼而有之。

兵事宫生星，利为客。宜从东北方出师，安营于西，设伏于东，背南击北，可胜。西南九天之下，生门得奇，但嫌入墓，不宜轻进。**出行**东南最利，西南亦吉。东南见形状奇异之物，西南防迷道，逢执兵器人应。**阳宅**宜立坤门，闻鼓声应。东南只宜小修，不利创造，须慎火烛。**阴宅**坤山艮向、巽山乾向皆利。有孕妇携筐过，或猿鸟啼叫应。

附：**占胜败**宜和。**虚实**敌情无诈。**攻城**可以说降，或乘阴雨时攻之。**守城**援远难恃，议和可守。**天时**南方有红云气，无雨。**地理**排峰整秀，内案亦佳，丁日占吉。**人事**来人情意殷勤，或武人和解之事。**田禾**歉收，麦稍胜。**家宅**厨灶得所，门户不安。**官禄**可升，官当显。**应试**文不称心。**求财**不得。**婚姻**女貌美，畏男家，媒不得力，难成。**胎产**男胎，易产。**疾病**虚火上升，肺家受克，药有效，可渐愈。**捕获**逃人易缉，盗在东北山中。**失物**当向东方寻之。**远信**将至。鸦鸣有相争事。鹊噪不系祸福。

阴遁六局

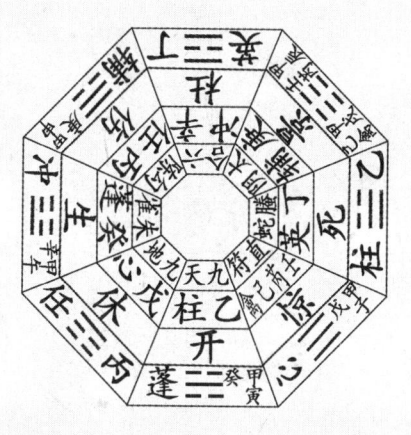

夏至下元 白露下元 寒露上元 立冬上元

丁壬日 戊申时

孤午未虚子丑
天芮直符加六宫 死门直使加七宫

乾 宫门比和
坎 宫克门 龙遁 门生宫
艮 宫门克门 宫门比和
震 荧入白
巽 丁奇升殿 门生宫
离 门生宫
坤 伏宫格 刑格 门生宫
兑 丁符加乾为地天泰
芮符加兑为地泽临
死门加兑为青龙入狱格
壬仪加戊为青龙入狱格
壬日不遇 壬日伏干格

断曰：壬来加戊，已欲附会求合，而戊入于艮，盖艮有丙在，是新知未投，故交可念者也。直使到兑，遇丁乙之交加，见螣蛇之飞动，则羽檄交驰，或有济师之请，或为假道之谋。占见文书口舌，否则煅炼金石，总不免于惊疑耳。

兵事星生宫，利为主。宜安营于东北，设伏于西南。敌至，从正北出师，背直符，击东南，可胜。敌向坤方败走，不可远追。**出行**宜出正北方。当遇贵人，或见方外人应。**阳宅**宜立坎门，有皂衣人至。七日后进财物。**阴宅**子山午向吉。作用时，有鹰掠禽，或持铁器人至。

附：**占胜败**相持不决，终归于和。**虚实**敌有退志，闻言无伪。**攻城**招抚可定。**守城**秋月易守。**天时**湿云凝结，有雨。**地理**土龙入首，屏障可观，丁日占吉。**人事**来人情多虚伪，或有惊疑之事。**田禾**麦有收，禾防旱。**家宅**宅可发丁，东南房防火烛。**官禄**可升，尚迟。**应试**丁日占，可望中。**求财**壬日不利。**婚姻**女出贵家，且有财貌。男家畏忌，难成。**胎产**生女，母不安。**疾病**火盛烁金，淹缠不能速愈。**捕获**难缉。**失物**失于东北，不可复得。**远信**远人不至。**鸦鸣**有口舌。**鹊噪**无关系。

阴遁六局

夏至下元 寒露上元 白露下元 立冬上元

丁壬日己酉时

孤未申虚丑寅
天芮直符加五宫 死门直使加六宫

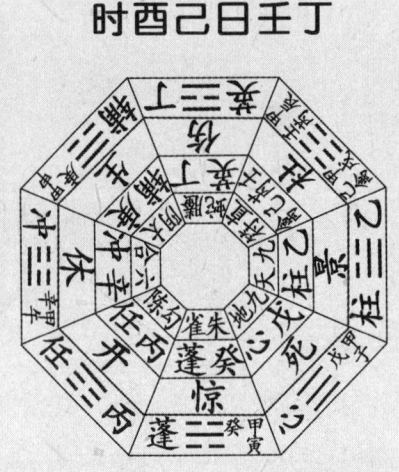

乾 门生宫
坎 门生宫
艮 开与丙合 宫生门
震 门生宫
巽 宫克门
离 符伏吟 门迫宫
坤 天假 门迫宫
兑 芮符步五为坤
死门加乾为天地泰
壬仪加己为天地刑冲格

断曰：壬加己于中，而仍寄于坤，所谓"当空团块，见块而不见空"者也。其有女娲团沙，散作愚下人之象乎？直使趋乾，相交有地天之泰，上下有一德之占。将以归真返朴，清静自守。九地之神，主于敛藏，毋举大事，毋发大众。

兵事星伏宫，利为主。宜安营于西北，设伏于东南，从东北方出师。先分奇兵，阵于正西，诱敌先动，直击对冲；正兵绕敌阵后，合围奋击，可以得志。**出行**宜出东北门。遇老人执杖，或见争斗之事。**阳宅**宜立艮门，闻小儿啼声。周年，进牛马。**阴宅**艮山坤向吉。作用时，白衣女子前来，或闻鸟鹊喧噪。

附：**占胜败**客胜。**虚实**敌情难信。**攻城**可破。**守城**有援难恃，宜防本城有变。**天时**阴云四合。**地理**内势甚佳，外拱亦吉，壬日可用。**人事**见目疾人，或言地土卜居，或言**疾病**。**田禾**麦丰，禾防旱，终有收。**家宅**门墙低暗，香火安吉，兄弟常有病。**官禄**职司工刑，易于升转。**应试**可中。**求财**本分之财可得。**婚姻**难谐。**胎产**宜安胎，占产生女，母有悔。**疾病**脾家受病，滞气未舒，疏通可愈。**捕获**逃当自归，**盗贼**可缉。**失物**失于西北，在木箱中，可获。**远信**远人不至。**鸦鸣**主涉长上之事。**鹊噪**宜闭户静坐。

阴遁六局

丁壬日庚戌时

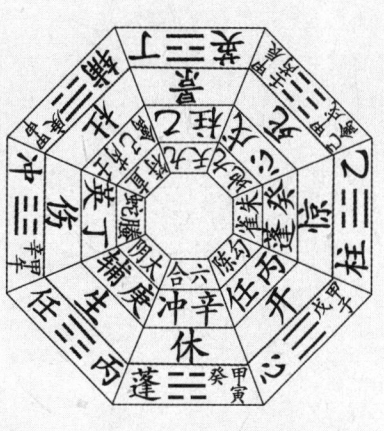

夏至下元
寒露上元 白露下元
立冬上元

孤申酉虚寅卯
天芮直符加四宫 杜门直使加二宫

乾 开与丙合 丙奇入墓
坎 白入荧
艮
震 飞宫格 格刑 仪刑
巽 天假
离 门伏吟
坤
兑 芮符加巽为地风升
死门步五为坤
壬仪加庚为天牢倚势格
壬日飞干格

断曰：庚干值壬，防道路之不通；而飞入于荧，则非贼之即来，当见财之多耗矣。使门步五，似有身在外而心在内，遣使宁家之象；而遇戊己之作合，九地之暗伏，则东路摘花西路转，中间必有羁滞，恐致侧身西望意旁皇也。

兵事 飞宫格，不可进兵。敌至则大将统军，随直符往东南，据胜地，设伏于东北，俟敌来合战。宜遣金火姓名之将，率奇兵，从西北方出贼后，夹击之。收兵屯于冲地。**出行** 出西北方，可以问名，但心多迟疑，恐失事机。路遇执杖老人，或衣绯紫。**阳宅** 秋冬宜小修西北方，有黑禽双至吉。**阴宅** 乾山巽向大利。葬时，闻鸡鸣马嘶，大发。

附：占胜败 主胜，亦有杀伤。**虚实** 贼至甚速，宜移营东北待之。**攻城** 城虚易入，将不可擒。**守城** 秋冬难守。**天时** 主久雨，遇戊日当晴。**地理** 地近寺院，护砂内案俱佳，可用。**人事** 见老年隐疾之人，满怀郁结，不能自明。**田禾** 西北皆丰，东南农人劳苦。**家宅** 宅不利人，门低室暗，时有隐忧。**官禄** 难升。**应试** 可中。**求财** 不得，且防破耗。**婚姻** 可成，媒不得力。**胎产** 生女，产迟，防病。**疾病** 脾不转运，肺亦受伤，宜兼调剂。**捕获** 逃人见水可获，贼凶难捕。**失物** 在空处。**远信** 不至。鸦鸣宜谒贵。鹊噪有惊。

阴遁六局

夏至下元 寒露上元 白露下元 立冬上元

丁壬日辛亥时

孤酉戌虚卯辰
天芮直符加三宫
死门直使加四宫

乾 门生宫
坎 大格 宫生门
艮 丁奇入墓 门迫宫
震 宫生门
巽 宫克门
离 宫克门
坤 宫生门
兑 休与丙合 宫生门
芮符加巽为地风升
死门加震为地雷复
壬仪加辛为白虎犯狱格

断曰：辛乘壬为子来就母，而往加戊，则龙虎格斗，何其舍安而就危也。直使到巽，遇乙庚之相合，可以舍干戈而言玉帛矣；且加以九天之神，则何彼秾矣。"唐棣之华，曷不肃雍？"王姬之车，其有珠帘与鹤露齐飞，锦幛与蕣华共坐者乎？

兵事宫克星，利后动。宜安营于南，设伏于北。敌至，从兑方出师，列阵勿进，俟敌既近而攻之。敌若北走，遇伏必斗，更遣副将自东南追击，可大胜。**出行**宜出西方，秋冬更利。主有酒食，或闻鼓声，或见军器，及羽猎骑射。**阳宅**宜修兑方。有女人衣白持杖，或抱小儿至，或闻鸟声。**阴宅**酉山卯向吉。作用时，西方有磬声，或火光应。

附：**占胜败**可议和。**虚实**敌有阻，不即至。**攻城**西南可攻，宜遣偏师直入。**守城**防暗奇门。**天时**主阴风细雨，遇辰戌日当变。**地理**近桥曲近之地，壬日占可用。**人事**有贵人为婚姻事到门，其神色飞动不定。**田禾**欠丰，惟西方成熟。**家宅**仕路方亨，厨灶不利。**官禄**仪曹难升。**应试**丁日占，不中。**求财**贵人之财有得。**婚姻**宜联贵族。**胎产**生男，易产。**疾病**肝家受制，宜乎其气，即瘥。**捕获**逃人匿于亲戚，贼亦易获。**失物**在炉边暗地。**远信近信**至。鸦鸣无事。鹊噪防盗。

阴遁六局

夏至下元　白露下元
寒露上元　立冬上元

戊癸日壬子时

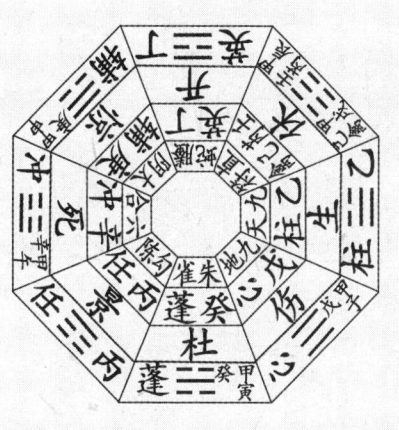

孤戊亥虚辰巳
天芮直符加二宫　死门直使加三宫

乾宫克门
坎宫生门
艮门生宫
震宫克门
巽门与丁合
离符伏吟　宫克门
坤生与乙合　门生宫
兑符伏坤为坤
死门加震为地雷复
芮符伏坤为坤
壬仪加壬为天牢自刑格

断曰：壬伏于壬，有溯流穷源，宁神静息之义；而源头活水，灌溉丹田，休哉乐矣。直使到震，遇叠刃之辛，则辩以止辩，其辩必烦；戈以止戈，其戈必折。且六合加时，为阴人无礼之占，当镇之以静。斯则山鬼之伎俩有限，老僧之不见不闻无穷。

兵事宫克门，利为主。安营于西北，设伏于东南，俟敌先动。未戌月，从正西出师；申酉月，从正南出师，背西南直符，击其对冲，可胜。但奇伏正南，门制于宫，复乘凶将，防有惊恐。**出行**宜出正西正南二方。出正西八里，逢人争闹；正南九里，逢女人骑马。**阳宅**宜立兑离二门。**阴宅**酉山午山俱吉。作用时，有禽噪钟鸣为应。

附：占胜败客胜。**虚实**客有谋，言不实。**攻城**可攻。**守城**援兵甚速，难守。**天时**天常阴晦，不能有雨，戌日当开。**地理**天财土星结穴，癸日占防界水不清，损丁。**人事**来人极和气，或言婚姻事。田禾丰，西南俱火熟。**家宅**床灶俱利，家人和气。**官禄**夏月可升。**应试**难中。**求财**西方可得。**婚姻**不成。**胎产**生男，胎防堕。**疾病**金旺侮木，宜清金，淹缠时日。**捕获**逃人可拘。**失物**遗于原处。**远信**近信至。鸦鸣防有口舌。鹊噪安静无事。

阴遁六局

夏至下元 寒露上元 白露下元 立冬上元

戊癸日 癸丑时

孤亥子虚巳午
天芮直符加一宫 死门直使加二宫

[九宫图]

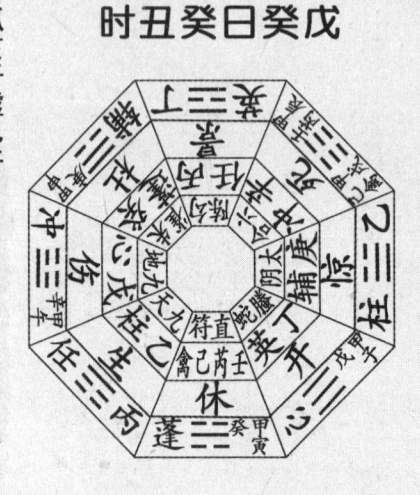

乾　开与丁合　丁奇入墓
坎　生与乙合　虎遁
艮
震
巽　小格
离　丙奇升殿
坤　门伏吟
兑　奇格
芮符加坎为地水师
死门伏坎为坤
壬仪加癸为阴阳重地格
天网　癸日飞干格

断曰：壬加于癸，以阳裹阴，以清入浊，而癸乃飞格于庚，似有舍元结胎之意，而不虞尾闾之泄泻，或不利也。使门归伏，遇辛壬相育，六合上临，为家事之萦怀，或田蚕之有损，得毋抑郁而不舒乎？若遇婚媾之人，当跃然而起矣。

兵事星克宫，利为客。兵宜先动，未戌月，从东北出师，奋勇登先，以合虎遁之吉。奇兵出西北，但门伏奇墓，恐不如意。临阵宜背正北直符，击其对冲，可以胜敌。**出行**未戌月，宜出东北方。八里，逢商贾或闻响声，出西北亦利。但奇墓，作事难成。**阳宅**季月立艮乾二门吉。**阴宅**艮山乾山俱利。作用时，有妇人至为应。

附：**占胜败**客欲和。**虚实**客情实。戊日从辰方来降者，必虚诈。**攻城**宜缓图，可拔。**守城**可议和。**天时**不晴爽。**地理**土星出水，结脱煞穴。癸日占幼房发贵。**人事**有素服人至，言和合或淫佚事。**田禾**不丰。**家宅**香火吉，幼男利，家有喜事。**官禄**缺不佳，秋冬升。**应试**癸日占，房官不荐。**求财**东北方可求。**婚姻**成。**胎产**生女。**疾病**情欲所感，难即愈。**捕获**逃人易获。**失物**失于正东，防毁。**远信**迟至。**鸦鸣**有屠宰事。**鹊噪**事有窒碍。

阴遁六局

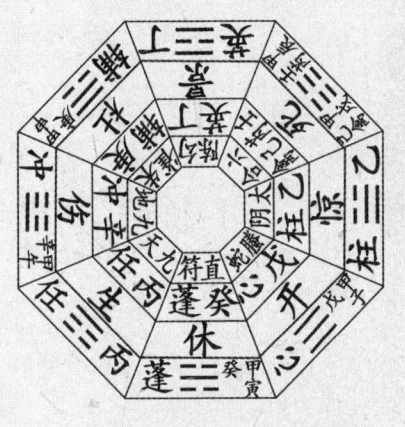

夏至下元
寒露上元 白露下元
立冬上元

戊癸日甲寅时

孤子丑虚午未
天蓬直符加一宫 杜门直使加一宫

乾 门符伏吟
坎 生与丙合
艮 神遁
震
巽
离 鬼假
坤
兑 蓬符伏坎为坎
休门伏坎为坎
癸仪加癸为天网重张格
天辅时 戊日不遇

断曰：癸符甲干，甲从癸遁，盖托于所生也。然癸居于坎宫，固喜其相生，亦忧其太旺。譬之稼穑，雨泽过则有泛滥之虞；譬之舟航，波涛壮则有覆溺之患。故《大易》著泽灭木之象，古人有水覆舟之吉。

兵事门符伏宫比和，主客均利。但孟甲之时，刑内德外，固守尤吉。震方可安营，兑位可伏藏。坚壁以待，敌至，出东北，击西南，鼓行而前，可以制胜。**出行**宜出东北方。八里，逢黄衣阴人，或见雕琢物。**阳宅**宜立艮门。有贵人至，或闻婴儿啼声应。**阴宅**宜艮山坤向。作用时，有童子执花果至应。

附：**占胜败**有和象。**虚实**有秘计。**攻城**宜缓图。**守城**当备东南。**天时**乍阴乍晴。**地理**朝山层峦，屏障环绕，地气深厚，不能蓄发。**人事**见贵人声雄性躁，或言武事。**田禾**麦熟，兖州尤丰，冀州防水。**家宅**仕宦利，妻妾有灾，冬防失脱。**官禄**迟升。**应试**不中。**求财**易得。**婚姻**女家不愿，难成。**胎产**生女，产迟，母有悔。**疾病**水泛为痰之症，迁延时日。**捕获**逃者易获。**盗匪**东南七里外，门前有花木。**失物**在西北方，可寻。**远信**无。**鸦鸣**南方有相争事。**鹊噪**无关休咎。

阴遁六局

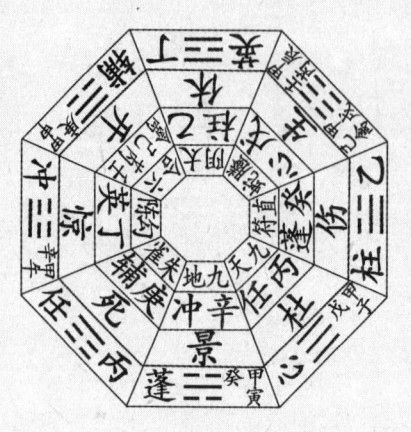

夏至下元 白露下元
寒露上元 立冬上元

戊癸日乙卯时

孤丑寅虚未申
天蓬直符加七宫 杜门直使加九宫

乾 丙奇入墓 宫克门
坎 宫克门
艮 白入荧 宫门比和
震 门迫宫
巽 格刑 门迫宫
离 宫门比和 玉女守门 门反吟 门迫宫
坤 相佐 宫克门
兑 蓬符加兑为水泽节
休门加离为水火既济
癸仪加乙为日沉九地格

断曰：时干之乙为日奇，癸符加之，有浴日之象。然不浴之于扶桑之景，而浴之于若木之晖，嗟其暮矣。乙奇转加于离，而适与守门之玉女会，休使因反而临焉，此又返照入江翻石壁者也。失东隅者，可以收之桑榆矣。

兵事宫生星，门克宫，利为客。先安营于正北，从正南出师，伏兵于阵后，令副将为先锋，背西南，击东北，可以获其辎重。**出行**宜出正南方。逢歌唱人，或闻鸟鸣，或见文字之类。**阳宅**宜建离门，有残疾人至应。**阴宅**宜午山子向。作用时，闻女人骂詈声。

附：占胜败主胜。**虚实**闻言反覆。**攻城**不可急攻。**守城**宜防奸细。**天时**密云不雨。**地理**穴情佳，朝山缺陷，未能发秀。**人事**见女人衣紫碧之衣，胸有隐密，辞令婉转。**田禾**麦有虫灾，禾防旱，梁川大丰。**家宅**利于仕，小口不安，女眷康健。**官禄**治地不吉，得调可升。**应试**房考不荐。**求财**虚约不得。**婚姻**有旧戚，女家俯就，可成。**胎产**生男，难产。**疾病**损脉为病，有产亡作祟，宜祭之。**捕获**盗匿东北两郡交界处，门前有告示。**失物**可寻。**远信**无。**鸦鸣**私事。**鹊噪**无事。

阴遁六局

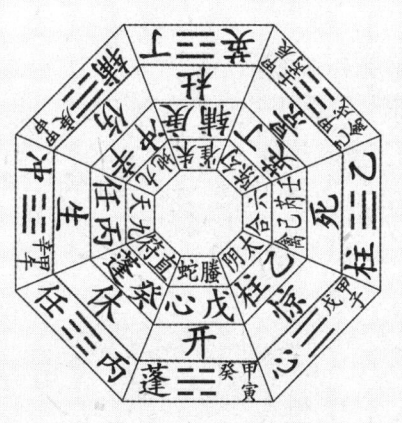

夏至下元 寒露上元 白露下元 立冬上元

戊癸日丙辰时

孤寅卯虚申酉
天蓬直符加八宫 杜门直使加八宫

乾 乙奇入墓 宫门比和
坎 门生宫
艮 龙返首 相佐 符勃 宫克门
震 生与丙合 神遁 宫克门
巽 奇宫门比和
离 门生宫
坤 鬼假 门生宫
兑 门生宫
蓬符加艮为水山蹇
休门加艮为水山蹇
癸仪加丙为明堂犯勃格
丙奇得使遇甲

断曰：丙干而居艮宫，所谓"月出东山之上，徘徊斗牛之间"；而为癸仪，为蓬符，为休使，莫不以水相涵，而丙俱受之，则月落万川，处处皆圆也。况在艮则承返首之龙，到震又发雷门之彩，月奇之能事毕矣。

兵事宫克星门，利为主。宜安营于东南，伏兵于西北，用间谍，设奇兵，俟敌先举，画地布筹，从正东而出，背东击西，当有天神来助，可获全胜。**出行**宜出正东方。三里十里，逢抬木人，或铁物，或闻响声。**阳宅**宜立震门，有渔猎人至。**阴宅**宜卯山酉向。作用时，云雾满空，飞砂走石应。

附：**占胜败**主胜。**虚实**闻言不实。**攻城**可以长驱直入。**守城**士卒多受矢石，守将能尽节。**天时**天朗气清。**地理**土龙入首，金星结穴，下有黄色新物。**人事**见紫衣贵人，或有髯人，言喜欢事。**田禾**麦有秋收，禾被暴风伤损，薄收。**家宅**宅利，发贵，小口秋有灾。**官禄**易升。**应试**戊日占，可中。**求财**易得，有意外之遇。**婚姻**不成。**胎产**生女，易产，母安。**疾病**下实上虚，宜兼补泻。**捕获**逃人不获，盗匿南方，门前有黄色水族物。**失物**有人取去。**远信**不至。**鸦鸣**有信音来。**鹊噪**无关于事。

阴遁六局

夏至下元 寒露上元 白露下元 立冬上元

戊癸日丁巳时

孤卯辰虚酉戌
天蓬直符加九宫 杜门直使加七宫

乾 太白与天乙格 门生宫
坎 雀投江宫生门
艮 地假门迫宫
震 乙奇升殿 龙逃走 宫生门
巽 天乙与太白格 宫克门
离 相佐 蛇天矫 符反吟 宫克门
坤 开与丙合 宫生门
兑 虎猖狂 宫生门
蓬符加离为水火既济
休门加兑为丁腾蛇天矫格
癸仪加丁为腾蛇天矫格
戊日飞干格伏干格

断曰：时干丁奇，本居午而得禄，乃癸来方为夭矫蛇，丁往又为投江雀，丁之愆亦甚矣。虽然武库之雉，张华知为蛇化；大水之蜃，不韦志夫雉入，蛇为雉，雉复为蜃，反乎覆乎？安知其非互相化乎？

兵事宫生门，星克宫，阳时利为客。宜安营于西，伏兵于东，从西南出师，背西北，击东南，及其未陈而攻之。有暴风西来助战，大胜。**出行**宜出西南方。二里十二里，闻哭声，或逢屠户，或见执军器者。**阳宅**宜主坤门，见乌鹊南飞应。**阴宅**宜坤山艮向。作用时，西南有鼓声。葬后，女人送文书至，吉。

附：**占胜败**主胜。**虚实**敌兵欲退。**攻城**可攻。**守城**宜备西北。**天时**阴云惨淡，狂风骤发。**地理**龙虎砂案，俱不吉。**人事**西方有婢妾遗失孩儿，南方见红眼女人啼笑。**田禾**农多疾疫，禾麦欠丰。**家宅**事多反覆，人口不安，并有怪异。**官禄**同僚不睦，防揭参。**应试**不中。**求财**有口舌，无得。**婚姻**不成。**胎产**生男后贵，产母安宁。**疾病**中焦火盛，灶司不安，祀之可愈。**捕获**逃人不获，盗匿西北，将自败。**失物**在东南，宜速寻。**远信**无。**鸦鸣**主阴私事。**鹊噪**无关吉凶。

阴遁六局

戊癸日戊午时

夏至下元 寒露上元 白露下元 立冬上元

孤辰巳虚戊亥
天蓬直符加六宫 杜门直使加六宫

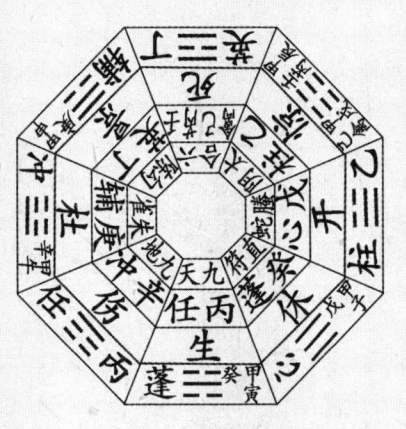

乾　宫生门
坎　生与丙合 神遁 鸟跌穴 勃符 门迫宫
艮　门迫宫
震　宫门比和
巽　宫生门
离　鬼假 宫生门
坤　乙奇入墓 宫生门
兑　宫门比和
蓬符加乾为水天需
休门加乾为水天需
癸仪加戊为青龙入地格

断曰：六戊时干，癸符乃其所配，癸之来而作合，固其宜也，蓬休之借来也何居？岂齐侯媵卫之庶姜，蹶父女韩之诸娣耶？癸以从化而加乾，丙以跌穴而临坎，符之为符，盖亦穿天心而出月胁者矣。

兵事宫生星门，利为客。宜安营于东北，伏兵于西南，从正北出师，以应神遁吉格。背北击南，捣虚伺隙，当有天兵助胜。**出行**宜出正北。十里逢宰夫，防口舌。**阳宅**宜立坎门，有孩子至应。**阴宅**宜子山午向。作用时，有人持刀上山应。

附：**占胜败**主胜。**虚实**客言虚假。**攻城**冬月攻其南门，可入。**守城**宜备东来之寇。**天时**昼阴晚晴。**地理**土星结穴，明堂开敞，朝峰秀美，子孙逢吉。**人事**见性刚之人，有忧疑缠绕事。**田禾**麦有收，雍州水灾。**家宅**长幼安宁，妻妾防悔，冬月发财。**官禄**有荐举，可升。**应试**癸日占，中式。**求财**有得。**婚姻**不成。**胎产**生女，产迟，有虚惊。**疾病**气虚中满，善自调摄，可愈。**捕获**逃者自归，盗匿东方，门前大树，有鸟巢其上。**失物**在西方，可寻。**远信**不至。**鸦鸣**有女来。**鹊噪**无事。

阴遁六局

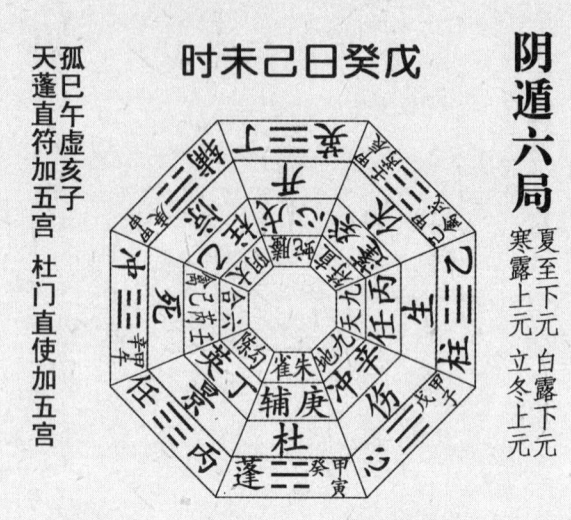

夏至下元 寒露上元 白露下元 立冬上元

戊癸日己未时

孤巳午虚亥子
天蓬直符加五宫 杜门直使加五宫

乾 宫克门
坎 伏宫格
艮 丁奇入墓 大格 宫生门
震 鬼假 门迫宫
巽 门迫宫 宫克门
离 宫克门
坤 生与丙合 神遁 门生宫
兑 蓬符步五为水地比
休门步五为水地比
癸仪加己为华盖入明堂格
癸日不遇 癸日伏干格

断曰：己干湿土居中，而寄乎坤，得壬水以相滋，若沟洫焉足矣。癸又从而以水济之，又酊之以蓬星，加之以休门，是扬州之土塗泥，而复以三江之川，五湖之浸，汇而注之也。幸符之伏宫被格，则江海有巨防，波流无横决矣。

兵事星门俱受宫克，不利为客。候敌先动，从正西出师，以合神遁之吉，扬兵前往，背西击东，可以制胜。若敌从正东而遁，防其佯退，当暗伏巽地，察其虚实。**出行**未戌月，宜出正西方。七八里，见有声有足之物，或见公吏勾当人。**阳宅**宜立兑门，有人抱小儿至。**阴宅**酉山卯向吉。作用时，有童子牵牛为应。

附：**占胜败**主可胜客。**虚实**客不能诳。**攻城**可招抚。**守城**宜备南北，亦可议和。**天时**有风，不能晴爽。**地理**朝拱有情。癸日占，有元戈水到局，主出寡妇。**人事**有高年人至，或黄衣人。**田禾**丰。**家宅**宅不发丁，房近正西，吉。**官禄**不利。**应试**乙命戊日占，可中。**求财**易得。**婚姻**必成，宜作赘。**胎产**生男，胎不安。**疾病**脾湿水泛，调中可愈。**捕获**盗在北，有窝主。**失物**失于正南，速求可得。**远信**无。**鸦鸣**防争闹。**鹊噪**有闭塞。

阴遁六局

戊癸日庚申时

夏至下元 寒露上元 白露下元 立冬上元

孤午未虚子丑
天蓬直符加四宫 杜门直使加四宫

乾 丁奇入墓 门迫宫
坎 鬼假宫 门迫宫
艮 宫生门 门迫宫
震 门迫宫
巽 飞宫格 小格 仪刑 门生宫
离 生与丙合 天遁 神遁 丙奇升殿 宫生门
坤 门迫宫
兑 奇格 宫克门
蓬符加巽为水风井
休门加巽为水风井
癸仪加庚为天网冲犯格
癸日飞干格

断曰：庚以金干而处木盛之宫，赀财充溢，癸符即从而盗之，亦何伤。乃庚性格而不通，癸虽其子，有所弗顾，如郤超散憎之财，而其父为之咤惋累日，吝亦奇矣。癸异庚之相生，而甘蹈击刑之咎，亦贪狼所以为贪也。

兵事星门生宫，利为主。安营于西南，设伏于东北。正南格合天神二遁，可以出师，以副将为先锋，背南击北可胜。若向正北而逃，恐有伏兵，不可追逐。**出行**未戌月，宜向正南方。八九里，逢文人，或见煅炼而成之物。**阳宅**宜立离门，有飞鸟成双至。**阴宅**午山子向吉。作用时，有取水人至为应。

附：占胜败客胜。**虚实**客多虚诳，不可轻信。**攻城**可招。**守城**宜修好。**天时**无雨有风。**地理**戊日占，得巽水一勺，可以救贫。**人事**有显者言胎产事。**田禾**丰，荆州尤熟。**家宅**宅有冲射，财气欠盛。灶吉，老年人康健。**官禄**官虽利，上司不惬，难即升。**应试**难中。**求财**宜缓图。**婚姻**女性急，可谐。**胎产**生男，防损母。**疾病**外感风邪，医药即效。**捕获**逃人可获，盗在正西僧道家。**失物**失于正东，防损坏。**远信**迟滞。**鸦鸣**防因财致讼。**鹊噪**无事。

阴遁六局

夏至下元 寒露上元 白露下元 立冬上元

戊癸日 辛酉时

孤未申虚丑寅
天蓬直符加三宫 杜门直使加三宫

乾 鬼假 门生宫
坎 宫生门 门生宫
艮 门生宫
震 门生宫 与丙合 神遁 荧入白 宫克门
巽 门生宫
离 上格 刑格 门迫宫
坤 丁奇升殿 门迫宫
兑 蓬符加震为水雷屯
休门加震为水雷屯
癸仪加辛为华盖受恩格

断曰：辛为金干，冲为木宿，干之在震，似乎辛受益而冲受伤；符之加辛，似乎冲受生而辛受脱。然癸之来也，蓬休与俱，汤汤之水，浩浩之流，方将漂石拔木而去，潦水警子，那复论区区之生克耶？

兵事星门生宫，利为主。安营宜在正南，设伏利于正北，俟敌先动，从东南出师，以合神遁之吉。宜扬兵前往，立时剿除。临阵当背东南，击西北。若向西北方而遁，防有谲诈。**出行**季月宜出东南方。四里八里，逢人歌唱，或闻金鼓声。**阳宅**宜立巽门，可得财产。**阴宅**巽山乾向吉。作用时，有群鹊喧鸣为应。

附：**占胜败**客胜。**虚实**防客偷劫，但有阻不前。**攻城**可攻。**守城**勿恃近援。**天时**有风雨，逢辰日晴。**地理**金木星辰到穴，癸日占不吉。**人事**有贵人言工作事。**田禾**大熟。青齐防旱，却有收。**家宅**宅吉，东南防有火烛。**官禄**吉。**应试**不利。**求财**可得，宜置货。**婚姻**女家畏惧，难成。**胎产**生女，母有厄。**疾病**火刑肺金，大宜壮水。**捕获**西北逃人难获。**失物**失于东北，可寻。**远信**迟滞。**鸦鸣**防口舌相争。**鹊噪**闭门无事。

阴遁六局

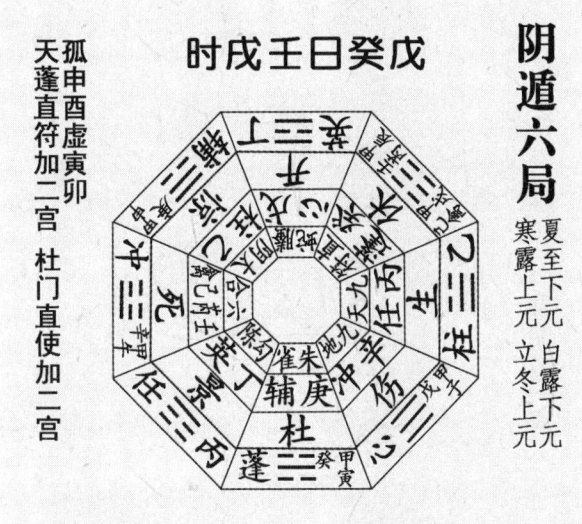

夏至下元
寒露上元
白露下元
立冬上元

戊癸日壬戌时

孤申酉虚寅卯
天蓬直符加二宫 杜门直使加二宫

乾 宫克门
坎 伏宫格 大格 宫生门
艮 丁奇入墓 门生宫
震 鬼假 宫克门 门迫宫
巽 门迫宫
离 宫克门
坤 仪刑 宫克门 神遁 门生宫
兑 生与丙合
蓬符加坤为水地比
休门加坤为水地比
癸仪加壬为天网覆狱格
癸日伏干格

断曰：壬水出于坤中，己土从而掩之，非已涸之枯渎，即无禽之旧井。以之受居旺之癸符，殆史起之用漳流，郑国之引泾水也。然蓬休偕行，亦疑太甚。故庚来伏宫以格之，正如李冰凿离堆以避沫水，乃铸五铁牛以镇之耳。

兵事宫克星门，利为主。俟敌先动，未戌月，从正西出师，耀武扬威，争先而往。设伏于东南，安营于西北，临阵宜背西击东，可以制胜。若猝不及防，急移军于正西避之。**出行**宜出正西方。七八里，逢女人引孩儿行，或闻人声喧嚷。**阳宅**宜立兑门，有人抱小儿至。**阴宅**酉山卯向吉。作用时，有老人扶杖至为应。

附：**占胜败**主胜。**虚实**主可诒客。**攻城**城内极弱，可以招抚。**守城**且备南北二门。请援不至，然后议和。**天时**风雨不起。**地理**坤龙入首，水星摆荡，戊日占财丁俱旺。**人事**有素服高年，人言水利事。**田禾**禾极丰。**家宅**宅不利，防损人。正西安床，犹可暂居。**官禄**难升。**应试**不中。**求财**易得，最利西方。**婚姻**可谐。**胎产**生男，胎不安。**疾病**脾虚水泛，不能即瘥。**捕获**逃人可缉。**失物**正南可寻。**远信**无。**鸦鸣**防遇凶人。**鹊噪**作事有碍。

阴遁六局

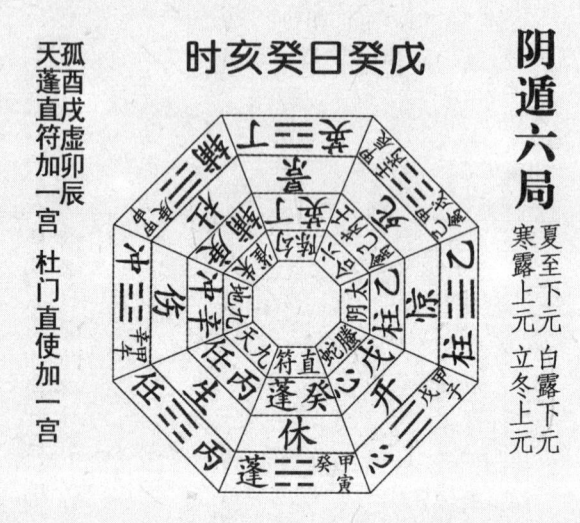

戊癸日癸亥时

夏至下元
寒露上元
白露下元
立冬上元

孤酉戌虚卯辰
天蓬直符加一宫 杜门直使加一宫

乾 门符伏吟
坎 生与丙合 神遁
艮
震
巽 鬼假
离
坤 蓬符伏坎为坎
兑 休门伏坎为坎
　 癸仪加癸为天网重张格
　 天网四张

断曰：癸干，水也；亥支，水也；蓬星，水也；休门，水也；甲寅之直符，又水也；癸亥之纳音，又水也。如乘槎天汉之津，如泛舟大瀛之海，洪波迅涛，极目弥望矣。然癸为天藏，将无所不藏焉，庄生所谓"尾闾泄之而不尽"者欤？

兵事星门俱伏，阴时利为主，俟敌先动，从东北方出师，以合神遁之吉。设伏于西，安营于东，背东北，击西南，可胜。时遇天网伏吟，敌必自罹其祸，可以计缚。**出行**未戌日，宜出东北方。八里，逢性躁人，或见光亮玲珑之物。**阳宅**宜立艮门，主获财物。**阴宅**艮山坤向吉。作用时，有小儿成群至为应。

附：**占胜败**主欲息兵，与客议和。**虚实**主言实。**攻城**可攻。**守城**难守，宜备西北东南。**天时**天气不晴。**地理**坎癸行龙，拱护森严。艮峰起，戌日不吉。**人事**无外人至，宜弄水观鱼。**田禾**岁丰。**家宅**香火吉，宅长不安，宜居东北。**官禄**利河工。**应试**丙命癸日占，可中。**求财**在东北方，可求。**婚姻**不成。**胎产**生女，胎稳，难产。**疾病**病虽外感，水气太旺，防变淋沥之症。**捕获**逃人可寻。**失物**在西北原处。**远信**迟至。**鸦鸣**防口舌。**鹊噪**防有贼。

御定奇門陰遁七局

时子甲日己甲

孤戊亥虚辰己
天柱直符加七宫 惊门直使加七宫

阴遁七局

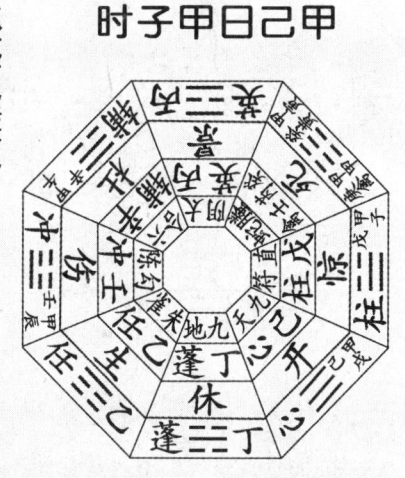

大暑上元 秋分上元 处暑中元 大雪中元

乾 休与丁合 重诈
坎 生与乙合 虎遁
艮
震 丙奇升殿
巽
离 门符伏吟
坤
兑 惊门伏兑为兑 柱符伏兑为兑
成仪加戊为青龙入地格
天网时

　　断曰：兑宫西方，金气为胜。金气胜，则甲木疑于伤矣。然木固以生长为荣，实以成遂为美，当正秋之候，万宝告成，木于是而敛华就实，太和元气，斟酌饱满，何美如之。况天乙辅之，戊土培之，造化之因笃，正未已也。

　　兵事星门俱和，阳时利客。先分一队伏于正南，次分一次屯于正北，大军俱正西，为掎角之势。又分军一出正北，一出东北，背东北，击西南。敌往正南，伏兵四起，乘势追逐，屯兵尾为后劲。**出行**冬月出正北，季月出东北。但乘凶遇伏，路防水阻。**阳宅**宜修坎艮二门。**阴宅**子山午向尤吉。

　　附：**占胜败**主胜。**虚实**贼兵伏而不出。**攻城**未拔。**守城**宜备西北，防有奸人入城。**天时**子日有雨。**地理**龙力弱。若艮峰起，主发名将。**人事**闻漏关心。**田禾**东北极丰。**家宅**人眷平安，移房于坎，可得子。**官禄**迟升。**应试**可中。**求财**东北可求，路防盗贼。**婚姻**有旧亲，可成。**胎产**女胎，双生。**疾病**脾胃中虚，迟久不愈，急延东北医士。**捕获**已逃于东北，急宜捕之。**失物**为缺齿人盗去，藏于正西。**远信**迟至。**鸦鸣**主涉女人之事。**鹊噪**田产进益。

阴遁七局

大暑上元
秋分上元
处暑下元
大雪中元

甲己日乙丑时

孤亥子虚巳午
天柱直符加八宫 惊门直使加六宫

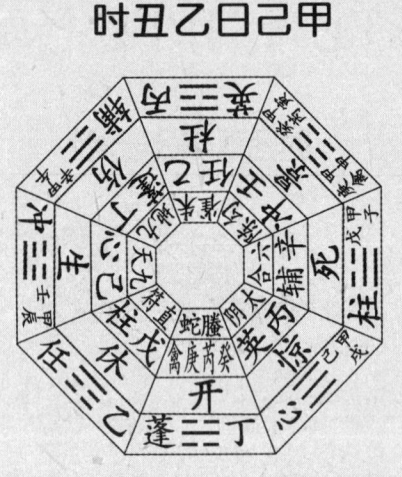

乾 丙奇入墓 宫门比和
坎 蛇天矫 奇格 门生宫
艮 相佐 宫克门
震 宫克门
巽 宫门比和
离 神假 门生宫
坤 门生宫
兑 门生宫
柱符加艮为泽山咸
惊门加乾为泽天夬
戊仪加乙为青龙入云格
无奇门 己日不遇

断曰：时干乙奇，山居于艮，而直符临之，戊仪则为长生之方，柱星又为受生之地，自非己日之损明，固应庆远而流长矣。惊使入乾，宫门相比，而太阴丙奇，得二为吉。微嫌丙方入墓，不无明而未融，飞而垂翼，亦不过浮云之蔽日而已。

兵事宫生星，利为客。大军居东北，一伏于西北，一伏于东南，背东击西，见天上火光为号，伏兵四起，直捣正北巢穴，宜疾击之。**出行**冬月出东北。八里，见钱财布帛。**阳宅**无奇门，不利修方，冬月东北亦利。**阴宅**当另选时。

附：**占胜败**主胜。**虚实**贼自有惊。**攻城**宜预伏城内。**守城**兵攻正北，难守。**天时**不雨。**地理**龙脉虽旺，入首不清，发财丁极迟。**人事**密谋马政。**田禾**晚禾有收。**家宅**财丁俱发，但女眷有疾。**官禄**未能升。**应试**文太霸气，难中。**求财**不利运动。**婚姻**隔远难谐。**胎产**生女，产速，有惊。**疾病**实火宜清。**捕获**贼在正南，杜门不出。**失物**近人盗去，不可寻。**远信**不能即至。**鸦鸣**三人相闹。**鹊噪**好事有阻。

阴遁七局

大暑上元
秋分上元
处暑下元
大雪中元

时寅丙日己甲

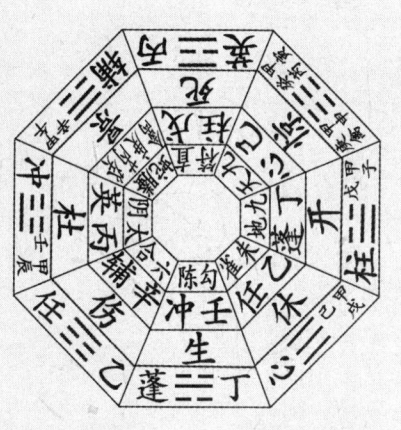

孤子丑虚午未
天柱直符加九宫　惊门直使加五宫

乾　休与乙合　乙奇入墓　宫生门
坎　门迫宫
艮　虎猖狂　门迫宫
震　宫门比和
巽　宫生门
离　龙返首　相佐　符勃　宫生门
坤　格刑　宫生门
兑　开与丁合　重诈丁奇升殿　宫门比和
惊门加离为泽火革
戊仪加丙为青龙得明格
己日飞干格

断曰：戊仪以丙为母，又同旺于离宫，且以返首之龙，加端门之月，共临乐地，互见生扶，独柱金畏英火之相伤，此亦满堂欢乐，而一人向隅者矣。惊使步五，逢六庚而乘九天，蛙之踟蹰，鳌之蹒跚，岂足方千里之驾乎？大宜戒慎。

兵事返首之格，为主大利。宜从正西方，因旧垒为营，开辕树纛。即设奇兵于左，将宜用木火之姓，先以奇兵从西北方出迎之，大军冲其中坚。敌走东北，可追。**出行**秋宜出正西，冬宜西北。但西逢九地，宜暗图。西北奇墓，亦主凡事迟滞。**阳宅**宜立乾兑二门，半年内得武人财宝。**阴宅**乾山奇墓，次吉。酉山丁奇升殿，葬后生贵子。

附：占胜败主兵得利。**虚实**敌兵迟疑未发。**攻城**城中一日数惊，急攻可破。**守城**宜静镇待救。**天时**阴晴忽变。**地理**土龙翻身逆结，穴有窝脐，吉壤。**人事**见武人密谈边事。**田禾**西北五谷丰收。**家宅**宅利人安，宅长常被恩荣，未申月有虚惊。**官禄**有阴贵人扶助，必超升。**应试**落第。**求财**强求之财，不得实济。**婚姻**女家富厚，不肯俯就。**胎产**生女，易产，母安。**疾病**当食受惊，胃有停，宜消导。**捕获**贼匿西北，与妻对食肉。**失物**是首饰，书旁可寻。**远信**将至。**鸦鸣**有缠绕。**鹊噪**无事。

阴遁七局

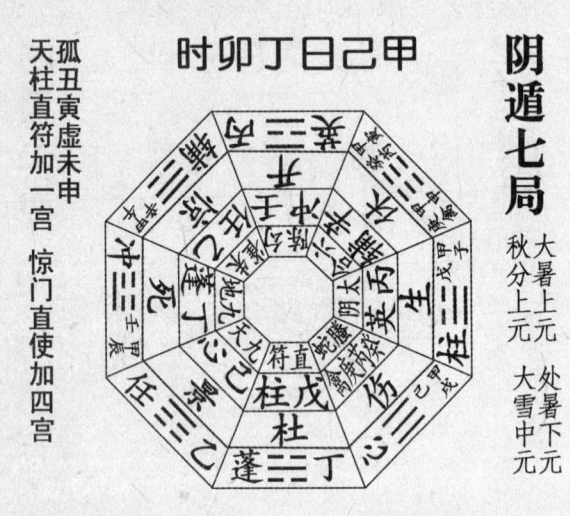

大暑上元 处暑下元
秋分上元 大雪中元

甲己日丁卯时

孤丑寅虚未申
天柱直符加一宫
惊门直使加四宫

柱符加坎为泽水困
惊门加巽为泽风大过
戊仪加丁为青龙耀明格
己日伏干格

乾 刑格 宫克门
坎 相佐 宫生门
艮 门生宫
震 鬼假 宫克门
巽 龙逃走 门迫宫
离 宫克门
坤 宫克门
兑 生与丙合 真诈 天遁 鸟跌穴
符勃 门生宫

断曰：丁奇本善动而最灵，乃居于水旺之地，则威德收藏矣。直符来加，方欲藉戊土以制坎，而又有柱金之生，蓬水逾旺而火逾衰，其何以堪。使乘雀武，以迫时支，而适逢龙之逃走，盖主方逞其虎威，客乌得行其狙诈。

兵事星生宫，利为主。宜伏于兑方太阴之下，修火具，严刁斗。正东鬼假，可设疑兵，出没林间。敌来伴败，退入东南，与副将合兵举号，正军并出，击敌之西北，可胜。副将营防劫，有备获利。**出行**出西方大利，图谋进取。遇术士，或阴贵人。**阳宅**宜立兑门，有女人抱小儿东来应。**阴宅**酉山卯向吉。作用时，有鹊噪，渔猎人过应。

附：**占胜败**客兵不利。**虚实**贼已负伤。**攻城**宜乘其懈攻之。**守城**休养士卒，谨备西北。**天时**雨。**地理**左脉奔腾，有曲涧穿绕，掘下防有畜骨。**人事**宜焚香礼佛，消妄摄真。人有暗谋，亦即消灭。**田禾**麦大熟，禾有虫灾。**家宅**小口惊忧，宅长迪吉。东南门户不固，防盗。**官禄**在任多病，不升。**应试**文高可中。**求财**有两处可求，皆得。**婚姻**有刑伤，不成。**胎产**首胎，得贵子。**疾病**女人筋骨疼痛，三日后愈。**捕获**易擒。**失物**向正北寻。**远信**至。**鸦鸣**喜事。**鹊噪**虚惊。

阴遁七局

大暑上元 秋分上元 处暑下元 大雪中元

时辰 戊日己甲

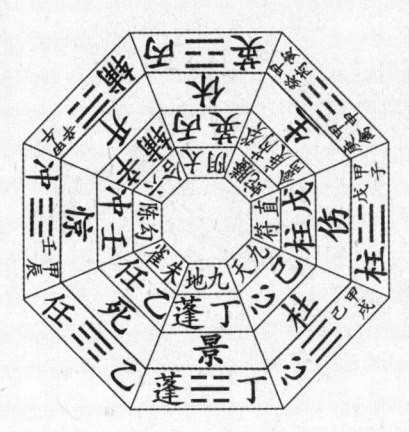

孤寅卯虚申酉
天柱直符加七宫　惊门直使加三宫

乾宫克门
坎宫门克门
艮门宫比和　门迫宫
震门反吟　门迫宫
巽门迫宫
离宫门比和　真诈　丙奇升殿　门迫宫
坤宫门比和　宫克门
兑符伏吟
惊门加震为泽雷随
戊仪加乙为青龙入地格

断曰：兑本金旺之乡，于戊仪不免为泄气，符乃伏焉。是徒知噢咻之恩，加于其子，而不知新枝既起，旧本为枯也。惊使迫其震木，上下并逢勾虎之神，此斗彼争，相寻不已，安得复有谢道蕴者为叔解围乎？

兵事门迫宫，阳时利客。但符使门返，当乘其乱而取之，不可造次。敌与我甚近，宜大众出南门，伏兵随其后，绕出敌人之背，背西南，击其后营。伏兵击其前，见火光则胜。**出行**宜往南方，路逢赤白马则吉。阳宅开离门大吉，七日进生气物。阴宅午山吉，见黄衣老人持锄应。

附：**占胜败**主得利。**虚实**贼惊伏未动。**攻城**已入其郭。**守城**一夜数惊，无害。**天时**有雨，午日晴。**地理**水势反弓，山向不利。**人事**狱中有变。**田禾**禾大歉，麦亦早。**家宅**子妇不孝，人口不宁，防官讼。**官禄**守旧，不升。**应试**文失题意，不中。**求财**反覆，幸得其半。**婚姻**不成，成亦不吉。**胎产**男喜，未即生。**疾病**脐下若动，不可治。**捕获**匿东北陵墓之旁。**失物**正西原处寻。**远信**复打回去。鸦鸣恐文书遗失。鹊噪有孝衣术士来。

阴遁七局

甲己日己巳时

大暑上元 秋分上元
处暑下元 大雪中元

孤卯辰虚酉戌
天柱直符加六宫 惊门直使加二宫

乾宫生门
坎门迫宫
艮神假门迫宫
震宫生门 乙奇升殿 宫门比和
巽宫生门
离荧入白 宫生门
坤宫生门 伏宫格 宫门比和
兑太白与天乙格
柱符加乾为泽天夬
惊门加坤为泽地萃
戊仪加己为青龙相合格
无奇门 甲日伏干格

断曰：以戊加己，以柱临心，而相聚于天阙，盖轼辙还朝之日，机云入洛之年也。乃本宫有癸来合，有庚来格，岂且告我以"行路难"，招我以"归去来"耶？惊使受生于坤，上有阴神，而庚乃寄焉而相格，地主欢然，而客反骂坐，亦匪夷所思矣。

兵事宫生门星，利于为客。况坤寄庚，荧惑入之，兵宜先举，后应则败。择敌人前后可伏之地，预藏健卒，大军从直符下出兵，金声为号，伏发合战，背北击南，宜用火阵。**出行**西北正北皆可行。西北遇贵人，北遇饮食。**阳宅**开坎门吉，天心为吉星故也。**阴宅**甲己属土，正北己仪为元辰，三元会合吉。

附：占胜败客胜，利西南。**虚实**贼不来，有阻。**攻城**开门揖我。**守城**火器利，尚可守。**天时**有风雨，惟午日无雨。**地理**土色黄白，惜乎石砂低卸。**人事**有病目人谈方术。**田禾**稻麦皆不如去年。**家宅**外有欺凌，亦防火烛，阴人得力。**官禄**宦囊甚丰。**应试**不中，且防外艰。**求财**那借可得。**婚姻**男有外好，不成。**胎产**女胎，临产有惊。**疾病**火症，宜清凉解散。**捕获**匿正东庵观中。**失物**为弟兄持去。**远信**在笥中失记。**鸦鸣**有口角。**鹊噪**杜门无事。

阴遁七局

大暑上元
秋分上元
处暑下元
大雪中元

时午庚日己甲

天孤柱辰直巳符虚加戊五亥宫 惊门直使加一宫

乾 鬼假 丁奇入墓 门生宫
坎 玉女守门 门生宫
艮 宫生门
震 生门与丙合 真诈 宫克门
巽 白入荧 门生宫
离 飞宫格 天乙与太白格 门迫宫
坤 门迫宫
兑 柱符步五为泽地萃
惊门加坎为泽水困
戊仪加庚为青龙持势格
甲日不遇 甲日飞干格

断曰：直符加庚，本忧其格，而奇宫有癸，独作合于戊仪，项伯之翼蔽沛公，耿况之归心光武，固非庚所能禁也。惊使逢守门之玉女，志在阴私，乃上有雀武之将以临之，虚诈为虞，多言可畏。占者如有侥幸之心，及宜猛省。

兵事星受宫生，门受宫泄，主客互有损益。时值飞宫，谨防偷劫。潜师出巽，伏于敌营之左，举火焚栅，击其正南伤门，大军击其右，伏兵击其左，时干不遇，亦防本营有叛兵。**出行**东南可行，四里逢老妪持红色花蕊。**阳宅**可修东南屋宇，有人乘赤马至。**阴宅**巽山可用，葬时有紫衣入屋，唯甲日不宜。

附：**占胜败**客兵负。**虚实**敌兵即至。**攻城**可攻。**守城**诱其入城，可擒来将。**天时**浓云少日。**地理**地气甚厚，防有更变。**人事**有盗案文书。**田禾**东南大丰。**家宅**人口安，但有口舌，北向门户防贼。**官禄**文案舛错，升迟。**应试**不中，更防场后生灾。**求财**得后有祸。**婚姻**女子多言，不吉。**胎产**生女，难产，长成却有福，防克母。**疾病**肝火土炎，宜滋润。**捕获**匿于正北富家。**失物**在土壤。**远信**附孝服人带来。**鸦鸣**有迁移。**鹊噪**防口舌。

阴遁七局

甲己日 辛未时

大暑上元 秋分上元 处暑下元 大雪中元

孤巳午虚亥子
天柱直符加四宫 惊门直使加九宫

乾 门生宫
坎 宫生门
艮 门迫宫 宫生门
震 上格 宫生门
巽 宫克门
离 开与丁合 重诈 雀投江 宫生门
坤 休与乙合 宫生门
兑 柱符加巽为泽大过 惊门加离为泽火革 戊仪加辛为青龙相侵格

断曰：辛干喜戊土之相生，辅宿畏柱金之相克，主客盖迭为胜负，互见猜虞者。然直符之往，格为青龙相侵，而辛居巽地，虎啸风生，则先举不如后应也。门有蛇神相值，又逢己埋丙光，灯昏月黑之时，不免有跳梁叫室之恐。

兵事星克宫，宫克门，主客互有伤损。宜向正西休门出师，设伏于东北，依山为城；张旗鼓于正南，以为声援。大将亲率大军，攻其东垒，发伏夹击。开门得奇，却遇投江，防敌有埋伏。为主者胜，不可躁急。**出行**正西可行，但不宜求财营利。**阳宅**可修造正西，有乌鹊报喜为应。**阴宅**酉山可厝，有跛足人担花为应。

附：占胜败主客互见胜负。**虚实**敌军已东向。**攻城**秋冬易破。**守城**难守。**天时**无雨。**地理**坐下无生气，外案不朝拱。**人事**革除膳房人员。**田禾**防虫灾，西路有收。**家宅**防有迁移，宜家吉，上下不和。**官禄**堂官不喜，亦防外艰。**应试**文章沉晦，难中。**求财**有得，却防争斗。**婚姻**女富男贫，巧求不就。**胎产**生男，难育。**疾病**心惊有脾火，宜易医。**捕获**盗匪西方僧寺。**失物**不失，在东南。**远信**为妇人开拆，不至。**鸦鸣**虚惊。**鹊噪**有喜信。

阴遁七局

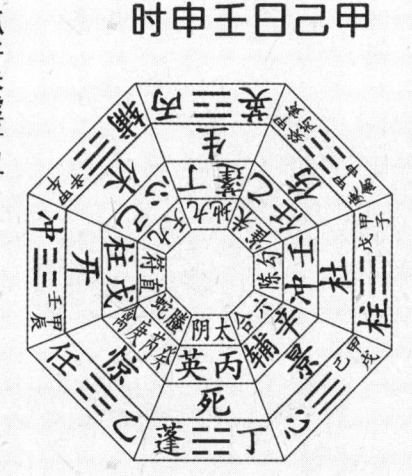

大暑上元
秋分上元
处暑中元
大雪中元

时申壬日己甲

孤午未虚子丑
天柱直符加三宫　惊门直使加八宫

乾　门迫宫
坎　门迫宫
艮　奇格　宫生门
震　符反吟　仪刑　门迫宫
巽　门生宫
离　生与丁合　重诈　宫生门
坤　乙奇入墓　门迫宫
兑　宫克门
柱符加震为泽雷随
惊门加艮为泽山咸
戊仪加壬为青龙破狱格

断曰：壬干处于震宫，戊仪以土埋之，柱星以金伐之，有压卵之威，成破竹之势矣。不知击刑之害，反吟之凶，兼而有之。则泲水之符坚，赤壁之曹操，非其力之不足取胜也。使乘阴而加艮，暗受生扶，然雀武之宫，亦宜详慎。

兵事星克宫，宫生门，利为客。时逢仪刑，防有内变，不战为上。宜分兵伏于正北，别遣副将出正南迎敌，诱敌北来，背南击北，伏兵齐起，左右夹攻。反吟之格，宜首尾回环互击。**出行**未戊月出正南。九里逢公吏骑骡马，时遇仪刑反吟，防有更变。**阳宅**宜立离门，三七日进横财。**阴宅**午山子向吉，东方人持青盖为应。

附：**占胜败**客得利。**虚实**贼怀疑怯，加兵而至。**攻城**可攻。**守城**城内与贼通同，不守。**天时**子日子时方晴。**地理**龙气不吉，人丁不旺。**人事**有两人缠绕，可厌。**田禾**南方有收。**家宅**两姓同居，乖张日盛，小口不宁。**官禄**有参劾。**应试**文极佳，利小试。**求财**难得如意。**婚姻**始合终离，始离终合。**胎产**生男，防损母，恐成淋沥。**疾病**日轻日重，宜换旧方。**捕获**贼在西南，可获。**失物**破相人盗去，已毁坏。**远信**迟至。**鸦鸣**有和合婚姻事。**鹊噪**利捕捉。

阴遁七局

甲己日癸酉时

大暑上元 处暑下元 大雪中元
秋分上元

孤床坤虚丑寅
天柱直符加二宫 惊门直使加七宫

乾 开与丁合 重诈 丁奇入墓
坎 休与乙合 龙遁
艮
震 门伏吟
巽 天乙与太白格 飞宫格
离 奇格 白入荧
坤 柱符加坤为泽地萃
兑 惊门伏兑为兑
戊仪加癸为青龙相和格
天网 甲日飞干格

　　断曰：癸干而承戊符，本相配合，而不免见格于所寄之庚，伏莽乘墉，良可忧已。于是乎合而化火以驱之。河西乃心汉室，而陇右自平；吴越通使宋朝，而江南可下，斯其象也。使伏而乘九天，有不终于伏者；谢安虽卧东山，正恐不免耳。
　　兵事宫生星，利为客。分军出正北，偷劫其营。冬月背亥孤，击巳虚。大军一伏于东南，一伏于西北，以炮为号，敌至则击，不可以敌为主，以应入荧之凶。正北宜于水战，正南宜于火攻。**出行**冬月出正北，一里见水族，亦防遇水。秋冬出西北，奇墓门伏，非吉。**阳宅**秋冬乾坎俱可修。**阴宅**亥龙子山皆利，有尼子募化应。
　　附：**占胜败**主胜。**虚实**敌即进兵，迂途而至。**攻城**用奸细入城，火起即拔。**守城**防南门。**天时**阴无日色。**地理**金星出土，发财丁。穴露风，有变更。**人事**有黄衣人佩刀声。**田禾**有收。**家宅**宅发丁，不必迁移。**官禄**秋月可升。**应试**文欠佳，止利小试。**求财**不利。**婚姻**媒人虽竭力，两家却不喜，难成。**胎产**生女，不育。**疾病**上消之症，改方可治。**捕获**贼在船中。**失物**向西南寻，防毁坏。**远信**迟至。鸦鸣防火烛。鹊噪有喜事。

阴遁七局

大暑上元 处暑中元 大雪下元
秋分上元

甲己日 甲戊时

孤申酉虚寅卯
天心直符加六宫
开门直使加六宫

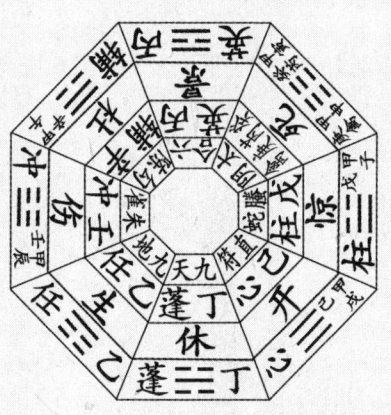

乾 门符伏吟
坎 休与丁合
艮 生与乙合 重诈
震
巽 丙奇升殿 虎遁
离 鬼假
坤
兑 心符伏乾为乾
　 开门伏乾为乾
　 己仪加己为明堂重逢格
天辅时

断曰：己仪在乾，高阜之土也。承兑宫戊符之后，业愈昌而心愈惕，德弥敛而道弥光；垂万代之弘谟，启中天之景运。故以心星为符，以开门为使，于时休明之象，盖已上彻九天，下彻九地矣。西南顽梗，不过旅寄之蟊蟓，何患焉。

兵事星门俱伏，利为主。宜从东北方，背山结营，周立木栅，分别旗帜。敌至，则以剽锐之将为先锋，用排枪火具，出正北迎敌。大军出东北合击，直动敌垒，但防敌亦有计。**出行**文书应举，利出北方；求财宜出东北。北利显扬，东北宜秘密。**阳宅**宜立坎艮二门。有女人抱子来，持铁器人至。**阴宅**艮山子山俱吉，葬后当发贵。

附：**占胜败**主胜。**虚实**敌如鬼蜮，不可信。**攻城**赦罪开诚，当自降。**守城**有谋可守。**天时**有风雨。**地理**土色灰白，龙脉潜伏，穴宜深。**人事**宜解怨释罪，晓谕安集。**田禾**麦丰禾歉。**家宅**利于仕宦，眷属平安，无事获福。**官禄**秋月升。**应试**公荐取中。**求财**密图可获。**婚姻**冰人得力，易成。**胎产**生女，产迟，母有病。**疾病**肺受寒邪，停于胃口，疏散即愈。**捕获**盗匪正东，贿捕纵脱。**失物**西方人窃去。**远信**中途沉搁。**鸦鸣**有南方文书来。**鹊噪**闻捕剿事。

阴遁七局

大暑上元 处暑下元
秋分上元 大雪中元

甲己日乙亥时

孤酉戌虚卯辰
天心直符加八宫
开门直使加五宫

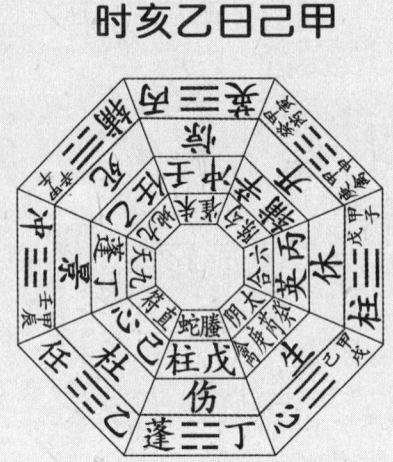

乾 刑宫格 伏宫格 门生宫
坎 宫生门 仪刑 门迫宫
艮 相佐
震 天假
巽 龙逃走 宫克门
离 宫克门
坤 宫生门
兑 休与丙合 休诈 宫生门
心符加艮为天山遁
开门步五为天地否
己仪加乙为入地户格
乙奇得使游仪
甲日伏干格 己日不遇
己日伏干格

断曰：己符加乙，而乙复加辛，为游仪之吉。于以出王游衍，适志娱情，无不休畅；抑或嬉笑怒骂，皆成文章也。开使步五，值双锋之相犯，又乘勾白之神，则偃师技术，曼倩射覆，皆足以动心骇目，极一时之巧矣。

兵事星门俱受宫生，为客大利。又符艮使坤，宜与副将分道出师，更遣奇兵别出兑地，游兵巡逻震巽林木之处。遇敌，击其正北，既走勿追，亦防本军喧乱。**出行**宜出西方探亲。必遇贵人，青衣赤马，或见人挈壶浆。**阳宅**宜立兑门，闻鼓声为应。**阴宅**酉山卯向吉。作用时，闻西南方犬吠应。

附：**占胜败**客胜。**虚实**敌有阻，不至。**攻城**城中无备，马到成功。**守城**防士卒谋上，开门应敌。**天时**占晴即晴。**地理**青龙低陷，不发后人。**人事**心事不宁，或见飞鸟争斗。**田禾**有虫灾，禾麦薄收。**家宅**宅运已退，防有刑伤，宜迁徙于左房。**官禄**小心可免参罚。**应试**文犯忌讳，末场贴出。**求财**有阻。**婚姻**女夭，不完姻。**胎产**生男，母有灾。**疾病**肺病传脾，宜泻土中之金。**捕获**盗在正南，速捕可获。**失物**农人窃去。**远信**三日后，有女传音。**鸦鸣**有恩荣。**鹊噪**闻虚惊事。

阴遁七局

大暑上元
秋分上元
处暑下元
大雪中元

时子丙日庚乙

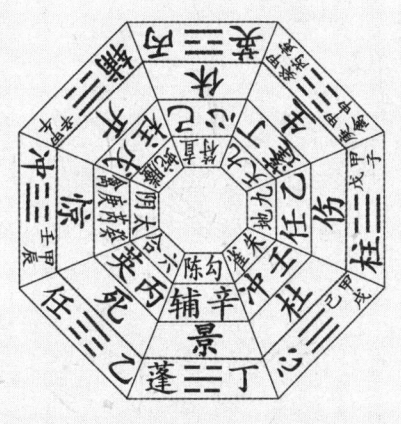

孤戌亥虚辰巳
天心直符加九宫 开门直使加四宫

乾宫克门
坎宫克门
艮宫门比和
震门上格 门迫宫
巽门反吟 门迫宫
离龙返首 相佐 符勃 门迫宫
坤生与丁合 雀投江 宫门比和
兑宫克门
心符加离为天火同人、开门加巽为天风姤
己仪加丙为地户埋光格
庚日不遇

断曰：甲加于丙，方喜龙之返首，而休门之水来乘，毋乃灰欲然而溺之者至乎？然当夏令，则烈日在中，正乐得清泉之散暑，安知其不为恩露乎？入冬则病矣。开使反入于巽，逢蛇神之乘旺，非炉火之光腾，即燕鼠之声细，防有逸言应之。

兵事返首受克，又值休门，大宜蓄锋养锐，与副将连营，操练兵士。正东庚格，不可伏兵；正西有伤，不宜立寨。只宜于西南水草处，游兵巡逻。若有火惊，勿救自灭，闻贼亦坚卧勿动。**出行**出西南方，不利文书。路逢猎者，或闻哭声。**阳宅**宜建坤门，有黑色飞禽至。**阴宅**坤山艮向吉。作用时，见火从东至，或闻婴儿啼。

附：**占胜败**主胜。**虚实**敌有阴谋，遏阻不发。**攻城**不可入城，宜以计降其将。**守城**静守无患。**天时**天清气爽。**地理**回龙顾祖，穴结仰窝。**人事**春树秋花，事多虚幻。**田禾**麦丰，西南尤熟。**家宅**宅发贵，防下人犯上，常有惊忧。**官禄**心绪不宁。**应试**临时改易。**求财**向尊贵求，有得。**婚姻**男家欲求，女家不允。**胎产**生男，聪明多病。**疾病**脾胃不和，宜补泻兼施。**捕获**远匿难获。**失物**破相人窃去，藏在东南。**远信**信被盗劫，申子日到。**鸦鸣**闻争斗事。**鹊噪**宜慎门户。

阴遁七局

大暑上元　处暑下元
秋分上元　大雪中元

时丑丁日庚乙

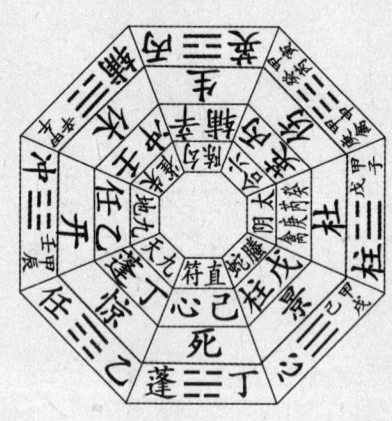

孤亥子虚己午
天心直符加八宫　开门直使加三宫

乾　门迫宫
坎　相佐　门迫宫
艮　丁奇入墓　宫生门
震　开与乙合　乙奇升殿　重诈
巽　云遁　门迫宫
离　门生宫
坤　荧入白　门迫宫
兑　地假　太白与天乙格　宫克门
心符加坎为天水讼
开门加震为天雷无妄
己仪加丁为明堂贪生格
时干入墓

断曰：符入九天，得丁火之相佐，盖星河欲坠，灯火荧荧时也。值时干之入墓，当万籁之无声，人事未起，作用安施？而开使趋三，逢升殿之乙，乘九地之神，则戴星而往，辨色而兴，厘凤夜之怀，矢匪躬之节。将有帷幄密谋，非外人所能参与者。**兵事**星来生宫，又逢时墓，不宜妄动。震宫九地之下，得奇得门，可以休兵牧马。敌若从正西来，不可直击，防多伤士卒。宜爨之入坤，然后悉甲攻之，当有斩获。**出行**宜出正东方，求官谒贵皆利。见道术人，或红衣轿马。**阳宅**利建震门，闻雷声鼓声应。**阴宅**卯山酉向吉，闻乐声应。

附：**占胜败**若在西南方交战，客兵胜。**虚实**贼已远遁。**攻城**垂破复完，攻则多伤，宜缓之。**守城**当筑复城，有援可守。**天时**先发风，后下雨。**地理**金水行龙，吉。**人事**暗中筹画，意在云霄。**田禾**丰。**家宅**宅长利于出外，当有非常遭际，女眷康宁。**官禄**一岁九迁，位列三公。**应试**主司驳落。**求财**往南图谋，僮仆逆命，郁怒致疾。**婚姻**女家嫌路遥，不成。**胎产**生男，母有伤。**疾病**木郁之症，达之则愈。**捕获**匿东南方，三日后获。**失物**在西北方，易寻。**远信**人信俱至。**鸦鸣**有怪梦，当修省。**鹊噪**邀请宴饮。

阴遁七局

时 寅戊 日庚乙

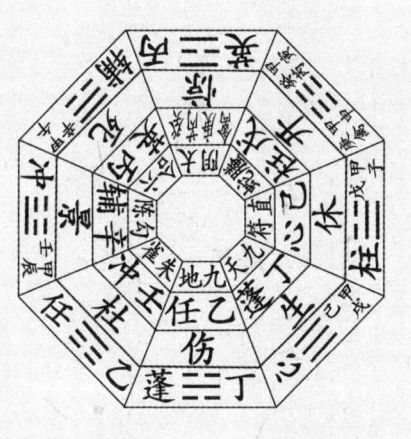

大暑上元 处暑下元
秋分上元 大雪中元

孤子丑虚午未
天心直符加七宫 开门直使加二宫

乾宫 生门与丁合 丁奇入墓 门生宫
坎宫 生门
艮宫 门迫宫
震宫 生门
巽宫 克门
离宫 白入荧 宫克门
坤宫 天乙与太白格 宫生门
兑宫 生门
心符加兑为天泽履
开门加坤为天地否
己仪加戊为明堂从禄格

断曰：己加于戊，又得休门，为天地之合德，当心星之西流，则明曜九垓，《豳风》稼穑之事，或在念也。开门加坤，方欲从龙而化，不意遇庚而格，又乘虚诈之蛇，望空中之光彩，向神树而乞灵，俱非实境，尽属猜疑。当扫壁上狐踪，并悟杯中蛇影。

兵事宫生门，利为客。兵宜先举，当出西北生门，扬兵而出。乘敌未至，预伏精锐于正南，衣服旗帜，与敌相乱。大军背乾向巽，伏发，贼不能辨，以火为号，从旁助击。**出行**宜向西北出，六里当逢病目老叟。**阳宅**修造西北门，当有执刀斧人来应。**阴宅**乾山巽向吉。作用时，有僧道持盖，或遇雷雨应。

附：**占胜败**主兵胜。**虚实**敌兵即来。**攻城**城内火器甚利，不可轻入。**守城**宜备西南。**天时**不雨而风。**地理**龙气好，水亦列堂。**人事**有官人貌甚异，心甚巧。**田禾**夏秋皆有收，南人有灾。**家宅**小口有惊，财官却旺，防火烛。**官禄**官称其职。**应试**可中。**求财**秋占可得。**婚姻**女妨夫，不宜成。**胎产**生男，易产。**疾病**脾积宜消。**捕获**向东北有水处捕之。**失物**幸得其半。**远信**又转寄别人带去，并有银物。**鸦鸣**有争斗。**鹊噪**当杜门不出。

阴遁七局

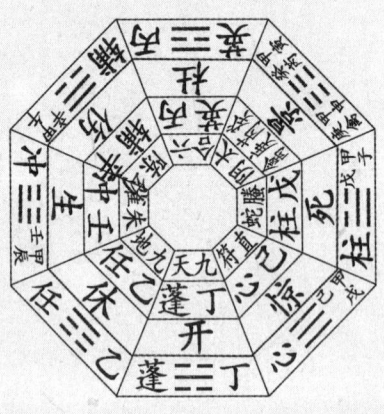

乙庚日乙卯时

大暑上元　处暑中元
秋分上元　大雪下元

孤丑寅虚未申
天心直符加六宫
开门直使加一宫

乾　符伏吟　宫门比和
坎　开与丁合　玉女守门　门生宫
艮　休与乙合　重诈　虎遁　宫克门
震　宫门克门
巽　丙奇升殿　门生宫
离　小格　门生宫
坤　门生宫
兑　心符伏乾为乾　开门加坎为天水讼　己仪加己为明堂重逢格　庚日飞干格伏干格

断曰：层层明堂叠级，双双玉女临门，符使两宫，可谓"内阃深而外焕丽"矣。但乾宫而得惊，则静中思动，心非金石之坚；坎位而伏蓬，则故态犹存，中有贪嗔之扰，然其发皇事业，正未有艾也。试瞻东北之风云，更有一番之振作。

兵事门生宫，利为主，兵宜后应。当绕道于敌之后，潜伏锐卒，连营于东北，伺其兵动，遣副将出正北开门，西向逆之，敌后伏发，首尾夹击。我军亦有惊，不可乱。**出行**东北正北皆吉，北行见幼女开门覆水。**阳宅**利开坎艮二门，东北有皂衣老人至。**阴宅**艮山坎山俱吉。作用时，有妇人持铁器来。

附：占胜败客欲议和。**虚实**敌兵不至，不过虚声。**攻城**守将有谋，宜暂观望。**守城**谨防北门。**天时**有风雨。**地理**文峰左插，水绕青龙。**人事**女眷欲移房。**田禾**麦大熟。**家宅**国事贤劳，不得家居。**官禄**易升。**应试**文闱，惟小试利。**求财**有口舌，得亦防失。**婚姻**有凤约，必成。**胎产**生女，庚日难产。**疾病**水火不交，宜用静剂。**捕获**匿正东山林中。**失物**失于丧家，不得。**远信**即至。**鸦鸣**防阴私口舌。**鹊噪**有财气。

阴遁七局

乙庚日庚辰时

大暑上元 处暑下元
秋分上元 大雪中元

孤寅卯虚申酉
天心直符加五宫 开门直使加九宫

乾 乙奇入墓 宫克门
坎 宫生门
艮 虎猖狂 门生宫
震 宫克门 门迫宫
巽 门迫宫
离 格宫 飞宫格 宫克门 丁奇升殿 门生宫
坤 格刑 生与丁合
兑 心符步五为天地否
开门加离为天火同人
己仪加庚为明堂伏杀格

断曰：庚干寄坤，本埋土之金，乃己仪加之而格，天乙遇之而飞，又得休门，则凿土得铅，化铅成液，不亦劳且费乎？如望帝欲致金牛，五丁之力已竭，而司马之兵即来，或格或飞，事实类此。开使到离，所谓"既得陇，又望蜀"者也。

兵事宫克门，阴时利主。俟敌先动，扬兵于正西，屯兵于西北，从正西出兵，背西击东，大将自西南接应。若敌在东北，当反主为客，疾击之，以应虎狂之格。**出行**宜出正西方，七里逢人争闹。**阳宅**宜立兑门，有持文书人至。**阴宅**酉山卯向，日时俱为元辰，大吉。有老人携锄应。

附：**占胜败**客胜。**虚实**敌兵羽翼甚众。**攻城**宜攻南门。**守城**东南门宜防。**天时**雨歇风收。**地理**龙脉有损，穴亦露风，兼有更变。**人事**有旗影鼓声。**田禾**不甚丰，西方熟。**家宅**宅不利，小口多灾，钱财不聚。**官禄**上司见罪。**应试**文佳，戊命可中第七。**求财**大声疾呼可得。**婚姻**难谐。**胎产**生男，防有疾。**疾病**火旺，恐成癫狂。**捕获**大雨中可捕。**失物**失于正南，可寻。**远信**有喜信。**鸦鸣**有争斗。**鹊噪**喜气动。

阴遁七局

乙庚日辛巳时

大暑上元 秋分上元 处暑下元 大雪中元

孤卯辰虚酉戌
天心直符加四宫 开门直使加八宫

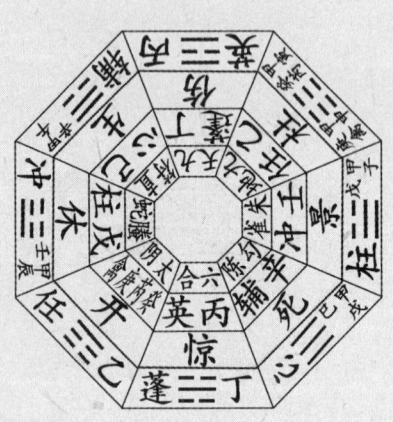

乾 门生宫
坎 生门宫
艮 奇格 宫生门
震 符反吟 宫克门
巽 门生宫
离 乙奇入墓 门迫宫
坤 门迫宫
兑 心符加巽为天风姤 开门加艮为天山遁 己仪加辛天庭得势格 无奇门 乙日不遇 乙日飞干格伏干格

断曰：符反入巽，己加于辛，非银羊之远贡，乃使命之求金也。思继涂山之跡，遂忘旅獒之义，可乎哉！直使入艮，隐遁有怀，雉罗终密，岂得萧然长往，而坎离二宫，丁丙相加，水火交炼，庶几式玉式金，思我王度乎？

兵事星克宫，宫生门，利为客。无奇门吉格，不利出师。乙日恐有下人谋上，尤为不利。若敌兵压阵，则当出东南直符下，背东南，击西北，分兵接应于东北正北。**出行**无奇门吉格，不利出行。乙日不遇，而兼飞伏干格，尤为不吉。**阳宅**不宜修。**阴宅**当另择一时。

附：**占胜败**主胜。**虚实**敌有谋，三处联兵而进。**攻城**攻东北可拔。**守城**敌兵内外有应，难守。**天时**天必有雨，戌日晴。**地理**龙气生动，山向不利，生双胎即发。**人事**有阴人不睦。**田禾**有收，防中变。**家宅**宅安人旺，两姓同居，孕妇有病。**官禄**署印须防盗案受累。**应试**利小试。**求财**难得。**婚姻**成。**胎产**生女，娠妇有晦。**疾病**日轻日重，反覆不宁，当换方。**捕获**贼难捉。**失物**已损。**远信**日中即得。**鸦鸣**防失脱，或失水。**鹊噪**事来半忧半喜。

阴遁七局

大暑上元　秋分上元　处暑下元　大雪中元

乙庚日壬午时

孤辰巳虚戌亥
天心直符加三宫　开门直使加七宫

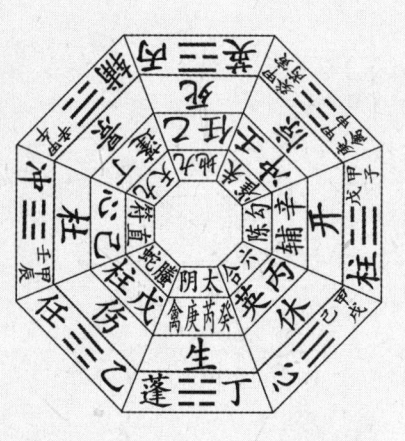

乾　休与丙合　休诈　鸟跌穴
坎　勃符　丙奇入墓　宫生门
艮　蛇天矫　奇格　门迫宫
震　宫门迫宫
巽　天假宫生门
离　宫生门
坤　宫门比和
兑　心符加震为天雷无妄　开门加兑为天泽履　己仪加壬明堂被刑格

断曰：符来克宫，而仪转受宫之克，如韩原之战，迓秦伯而不得，转获晋侯以归也。抑或晋送襄老，楚释智莹也乎？直使对宫入兑，有争强之意。乘善斗之神，则威权独揽，顾盼足以自雄。然值午时，为白虎烧身，终归解散耳。

兵事星克宫，利为客。西北奇墓，不可从此出兵，只设疑兵诱敌。太阴九地星门不吉，亦不可埋伏。但当坐正东直符下，遣副将出正西，为犄角，击敌于西南。有暴风来，宜退。**出行**访亲可出西北方，亦防中途阻滞。**阳宅**宜建乾门，有白衣人至应。**阴宅**乾山巽向吉。作用时，有文人把扇至应。

附：**占胜败**客兵小胜。虚实来情不测，防即时有变。**攻城**守将惊疑，宜乘夜暗击。**守城**宜安众心。**天时**凄风急雨。**地理**火龙火星结穴，朝案秀美。**人事**主有西方文书。**田禾**麦五分收，禾防虫灾。**家宅**人安宅利，仕路亨通，宜慎争斗。**官禄**有病未能即升。**应试**文高可中。**求财**求二人，可得。**婚姻**女有疾，不成。**胎产**生女，有虚惊。**疾病**金旺木衰，宜清肺补肝。**捕获**盗匿西南，将自首。**失物**在东北，有绳索处寻。**远信**至。鸦鸣女人来。鹊噪闻恐怖事。

阴遁七局

乙庚日癸未时

大暑上元 处暑下元
秋分上元 大雪中元

孤巳午虚亥子
天心直符加二宫 开门直使加六宫

天网 时干入墓
己仪加癸为明堂合华盖格
心符加坤为天地否
开门伏乾为乾
兑 丁奇升殿
坤 仪刑
离 地假
巽 虎猖狂
震
艮
坎 乙奇入墓 门伏吟
乾 开与乙合 地遁 重诈

断曰：癸在坤宫，虽曰长生，不过岷山之滥觞耳。又加之以己土，则一丸可封，尾闾难泄，恐不能如沇水之伏流，且等于泾水之易浊也。开使归伏，合乙奇为地遁重诈，将有弘羊心计，实开利源；刘晏持筹，能通转运者，当以作法于凉为戒。

兵事仪刑时墓，不利出兵。宜结营于乾位，偃旗息鼓，营前为两翼。左军傍山，右军依水，更遣游兵，分道从震兑二方探侦，一闻敌声，则两翼并出，背西击东。若仲冬亭亭在未，亦可出师。**出行**西北虽合奇门，却逢时墓奇墓，有事不宜出门。**阳宅**宜立乾门，有黄衣人至应。**阴宅**宜乾巽向。作用后，女人送白色物来吉。

附：占胜败主客俱不利。虚实暗伏不动。**攻城**士卒有伤，冬尤难攻。**守城**宜搜奸细。**天时**略有风雨，当时立止。**地理**山向不合，防有刑伤。**人事**有城池工役，或进财宝。田禾禾丰，西北大熟，家宅女眷获福，季月防孝服。官禄安稳未升。**应试**文会警句，不中。**求财**猎山渔水，皆可获利。**婚姻**女贵男贫，未肯俯就。**胎产**迟，生女，难长成。**疾病**内有伏阴，虚阳浮外，急宜补中。**捕获**盗匿正北，有少女羁绊，可获。**失物**在家中，小儿戏藏。远信未发。鸦鸣有淹缠事。鹊噪进食物。

阴遁七局

大暑上元 秋分上元
处暑下元 大雪中元

孤午未虚子丑
天禽直符加五宫 死门直使加五宫

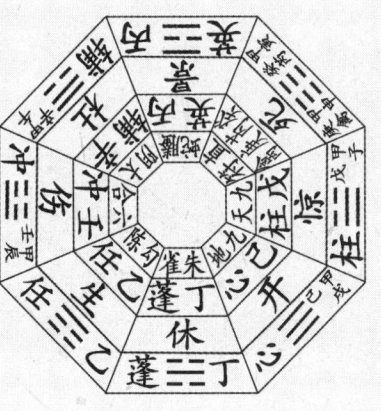

乾 休与丁合
坎 生与乙合 虎遁
艮
震
巽 丙奇升殿
离 门符伏吟 飞宫格 伏宫格 时干格
坤
兑 禽符伏五为坤
死门伏五为坤
庚仪加庚为太白重刑格
天辅时 庚日飞干格伏干格

断曰：中五之星，天禽有飞鸟之象，寄坤则依人也。乃以庚仪据之，而司螣蛇之宫，且与癸为邻，用死作使，其状则丑怪而狞恶，其性则阴鸷而强梁。大抵吉则为饥鹰之附，常虑其饱而高飏；凶则为飞鹏之来，颇怪其貌之闲暇耳。

兵事孟甲之时，不宜出兵。阳星加时，亦可先举。破军上乘九天，不可击。屯营于己位，伏兵于杜门，出生门，入伤门，合兵东伐，宜高旗鸣鼓。**出行**奇门合于正东正北。正北火入水乡，东北乙奇入墓，未为全吉。**阳宅**乙日会吉门于艮，时干甲禄到寅，立东北门吉。**阴宅**甲与己合，元辰在乾，乾山大吉。

附：占胜败利为客。**虚实**贼未发兵。**攻城**宜从西北方进。**守城**宜添将助守。**天时**有阴云。**地理**穴情甚动，须高手点睛。**人事**贵人之言，半虚半实。**田禾**麦大熟，山东有收。**家宅**人口平安，小有惊恐。**官禄**照旧供职，希冀内升。**应试**文空灵，可中。**求财**微有争竞，可得。**婚姻**媒人克制两家，不成。**胎产**女，未产。**疾病**金气不舒，宜泻土。**捕获**盗在江湖本家，难获。**失物**原在正西。**远信**前信到后信不到。**鸦鸣**有虚惊。**鹊噪**防失文书。

阴遁七局

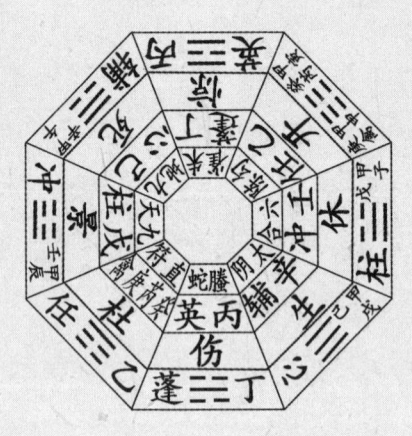

乙庚日乙酉时

大暑上元 处暑下元
秋分上元 大雪中元

孤未申虚丑寅
天禽直符加八宫 死门直使加四宫

乾 门生宫
坎 宫生门
艮 相佐 符反吟 仪刑 奇格
震 时干格 门迫宫
巽 鬼假 宫克门
离 宫克门
坤 开与乙合 乙奇入墓 宫生门
兑 禽符加艮为地山谦
死门加巽为地风升
庚仪加乙为太白贪合格
乙日飞干格伏干格

断曰：乙奇居于艮地，春日载阳，庚符以禽而来加，仁义之合成焉，殆所谓"阳和布德，鹰化为鸠"耶？然以反吟之符，临击刑之地，且于阴遁得之，正恐秋风高劲，鸠复化为鹰耳。使乘九地，以临太阴，乃受宫克，载飞载止，宜加慎防。

兵事门克宫，阳星加阳时，利为客。格为反吟，宜乘其乱而动，声东则击西，声南则击北。直符属金，宜用圆阵白旗；南北俱有丙丁，不可向。当潜师出西北，合战于西南。**出行**西南奇门相会，可出行。遇出殡者，或素衣人。**阳宅**乙与庚合，宜开坤门。**阴宅**庚申行龙吉，西方有车来为应。

附：占胜败两阵俱乱。**虚实**不可凭信。**攻城**宜用反间。**守城**城中有叛人，急宜搜索。**天时**有雨，阴晴不定。**地理**龙太腾踔，当于静中点穴。**人事**战守之策，踌躇未定。**田禾**麦秋薄收，禾防水。**家宅**家中受亏；出外吉，防有刑克。**官禄**夏季即升。**应试**进呈，文达御览。**求财**阴谋得之。**婚姻**两姓皆愿，中有变更。**胎产**生女，防产母有小晦。**疾病**时疫，有鬼祟。**捕获**贼惊逸于南。**失物**已移别处，食物则已熟。**远信**得意之信。**鸦鸣**有转动之机。**鹊噪**喜信至。

阴遁七局

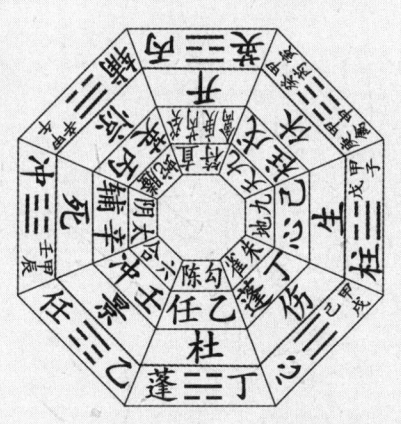

乙庚日丙戌时

大暑上元 秋分上元 处暑下元 大雪中元

天禽直符加九宫 孤申本虚寅卯
死门直使加三宫

乾宫 丁奇入墓　宫克门
坎宫 门生宫
艮宫 门迫宫
震宫 宫克门
巽宫 龙返首　相佐　格勃　时干格
离宫 天乙与太白格　宫克门
坤宫 门生宫
兑宫 禽符加离为地火明夷　死门加震为地雷复　庚仪加丙为太白入荧格　无奇门　庚日不遇　时干入墓

断曰：丙为朱鸟，而升殿于端门，乃南溟之大鹏，阿阁之鸣凤。庚符以禽加之，而不敢肆其雄心，逞其鸷性，鹰鹯诚不若鸾凤耶？然挟癸而来，志欲伤丙，则鸱之以腐鼠吓鹓雏矣。使受宫克，而带阴神，雕陵之弹丸，不可忽也。

兵事宫克门，宫生星，主客互有损益。但六庚直符加丙，不为返首而为飞勃，又遇时干于丁奇入墓，不宜出战。庚日不遇，尤为不吉。宜搜捕本营乱卒，伏精锐于正南直符之下，以待敌至而猝击之，可于凶中得吉。**出行**可出正南开门，当遇兵卒军器物。**阳宅**利修西方，有术士至。**阴宅**午山可厝，闻南方大叫贼惊应。

附：**占胜败**主兵胜。**虚实**敌恋战。**攻城**夏宜撤围。**守城**宜用计赚敌入城，可缚其首。**天时**万里无云。**地理**土色红黄，穴下有干燥螺蚌，则不利。**人事**闻同气疾病。**田禾**有收，北地尤熟。**家宅**老阴人多疾，且不聚财。**官禄**易升，防署内不安。**应试**场内有火惊。**求财**争执者众，难得。**婚姻**男有疾，不成。**胎产**生男，防胎堕。**疾病**脾土不运化，宜乎胃健脾。**捕获**贼遁西北，难追。**失物**在西南柱边，已徙别处。**远信**已至。**鸦鸣**有长上之事。**鹊噪**有惊。

阴遁七局

大暑上元 处暑下元
秋分上元 大雪中元

时亥丁日庚乙

孤酉戊虚卯辰
天禽直符加一宫
死门直使加二宫

禽符加坎为地水师
死门伏坤为坤
庚仪加丁为太白受制格

乾 开与丙合 丙奇入墓
相佐 蛇天矫 时干格 奇格
坎
艮
震
巽
离 门伏吟
坤
兑

断曰：庚符阳金，丁奇阴火，以强金而畏弱丁，几于海青逢燕怕矣。然寄宫有癸，庚挟之以偕行，时干之丁，遂将受其夭矫之伤，则不免鹰之猜，而鹳之逐也。本宫壬来比癸，当嗟风雨飘摇，使乘合神而归本位，其有桑土之思乎？

兵事星克宫，不利主，兵宜先动。但遇时格，不利行兵。可伏兵于正西，移帐于正东六己方。若闻敌动，则遣参将出西北开门，背北击南。又宜先发，以应蛇矫，后应则败。**出行**可往西北。出门四里，见少女簪钗。**阳宅**可小修西北屋宇，葬后进横财。**阴宅**乾山可用，葬时有女人把火为应。

附：**占胜败**客胜。虚实贼气已衰。**攻城**宜从山上缒而下。**守城**谨防东北。**天时**非晴非雨。**地理**穴情不实，下有水浆。**人事**空中见游光屍闪。**田禾**禾麦皆丰。**家宅**得贵人力，防马惊。**官禄**同寅不协，地方有变。**应试**文不合式。**求财**大利。**婚姻**男克女，不成。**胎产**生女，产母当病。**疾病**肺火上炎，惊痫不免。**捕获**贼在东南，与寡妇作工。**失物**失于东北山上。**远信**迟至。鸦鸣有阴人口角。鹊噪主得财物。

阴遁七局

丙辛日戊子时

大暑上元
秋分上元
处暑下元
大雪中元

孤戌亥虚辰巳
天禽直符加七宫　死门直使加一宫

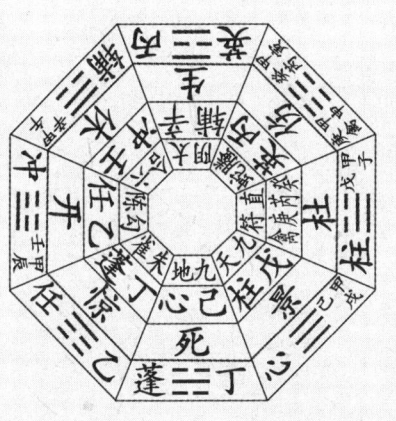

乾　门迫宫
坎　鬼假　玉女守门　门迫宫
艮　丁奇入墓　宫生门
震　开与乙合　云遁　乙奇升殿　门迫宫
巽　门生宫
离　宫跌穴　荧入白　勃格　门迫宫
坤　鸟跌穴　荧入白　勃格　时干格　宫克门
兑　太白与天乙格
禽符加兑为地泽临
死门加坎为地水师
庚仪加戌为太白逢恩格
丙日飞干格

断曰：庚符以禽加戌，本为天乙之格，有寄宫之芮癸偕行，而柱星遂得以受生，戌干遂得以作合，鹖之食桑椹而怀好音者欤？然本宫有入白之荧，则毁室取子之忧，更在庚符耳。死使到坎丁方守门，苟无迫宫之嫌，海鸥固可狎矣。

兵事星生宫，门克宫，主客互有损益，阳时宜先动。正东开门，乙奇升殿，可以出师。门迫亦宜为客，西南荧入太白，即宜发兵进剿，应跌穴之吉。但属勃格，又遇蛇神，我军亦有损伤，若得半功，即为万幸。**出行**秋冬出正东方。三里逢残疾老人，防有口舌相争。**阳宅**秋冬宜立震门，有打猎人至。**阴宅**卯山戌为元辰，得支神旺相，更吉。

附：**占胜败**客胜。**虚实**贼欲塞我要路。**攻城**宜从东门杀入。**守城**敌旺难御。**天时**天晴，有变。**地理**花假之地，人口不宁。**人事**有地土钱粮，或谈轮回果报。**田禾**东方有收。**家宅**阴人不安，人丁不发。**官禄**得同寅与上下调和，方保无虞。**应试**场中防病。**求财**与武人图谋，方可得。**婚姻**两家俱富贵，终不就。**胎产**占胎男喜，占产妨母。**疾病**思虑伤脾，兼有积滞，宜归脾汤加减。**捕获**贼在东北作恶。**失物**在箱内。**远信**晚至。**鸦鸣**有行动之事。**鹊噪**女人口舌。

阴遁七局

大暑上元 处暑下元
秋分上元 大雪中元

丙日辛己丑时

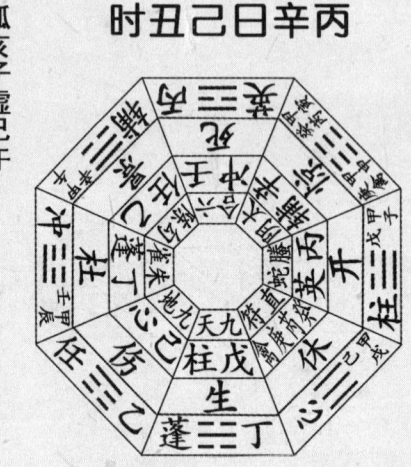

孤亥子虚巳午
天禽直符加六宫 死门直使加九宫

乾 刑格 时干格 宫生门
坎 门迫宫
艮 神假 门迫宫
震 宫门比和
巽 龙逃走 宫生门
离 宫生门
坤 宫生门
兑 开与丙合 宫门比和
禽符加乾为地天泰
死门加离为地火明夷
庚仪加己为太白大刑格
时干入墓 辛日飞干格

断曰：庚符禽宿，飞入天门，岂真上林多树，思借一枝耶？然加己则为刑格，是乃高墉之鸷隼，而非仪庭之威凤也。直使受生于离，上乘合神，更值端门之月，惜乎庚符之使，不利见丙，且入蛇宫，吾恐向月明而南飞，不免劳绕树之三匝。

兵事星生宫，阴时利主。直符与时干刑格，不宜出兵。敌至则坐直符，向东南，以逸待劳，发坤艮二方之伏，以应龙走凶格。艮宫有神假，宜作鬼神情状，惑乱敌心。**出行**宜出正西方。七里，见空中火光。**阳宅**秋冬立兑门吉。**阴宅**酉山卯向吉。作用时，有小儿成队至为应。

附：**占胜败**主胜，当以贼攻贼。**虚实**贼有内变。**攻城**可预伏城中为内应。**守城**正西防火攻。**天时**风起雨即散。**地理**龙脉伤损，人丁不发。**人事**有炉冶事。**田禾**雨多损苗，不丰，西方颇熟。**家宅**家有和气，利于仕宦。**官禄**有阻难升。**应试**场中有变，不中。**求财**行动可求。**婚姻**男女命不合，不宜成。**胎产**生女，有惊。**疾病**心肾不交，调和可愈。**捕获**贼在正东不出。**失物**向正北寻，已转徙别处。**远信**有事担搁。**鸦鸣**有口舌。**鹊噪**文书阻塞。

阴遁七局

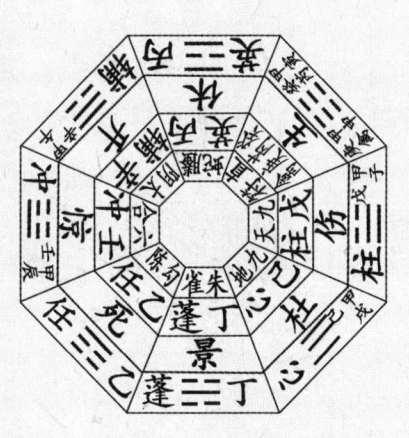

丙辛日 庚寅时

大暑上元 处暑下元
秋分上元 大雪中元

孤子丑虚午未
天禽直符加五宫 死门直使加八宫

乾 地假 宫克门
坎 宫克门
艮 门反吟 宫门比和
震 门迫宫
巽 门迫宫 丙奇升殿 门迫宫
离 符伏吟 飞宫格 伏宫格
坤 时干格
兑 宫克
禽符伏五为坤 死门加艮为地山谦
庚仪加庚为太白重刑格

断曰：天禽之星，中五乃其故巢，庚符加庚而伏，其倦飞而还者欤？抑越鸟南枝，不忘乡土也。然符伏五而使反艮，二吟之凶，备于一时。符以伏而吟，殆得过且过之寒号；使以反而吟，且逢上下勾虎，则杜鹃之唤不如归去，不免三更啼血矣。

兵事 符伏庚格，不可举兵。宜伏藏于西北，设奇于正南。惊开二门，皆遣游兵往来，以备不虞。敌至，则遣副将率敢死之士，及其未阵，乘乱砍杀。继以奇兵，出离方应之。**出行** 宜出正南方，可谋进取。见神光绕树，或花锦衣飞雀过吉。**阳宅** 宜立离门，有病目人至，或小儿骑马来。**阴宅** 宜午山子向。作用时，有三五女人把火至。

附：占胜败 客兵大不利。**虚实** 敌兵不动。**攻城** 宜行间。**守城** 援兵在近，宜速求之。**天时** 天色沉阴，日藏不见。**地理** 土色黄黑相间，山向不合。**人事** 宜栽花垒石，或有木石伤击。**田禾** 谷胜于麦，梁州禾稼丰收。**家宅** 宅发财，居人不睦，常有争闹，女眷多灾。**官禄** 居位久，不能升。**应试** 头场污卷，贴出。**求财** 徒费心力。**婚姻** 成，不能偕老。**胎产** 得男，后富，性暴。**疾病** 木乘土位，宜泻肝补脾。**捕获** 捕于北方水边，可获。**失物** 在正西高处寻觅。**远信** 无。鸦鸣主有羽书。鹊噪有文书事。

阴遁七局

丙辛日辛卯时

孤丑寅虚未申
天禽直符加四宫　死门直使加七宫

大暑上元　处暑下元
秋分上元　大雪中元

乾　乙奇入墓　宫门比和
坎　门生宫
艮　虎猖狂　宫克门
震　生与丙合　宫克门
巽　仪刑　时干格　宫门比和
离　门生宫
坤　格刑　门生宫
兑　丁奇升殿　门生宫
禽符加巽为地风升
死门加兑为地泽临
庚仪加辛为太白重锋格
辛日伏干格

断曰：庚符加辛，时干被格，禽芮遇辅，土星受伤，各有利有不利焉。大约夏日则为林茂而鸟归，秋时则为草枯而鹰疾耳。然辛亦颇强，以介难而逢金距，未知孰为先鸣也。使乘雀武而脱于兑，为九天之宫，钟鼓而享爱居，非所乐矣。

兵事星受克，仪击刑，不宜为客。西南逢格，东北虎狂，亦不可安营设伏。闻敌则据震地，为长蛇阵，首南尾北。置游兵于阵后，敌至则首尾合围，虚其东北，驱敌入来，然后扑之，得虎狂之势。**出行**宜出正东，见赤白花假之物。**阳宅**宜立震门，有渔猎人至。**阴宅**宜卯山酉向。作用时，见兔蛇横过，持铁器人来。

附：占胜败主客两伤。**虚实**消息不通。**攻城**丙日可破，夏令尤吉。**守城**有援兵，杀伤甚众。**天时**主有暴风，阴晴忽变。**地理**旁有亭院，金星结穴。**人事**主病眼伤唇，或思剃发，或有摘花芟草之事。田禾麦有秋，山左更产。**家宅**老年宜慎登涉，防跌仆。秋月有口舌。**官禄**僚寀和协，不失其位。**应试**文不清新，难中。**求财**迟得。**婚姻**女有悖症，不成。**胎产**生女。**疾病**胃寒邪，肺有火，宜发表。**捕获**盗匿西北庙内。**失物**西方女人所窃，急追，恐焚去。远信未至，久客有信来。鸦鸣闻隐匿事。鹊噪女来。

阴遁七局

丙辛日壬辰时

大暑上元 秋分上元
处暑下元 大雪中元

孤寅卯虚申酉
天禽直符加三宫 死门直使加六宫

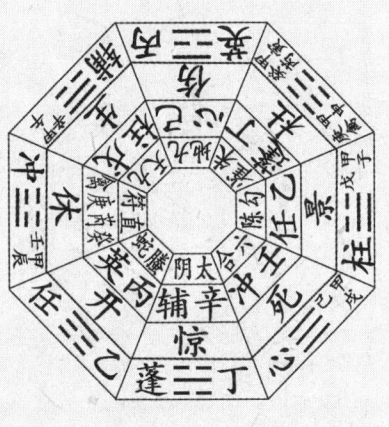

乾 门生宫
坎 门生宫
艮 开与丙合 宫生门
震 时干克门 上格 门生宫
巽 宫克门
离 神假 门生宫
坤 门迫宫
兑 雀投江 门迫宫
禽符加震为地雷复
死门加乾为地天泰
庚仪加壬为太白退位格
丙日不遇 时干入墓

断曰：庚符退位于壬干，禽星见伤于震地，大则忧矰缴之害，小则虞羽翮之摧，壬实庚嗣，而能盗庚气，枭之见食于其子也。使乘合神而飞天阙，则寥廓有翱翔之乐，雍喈发和好之音，可以高飞戾天，逍遥六合矣。

兵事宫克星，利为主。西南朱雀投江，亦利为主。时干入墓，不战为上。南北分伏于要害，固守中营。欲出则利东北，离宫有神假，当假天神以讹敌。**出行**利出东北方。见猪马，逢酒食则吉。**阳宅**奇门虽位于艮，上有蛇神，防火烛。**阴宅**艮山可用。十月太阳到山，尤吉。

附：**占胜败**客胜。**虚实**敌方息肩于东。**攻城**内有女将善守。**守城**恐有小贼，走消息。**天时**即晴。**地理**穴下防有水，朝案低。**人事**有降者，乃真心归附。**田禾**麦有变，禾防旱。**家宅**一家和顺，官者宜乞假葬亲。**官禄**苦守可升。**应试**当在二等。**求财**得后有中变。**婚姻**女妨男，不吉。**胎产**生男，母防难产，胎则堕。**疾病**受雨水潮湿，本家有良方。**捕获**盗在西南，为妇人所制。**失物**是可食之物，已远去。**远信**已遗失。鸦鸣有术士至。鹊噪防鼠窃。

阴遁七局

大暑上元 处暑下元
秋分上元
大雪中元

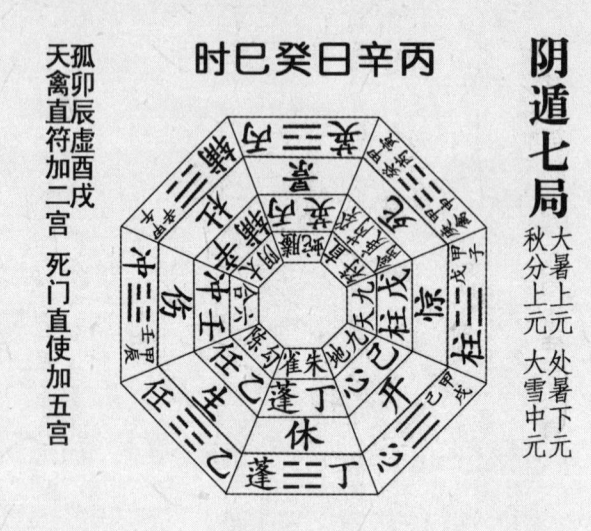

时巳癸日辛丙

孤卯辰虚酉戌
天禽直符加二宫 死门直使加五宫

天网
禽符加坤为坤
死门伏五为坤
庚仪加庚为太白重刑格

兑 坤 离 巽 震 艮 坎 乾
　　　丙奇升殿
　　　门符伏吟
　　　时干格
　　　　　　休与丁合
　　　　　　生与乙合
　　　　　　虎遁

断曰：癸干居于坤宫，庚符从而寄焉，原不过鹪鹩之巢深林耳。追符来加癸，名曰大格，则竟鹊巢而鸠居矣。死使归中，入门尽伏，是曰天网之时。然庚符实加于坤位，而天网自设于中宫，又似南山有鸟，而北山张罗也。

兵事 门符俱伏，又值天网，不宜出兵。伏兵宜在东南窑灶，或西北神坛，在守不在战。万一遇敌，可出东北生门，击正东伤门。西方但张虚声，恐敌而已。**出行**宜出东北，冬月尤吉，遇官人着紫皂衣巾。**阳宅**坎门艮门，皆可修造。艮尤吉，东方火惊则发。**阴宅**子山丑山皆可用，有驼背人持杖至。

附：**占胜败**相持未决。虚实客得利。**攻城**宜西北打地道。**守城**一民一辛，不可轻动。**天时**有阴云。**地理**龙不生动，空阔难扦。**人事**家人相聚纳闷。**田禾**麦防旱，大熟，禾嫌雨多。**家宅**虽发贵，家无宿舂。**官禄**沉沦下僚。**应试**可中第九。**求财**大宽转，方能得。**婚姻**成，两姓将来不睦。**胎产**至春方生，女胎。**疾病**贵人多病，药之不减，不药亦不增。**捕获**捕人失于觉察，被其逃匿。**失物**失后尚饶口舌。**远信**沉没不到。鸦鸣吉，但不实。鹊噪女人闹。

阴遁七局

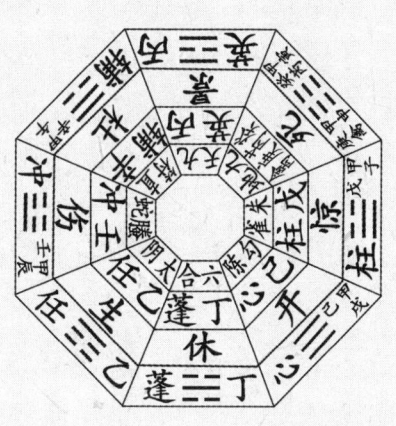

丙辛日甲午时

大暑上元 处暑下元
秋分上元 大雪中元

孤辰巳虚戌亥
天辅直符加四宫 杜门直使加四宫

乾 休与丁合 休诈
坎 生与乙合 真诈 虎遁
艮 门符伏吟
震 天假 丙奇升殿
巽 鬼假
离
坤 辅符伏巽为巽
兑 杜门伏巽为巽
　 辛仪加辛为天庭自刑格
　 天辅时

断曰：辛仪重复，居元符六合之宫，有伐木嘤鸣，双禽求友之义。辅符杜使，有文墨唱酬之乐。如睹董北苑《夏木垂阴图》，觉风神萧远，烦暑不生，占者其有斯境乎？然辛自刑辛，午自刑午，非旧事之悔心，即见过而内讼，未免乐处生愁。

兵事仲甲之时，刑德在门，不宜出战，止宜屯兵固守。大张旗鼓于正南，分伏奇兵于坤艮，敌至出东北生门，背西击东，破其伤门。西南有旧时战场，当夜祭之，以厌胜。**出行**东北正北俱可行。正北遇皂衣幼女，东北遇黄衣术士。**阳宅**利开坎艮二门，闻小儿啼哭声。**阴宅**坎艮两山俱吉。葬时，见文人把扇应。

附：**占胜败**主兵胜。虚实敌尚未至，防有阴谋。**攻城**内多疾病死丧，急攻可破。**守城**防穿地道。**天时**有微雨。**地理**逆龙结穴，恐山向不利。**人事**闭门深坐，鹊噪空庭。**田禾**禾防旱，可半收。**家宅**静守则吉，防有刑伤。**官禄**照旧供职。**应试**文合总裁之意，必高中。**求财**暗财可望。**婚姻**男多病，虽成不吉。**胎产**生女，当过月。**疾病**胸中痞塞，宜理气。**捕获**赃在正西土姓人家。**失物**为贼所窃，不得。**远信**有变迁。**鸦鸣**宜见贵。**鹊噪**因财致惊。

阴遁七局

丙辛日乙未时

孤巳午虚亥子
天辅直符加八宫　杜门直使加三宫

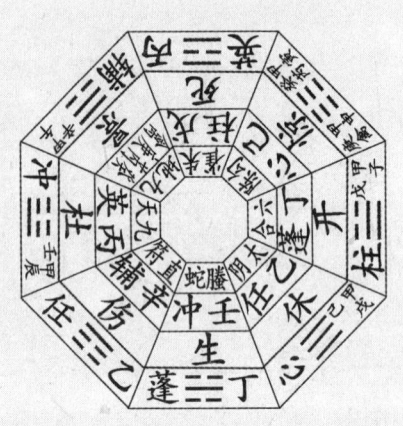

大暑上元
秋分上元
处暑下元
大雪中元

乾　休门与乙合　真诈　乙奇入墓　宫生门
坎　门迫宫
艮　相佐　虎猖狂　门迫宫
震　宫门比和
巽　伏宫格　宫生门
离　格刑　宫生门　丁奇升殿　宫门比和
坤　宫生门
兑　开与丁合　休诈
辅符加艮为风山渐
杜门加震为风雷益
辛仪加乙为白虎猖狂格
乙奇得使游仪　辛日伏干格

断曰：辛符加乙，为猖狂之虎；而乙复加己，则为游仪之吉。况值休门为真诈，是犹桑椹甘香，鸱鸮革响，淳酪养性，人无嫉心，可谓潜身远害者矣。杜使入震，遇九天之飞丙，若威凤之翱翔，而下加于壬，则文字舛错，或有亥豕鲁鱼之失。

兵事星克宫，利为客。符遇虎狂，尤宜先动。当扬兵于正东，设伏西北，出正西开门。仓猝遇敌，当背北击南，西南格刑，敌必有伏，宜多添趫健，四远侦探。**出行**正西可行。七里逢女人引孩儿行，或见果实物。**阳宅**可立正西门，遇有火惊乃发。**阴宅**酉山卯向、乾山巽向俱可用。造葬时，有娠妇持筐过为应。

附：**占胜败**客兵胜。**虚实**防敌人潜至。**攻城**可攻，及春自破。**守城**宜备正西。**天时**晴明。**地理**白虎欺压，右水反跳，防伤财丁。**人事**移花栽竹，或议马政。**田禾**恐有大风伤稼。**家宅**右屋高大，防宅长有灾，宜徙卧房。**官禄**筮仕不利，占升则速。**应试**小试利，取在第七。**求财**无，且有惊。**婚姻**男有暗疾，不吉。**胎产**生女，有血光之灾。**疾病**相火上升，宜滋阴。**捕获**盗匿正南孝服家。**失物**被窃不得。**远信**信至，人尚不归。鸦鸣有老阴人飞孝。鹊噪有财帛事。

阴遁七局

丙辛日丙申时

大暑上元
秋分上元
处暑下元
大雪中元

孤午未虚子丑
天辅直符加九宫 杜门直使加二宫

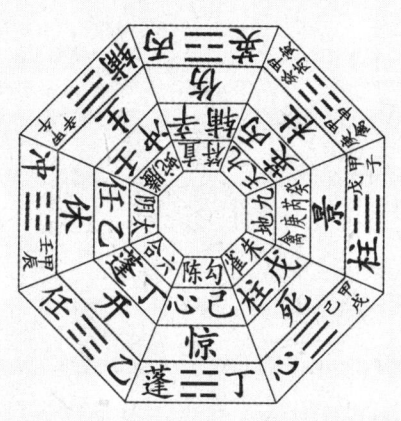

乾　门生宫
坎　门生宫
　　开与丁合　丁奇入墓　休诈　宫生门
艮　休与乙合　乙奇升殿　真诈
　　云遁　门生宫
震　宫克门
巽　龙返首　相佐　符勃　仪刑　门生宫
离　荧入白　门迫宫
坤　太白与天乙格　门迫宫
兑　辅符加离为风火家人
　　杜门加坤为风地观
　　辛仪加丙为天庭得明格
　　丙日飞干格

断曰：符加于丙，返首而值当阳，宜其吉矣。然以击形自伤，而杜使复挟飞丙以临坤，见癸已云受克，逢庚亦复多灾，毋乃如畏影恶迹者，足逾数而迹逾多，走逾疾而影不离乎？抑且谓天明月净，反不如微云之点缀也。终以安守清宁为吉。

兵事门迫宫，阳时利客。从正东出师，合真诈云遁之格。秋冬出东北亦可，但为奇墓，恐路途迷失，或有水阻。战于正南，遇返首，宜缓击。战于西南，逢入白，宜急击。正西防敌有伏，宜于东方多伏奇兵，邀其来路。**出行**冬月出正东，三里逢皂衣妇。秋冬出东北，八里逢相契故人。**阳宅**宜立震艮二门。**阴宅**卯山元辰大利，艮山亦吉。

附：占胜败主胜。**虚实**敌心不决，联兵南至。**攻城**宜预伏。**守城**谨备东北。**天时**满天风雨。**地理**龙气极旺，穴下土不实，如灰尘，主损人口。**人事**有差遣事。**田禾**夏防旱，东方大熟。**家宅**小心火烛，官家必转官级。**官禄**前程不远。**应试**防犯场规。**求财**劳心可求。**婚姻**女家不喜，难成。**胎产**生男。**疾病**水不能制火，火来克金，淹缠难愈，宜换旧方。**捕获**贼匿西北坟墓间。**失物**为人盗去。**远信**迟至。**鸦鸣**为人欺蔽。**鹊噪**主吊唁。

阴遁七局

大暑上元 秋分上元
处暑下元 大雪中元

时酉丁日辛丙

孤未申虚丑寅
天辅直符加一宫 杜门直使加一宫

乾 宫克门
坎 相佐 玉女守门 宫生门
艮 天假 门生宫
震 鬼假 上格 宫克门
巽 门迫宫
离 宫克门
坤 休与丁合 真诈 门生宫
兑 生与乙合
辅符加坎为风水涣
杜门加坎为风水涣
辛仪加丁为白虎受伤格
丁奇得使遇甲 丁日不遇

断曰：符使并趋入坎，有同舟共济之义，加丁得遇甲守门之吉，则"身是凤凰池上客，大罗同日舞霓裳"矣。于时三奇，无不得地得格，而本宫更有元符守之，将以经纶匡济，无不尽善尽美。岂若荀中郎北固望海，但云"未睹三山，便有凌云意"耶？

兵事星门俱受宫生，利于为客。伏奇兵于正西，结空营于正东，传号提铃，夜严刁斗，疾出正西生门，分兵出西南休门，杀入西北伤门，背亭亭，击白奸。若西南遇敌，则宜反客为主，俟敌先动而后攻击。**出行**季月出正西。七里逢公吏勾当人，西南亦可。**阳宅**宜立兑坤二门。**阴宅**酉山时为武财，日为廉子一位，有气无碍。坤山亦吉。

附：**占胜败**可遣使招降。**虚实**贼兵结伴，未至。**攻城**伏死士于城东，攻其南门。**守城**谨备内变，难守。**天时**立时有雨。**地理**龙脉飞动，水口关拦，有捍门华表，主发大贵。**人事**有武贵人，说刑狱事。**田禾**大丰。**家宅**宅顺人安，尤利妇女掌家。**官禄**子午月可升。**应试**大小试俱利。**求财**西方之财，图谋可得。**婚姻**男家有丧葬事，未成。**胎产**生佳儿，恐不育。**疾病**虚火烁金，急延西方医士。**捕获**贼在东南，已逸去。**失物**在东南破屋内，难寻。**远信**喜信，防失水。**鸦鸣**有火起。**鹊噪**有惊。

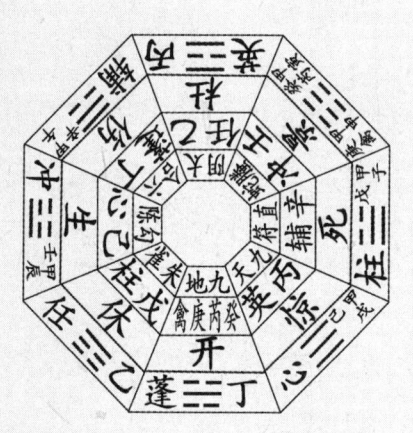

阴遁七局

大暑上元 处暑下元
秋分上元 大雪中元

丙 辛 日 戊 戊 时

孤申酉虚寅卯
天辅直符加七宫 杜门直使加九宫

乾 丙奇入墓 宫门比和
坎 宫克门
艮 蛇天矫奇格 门生宫
震 宫克门
巽 神假 宫门比和
离 门生宫
坤 门生宫
兑 辛仪加离为风泽中孚
杜门加离为风火家人
辅符加兑为龙虎争强格
无奇门 时干入墓

断曰：辅符与辛仪加兑，有学书学剑之义，非班超之投笔，即王粲之从军也。然值凶门乘之，无生之气而有死之心矣。直使入离，欲就其所生，而太阴上临，其为丰城之气乎？抑杜邮之赐乎？赖遇乙奇，有褚中之救，而本宫得玉女通神，可解。

兵事宫克星，门生宫，利为主。正北九地下，逢蛇矫奇格，不可立寨。宜就东南旧垒，以木栅为营，祭神布筹安众。更伏奇兵于离位，遣别将持火具，伏乾方高处。敌来不可迎战，从东北横击之。出行门不合，时逢入墓，远行不利。阳宅生门上乘勾虎，又不合奇，不宜动作。阴宅离宫有日月二奇，得太阴之蔽，午山可权厝。

附：占胜败主胜。虚实敌军将士不和，未动。攻城冬月可攻。守城防有奸细，严备北门。天时天色阴晦，上午云中，微现日影。地理行道穿伤，不吉。人事有谋未发。人从南方来者，可以倚托。田禾稻登，麦薄收。家宅女眷康宁。宅长不利远出，防有外孝。官禄地方多事，才能办理，可望升。应试不中。求财无得，更防争讼。婚姻中有阻隔，不成。胎产生女，产迟。疾病肝火炽盛，左金丸可愈。捕获盗匿东北山中，可获。失物有人盗去。远信千里内信至。鸦鸣有虚诈事。鹊噪当进熟物。

阴遁七局

大暑上元 处暑下元
秋分上元 大雪中元

丙日辛己亥时

孤酉戌虚卯辰
天辅直符加六宫　杜门直使加八宫

乾　符反吟　门生宫
坎　宫生门
艮　地假奇格　门迫宫
震　宫克门
巽　宫克门
离　宫克门　开与乙合　真诈　乙奇入墓　宫生门
坤　宫生门
兑　辅符加乾为风天小畜
杜门加艮为风山渐
辛仪加己为虎坐明堂格

断曰：辛符反吟入乾，以辅加心，足见文心之曲折矣。而更得生趣，是萧叔休之笔势，翩翩似鸟欲飞，而天语复假其羽毛也。乃直使入艮，似乎山有木，工则度之，而逢癸闭于九地之下，克战不宁，亦可云"金刚怒目，菩萨低眉"者矣。

兵事反吟受克，进兵不利。副将勇敢有谋，大可委任。宜就其地，移营并合，更伏奇兵于坤方，遣间谍游行于南北，敌来举炮为号，奇正并出，背西北，击东南。丙日又宜出唐符北方。**出行**宜出西南方，作事宜用机谋，亦防途中迷失。**阳宅**宜立坤门，七日后进六畜应。**阴宅**坤山艮向吉。作用时，西北方有嫁女哭声应。

附：**占胜败**主胜。**虚实**敌必潜师而至。**攻城**守将善谋，外廓不固，力攻可拔。**守城**外筑木城，以待援兵。**天时**云开见日。**地理**穴情路案俱佳。**人事**智虑深沉，雄心未发。**田禾**有年。**家宅**有进益，人口安，宜慎言语。**官禄**有荐举，可升。**应试**文不警策，房考不呈。**求财**贵人之财有得。**婚姻**旧戚联新姻，两家心愿，不烦媒妁。**胎产**得男后贵，母防血晕。**疾病**内因之症，宜节嗜欲。**捕获**盗匿公吏家。**失物**女人所取，三八日有消息。**远信**为友浮沉。**鸦鸣**东方有窃盗事。**鹊噪**主文书来。

阴遁七局

大暑上元
秋分上元
处暑下元
大雪中元

时子庚日壬丁

孤戌亥虚辰巳
天辅直符加五宫　杜门直使加七宫

乾　刑格　门迫宫
坎　宫迫宫
艮　开与丁合　休诈
震　休与丁合　虎遁　门迫宫
巽　宫生门　真诈　门生宫
离　飞宫格　门迫宫
坤　宫克门
兑　宫生门
辅符步五为风地观
杜门加兑为风泽中孚
辛仪加庚为虎逢太白格

断曰：辅符步五，以辛加庚，两虎相斗，北门之所以伤也。然不过文字争奇，清言往复，为空中之断，何病乎？杜使入兑，遇九天之飞，丙则光远而有耀矣。本宫休乙相合，成风虎之遁，亦有龙逃之嫌。得则为飞熊之入梦，失则为执拂之私奔。

兵事格遇飞宫，不利为客。贼伏九地之下，且遇刑格，亦不能至。宜伏于东南巽地，固守老营，扼据险要，运筹闭戊。若见有东南风起，可出东方，潜兵劫敌粮草。**出行**秋宜出东方，冬宜出东南。遇人必喜，并有邀留饮食。**阳宅**宜建巽门，见白衣人应。震方乘星不吉，不可用。**阴宅**巽山乾向上吉，卯山酉向次吉。作用时，见把火伐木人。

附：**占胜败**主胜。虚实敌已入境，军令过刻，将士不和。**攻城**围久可下。**守城**士卒多受矢石，宜设布幔皮帘，以备御之。**天时**阴。**地理**穴吉。**人事**见红光烛天，或闻金铁响声，主遇术士献书人。**田禾**麦丰，青徐尤熟。**家宅**人口康健，兑方空中有声，宜慎火烛。**官禄**盗案繁剧，上司见悦，得遇保举。**应试**文晦不中。**求财**立券为信，可得。**婚姻**男家不敢仰攀。**胎产**生男，母受伤。**疾病**肺中有火，宜清凉。**捕获**贼住正北水边。**失物**为瘦长人窃去。**远信**有信将至。**鸦鸣**有忧虑。**鹊噪**闻丁艰事。

阴遁七局

大暑上元 秋分上元
处暑下元 大雪中元

时丑辛日壬丁

孤亥子虚巳午
天辅直符加四宫 杜门直使加六宫

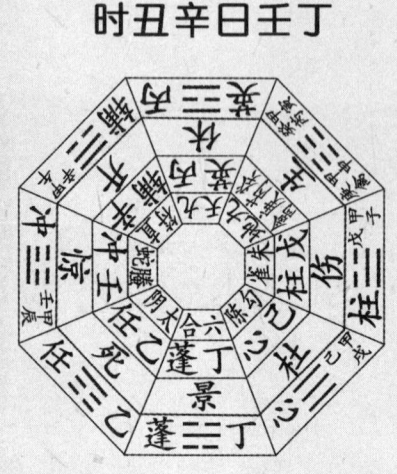

乾 门反吟 宫克门
坎 宫克门
艮 宫门比和
震 符伏吟 门迫宫
巽 门迫宫
离 宫门比和 丙奇升殿 门迫宫
坤 宫门比和
兑 宫克门
辅符伏巽为巽
杜门加乾为风天小畜
辛仪加辛为天庭自刑格

断曰：符伏使反，皆乘勾白之神，见人必语言不合，独坐亦念虑纷纭。而己己相比，辛辛如辨，伤心之事已多，开悟之期有待，何必人言愁，我始欲愁也。所喜九天体丙，合于离位，则丽日晴天，光风休畅，何不携双柑斗酒，往听黄鹂声耶？

兵事符伏门反，静中有动，大将宜安守老营，命副将统偏师南出，赤旗黑甲，飞骑挑战。遇敌当背西南，击东北。孟秋亭亭在未，更利。若敌不动，宜绕出正北东北二方，烧其攻具辎重而还。**出行**宜出正南方。中途有响声，防马惊。**阳宅**宜立离门，有大风或黑白禽飞过应。**阴宅**宜午山子向。作用时，见足疾人把伞至。

附：占胜败主胜。**虚实**防敌幕夜偷营。**攻城**有内应则拔。**守城**城中有敌党，宜巡察。**天时**微风细雨。**地理**地近通衢，向不合。**人事**有白衣人骑马远至，或马伏枥蹄啮。**田禾**禾麦俱薄收。**家宅**人口健旺。秋季不宜说闲事，有官讼。**官禄**迟升。**应试**得荐可中。**求财**宜密图，合伙不利。**婚姻**以姊妹为妯娌，可成。**胎产**双胎，得男，难产。**疾病**胃有停积，宜消导。**捕获**贼匪东北山下，有小桥。**失物**刀剑之属，为同事人所窃。**远信**有信未至。鸦鸣朋来。鹊噪有遗失事。

阴遁七局

大暑上元 处暑下元
秋分上元 大雪中元

时 寅壬 日 壬丁

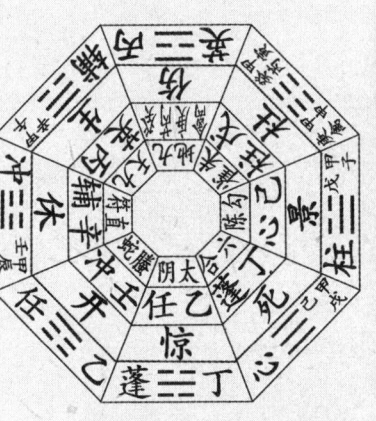

孤子丑虚午未
天辅直符加三宫 杜门直使加五宫

乾 门生宫 鬼假 丁奇入墓 门生宫
坎 门生宫 丁奇入墓
艮 门生宫
震 生与丙合 神遁 鸟跌穴 勃符
巽 门生宫 门克门
离 天乙与太白格 门迫宫
坤 神假 白入荧 奇格 门生宫
兑 门迫宫
辅符加震为风雷益
杜门步五为风地观
辛仪加壬为天庭逢狱格

断曰：辅符入震，为蒹葭之倚玉树乎？抑茑萝之系长松乎？而东邻借绿，破壁生辉，此生丙之所以合于本宫也。辛之加壬，非入林之斧斤，而为延津之宝剑矣。杜门入中，空思克取求益，而反受克于庚，且逢雀武之暗劫，财为争府，信哉！

兵事门克宫，不利主，兵戒后应。宜建旗鸣鼓，疾出东南生门，分伏于南北要害，背东南，击西北。正南必与敌遇，宜吹单哱啰，收住阵脚，让其进步。听中军起火一枝，伏发奋击，北方之伏，截其归路。出行东南可行。四里见金银，及炉冶物。阳宅利开巽门，闻南来歌唱声。阴宅巽山乾向吉。作用时，闻喜鹊喧噪为应。

附：**占胜败**主胜。**虚实**南方有伏贼。**攻城**有阴谋宜防。**守城**东北可虞。**天时**晴爽。**地理**东南左势，环绕有情。**人事**当有捷音。**田禾**丰收，徐地尤熟。**家宅**有官司贼盗，宜闭门谨守。**官禄**文书堆积，官虽逸，未能升。**应试**文不醒露，不中。**求财**不可往求，当自送来。**婚姻**媒妁有变，未必成。**胎产**迟产，生男。**疾病**脾土旧病，宜清中宫。**捕获**向西南方闻锣声，即可捕。**失物**窃去。**远信**迟滞。**鸦鸣**防争斗。**鹊噪**有和合事。

阴遁七局

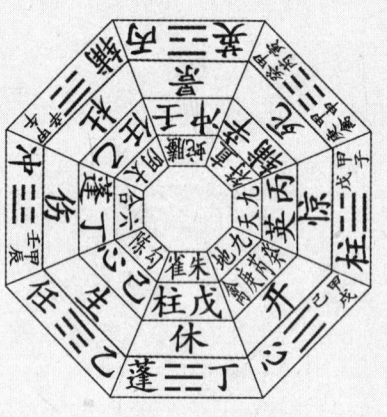

大暑上元 秋分上元
处暑中元 大雪中元

丁壬日癸卯时

孤丑寅虚未申
天辅直符加二宫 杜门直使加四宫

乾　刑格
坎　神假
艮　龙逃走　门伏吟
震
巽
离
坤　辅符加坤为风地观
兑　杜门伏巽为巽　辛仪加癸为虎投罗网格
无奇门　天网　丁日不遇

断曰：辛符加癸，得寅午两贵作合，可谓"文章有神交有道"者矣。然癸为网而辛为鸟，恐一入樊笼，便无复江海飞浮之想也。杜使归伏，逢乙奇之得使，则杜曲依然，莺声无恙，而时值太阴为君子之微行，出入可以自由，此巢许之所以为高耳。

兵事星克宫，不利主。时遇天网，不宜出战。乾遇刑格，坤遇飞宫，凡安营立寨，皆宜提防叛卒奸人，并偷营劫寨。惟巽方宜伏重兵，敌来则发伏，敌去则收兵。**出行**无奇门，不甚利。有急事欲行，当从天马。**阳宅**壬日可小修西北，尚防刑伤。**阴宅**冬月子山，季月艮山，但可浮厝，有老人持杖为应。

附：**占胜败**客兵负伤，主亦不胜。**虚实**敌已深入重地，防有阴谋秘计。**攻城**可从西北门破之。**守城**难守。**天时**不雨，有浓云。**地理**土色黑，风不藏，左砂亦无情。**人事**有雕刻木工。**田禾**欠丰，徐地尤歉。**家宅**财气大耗，阴人不宁。**官禄**有参罚。**应试**防病。**求财**无得且有患。**婚姻**男女俱有刑伤不吉。**胎产**生女当贵。**疾病**木郁之症，宜疏达少阳。**捕获**匿于水乡。**失物**窃去不可得。**远信**外有苟合，信故迟至。**鸦鸣**有惊。**鹊噪**防失财物。

阴遁七局

大暑上元
秋分上元
处暑下元
大雪中元

时辰甲日壬丁

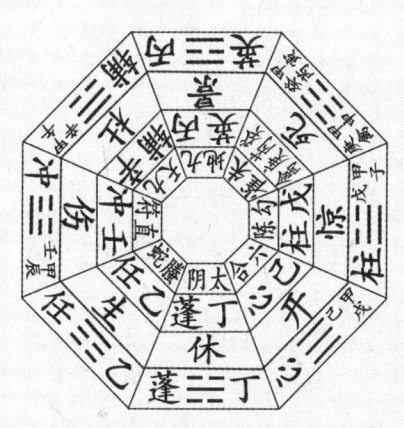

孤寅卯虚申酉
天冲直符加三宫
伤门直使加三宫

壬仪加壬为天牢自刑格
伤门伏震为震
冲符伏震为震
兑坤
离 丙奇升殿
巽
震 门符伏吟
艮 生与乙合 虎遁
坎 休与丁合 真诈
乾

天辅时

断曰：壬仪秉令，甲遁震宫。震之为象，实取乎雷，壬又从而助之，处东方发生之地，鼓之以雷而润之以雨，其动满盈矣。至于时名天辅，主有天恩转赦之占，则解之赦过宥罪也。星门不动，其匕鬯之不丧乎？

兵事门符比和，阳时利为客。宜从正北出兵，前后设伏，奇正相间。更宜于敌之左近，多备火器，伏于低暗之地，战时火炮齐发，左翼杀出。各营俱背东北，击西南。**出行**冬月宜出正北方，一里逢皂衣女人。季月出东北八里，入山防道旁有伏虎。**阳宅**修建坎艮二门吉。**阴宅**坎艮二山俱吉。艮山日时合元武，更利。

附：占胜败主胜。**虚实**贼兵联结死士，屯于西南。**攻城**可攻。**守城**谨备西北，防其内伏。**天时**有风雨。**地理**四势和平，坎艮二方有峰，人财大发。**人事**有水利木工。**田禾**丰，农人忙。**家宅**人口平安，宜兴造房屋。**官禄**将来可升。**应试**文佳，可拟元。**求财**仅可得半。**婚姻**门当户对，可成。**胎产**双胎，生女。**疾病**气血可亏，无大恙。**捕获**贼易获，未出境。**失物**在西方箱内可寻。**远信**遇一女人执白布来，即到。**鸦鸣**有不决事。**鹊噪**两家同日损人。

阴遁七局

大暑上元 处暑下元
秋分上元 大雪中元

时巳乙日壬丁
孤卯辰虚酉戌
天冲直符加八宫 伤门直使加二宫

乾 丁奇入墓 门迫宫
坎 门迫宫
艮 相佐 宫生门
震 门迫宫
巽 休与丙合 门生宫
离 白入荧 奇格 宫生门
坤 天乙与太白格 门迫宫
兑 地假 宫克门
冲符加艮为雷地豫
伤门加坤为雷山小过
壬仪加乙为日入地户格

断曰：乙奇居于艮宫，日之出旸谷而浴咸池者也。及壬符加于壬土，遂为冲木所克，起伟霆于霄际，摧劲木于岩巅，不得云白日扬光，雷车避藏矣。伤使迫支于坤，上乘勾白，与壬符遥遥相对，要亦虢虢之威，山鸣谷应耳。

兵事星门俱克其宫，利为客。从东南出师，以应重诈之吉，此方亦利安营。惟西北为奇墓门迫，不宜设伏，临阵宜背南击北。若于正南遇敌，则宜反客为主，俟敌先发而后出击。**出行**冬月宜出东南方。四里逢人问卜，或见皂衣妇人，所谋易遂。**阳宅**宜立巽门，百事称心。**阴宅**巽山乾向吉。作用时，有钟声应，进商音人财产。

附：**占胜败**主可欺客。**虚实**贼兵结党，意欲劫寨。**攻城**宜登高用飞火。**守城**城虽富足，内外夹攻，难守。**天时**天阴不雨。**地理**龙虽好，葬法不合，不发丁。**人事**宜选兵将。**田禾**农安，禾防虫。**家宅**宅不利，有孝服，幸得人协助。**官禄**官安，未即升。**应试**文涩，不中。**求财**无。**婚姻**不成。**胎产**生男，母有灾。**疾病**水土不分，宜分清调理。**捕获**待其再回可捕。**失物**在口旁人家，有信至。**远信**不发。鸦鸣有女人言事。鹊噪防贼。

阴遁七局

时午丙日壬丁

大暑上元 处暑下元
秋分上元
大雪中元

孤辰巳虚戌亥 天冲直符加九宫 伤门直使加一宫

乾 刑格 门生宫
坎 玉女守门 宫生门
艮 地假 门迫宫
震 宫生门
巽 龙逃走 宫克门
离 龙返首 相佐 符勃 宫克门
坤 宫生门
兑 休与丙合 重诈 宫生门
冲符加离为雷火丰
伤门加坎为雷水解
壬仪加丙为天牢伏奇格

断曰：丙奇升殿于离，甲龙从而返首，又有冲以生英，端门之照弥朗矣。乃壬能伤丙，且震离相合，电闪雷轰，列缺舒光，丰隆发响，虽广寒之殿依然，清辉岂无暂掩乎？伤使资水于坎，乘勾白而逢玉女，则又雨从北来，以助其砰磕者也。

兵事符值反首，大将利于居守；门受宫生，副将可使分兵。若贼在西北，不可赴战。宜据正西，列阵设伏于艮震山林之下，敌若走东南，则大将截其去路，副将合伏兵，从后击之。**出行**宜出正西方，路逢黑衣妇人，同孩子汲水。**阳宅**宜立兑门，有拄杖妇人东来应。**阴宅**宜酉山卯向。作用时，有乌鸦飞鸣过应。

附：占胜败客兵大败。**虚实**敌必偃旗息鼓，乘昏袭击。**攻城**大张声势，乘风纵火，开门纳降。**守城**城郭不完，难守。**天时**晴。**地理**有龙气，惜左砂少护。**人事**料量兵器，见勾曲伤损篆刻之物。**田禾**麦有虫灾，禾防风损。**家宅**祖居甚吉，可望发贵，惟嫌兄弟不睦。**官禄**可升。官况淡薄，略有虚惊。**应试**可中。**求财**不能如意。**婚姻**男有疾。**胎产**生男，后贵。**疾病**伤食，脾胃不和，易瘥。**捕获**盗在西北。**失物**失于正北，防有伤损。**远信**迟至，子日有土姓人来传信。鸦鸣有密语。鹊噪进财帛。

阴遁七局

大暑上元 处暑下元
秋分上元 大雪中元

时 未丁日壬丁

孤巳午虚亥子
天冲直符加一宫 伤门直使加九宫

乾 乙奇入墓 门生宫
坎 相佐 门生宫
艮 虎猖狂 宫生门
震 休与丙合 重诈 鸟跌穴 勃符 门生宫
巽 门生宫
离 门迫宫
坤 地假 格刑 门迫宫
兑 丁奇升殿 门迫宫
冲符加坎为雷水解
伤门加离为雷火丰
壬仪加丁为太阴被狱格

断曰：丁奇在坎，火入水池，密云方布，明星掩辉矣。于是壬符得之而乐其旺，冲宿得之而喜其生，发迅霆于云中，起神龙于海底，有不崇朝而遍天下之象焉。伤使又乘勾白而入离宫，与符相对，殆谚所云"南山闪，北山照"者欤？

兵事星受宫生，阳时利客。大军往正东屯扎，扬兵于东北高处，多鼓作气，遣游骑至兑方，鸣金鼓噪，即伏不动。敌从东南来，不可迎敌，避其前锋，遣副将绕出敌后，背巽孤，击乾虚。若敌走西南，勿追。**出行**宜出正东方。逢病目人，或见幽晦物。**阳宅**宜立震门，有渔猎人至。**阴宅**宜卯山酉向。作用时，东北方有人携盖至。

附：**占胜败**客胜。**虚实**敌有诡计，防其偷劫。**攻城**城守甚固，须用地道而入。**守城**宜向东西求援。**天时**天阴，有暴风。**地理**右水反跳，不吉。**人事**见鼓乐旗枪，或进果实切割之物。**田禾**有年。**家宅**白虎房高，人多疾疫，更防官讼。**官禄**有荐举，可升。**应试**积德累仁，鬼神默佑，获中第七。**求财**有口舌，防失脱，无得。**婚姻**女不寿。**胎产**生女，难产。**疾病**胃中有伏火，宜白虎汤。**捕获**盗匪东南，伙伴不和，有呈首者。**失物**向正南寻觅。**远信**未至。鸦鸣有女人来。鹊噪当进东南财物。

阴遁七局

大暑上元　处暑下元　秋分上元　大雪中元

丁壬日戊申时

孤午未虚子丑
天冲直符加七宫　伤门直使加八宫

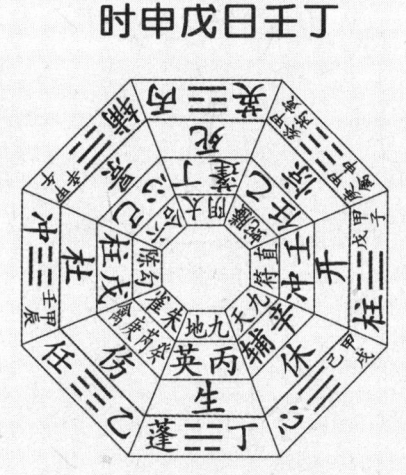

乾　宫生门
坎　生与丙合　天遁
艮　奇格　门迫宫
震　宫门比和
巽　宫生门
离　鬼假　宫生门
坤　乙奇入墓　宫生门
兑　符反吟　宫门比和
冲符加兑为雷泽归妹
伤门加艮为雷山小过
壬仪加戊为青龙入狱格
壬日不遇

断曰：时干六戊，居于兑宫，壬符加之，见伤于戊土；冲宿临之，受制于柱金。盖时当阴遁，兑属正秋，雷固宜于收声，不嫌其反而藏也。然符则雷藏泽中，随时休息；而伤使独乘雀武，往迫艮宫，似有殷其山阳者。岂秋行春令，乃不发而震耶？

兵事门迫宫，宫克星，主客互有胜负。阳星加阳时，宜先发制人，高旗鸣鼓，扬兵于西北。即潜师疾走，杀出北门，背北击南。离方有鬼假，可以设诈愚敌。**出行**正北合天遁，出门遇瞽目人应吉。**阳宅**坎宅最利，起造有黄白鸟从西北来应。**阴宅**子山午向利，有吏卒持刀相斗应。

附：占胜败主得利。**虚实**意欲偷营。**攻城**有降意，尚未定。**守城**危而后安。**天时**有雨，午日占晴。**地理**廻龙逆结，可用。**人事**有盗贼文案，或女人口角。**田禾**水旱调和，北地大有。**家宅**防小人，宜兴造，夫妻不睦。**官禄**升后有参罚。**应试**试官得意，却不中。**求财**大发暗财，或贵人馈遗。**婚姻**反覆不成，成亦不睦。**胎产**女胎，生时有惊。**疾病**梦泄下痢之症，宜清肺气。**捕获**盗在东北山中。**失物**已伤，或沉于水。**远信**将到，内有密语。**鸦鸣**和合事。**鹊噪**防伤损。

阴遁七局

丁壬日己酉时

孤未申虚丑寅
天冲直符加六宫　伤门直使加七宫

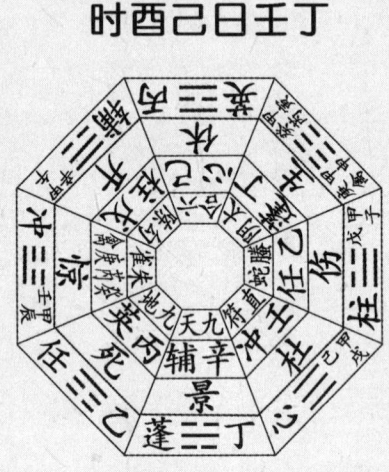

大暑上元　处暑下元
秋分上元　大雪中元

乾　宫克门
坎　宫克门
艮　宫门比和　上格　伏宫格　门迫宫
震　门迫宫
巽　门迫宫
离　生与丁合　真诈　雀投江　宫门比和
坤　门反吟　宫克门
兑　伤门加兑为雷天大壮　冲符加乾为雷泽归妹　伤仪加己为天地刑冲格　壬日飞干格　丁日伏干格

断曰：震宫之壬，逢禄于亥，盖将奋迅雷之崇崇，驰壮音于天上者。而己干心宿，星仪并受其伤，腾跃渍薄之威，能无少霁乎？况乾金旺于初冬，固不以雷为瑞，而伤使反吟，受克于兑，且逢庚格，上有蛇神，则推车之阿香，亦倦而返矣。

兵事星门俱受宫克，不可出兵。但旧营亦不安稳，当移于西南平地有池水处。副将居左，伏兵居右，闻东方贼来，不可轻出。若失火虚惊，亦不可乱动，不久自定，更不宜发檄。**出行**宜出西南。路逢女人，或术士，主有文书事。**阳宅**宜建坤门，有黑禽飞过应。**阴宅**坤山艮向吉。作用时，西方有人争闹应。

附：**占胜败**主胜。**虚实**防敌潜师来袭。**攻城**兵强将勇，不宜急攻。**守城**宜筑重围，坚守勿出，无虞。**天时**时雨早降。**地理**有斜沟穿破，主山案砂低卸。**人事**见人执挂杖花枝，或闻虚声，或翻旧案。**田禾**麦丰，西南大熟。**家宅**宅长康宁，小儿防跌仆，秋月慎火烛。**官禄**命案繁剧，身心俱劳。**应试**文高华，中第一名。**求财**西南女人之财，告贷有得。**婚姻**女家不肯。**胎产**生男，易产，母安。**疾病**金旺木衰，清金可愈。**捕获**盗在正东，易获。**失物**在东南，可寻。**远信**千里内者即至。**鸦鸣**征召文书。**鹊噪**虚惊。

阴遁七局

丁壬日庚戌时

大暑上元 秋分上元
处暑下元 大雪中元

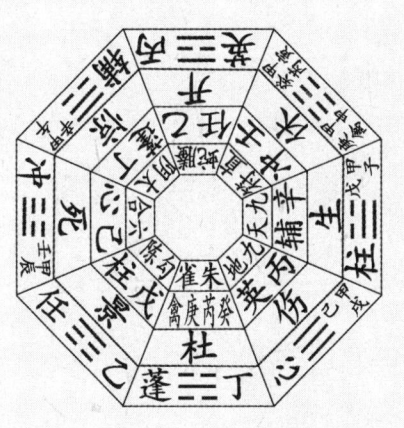

孤申酉虚寅卯
天冲直符加五宫 伤门直使加六宫

乾 丙奇入墓 宫克门
坎 蛇夭矫 奇格 宫克门
艮 门生宫
震 鬼假 宫克门
巽 门迫宫
离 开与乙合 宫克门
坤 飞宫格 宫克门
兑 门生宫
冲符步五为雷地豫
伤门加乾为雷天大壮
壬仪加庚为天牢倚势格
壬日飞干格 丁日伏干格

断曰：中央之土，寄于季夏，正当土润溽暑，大雨时行之际，固宜雷出地奋，以成豫象。乃步五而被格，訇棱之响不发，何以宣幽出滞乎？伤使受克于乾，上乘九地，而逢丙之入墓，盖符既虺虺其雷，而使复瞳瞳其阴者也。

兵事宫克门，星克宫，主客互有损伤。正北坎方，贼甚猖獗，宜伏趫悍于其左近，预藏地雷。大兵一出正南，一出正西，别遣游兵，潜出东南，疾趋北伐。前伏起火一枝，三路合力进剿。**出行**宜出正南。行九里，见猪马，或妇人担伞。**阳宅**宜开南门，有残疾患眼人至。**阴宅**午山子向可用，有窑灶火惊为应。

附：**占胜败**主兵胜。**虚实**敌最黠，宜慎。**攻城**宜火攻。**守城**宜备南门，或诈降诱贼。**天时**阴雾迷空。**地理**龙虎有情，但穴下有蚁。**人事**有患目人，估计田土。**田禾**有蝗，梁地丰。**家宅**宅宇不吉，阴人有病。**官禄**有参劾。**应试**文不合式。**求财**秋占当大获。**婚姻**女佳，男不吉，有刑克。**胎产**生男不育，产母有疾。**疾病**脾胃受伤，且有伏火，宜下之。**捕获**盗匿于北，闭户拒捕。**失物**物已伤损，在东北。**远信**尚无。**鸦鸣**见争夺财物。**鹊噪**防脱赚。

阴遁七局

丁日壬辛亥时

孤酉戌虚卯辰
天冲直符加四宫 伤门直使加五宫

秋分上元 大暑上元
处暑下元 大雪中元

乾 门迫宫
坎 鬼假 门迫宫
艮 丁奇入墓 宫生门
震 仪开与乙合云遁 乙奇升殿 门迫宫
巽 仪刑 门生宫
离 荧入白 门迫宫
坤 宫生门
兑 太白与天乙格 宫克门
冲符加巽为雷风恒
伤符步五为雷地豫
壬符加辛为白虎犯狱格

断曰：符居震宫，往加于巽；冲与辅比，壬受辛生，是雷以动之，雨以润之，而飞廉复助以风之散也。然仪逢击刑，则迅烈过甚，禾偃木拔者有之。伤使步五为迫，而庚复克之；五宫有庚见格，而丙亦制之，阴阳搏击，愈增其震动之威矣。

兵事门迫宫，阳星加时，利为客。西南荧惑入白，一闻塘报，即提正兵出东门。旋伏奇兵于东北，人鸣金鼓，遣副将邀截其北。别遣参佐，潜入西南，破其巢穴，夺其辎重，我亦有伤。**出行**宜出东方。三里内，逢土木工匠争论。**阳宅**宜开东门，有武士执兵器应。**阴宅**卯山酉向吉。作用时，有妇女把火为应。

附：**占胜败**后应者胜。**虚实**敌据仓廒，尚无斗志。**攻城**闭门谨守，宜偷焚其仓库。**守城**宜屯重兵于正东。**天时**久雨不晴。**地理**土色青黑，防棺速朽，不吉。**人事**马有倒毙，宜换牧场。**田禾**丰，东方更熟。**家宅**防老阴人暗伤心常忧郁，却能发财。**官禄**极得士心，秋月可升。**应试**文防遗失，不中。**求财**当获天财。**婚姻**女畏男，不就。**胎产**生男，产母病。**疾病**防血热妄行，宜用凉剂。**捕获**匿于正西，门前有积土。**失物**为西北黄衣老人所得。**远信**被阴人惊失。**鸦鸣**军卒争斗。**鹊噪**尊长口舌。

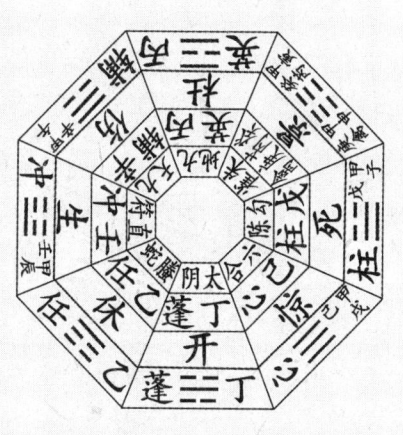

阴遁七局

大暑上元 秋分上元 处暑下元 大雪中元

戊癸日壬子时

孤戌亥虚辰巳
天冲直符加三宫 伤门直使加四宫

乾 宫门比和 开与丁合 真诈 门生宫
坎 符伏吟 宫与乙合 虎遁 宫克门
艮 符伏吟 宫克门
震 丙奇升殿 门生宫
巽 门生宫
离 门生宫
坤 门生宫
兑 冲符伏震为震 伤门加巽为雷风恒 壬仪加壬为天牢自刑格

断曰：壬仪壬干，符为伏吟，盖肆大夏而有烈，奋严冬而弗经，当伏而伏，所以从时也。况雷虽伏藏，而奋迅之理自在，使阳气萌动于下，则起于起处矣。伤使加巽，宫门比和，而乘九天之神，似将有动机者。岂雷未发声，雊先闻而雏耶？

兵事宫门比和，符伏不宜出兵；阳星加时，亦可为客。宜潜师出正北开门，仗玉女太阴之灵，神鬼不觉。敌若不动，宜于正南立营，压其垒而军之。战时背东之直符，击其西。**出行**秋冬出正北一里，逢人谋议文书。冬月出东北八里，逢皂衣妇人。**阳宅**修坎艮二方吉。**阴宅**子山艮山皆利。作用时，西方有人大叫。

附：**占胜败**主胜。**虚实**贼伏不动，事多虚诈。**攻城**可攻。**守城**正北当备。**天时**有风雨，戌日当晴。**地理**龙气佳，人财两旺。**人事**宜调兵遣将立营。**田禾**丰，东北尤熟。**家宅**宅宜小修，可发财丁。**官禄**秋月可升。**应试**文气弱，名次在后。**求财**贵人之财，可求。**婚姻**路甚遥，因亲可成。**胎产**生女，吉。**疾病**肺气不宁，当清理，旧方宜改。**捕获**贼党甚伙，急宜捕。**失物**向原处寻，可获。**远信**喜信即至。**鸦鸣**有贼结联而至，或主失脱。**鹊噪**主先喜后忧。

阴遁七局

大暑上元　秋分上元　处暑下元　大雪中元

时丑癸日癸戊

孤亥子虚巳午　天冲直符加二宫　伤门直使加三宫

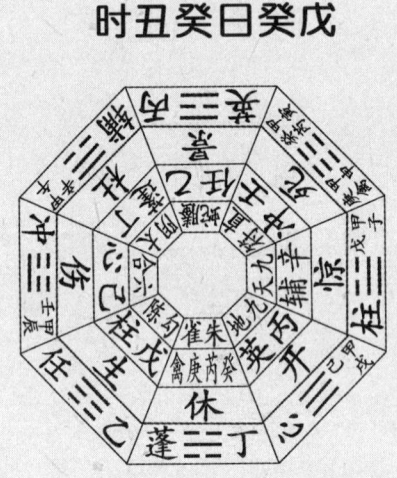

乾　开与丙合　重诈　丙奇入墓
坎　蛇天矫　奇格
艮　神假　物假　门伏吟
震　地假
巽　飞宫格
离
坤　冲符加坤为雷地豫　伤门伏震为震
兑　壬仪加癸为阴阳重地格
天网

　　断曰：符以震之冲木，加坤之芮土，其骇气奔激，本足以奋地而出，乃遇癸则藏，逢庚又格，闭而弗启，阻而弗通，几于无雷之国矣。伤使归伏，天网方张，而又有柱金以疏之，合神以和之，既无郁积之气，孰为震荡之机？恐属愆阳为患耳。

　　兵事星克宫，利于为客。虽属天网，阳时加之，亦可出兵。敌在正北，宜衔枚摘铃，疾出西北开门，掩其不备，方合蛇矫之格。震巽二宫有假，宜曳柴伪遁，发东南之伏，截其去路。**出行**秋冬宜出西北方。六里逢贵人，或见贵家旧器，防失路。**阳宅**利修乾方，当得地产。**阴宅**乾山日时俱合元辰，年月上再得一位，又地支旺相，主世代荣华。

　　附：**占胜败**主胜。**虚实**防其暗劫。**攻城**宜先伏后攻。**守城**谨备西北，防有内应。**天时**天不晴爽。**地理**假局，向不利，兼露风。**人事**与黄衣人笑谈工事。**田禾**欠丰，西北稍熟。**家宅**人不宁，宅中六亲，俱外亲内疏，人情不佳。**官禄**上司不喜，欠利。**应试**难中。**求财**有口舌，难得。**婚姻**未娶妻，先畜妾，不成。**胎产**生女，难产。**疾病**腹内疼痛，五日见效。**捕获**贼与同伴，匿于造酒人家，可捕。**失物**向东北寻，仅得其半。**远信**以女色留连不至。**鸦鸣**事有急迫。**鹊噪**有信不吉。

阴遁七局

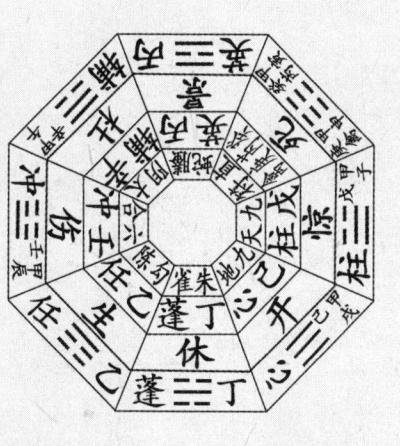

大暑上元 处暑下元 大雪中元
秋分上元

戊癸日甲寅时

孤子丑虚午未
天芮直符加二宫 死门直使加二宫

乾 休与丁合
坎 生与乙合 虎遁
艮 丙奇升殿
震 门符伏吟
巽 仪刑
离
坤 死门伏坤为坤
兑 芮符伏坤为坤
癸仪加癸为天网重张格
天辅时 戊日不遇

断曰：癸水以涓涓细流，居于坤位。虽在长生，尚未滥觞，岂能有济？芮星为符，死门为使，居则抑郁无聊，出亦枘凿不入。幸其时为天辅，即或脾胃肢体之间，微有不仁，而移时可以解散，非锢疾也。若能清心寡欲，自可继长增高。

兵事伏吟不利举动，天辅宜行赦宥，癸日尤当散财施惠，以结士心。凡军中有材干者宜擢用，有疾病者宜省问，有抑冤者宜者申理。正北东北二军，尤为得力，宜加赏赐。夏日宜给药物防疫。**出行**东北合虎遁，出其方，求财必获。正北上乘雀武，防口舌。**阳宅**宜建艮门。坎方有蓬星，修造不利。**阴宅**艮山子山俱利。作用时，有怀孕妇人至应。

附：**占胜败**胜败相等。**虚实**敌有深谋，伏而未发。**攻城**宜缓图。**守城**防将士有叛应者。**天时**早晚阴云，日中天朗气清。**地理**案山层耸，明堂宽敞。**人事**体倦神疲，似病非病，当有伏暑。**田禾**麦有秋，禾如旧年。**家宅**荫庇之下，安静获吉，同居不睦，宜谦让。**官禄**任久升迟。**应试**文高，可望中。**求财**本分之财有得。**婚姻**指腹为婚，可成。**胎产**生女，母多病。**疾病**湿气伤脾，迁延时日。**捕获**盗匿北方大泽中。**失物**在原处可寻。**远信**未发。**鸦鸣**防火烛事。**鹊噪**邀赴喜筵。

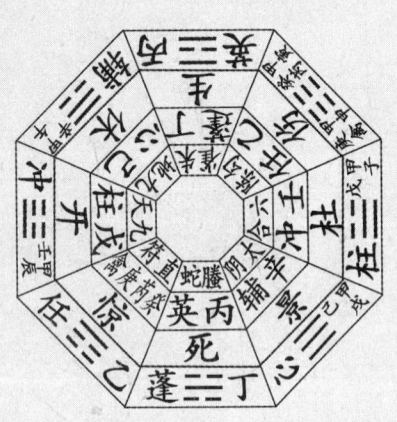

阴遁七局

大暑上元 处暑下元
秋分上元 大雪中元

戊癸日乙卯时

孤丑寅虚未申
天芮直符加八宫 死门直使加一宫

乾 门迫宫
坎 玉女守门 门迫宫
艮 相佐符反吟 宫生门
震 门迫宫
巽 门迫宫
离 乙奇入墓 门迫宫
坤 宫克门
兑 芮符加艮为地山谦
死门加坎为地水师
癸仪加乙为日沉九地格

断曰：芮符到艮，以为吾臭味也，而培塿见泰山，则瞿然自失。独乙干为高岭之桂，得癸相加，不啻露华浓浥也。直使入坎，玉女守之，又得丙奇照曜，为赋"二十四桥明月夜，玉人何处教吹箫"矣。然门既被迫，又乘蛇神，恐不免憔悴芙蓉耳。

兵事符反门迫，利于倍道疾击，乘乱杀贼；又宜旁联应合之兵，併力进攻。命副将率敢死之士深入，得贼亲信之人，或贼营妇女，即用为反间。收军屯于巽地，列阵于南，以招流散。**出行**宜出正南。路逢醉客，或闻人笑语。**阳宅**宜立离门，有青衣人至。**阴宅**宜午山子向。作用时，有疾风闻雷声应。

附：**占胜败**客败。**虚实**探听未确。**攻城**急攻东门可拔。**守城**城中有敌党羽，宜小心巡缉。**天时**晴。**地理**朝案明堂俱吉。**人事**少女衣红，或车赤幔，见尊长不忍别。**田禾**麦丰，南方大熟。**家宅**有虚惊，小口不安，冬月防火烛。**官禄**特升。**应试**文佳，魁星出现，取中。**求财**当得南方文士之财。**婚姻**成，非佳耦。**胎产**生男。**疾病**火炎水亏，宜壮水之主。**捕获**在南方，假作商贾。**失物**在东方，林木中。**远信**中途沉搁。**鸦鸣**有阴私事。**鹊噪**有财帛进益。

阴遁七局

戊癸日丙辰时

孤寅卯虚申酉
天芮直符加九宫
死门直使加九宫

大暑上元 处暑下元
秋分上元
大雪中元

乾 休与丁合 丁奇入墓 宫生门
坎 生与乙合 龙遁 门迫宫
艮 门迫宫
震 宫门迫宫
巽 宫门生门
离 龙返首 相佐 符勃 白入荧
奇格 时干格 宫生门
天乙与太白格
坤 宫门比和
兑 芮符加离为地火明夷
死门加离为地火明夷
癸仪加丙为明堂犯悖格
丙奇得使遇甲 戊日飞干格

断曰：返首遇甲，符使皆吉，而不虞庚之旁挠也。于是有入荧之患，格勃之凶，譬犹善画月者，必烘云以托月，而渲染之中，杂以点渍，则云病即月病矣。独喜离宫之丙，乘旺有气，而符使亦俱受生，所谓"篱之牢者犬不能入"也。秋时则宜慎之。

兵事宫生星门，又返首遇甲，似乎主客俱利；却逢六庚同来，非本营参佐有变，即防奸细行劫。宜随天芮所在，避入巽方，得禄神奇仪合化；更设奇兵于乾坎二方，以为救应，化凶为吉。**出行**出北方求财最利。西北奇墓，事有阻滞。**阳宅**宜立乾坎二门，有贵人至应。**阴宅**宜乾山子山。作用时，有鸦鸣鼓声为应。

附：**占胜败**主胜。**虚实**敌营有内患，未能深入。**攻城**火攻可拔。**守城**终夜有虚惊，士卒多丧亡。**天时**晴而有风。**地理**土龙金星结穴，土如灰尘。**人事**人有同行不合，事有兵粮急迫。**田禾**麦熟禾歉。**家宅**夏月防孝服，秋月有虚惊，宅长安宁。**官禄**安久未升。**应试**文佳可中。**求财**有得有失。**婚姻**女家不允。**胎产**生女，百日内防急惊风。**疾病**水火不和，调其心肾可愈。**捕获**盗在西北酒肆中，有老妪倚门观望。**失物**失于西南隅。**远信**千里内者至。**鸦鸣**有大吏寻访。**鹊噪**邀请宴会。

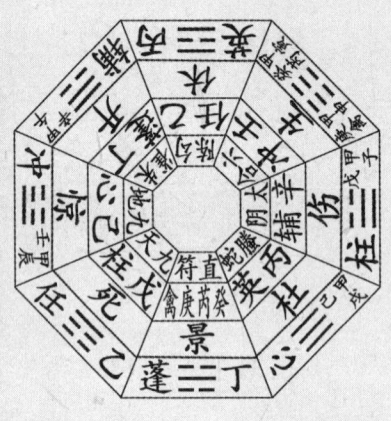

阴遁七局

大暑上元 处暑下元
秋分上元 大雪中元

戊日癸丁日巳时

孤卯辰虚酉戌
天芮直符加一宫 死门直使加八宫

乾 丙奇入墓 宫克门
坎 相佐 蛇天矫 奇格 宫克门
艮 门反吟 宫门比和
震 门迫宫
巽 开与丁合 门迫宫
离 宫休与乙合 门迫宫
坤 宫门比和
兑 芮符加坎为地水师
死门加艮为地山谦
癸仪加丁为螣蛇夭矫格

　　断曰：芮符加丁，相佐之吉也。癸仪加丁，又为夭矫之凶，何吉凶之互见若此哉！盖从旁之庚，时为掣肘，则吉不能成，而凶且立见。故《同人》有"于宗"之吝，《春秋》有"专责"之法。而使入九天，又值反吟，恐秦庭之哭，无救于曹社之谋耳。

　　兵事符遇庚格，门值反吟，不宜出兵。交战更防行伍错乱，自相争斗。宜陈兵于巽离二方，申明约束，细查奸究，退藏西南。敌若猝至，则以正南东南二军，击其西方，可胜。**出行**秋宜出东南，冬宜出正南。出东南逢儿童，出正南见白衣人。**阳宅**宜立巽离二门，阴日有孕妇至。**阴宅**巽山午山俱吉。作用时，有贵人骑马过应。

　　附：占胜败主胜。**虚实**敌营有变。**攻城**先伏精锐于东南，以羸师张之，俟内出掠，拔帜而登。**守城**严守可保。**天时**阴。**地理**穴凶。**人事**地土之事，反覆办理。**田禾**麦丰，东南大熟。**家宅**人口多病，僮仆不和，宅长有文名。**官禄**同寅不协，难升。**应试**不中。**求财**友朋之财可得。**婚姻**有阻，不成。**胎产**生男易产，卧房不吉，母有灾晦。**疾病**心肾不交，寤寐不宁，反覆难瘥。**捕获**盗匪东南，易获。**失物**在本家东北方高阜处。**远信**至。鸦鸣有贵客来。鹊噪闻孝服事。

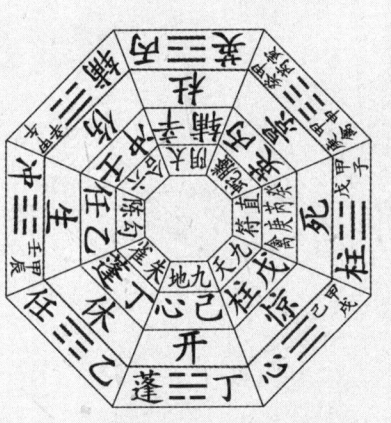

阴遁七局

大暑上元 处暑下元
秋分上元 大雪中元

戊日癸日戊午时

孤辰巳虚戌亥
天芮直符加七宫 死门直使加七宫

乾 宫门比和
坎 门生宫
艮 休与丁合 丁奇入墓
震 生与乙合 云遁 乙奇升殿 宫克门
巽 门生宫
离 宫门比和
坤 鸟跌穴 荧入白 勃符 门生宫
兑 太白与天乙格 时干格 门生宫
芮符加兑为地泽临
死门加兑为地泽临
癸仪加戊为青龙入地格
戊日伏干格

断曰：土符入兑，欲以生金，而癸与戊遇，则化火以克金，是揠苗助长，无益而有害者也。然癸水本出于土，而见元符之戊，则化以生土，此感恩知己之报，岂有害金之心哉！独是土旺则金盛，而化火则无水，恐金藉土生，而金之所生，其不昌矣。

兵事星门生宫，利于为主。阴星加阳时，内开外阖，宜不时操练，部署井然。移营于北，以避芮星之凶；设伏于南，以仗丙辛之合，临期出生门，入伤门。若遇于西南，即宜飞击，不可缓。**出行**秋冬宜东北，夏季宜正东。东北遇少女，正东遇富室争财。**阳宅**主艮门防口舌，立震门防争讼。**阴宅**卯山艮山俱可用，葬时有白衣大腹人至为应。

附：**占胜败**后应则胜。**虚实**贼即去。**攻城**城虽易破，死亡相等。**守城**宜守正北。**天时**浮云蔽日。**地理**龙气不清，且无生气，欠吉。**人事**追寻旧籍，慰唁死亡。**田禾**山东大熟。**家宅**家有两贵，防丧服，主退财。**官禄**贪财致祸。**应试**卷防水污斑点。**求财**季月大利。**婚姻**女佳，男不寿。**胎产**生女，产母健。**疾病**脾土不运，宜半消半补。**捕获**妇女为盗，当在东北。**失物**在西北马厩边。**远信**有惊信，即至。**鸦鸣**防火惊。**鹊噪**有喜。

阴遁七局

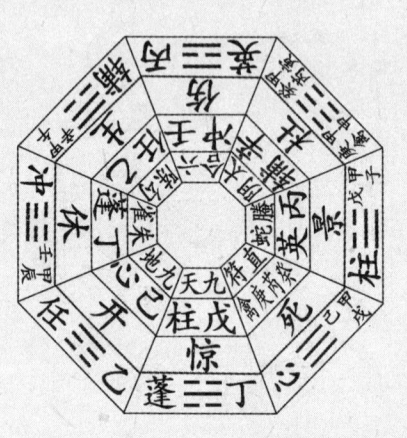

大暑上元 秋分上元 处暑下元 大雪中元

戊日癸己未时

孤巳午虚亥子
天芮直符加六宫 死门直使加六宫

乾 刑格 时干格 门生宫
坎 门生宫
艮 宫生门
震 休与丁合 门生宫
巽 生与乙合 风遁 龙逃走 宫克门
离 门迫宫
坤 门迫宫
兑 门迫宫
芮符加乾为地天泰
死门加乾为地天泰
癸仪加己为华盖入明堂格
癸日不遇

断曰：芮符死使，并趋于乾，如尘雾障天，昏暝掩昼，事不可为矣。而癸受己克，庚复刑己，此蛮触之交争，蚊蛭之战斗，不辨是非者也。乃生乙合于巽位，欲取蟹弧以先登；休丁临于震宫，思逞鸱张以行劫，将毋表邪者影不正耶？亦返其本而已。

兵事星门生宫，阴时不利为客。巽逢龙走，先举者大伤。正北当设疑阵，虚张声势，一伏东北山谷，一伏西南平洋，皆宜黑旗黑甲。俟敌来攻东南，则出震门御之，伏兵为两翼夹攻。**出行**东南龙走将凶，不宜出。正东奇仪相合，可行。当见女工彩色物。**阳宅**利开东门，南方有双黑禽至。**阴宅**卯山酉向吉，葬时白衣道人携饮食过。

附：占胜败客胜。**虚实**即有大战。**攻城**两各负伤。**守城**东北当受敌，防穿地道。**天时**先阴后朗。**地理**龙不合，不宜用。**人事**当移营徙屋。**田禾**麦熟禾薄收，青州全丰。**家宅**不发财且多病，宜移徙。**官禄**同僚不睦，未升。**应试**文甚空灵，中后防病。**求财**不得。**婚姻**男女俱有刑伤。**胎产**生女，防难产。**疾病**肺家有水气，宜渗水。**捕获**捕宜向正东寺观。**失物**为兵卒所得。**远信**将至。鸦鸣财库处，防有火惊。鹊噪喜信到家。

阴遁七局

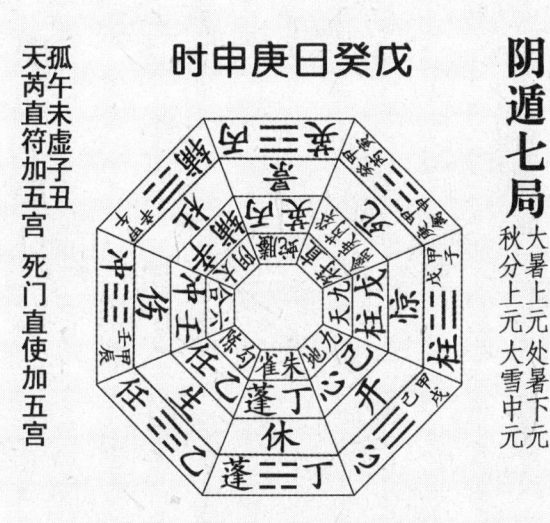

大暑上元 处暑下元
秋分上元 大雪中元

戊癸日庚申时

孤午未虚子丑
天芮直符加五宫 死门直使加五宫

乾 休与丁合
坎 生与乙合 虎遁
艮 门奇伏吟 大格 小格 飞宫格
震 丙奇升殿
巽 仪刑 伏宫格
离
坤 芮符步五为坤 死门步五为坤
兑 癸仪加庚为天网冲犯格 癸日飞干格伏干格

断曰：符使步五，似伏而非伏，譬之狐兔见穴思藏，而不知其为虎窟也。于是虎亦踵至，而狐兔遂无所逃其死矣。况庚之伺瞰者有日，恨无隙之可乘，乃欲张疏漏就弃之网以撄之乎？恐在网中者可制，而在网外者难防也。

兵事门符俱伏，不宜发兵；飞干伏干，尤为不利，所谓"时加六庚，抱木而行"也。不得已而应，宜出东北生门，转入正东伤门，伏兵于乾巽二方，秣马蓐食，待时而动，不宜躁急挑战。**出行**冬月出正北一里，见水族物，防失水。季月出东北八里，见公吏，防官事。**阳宅**修坎艮二门吉。**阴宅**宜坎艮二山。癸丑山日时合元武，更利，有吏卒至为应。

附：**占胜败**主客互相损伤。**虚实**彼此互往，上下相攻。**攻城**宜预伏城内。**守城**备西北，防奸细。**天时**天晴，更起风。**地理**龙脉伤损，两肩露风，防有白蚁。**人事**宜筹画军机。**田禾**不丰，东北方熟。**家宅**宅有冲射，人口不宁，防孝服。**官禄**上下不和，难升。**应试**场中加意小心。**求财**从口舌中得。**婚姻**成。男家有灾变，未即娶。**胎产**生女有灾。**疾病**日轻日重，淹缠。**捕获**贼为水客，宜急捕。**失物**向原处寻。**远信**不即至。**鸦鸣**防火起。**鹊噪**有喜信从北方至。

阴遁七局

戊癸日 辛酉时

大暑上元 处暑下元
秋分上元 大雪中元

孤未申虚丑寅
天芮直符加四宫
死门直使加四宫

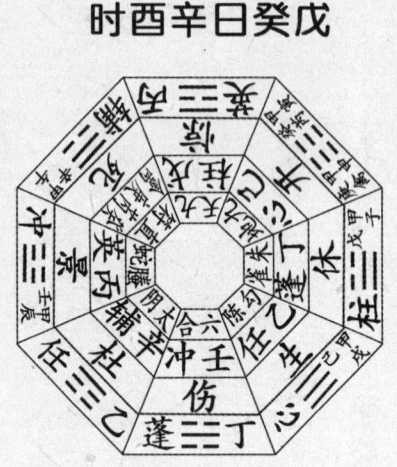

乾宫 生与乙合 乙奇入墓 门生宫
坎宫 生门
艮宫 虎猖狂 门迫宫
震宫 生门
巽宫 仪刑 时干格 宫克门
离宫 格弄 宫生门
坤格弄与丁合 丁奇升殿 宫生门
兑宫 休门
芮符加巽为地风升
死门加巽为地风升
癸仪加辛为华盖受恩格

断曰：辛之在巽，得己为炉，其陶镕者精矣。乃以坤宫符使加之，既无拂拭之勤，却受埋藏之累，岂所谓"掩关独梦，尘生宝钗"者耶？至本宫得开，似有虚室生白之象，而九地暗晦，恐非幽忧之在中，即沉沦之多感也。

兵事宫克星门，又击刑，不利出兵。坤方遇格，亦不可安营。宜休兵于兑地，设奇于乾方，皆坚壁勿动。置烽烟于正东林内，令将守之，敌至烟举，则乾兑二军并出，背申孤，击寅虚，为得势。**出行**正西休门，星奇升殿，出其方作事皆吉。西北奇墓，不可往。**阳宅**兑乾二门俱可建，阳日捕鱼人至应。**阴宅**乾山酉山吉。作用时，群鸦四噪，远寺钟声应。

附：**占胜败**胜负相均。**虚实**敌兵即至。**攻城**城中无备，长驱直入。**守城**兵寡粮尽，外无救援，难保。**天时**阴晴忽变。**地理**主山歆侧，左砂不合，不可用。**人事**相从之人甚众，情事却有参差。**田禾**麦有秋收，西北尤熟。**家宅**房屋不利，有刑伤，有官讼。**官禄**宜告休。**应试**不中。**求财**有得，防争闹。**婚姻**男早夭。**胎产**生男，易产，母有疾。**疾病**肾水不足，大宜滋阴。**捕获**盗匿正西，为少女羁留，速捕可获。**失物**在南方近炉灶处，可寻。远信即至。鸦鸣有火烛事。鹊噪少女进膳来。

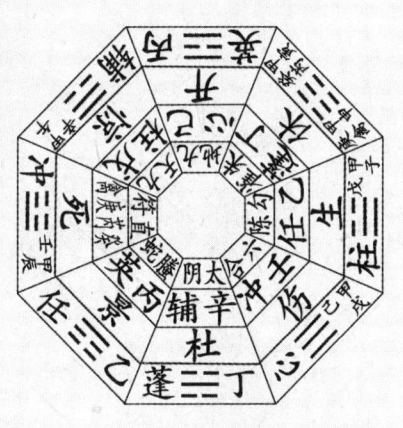

阴遁七局

大暑上元 处暑下元
秋分上元 大雪中元

时戊壬日癸戊

孤申酉虚寅卯
天芮直符加三宫 死门直使加三宫

乾宫门克宫
坎宫生门
艮门生宫
上格 时干格 宫克门
震门迫宫
巽宫克门 雀投江 宫克门
离宫迫门
坤休与丁合 门生宫
兑生与乙合
芮符加震为地雷复
死门加震为地雷复
癸仪加壬为天网覆狱格

断曰：符使入震，外虽受克，而壬癸孕育于中，毋乃多愁善病，时亦且有熊罴入梦耶？而庚复从旁格之，是又逆旅羁栖，阴阳相感也。至休丁合于本宫，似为密牖生春，而雀既投江，则灯花夜落，无如雁杳鱼沉何矣。

兵事星门俱受宫克，先举不利。宜安营于正南，前设两军翼卫，左军青旗黄甲，右军赤旗黑甲。更作露布，发往东北一路，以张声势。敌至则以左军击其正北，右军击其西北，相制取胜。**出行**秋利西南，夏利正西。出西南方，路逢妇人出西方，见争斗事为应。**阳宅**宜立兑门坤门，有白衣人至应。**阴宅**坤山酉山俱吉。作用时，闻犬吠，老妪悲泣。

附：**占胜败**先胜后败。**虚实**敌军有阻。**攻城**乘虚即上。**守城**宜备南门。**天时**晴。东北有黄云白气，主风。**地理**朝案不佳，未为吉壤。**人事**宜凿土穿沟，防道路阻隔。**田禾**麦熟，西方大丰。**家宅**祭祀不虔，祖宗不佑，死丧屡见。**官禄**有参罚。**应试**呈荐不取。**求财**向僧道借贷，有得。**婚姻**女家嫌远，不成。**胎产**生男，胞衣迟下，母有产疾。**疾病**因于内伤，复感外邪，医不得人，服药少效。**捕获**盗匿西南妓女家，可获。**失物**在东南方。**远信**即至，行人三九日有信。**鸦鸣**有纠缠事。**鹊噪**妇女将饮食来。

阴遁七局

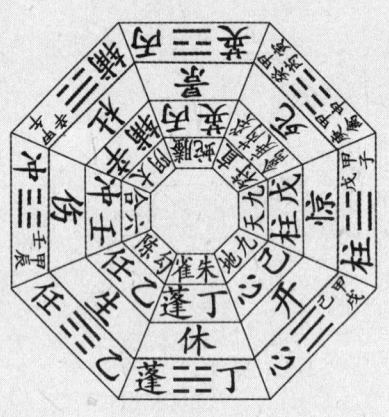

戊癸日 癸亥时

孤酉戌虚卯辰
天芮直符加二宫 死门直使加二宫

大暑上元 处暑下元
秋分上元 大雪中元

乾 与丁合
坎 生与乙合 虎遁
艮
震 门奇升殿
巽 丙奇升殿
离 符伏吟
坤 芮符伏坤为坤 飞宫格 伏干格
兑 死门加癸坤为坤
  癸仪伏坤为坤 癸日飞干格伏干格
  天网四张

断曰：癸癸有踯躅之形，庚庚有大横之象，而符使方同归就伏，是据于蒺藜以为安，栖于枳棘以为乐也。然当一局之终，因革之际，非经一番洗刷，则积弊不除，如琴瑟不调，必起而更张之耳。苟能守己之短，尽人之长，亦岂患凌逼之及。

兵事 门符俱伏，天网四张，不宜出战。宜择平洋得水之地，扎住大营，不许鸣锣掌号，止传更筹。营各归营，队各归队，司各归奇，远从乾巽二方，分兵寂伏，亦如大营号令，违者军法。**出行** 利于渔猎。出东北遇术士，正北逢少妇。**阳宅** 开北防有盗贼，东北防有口角。**阴宅** 坎艮两山俱可用，葬后有野猪入室应。

附：占胜败 客胜。虚实彼此相持。**攻城** 宜暂释围。**守城** 防西北。**天时** 明朗有风。**地理** 当是旧塚，亦有白蚁。**人事** 闭门独坐，尚有暗惊。**田禾** 照常收割。**家宅** 人宅不顺，阴人有晦。**官禄** 难升。**应试** 文章雷同，不中。**求财** 有争夺。**婚姻** 迟滞不成。**胎产** 生女，母子俱不安宁。**疾病** 肾水不足，未能即愈。**捕获** 向正北有溪涧处可缉。**失物** 在原处不失。远信来而复返。鸦鸣宜曲突徙薪。鹊噪有女子失水。

御定奇门阴遁八局

阴遁八局 小暑上元 立秋下元 霜降中元 小雪中元

时子甲 日己甲

孤戊亥虚辰巳
天任直符加八宫
生门直使加八宫

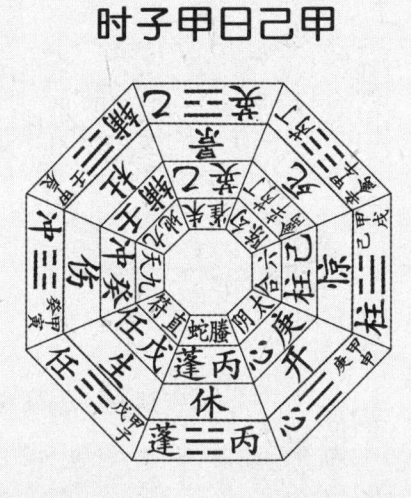

乾 坎 艮 震 巽 离 坤 兑
门符伏吟
休与丙合
任符伏艮为艮
生门伏艮为艮
戊仪加戊为青龙入地格
天辅时

断曰：戊仪自九宫而来，处于艮，以安土敦仁之德，承发扬蹈厉之后，知其饥溺己任者重，而休养生息者深矣。故其符曰任，其门曰生。乃其父兄得奇，而妻更得门，真不愧王谢家风。惟子孙之性情不一，而宦途多罗网之灾，慎之。

兵事门符伏宫，主客均利。但仲甲之时，刑德在门，不可出战。宜安营于东南，设伏于西北。应敌则从正北出师，背东北，击西南，可以制胜。**出行**宜出北方，路逢阴人，着黄衣，或见贵人钱物应。**阳宅**宜立坎门，有执杖人至或黄白鸟，从西北飞来。**阴宅**宜子山午向。作用时，有风雨骤至，水畔鸡鸣应。

附：占胜败主有和象。**虚实**主言可信。**攻城**守将求成。**守城**接近可守。**天时**无雨水。**地理**土色微白，穴情好，案山明堂亦佳。**人事**见贵客富翁，或言山林田土之事。**田禾**丰。**家宅**可以发财，人口亦安。**官禄**同寮和睦，有荐举。秋月占，可升。**应试**甲日占，可望中。**求财**贵人之财可得，不能速。**婚姻**不成。**胎产**生女，产迟。稳婆不妥，母有伤。**疾病**伤于生冷，积滞之症，易治。**捕获**匿于西方，不获。**失物**在东北方，近小道瓦砾之傍，可寻。**远信**无。鸦鸣有口舌事。鹊噪主文书事。

阴遁八局

甲乙日乙丑时
孤亥子虚巳午
天任直符加九宫　生门直使加七宫

小暑上元
霜降中元　立秋下元
小雪中元

乾宫　乙奇入墓　宫克门
坎宫　门生宫
艮宫　门生宫
震宫　门迫宫
巽宫　大格
离宫　相佐　宫克门
坤宫　蛇天矫　宫克门
兑宫　门生宫
任符加离为山火贲
生门加兑为山泽损
戊仪加乙为青龙入云格
无奇门　己日不遇

　　断曰：乙奇在离，中天之丽日也。值戊符来加，其有黄人抱带，苍龙入云之象乎？而木以克之，火以生之，此君子知稼穑之艰难，而所其无逸者也。生使入兑，逢洽比之己，当万宝告成之候，将有士媚其妇，妇依其士者。洵为有岁之占。

　　兵事宫克门，利为主。宜安营于西，伏兵于东。离宫合青龙入云吉格，应敌当出正南直符之下，背西击东。亦防敌人伏兵格战，士卒有伤。**出行**宜出正南方。四十里内，见猪马，或逢酒食应。**阳宅**宜小修离方。阳日有高贤至，阴日僧道至。**阴宅**宜午山子向。作用时，闻东北方锣鼓声，或见村舍渔舟火光应。

　　附：**占胜败**客有和意。**虚实**客言可信。**攻城**本营防有变，不可攻。**守城**援兵即至，易守。**天时**阴晴反覆不定。**地理**穴情不实，水不朝山，反有冲射，防损棺。**人事**见胥吏言文书之事。**田禾**禾麦俱登。**家宅**厨灶不利，女眷有灾悔，防口舌。**官禄**地方多事，防文案错误，被参罚。**应试**不中。**求财**女人之财可得。**婚姻**不成。**胎产**生男，易产，母有疾。**疾病**七情所致，延东北医家可治。**捕获**匿于东北。**捕获**受赂，不解。**失物**在南方，可寻。远信无。鸦鸣有朋友至家。鹊噪无关吉凶。

阴遁八局

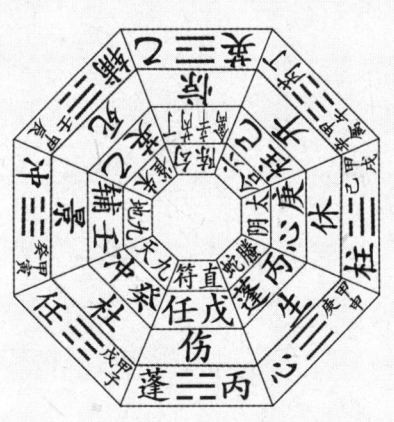

小暑上元 立秋下元 霜降中元 小雪中元

甲己日丙寅时

孤子丑虚午未
天任直符加一宫 生门直使加六宫

乾 生与丙合 荧入白 丙奇入墓 门生宫
坎 龙返首 符勃 宫生门
艮 门迫宫
震 宫生门
巽 宫克门
离 虎猖狂 宫克门
坤 宫生门
兑 刑格 宫生门
壬符加坎为山水蒙
生门加乾为山天大畜
戊仪加丙为青龙得明格
丙奇得使游仪 己日伏干格

断曰：坎宫之丙，为水中之月，逾清而益虚者也。戊符之加，其乘鲸捉月之谪仙乎？乃丙飞而入乾，与使门相值，本投墓也。而或生之，有起僵植仆之功。占者若在穷途，当遇绨袍之知己；若居要路，须怜落魄之王孙。

兵事门生宫，星克宫，阳时利为客。宜安营于东，伏兵于西，从西北方出师，背乾击巽，有紫云自北来助战大胜，利副将参将为先锋。**出行**宜出西北方。六里十六里逢勾当人，或见花朵绳索之类。**阳宅**宜立乾门。有绿衣人来，或闻南方有孕育事，大发。**阴宅**宜乾山巽向。作用时，见青黄衣女人至。三年内，进田土应。

附：**占胜败**客有和意。**虚实**敌无诳意。**攻城**有重兵，不可攻。**守城**宜备西门，可守。**天时**水旺日有雨。**地理**土色青紫，艮龙翻身逆结，罗星内案俱佳。**人事**见贵客，有才而性刚，可以委托。**田禾**有年。**家宅**聚财发贵，人口安宁。**官禄**洁己爱民，颂声载道，必遇恩超擢。**应试**中式。**求财**所求如意。**婚姻**不成。**胎产**生男，母安。**疾病**水衰火亢，药不对症，另延名医，尚可瘥。**捕获**匿于西南方，难获。**失物**在北方近水木处，可寻。**远信**至。**鸦鸣**主贵人之事。**鹊噪**无干人事。

御定奇門陰遁九局

陰遁八局

小暑上元　立秋下元
霜降中元　小雪中元

甲己日丁卯時

孤丑寅虛未申
天任直符加二宮　生門直使加五宮

乾　宮克門
坎　宮克門
艮　丁奇入墓　宮門比和
震　門迫宮
巽　上格　門迫宮
離　休與丙合　門迫宮
坤　相佐　門符反吟　宮門比和
兌　宮克門
生門步五為山地剝
任符加坤為山地剝
戊儀加丁為青龍耀明格

　　断曰：丁卯爐中之火，在坤乘戊，將非黃公之酒罏耶？而生使亦步五寄坤，有歌呼和應之意。然辛戊為龍虎之爭，子午為水火之戰，當有擲杯而起者，不僅如溫太真之行酒已也。賴丁通於午，而能制辛，則取床頭金盒，足以奪承嗣之魄矣。

　　兵事星門比和，主客均利，陽時宜先舉。乾方可安營，巽方可設伏，從正南出師，背西南，擊東北，衝突其虛，可以制勝。**出行**宜出南方。路逢孝服人，或聞啼哭聲。**陽宅**宜立離門。有大風起，或黑白禽雙飛至應。**陰宅**宜午山子向。作用時，見漁獵人。七日內，有人進瓦器古物應。

　　附：**占勝敗**客勝。**虛實**來情多詐。**攻城**宜從東北門入。**守城**不宜出城交戰，當向北方求援。**天時**陰雲昏悶。**地理**案山低陷，不發秀。**人事**有富人來，或言田產反覆之事。**田禾**防旱欠豐。**家宅**廚灶不利，下人防災，宅長暗中有扶助。**官祿**不升。**應試**房考呈薦，主司不取。**求財**反覆不得。**婚姻**成。女有鬱火症，喜飲茶。**胎產**生男，產速，母安。**疾病**土鬱之症，未能速愈。**捕獲**匿於東方，易獲。**失物**在西南方近土神廟處，可尋。**遠信**至。**鴉鳴**有口舌事。**鵲噪**無事。

阴遁八局

甲己日戊辰时

小暑上元
霜降中元
立秋下元
小雪中元

孤 寅卯 虚 申酉
天任直符加八宫 生门直使加四宫

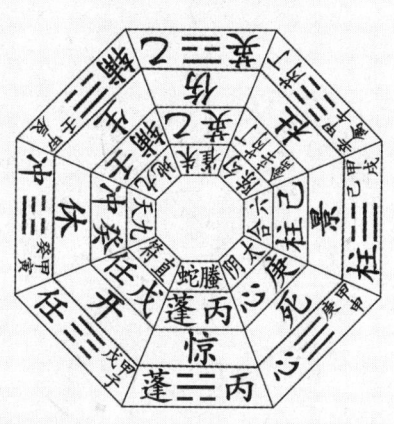

乾 门生宫
坎 门生宫
艮 符伏吟 宫生门
震 门生宫
巽 门克宫
离 门迫宫
坤 门迫宫
兑 任符伏艮为艮
生门加巽为山风蛊
戊仪加戊为青龙入地格
无奇门

断曰：戊龙也，归于本位，龙之潜者也。乃由子而进于辰，龙则犹是也，而龙之德益进矣。使入于巽，又与甲辰相遇，毋乃为叶公之好龙，非能好真龙者乎？且以木而克土，不免批鳞之患。是在乎虚怀若谷，有容德乃大耳。

兵事宫克门，利为主。宜安营于东南，伏藏于西北，应敌则从东北直符之下出师，背巽击乾。亦防敌人阵后伏兵格战，士卒有伤。**出行**宜出东北方。二十里，见贵人着紫骑马，或见锣鼓枪刀应。**阳宅**宜小修艮方。半年内，得武人财宝应。**阴宅**奇门不合，造葬无利方。

附：占胜败宜和。**虚实**主言是实。**攻城**守将必来求好。**守城**严守勿懈，敌军将退。**天时**日傍有青紫云，如鱼鳞，当发风。**地理**土带黄白色，子孙清吉。**人事**见老人携孩子，或言修炼之事。**田禾**禾麦俱有收。**家宅**人口康宁，可望发贵。**官禄**清淡无营，可以安久。**应试**房考不呈。**求财**不吉。**婚姻**不成。**胎产**生女，难产，母有悔。**疾病**木乘土位，脾气受伤。补土生金，肝平自愈。**捕获**匿于西方，不获。**失物**在东北方近高阜处，可寻。**远信**无。**鸦鸣**有朋友至。**鹊噪**无关休咎。

阴遁八局

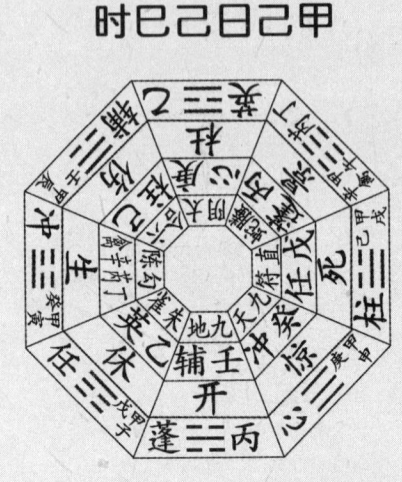

小暑上元 立秋下元 霜降中元 小雪中元

孤卯辰虚酉戌
天任直符加七宫　生门直使加三宫

乾　小格　宫门比和
坎　门生宫
艮　生与乙合　虎遁　宫克门
震　生与丁合　雀投江　宫克门
巽　神假　宫门比和
离　奇格　门生宫
坤　门生宫
兑　任符加兑为山泽损
　　生门加震为山雷颐
　　戊仪加己为青龙相合格

断曰：兑位之己，败土也。而戊来合德，是犹桓彝之就曹爽，虽有智囊之目，而无救于败矣。至生使挟丁以东趋，其将窃妻以逃者乎？非不全身远害也，而非生死共事之义也。故君子之临大节，宁为其愚，毋为其智；宁为其难，毋为其易。

兵事宫克门，星生宫，主客互有损伤。阴时不利先举，宜安营于北，伏兵于南，俟敌先动。分军为二道，一出正东，一出东北，合攻正南可胜。**出行**东北正东二方俱可出。路逢人呼唤，防有口舌争斗。**阳宅**宜立震艮二门。阳日有黄衣人至，阴日有男女同来应。**阴宅**卯山酉向、艮山坤向俱吉。作用时，有樵夫负薪过，吏人持盖至应。

附：**占胜败**客兵甚强，主势不敌。虚实敌情多诈。**攻城**将得士心，难攻。**守城**可守。**天时**有雨。**地理**护砂有情，外案明堂俱吉。**人事**见孝服人，或言安葬迁茔之事。**田禾**禾麦俱登。**家宅**有进益，季月防口舌失脱，女眷有灾。**官禄**同寅和协，可以安久。**应试**不中。**求财**中有小人相阻，迟得。**婚姻**成，女有福，助益男家。**胎产**生女，产速，母安。**疾病**情欲所致，内热燔灼，肺气久伤，药难速效。**捕获**匿于东南，不获。**失物**在西方可寻。**远信**至。鸦鸣有争竞事。鹊噪无事。

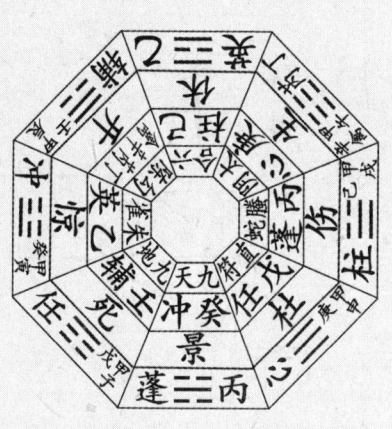

阴遁八局

小暑上元
霜降中元
立秋下元
小雪中元

甲己日庚午时

孤辰巳虚戌亥
天任直符加六宫　生门直使加二宫

乾宫　天乙与太白格　飞宫格　宫克门
坎宫　门迫宫
艮宫　开与丁合　门迫宫
震宫　乙奇升殿　门迫宫
巽宫　门迫宫
离宫　玉女守门　奇格　门反吟　宫门比和
坤宫　宫克门
兑宫　生门加坤为山天大畜　任符加坤为山地剥
戊仪加庚为青龙持势格
甲日不遇　甲日飞干格

断曰：庚乘于戊，以刚猛之金，而遇厚重之土，金其受伏乎哉！楚加太公于俎上，欲以压伏汉王，而分羹之语，非伏也。直使入坤，逢守户之玉女，而飞庚亦在，丁足以伤庚，而使能和之，此如曲逆之计通阏氏，以解白登之围，亦危而后济者耳。

兵事星生宫，利为主。宜安营于东北，伏兵于西南，侯敌先动，从东南出师，分军击其东西。若日傍有云气，如落叶环拱，急宜收军。**出行**宜出东南方。四里十四里，闻歌唱声，或言官事，或见金石之物。**阳宅**宜立巽门。有小儿骑牛马至，南方起黑云下雨应。**阴宅**宜巽山乾向。作用时，有红裙女子携酒至。

附：占胜败客无战心，当来议和。**虚实**闻言无伪。**攻城**防守甚严，不拔。**守城**易守。**天时**风雨交至。**地理**排峰秀美，朝水深远，右仙宫甚佳。**人事**见妇女烧香，迎神赛会之事。**田禾**防旱灾，麦丰，禾歉。**家宅**门庭清吉，女春能持家，居积日富。**官禄**可望升除。**应试**己日占，房考力荐，得中。**求财**得女人财。**婚姻**不成。**胎产**生男，易产，母安。**疾病**阴衰阳郁，不能即愈。**捕获**匿于南方，不获。**失物**西北方人取去。**远信**无。**鸦鸣**尊贵之事。**鹊噪**无事。

阴遁八局

小暑上元 霜降中元 立秋下元 小雪中元

甲己日辛未时

孤巳午虚亥子
天任直符加五宫 生门直使加一宫

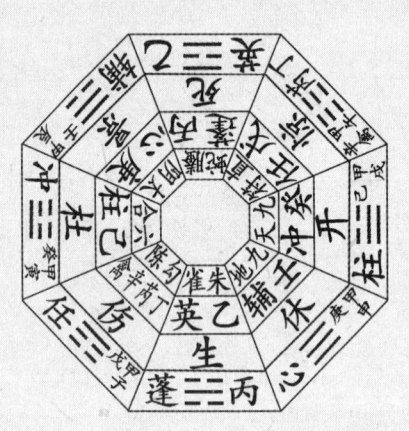

乾 宫生门
坎 生与乙合 龙遁 门迫宫
艮 丁奇入墓 门迫宫
震 地假 宫门比和
巽 丙奇升殿 宫生门
离 符反吟 宫生门
坤 宫门比和
兑 生门加坎为山地剥
任符步五为山水蒙
戊仪加辛为青龙相侵格

断曰：辛奇于坤，金居金位，非附托之比。乃戊从而争之，又旁联丁火以伤之，何为乎？赖午为丁禄，丁自亲午而畏子，则安知伤之者，非即所以玉成之；而相争者，非即他山之攻错也。至生门合乙而加坎。又有因迫而获利者。凡事当损中求益。

兵事门克宫，利为客。宜安营于乾地，伏藏于巽位，从正北出师，偃旗息鼓。前正后奇，背北击南，攻其要害，可以制胜。**出行**宜出正北方。一里十里逢皂衣人，或见文章印信应。**阳宅**宜立北门。七日后进财喜，或生气物。**阴宅**宜子山午向。作用时，有孕妇提筐过，闻西北上鼓乐声应。

附：**占胜败**客胜。虚实敌言不可信。**攻城**可攻。**守城**难守。**天时**日四傍有赤云如鱼如蛇，主大晴。**地理**来龙无气，穴下有古墓，葬后防更改。**人事**见残疾人，或有吊唁之事。**田禾**农防疫，禾麦丰。**家宅**发财。东北方有枯井不利，女春防疾。**官禄**治地多事，防参降，蒙恩宽宥。**应试**不中。**求财**得。防口舌。**婚姻**成。女美，查厚。**胎产**生女，母有虚惊。**疾病**积滞之症，东方医不可用。**捕获**匿于东方，不获。**失物**在西南方，可寻。**远信**无。**鸦鸣**主阴私事。**鹊噪**有馈遗人来。

阴遁八局

小暑上元
霜降中元
立秋下元
小雪中元

甲己日壬申时

孤午未虚子丑
天任直符加四宫　生门直使加九宫

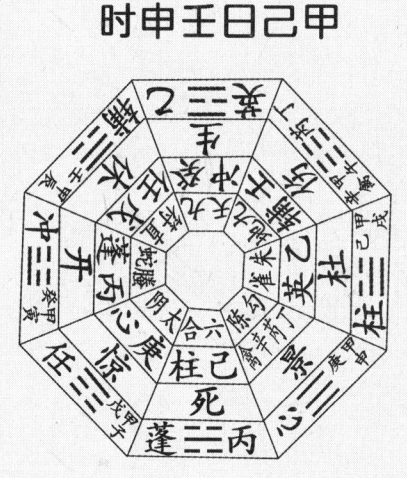

乾　丁奇入墓　门迫宫
坎　鬼假　门迫宫
艮　太白与天乙格　伏宫格　宫生门
震　开与丙合　门迫宫
巽　门生宫
离　宫克门
坤　门迫宫
兑　生门加离为山火贲
任符加巽为山风蛊
戊仪加壬为青龙破狱格
甲日伏干格

断曰：壬居巽地，所谓"牛蹄之涔，无尺之鲤"者耳。戊符来加，乃如喝者不择时而望风，渴者不择地而求饮，恐不能快其所欲也。生使入离，又有避寒向暖之思，岂非以土之德火而畏木乎？而时干之壬，乃得为偷安之计，其情亦苦矣哉！

兵事宫生门，星受宫克，阴时利为主。宜安营于西南，伏兵于东北，以逸待劳。俟敌先动，从正东出师，背南击北，可以制胜。**出行**宜出东方。三里十三里逢女人，或匠人执棍，或见四足物。**阳宅**宜立震门，有渔猎人应，须防火烛。**阴宅**宜卯山酉向。作用时，见南方有白衣人骑马过。

附：占胜败主胜。**虚实**敌言无伪。**攻城**城中兵强，不能即拔。**守城**易守。**天时**有风有雨。**地理**穴情不真，防透风损枢，甲日占不吉。**人事**见武人言更改迁移之事。**田禾**麦丰，禾歉。**家宅**邻里不睦，屋脊中防人压魅，居人常多惊恐。**官禄**上官不合，防参。**应试**不中。**求财**贵人之财可得。**婚姻**成。女多言性暴，男昏而弱。**胎产**生男，母有伤，难产。**疾病**肾虚脾弱，难瘥。**捕获**匿于北方，能捕易获。**失物**在东南方，可寻。**远信**至。**鸦鸣**有争斗事。**鹊噪**鹊自鸣枝。

阴遁八局

甲乙日癸酉时

小暑上元 立秋下元
霜降中元 小雪中元

孤未申虚丑寅
天任直符加三宫 生门直使加八宫

乾 格刑
坎 白入荧 奇格
艮 生与丙合 鸟跌穴 天遁 勃符 门伏吟
震 仪刑
巽 丁奇升殿 乙奇入墓
离 龙逃走
坤 生门伏艮为艮
兑 任符加震为山雷颐
戊仪加癸为青龙相和格
天网 己日飞干格

断曰：癸水在震，虽为得贵，亦为死乡，而天乙飞临，是犹航断港绝潢，以望至于海也。且从戊而化，而所谓"水者非水"矣。生使之归伏，其有故土之思乎？而正逢跌穴之丙，可云桑土绸缪；又有天遁之格，得遂烟霞笑傲。知止而止，时哉时哉！

兵事宫克星，值阴时，利为主。宜安营于南，伏兵于北，秣马厉兵，待敌先动。令副将率师，从东北而出，背艮击坤，可以制胜。**出行**宜出东北方。逢黄衣女人，或见屈曲之物。**阳宅**宜立艮门，有小儿或皂衣人至应。**阴宅**宜艮山坤向。作用时，闻远寺鼓钟声，或见妇人烹饪。

附：**占胜败**客欲议和。虚实敌情无伪。**攻城**士卒多受矢石，可拔。**守城**不宜出城交战。**天时**无雨。**地理**土色青，甲日占可用，穴有旧砖。**人事**见贵介盛怒责仆，或言修造迁移事。**田禾**防夏旱，麦熟，禾歉。**家宅**祖居甚吉，可以发财，夏秋防火烛。**官禄**俸厚官久。**应试**甲日占，可中。**求财**略有阻滞，迟得。**婚姻**不成。**胎产**生女，难育，母安。**疾病**足太阳之症，淹缠。**捕获**匿于西北方，捕不得力，难获。**失物**在东方，可寻。**远信**无。鸦鸣女人事来。鹊噪有凶问至。

阴遁八局

小暑上元 立秋下元
霜降中元 小雪中元

甲己日 甲戌时

孤申酉虚寅卯
天柱直符加七宫 惊门直使加七宫

乾　休与丙合
坎　重诈
艮
震
巽　门符伏吟
离　柱符伏兑为兑
坤　惊门伏兑为兑
兑　己仪加己为明堂重逢格
天辅时

断曰：己仪秉令，分元局六合之神，出令于兑，而甲与己合，有麟集麈至，溪后来苏之象。惜乎天地之宫，皆逢隔悖；财帛之地，俱遇网罗，所当处困而亨，勿堕前业也。《书》曰："六合已惊，有败有成。合而不合，暗裏冲刑。"此之谓已。

兵事门符俱伏，阳时利为客。宜向正北出师，安营于北，设伏于南，背东北，击西南，可以制胜。若敌向东南而逃，勿宜追逐。**出行**宜出正北方。一二里逢皂衣妇人，同伴歌声，或见包裹旧物。**阳宅**宜立坎门。六十日内，进田产。**阴宅**子山午向吉。作用时，西方有鼓声为应。

附：**占胜败**两军皆欲议和。**虚实**彼此不欺。**攻城**有援，不易破。**守城**宜备西北，可以议和。**天时**晴，有风。**地理**金居兑位，主发科道，中房极利。**人事**有武弁求见。**田禾**豆有收。**家宅**宅主安静，香火吉，中男极利。**官禄**安静无事，丙年可求荐举。**应试**甲日丙命占可中。**求财**可求。**婚姻**不成，因有旧隙。**胎产**生女，难产。**疾病**惊气入肝，不能脱体。**捕获**盗贼易获。**失物**原处可寻。**远信**至。**鸦鸣**有女人事。**鹊噪**有田产进益。

阴遁八局

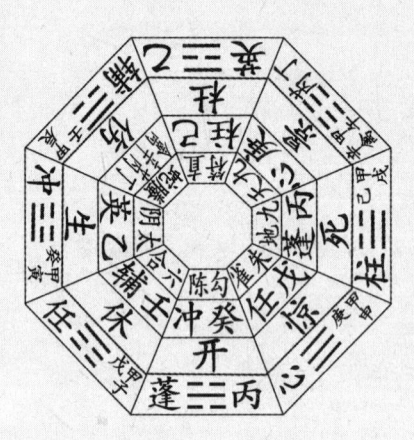

甲己日乙亥时

小暑上元 立秋下元
霜降中元
小雪中元

孤酉戌虚卯辰
天柱直符加九宫 惊门直使加六宫

乾 天乙与太白格 宫门比和
坎 门生宫
艮 宫克门
震 乙奇生与乙合 云遁 真诈
巽 乙奇升殿 宫克门
离 相佐 门生宫
坤 奇格 门生宫
兑 鸟跌穴 勃符 门生宫
柱符加离为泽火革
惊门加乾为泽天夬
己仪加乙为日入地户格
己日不遇

断曰：乙干而己加，离宫而柱加，执玉帛而朝者万国矣。本宫又有跌穴之美，则履尧而蹈舜，登五而咸三，此且八时也。门移九天，宏开间阖，惜乎庚伏其中，讵尧之有苗，夏之有扈耶？抑犹有众人孔壬者，点于朝班，据于津要也。

兵事宫克星，利为主。安营于西，设伏于东，俟敌先动，向正东出师，格合云龙二遁，利于水战。冬月背亥击巳，可以致胜。有红云如盖，起于西方为应。**出行**宜出正东方。三里八里逢公吏打棍，匠人扛木，或见有脊之物。**阳宅**宜立震门。三七日，进金银财物。**阴宅**卯山酉向吉。作用时，东方有持木器至。

附：**占胜败**主欲息战，当与客和。**虚实**主无欺客之心。**攻城**城虽虚，未即破。**守城**可守，宜备西南正北。**天时**大晴，正南当见红色云。**地理**金星入于火乡，穴下有锁匙铁索，乙日占吉。**人事**有媒人从役，鼓乐迎亲。**田禾**收成佳，禾大熟。**家宅**宅长有灾，人口不宁，惟女人长男为利。**官禄**官久，吉。**应试**不中。**求财**得极难。**婚姻**女佳，不成。**胎产**生女，平安。**疾病**木郁克脾，上部不通，调摄自瘥。**捕获**逃人易获。**失物**失于西北。远信近信不至。鸦鸣有更变事。鹊噪有虚惊。

阴遁八局

小暑上元 立秋下元
霜降中元
小雪中元

时子丙日庚乙

孤戌亥虚辰巳
天柱直符加一宫 惊门直使加五宫

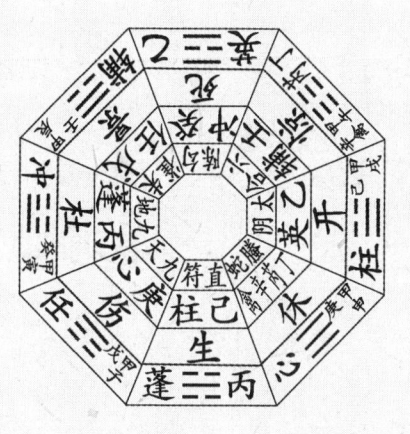

乾 休与丁合 丁奇入墓 宫生门
坎 龙返首 相佐 符勃 门迫宫
艮 太白与天乙格 门迫宫
震 宫门比和
巽 宫生门
离 宫生门
坤 宫生门 地遁 宫门比和
兑 开与乙合 真诈
柱符加坎为泽水困
惊门步五为泽地萃
己仪加丙为地户埋光格
庚日不遇

断曰：丙干在坎，火入于水，而己加之，谓之地户埋光，是有内景而无外耀矣。幸为青龙返首，则医家所谓"龙雷之火，得水愈炽"。如火井之焰，投于水而燃，投于火而熄也。直使步五，同宫有丁，得毋东邻有投梭之拒乎？

兵事宫生门，阳时利为客。正兵出正西，奇兵出西北，设伏于西，安营于东，以参将为先锋，背北击南，可以制胜。有紫云在北方为应。**出行**宜出正西西北二方。出正西七里，逢公吏言官事。西北六里，逢皂衣妇人。**阳宅**宜立乾兑二门，主发贵。**阴宅**酉山卯向、乾山巽向皆利。作用时，主天上有物夜鸣。

附：**占胜败**客胜。**虚实**客当扬威而至，闻见俱不实。**攻城**城中富足，攻之反有所失。**守城**稽察奸宄，备正西可守，天时阴晦不雨，冬月有雾。**地理**文曲入首，穴情可观，但穴下有水，不发财丁。**人事**有贵人大醉，言事不明。**田禾**大麦菜蔬有收。**家宅**宅长极利，不能聚财。**官禄**粮储之职，秋月当升。**应试**不中。**求财**易得。**婚姻**可成。**胎产**生女，母不安。**疾病**因争而起，心气不和，当静养调理。**捕获**贼难获。**失物**失于东南。远信至。**鸦鸣**防有失脱。**鹊噪**有文书事。

阴遁八局

小暑上元 立秋下元
霜降中元
小雪中元

乙庚日丁丑时

孤亥子虚巳午
天柱直符加一宫 惊门直使加四宫

乾宫生门 荧入白 丙奇入墓 宫克门
坎宫生门 门生宫
艮门宫克宫 门迫宫
震门迫宫
巽门开与丁合 虎猖狂 宫克门
离相佐 仪刑 宫克门 门生宫
坤刑佐 伏宫格 宫克门 门生宫
兑柱符加巽为泽风大过
惊门加坤为泽地萃
己仪加丁为明堂贪生格
时干入墓

断曰：时干在坤，柱脱坤而己脱丁，是联袂而来者，皆仰藉于我者也。使飞于巽宫之壬，与丁遥合，则门外之事，玉女得与闻之矣。婴母知废，陵母知兴，巾帼中安得谓无人耶？占此者凡舆台下役，闾茸微员，皆可采而取也。

兵事 门克宫，宫生星，利为客。向正南出师，安营于西北，设伏于东南，参将为先锋，背西击东，可以制胜。丙奇得使游仪，利于遣使窥探。**出行** 宜出正南方。六里九里逢人打四足，又见贵家物。**阳宅** 宜立离门，有青衣人至。**阴宅** 午山子向吉。作用时，东方有师巫至为应。

附：**占胜败** 主与客和。**虚实** 主不欺客。**攻城** 不可骤攻。**守城** 可守，援兵远，不即至。备正南正西，可无虞。**天时** 无风无雨。**地理** 金星出土，内势似佳，远砂不合。**人事** 有孝服人言财帛事。**田禾** 秋禾有收。**家宅** 卧榻极利，人丁甚旺，婢妾常有口舌。**官禄** 夏月可升。**应试** 不中。**求财** 艰难中得。**婚姻** 不成。**胎产** 生男，胎不稳。**疾病** 肝肾之火上炎，宜降之。**捕获** 逃人易捕。**失物** 失于正北，有贼窝顿。**远信** 迟信至。**鸦鸣** 有急迫事。**鹊噪** 宜闭门静坐。

阴遁八局

小暑上元
霜降中元
立秋下元
小雪中元

时寅戊日庚乙

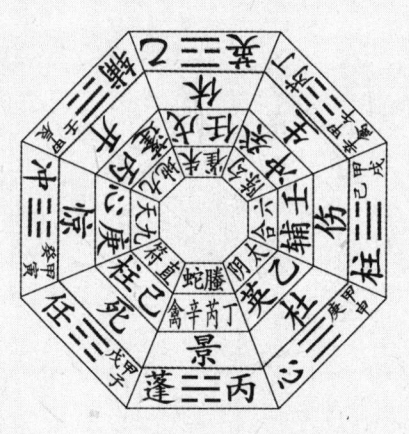

孤子丑虚午未
天柱直符加八中 惊门直使加三宫

乾　乙奇入墓　宫克门
坎　宫克门
艮　仪刑　宫门比和
震　大格　门反吟　门迫宫
巽　开与丙合　重诈　门迫宫
离　宫迫宫
坤　蛇夭矫　宫门比和
兑　宫克门
惊门加震为泽雷随
柱符加艮为泽山咸
己仪加戊为明堂从禄格
乙日飞干格

断曰：戊干坐于寅之生地，而己土加之，谓之继长增高可也，谓之依草附木亦可也。门使入震，既逢庚惊，又遇癸网，既客憎主人而为门迫，又移东换西而为反吟，苍黄易色，陵谷变迁，真可谓利令智昏者矣。

兵事门克宫，宫生星，利为客。兵宜先动，向东南出师，设伏于乾，安营于巽，以参将为先锋，背坎孤，击离虚，可以制胜。直使反吟门迫，副将不利冲阵。**出行**宜出东南方。四里六里逢歌唱，或言官事，见贵家旧物。**阳宅**宜立巽门，有鼓乐声应。**阴宅**巽山乾向吉。作用时，有白鹭及水禽至。

附：**占胜败**客胜。**虚实**主心不欺。**攻城**守将能，未能拔。**守城**可守，久必议和。**天时**阴云无雨。**地理**酉龙入艮，地脉颇佳，防有道路穿伤。**人事**有素衣人言丧孝事，主有声响。**田禾**岁歉。**家宅**宅长甚利，人口亦旺。东南方有井，主得异途功名。**官禄**夏月可升。**应试**壬命乙日占，可中。**求财**难得。**婚姻**不成。**胎产**生男，产室不佳，子母多病。**疾病**脾胃积滞，当下之。**捕获**贼不获。**失物**失于正南，可寻。**远信**至。**鸦鸣**有惊恐事。**鹊噪**有喜信至。

阴遁八局

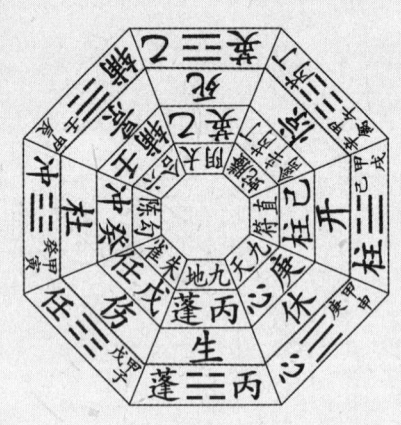

乙庚日己卯时

小暑上元 立秋下元
霜降中元 小雪中元

孤丑寅虚未申
天柱直符加七宫 惊门直使加二宫

乾 宫生门
坎 生与丙合 重诈 门迫宫
艮 门迫宫
震 宫门比和
巽 宫生门
离 宫生门
坤 玉女守门 宫门比和
兑 符伏吟 宫生门
柱符伏兑为兑
惊门加坤为泽地萃
己仪加己为明堂重逢格
庚日飞干格伏干格

断曰：己干在兑，本居沐浴之乡，败而后戢八羽，如鸡之伏卵，鸟之伏鷇，将以待其生也。然而门遇重丁，雷轰电掣，有震撼不宁之象。欲处则不能安裀席，欲出则不能破牢笼，攀攀业业，以终其事，犹不失其令，业则得矣。

兵事宫生门，利为客。向正北出师，安营利于坎地，设伏宜在离方，以副将为前队，背北击南，可以取胜。但庚日飞干伏干，主客必互有损伤。**出行**宜出正北方。一里八里逢皂衣妇人，或见有贵人私议。**阳宅**宜立坎门，有黄白禽从北方飞至应。**阴宅**子山午向吉。作用时，有老人持杖至为应。

附：**占胜败**两军不动，可以议和。**虚实**彼此不欺。**攻城**城内富足，围久当来议和。**守城**可守，当以玉帛求和。**天时**晴则久晴，雨则久雨，有风无雨。**地理**兑龙入首，有外护，水口紧。**人事**有患目人，言贵人事。**田禾**豆有收。**家宅**香火吉，中男极利，宜用妇女掌家。**官禄**文官利。**应试**庚日丙命占，可中。**求财**吉。**婚姻**不成。**胎产**生女。**疾病**肺有火，防淹缠。**捕获**逃人难拘。**失物**失于原处。**远信**近信至。**鸦鸣**有和合事。**鹊噪**有捕捉事。

阴遁八局

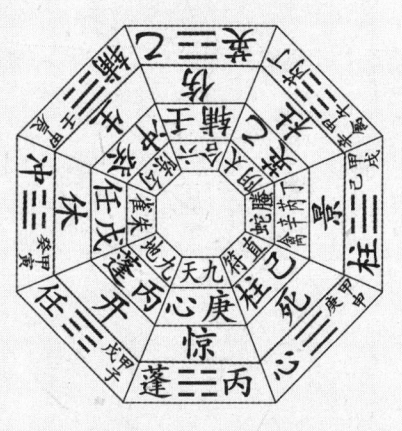

小暑上元 霜降中元
立秋下元 小雪中元

乙庚日庚辰时

孤寅卯虚申酉
天柱直符加六宫 惊门直使加一宫

乾 飞宫格 格刑
　　白入荧 门生宫
坎 开与丙合 奇格
　　　　　　 门生宫
艮 门生宫 重诈
　　　　　　 宫生门
震 门生宫
巽 宫克门
离 龙奇升殿 门迫宫
　　乙奇入墓
坤 丁奇逃走 门迫宫
兑 柱符加乾为泽天夬
　　惊门加坎为泽水困
　　己仪加庚为明堂伏杀格

断曰：己加于庚而为飞隔，是己实有以临泣我也。咎不在庚，乃庚之飞也。又入于惊门之使，而为白之入荧，则庚实不自检束，有以召其衅而树之隙，所为木先蠹而后虫生也，于己乎何尤？幸本宫丁甲并临，鬼神实呵护之，虽危无咎。

兵事门生宫，利为主。安营于东北，设伏于西南，俟敌先动，向东北出师，以副将为先锋，背正东之孤，击正西之虚，可以制胜。**出行**宜出东北方。八里六里，逢一伟人有暗嘱。**阳宅**宜立艮门，三七日进财帛。**阴宅**艮山坤向吉。作用时，有青衣人携鱼至。

附：占胜败主欲与客言和。**虚实**敌虽大张声势，犹未入境。**攻城**有援难克。**守城**可以守。**天时**有风雨。**地理**大金博小金，地脉佳，但嫌左砂奔腾不住。**人事**有黄衣老人，言迁移事。**田禾**丰。**家宅**宅有冲射，戌亥年防有孝服，惟小房利。**官禄**防上司见罪。戌命占，正二月必升。**应试**不中。**求财**可求。**婚姻**不成。**胎产**生女难产。**疾病**肺气不通，防变他症。**捕获**贼易获。**失物**已毁。**远信**至。**鸦鸣**有急迫事。**鹊噪**有喜信，但美中不足。

阴遁八局

乙庚日辛巳时

孤卯辰虚酉戌
天柱直符加五宫 惊门直使加九宫

小暑上元 霜降中元 立秋下元 小雪中元

乾 宫生与丙合 重诈
丙奇入墓 荧入白
门生宫

坎 宫生门
艮 门迫宫
震 宫生生
巽 宫克门
离 虎猖狂 宫克门
坤 仪刑 伏宫格 宫生门
兑 刑格
柱符步五为泽地萃
惊门加离为泽火革
己仪加辛为天庭得势格
乙日不遇

　　断曰：符加于辛，而辛加于使，似欲离父母之邦，托彼门荫，以侮其所胜，此虎之所猖狂也。不知乙已据其胜地，不可向迹；金火相煎，自贻伊戚而已。幸有直符之己，泄火生金，为之解纷而排难，譬诸失火而遇雨，失火则不幸，遇雨则幸也。

　　兵事宫克星，阴时利为主。俟敌先动，向西北出师，设伏于巽，安营于乾，背西北，击东南，可以制胜。但宫制其门，又逢白虎猖狂，副参二将皆不利。**出行**宜出西北方。六里八里，路逢病眼人，或相斗。**阳宅**宜立乾门，有色衣人至。**阴宅**乾山巽向吉。作用时，有孕妇携小儿至。

　　附：**占胜败**主与客和。**虚实**客弱而兵暴。**攻城**长驱直入。**守城**可守。西南正西，宜有备。**天时**不雨。**地理**土腹藏金，地颇佳。**人事**有女眷使性。**田禾**岁歉，惟大麦稍利。**家宅**两家同住。在中宫者，安静获福。**官禄**平安，宜防盗贼。**应试**庚日占，不中。**求财**置货，可以发财。**婚姻**不成。**胎产**生男吉。**疾病**郁怒所致，肺经有火，药无效。**捕获**防捕役朦蔽。**失物**失于正北，可寻。**远信**近信至。**鸦鸣**有和合事。**鹊噪**有捕捉事。

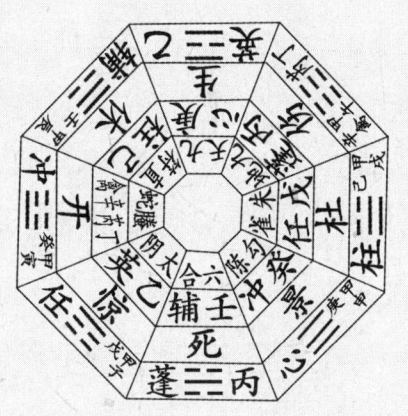

阴遁八局

小暑上元 立秋下元
霜降中元
小雪中元

乙日庚日壬午时

孤辰巳虚戌亥
天柱直符加四宫 惊门直使加八宫

乾 小格 门迫宫
坎 门迫宫
艮 宫生门
震 门开与丁合 雀投江 门迫宫
巽 门生宫
离 奇格 宫生门
坤 门迫宫
兑 宫克门
柱符加巽为泽风大过
惊门加艮为泽山咸
己仪加壬为明堂被刑格
乙日伏干格

断曰：符飞于巽，使入于艮，自西而东，分据二维，可为唇齿相依矣。而中隔一震宫，飞盘则有庚癸之格，推盘则有丁癸之疑。夫癸者，时干之弟也。齐人筑薛，楚人围郑，此城门之火也。邻国震惊，顾独能安枕乎？幸本宫有飞丙跌穴，国乃康宁。

兵事星克宫，宫生门，利为客。兵宜先动，向正东出师，设伏于东北，安营于西南，以副将为先锋，背正南，击正北，可以制胜。**出行**宜出正东方。三里六里逢人赶四足，或见怪异花假之物应。**阳宅**立震门。三七日内，进黄白生气物。**阴宅**卯山酉向吉。作用时，南方有婚事为应。

附：占胜败主去求和。虚实主不诳客。攻城久后来求和。守城宜备正东正南，议和可守。天时有雨。地理前案不起，内势佳，可用。人事有文人言财帛事。田禾丰。家宅长男极利，宅内有宠婢暗惊。官禄春月可升。应试不中。求财可求，终费力。婚姻可成，更可入赘。胎产生男，母不宁。疾病土不能克水，宜补脾安肾。捕获逃人可拘。失物难寻。远信至。鸦鸣有争殴事。鹊噪闭门无事。

阴遁八局

小暑上元
霜降中元
立秋下元
小雪中元

乙庚日癸未时

孤巳午虚亥子
天柱直符加三宫　惊门直使加七宫

乾　休与乙合　真诈　龙遁
坎　生与丁合　丁奇入墓
艮　符反吟
震　上格
巽　丙奇升殿
离　门伏吟
坤　兑　惊门伏兑为兑
　　柱符加震为泽雷随
　　己仪加癸为明堂合华盖格
天网　时干入墓

断曰：癸而己加之，明明有图利于我之意；而癸亦加己，以为厚住薄来之报，何其酬酢之烦也。但己加癸而畏震，癸加己而泄金，可谓"失之东隅，收之桑榆"者矣。门使见几，守其本位，则岂其白璧不可为，容容多厚福耶？

兵事星克宫，利为客。正兵出正北，格合龙遁，可以水战。奇兵出东北，设伏于正北，安营于正南，背东北，击西南，可以制胜。**出行**宜出正北东北二方。出正北一二里逢皂衣妇人。东北八里逢有忧惧人。**阳宅**宜立坎艮二门，主得田产禄食。**阴宅**子山午向、艮山坤向皆吉。作用时，有鼓声为应。

附：占胜败两军皆欲罢战，可以议和。**虚实**彼此不实。**攻城**可攻。**守城**难守。惟正南求援，可以保全。**天时**风雨凄凄。**地理**武曲变贪狼，内案穴情皆佳，主发中幼两房。**人事**有工匠，或捕役，言动作事。**田禾**有收。**家宅**可发财，防口舌。**官禄**难升。**应试**丙命乙日占，可中。**求财**可求。**婚姻**成。**胎产**生女。**疾病**肾虚土克，病常反覆，未即愈。**捕获**贼易获。**失物**仅得其半。**远信**至。**鸦鸣**有欺蔽。**鹊噪**有不吉事。

阴遁八局

小暑上元
霜降中元
立秋下元
小雪中元

时申甲日庚乙

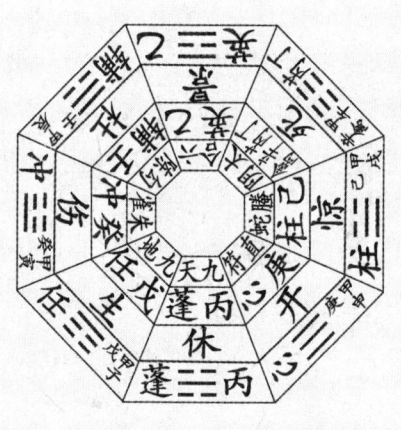

孤午未虚子丑
天心直符加六宫
开门直使加六宫

乾 门符伏吟 时干格 飞宫格 伏宫格
坎 休与丙合
艮
震
巽
离 鬼假
坤
兑 心符伏乾为乾
开门伏乾为乾
庚仪加庚为太白重刑格
天辅时 庚日飞干格伏干格

断曰：庚居于乾，而复庚加之，当夏秋得令之交。乘其时，据其地，安其位，正合于"大横庚庚"之兆，三王不足四，五帝不足六也。故虽伏而不动，而抑锋敛锐，默运天下以无为，使士安于室，农安于野，商安于途，贾安于市，夫何更张之有？

兵事符使未分，时遇五阳，利于为客，兵宜先举。当出正北休门，安营于东北，伏兵随其后，背艮击坤。庚日不可出师，必有重伤。**出行**正北可行。出门十五里，闻金石声，或见赤马鲜鱼。**阳宅**利开北门。动作时，有黄白鸟从西北来。百日内，东方有火惊，大发。**阴宅**子山午向吉。作用时，有红裙女子送花果。葬后掘得古窖，大发。

附：**占胜败**胜负未分。**虚实**敌已至。**攻城**宜招抚。**守城**当乞和。**天时**亥日有雷雨。**地理**土色灰白，地近通衢，防有白蚁屯聚，不吉。**人事**有篦头按脉人，或本宅兵卫。**田禾**防有虫灾。**家宅**祖居未析，防有阋墙之变，阴人亦有小厄。**官禄**秋占可升。**应试**进场前后，防有灾悔。**求财**不得，止有田产之利。**婚姻**迟延难就。**胎产**产迟，生女。**疾病**肺气壅盛，淹缠难愈。**捕获**有弊难获。**失物**失于东北阴晦处，可寻。**远信**已发。鸦鸣有和好事。鹊噪有工匠事。

阴遁八局

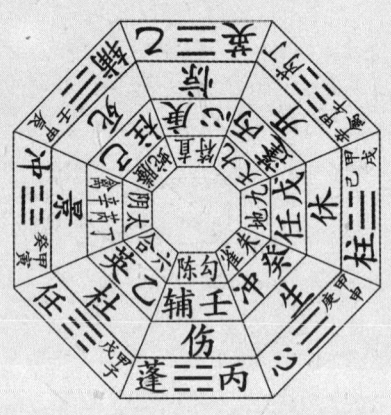

乙庚日乙酉时

孤未申虚丑寅
天心直符加九宫 开门直使加五宫

小暑上元 立秋下元
霜降中元
小雪中元

乾 小格 门生宫
坎 宫生门 门生宫
艮 门迫宫
震 宫克门
巽 雀投江 宫生门
离 相佐 奇格 时干格 宫克门
坤 开与丙合 宫生门
兑 宫生门
心符加离为天火同人
开门步五为天地否
庚仪加乙为太白贪合格
乙日伏干格

断曰：《素问》以乙为少商，从庚化也。庚者万物之所畏，而乙独与之洽，盖仁非义不立，刑非德不亲，乙庚合而刚柔济矣。但乙居离位，庚未免有戒心耳。门中亦有丙辛之合，则户外之履满矣。同人于宗，与同人于野，皆我金昆玉友也。

兵事宫克星，不利客，兵宜后动。当出西南开门，安营于正西，伏兵于正东，背西北，击东南。太阴格遇投江，临战宜反客为主。**出行**西南可行。出门二里十二里，闻哭泣声，或见移家者应。**阳宅**利开西南门。动作时，有皂衣人至。**阴宅**坤山艮向吉。作用时，西方有轮舆，或妇人烹饪。

附：**占胜败**客败。主有内线，可和。**虚实**客贪而惧。**攻城**防开门诱我。**守城**防有内应。**天时**不雨。**地理**屏障佳，朝案不佳，庚日可用。**人事**有变更事，或兄弟争财。**田禾**有收，防旱。**家宅**家有光怪，宅长多惊。**官禄**防降调。**应试**庚日占吉。**求财**春占利。**婚姻**可成。**胎产**生男，大贵。**疾病**人来刑金，当易医。**捕获**盗贼有格斗。**失物**向正西寻觅。**远信**未至。鸦鸣有文书失水。鹊噪有财帛事。

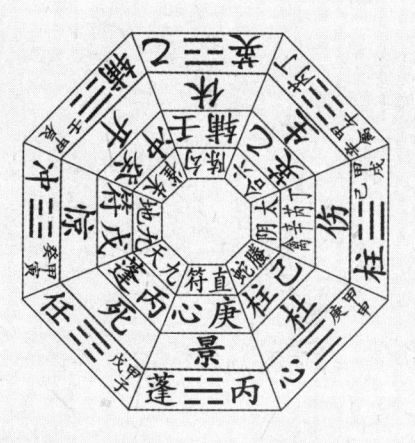

阴遁八局

小暑上元 立秋下元
霜降中元 小雪中元

乙庚日丙戊时

孤申酉虚寅卯
天心直符加一宫 开门直使加四宫

乾 格刑 宫克门
坎 格 宫门比和
　　龙返首 相佐 白入荧
　　时干格 奇格 格勃
　　宫迫门
艮 门迫宫
震 门反吟 门迫宫
巽 门迫宫
　　奇格升殿
离 生与乙合 休诈 虎遁
　　乙奇入墓 宫门比和 龙逃走
坤 神假 丁奇升殿 宫克门
兑 心符加坎为天水讼
　　开门加巽为天风姤
　　庚仪加丙为太白入荧格
　　丙奇得使仪 庚日不遇 时干入墓

断曰：丙居于坎而受制，庚之所以贾勇而来者，有以窥其弱也。不知子虽齐圣，不先父食；臣虽跋扈，岂敢有加于君哉！况景门在上，亦足助火而制庚，但恐门使反吟，我之推毂而授绥者，未必其能启疆而辟土者也。所当静以待动，动不失静。

兵事 门克宫，利为客。宜先敌而动，出西南生门，以合虎遁之吉。安营于正东，伏兵于正西，对阵后发伏，击其伤门，可以得利。秋月不可西击。**出行** 宜出西南，行十里逢孝服人或见两鼠斗，或盒中进果实。**阳宅** 利开西南门。动作时有雷伤牛马为应，六十日进文契吉。**阴宅** 坤山艮向吉。葬后六十日有鸡上树，获羽音人财，防小口伤于六畜。

附：**占胜败** 主胜。**虚实** 敌兵即至。**攻城** 守将纳款。**守城** 可以求和。**天时** 半阴半晴，寅日有雨。**地理** 土黑。左沙奔窜，元辰直泄，不可用。**人事** 有剑客，或有孕妇人口角。**田禾** 秋月有伤，不甚丰。**家宅** 父母有惊怪事，防人丁伤损。**官禄** 发财防参。**应试** 乙日占当荐。**求财** 大利。**婚姻** 女吉，不就。**胎产** 生男，当贵。**疾病** 肾经水泛，宜疏肝渗湿。**捕获** 盗在东南有水木处。**失物** 向正东觅。**远信** 已发。**鸦鸣** 防贼。**鹊噪** 惊鸣。

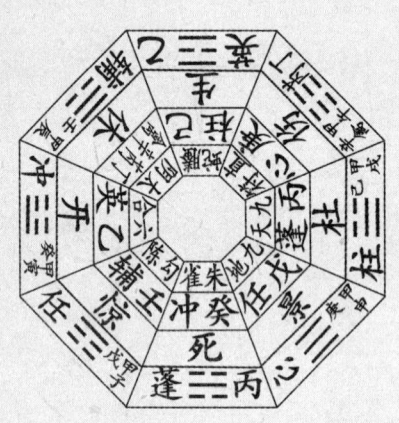

阴遁八局

小暑上元 立秋下元
霜降中元
小雪中元

时 亥 丁 日 庚 乙

孤酉戌虚卯辰
天心直符加二宫 开门直使加三宫

乾 天乙与太白格 门迫宫
坎 门迫宫
艮 宫生门
震 开与乙合 云遁 休诈
乙奇升殿 门迫宫
巽 宫与丁合 真诈 人遁 门生宫
离 相佐 奇格 时干格 门迫宫
坤 宫克门
兑 心符加坤为天地否
开门加震为天雷无妄
庚仪加丁为太白受制格

断曰：坤辖未申，庚既禄于申，而丁亦家于未，两旺相遇，权相轧而势相扼，安得不争？和则为廉蔺，乖则为牛李矣。使加于震，门迫其宫，上逢六合，则客强主弱，不得不倒履以肃宾。而天盘之乙，遥与庚合，殆亦附于炎炎之势者乎？

兵事门克宫，宫生星，利客不利主。兵宜两出，伏兵于东南，从正东出师，背南击北，乘云气朦胧，呐喊冲突，可获全胜。**出行**东南正东皆吉。出休门，当逢少女口角。出开门，逢僧道人。**阳宅**利开震巽二门。有武士持枪刀，或小儿骑牛马应。**阴宅**秋宜卯山，冬宜巽山。作用时，有女人把火，孩童啼叫。

附：**占胜败**客胜。虚实主客情同。**攻城**不可攻。**守城**宜备西南，易守。**天时**主阴云，寅日有雨。**地理**穴情向道俱佳，庚日最吉。**人事**有道术人，新衣谈笑。**田禾**大收。**家宅**人宅安吉，有喜事，宜远行。**官禄**有人荐举。**应试**座师取中。**求财**有阻。**婚姻**似属一姓。**胎产**生男，妨母。**疾病**少阳表症，本家有医即愈。**捕获**盗在正东僧道家。**失物**失于西北地下。**远信**发而未至。**鸦鸣**有阴私财帛事。**鹊噪**不吉。

阴遁八局

丙辛日戊子时

小暑上元 立秋下元
霜降中元 小雪中元

孤戌亥虚辰巳
天心直符加八宫 开门直使加二宫

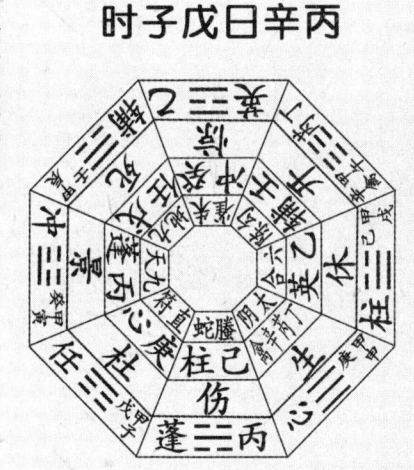

乾宫 生门与乙合 真诈 丁奇入墓 门生宫
坎宫 生门
艮宫 仪刑 太白与天乙格 时干格 门迫宫
震宫 宫克门
巽宫 宫克门
离宫 玉女守门 宫生门
坤宫 休与乙合 休诈 宫生门
兑宫 心符加艮为天山遁
开门加坤为天地否
庚仪加戌为太白逢恩格
辛日飞干格

断曰：戊为六仪之长，而甲遁焉，奇之最尊者也。所甚畏者惟庚，所甚忌者亦惟庚，而庚俨然降临之，抗之乎？抑附之也。意者戊之能以恩抚而以信结乎？门使在坤，有丁壬之合，盖以苞苴相问遗者也。于是翟公之门，复如市矣。

兵事星门俱受宫生，利于为客，兵宜先举。宜于正西休兵牧马，临期突出西北生门，击其正北伤门，但丁奇入墓，防迷失道路。须用步兵，不用车马。**出行**利出正西西北。出正西遇九流人，出西北见鼠斗，及老妇少女同行。**阳宅**正西西北，两向俱吉。动作时，有三五女人至，或执刀斧人至。**阴宅**乾兑两山皆吉。作用时，西方有红白衣人大叫。

附：**占胜败**利于和。**虚实**两情俱实。**攻城**内有变。**守城**可因粮于敌，易守。**天时**有雨。**地理**白虎翻身作案，丙日大利。**人事**有武人，或丧服人，来问女眷。**田禾**麦歉，谷丰。**家宅**中有祟，防有丧服。**官禄**有参罚。**应试**丙日不荐。**求财**可获丧家之财，宜慎。**婚姻**冰人得力，易成。**胎产**生女易产。**疾病**水土之疾，宜延正西医士。**捕获**盗在正南孕妇家。**失物**失于坟墓林中。**远信**已发。**鸦鸣**有长上事。**鹊噪**鹊惊。

阴遁八局

小暑上元 霜降中元 立秋下元 小雪中元

丙辛日己丑时

孤亥子虚巳午
天心直符加七宫 开门直使加一宫

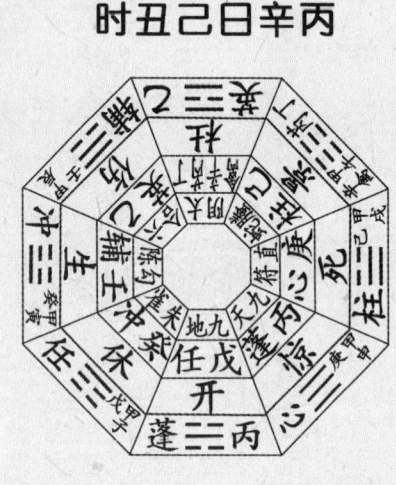

乾 鸟跌穴 荧入白 勃格
坎 丙奇入墓 宫门比和
艮 门生宫
震 宫克门
巽 宫门比和
离 地假 虎猖狂 门生宫
坤 门生宫
兑 刑格 时干格 门生宫
开门加坎为天水讼
心符加兑为天泽履
庚仪加巳为太白大刑格
无奇门 丙日飞干格 时干入墓

断曰：己在蛇乡，固有戒心，而庚复挟其死气以相刑，盖己土庚金，本通于呼吸，子母之爱，谁则无之？而独谓之刑格者，以己之嫁于甲而仇于庚也。顺则为《凯风》，变则为《城颖》矣。门有丙戊，上临九地，促膝而谈，扣耳而语，其有属垣之听乎？

兵事门生宫，五阴时，利为主。兵宜后应，开下有丙，师当北出。安营于阵后，伏兵于正南，背西北击东南，军中防有逆乱。且直符刑格，不战为上。**出行**秋冬利出开门。行一二里十里，逢残疾老人。**阳宅**门奇不合，宜另选时。**阴宅**丙日不宜。辛日酉宫刑格，亦不宜用。

附：**占胜败**两败俱伤。**虚实**敌人当去。**攻城**不可攻。**守城**宜备西门，不足虑。**天时**虽晴亦有雨，寅日晴。**地理**土色红黄，下有玩器，防损人丁。**人事**有算命卜祝人，说争战事。**田禾**夏有损。**家宅**星宇低暗，宅长有刑伤。**官禄**同寮不睦，防盗案参罚。**应试**文佳不利。**求财**有争。**婚姻**婿有刑克。**胎产**生女，母安。**疾病**胃有湿火，且有暗疾。**捕获**盗在东北，三日可得。**失物**向北方寻，当是首饰。**远信**将至。**鸦鸣**有劫迫。**鹊噪**无事。

阴遁八局

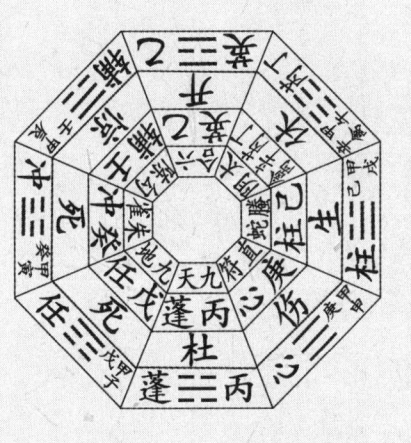

小暑上元
霜降中元
立秋下元
小雪中元

时寅庚日辛丙

孤子丑虚午未
天心直符加六宫 开门直使加九宫

乾 符伏吟 时干格 飞宫格
坎 宫生门 宫克门
艮 宫克门
震 门迫宫
巽 门与乙合 休诈 宫克门
离 开与丁合 人遁 真诈 宫克门
坤 门生宫
兑 开门加离为天火同人
心符伏乾为乾
庚仪加庚为太白重刑格

断曰：直符归伏于乾宫，而直使飞临于九位，上下有两乙焉，固庚之配也。男伏于内，而女反治其外，阴阳易矣。非唐韦后之干政，即晋贾氏之弄权也。况使乘六合，反借火势以制庚，淫戚骄亲，穿官隆秩，皆受中官之墨敕矣。戒之戒之。

兵事宫克门，五阴时，不利客。兵宜后举，伏兵于坤，从正南出师，严阵以待。故来则歼之，击其正东，先扰其东南，乃可以逞。**出行**正南西南皆吉。正南遇骑马人，或术士。西南遇孝服妇女，或见文书。**阳宅**利立西南，及正南向。当有患眼人，及黑白飞禽至。**阴宅**坤离两山俱吉。作用时，有捕鱼，及打猎人至。

附：**占胜败**主胜。虚实伏而不动。**攻城**内外观望，城中有降者。**守城**易守。**天时**有风无雨。**地理**地近园林寺院，土色灰白，丙日可用。**人事**有按摩人，或女媒术士。**田禾**禾歉，荆扬熟。**家宅**宅长有伤，防有淫佚。**官禄**升，缺不佳。**应试**文晦不中。**求财**不利。**婚姻**贵家女极贤，不可强求，防见辱。**胎产**生女防夭。**疾病**肝火太盛，当平肝。**捕获**盗匪正东丧家。**失物**在原处可寻。**远信**不至。**鸦鸣**有阴私事。**鹊噪**不吉。

阴遁八局

小暑上元 立秋下元
霜降中元 小雪中元

丙辛日辛卯时

孤丑寅虚未申
天心直符加五宫 开门直使加八宫

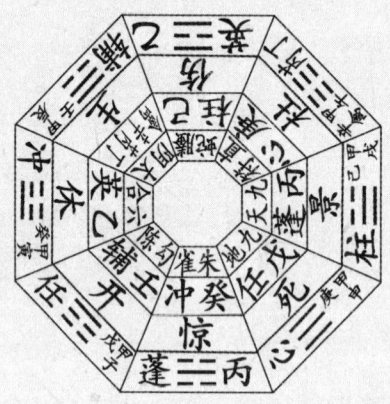

乾 天乙与太白格 门生宫
坎 宫生门
艮 休与乙合 休诈 云遁
震 乙奇升殿 门生宫 生与丁合 真诈 宫克门
巽 门干格 门迫宫
离 时干格 门迫宫
坤 天假 门迫宫
兑 心符步五为天地否 开门加辛为天山遁 庚仪加辛为太白重锋格
辛日伏干格

断曰：坤为庚之桑梓，而辛仪寄其上，太阴守其宫，聚族而处者，皆有昊之苗裔，蓐收之昆季也。庚得毋有妒心乎？但辛在中宫，既畏遁旬之午，寄居坤位，复畏同宫之丁，即非庚，亦不遑宁处矣。开门属金，神亦白虎，金气太盛而物伤，宜以柔济之。

兵事星门俱受宫生，利于为客。兵宜先动，正兵出震，奇兵出巽，以合云龙二遁之吉。安营于西北，背直符击艮。辛日伏干，不宜妄动，**出行**秋冬利出正东，四季利出东南。东南遇雷雨或少妇，正东见僧道有果盒。**阳宅**利开震巽二门。动作时，有黑云从南来，或小儿群至应。**阴宅**卯山酉向、巽山乾向俱吉。葬后六十日，有生气入屋，添丁大发。

附：**占胜败**客胜。**虚实**防偷袭。**攻城**即入城。**守城**宜设複城。**天时**有阴雨。**地理**卫砂有情，辛日占有更变。**人事**有宿卫人，素衣争斗事。**田禾**薄收，徐州青州熟。**家宅**眷属安，防有外孝，当发财。**官禄**人地相宜，防有差役不慎。**应试**文佳，主考不中。**求财**难得，利阴人之财。**婚姻**难就。**胎产**生女，妨母。**疾病**肾水虚弱，当用涩剂，九日愈。**捕获**贼在北方，本家藏匿。**失物**西北坟墓土寻。**远信**将至。**鸦鸣**有惊异。**鹊噪**无事。

阴遁八局

丙辛日壬辰时

小暑上元
霜降中元
立秋下元
小雪中元

孤寅卯虚申酉
天心直符加四宫 开门直使加七宫

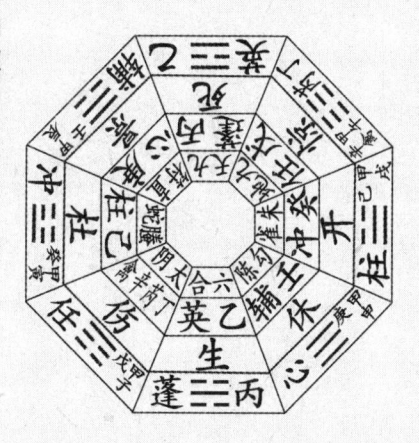

乾宫生门
坎生与乙合 休诈 龙遁 门迫宫
艮神假 丁奇入墓 门迫宫
震宫门比和
巽上格 时干格 仪刑 符反吟 宫生门
离宫生门
坤宫生门
兑宫门比和
心符加巽为天风姤
开门加兑为天泽履
庚仪加壬为太白退位格
时干入墓 丙日不遇

断曰：五运之气，壬化为木，故庚加为上格。格者战也，壬其能胜任乎？乃庚既入壬之郭，壬亦据庚之巢，往来相搏，如报复然。虎食猪，猪亦食虎，必无之理也。况符有虎而门有武，金害水痾，知不免矣。时支癸巳相交，尤防穿窬之类。

兵事星克宫，不利主，兵宜后举。出正北生门，以合龙遁之吉。安营于西南，伏兵于东北，背东南游都，击西北鲁都。但时干入墓遇格，大将不无损伤，宜慎之。**出行**正北可行。十里内，逢僧道，或见布帛果实。**阳宅**利开北门。动作时，进生气物为应。**阴宅**子山午向吉。作用时，有僧道为应。葬后拾古物，当大发。

附：**占胜败**客兵胜。**虚实**主客有阻。**攻城**守将受伤，可立破。**守城**难守。**天时**晴明有风。**地理**反水飞砂，不利人口。**人事**有儿童或课卜人。**田禾**麦大熟，冀州大有年。**家宅**防小人口舌，宅眷亦不安。**官禄**即升，恐丁艰。**应试**文晦不中。**求财**合伙最利。**婚姻**女家愿许，冰人得力，成。**胎产**生女，母安。**疾病**肾气动，当峻补之。**捕获**盗在西方水次。**失物**西南寻觅。**远信**已至。**鸦鸣**有阻隔。**鹊噪**防口舌。

阴遁八局

丙辛日癸巳时

小暑上元 立秋下元
霜降中元 小雪中元

孤卯辰虚酉戌
天心直符加三宫 开门直使加六宫

乾 开与乙合 休诈 门伏吟 乙奇入墓
坎 休与丁合 真诈 人遁
艮 大格 时干格
震
巽
离 蛇夭矫
坤
兑 心符加震为天雷无妄 开门伏乾为乾 庚仪加癸为太白刑隔格
天网

断曰：庚加于癸，似乎相生，实为相忌。非忌癸也，忌癸之能化也。桃虫翻而为鸟，鸟足变而为蛴，故忌之。门使伏庚，上有乙合，且临六合喜神，如梁鸿之举案，如冀缺之如宾，可云琴瑟友而钟鼓乐矣。故动不如静，出不如处。

兵事星克宫，不利主。兵宜先举，当伏兵于坎，从西北出师，以合真诈之吉。背艮击坤，迅疾发兵掩击，不可待其列阵。**出行**冬出正北，秋出西北。正北闻女人歌声，西北见新婚者。**阳宅**宜立乾坎两向。动作时，见白衣或黑色物。**阴宅**子山乾山俱可用。作用时，有吏人持盖，或缁衣焚香之应。

附：占胜败客胜防伤。**虚实**即有格战。**攻城**颇畏，守将内有投诚者。**守城**宜谨守西北。**天时**半阴半晴。**地理**土碧色，癸龙到头，惜有反弓水。**人事**有酒食，或夫妇同至门。**田禾**照旧年收，雍冀尤丰。**家宅**白虎兽头冲射，有喜事则吉。**官禄**官止于此。**应试**文不佳。**求财**宜江湖上求之。**婚姻**已成。**胎产**生女，未产。**疾病**金旺木衰，近内之症，宜节欲。**捕获**盗伏本家。**失物**正南土壤中寻。**远信**不至。**鸦鸣**有不明事。**鹊噪**不吉。

阴遁八局

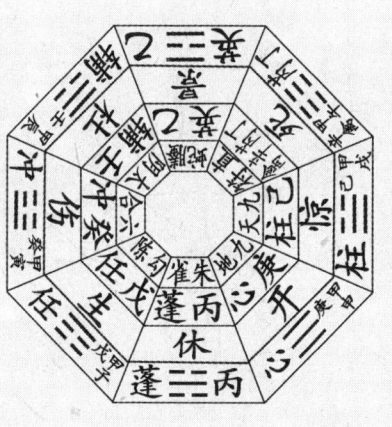

丙辛日甲午时

小暑上元 立秋下元
霜降中元
小雪中元

孤辰巳虚戌亥
天禽直符加五宫 死门直使加五宫

乾 休与丙合
坎 神假 物假
艮
震 门符伏吟
巽
离 死门伏五为坤
坤 禽符伏五为坤
兑 辛仪加辛为天庭自刑格
天辅时

断曰：甲寄于坤，已为入墓；午加于午，复为仪刑，譬之蚕之以丝自缚，膏之以明自煎也。辛仪在中。同宫复有丁火。本以刚明之性。而不离于阿保。受制于妇人。则伏处而呻吟。不亦宜乎？然而时名天辅，帝眷式凭，北方有人，其起而任事矣。

兵事星门未分，时遇天辅，利于为客，兵宜先举。出正北休门，安营于西北，伏兵于东南，背西击东，敌必负伤而遁。**出行**正北可行。十五里当闻鼓声，见军器或有字迹物。**阳宅**利建北门。动作时，有执杖人至。百日内，进书契，大发。**阴宅**子山午向吉。作用时，有风云从东来。葬后六十日，外犬入室，主得东方人财物，大发。

附：**占胜败**主欲求和。**虚实**主兵诚实。**攻城**不可力攻，只宜计取。**守城**宜备西北，正南有援，可守。**天时**晴明。**地理**地近庙宇，土色正黄，丙日不宜。**人事**有老年师巫，言丧葬之事。**田禾**农人安逸，有收。**家宅**香火好，当发财。**官禄**秋月可升。**应试**丙日不荐，下科可中。**求财**迟滞，防争竞。**婚姻**男畏女家，不就。**胎产**生女，迟延。**疾病**肝火刑金，淹缠难愈。**捕获**不能逃。**失物**向东北原处寻。**远信**已发。**鸦鸣**有劫迫事。**鹊噪**有喜事。

阴遁八局

丙辛日乙未时

霜降中元 小雪中元 小暑上元 立秋下元

孤巳午虚亥子
天禽直符加九宫 死门直使加四宫

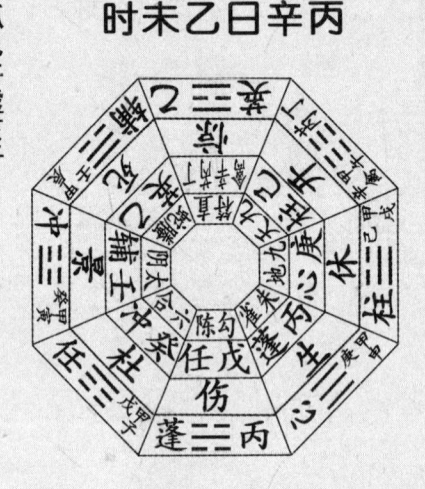

乾宫生门 生与丙合 荧入白 丙奇入墓 门生宫
坎宫生门 地假 门迫宫
艮宫生门
震宫克门
巽宫生门
离宫相佐 仪刑 虎猖狂 宫克门
坤宫生门
兑宫生门 刑格
禽符加离为地火明夷
死门加巽为地风升
辛仪加乙为白虎猖狂格
丙日飞干格

断曰：乙为日奇，丽于离位，而辛加之，苟能附其阳光，仰瞻天曜，则火金相守，犹不失为令器而录用之，未可知也。若欲恃其西方之虎，肆彼猖狂，则既临火地，又入刑乡，金流而石烁矣。门使入墓，亦非清吉，止宜吊死问丧，用彰恤邻之义。

兵事宫克门，不利客，兵宜后应。当出西北生门，季月尤利。安营于正东，伏兵于正东，背南击北，亦可获胜。更宜防敌人暗袭我后。**出行**利出西北方。行六里十六里逢勾当人，或路遇人口角。阳宅开西北门吉。动作时，有绿衣人至或黑禽至应。阴宅乾山巽向吉。造葬时，有孕妇携筐过，或见羊酒喜庆事，大发。

附：**占胜败**主兵胜。虚实敌兵已至，当即退。**攻城**不可攻。**守城**易守。**天时**阴雨。**地理**地近桥梁，右水反跳，丙日不吉。**人事**有悍女探亲，厌客长谈不去。**田禾**欠丰。**家宅**右屋欺压，炉灶欠利，当防火烛。**官禄**不利。**应试**文佳，防有错误。**求财**有得，亦防失。**婚姻**难成。**胎产**生男，母安。**疾病**惊悸而得，火炎于上，防发狂。**捕获**易擒获。**失物**向正北方寻觅。**远信**已发。**鸦鸣**防有贼盗。**鹊噪**尊长有灾。

阴遁八局

丙丙辛日丙申时

小暑上元
霜降中元
立秋下元
小雪中元

孤午未虚子丑
天禽直符加一宫 死门直使加三宫

乾 宫克门
坎 相佐 龙返首 符勃 宫生门
艮 门生宫
震 大格 宫克门
巽 门迫宫
离 宫克门
坤 蛇夭矫 宫克门
兑 门生宫
禽符加坎为地水师
死门加震为地雷复
辛仪加丙为天庭得明格
无奇门

断曰：丙为阳火而陷于坎，则阴矣。复据其窟宅，而招其同气之辛，相合而化，是雀也而化蛤矣。盖辛犹鼎也，鼎在而水火于以相见；辛与丙合犹油也，油多而火金愈以增光。门使在震而遇庚癸，则金木水土，合而成锲矣。

兵事宫克门，星克宫，主客互有损伤。兵宜北出，以应返首之吉。安营于东，伏兵于西，背北击南，可获全胜。当有紫色云气，在北方助战。**出行**正北可行，当遇扛木人或见不吉之物。**阳宅**利开坎门。动作时，有皂衣人至为应。**阴宅**子山午向最利。作用时，有大鸟群飞鸣叫。葬后生贵子，当大发。

附：占胜败主欲议和。**虚实**敌兵有阻，尚未至，后防潜袭。**攻城**利招抚。**守城**宜备东门，议和为便。**天时**有雨，子日占晴。**地理**土块青紫，后托欠吉，然可用。**人事**有贵人酒后之事。**田禾**谷丰。**家宅**厨灶吉，当发财，宅眷亦利。**官禄**秋日可望升。**应试**丙日占当中。**求财**有得。**婚姻**不成。**胎产**生男，产母有病。**疾病**心与小肠之疾，不宜延坤方医士。**捕获**逃在西南，贼在东南。**失物**向南方觅。**远信**已发。**鸦鸣**有文书之事。**鹊噪**无事。

阴遁八局

丙辛日丁酉时

小暑上元 立秋下元
霜降中元 小雪中元

孤未申虚丑寅
天禽直符加二宫 死门直使加二宫

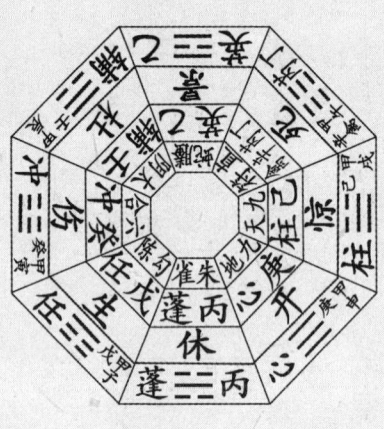

乾 休与丙合
坎 神假 物假
艮
震 相佐 门符伏吟
巽
离 玉女守门
坤
兑 禽符加坤为坤 死门加坤为坤 辛仪加丁为白虎受伤格 丁奇得使遇甲 辛日不遇

断曰：丁与辛仪，共宅于西南，盖同壤而仇雠者也。今辛符以丁之故而来加，而丁亦牵率而来归，殆同室之斗，被发缨冠而救者欤？顾先甲三日而为辛，后甲三日而为丁，君子于此，有更新之意焉，有丁宁之戒焉。

兵事星门俱与宫和，阳时利客，军宜先动。秋冬出正北休门，安营于西北，伏兵于东南，背正西，击正东，亦可获胜。**出行**利出正北。行三十里逢阴贵人，及闻同伴歌声，或见水族卵生之物。**阳宅**利开北门。动作时，见黄白飞禽或闻鼓声应。**阴宅**子山午向吉。造葬时，有怀妊白衣妇人至。百日内，因口舌得财。

附：**占胜败**主兵虽盛，意不欲战。**虚实**主情实。**攻城**利招抚。**守城**当议和。**天时**日入云中。**地理**地近溪沟桥梁，土色黄黑，辛日可用。**人事**有纳婢嗣续之事。**田禾**少雨泽，麦有收。**家宅**人宅相安，厨灶尤利，当发财丁。**官禄**当任东北财赋之地，难得升转。**应试**丙日不荐。**求财**欠利。**婚姻**男畏女家，不成。**胎产**生女，当富贵。**疾病**伏火之症，宜疏达之。**捕获**贼不获，逃人当向正东捕之，易擒。**失物**失于东北。**远信**不至。**鸦鸣**有失脱。**鹊噪**有文书事。

阴遁八局

丙辛日 戊戊时

霜降中元 小暑上元
小雪中元 立秋下元

孤申酉虚寅卯
天禽直符加八宫 死门直使加一宫

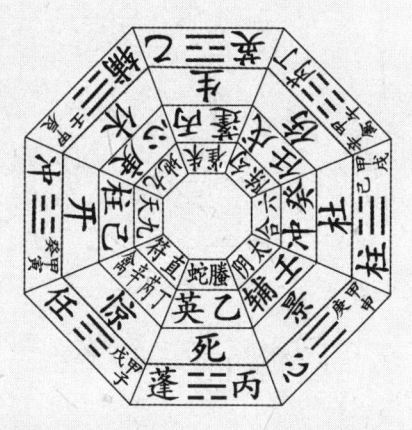

乾 门迫宫
坎 门迫宫
艮 符反吟 宫生门
震 门迫宫
巽 上格 门生宫 丙奇升殿 宫生门
离 门迫宫
坤 地假 宫克门
兑 禽符加艮为地山谦
死门加坎为地水师
辛仪加戊为龙虎争强格
时干入墓

断曰：戊干托体于长生之艮，辛乃穷源返本而来，将以求戊之生也。而丁亦来生戊，真乃种种得瓜因，种豆得豆因矣。门使在坎，俯则有丙，仰则有乙，双悬日月，合璧于紫极之宫，于是寿与天齐，富与地埒，休征百福，毕萃于斯矣。

兵事 门克宫，利为客，兵宜先举。季月当从正南出师，安营于东南，设伏于西北，背东北，击西南，可以奏功。**出行** 宜向正南方行。九里十七里，逢马步从人，或见飞鸟争鸣，路人口角。**阳宅** 利修造南方，开南门。动作时，有患足人至。七日内，遇北方火发，大吉。**阴宅** 午山子向吉。作用时，当见黄犬赤蛇之应。

附：占胜败 客兵有胜势。**虚实** 客情多诈，有阻未至。**攻城** 可攻。**守城** 难守。**天时** 大晴。**地理** 艮龙入首，结聚有情，辛日最利。**人事** 有妇女争论财帛或缠绕之事。**田禾** 大丰。**家宅** 家长极利，香火亦吉，惟过路当改。**官禄** 大利。**应试** 辛日占，当荐。**求财** 欠利。**婚姻** 女佳，可成。**胎产** 生男，产速。**疾病** 脾家有火，流入肺经，易瘥。**捕获** 难获。**失物** 失于西南，可觅。**远信** 近信即至。**鸦鸣** 有财帛争竞。**鹊噪** 所事不行。

阴遁八局

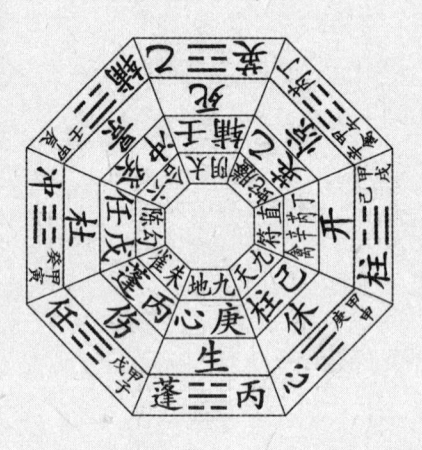

丙辛日己亥时

小暑上元 霜降中元 立秋下元 小雪中元

孤酉戌虚卯辰
天禽直符加七宫 死门直使加九宫

乾 格刑 宫生门
坎 白入荧 奇格 门迫宫
艮 门迫宫
震 宫门比和
巽 宫生门
离 龙逃走 乙奇入墓 宫生门 丁奇升殿 宫门比和
坤 开与丁合 为地泽临
兑 禽符加兑为地火明夷 辛仪加己为虎坐明堂格
丙日伏干格

断曰：己干在兑，本为败地，辛仪加己，乃是禄乡，是己已处其下风矣。乃己飞入于乾，复见刑于庚，而辛退处于坤，复侵凌于乙，何己之日弱，而辛之日强也？辛有丁火生土制金，而门中之乙，又暗合于庚以杀其怒，则起涸辙而濡沫之矣。

兵事星生宫，利为主，兵宜后应。出正西直符之下，安营于北，伏兵于南，背西击东，可以获胜。唯九地格勃，营中防有变乱。**出行**正西可行。七里十七里，见女人引小儿，执竹杖为应。**阳宅**利开兑门。动作时，有贵人或飞禽至。周年内进财，大发。**阴宅**酉山卯向吉。作用时，西方有青衣女人至。葬后见猫捕白鼠，大发。

附：占胜败主欲议和。**虚实**敌兵即至，主不欺敌。**攻城**乘其救援未至，可以招抚。**守城**敌有内患，议和必允。**天时**晴而有云。**地理**形势虽好，穴情不佳，不可用。**人事**有文墨带疾人到门，或见红衣少女。**田禾**丰。丙日占，农人有灾。**家宅**堂高门暗，暗中有损，不甚利。**官禄**可升。**应试**不中。**求财**欠利。**婚姻**女不佳，男不吉，不成。**胎产**生女，产迟，有惊。**疾病**发散太过，宜安其胃。**捕获**贼盗有贿，逃者不获。**失物**向正东寻觅。**远信近信**已至。**鸦鸣**有彼此说合事。**鹊噪**有亲朋至家。

阴遁八局

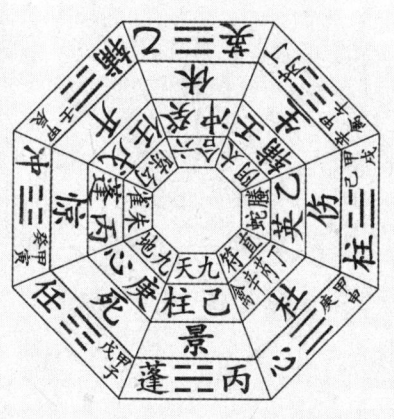

小暑上元　立秋下元
霜降中元　小雪中元

丁壬日庚子时

孤戌亥虚辰巳
天禽直符加六宫　死门直使加八宫

乾　丁奇入墓　飞宫格　宫克门
坎　宫克门
艮　太白与天乙格　门反吟　宫门比和
震　门迫宫
巽　门迫宫
离　门迫宫
坤　宫门比和
兑　宫克门
禽符加乾为地天泰
死门加艮为地山谦
辛仪加庚为虎逢太白格
无奇门　丁日飞干格

断曰：辛之敢于加庚者，非同气之求，直欲借势于丁，胁其兄以听命；而不知庚干已飞于艮，以受戊之生，是泽中之鸟，已戾于天，而网者犹视其薮也。然而坤门加艮，反覆仓皇，门墙之内，亦自此多事矣。本宫丁壬作合，惠迪则吉。

兵事星生宫，五阴时，利为主，兵宜后举。出西北乾地，安营于东北，伏兵于西南，背乾孤击巽虚，彼必前后受敌，可以制胜。然格遇飞宫，丁奇入墓，当戒追逐。**出行**西南可行。出门十里见公吏，或闻啼泣之声。**阳宅**秋时可小修东南方。动作时，见贵人至，防口舌。**阴宅**坤山艮向吉。造葬时，闻金鼓声，进古器画轴。

附：**占胜败**客有归附之志。**虚实**敌兵未至，闻见实。**攻城**宜缓攻。**守城**当备东北。**天时**即开霁。**地理**地近亭阁庙宇，土色灰白，不宜用。**人事**有室中歌舞之事。**田禾**耕种欠利。**家宅**宅长当贵，厨灶欠利，妇女有灾。**官禄**防有飞章参劾，难升。**应试**欠利。**求财**不获。**婚姻**男家富厚，可成。**胎产**生男，产母当病。**疾病**肺气郁塞，难以即瘥。**捕获**有贿赂欺蔽，难获。**失物**失于东南，已不可得。**远信**千里内者即至，千里外者迟至。**鸦鸣**有长上事。**鹊噪**无事。

阴遁八局

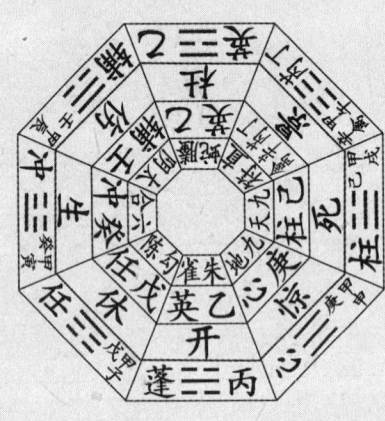

丁壬日辛丑时

小暑上元 立秋下元
霜降中元 小雪中元

孤亥子虚巳午
天禽直符加五宫 死门直使加七宫

乾宫门比和 开与丙合 门生宫
坎宫门克宫
艮宫门克门
震宫门比和
巽宫门生宫
离门生宫
坤门生宫
兑符伏吟 门生宫
禽符伏五为坤
死门加兑为地泽临
辛仪加辛为天庭自刑格

断曰：辛为白虎，伏于中宫，是堂中之虎也。两虎相见，不能无斗，于时为之丁者，睥睨其傍，得毋有卞庄子之利乎？盖自刑之格，势所必至也。使加于九天之兑，高门弘厂，阒寂无人，惟有二己在焉。抚琴临水，拄笏看山，意在斯时欤？

兵事 五阴时，门生宫，利为主，兵宜后举。出西北开门，安营于西北，伏兵于东南，背坤击艮，彼必首尾不顾，可以获胜。**出行** 利出西北。行二里十二里，闻哭泣声，见四足斗，或见首饰丝麻之物。**阳宅** 宜修西北方。动作时，有执杖人过，百日内进书契。**阴宅** 子山午向吉。作用时，有匠人持刀斧至，树上生花为应。

附：占胜败 主欲罢兵。**虚实** 防敌人潜踪暗至。**攻城** 只宜绥抚，不须力攻。**守城** 不易守，宜乞和。**天时** 有阴云。**地理** 地近通衢，土色黄黑，当发贵发丁，可用。**人事** 有老阴人携幼女至。**田禾** 丰。**家宅** 厨灶安吉，香火欠利，时有口舌失脱之患。**官禄** 冬月可以望升。**应试** 壬日占不中。**求财** 欠利。**婚姻** 不成。**胎产** 生女当贵。**疾病** 病在内伤，医庸难治。**捕获** 有欺蔽贿赂，难获。**失物** 失于原处，可寻。**远信** 远近信俱至。**鸦鸣** 有文书相合事。**鹊噪** 无事。

阴遁八局

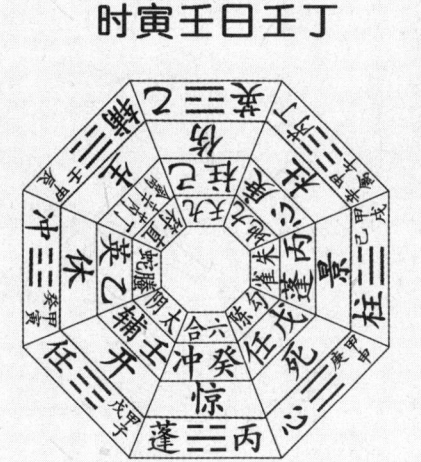

小暑上元 立秋下元
霜降中元
小雪中元

时寅壬日壬丁

孤子丑虚午未
天禽直符加四宫 死门直使加六宫

乾 天乙与太白格 门生宫
坎 门生宫
艮 宫生门 休与乙合 龙遁 乙奇升殿 门生宫
震 生门与丁合 宫克门
巽 门生宫
离 门迫宫
坤 奇格 伏宫格 门迫宫
兑 禽符加巽为地风升
死门加乾为天地泰
辛仪加壬为天庭逢狱格
丁日伏干格

断曰：壬干非木，自有辛符之加；牵丁作合，而壬遂蔚然成林矣。况在巽之木宫，而上值生门，水荣木茂，辛岂能以一刃戕林乎？但门使反趋于乾，与符相背，而又逢庚格，鸱鸮嗜鼠，蜘蛆甘带，人心之不齐，大率类此。

兵事 星被宫克，不利为客，兵宜后举。正东东南俱可出师，安营于坤，伏兵于艮。大将居直符之下，击敌之西，可获全胜。遇冬月木日，有青云从东方来助战。**出行** 正东东南可行。出东门逢红衣公吏，出东南逢猎者应。**阳宅** 利开巽门。动作时，有执杖女人东来为应。**阴宅** 巽山卯山俱吉。作用时，有女人把火行。葬后进六畜、钗宝物，大发。

附：**占胜败** 主兵胜。**虚实** 敌军潜至，主军怀诈。**攻城** 不必攻，当自败。**守城** 宜备西南，易守。**天时** 有微雨。**地理** 地近灰堑，土带微绿，丁日不宜。**人事** 有修网漫纱及负货之人至。**田禾** 防虫蚀，却有收。**家宅** 小口多灾，宅长招人妒害，唯香火稍利。**官禄** 因财致累，难得升转。**应试** 欠利。**求财** 有得。**婚姻** 不就。**胎产** 生女。**疾病** 肾经之疾，宜延北方医士。**捕获** 难获。**失物** 向西北方寻觅。**远信** 将至。**鸦鸣** 有文书事。**鹊噪** 主得财物六畜。

阴遁八局

小暑上元 立秋下元
霜降中元 小雪中元

丁壬日癸卯时

孤丑寅虚未申
天禽直符加三宫 死门直使加五宫

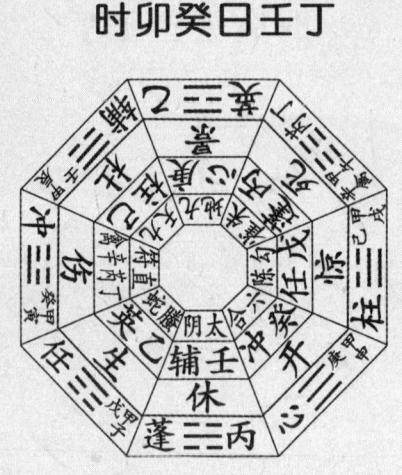

乾 小格
坎 生与乙合 虎遁
艮 雀投江
震 奇格 门伏吟
巽 鸟跌穴 勃符
离 奇格 门伏吟
坤 死门伏五为坤
兑 禽符加震为地雷复
　 辛仪加癸为虎投罗网格
天网 丁日不遇

断曰：符加于震，震者东方生物之始也，而偏遇癸，癸者闭也；使伏于坤，坤者西方成物之终也，而偏遇丁，丁者动也。况符之辛，又牵丁而入癸，一动一静，互为其根。人见天地之静，不见其动也。林无静树，川无停流，辛符之所以日新乎？

兵事宫克星，五阴时利为主，兵宜后举。出东北生门，安营于正南，伏兵于正北，背艮击坤，可获全胜。若逢丁日，只宜屯兵固守。**出行**宜出东北。十五里逢紫衣官吏，或见异物。**阳宅**利开东北门。动作时，有卖鱼人至为应。**阴宅**艮山坤向吉。作用时，有黄云四起。葬造后七日内，有角音人相请，送财物发。

附：**占胜败**主兵欲和。**虚实**防敌人暗袭。**攻城**守将受伤，将纳款。**守城**难守。**天时**大晴，子日雨。**地理**土色黄碧，前案跌陷，丁日不吉。**人事**有老人乘轿宴会事。**田禾**麦有收，亦防盂贼。**家宅**屋宇虽佳，与居人不利，唯幼小安吉。**官禄**位高禄厚，当防参劾。**应试**丁日占，下科当中。**求财**大利。**婚姻**女佳易谐。**胎产**生女当贵。**疾病**血不荣筋，当去风养血。**捕获**贼在西南可捕，逃在西北难擒。**失物**向正西寻觅。**远信**无。**鸦鸣**有幽暗事。**鹊噪**有喜信。

阴遁八局

小暑上元　霜降中元　立秋下元　小雪中元

丁壬日甲辰时

孤寅卯虚申酉
天辅直符加四宫　杜门直使加四宫

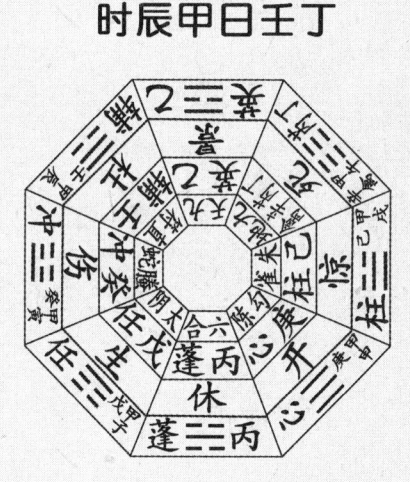

乾　休与丙合
坎　休诈
艮　门符伏吟　仪刑
震　天假
巽　鬼假
离　天假
坤　鬼假
兑　辅符伏巽为巽　杜门伏巽为巽
壬仪加壬为天牢自刑格
天辅时

断曰：壬水绝于巳而墓于辰，又逢自刑之地，则绝而复流，不过牛蹄之涔而已矣。夫政犹水也，无本之水，不可以畜群鱼；无德之政，不可以平万物。故忘于江湖者，鱼之乐也；忘于道术者，民之乐也。水浊则鱼噞，政苛则民乱矣。

兵事门符伏宫比和，季甲之时，阳外阴内，利为客。宜伏兵于艮方，从正北出师，背东北，击西南，设计诳敌，可以取胜。**出行**宜出北方。路逢皂衣人，或见奔马旌旗，或进水果。**阳宅**宜立坎门。有执杖人至，或见黄白飞鸟应。**阴宅**宜子山午向。作用时，有怀孕妇人至，或见犬羊。

附：**占胜败**客胜。**虚实**客兵甚强，主势不敌。**攻城**守将必来求和。**守城**宜备西北门，向南方求援可守。**天时**久雨。**地理**土带微绿色，地近三叉路，傍有亭榭，丁日占不吉。**人事**见文墨之人，言栽花植木事或言雷雨。**田禾**麦有收，禾防虫灾。**家宅**人口安宁，积粮置货，大可获利。**官禄**宦途平顺，升转稍迟。**应试**文佳，素积德，默有神佑，壬日占必中。**求财**迟得。**婚姻**不成。**胎产**生女，产迟。**疾病**情欲所致，难瘥。**捕获**逃匿北方，盗在正西。**失物**不得。**远信**无。鸦鸣贵人之事。鹊噪鹊自鸣。

阴遁八局

小暑上元 立秋下元
霜降中元 小雪中元

丁壬日乙巳时

孤卯辰虚酉戌
天辅直符加九宫 杜门直使加三宫

乾 格刑 宫生门
坎 白入荧 奇格 门迫宫
艮 门迫宫
震 宫门比和
巽 宫生门
离 相佐 宫生门
　　龙逃走 乙奇入墓 丁奇升殿 宫门比和
坤 开与丁合 重诈
兑 杜门加震为风雷益
辅符加离为风火家人
壬仪加乙为日入九地格

断曰：壬仪来生乙奇，以辅木为佐，似恐不之见焚，而反抱薪而救，非计之得也。况上有凶门，凿而出之，难已。时支在艮，上逢禄神，阴逢合将，从容于礼法之场，容与于冠裳之列，惜乎受门之迫，所当唾面自甘，勿招尤怨。

兵事星生宫，利为主。宜伏兵于震方，修沟堑，谬号令，以诱敌至。从正西应敌，背巽孤，击乾虚，或从东北伤门杀入，可以制胜。**出行**宜出西方。路逢女人引孩儿，或见老病女人为应。**阳宅**宜立兑门。有人将文书纸笔过，或见渔人。**阴宅**宜酉山卯向。作用时，有两犬相争，负薪人过应。

附：**占胜败**白入荧，主当胜。**虚实**防敌潜师压境。**攻城**城中防守甚严，难拔。**守城**固守无虞。**天时**晴明。**地理**左脉回抱不紧，穴有风侵，防损棺。**人事**见清贵官或阴人，有鼓乐宴会。**田禾**秋有灾，禾薄收。**家宅**宅长多病，婢妾恃宠弄权，室中常有怪异。**官禄**有荐举，可升。**应试**不中。**求财**卖货必获利。**婚姻**不成。**胎产**生女，母有虚惊。**疾病**胃气受伤，宜补中益气。**捕获**匿于东北方，有窝主。**失物**被东方亲戚人取去，不得。**远信**至。**鸦鸣**有口舌。**鹊噪**无关于事。

阴遁八局

小暑上元 立秋下元
霜降中元 小雪中元

时午丙日壬丁

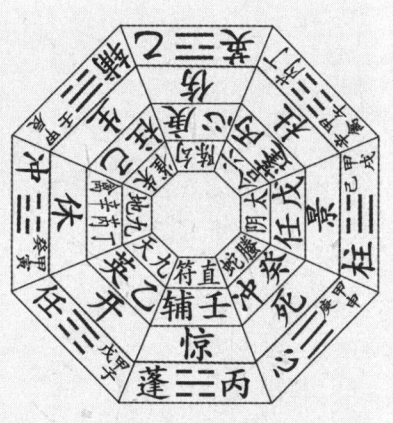

孤辰巳虚戊亥
天辅直符加一宫 杜门直使加二宫

乾　小格　门生宫
坎　龙返首　相佐　符勃　门生宫
艮　开与乙合　虎遁　宫生门
震　休与丁合　重诈　雀投江　门生宫
巽　宫克门
离　奇格　门生宫
坤　玉女守门　门迫宫
兑　门迫宫
辅符加坎为风水涣
杜门加坤为风地观
壬仪加丙为天牢伏奇格

断曰：丙干受壬坎之夹克，幸遇木符，母救其子，而官生其文，所谓"贫贱忧戚，玉汝于成"者也。门使入坤，支干咸在，玉女守焉。而阴神又逢六合，则家庭聚顺，又所谓"西老虽贫乐有余"者矣。凡遇杜门，利于学道求仙，凝神摄气。

兵事宫生星，门克宫，利为客。宜安营于震位，伏兵于兑方，鸣鼓麾旗。正兵出西北，奇兵出东方，背东南，击西北，有紫云自北来助战，大胜。**出行**宜出北方。四十里见旗枪锣鼓，逢酒食。**阳宅**宜主震艮二门。建西北门，有红衣人至或公吏来。建东门，有处子成双过。**阴宅**卯山艮山俱吉。作用时，见青衣女人，抱红衣孩子至。

附：占胜败主胜。**虚实**敌来甚速。**攻城**师老财费，将自溃。**守城**易守。**天时**阴晦不雨。**地理**龙顾祖，穴有情，土块青紫，拱护森严，牛眠吉壤。**人事**见贵人酒后，言女人婚媾事。**田禾**五谷丰收，究徐尤熟。**家宅**宅吉利，内助贤能，长防有惊忧。**官禄**迁转在即。**应试**中。**求财**秋利，冬不利。**婚姻**成，女家贵显。**胎产**生女，母有灾。**疾病**君相火合，壮火食气，宜滋水降火。**捕获**盗在东南，不获。**失物**是阴人盗去。**远信**至。鸦鸣有阴私事。鹊噪无事。

阴遁八局

小暑上元 立秋下元
霜降中元
小雪中元

时末丁日壬丁

孤巳干虚亥子
天辅直符加二宫 杜门直使加一宫

乾 神假 丁奇入墓 宫克门
坎 宫生门
艮 太白与天乙格 门生宫
震 宫克门
巽 门迫宫
离 宫克门
坤 相佐 宫克门 门生宫
兑 生与乙合 门生宫
辅符加坤为风地观
杜门加坎为风水涣
壬仪加丁为太阴被狱格
丁日飞干格

断曰：丁干居坤，少女依于老母，而壬符往与之合，得毋如淳于髡之出赘乎？门使飞于一宫，虽受宫生，亦遇丙泄，而雀武临之，即能避于雀角，岂能免于鼠偷？惟宜杜门谢客，不治已病治未病，不治已乱治未乱。

兵事宫生门，星克宫，利为客。宜安营于西北，伏兵于东南，从正西出师，背西击东。用奇兵先惊其左右，后攻中坚，见赤马奔腾，乃其制胜之候。**出行**宜出西方。八九里逢骨隶，或见金石圆转之物。**阳宅**宜立兑门。有白衣人来，三年内进外财应。**阴宅**宜酉山卯向。作用时，东北方有人携盖骑马至。

附：**占胜败**两军相持未战。**虚实**敌兵有始无终。**攻城**宜从南门入。**守城**求援可保。**天时**阴晦，戌日有雨。**地理**巽龙入首，木星结穴，有文笔峰为案，子孙逢吉。**人事**有黄衣人口舌。**田禾**有年。**家宅**宅吉人安，可以发财，冬季小有口角。**官禄**治地遂意，未能即升。**应试**壬日占，不利。**求财**有意外之获。**婚姻**成。女有才，面上破相。**胎产**生男，母有产疾。**疾病**胆有湿热，宜清渗。**捕获**逃匿于东，盗匿于北。**失物**不可得。**远信**千里内至。**鸦鸣**争竞事。**鹊噪**无事。

阴遁八局

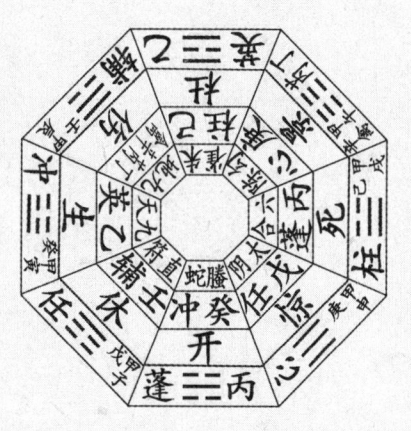

小暑上元 立秋下元
霜降中元 小雪中元

丁壬日戊申时

孤午未虚子丑
天辅直符加八宫　杜门直使加九宫

乾　天乙与太白格　宫门比和
坎　门生宫
艮　宫克门
震　生与乙合　云遁　龙遁
巽　乙奇升殿　宫门比和
离　门生宫
坤　奇格　门生宫
兑　神假宫门比和
辅符加艮为风山渐
杜门加离为风雷益
壬仪加戊为青龙入狱格
丁日伏干格　壬日不遇

断曰：戊为阳土而居于艮，则戴土之山也，常苦于燥。得壬水合休门而加之，土膏润而草木繁，可以不童矣。杜使加离，门来生宫而比于乙，其闬闳则高，其藩篱则固，正堂成而雀贺之时也。微嫌元武在门，须防鱼孽豕祸。

兵事星克宫，阳时利客。先从乾地埋伏，巽地安营，更结旗于林木之间，以为疑兵；乃从正东扬兵直进，奋击其冲。敌虽善遁，望见疑兵，不敢东走。西北遇我伏兵，可擒。**出行**利出正东，夏日尤吉，可求名利，见鼠斗或飞物。**阳宅**修正东屋宇，须慎火烛。**阴宅**卯山酉向吉。葬时，见鹰搏禽堕地或猿啼，主近寺火灾。

附：**占胜败**不及交锋。**虚实**敌情猜疑，不敢进境。**攻城**城中负伤，偏师已入之矣。**守城**夏日可守。**天时**夏冬晴，秋雨。**地理**丁日占可用，屏幛极佳。**人事**门有执杖持帖人至，或当啜茗看书。**田禾**大熟，雨水需足。**家宅**门第清吉，居者当有盛名。**官禄**事防疏忽，职有改调。**应试**副车有望。**求财**谋巧得拙。**婚姻**男贱女贵，不成。**胎产**生女，防带疾。**疾病**脾气火盛，勿用西方医士。**捕获**不获。**失物**西北方失去，难寻。**远信**近，行人及信当至。**鸦鸣**有争执事。**鹊噪**无关系。

阴遁八局

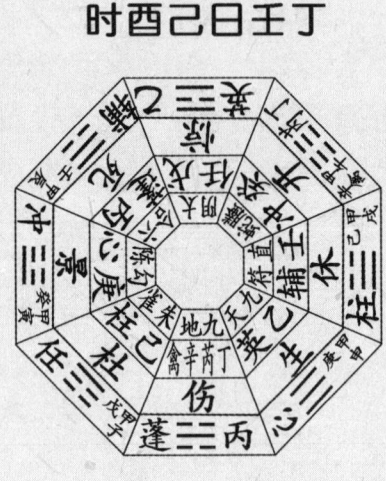

丁壬日己酉时

小暑上元 立秋下元
霜降中元 小雪中元

孤未申虚丑寅
天辅直符加七宫 杜门直使加八宫

乾 生与乙合 乙奇入墓 门生宫
坎 神假 宫生门
艮 门迫宫
震 大格 宫生门
巽 鸟跌穴 勃符 宫克门
离 宫克门
坤 蛇天矫 宫生门
兑 宫生门
辅符加兑为风泽中孚
杜门加艮为风山渐
壬仪加己为天地刑冲格

断曰：壬加于己，休门辅之，如以水和泥，不复可以别识。但宫则金也，符则木也，毋乃貌同而心异，外合而中离乎？杜使在艮，门迫其宫，虽戊己与艮，三土党而仇之；而雀武相联，犹不免于横逆。君子于此，但当不恶而严可也。

兵事宫克门，阴时利主。宜北方深沟高垒，掘堑安营；更设伏于离位，以为犄角。敌来时，大将宜居兑地，严阵以当其锋。奇兵从西北出，疾击敌之左偏，伏兵闻号，合击则胜。**出行**出西北方，求名利皆吉。十六里内，见鼠斗或旋转飞动物。**阳宅**秋冬可修乾方，亦防火烛。动作时，有人黄衣缠钱至。**阴宅**利乾山巽向，葬时，西南见火光，北方马嘶。

附：**占胜败**主胜。虚实敌有斗志，亦怀疑惧。**攻城**城缺将伤，当迎降。**守城**难保。**天时**夏风或有雷，秋冬晴，西方有青云带白。**地理**水龙，冬占得旺气，朝山佳，土色青白。**人事**有送信人到门，或得意还家之事。**田禾**雨水少，晚禾得利。**家宅**不利人口，多是非，防失脱。**官禄**才不胜任，防参处。**应试**文多曲折，难合主司。**求财**宜求本分之财，必得。**婚姻**不成。**胎产**生男，母有灾。**疾病**风邪已入阳明，下之即愈。**捕获**难捕。**失物**在南方，可寻。**远信**不至。**鸦鸣**有争斗事。**鹊噪**闲鸣。

阴遁八局

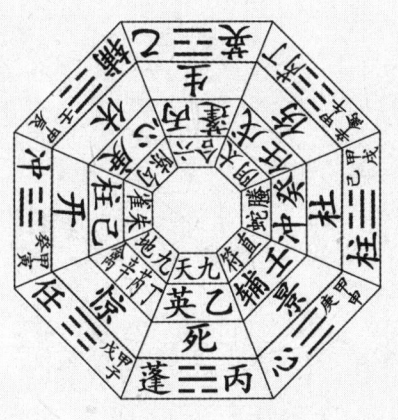

小暑上元 霜降中元 立秋下元 小雪中元

丁壬日庚戌时

孤申酉虚寅卯 天辅直符加六宫 杜门直使加七宫

乾 符反吟 飞宫格 门迫宫
坎 门迫宫
艮 丁奇入墓 宫生门
震 上格 门生宫
巽 门迫宫
离 门迫宫 生与丙合 休诈 丙奇升殿 宫生门
坤 宫克门
兑 辅符加乾为风天小畜 杜门加兑为风泽中孚 壬仪加庚为天牢倚势格 壬日飞干格伏干格

　　断曰：壬加庚，庚亦加壬，往来如织，而皆格而不遇，避客乎？抑逐客也，可云訑訑拒人者矣。门使入兑，受宫之制，受蛇之惊，披帷而进者，非有挟之求，则无稽之听也。幸有癸水调于金木之间，而亦能熄其蛇妖，所谓"好雨知时节"者也。

　　兵事星门俱受宫克，不利客，兵宜后应。当从正南出师，以合休诈之吉。安营于艮，伏兵于坤，背酉孤击卯虚。格遇飞宫，宜谨追逐。**出行**宜出正南。行九里十七里逢骑骡马人，或见两两相比之物。**阳宅**宜建离门。修造正南屋宇，周年后，进财产，大旺。**阴宅**午山子向吉。作用时，西方有三五人，把火寻物应。

　　附：占胜败战之象，互有胜负。虚实翻腾而来。攻城反覆难定。守城难守。**天时**当日有雨。**地理**土色灰白，防有白蚁。**人事**见奇人异物或有幻术者。**田禾**春秋皆薄收，江南大丰。**家宅**家有孕妇，常多虚惊，人口不安。**官禄**防参勘。**应试**不第。**求财**大获。**婚姻**女家愿谐，成。**胎产**生男，产母有伤。**疾病**肾水不安，有怪梦，须静摄。**捕获**盗在东方，逃者不获。**失物**西南觅之，不得见。**远信**即至。**鸦鸣**有争殴事。**鹊噪**有官讼罗织。

阴遁八局

丁壬日辛亥时

霜降中元 小暑上元 立秋下元 小雪中元

孤酉戌虚卯辰
天辅直符加五宫 杜门直使加六宫

乾宫门 地假 丁奇入墓 门反吟 宫克门
坎宫克门 太白与天乙格 宫门比和
艮门迫宫
震门迫宫
巽门迫宫
离宫门比和
坤宫克门
兑门
辅符步五为风天小畜
杜门加乾为风地观
壬仪加辛为白虎犯狱格
无奇门 丁日飞干格

断曰：地网为壬，加于中宫辛虎，既入其笠，又从而招之，虎之威，于是乎替矣。杜门反吟于乾宫，既制之，庚又克之，时干之辛，反党同而伐异，大约非妻孥之累，即疾病之缠，皆卜宅之不臧，至于如此。宜徙于南方，乃可无患。

兵事星克宫，宫克门，主客乃互有损伤。宜安营于西北，伏兵于东南，从西南出师，坐直符，击对冲。丁壬化合，彼军必有输情投纳者，可因以招服其众，亦防反覆。**出行**西南可行。出门六十里，见贵人车马或舟车中财物，吉。**阳宅**宜修坤方，见乌鸦飞鸣应。**阴宅**坤宫有生门，可以权厝。但门反无奇，另择为妙。

附：**占胜败**两军各无战意。虚实忽离忽合。**攻城**先以偏师诱将出城，且战且却，截其归路，可拔帜先登。**守城**援兵观望，难保无虞。**天时**夏有微雨，秋晴，冬风雪，西南起翠云。**地理**穴结窝脐，右仙宫佳，惜有地风不煖。**人事**有女人姒娌不和，谋欲分家。**田禾**夏旱，晚稻大熟。**家宅**门第不安，家有忧郁，女人不和。**官禄**有荐举升。**应试**不中。**求财**田产之财得。**婚姻**成。**胎产**生男，安吉。**疾病**金火相刑，常有反覆。**捕获**盗在北方。**失物**易寻。**远信**近即至。**鸦鸣**防失脱。**鹊噪**无事。

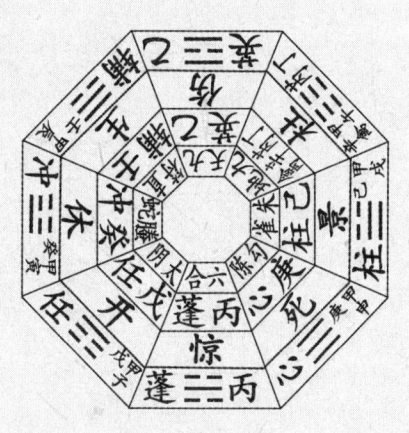

阴遁八局

小暑上元 立秋下元
霜降中元 小雪中元

戊癸日壬子时

孤戌亥虚辰巳
天辅直符加四宫 杜门直使加五宫

乾宫 门生宫
坎宫 门生门
艮宫 门生宫
震宫 门生宫 仪刑 符反吟 宫克门
巽宫 门生宫
离宫 地假 门迫宫
坤宫 门迫宫
兑宫 辅符伏巽为巽
杜门步五为风地观
壬仪加壬为天牢自刑格
无奇门

断曰：壬符在巽为自刑，逮于转辗变迁，仍退而蹈于自刑之地，则真怙终不悛者矣。刘向《五行》所谓"听之不聪，是谓不谋，厥罚恒寒，厥极贫"者也。杜门乘九地而入中宫，将有土木之事焉。非原庙，即别业，或有新宠者而充之乎？

兵事门克宫，利为客。宜安营于西南，伏兵于东北，从东南直符下出师。阴时不可大张声势，当衔枚掩袭，背北击南。但属击刑，亦防伤损。**出行**宜出东北开门，见残疾老人或逢风雨吉。**阳宅**奇门不合，不宜动土。**阴宅**坤山艮向，可以权厝。作用时，见西南火光。葬后猫犬为怪，有灾。

附：**占胜败**客胜。**虚实**伏而未动，宜乘乱攻之。**攻城**传檄可下。**守城**难守。**天时**主久雨。**地理**地有斜沟曲涧穿伤，穴情不吉。**人事**宜有田土文书，或私相授受。**田禾**丰，徐州有民乱。**家宅**宅居发财，女眷防病。**官禄**未升。**应试**文不得意，不得荐。**求财**贵人之财，有得。**婚姻**女有残疾，不成。**胎产**生女，难产，母有灾。**疾病**肺有伏火，宜清金化痰。**捕获**逃人不获，盗在西方。**失物**在东北高阜，可寻。**远信**无。**鸦鸣**有口舌。**鹊噪**有文书或音问至。

阴遁八局

小暑上元 立秋下元
霜降中元 小雪中元

时丑癸日癸戊

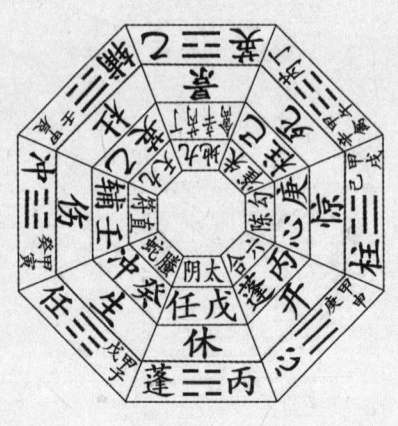

孤亥子虚巳午
天辅直符加三宫 杜门直使加四宫

乾 开与丙合 休诈 荧入白 丙奇入墓
坎 艮 震 门伏吟
巽 虎猖狂
离 刑格
坤 兑 辅符加震为风雷益
杜门伏巽为巽
壬仪加癸为阴阳重地格
天网

断曰：《内经》以男精为天壬，女血为地癸，此阴阳之交，万物所以化生也。加于震，其一索得男乎？杜伏于杜，门之局也固矣。但九天之下，乙奇临之，光天七日之中，键户高卧，非大禹惜阴之义也。君子于此，俛焉日有孳孳而已。

兵事星门与宫比和，阴时利为主。安营于南，设伏于北，俟敌先动。西北格合休诈，然奇墓门伏，不利出师。宜择天马方出兵，背东北，击西南。贼亦退去，不必追袭。**出行**索债可出正东方直符之下，畋猎亦可，余不吉。**阳宅**秋冬可修乾门，有色衣人至。**阴宅**乾山巽向吉。作用时，东南方有锣声应。

附：**占胜败**客胜。**虚实**贼即去。**攻城**相机而动，不宜躁进。**守城**宜备西北。**天时**有风有雨。**地理**璇衡相加，阴阳交姤。癸日占，长房主发鼎甲。**人事**有高士雄谈可听，或闻金声。**田禾**禾麦如旧年，雍州熟。**家宅**迁居发福，不能动身。**官禄**申酉月可升，官不甚显。应试戊日占，不中。**求财**阴人之财，可得。**婚姻**男有刑克，不成。**胎产**胎稳，难产，生女。**疾病**肝家有微火，易瘥。**捕获**贼在西南易获，逃人难捕。**失物**失于正北，难寻。远信迟至。鸦鸣有欺蔽事。鹊噪不系祸福。

阴遁八局

戊癸日甲寅时

小暑上元
霜降中元
立秋下元
小雪中元

孤子丑虚午未
天冲直符加三宫 伤门直使加三宫

乾　坎　艮　震　巽　离　坤　兑

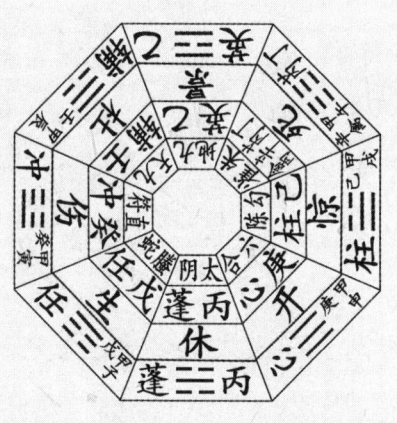

门符伏吟　休与丙合　真诈　冲符伏震为震　伤门伏震为震　癸仪加癸为天网重张格

天辅时　戊日不遇

断曰：甲寅纳音，为大溪水，而复遁于癸，则百川灌河矣。盖天下之水，莫不东流于震，而癸者水之墟也，尾闾之所泄也，故甲寅为水。甲为一旬之首，癸为一局之终，其百谷王乎？海无所不纳，王者无所不容，故宜赦过宥罪，流其恺悌。

兵事门符俱和，阳时利为客。孟甲之时，刑内德外，主客皆有所损。向正北出师，设伏于坎，安营于离，背东北，击西南，可以制胜。**出行**宜出正北方。一里十一里逢皂衣妇人，或同伴歌声，或见雕琢之物。**阳宅**宜立坎门。六十日内，进田财产业。**阴宅**子山午向吉。作用时，有贵人乘轿至为应。

附：**占胜败**客兵大胜。**虚实**客多虚诈。**攻城**有援，难拔。**守城**宜备西北方，可以固守。**天时**晴雨如旧。**地理**震龙入首，穴情秀嫩，戊日占人丁不旺。**人事**有工匠人，或商迁移事，言贵人事。**田禾**有收。**家宅**香火吉，中男当贵。乾方有冲射，戌亥年不利宅长。**官禄**不能即升。**应试**难中。**求财**可得。**婚姻**不成。**胎产**生女，难产。**疾病**血少不能荣筋，服药照旧。**捕获**贼盗易缉，逃人难拘。**失物**失于东北，难寻。**远信**至。**鸦鸣**有不明事。**鹊噪**有孝服事。

阴遁八局

戊癸日乙卯时

孤丑寅虚未申
天冲直符加九宫 伤门直使加二宫

小暑上元 立秋下元
霜降中元 小雪中元

乾 丁奇入墓 门迫宫
坎 门迫宫
艮 太白与天乙格 宫生门
震 门与丙合 真诈 鸟跌穴 勃符 门迫宫
巽 门生宫
离 相佐 宫生门
坤 玉女守门 门迫宫
兑 宫克门
冲符加离为雷火丰
伤门加坤为雷地豫
癸仪加乙为日沉九地格
戊日伏干格

断曰：乙木升于离位，而当盛夏之时，则扶疏绕屋，足以抚五弦而歌《南风》矣。于是癸为天河之水，微雨疏林，嘘枯润涸，则沐浴而咏歌者，不知几万姓也。伤门属木，加坤而遇丁壬，兼水火之化而变为同体，殊方慕义，异类革心，是之谓大同。

兵事门克宫，阳时利为客，兵宜先举。向正东出师，安营于兑，设伏于震，背南击北，有赤雉东来，可以制胜。但伤使虽值守门，而门制其宫，副将不为全吉。**出行**宜出正东方。三里六里逢四足物，匠人持木，或见折伤血光。**阳宅**宜立震门，有人持器皿至。**阴宅**卯山酉向吉。作用时，有师巫吹角声为应。

附：占胜败戊日占，客胜。**虚实**主不欺。**攻城**有援，不克。**守城**稽察奸宄，防正东东北，可守。**天时**晴而有风。**地理**紫炁落于南，穴下有木根。最喜穴情秀丽，水口关阑。**人事**有老仆执花笺请客，或闻响声。**田禾**大丰。**家宅**宅长不聚财，妇女掌家极利，长男独发。**官禄**春月可升。**应试**癸命戊日占可中。**求财**大利。**婚姻**可成。**胎产**生男，防损孕妇。**疾病**胆经之病，极易调治。**捕获**防捕役受贿。**失物**失于东南。**远信**至。鸦鸣有失脱。鹊噪有文书至。

阴遁八局

时辰丙日癸戊

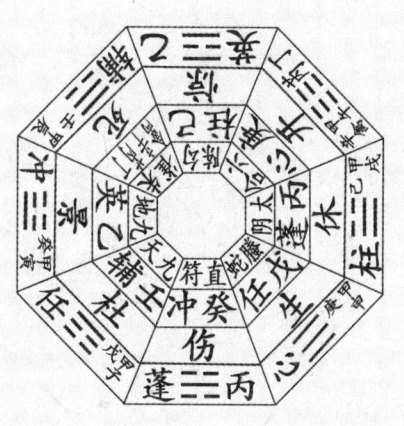

霜降中元 小暑上元 立秋下元 小雪中元

孤寅卯虚申酉
天冲直符加一宫 伤门直使加一宫

乾 天乙与太白格 门生宫
坎 龙返首 相佐 符勃 宫生门
艮 门迫宫
震 乙奇升殿 宫生门
巽 宫克门
离 奇格 宫生门
坤 休与丙合 真诈 宫生门
兑 冲符加坎为雷水解
伤门加坎为雷水解
癸仪加丙为明堂犯勃格
丙奇得使遇甲 戊日飞干格

断曰：坎中有丙，医家所谓"相火"，丹家所谓"红铅"也。符使皆木，复有以生之，癸仪化火，又以助之，比肩而接踵者，皆德辅也。真乃不倡不滥，克刚克柔者矣。时干挟蓬，而飞于兑，金水相济，惜乎在勾虎之宫，未免经营惨淡耳。

兵事星门俱受宫生，利为客，兵宜先动。向正西出师，设伏于兑，安营于震，背西北，击东南，可以制胜。有紫云在北方助战为应。**出行**宜出正西方。七八里逢皂衣人，妇人引孩儿；或逢青帻赤衣人，有酒食。**阳宅**宜立兑门，东方有人抱小儿至。**阴宅**酉山卯向吉。作用时，有僧道成群为应。

附：占胜败客胜于主。**虚实**客有欺诈，其言难信。**攻城**不可攻。**守城**宜备西南，可以固守。**天时**半阴半晴。**地理**冲天木星，开口结穴，土色青紫，中房当发神童状元。**人事**见贵人酒醉，言捕捉盗贼。**田禾**岁歉，不馑。**家宅**香火吉，宅长最利。西方作房，利女人。**官禄**极利，当钦取。**应试**己命癸日占可中。**求财**可得。**婚姻**不成。**胎产**生男，吉。**疾病**心经之病，调摄自痊。**捕获**逃人不获。**失物**失于西北，难寻。**远信**即至。**鸦鸣**防有欺骗。**鹊噪**防有不吉之事。

阴遁八局

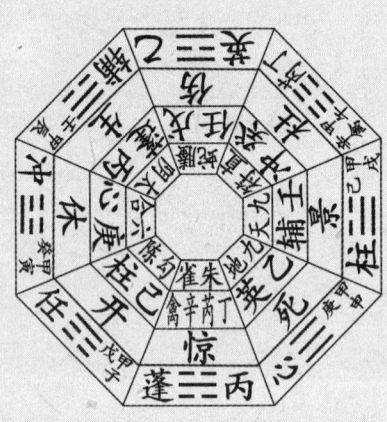

小暑上元 立秋下元
霜降中元 小雪中元

戊 癸 丁 巳 时
日

孤卯辰虚酉戌
天冲直符加二宫　伤门直使加九宫

乾　乙奇入墓　门生宫
坎　门生宫
艮　宫生门
震　大格　伏宫格　门生宫
巽　生与丙合　真诈　宫克门
离　门生宫
坤　相佐　蛇天矫　仪刑　门迫宫
兑　门迫宫
冲符加坤为雷地豫
伤门加离为雷火丰
癸仪加丁为腾蛇天矫格
癸日伏干格

断曰：癸加于丁，仪则水克其火，符则木克其土，而丁干又复飞而受制于坎，可谓到处酸辛矣。盖我方杜门以谢客，而人乃索垢以求瘢，我其如人何哉！门使在离，上逢天乙，下遇日奇，门闼肃雍，俨如朝典，其能间于有家者乎？

兵事星克宫，宫生门，利为客，兵宜先动。设伏于东南，安营于西北，以副将为先锋，向东南出师，背西南直符，击其对冲，有黑云如带为应。**出行**宜出东南方。四里八里逢公吏持棍，闻人歌唱，或见新成之物。**阳宅**宜立巽门，有唱喏应。**阴宅**巽山乾向吉。作用时，东南方有鼓声喧闹。

附：占胜败客胜。虚实客多计，言语不可信。**攻城**城虚有惊，彼必求和。**守城**无近援，当议和。**天时**晴而有风。**地理**紫气冲霄，穴情秀嫩，但下有畜骨牛角之类。**人事**有道袍老妇至。**田禾**丰。**家宅**巽方有井，阴人极利。**官禄**凡事有变。**应试**壬命戌日占，可中。**求财**易得。**婚姻**男性不良，难成。**胎产**生女，母有灾。**疾病**水泛火衰，补火则愈。**捕获**获贼难。**失物**失于正南。**远信**近信不至。**鸦鸣**有长上事。**鹊噪**防有虚惊。

阴遁八局

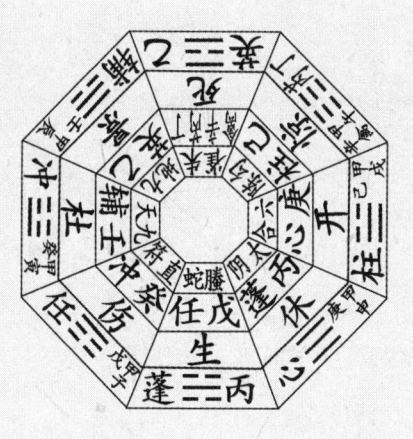

戊癸日戊午时

小暑上元 立秋下元
霜降中元
小雪中元

乾 休与丙合 真诈 荧入白
坎 丙奇入墓 宫生门
艮 门奇门比和
震 宫门迫宫
巽 宫门生门
离 虎猖狂 宫生门
坤 宫生门
兑 刑格 宫门比和
冲符加艮为雷山小过
伤门加艮为雷山小过
癸仪加戊为青龙入地格

孤辰巳虚戌亥
天冲直符加八宫 伤门直使加八宫

断曰：震之符使而皆入于艮，是退也；癸之符使而皆从于戊，是进也。其退者折节之礼，其进者丘首之仁，于是时干之戊，亦退于坎，以从其朔，可不谓谦尊而弥光者乎？但戊癸为无情之合，既已合矣，而犹谓无情，恐黄金不多交不深也。

兵事门星俱克宫，利为客，宜先动。向西北真诈之方出师，设伏于乾，安营于巽，背北击南，可以制胜，有风吹旌旗为应。**出行**宜出西北方。六七里逢皂衣妇人，或黄犬争斗，或见外有包裹雕琢之物。**阳宅**宜立乾门。主西方生产，大发。**阴宅**乾山巽向吉。作用时，东方有火光为应。

附：占胜败主欲和。**虚实**主言不欺。**攻城**人强马壮，攻之不利。**守城**可守，宜备西方。**天时**不雨。**地理**艮龙入首，穴情极佳。但右砂反背，欠利。**人事**有商贾言工作之事。**田禾**岁歉，大麦稍利。**家宅**宅近厂房，可发财。乾方虽冲射，老父安吉。**官禄**不甚利。**应试**戊日占，帘官取中。**求财**无。**婚姻**女家畏男家，不成。**胎产**生女。**疾病**郁怒致病。**捕获**盗贼易，逃人难。**失物**难寻。**远信**至。**鸦鸣**有奸淫事。**鹊噪**不系吉凶。

阴遁八局

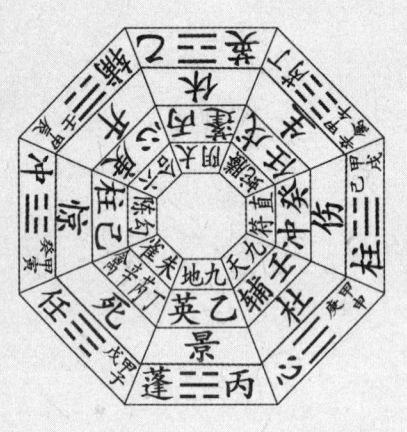

戊癸日己未时

小暑上元 立秋下元
霜降中元
小雪中元

孤巳午虚亥子
天冲直符加七宫 伤门直使加七宫

乾 宫克门
坎 宫克门
艮 丁奇入墓 宫门比和
震 门迫宫
巽 上格 门迫宫
离 休与丙合 真诈 丙奇升殿 门迫宫
坤 宫门比和
兑 门符反吟 宫克门
冲符加兑为雷泽归妹
伤门加兑为雷泽归妹
癸仪加己为华盖入明堂格
癸日不遇

　　断曰：己土败于酉，泄于兑，又逢符使两木之加，是雪上繁霜也，已不堪命矣。但盛夏之季，土旺木衰，为之木者，方藉栽培之力；为之土者，亦资荫庇之功，交秋以后，则非其占矣。所惜者门符皆反，则顾东失西，孔席不及煖，墨突不及黔耳。
　　兵事星门俱受宫克，利为主。安营于坎，设伏于离，俟敌先动，向正南出师，背西南，击东北，可以制胜。宫克门，先锋不可用副将。出行宜出正南方。一里九里逢皂衣人骑骡马，或见黑禽，或见包裹之物。阳宅宜立离门，有飞禽成双而来，阴宅午山子向吉。作用时，有牛马成群过为应。
　　附：占胜败主兵大胜。虚实主有欺诈。攻城城内充足，未能即拔。守城宜备东南，可守。天时阴晴不定。地理木入金乡，不宜阡穴。人事有孕妇言土田事。田禾禾有收。家宅宅长不利，常有官事。卧榻安利，女眷皆吉。官禄任所多事，不宁不利。应试不中。求财辛勤中可得。婚姻可成。胎产生男，易产。疾病湿气伤脾，宜清利。捕获易获。失物失于西南，可寻。远信不至。鸦鸣有欺瞒事。鹊噪有孝服事。

阴遁八局

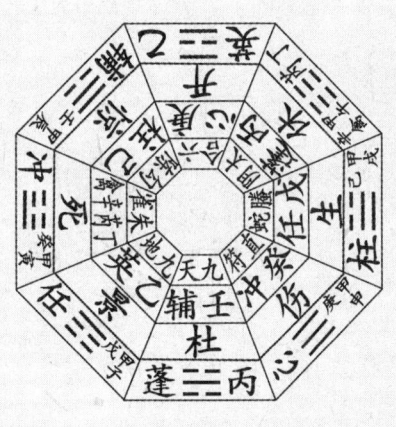

戊癸日庚申时

小暑上元 立秋下元
霜降中元 小雪中元

孤午未虚子丑
天冲直符加六宫　伤门直使加六宫

乾宫飞宫格　小格　宫克门
坎宫生门
艮门生宫
震门投江　宫克门
巽奇门迫宫
离奇格　宫克门
坤门休与丙合　真诈　宫克门
兑门生宫
冲符加乾为雷天大壮
伤门加乾为雷天大壮
癸仪加庚为天网冲犯格
癸日飞干格

断曰：庚本旺金，取于乾位，得时得地，如削铁之剑，如照胆之镜，天下孰有敢撄其锋哉！直符直使，夫乃奔集辐辏，贡职方而归王会，何其盛也。于是庚飞于离，向明而治，而复藏之如九地，端拱渊默，下与乙合，则所谓"有是君，即有是臣"者矣。

兵事门星俱受宫克，利为主。安营宜在艮地，设伏利于坤方，俟敌先动，向西南出师，背东击西，可以取胜。有飞鸟从东方至，我军大利。**出行**宜出西南方。二三里逢皂衣妇人及孝服人，或闻哭声，见有包裹之物。**阳宅**宜立坤门，二十日内进女人财产。**阴宅**坤山艮向吉。作用时，南方有白衣人骑马过。

附：**占胜败**客胜于主。**虚实**客多欺诈。**攻城**不能拔。**守城**宜和，备正南，可守。**天时**始阴终晴。**地理**木头金脚，葬后消铄，穴下有朽板无钉。**人事**有媒婆巧言。**田禾**丰。**家宅**灶吉荫女人，宅有冲射，人口不得安宁，不可居。**官禄**欠利。**应试**不中。**求财**可求。**婚姻**易成，兼可入赘。**胎产**胎不安，生男极贵。**疾病**肺气不通且受伤，未即愈。**捕获**捕贼盗易，捕逃人难。**失物**失于正西，可寻。**远信**不至。**鸦鸣**有瞒心事。**鹊噪**防有孝服。

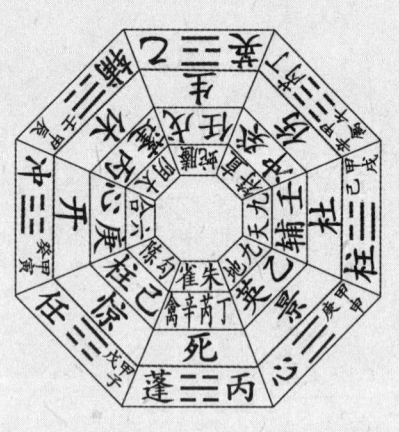

阴遁八局

小暑上元 立秋下元
霜降中元 小雪中元

戊癸日辛酉时

孤未申虚丑寅
天冲直符加五宫 伤门直使加五宫

乾 乙奇入墓 门迫宫
坎 门迫宫
艮 宫生门
震 大格 伏宫格 门迫宫
巽 休与丙合 真诈 门迫宫
离 宫生门
坤 蛇天矫 仪刑 门迫宫
兑 宫克门
冲符步五为雷地豫
伤门步五为雷地豫
癸仪加辛为华盖受恩格
癸日伏干格

断曰：癸加于辛，实欲假我之威，以分虎口之余食，所谓"蝇蚁慕膻，膻不慕蝇蚁"者也。然而同宫之丁，则实畏之矣。营营者，适从何来，而闹于雨前之蚁，多于秋后之蝇，云合垒集，不惮其烦，而反憎其主人。君子盖深消焉，小人岂可作缘也。

兵事星门俱克宫，利为客，兵宜先动。向东南出师，设伏于巽，安营于乾，背正南，击正北，可以制胜。但符使步五，临阵防有退缩不前。**出行**宜出东南方。四五里逢人歌唱及皂衣妇人，更见外有包裹之物。**阳宅**宜立巽门，有鼓声为应。**阴宅**巽山乾向吉。作用时，东方有狐狸叫为应。

附：**占胜败**客胜主。**虚实**闻见不实。**攻城**城虚援弱，久必求和。**守城**宜备正东，终宜和。**天时**辛日西南方当见青色云。**地理**来脉为道路所伤，宜加培补，穴下有畜骨羊角。**人事**有老妇道装，言旧事。**田禾**丰。**家宅**灶不吉，宅长欠利，财气佳。**官禄**不能升。**应试**癸日占，不中。**求财**不利。**婚姻**不成。**胎产**生男，母防有损。**疾病**大肠气秘，或有湿火，尚未能愈。**捕获**逃人不获。**失物**失于正南，可寻。**远信**近信不至。**鸦鸣**有暧昧不明事。**鹊噪**鹊自呼朋。

阴遁八局

戊癸日壬戌时

小暑上元
霜降中元 立秋下元
小雪中元

孤申加虚寅卯
天冲伤门加四宫 伤门直使加四宫

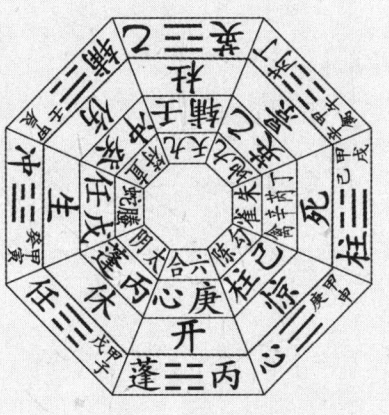

乾 格刑 宫门比和
坎 白入荧 奇格 门生宫
艮 休与丙合 真诈 宫克门
震 宫克门
巽 仪刑 宫门比和
离 门生宫
坤 乙奇入墓 龙逃走 门生宫
兑 丁奇升殿 门生宫
冲符加巽为雷风恒
伤门加巽为雷风恒
癸仪加壬为天网覆狱格

断曰：壬之与癸，冲之与辅，震之与巽，同气比肩，比邻而居，东家谓之西家，西家谓之东家，虽皋陶折狱，不能断也。今癸加于壬，其东涧流为西涧水耶？抑一家分作两家春耶？占者以水治水则吉，以水益水则凶，秋冬尤甚。

兵事 门星与宫，俱相比和，阴时利为主。安营于坤，设伏于艮，俟敌先动，向东北出师，以副将为先锋，背东击西，可以制胜。**出行** 宜出东北方。八九里逢皂衣妇人及公吏勾当人，或见蛇鼠水族之物应。**阳宅** 宜立艮门。三七日内，进田财大发。**阴宅** 艮山坤向吉。作用时，西方有三五人把火寻物。

附：占胜败客与主和。虚实 客未入于内地，其言不诳。**攻城** 援近，攻之不拔。**守城** 可守，终宜和。**天时** 无雨。**地理** 震巽行龙，穴情极佳。但左砂缺陷，戊日占不吉。**人事** 有文墨人，言捕捉之事。**田禾** 大丰。**家宅** 香火不吉，中男欠利，宅长好文墨，阴人佳。**官禄** 任内平安，不能升。**应试** 癸日戊命占，可中。**求财** 可得。**婚姻** 不成。**胎产** 生女，平安。**疾病** 水泛为灾，宜培土补火。**捕获** 贼难捕。**失物** 已毁。**远信** 迟至。**鸦鸣** 有不明事。**鹊噪** 不系祸福。

阴遁八局

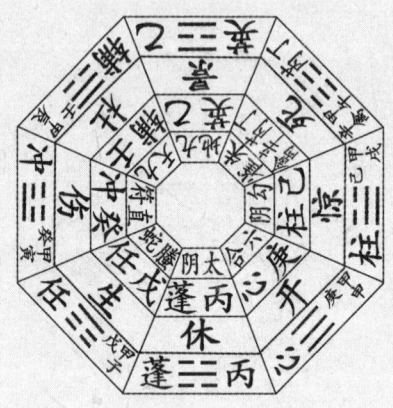

戊癸日癸亥时

小暑上元 霜降中元 立秋下元 小雪中元

孤酉戌虚卯辰
天冲直符加三宫 伤门直使加三宫

乾 门符伏吟
坎 休与丙合 真诈
艮
震
巽
离
坤
兑 冲符伏震为震 伤门伏震为震 癸仪加癸为天网重张格 天网四张

断曰：癸者十干之终，癸加癸者，一局之终；冲符之癸加癸者，阴遁八局之终。癸加癸，则甲加甲可知矣。是谓复其初而返其元，《楞严经》曰："人死为羊，羊死复为人。"轮回之说，庸或有之，故君子归真返璞，守其一以为天下宅。

兵事门符俱伏，阴时利为主。安营于南，设伏于北，俟敌先动，向正北出师，背东北，击西南，可以取胜。但天网四张，防自罹其祸，应敌最宜筹度。**出行**宜出正北方。一二里逢皂衣人或阴贵人，见水中族类。**阳宅**宜立坎门，有执杖人至。**阴宅**子山午向吉。作用时，东北有火光为应。

附：占胜败客胜于主。**虚实**客兵不实。**攻城**彼有近援，攻之不拔，来求和可息兵。**守城**可守，宜备西北。**天时**晴。**地理**木星起祖，水星结穴，穴情佳，癸日占发中男。**人事**有捕役与匠人言事。**田禾**有收成。**家宅**中男吉，香火利，阴人亦安。**官禄**可求荐举。**应试**丙年癸日占可中。**求财**可求。**婚姻**难谐。**胎产**女胎稳，难产。**疾病**风寒之疾，难以即愈。**捕获**获贼甚易。**失物**失于原处，不得。**远信**迟至。**鸦鸣**有欺蔽事。**鹊噪**防有孝服。

御定奇門陰遁九局

孤戊亥虚辰巳
天英直符加九宫　景門直使加九宫

时子甲日己甲

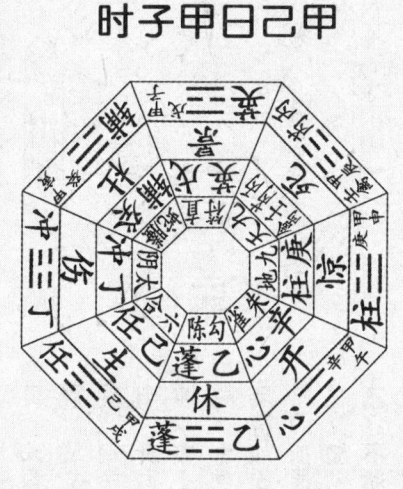

陰遁九局
夏至上元
寒露中元
白露中元
立冬上元

兑　坤　離　巽　震　艮　坎　乾
　　　　　　門　神　　龍
　　　　　　符　假　　遁
　　　　　　伏
　　　　　　吟

英符伏離為離
景門伏離為離
戊儀加戊為青龍入地格
天輔時

断曰：夏至夜半之子，一陰初生，而天英秉令，于象为离，于卦为姤，于时为五月。盖阳之发也，扬诩于万物；而阴之伏也，退藏于一心。君子于此，止声色，节嗜欲，静事无刑，以定宴阴之所成，用柔道焉，以杞包瓜之谓也。

兵事门符伏宫比和，主客均利。但仲甲之时，刑德在门，不可出战。宜安营于西，伏兵于东。欲出则从正北休门，背乾孤，击巽虚，水战尤利。**出行**宜出北方。二里九里逢黑衣妇人，或闻同伴人和歌，或见水族之物。**阳宅**宜建北门。七日后，进财喜或见生炁物应。**阴宅**宜子山午向。作用时，有雄雉飞鸣，田鼠奔走，或闻锣声应。

附：**占胜败**主胜。**虚实**主有欺意，客无伪情。**攻城**必来求好。**守城**故军深入，人马疲乏。士无战心，可以议和。**天时**晴。**地理**土色紫，近窑灶，不能大发。**人事**有文书交易事，利于应举求名。**田禾**夏秋间防小旱，无伤。**家宅**发秀不发财。女婢有灾，厨房中防火烛。**官禄**有政声，可久任。**应试**文佳。已日占，可中魁。**求财**得，不如意。**婚姻**成。女聪明，男昏暗。**胎产**生女，易产，母安。**疾病**火盛之症，可治。**捕获**匿于东北富家，可获。**失物**在南方，可寻。**远信**至。鸦鸣长上之事。鹊噪不干休咎。

阴遁九局

甲己日乙丑时

夏至上元 寒露中元 白露上元 立冬中元

孤亥子虚巳午
天英直符加一宫 景门直使加八宫

乾 宫克门
坎 相佐 符反吟 宫生门
艮 天假 门生宫
震 门迫宫
巽 门克与乙合 宫克门
离 宫门
坤 生与丁合 丁奇升殿 真诈 门生宫
兑 英符加坎为火水未济
景门加艮为火山旅
戊仪加乙为青龙入云格
己日不遇

断曰：甲子之戊加坎，阳局遁而一，阴局遁而二，岂其阳奇阴偶，一生二而后生万物耶？但阳局起北，元冥司之，符故用水；阴局起南，炎帝司之，符故用火。乃知坎离者，乾坤二用，魏伯阳所谓"坎离匡廓，运毂正轴"者也。然属反吟，不免弃明就暗矣。

兵事门生宫，宫克星，利为主。宜安营于西，伏兵于东。季月出正西生门，秋月出正南开门，背乾孤，击巽虚，可以制胜。**出行**西南二方俱可行。出生门十五里，见着紫衣贵人。出开门四十里，见担伞妇人。**阳宅**宜建离兑二门。阳日见贵，阴日见僧道应。**阴宅**午山子向、酉山卯向俱吉。作用时，闻西北方金鼓声，见老妇锄园应。

附：**占胜败**主有和意。**虚实**主言无伪。**攻城**易攻。**守城**难守。**天时**晴。**地理**水形入首有穴情，己日可用。**人事**当扬眉吐气之时，有乘风破万里浪之气象。**田禾**麦大丰，禾防虫。**家宅**门庭清静，可以发贵，宅长防悔。**官禄**有声名，有荐举，必遇超升。**应试**文章极佳，房考呈荐，主司不取。**求财**有得，须用机谋。**婚姻**成。女出贵族，男体弱有病。**胎产**生男，母安。**疾病**脾胃受伤，医不得人，难以脱体。**捕获**在西南方，易获。**失物**可寻。**远信**至。**鸦鸣**尊贵之事。**鹊噪**无事。

阴遁九局

夏至上元 白露上元 寒露中元 立冬中元

时寅丙日己甲

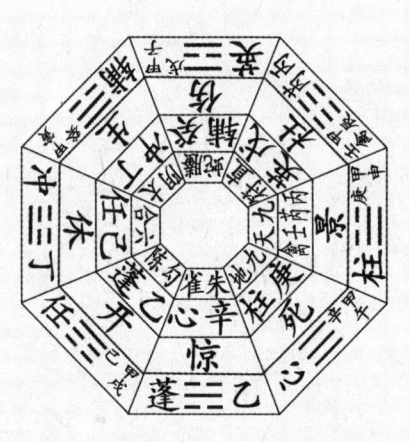

孤子丑虚午未
天英直符加二宫 景门直使加七宫

乾 门生宫
坎 虎猖狂 门生宫
艮 天与乙合 地遁 宫生门
震 门生宫
巽 生与丁合 真诈 雀投江 宫克门
离 门生宫
坤 龙返首 相佐 符勃 门迫宫
兑 天假 荧入白 门迫宫
英符加坤为火地晋
景门加兑为火泽睽
戊符加丙为青龙得明格
丙仪加兑 戊仪得使游仪

断曰：丙之地盘，既遇直符；丙之天盘，又遇直使，又属九天九地之吉宫，譬之太丘之过朗陵，元方行车，季方持杖，慈明行酒，叔慈应门，鱼鱼雅雅者，皆德星也。况本宫印来作合，而符为返首之龙，身泰而道亨矣。

兵事宫受门迫，又值阳时，利为客。宜安营于乾地，伏兵于巽位，扬威耀武，从东南东北分军而出，设计诳敌，可以陷阵捣穴。**出行**东南东北二方，俱可以行。出生门，见金银物，四里十里逢公吏。出开门逢女人，或见四足相戏。**阳宅**宜立艮巽二门，有青衣人至应。**阴宅**巽山乾向、艮山坤向俱利。作用时，有怀孕瘦妇至，子孙吉。

附：**占胜败**主无战意，欲议和。**虚实**主言不欺。**攻城**必拔。**守城**不守。**天时**阴雨。**地理**水龙主山，木星护砂，外案穴情俱美，后人必昌。**人事**见医言祈祷事。**田禾**麦大丰，禾防旱。**家宅**宅发贵聚财，明堂中有异形铁物，去之免火烛。有尼常往来，长女当患火症。**官禄**内员超升，外任钦取。**应试**中。**求财**得。**婚姻**成，女有才，有妆田。**胎产**生女，后贵，产迟。**疾病**心虚之症，可治。**捕获**难获。**失物**在西南方，可寻。**远信**至，有喜音。**鸦鸣**有婺妇传音。**鹊噪**无事。

阴遁九局

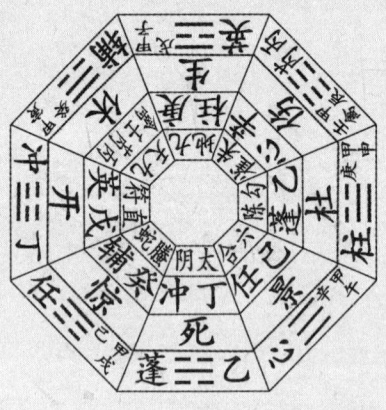

夏至上元 白露上元
寒露中元 立冬中元

甲日己日丁卯时

孤丑寅虚未申
天英直符加三宫 景门直使加六宫

乾　门迫宫
坎　门迫宫
艮　宫生门
震　相佐　仪刑　门生宫
巽　休与丙合
离　伏宫格　太白与天乙格　宫生门
坤　门迫宫
兑　宫克门
英符加震为火雷噬嗑
景门加乾为火天大有
戊仪加丁为青龙耀明格
甲日伏干格

断曰：时干之丁，受生于震，本有倚泰山，坐平原之势，而英符复来助之，得毋赤帝火炽，天厌其热乎？然亦不可乡迩矣。乾本属金而遁辛，景门相迫，是牧羊而使狼，畜鱼而藏獭也。幸而遇墓，或者灰之不燃，庶有赖欤？

兵事宫生星，门克宫，利为客。宜安营于南，伏兵于北，从东南方出师，背离击坎。甲日亦防敌人伏兵冲突，士卒有损。**出行**宜出东南方。五里逢妇人引孩儿行，或见飞动物应。**阳宅**宜立巽门，闻鼓乐声，或南方人来应。**阴宅**宜巽山乾向。作用时，见东北樵夫负薪过，吏人持盖至应。

附：**占胜败**主欲和。**虚实**主不欺敌。**攻城**攻其西南，可拔。**守城**宜备南方。**天时**晴。**地理**穴有蚁屯，不能聚财，兼有刑伤。**人事**见炉冶人，言流离播迁事。**田禾**歉。**家宅**荫庇之下，可免灾悔，惟老阴人不安。**官禄**衙署不利，未必久任。**应试**不中，场后有灾。**求财**有阻，不得。**婚姻**不成。**胎产**生男，母有伤。**疾病**阴虚之症，神不安宁，难瘥。**捕获**在西北方，捕役有弊，不解。**失物**在东方，可寻。**远信**迟至。**鸦鸣**有和合事。**鹊噪**无事。

阴遁九局

甲己日戊辰时

夏至上元 寒露中元 白露上元 立冬中元

孤寅卯虚申酉
天英直符加九宫 景门直使加五宫

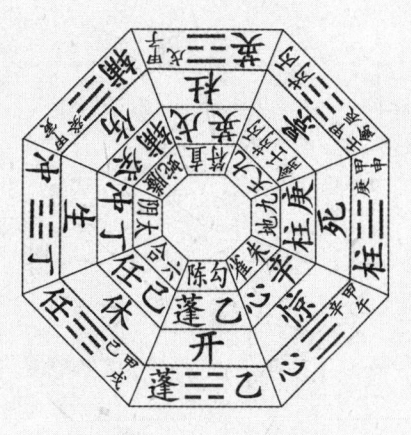

乾 宫门比和
坎 门生宫
艮 宫克门
震 宫门比和 与丁合 真诈 宫克门
巽 符伏吟 门生宫
离 天假 门生宫
坤 门生宫
兑 英符伏离为离
景门步五为火地晋
戊仪加戊为青龙入地格

断曰：戊符加戊，是龙斗也，伏则安其宫矣，子产所谓"龙斗人不知"者也。景门步五而生坤，又逢二丙，联袂而来者，其有双璧乎？中宫有壬，壬者妊也，或弄之瓦，或弄之璋，将以大其门焉。盖景之为言大也。

兵事门生宫，利为主。宜安营于西，伏兵于东，处高敞以为守，保险阻以为固。敌至出正东正北，分军而攻其虚，可以制胜。出行东北方吉，逢匠人扛木行或见金银物应。阳宅宜立坎震门，见两妇来应。阴宅宜卯山子山。作用时，闻东方鹊噪应。

附：**占胜败**主胜。**虚实**敌无诡意，主言难信。**攻城**主将当以玉帛求和。**守城**兵强援至，可守。**天时**无雨。**地理**穴情甚佳，可发财丁。**人事**见文人，或言笔墨事。**田禾**防旱，麦丰，禾薄收。**家宅**门庭安吉，荫下尤利，惟防火烛。**官禄**宦途平顺，不能即升。**应试**不中。**求财**女人之财，所求如意。**婚姻**女家贵显，有俯就意，可成。**胎产**生女，后能文，母安。**疾病**水衰火旺，尚可治。**捕获**匿于东北方，易获。**失物**失于南方，近炉灶处可寻。**远信**至。**鸦鸣**尊长之事。**鹊噪**有虚惊。

阴遁九局

夏至上元 白露上元
寒露中元 立冬中元

甲己 日己 时巳

孤卯辰虚酉戌
天英直符加八宫 景门直使加四宫

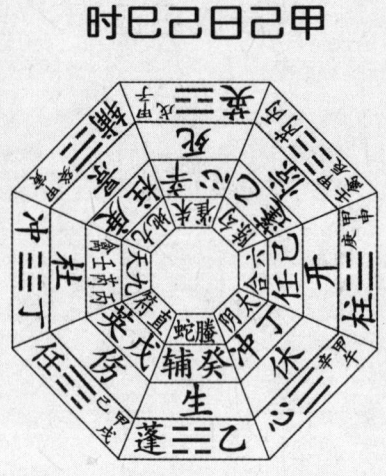

乾 休与丁合 真诈 人遁
丁奇入墓 宫生门
坎 门迫宫
艮 门迫宫 门比和
震 宫生门
巽 大格 宫生门
离 乙奇入墓 宫生门
坤 宫门比和
兑 英符加艮为火山旅
景门加巽为火风鼎
戊仪加己为青龙相合格
己日飞干格

断曰：戊中有甲，与己为正配，得非兄弟之国，申之以婚姻耶？门使属火，下逢庚金癸水，其象为鼎，则所谓"谁能烹鱼，溉之釜鬵"者也。但财鬼争衡于本宫，而时干飞格于西位，诚恐信而见疑，忠而被谤。止宜安时而处顺，则可无咎。

兵事宫生门，星生宫，阴时利为主。宜安营于东南，伏兵于西北，远张虚势，依托鬼神。敌至则从乾方休门出师，背北击南，可以擒将降卒。**出行**宜出西北方，路逢皂衣女人，或闻父子唱叹声。**阳宅**宜立乾门。有人执刀斧至，或有角兽至应。**阴宅**宜乾山巽向。作用时，有黑牛过，或闻钟声。

附：**占胜败**客胜。**虚实**客言多伪。**攻城**兵强援近，守将能得士心，难攻。**守城**易守。**天时**晴。**地理**穴多砂碛，无龙气，不吉。**人事**见驼背人，有产业争竞事。**田禾**防旱，不丰。**家宅**厨房不利，防孝服，小口啾唧，暗里破财。**官禄**有阻，不升。**应试**不中。**求财**虚约不得。**婚姻**不成。**胎产**生女，难产，母有灾。**疾病**外感之症，服药无效，不能速愈。**捕获**逃人匿西方，捕役蒙蔽，不解。**失物**在东北方，可寻。**远信**至。**鸦鸣**有淫佚事。**鹊噪**进生气物。

阴遁九局

夏至上元 寒露中元 白露上元 立冬中元

甲己日庚午时

孤辰巳虚戌亥
天英直符加七宫 景门直使加三宫

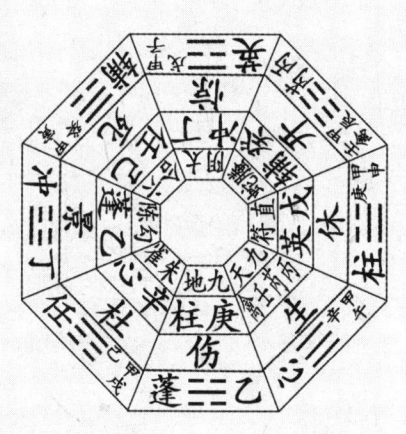

乾 生与丙合 神遁 丙奇入墓 门生宫
坎 奇格 宫生门
艮 门迫宫
震 玉女守门 乙奇升殿 宫生门
巽 鬼假 宫克门
离 宫克门
坤 宫生门
兑 天乙与太白格 飞宫格 宫生门
英符加兑为火泽睽
景门加震为火雷噬嗑
戊仪加庚为青龙持势格
甲日不遇 甲日飞干格

断曰：庚本得地，戊之敢以恃势而来者，以天英随其后也，然火土合而金益荣矣。门中本有玉女，景来加之，其谢道韫之昆季乎？否则刘穆之之槟榔也。但符西使东，而天乙惊飞，不免伯劳飞燕，互有参差耳。

兵事宫生门，星克宫，利为客。宜安营于北，伏兵于南，从西北出师，背乾击巽。在季月戊己辰戌丑未日，有黄云自西南助胜。**出行**宜出西北方。六里十六里逢衙门隶役，或见木果应。**阳宅**宜修乾方。有黑禽双飞，或白衣人至。**阴宅**宜乾山巽向。作用时，有炉冶人至，或闻笑声。

附：占胜败主无战心，将欲议和。**虚实**主情实。**攻城**城固兵精，不可攻。**守城**宜备北门。**天时**有雷电风云，微雨。**地理**穴情不美，右仙宫缺陷受风，棺易朽。**人事**见凶暴之徒，或言惊险事。**田禾**麦大丰。七八月间防旱，禾浆粒不足。**家宅**寝室不吉，女眷多病，有争讼口舌，作事不称心。**官禄**不升，外任防参。**应试**不中，场后防有文书连累。**求财**不得。**婚姻**成。女性急躁，男有疾。**胎产**生男，易产。**疾病**虚症难愈。**捕获**不获。**失物**在西方可寻。**远信**至。**鸦鸣**有争斗事。**鹊噪**无事。

阴遁九局

夏至上元 寒露中元 白露上元 立冬中元

甲己日辛未时

孤巳午虚亥子
天英直符加六宫 景门直使加二宫

乾 宫门比和
坎 开与丙合 门生宫
艮 刑格 宫克门
震 宫克门
巽 宫门比和
离 门生宫
坤 门生宫
兑 小格 门生宫
英符加乾为火天大有
景门加坤为火地晋
戊仞加辛为青龙相侵格
己日伏干格

断曰：辛，虎也，居于乾，其负嵎之势乎？戊，龙也，加于乾，其在天之象乎？然天星至此而墓，子午相见而冲，云与风合，虎与龙争，恐昆阳之战，屋瓦皆飞也。坤有景门，丁神泊焉，非雁足之书，即鱼腹之帛，已得刘公一纸矣。

兵事门生宫，星克宫，利为客。宜伏兵于西南，安营于东北，从正北出师，偃旗息鼓，背东击西，可以制胜。利副将为先锋。**出行**宜出正北方。路逢皂衣妇人，或见文书印信，有核有蒂物。**阳宅**宜立坎门。有扶杖老妪至，或白鸟自西北来应。**阴宅**宜子山午向。作用时，见穉子，闻鼓声，西北有人争斗应。

附：**占胜败**客有和意。**虚实**客情不欺。**攻城**宜用土囊，断其北流，或筑高垒，攻之可拔。**守城**敌势勇猛，难守。**天时**青云蔽日，忽聚忽散，阴晴不定。**地理**外案穴情俱佳，惟后近驿路，有刑伤。**人事**见老人携幼女，或言阴人吵闹是非。**田禾**防旱，不丰。**家宅**卧房不佳，宠婢弄权，宅母多悔，西北方有井极利。**官禄**升。**应试**文晦，主考不取。**求财**不得，反有费。**婚姻**不成。**胎产**生女，迟。**疾病**难瘥。**捕获**在南方，不获。**失物**不得。**远信**至。**鸦鸣**阴私之事。**鹊噪**无事。

阴遁九局

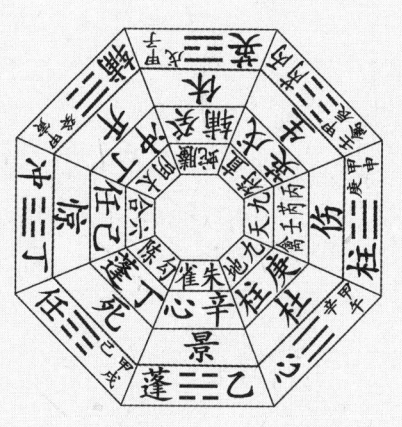

夏至上元 白露上元
寒露中元 立冬中元

甲己日壬申时

孤午未虚子丑
天英直符加五宫 景门直使加二宫

乾宫克门
坎门反吟 虎猖狂 宫克门
艮门宫门比和
震门迫宫
巽开与丁合 真诈 雀投江 门迫宫
离宫门比和
坤宫门迫宫
兑荧入白 宫克门
英符步五为火地晋
景门加坎为火水未济
戊仪加壬为青龙破狱格

断曰：壬午以英火为财，戊土为官，则是今之翩然惠我者，非量珠辇玉之流，即紫绶金章之客也。况本宫又有癸戊之合，则臭味相投可知矣。坎宅而遇火使，同室之乙实生之。身在北而心在南，人心之叵测如此哉！

兵事星生宫，宫克门，利为主。宜安营于西北，伏兵于东南，高垒深沟，待敌来而击之，出东南，攻东北。惟不利副参将帅师，有微风自北来可胜。**出行**宜出东南方。四里十四里，见人言官事，或闻急唱声。**阳宅**宜立巽门。有小儿跨牛来，或见南方黑云应。**阴宅**宜巽山乾向。作用时，闻金鼓声，或鸟躁应。

附：**占胜败**主欲修好。**虚实**主言可信。**攻城**可拔。**守城**难守。**天时**晴。**地理**右水反跳，元辰直泄，葬后有官非口舌。**人事**见勇夫卖弄武艺，或言行藏诡谲事。**田禾**麦禾防虫灾。**家宅**虎首房高，幼小婢妾有惊痫症。后门防火烛。**官禄**初任不吉。**应试**卷有遗漏，不中。**求财**不得。**婚姻**成。女益男家，未必偕老。**胎产**生男，易产，后富。**疾病**虚症。心神不安，东方医家不可用。**捕获**匿于东方，易获。**失物**在西南方，可寻。**远信**无。鸦鸣有口舌失脱事。鹊噪有文书事。

阴遁九局

夏至上元 白露上元
寒露中元 立冬中元

甲己日癸酉时

孤未申虚丑寅
天英直符加四宫 景门直使加九宫

乾 开与乙合 虎遁 龙逃走 乙奇入墓
坎 生与丁合 真诈 丁奇入墓
艮 蛇夭矫
震
巽
离 天假 门伏吟 鸟跌穴 丙奇升殿 勃符
坤 白入荧 上格 奇格
兑 英符加巽为火风鼎 景门伏离为离
戊仪加癸为青龙相和格
天网

断曰：癸干处于地户，遇杜门而值蛇位，本有蛰藏之意，而不虞旬首之戊，忽有无情之合，岂《遂初》之赋欤？抑蜀人有荐扬雄者也，门伏于离，固当闭关谢客，而壬与丙，杂沓而来，户外之屦几满矣。谓之臣心如水，谁则信之。

兵事宫生星，利为客，但值阴时，又逢天网，妄动非吉。宜安营于西南，伏兵于东北，秋月出西北，季月出东北，背西击东。有赤马负鞍南来，可胜。**出行**东北西北二方俱可出。路逢铁器物，不利求财。**阳宅**宜立乾艮二门，有孕妇笑声应。**阴宅**乾山巽向、艮山坤向皆吉。作用时，闻远寺钟声，群鸦四噪应。

附：**占胜败**主胜。**虚实**敌言不欺。**攻城**可拔。**守城**不易守。**天时**无雨。**地理**土色微绿，无龙气，有行道穿伤。**人事**见华服佩刀人，或言疾患更移事。**田禾**禾歉麦丰。**家宅**厨厕不利，有火神为怪，小口不安。**官禄**治地多事，难升。**应试**文不合式。**求财**人情反覆，不得。**婚姻**成，男寿女有病。**胎产**生女，难产，母有灾。**疾病**火盛之症，未能脱体。**捕获**匿于北方，捕受赂不解。**失物**在东南可寻。**远信**迟至。**鸦鸣**尊长之事。**鹊噪**有虚惊。

阴遁九局

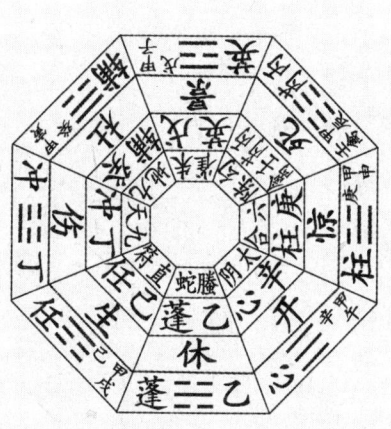

夏至上元 白露上元
寒露中元 立冬中元

甲己日 甲戊时

孤申酉虚寅卯
天任直符加八宫 生门直使加八宫

乾 休与乙合 龙遁
　 门符伏吟 仪刑
坎
艮
震
巽
离
坤
兑 任符伏艮为艮
　 生门伏艮为艮
　 己仪加己为明堂重逢格
　 天辅时

断曰：以己承戊，敛阳就阴，化刚为柔；而以艮承离，火禅于土，母传于子。虽若退而知止，以视阳九局之进而居险者有间矣。且任符生使，皆同心并力之人，而六合阴神，依然庇荫，可以徵庭帏聚顺之乐。

兵事 门符未分，时遇五阳，利于为客，兵宜先举。出正北方，以合龙遁之吉，安营于巽，伏兵于乾，背东北，击西南，可获全胜。水战尤利。**出行** 正北可行。出门三十里逢阴贵人，或水族怪异之物。阳宅宜立北向屋宇及开坎门。有牛马及扛木人应，阴宅子山午向吉。作用时，有女人把白布至应。

附：占胜败 主军欲和，不战之象。**虚实** 主不欺客。**攻城** 援兵极近，只宜招抚。**守城** 宜备西门，议和为便。**天时** 晴，宜祈祷。**地理** 土色黄，内案好，与化命相合，可用。**人事** 有商贾言财利事。**田禾** 丰。**家宅** 卧房安吉，后裔当贵，仆亦得力。**官禄** 任于幽燕，秋月可升。**应试** 可中。**求财** 不得。**婚姻** 女极美，冰人得力，可成。**胎产** 产迟，生女。**疾病** 疯症，不能即除。**捕获** 不获。**失物** 失于正南，可寻。**远信** 不至，近信至。鸦鸣有文书口舌。鹊噪不关吉凶。

阴遁九局

甲己日乙亥时

孤酉戌虚卯辰
天任直符加一宫　生门直使加七宫

夏至上元　白露上元
寒露中元　立冬中元

乾　龙逃走　乙奇入墓　宫克门
坎　相佐　宫生门
艮　天假　丁奇入墓　门生宫
震　鬼假　蛇天矫　宫克门
巽　门迫宫　丙奇升殿　宫克门
离　开与丙合　奇格　上格　宫克门
坤　白入荧　奇格　宫克门
兑　门生宫
生门加坎为山水蒙
任符加兑为山泽损
乙奇得使游仪　己日不遇

断曰：乙干居坎，木滋于水，己戊来加，转相克也，亦转相为财。所谓"阴木阴土，喜于财旺"者耶？且乙己同在鼠乡，有爵位相先之义，而又有游仪之吉，其进退有余裕矣。至生门加于少女，将见玉燕投怀，香兰入梦，秋宵月朗，其报喜之候乎？

兵事星克宫，阳时利客，兵宜先动。出正南开门，安营于震，伏兵于兑，背巽击乾，可以获胜。夏月尤利，用雄击雌则吉。**出行**正南可行。出门九里十九里逢骑马人，或见四足物斗应。**阳宅**利开南门。动作时，有老人持杖至，或黑白飞禽至。**阴宅**午山子向吉。作用时，见老人戴皮帽至。葬后，有不识姓名人上门遗物去，大吉。

附：**占胜败**客兵胜。**虚实**敌兵至，且多诈。**攻城**城内兵强粮足，不可攻。**守城**宜开门诱敌，可以伏兵擒将。**天时**秋雷，冬雾。**地理**龙吉当发。**人事**有瘦长少女，言金银首饰之事。**田禾**防有虫。**家宅**香火极吉，嫌厨厕不利，西北门廊有损。**官禄**不甚吉。**应试**文章沉晦，不甚利。**求财**本分之财，迟得。**婚姻**男女相伤，不吉。**胎产**生女，产迟。**疾病**郁结致疾，不宜延西南方医士。**捕获**贼获，逃者自归。**失物**向东南觅。**远信**至。鸦鸣有文书事。鹊噪惊鸣。

阴遁九局

夏至上元 寒露中元 白露上元 立冬中元

时子丙日庚乙

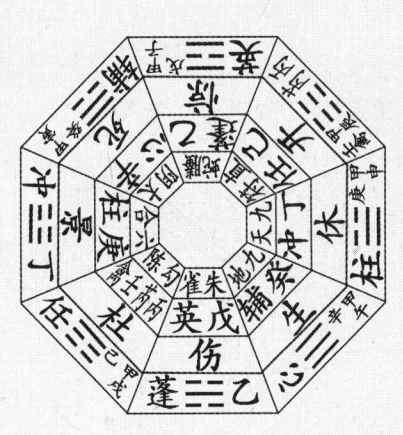

孤戌亥虚辰巳
天任直符加二宫　生门直使加六宫

乾　门生宫　宫生门　鸟跌穴　勃符　门迫宫
坎　宫克门　宫生门
艮　奇宫格
震　宫克门　丁奇升殿　宫生门
巽　宫生门　符反吟　符勃
离　相佐　龙返首
坤　仪刑　宫生门
兑　任符加坤为山地剥　生门加乾山天大畜　己仪加丙为地户埋光格　庚日不遇

断曰：丙干居于坤腹，值己符来加，嫌其埋光，又属返吟，将叹前程如漆矣。然甲来返首，而丙往跌穴，所谓"一室坐驰，神游八极"者也。乾宫使来，寒金生色，其为明镜之光乎？而太阴居九地之下，亦不免飞尘之集，是所望于拂拭者耳。

兵事 门生宫，利为主，宜后举。当从正西出师，安营于西北，伏兵于东南，背乾击巽，敌必首尾不顾，可获全胜。东北方当有鸟集水上为应。**出行** 正西可行。出行一八里，见妇女引孩儿汲水，或刀剑五金之物。**阳宅**利开西门。动作时，有网罟打鱼人至为应。**阴宅**酉艮两山皆吉。葬后遇甑鸣，仕人进秩，生贵子。

附：**占胜败**客兵胜。**虚实**敌兵未至，虚诈难测。**攻城**势有可攻，却不能拔。**守城**宜备东门，虽危不失。**天时**无雨。**地理**土色黄，下有石，不荫葬者。**人事**有贵介呵责老叟之事。**田禾**有收。**家宅**住居吉，出佳子弟，防有怪异。**官禄**任西北，位极高。**应试**庚日吉，乙日不利。**求财**春占大利。**婚姻**男极佳，但不成。**胎产**生男，易产，当贵。**疾病**医庸难瘥。**捕获**盗贼易获，亡者欲还。**失物**失于正北。可寻。**远信**不至。鸦鸣有和合事。鹊噪有惊。

阴遁九局

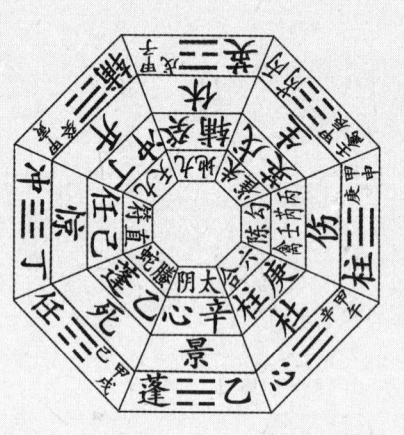

夏至上元　白露上元
寒露中元　立冬中元

时丑丁日庚乙

孤亥子虚己午
天任直符加三宫　生门直使加五宫

乾　宫克门
坎　虎猖狂　宫克门
艮　宫门比和
震　相佐与丁合　门迫宫
巽　门开　雀投江　门迫宫
离　门反吟
坤　宫门比和
兑　荧入白　宫克门
任符加震为山雷颐
生门步五为山地剥
己仪加丁为明堂贪生格
时干入墓

断曰：丁既受生于震，而己符复受生于丁，光焰万丈，名若春雷，当有杨得意之荐相如，贺知章之称太白者矣。生使步五，反吟于坤，本为生死之誓盟，忽作云雨之翻覆，刘孝标绝交之论，所自来也。

兵事宫克星，不利客，兵宜后应。当出东南开门，安营于南，伏兵于北，背西南，击东北，可以获胜。然东南正北，有虎狂投江凶格，己军亦有伤损。**出行**东南可行。出门四里十四里，闻急唱声，见四足斗，或旋转物。阳宅可开巽门。动作时，有黑云雨至。**阴宅**巽山可用。作用时，东北方有师巫至及锣鼓声为应。

附：**占胜败**客兵胜。**虚实**敌至即退，闻见不实。**攻城**城中有备，细作无益。**守城**宜搜捕奸人，可守。**天时**阴有北风。**地理**前案与右砂俱无情，不吉。**人事**有瘦长孝服不良之徒至。**田禾**有收，嫌风损。**家宅**西方有屋欺压，防破败，有虚惊。**官禄**欠利，防有文书沉阁。**应试**文不佳，难中。**求财**有。**婚姻**不佳。**胎产**生男安吉。**疾病**病重，医庸难愈。**捕获**不获。**失物**难寻。**远信**近信浮沉，远信迟至。**鸦鸣**有阴私凶异事。**鹊噪**有财帛事。

阴遁九局

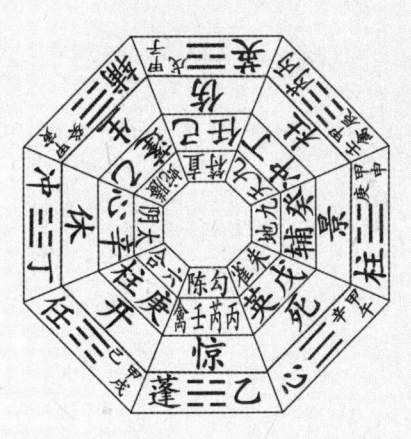

夏至上元 白露上元
寒露中元 立冬中元

乙庚日戊寅时

孤子丑虚午未
天任直符加九宫 生门直使加四宫

乾 门生宫
坎 门生宫
艮 伏宫格 刑格 宫生门
震 门生宫 与乙合
巽 门生宫 风遁 宫克门
离 门迫宫
坤 小格 门迫宫
兑 任符加离为山火贲
生门加巽为山风蛊
己仪加戊为明堂从禄格

断曰：戊居于午，纳音属火，己符来加，有兄弟之义，而兼子孙之情。子弟得禄，父兄有不食其福者乎？至生使合乙加巽，乘风顺势，取财之道也。但有二寅在焉，恐两虎争利，而二庚伏宫，家人必多乖戾，难称万石家风矣。

兵事宫克门，不利客，兵宜后举。出东南巽方，以应风遁之吉。安营于西，伏兵于东，背东南击西北，可获全胜。倘遇秋月，又不可以巽击乾。**出行**东南可行。出门四里十里，见两鼠斗及孝衣人，或遇歪斜之物。**阳宅**利开巽门。动作时，有白衣人乘马至。**阴宅**巽山乾向吉。作用时，有青衣童子持花果来。葬后三年，进田地大旺。

附：**占胜败**主军欲和。**虚实**敌兵尚远。**攻城**宜囊砂断汲，可拔。**守城**宜作复城拒之，防难守。**天时**有大风。**地理**穴结窝脐可用，庚日不利。**人事**有挑砖锻磨之人至。**田禾**稔。**家宅**卧房吉。嫌香火不安，招人妒害。**官禄**安吉，未升。**应试**不利。**求财**大利。**婚姻**难就。**胎产**生女，母有疾。**疾病**拘挛之疾，未能即瘥。**捕获**虽有贿赂，易擒。**失物**向西北寻觅。**远信**已发。**鸦鸣**有不明之事。**鹊噪**自鸣。

阴遁九局

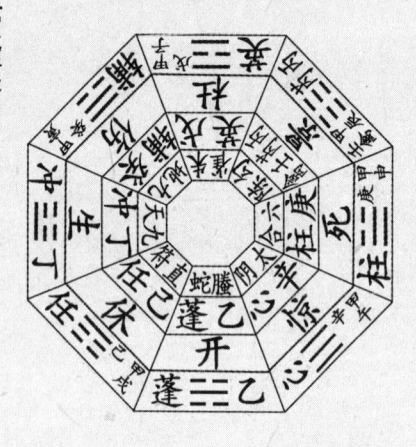

夏至上元 白露上元
寒露中元 立冬中元

乙庚日己卯时

孤丑寅虚未申
天任直符加八宫 生门直使加三宫

乾　宫门比和
坎　开与乙合　龙遁　门生宫
艮　符伏吟　宫克门
震　生与丁合　玉女守门　宫克门
巽　门生宫
离　门生宫
坤　门生宫
兑　生门加震为山雷颐
任　符伏艮为艮
生门加震为山雷颐
己仪加己为明堂重逢格
庚日飞干格伏干格

　　断曰：己复加己，归于艮宫，所谓"泰山不让土壤"者也。继长增高，积功累行，斯有山林休养之乐。生门加震，二女相逢，其来者襄汉舟中之云翘也，其居者蓝桥驿舍之云英也。将居者之能谐，实来者先作之合矣。然非捣尽元霜，岂可得乎？

　　兵事宫克门，不利客，兵宜后应。正兵当大张旗鼓出震，奇兵当从水路出坎，营于巽，伏于乾，背东北，击西南，可获全胜。**出行**利出正东正北。东行当见猎人猎犬，北行当见红衣客人。**阳宅**利开坎震二门。动作时，有色衣人至，或闻鼓声应。**阴宅**坎艮两山俱吉。作用时，有木匠锯树，猎人逐兔为应。

　　附：占胜败主军欲罢。当乞和。**虚实**敌军未动，主不欺客。**攻城**重重救援，不可攻。**守城**宜备西门，以火劫之，敌不生还。**天时**晴，宜祷雨。**地理**近水高岗，土色黄。利庚日，不利乙日。**人事**有黑衣黄裳人至。**田禾**苗麻俱好，栽种及时。**家宅**人口安吉，惟正东厨灶防火烛。**官禄**易升。**应试**乙日占，当在下科。**求财**平平。**婚姻**女佳，可谐。**胎产**胎恋腹，男喜。**疾病**胃经之疾，宜延西方医士。**捕获**不获。**失物**向南方觅。**远信**不至，近信已发。**鸦鸣**有争竞。**鹊噪**有财帛事。

阴遁九局

乙庚日庚辰时

夏至上元 寒露中元 白露上元 立冬中元

孤寅卯虚申酉
天任直符加七宫 生门直使加二宫

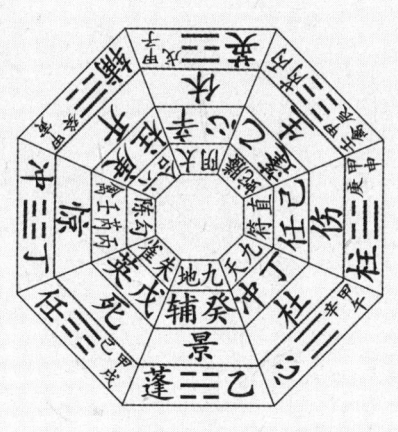

乾 丁奇入墓 宫克门
坎 宫门克门比和
艮 门迫宫
震 门大格 门迫宫
巽 门迫宫
离 门反吟 乙奇入墓 宫门比和
坤 生与乙合
兑 生门飞宫格 刑格 宫克门
任门加兑为山泽损
生门加坤为山地剥
己仪加庚为明堂伏杀格

断曰：庚金居于兑位，此百炼之刚也。乘旺任性，亦何事不可为者。而己符贪贵来加，不虞刑格之叠见，于是天乙惊飞，而伤之者至矣。生使反吟到坤，遇居腹之丙，与入墓之乙，非逢产妇之厄，当见嫁女之泣，忧喜互形，总未得为安宁也。

兵事星生宫，阴时利主，兵宜后应。从西南出师，安营于正北，伏兵于正南，背西南，击东北，可以获胜。季月占尤利。**出行**西南可行。出门十里逢孝服人，或闻啼哭声，或见虚假怪异物。**阳宅**利修东南方。动作时，有失目人至。**阴宅**坤山艮向可用。作用时，有红衣女子，或渔樵牧子为应。

附：**占胜败**主胜客。**虚实**敌已入境，主欲欺客。**攻城**不能拔。**守城**援近，易守。**天时**无雨。**地理**势好，土色黑。庚日可用，乙日不吉。**人事**有黄衣女子，言丧吊事。**田禾**欠丰。**家宅**厨灶幽暗，奴仆得力，小口多惊恐。**官禄**有阻隔，难升。**应试**庚日占，可望荐。**求财**冬月占，大利。**婚姻**冰人阻隔，不成。**胎产**迟产，生男，当贵。**疾病**肺气虚，难瘥。**捕获**易获。**失物**向原处寻。**远信**不至。**鸦鸣**有暧昧事。**鹊噪**有丧吊事。

阴遁九局

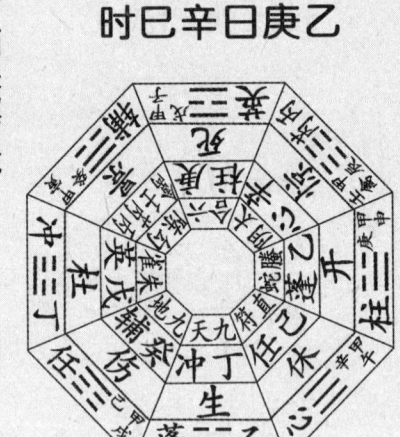

夏至上元 寒露中元 白露上元 立冬中元

乙庚日辛巳时

孤卯辰虚酉戌
天任直符加六宫 生门直使加一宫

乾宫 生门与丁合 门迫宫
坎宫 门迫宫
艮宫 宫门比和
震宫 生门
巽宫 太白与天乙格 宫生门
离宫 生门
坤宫 开与乙合 宫门比和
兑宫 生门加乾为山天大畜
任符加坎为山水蒙
己仪加辛为天庭得势格
乙日飞干格 乙日不遇

断曰：乾宫有辛，精金也；己符来加，金之范也；乘以太阴，精之动也；于是相生合而成铸焉。天任，土也，土为山于天上，云也，以云饰金，其明堂之器乎？若生使到坎为门迫，腾蛇飞天为光怪，迫而为怪，幻二女之形，此则罔两问景，大抵寓言而已。

兵事 门克宫，不利主，兵宜先举。当分兵两出，一从正北，一从正西，安营于艮，伏兵于坤，背北击南，可获全胜。惟庚居六合之下，追之不获。**出行**利出正北，正西次之。北行一里逢皂衣公吏，西行七里逢妇人引孩儿，言官事。阳宅利主兑坎两门。动作时，闻鼓声及三五女人至。阴宅子酉两山皆吉。作用时，有贵人车骑至，或闻犬吠声。

附：**占胜败**客兵虽胜，旋亦自覆。**虚实**敌情多诈，当暂避其锐。**攻城**自有内患，宜招抚。**守城**当议和。**天时**无雨。**地理**地近驿路，土色灰白，可用。**人事**有文人来，言匠役事。**田禾**有收。**家宅**厨灶近水则吉，当有贵戚往来，小口多惊。**官禄**任于北，可望升。**应试**可中。**求财**虽多求，但少得。**婚姻**不成。**胎产**生女。**疾病**病在胸，易治。**捕获**盗贼不获，逃者欲归。**失物**向东方寻觅。**远信**不至。**鸦鸣**有争斗。**鹊噪**无事。

阴遁九局

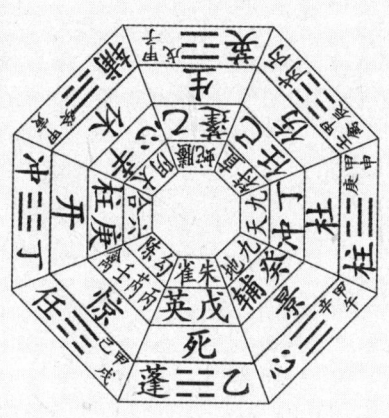

夏至上元 寒露中元 白露上元 立冬中元

乙日庚壬午时

孤辰巳虚戌亥
天任直符加五宫　生门直使加九宫

乾　门迫宫
坎　门迫宫
艮　鸟跌穴　符勃　宫生门
震　门迫宫
巽　门生宫
离　生与乙合　宫生门
坤　符反吟　门迫宫　宫克门
兑　丁奇升殿
任　符加坤为山地剥
生门加离为山火贲
己仪加壬为明堂被刑格

断曰：中宫之壬，养于虚而含于静，迨阴气既凝，则从龙以降，而附于地矣。任符来加，则又为穴中之泉，而遇己则伤矣，逆行到山则又惊矣。生使入离，将畏水之寒而就火之暖乎？舍其所从而从其母，昔人所以致慨于武后之朝也。

兵事宫生门，利为客，兵宜先举。出正南生门，安营于西北，伏兵于东南，背正南，击正北，可获全胜。有赤雉东飞为应。**出行**正南可行。出门九里十七里逢骑骡马之人，或见虚光之物。**阳宅**利开南门。动作时，有黑白飞禽，从东南方来应。**阴宅**午山子向吉。作用时，逢炉冶及闻叹息声。三年内，得古窖，大发财帛。

附：**占胜败**客兵胜。**虚实**敌情多诈。**攻城**有可攻之势，却不能拔。**守城**危而不陷。**天时**风晴。**地理**土色黄黑，下有古坟，庚日最利。**人事**有青年贵人，怒责老叟事。**田禾**丰收。乙日占，农人有损。**家宅**香火最利，宅亦华美，人口安顺，惟多口舌事。**官禄**难于升转，治地亦佳。**应试**不中。**求财**不得。**婚姻**女家富，男家贵，可成。**胎产**生男，易产。**疾病**肾经之疾，不宜延东方医士。**捕获**贼可获。**失物**贼窃去。**远信**已发。**鸦鸣**有文墨事。**鹊噪**防财帛失脱。

阴遁九局

夏至上元 寒露中元 白露上元 立冬中元

乙庚日癸未时

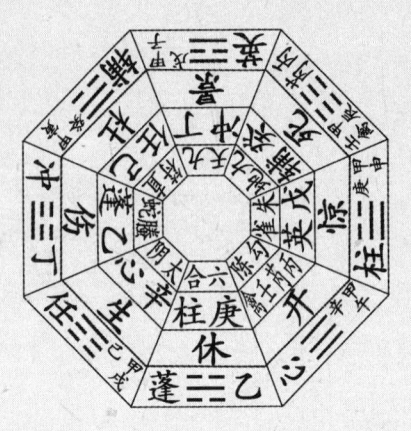

孤巳午虚亥子
天任直符加四宫 生门直使加八宫

乾 开与丙合 丙奇入墓
坎 奇格
艮 门伏吟
乙奇升殿
震
巽
离
坤
兑 任符加巽为山风蛊
生门伏艮为艮
己仪加癸为明堂合华盖格
乙日伏干格
天网 时干入墓

断曰：癸网张于四宫，加以重重杜塞，不可以强出也。己符飞来，欲决其藩，而反触于藩矣。生使之伏，其知难而止者乎？惟两宫三合全会，为得禄之局，则相克者转而相生。奈癸水终临于绝地，有机谋而无用，故曰"临渊羡鱼。不如退而结网"。

兵事宫克星，门伏宫，利于为主。应兵宜出乾方，安营于西南，伏兵于东北，背正西，击正东，亦足御敌。惟丙奇入墓，时遇天网，不战为上。**出行**西北差可。出门十七里，逢皂衣阴人，四足战斗，或金石伤残物。**阳宅**可修西北屋宇。动作时，有绿衣人来为应。**阴宅**乾山巽向可用。动作时，东北方有人携盖骑马逐羊至。

附：**占胜败**客欲求和。虚实敌兵不至，亦无欺诈意。**攻城**不宜攻，当招抚。**守城**利于和解。**天时**无雨。**地理**土色红，山势属金，乙日不甚利。**人事**有老妪言僧道匠役事。**田禾**防邻界生衅，却有收。**家宅**香火虽好，却极幽暗，宅眷亦安，但少生发。**官禄**秋占吉，可望升。**应试**欠利。**求财**大利，秋冬合本尤利。**婚姻**媒妁得力，易成。**胎产**生女。**疾病**病在于脏，难瘥。**捕获**捕受贼贿，逃亡易获。**失物**不得。**远信**即至。鸦鸣有官贵文书事。鹊噪无事。

阴遁九局

夏至上元 白露上元
寒露中元 立冬中元

时申甲日庚乙

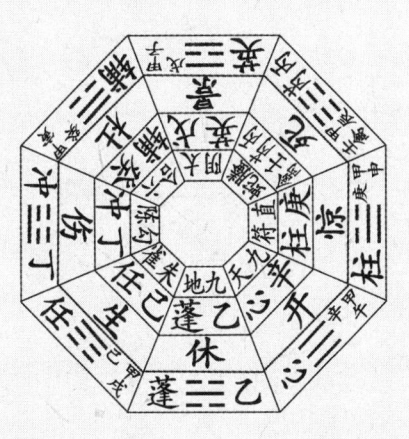

孤午未虚子丑
天柱直符加七宫 惊门直使加七宫

乾
坎 休与乙合 龙遁 重诈
艮
震
巽
离 地假
坤
兑 门符伏吟 飞宫格 伏宫格 时干格
柱符伏兑为兑
惊门伏兑为兑
庚仪加庚为太白重刑格
天辅时 庚日飞干格伏干格

断曰：夏至之后，庚为相气，当西方之正位，据九地之潜宫，得时得地，于以断制天下，不难也。但恐强明自任，而无出险之材，不能不伏戎于莽耳。且欲贪癸丁之财，相激而仇雠于我，以自速其戾，则所谓"寡助之至，亲戚畔之"者也。

兵事孟甲之时，刑内德外，主客皆有不利，但阳时利为客。向正北出师，格合龙遁，利于水战。安营于北，设伏于南，背东北，击西南，可胜。**出行**宜向正北出行。一二里逢皂衣妇人，或见青色旧物，外有包裹。**阳宅**宜立坎门，有鼓声为应。**阴宅**子山午向吉。作用时，有鹰鹞掠禽坠地为应。

附：占胜败不分胜败。**虚实**闻见多实。**攻城**持久方拔。**守城**可守，终宜和议。**天时**春占主阴，夏占主雷。**地理**地极佳。金居兑位，应乌府名高之吉。**人事**见铜锡匠人，宜应举求名。**田禾**中禾有收。**家宅**宅主虽安静，招人妒害，中男独利。**官禄**官虽得利，与上司不合，防有参劾。**应试**乙命乙日占，可中。**求财**可得，防有耗。**婚姻**可成，女极秀。**胎产**生女，胎稳难产。**疾病**金来克木，宜左金丸。**捕获**贼易获。**失物**正南难寻。**远信**至。**鸦鸣**主涉阴人之事。**鹊噪**有田产进益。

阴遁九局

夏至上元 白露上元
寒露中元 立冬中元

时酉乙日庚乙

孤未申虚丑寅
天柱直符加一宫 惊门直使加六宫

乾 人假 丙奇入墓 宫门比和
坎 奇格 时干格 门生宫
艮 宫克门
震 生与乙合 重诈 云遁
巽 乙奇升殿 宫门比和 宫克门
离 门生宫
坤 门生宫
兑 天乙与太白格 门生宫
柱符加坎为泽水困
惊门加乾为泽天夬
庚仪加乙为太贪合格
乙日伏干格

断曰：乙为日奇，行于北陆，坐坎而飞庚，星家所谓"金水辅阳"者也。庶几惠而好我，示我周行矣。门使入乾，推盘则有丙，飞盘则有丁，而本宫之飞神，又有戊癸之合，何其到处逢迎耶？白头如新，倾盖如故，是盖不胶而自固者也。

兵事星生宫，利为主。安营于正东，设伏于正西，俟敌先动，向正东出师，格合云遁，可以游兵掩击。或乘阴云密布之时，背东击西，可获全胜。**出行**宜出正东方。三里八里逢公吏打棍，或见新物，暗而不明。**阳宅**宜主震门。有小儿成队至。**阴宅**卯山酉向吉。作用时，有老人持板乞食为应。

附：占胜败主客雌雄不分。**虚实**彼此不欺。**攻城**城中有备难攻，彼常惊恐，不久来和。**守城**可守。**天时**占雨不雨。**地理**地颇佳。乙日占，人财两旺。**人事**有方外散人至，东南有争斗。**田禾**岁丰，麻极利。**家宅**宅长不利，田财退败，小口常有忧惊。**官禄**利于除官。**应试**丁命占，可中。**求财**易得。**婚姻**女喜男家，可成。**胎产**生女，母有灾。**疾病**手足少阳经症，郁散即愈。**捕获**逃人易捕。**失物**失于正西，难寻。**远信近信**有喜。**鸦鸣**有和合事。**鹊噪**当见武人。

阴遁九局

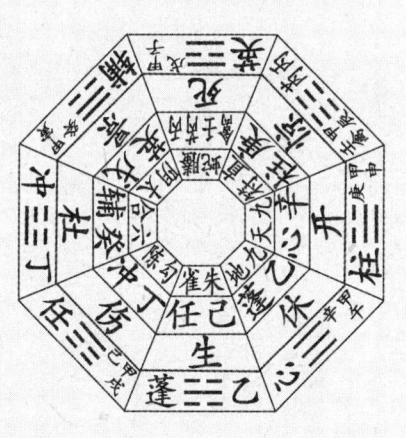

乙庚日丙戊时

夏至上元 白露上元
寒露中元 立冬中元

孤申酉虚寅卯
天柱直符加二宫 惊门直使加五宫

乾 休与乙合 虎遁 重诈 龙逃走
坎 乙奇入墓 宫生门
艮 门迫宫 丁奇入墓 蛇天矫 地假 宫门比和
震 宫生门
巽 宫生门
离 龙返首 勃格 奇格 时干格
坤 宫门比和
兑 白入荧
惊门柱符加坤为泽地萃
庚仪加丙为太白入荧格
丙奇得使游仪 时干入墓 庚日不遇

断曰：丙午加庚，白既入荧，龙亦返首，是利害并陈于前，而瑕瑜不掩其后也。惊门之使，守于中枢，而亦翩然至止者，本欲盗我之气，而壬反有以盗之，计亦左矣。故自坤宫而论，符与使同功一体也；自二五而论，符与使肝胆楚越也。

兵事星门俱受宫生，利于为客。向西出师，格合虎遁，宜潜机猝发，营乾伏巽，背北击南，可以制胜。有黄云起于西南，旋风过营为应。**出行**宜出西北方。六七里见白色物，而中有迸突。**阳宅**宜立乾门，主发财帛。**阴宅**乾山巽向吉。作用时，有老人持杖至为应。

附：**占胜败**主客胜负相等。**虚实**客兵已入内地。**攻城**彼自求和。**守城**可以守。**天时**不雨。**地理**土星入首，穴下有枯骨，来脉不清，左砂反跳，不吉。**人事**有儒医，或大腹人，言承继男女事。**田禾**岁歉，独利小麦。**家宅**宅长吉，左房冲射，防有怪异。**官禄**官利，难速升。**应试**辛命庚日占，可中。**求财**不利。**婚姻**可成，女有妆田。**胎产**生女。**疾病**大肠闭结，火炎难愈。**捕获**逃人难拘。**失物**失于东南。**远信**迟至。**鸦鸣**有阴私事。**鹊噪**有田产事。

阴遁九局

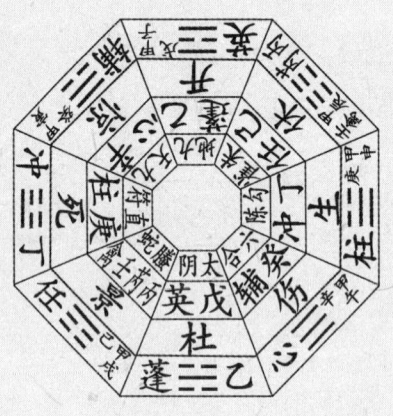

夏至上元 白露上元
寒露中元 立冬中元

乙日庚丁亥时

孤酉戌虚卯辰
天柱直符加三宫　惊门直使加四宫

乾　神假　宫克门
坎　宫生门
艮　门生宫
震　相佐　符反吟　奇格　时干格　宫克门
巽　门迫宫
离　宫与乙合　真诈　宫克门
坤　宫克门　丁奇升殿　门生宫
兑　生与丁合
柱符加震为泽雷随
惊门加巽为泽风大过
庚仪加丁为太白受制格

断曰：丁火本柔，秋冬尤弱，受生于震，亦可苟安，而不虞庚之狡焉启疆，有投鞭江左之意，然而我亦捣其虚而焚其巢矣。风声鹤唳，悔也如何，此返吟所由来乎？门使迫宫又益之以辛，是重困也。大兵之后，必有凶年矣。

兵事门星克宫，利于为客。向正南出兵，格合真诈，可以偷营劫寨。奇兵宜出正西，安营于南，设伏于北。春月背东北击西南，为背雄击雌，可获全胜。**出行**宜出正南正西二方。九里七里，见贵家物色，不甚光彩。**阳宅**宜立离兑二门，有患足目人至。**阴宅**午山子向、酉山卯向皆吉。作用时，有老人头戴皮帽，手执铁器至。

附：**占胜败**主客皆弱，不战而退。**虚实**彼此有欺。**攻城**其将恐惧，可以说降。**守城**勿与敌兵交锋。**天时**晴，东方有白云起。**地理**地佳，嫌向不利。乙日占不吉。**人事**有徐州人至，宜迁官纳婿。**田禾**甚丰，豆麦有收。**家宅**宅长不利，防有官司孝服。**官禄**不吉。水土之司，夏月可升。**应试**不中。**求财**费力可得。**婚姻**女佳可成。**胎产**生子，胎不安。**疾病**近女心病，多有翻覆。**捕获**贼易获。**失物**正北可寻。**远信**至。**鸦鸣**主有惊恐。**鹊噪**有喜信。

阴遁九局

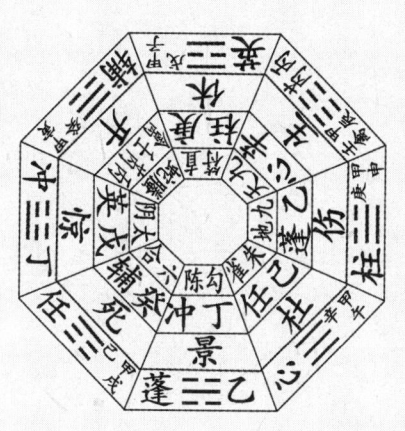

夏至上元 白露上元
寒露中元 立冬中元

丙辛日戊子时

孤戌亥虚辰巳
天柱直符加九宫 惊门直使加三宫

乾宫克门
坎宫克门
艮宫门比和
震宫玉女守门 门反吟 门迫宫
巽宫开与丙合 门迫宫
离时干格 门迫宫
坤宫门比和
兑宫门迫
柱符加离为泽火革
惊门加震为泽雷随
庚仪加戌为太白逢恩格

断曰：戊干在离，有赫赫炎炎之势。庚何为者，而敢震我之边陲，入我之郭郛，营营若飞蛾之投夜烛，种种然若苍蝇之触晓窗，直彼之自贻伊戚而已。门使返吟于震，玉女守焉，得毋异乡花草，一半勾留乎？然亦已惫矣。

兵事门克宫，宫克星，彼此互有损伤。但阳时利为客，向东南出师，安营于西，设伏于东，参将为先锋，背西南，击东北，可以制胜。**出行**出东南方。四里六里逢人歌唱，或言官事，见刚健能动之物为应。**阳宅**宜立巽门，有乐声唱喏应。**阴宅**巽山乾向吉。作用时，北方有锣声为应。

附：**占胜败**相持不战。**虚实**彼此皆虚。**攻城**得内应，可拔。**守城**宜备正南，可守。**天时**晴。**地理**武曲落于南方，为金临火地，自焚厥尸，辛日占人丁有损。**人事**或妻妾患病，或逢浪子。**田禾**岁歉，农人极劳。**家宅**家长不利，宜女人掌家。**官禄**河道之职，可升。**应试**不中。**求财**难得。**婚姻**不成。**胎产**生男，易产。**疾病**木侮脾经，暗有惊恐，未愈。**捕获**逃人自归。**失物**已毁。**远信**不至。**鸦鸣**有急迫事。**鹊噪**宜闭门静坐。

阴遁九局

夏至上元 白露中元 寒露中元 立冬上元

时丑己日辛丙

孤亥子虚巳午
天柱直符加八宫 惊门直使加二宫

乾 宫生门
坎 生与丙合 门迫宫
艮 仪刑 刑格 门迫宫
震 宫门比和
巽 宫生门
离 宫生门
坤 宫门比和
兑 柱符加艮为泽山咸 惊门加坤为泽地萃
庚仪加己为太白大刑格
时干入墓

断曰：时干在艮，本在墓乡，而庚加之，有丑焉，符之所墓也；有寅焉，符之所刑也。齐既失矣，楚亦未为得也。门使在坤，依恋于母，非温太真绝裾之比，但丁丙相乘，腾蛇得炁，陟彼屺而望，读《蓼莪》而悲，树欲静而风不宁矣。

兵事门星俱受宫生，利为客。安营在东南，设伏利于西北，向正北出师，以副将为前队，背北击南，可以制胜。但仪刑刑格，主客互有损伤。**出行**宜出西北方。一里八里逢皂衣妇人，或见脊背隆起之物。**阳宅**宜立坎门，主得田财。**阴宅**午山子向吉。作用时，有小儿成队至为应。

附：**占胜败**彼此有损。**虚实**不虚。**攻城**当以计取。**守城**难守，防断汲路。**天时**无雨。**地理**天市入首，土角流金，惜砂法不合。**人事**有言行人事。**田禾**不丰，旱魃为灾。**家宅**眷属不宁，防有口舌孝服。**官禄**宦途不利。**应试**乙命占，可中。**求财**难得。**婚姻**不谐。**胎产**生女，母有灾。**疾病**虚火上升，当延西医。**捕获**贼易拘。**失物**失于西北。**远信**迟至。**鸦鸣**防有欺蔽。**鹊噪**主孝服。

阴遁九局

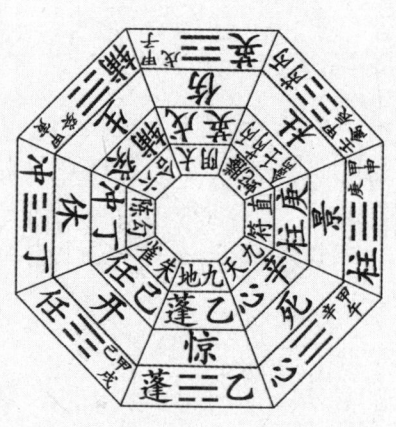

丙辛日庚寅时

夏至上元 白露上元
寒露中元 立冬中元

孤子丑虚午未
天柱直符加七宫 惊门直使加一宫

乾 门生宫
坎 门生宫
艮 宫生门
震 休宫与丁合 门生宫
巽 宫克门
离 门生宫
坤 人假 门迫宫
兑 符伏吟 飞宫格 伏宫格
时干格 门迫宫
惊门加坎为泽水困
柱符伏吟为兑
庚仪加庚为太白重刑格

断曰：庚以至刚之性，所如不合，退而伏于草泽之门，意凄情悲，諰諰然求助于乙，以冀且其哀于我，此惊使所以飞而入坎也。但乙与庚，固有暗联之意，而中隔乾辛，死门在望，天河迢递，带水盈盈，虽欲溯洄，夫何及乎？

兵事门生宫，利为主。安营于北，设伏于南，俟敌先动，以副将为先锋，向正东出师，击其东北，可以取胜。但飞宫伏宫，彼此不无损伤。**出行**宜出正东方。一里三里逢妇人争角，或见屈曲物。**阳宅**宜立震门。有贵人到宅，大发。**阴宅**卯山酉向吉。作用时，北方有僧道至为应。

附：**占胜败**互有所损。**虚实**主客俱实。**攻城**援近，缓攻。**守城**宜备正西东北二门，可守。**天时**有风无雨。**地理**庚酉行龙，庚酉入首，所谓"三关三伏元复元"。有凹风，宜培补。**人事**有铜锡匠人之事。**田禾**大丰，种麻亦利。**家宅**防人妒害，厨灶吉，奴仆得力。**官禄**防上司见罪，极利巡方之职。**应试**丁命占，可中。**求财**有得。**婚姻**成。**胎产**生女，防损孕妇。**疾病**肺气不清，宜清气。**捕获**逃人易获。**失物**难寻。**远信**即至。**鸦鸣**有贵人事。**鹊噪**有亲朋酒食。

阴遁九局

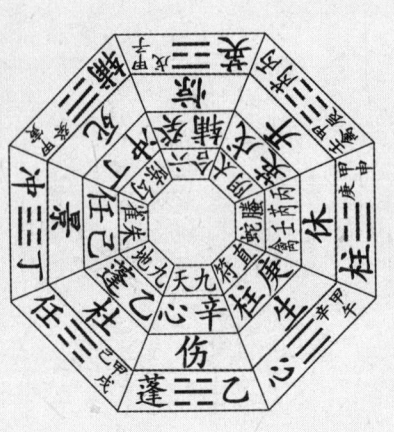

夏至上元 白露上元
寒露中元 立冬中元

丙 辛日 辛卯 时

孤 丑寅 虚未申
天柱直符加六宫 惊门直使加九宫

乾 门生宫
坎 虎猖狂 宫生门
艮 门迫宫
震 宫生门 雀投江
巽 宫克门
离 宫生门
坤 休与丙合 鸟跌穴 格勃
兑 荧入白 宫生门
柱行加乾为泽天夬
惊门加离为泽火革
庚仪加辛为太白重锋格
丙日飞干格 辛日伏干格

断曰：辛为弟而庚为兄，水源木本，同于一气，乃庚不以我为悌弟，而以为仇雠，操戈入室，祸起萧墙，大非鹡鸰之义矣，宜乎本宫复有丙之刑悖也。天网恢恢，疏而不漏矣。惊门在离，遇火而革，洗心易虑，庶几式好无尤乎？

兵事宫克门，利为主，侯敌先动，向正西出兵。安营于东北，设伏于东南，背西北，击东南，可以奏凯。有云如盖，自正西方至为应。**出行**宜出正西方。一里七里逢母女同行，中有孕妇，或见怪异洼陷之物。**阳宅**宜立兑门。东方有人，抱小儿至。**阴宅**酉山卯向吉。作用时，有女人执伞至。六十日内，大发财丁。

附：**占胜败**两军皆强，相持不战，可以议和。**虚实**彼此皆实。**攻城**守将能，未易攻。**守城**防有奸细。**天时**无雨。**地理**少微行入天皇，并无驳杂，穴下有锁匙铁索。但右砂朝案，惜无情。**人事**东南有文书遗失，北有虎患。**田禾**大麦有收。**家宅**宅长平安，须防火烛。**官禄**当钦取。**应试**房考不呈堂。**求财**有得。**婚姻**成。**胎产**生男吉。**疾病**郁怒所至。**捕获**逃人易获。**失物**西南寻之，仅得其半。**远信**不至。**鸦鸣**防有失脱。**鹊噪**有文书到家。

阴遁九局

丙辛日壬辰时

夏至上元 寒露中元 白露上元 立冬中元

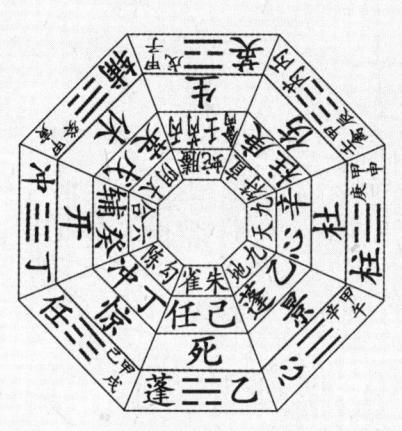

孤寅卯虚申酉
天柱直符加五宫 惊门直使加八宫

乾 龙逃走 门迫宫
坎 门迫宫
艮 宫生门
震 蛇天矫 门迫宫
巽 门生宫
离 生与丙合 天遁 宫生门
坤 白入荧 上格 门迫宫
兑 宫克门
柱符步五为泽地萃
惊门加艮为泽山咸
庚仪加壬为太白退位格
时干入墓 丙日不遇 辛日飞干格

断曰：壬干在坤，坐于长生之申，而又有申庚之临，则源源不息，何其情之缱绻也。但同宫有丙，太白入焉。语曰："佐祭者得尝，救斗者得伤。"安知无池鱼之及乎？使飞于艮，其象为咸，而遇丁。咸者感也，二气感应以相与，可以怀婚姻矣。

兵事 门星俱受宫生，利为客，兵宜先动。向正南出师，设伏于东南，安营于西北，以副将为先锋，背南击北，可以制胜。有旋风过营，敌人必至。**出行**宜出正南方。八九里逢公吏骑骡马，步行随从人，或见新物。**阳宅**宜立离门，主进财帛。**阴宅**午山子向吉。作用时，有云从西北方起为应。

附：**占胜败**主客俱强，可以议和。**虚实**两不欺诈。**攻城**可破。**守城**客军已入城中，不能固守。**天时**晴。**地理**土星到头，结土腹藏金之穴，下有砖堆，深处更有坚石。**人事**有大腹武人，言盗贼事。**田禾**丰。**家宅**宅有冲射，家长不宁。厩房利，可发财，终防盗贼。**官禄**宜司管钥。**应试**戊命占可中。**求财**难得。**婚姻**成。**胎产**生男，防母有伤。**疾病**肾虚难愈。**捕获**贼易获。**失物**失于东南。**远信**至。**鸦鸣**有欺蔽事。**鹊噪**防有孝服。

阴遁九局

夏至中元 白露上元
寒露中元 立冬中元

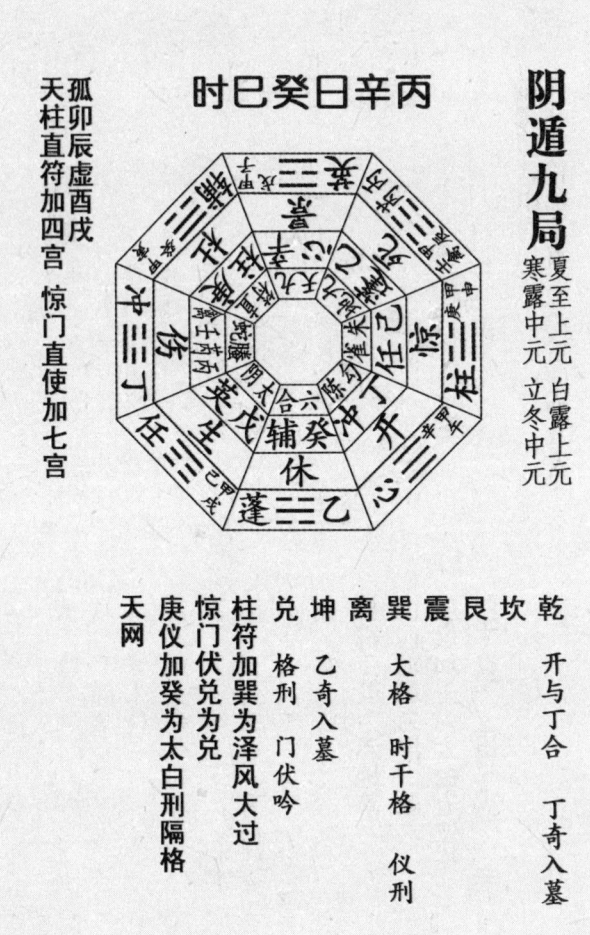

丙辛日癸巳时

孤卯辰虚酉戌
天柱直符加四宫 惊门直使加七宫

乾 开与丁合 丁奇入墓
坎
艮
震 大格 时干格 仪刑
巽 乙奇入墓
离 格刑 门伏吟
坤
兑 柱符加巽为泽风大过 惊门伏兑为兑
庚仪加癸为太白刑隔格
天网

断曰：庚加于癸，何名大隔？盖庚金畏火，而癸能见化于戊，格而不入，故隔也。然则为之庚者，毋奈畏癸之热而吹齑乎？门使伏兑，己庚亦不相和，而巳酉丑三方，为己为庚为癸，各怀异志而鼎峙，非韩赵之三家，即魏吴之三国也。

兵事星克宫，利为客。安营于东南，设伏于西北，向西北出师，以参将为前队，背东直符，击其对冲，可以制胜。若前队用副将，沉吟不动，恐误军机。**出行**宜出西北方。六里，见铁石之类，可以运动。**阳宅**宜立乾门，有执斧人至。**阴宅**乾山巽向吉。作用时，有小阴人至为应。

附：**占胜败**主客俱弱，相持不胜，可议和。**虚实**两军不前。**攻城**彼有近援，攻之未免。**守城**可守，利言和。**天时**东南方，有白云起。**地理**拱护无情，向不合。丙日占，辰巳年防损人。**人事**有披发顽童至。**田禾**岁极歉，无收成。**家宅**宅长不宁，闭门可致富。**官禄**人心不合，求上台可升。**应试**不中。**求财**有得。**婚姻**不成。**胎产**生女，难产。**疾病**经水不调，宜延西北医人。**捕获**贼难获。**失物**失于东北。**远信**迟至。**鸦鸣**有更变事。**鹊噪**有虚惊。

阴遁九局

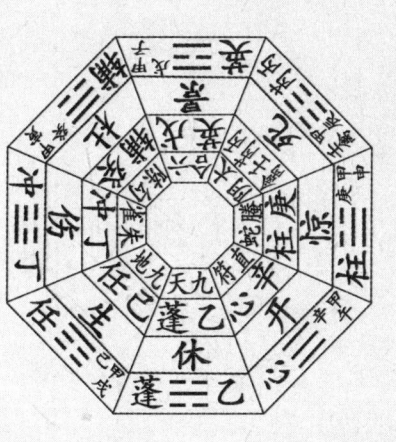

夏至上元
寒露中元
白露上元
立冬中元

丙辛日甲午时

孤辰巳虚戌亥
天心直符加六宫 开门直使加六宫

心符伏乾为乾
开门伏乾为乾
辛仪加辛为天庭自刑格
天辅时

乾 门符伏吟 休与乙合 龙遁
坎
艮震巽离坤兑

断曰：辛仪在乾，有明辨之才，居威肃之地，厉精图治，真能得自强不息之义者也。天心为符，密勿之衷深矣；开门为使，施设之谋定矣。非天纵圣德，其孰克当此而称治者乎？加以朱雀阴神，文明有象；进逢休乙在坎，更为龙腾碧海之占。

兵事星门俱伏，阳时利为客。向正北出师，格合龙遁，利于水战。安营于艮，设伏于坤，背东北，击其对冲，可以制敌。但午仪入墓，刑德在门，不能树非常之功。**出行**宜出正北方。一二里逢皂衣妇人，或同伴歌声为应。**阳宅**宜立坎门，有鼓声应。**阴宅**子山午向吉。作用时，有红裙携酒至为应。

附：占胜败两军不动，可以言和。**虚实**闻见得实。**攻城**可以议和。**守城**可守。**天时**春主阴，夏主雨。**地理**天皇入首，以龙楼凤阁为朝向，四山拱护，主发大贵。**人事**有冀州人至。**田禾**中禾有收。**家宅**卧榻利，人口平安，中男发达。**官禄**利除官，词臣占极吉。**应试**乙命辛日占中。**求财**得。**婚姻**女极佳，成。**胎产**生女。**疾病**金旺木衰，无良医。**捕获**捕有欺蔽。**失物**失于正南。**远信**近信不至。**鸦鸣**有和合事。**鹊噪**有捕捉事。

阴遁九局

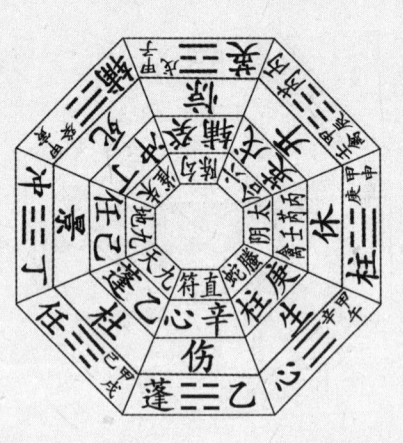

夏至上元　白露上元
寒露中元　立冬中元

丙辛日乙未时

孤巳午虚亥子
天心直符加一宫　开门直使加五宫

乾　伏宫格　门生宫
坎　相佐　虎猖狂　宫生门
艮　门迫宫
震　宫生门
巽　雀投江　宫克门
离　宫克门
坤　宫生门
兑　休与丙合　真诈　荧入白　宫生门
心符步五为天水讼
开门加坎为天水讼
辛仪加乙为白虎猖狂格
辛日伏干格
丙日飞干格

断曰：坎宫之乙，是木之守其根者也，虽秋冬亦不患其凋落，况盛夏乎？加以辛符，乙奇得使，而往游于己仪，必有巧匠运斤而至，或伐有莘之木，桂楫而棠舟；或陈水上之嬉，牙樯而锦缆。而开使入中，如从游于蓬池太液间，不且疑登天上哉！

兵事宫生门，阳时利为客，兵宜先动。向正西出师，安营利正东，设伏利正西，背西北，击东南，有大风自北来，可以取胜。但开使步五。副将不利。而得使游仪。正可遣使窥探。**出行**宜出正西方。一里七里逢妇人引孩儿行，见执雕琢之物。**阳宅**宜立兑门，主生贵子。**阴宅**卯山酉向吉。作用时，有孕妇，鼓声为应。

附：占胜败客来求和。**虚实**主有内患。**攻城**可破，守将当来求和。**守城**难守。**天时**无雨。**地理**水星到头，前山右砂欠吉，穴下有毛骨。**人事**有人攘臂而前。**田禾**大麦有收。**家宅**右房高压，入口不利，财亦不聚，乙命有灾。**官禄**有盗贼，上司见罪。**应试**场后有灾，不中。**求财**可得，有耗。**婚姻**可成。**胎产**生男，胎不稳。**疾病**少阳受伤，久而后治。**捕获**逃人难缉。**失物**西南可寻。**远信**至。鸦鸣有欺隐事。鹊噪防孝服。

阴遁九局

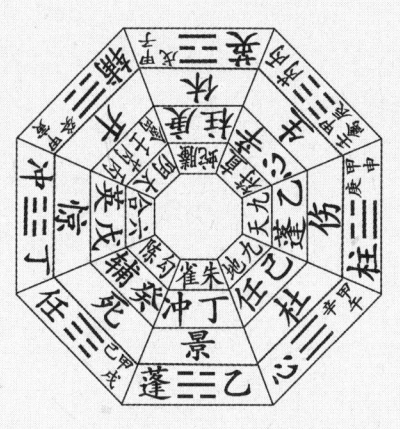

夏至上元 白露上元
寒露中元 立冬中元

丙丙辛日丙申时

孤午未虚子丑
天心直符加二宫 开门直使加四宫

乾 宫克门
坎 宫克门
艮 宫门比和
震 门迫宫
巽 开与丙合 真诈 门反吟 门迫宫
离 太白与天乙格 门迫宫
坤 相佐 龙返首 符勃 宫门比和
兑 宫克门
心符加坤为天地否
开门加巽为天风姤
辛仪加丙为天庭得明格

断曰：丙奇在坤，子居母腹，辛仪飞来，相守而流，且值生门，吉星朗照，当有熊罴入梦之喜。开门到巽，虽号门迫，恰与飞丙相值，是则支干相并，格合真诈，金不受伤，而火受生矣。陈矫之出养于姑，昌黎之幼依其嫂，毋乃类是。

兵事门克宫，宫生星，利为客，兵宜先动。向东南出师，安营于乾，设伏于巽，背西南，击东北，可以制胜。有青黄云气于西南方见为应。**出行**宜出东南方。四里六里逢人言官事，见羽毛飞动之物。**阳宅**宜立巽门，有乐声唱喏声。**阴宅**巽山乾向吉。作用时，正东方有僧道胡须人至。

附：占胜败客弱，来求和。**虚实**闻见不虚。**攻城**当攻其东南。**守城**宜备东南正南二门，终宜议和。**天时**占雨不雨。**地理**土色流金，穴情极佳，下有远年骨殖。**人事**有孝服人，言起造之事。**田禾**不丰。**家宅**宅主甚利，财丁兴旺，阴人吉，防宠婢妾。**官禄**寅卯月可升。**应试**不中。**求财**不甚利。**婚姻**不成。**胎产**生男，吉。**疾病**脾家湿热，未能即愈。**捕获**逃人可获。**失物**已毁难寻。**远信**不至。**鸦鸣**有失脱事。**鹊噪**有文书事。

阴遁九局

夏至上元　白露上元
寒露中元　立冬中元

丙辛日丁酉时

孤未申虚丑寅
天心直符加三宫
开门直使加三宫

乾　门迫宫
坎　门迫宫
艮　刑格　宫生门
震　玉女守门　门迫宫
巽　休与乙合　风遁　门生宫
离　宫克门
坤　小格
兑　门迫宫
心符加震为天雷无妄
开门加丁为白虎受伤格
辛仪加震为天雷无妄
丁奇得使遇甲　辛日不遇

断曰：震宫有丁，火也，而通明于木矣。金宫符使并临，木不能御而火御之，其为当熊之美人乎？抑缇萦之救父也。于是而遇甲徼邂逅之奇，守门结盘餐之好，将以恶始而美终，可无交战忧也。君子危之，而又深幸之。

兵事星门俱克宫，利为客。宜向东南出师，扬威而去。更利火器攻战，设伏于坎，安营于离，背南击北，可以制胜。玉女守门遇甲，必能树功立业。**出行**宜出东南方。一里四里逢皂衣妇人，闻人唱曲，见水族物。**阳宅**宜立巽门，一年生贵子。**阴宅**巽山乾向吉。作用时，有老妇人至为应。

附：**占胜败**客有内变，主得大胜。**虚实**主不诳。**攻城**可攻。但救兵近，当计定而行。**守城**难守。与援兵合，有救。**天时**不雨。**地理**外护朝向皆吉，辛日占可发财。**人事**来人姓氏有从火木旁者，利于财帛。**田禾**大丰。**家宅**东南向利，厨灶吉，可发财。**官禄**治地吉，易升。**应试**不中。**求财**不利。**婚姻**不成，女有才貌。**胎产**生男，母有厄。**疾病**胸膈小肠旧病，当礼斗。**捕获**贼有朦蔽。**失物**失于本家，可寻。**远信**迟至。**鸦鸣**有和好事。**鹊噪**有胥役至。

阴遁九局

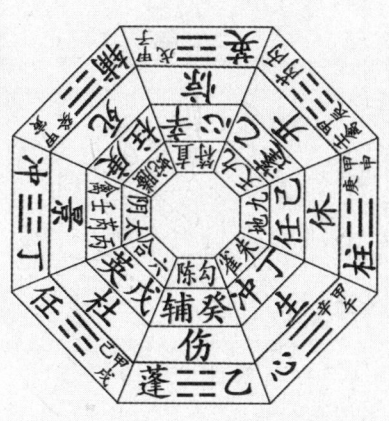

丙辛日 戊戊时

夏至上元 寒露中元 白露上元 立冬中元

孤申酉虚寅卯
天心直符加九宫 开门直使加二宫

乾 宫生门 生与丁合 丁奇入墓 门生宫
坎 宫生门 门迫宫
艮 宫生门
震 宫克门 大格
巽 宫克门 仪刑
离 开与乙合 乙奇入墓 宫生门
坤 宫生门 刑格
兑 心符加离为天火同人 开门加坤为天地否
辛仪加戊为龙虎争强格
时干入墓

断曰：戊投戌墓，本有深藏之意，而辛符来加，则龙虎交战，不免惊惶矣。赖居火宫，金至则镕，焉能为害。况飞戊加艮，入山必深，而辛之本宫，生克互炼，可以问丹砂于勾漏；门使到坤，交阴阳于腹内，纳日月于壶中，何难抱雌节而游浑化乎？

兵事宫克星，又生门，主客互有损益。但阳时利为客，正兵出西南，奇兵出西北，设伏于东，安营于西，以副将为先锋，背乾击巽，可以制胜。**出行**宜出西南西北二方。出西南见转动物，逢人哭。出西北闻人争斗。**阳宅**宜立乾坤二门，主得田产禄食。**阴宅**坤山艮向、乾山巽向皆利。作用时，有老人持杖至。

附：**占胜败**客来求和。**虚实**客有所阻，不能前进。**攻城**火攻，唾手而得。**守城**东南西南宜有备，可以议和。**天时**晴。**地理**朝向吉，拱护无情。丙日占，财破人亡。**人事**有文墨人，言和合事。**田禾**不丰。**家宅**宅长不利，人口不安，防有光怪。**官禄**官不甚利。礼曹占，季月可升。**应试**辛日占，不中。**求财**费力可求。**婚姻**不成。**胎产**易产，子极聪明。**疾病**劳瘵之疾，心惊脾败，难愈。**捕获**逃人不获。**失物**失于东北。**远信**不至。**鸦鸣**有阴司口舌。**鹊噪**主得田财。

阴遁九局

夏至上元 白露上元
寒露中元 立冬中元

丙辛日己亥时

孤酉戌虚卯辰
天心直符加八宫 开门直使加一宫

乾 鸟跌穴 勃符 丙奇入墓 宫门比和
坎 门生宫
艮 宫克门
震 生与乙合
巽 宫门生宫
离 门生宫
坤 门生宫
兑 门生宫
心符加艮为天山遁
开门加坎为天水讼
辛仪加己为虎坐明堂格

断曰：己干在艮，可谓藏身之固矣。辛符飞来，是为所生而归于本家也。时下有螽斯之吉，无陟屺之叹。而开使到坎，逢亲迎之庚，太阴入乾，遇化生之丙，通问往来，不绝于道，将有洽比其邻者乎？是知富而好礼，犹属人情之近古云。

兵事门生宫，阴时利为主。安营于东南，设伏于西北，俟敌先动，向正东出师。宜游行掩击，背东击西，可以取胜，有赤鸟翱翔于军上为应。**出行**宜出正东方，三里八里，或见有声有足之物。**阳宅**宜立震门，有鼓声，或雷声应。**阴宅**卯山酉向吉。作用时，西方有山下人，把火叫喧为应。

附：占胜败主强客败。**虚实**客不欺。**攻城**有和象。**守城**可守。**天时**东方有云阵。**地理**龙神飞舞。东有高山，穴下有红黄气。**人事**有人叫喊，或文书列到家。**田禾**大有年。**家宅**厨灶吉，人丁旺，小口不甚安。**官禄**官利，不聚财。**应试**丁命占，可望中。**求财**易得。**婚姻**女极柔顺，成可入赘。**胎产**生女，母不安。**疾病**积滞所致。**捕获**逃人难获。**失物**失于正西，难寻。**远信**迟至。**鸦鸣**主财利相争。**鹊噪**有事阻滞。

阴遁九局

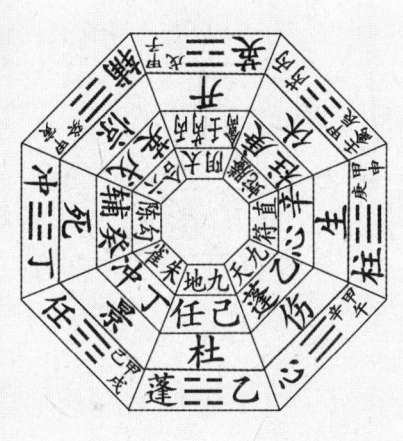

丁壬日庚子时

夏至上元 白露上元
寒露中元 立冬中元

孤戌亥虚辰巳
天心直符加七宫 开门直使加九宫

乾 龙逃走 宫克门
坎 宫生门
艮 丁奇入墓 门生宫
震 蛇天矫 宫克门
巽 门迫宫
离 开与丙合 真诈 宫克门
坤 白入荧 上格 宫克门
兑 门生宫
心符加兑为天泽履
开门加离为天火同人
辛仪加庚为虎逢太白格
壬日伏干格

断曰：太白居酉，非贪帝旺之乡哉！然禄有所归，位有所定，不可以冒滥私窃也，故辛至而庚遁矣。奈荧惑先守其宫，刖退亦无所归，如井陉之军，既经背水之战败，复见赤帜于赵壁，有不惊溃者乎？至开使入离，而丙与之俱，是又为飞廉之戮耳。

兵事宫克门，利为主。安营宜在坎地，设伏利于离方，俟敌先动，向正南出师，背西击东，可以制胜。有角风微雨，散漫于军中为应。**出行**宜出正南方。六里九里，见文书字迹及飞动之物。**阳宅**宜立离门，有黑白鸟成队飞来。**阴宅**午山子向吉。作用时，南方有火光为应。

附：**占胜败**客必求和。**虚实**客兵已入内地，其心惊疑。**攻城**内防伏兵，南门可拔。**守城**宜备坤门。**天时**晴。**地理**破军入首，穴情可观，但露风。恐生白蚁。**人事**西有屠宰人争斗。**田禾**丰。**家宅**宠婢，宅中防有内变，左首破屋招殃。**官禄**上司见罪，防参罚。**应试**临场有变。**求财**可得，有虚耗。**婚姻**可成，男女有伤。**胎产**生男，胎不稳。**疾病**肺经受病，不宜服参。**捕获**易获。**失物**失于东南。**远信**无。鸦鸣防贼盗。鹊噪有文书事。

阴遁九局

丁壬日辛丑时

夏至上元 白露上元 寒露中元 立冬中元

孤亥子虚巳午 天心直符加六宫 开门直使加八宫

乾 符伏吟 门生宫
坎 宫生门
艮 门生宫
震 宫克门 休与丁合 门生宫
巽 门迫宫
离 门迫宫
坤 门生宫
兑 心符伏乾为乾 开门加艮为天山遁 辛仪加辛为天庭自刑格

断曰：以辛加辛，其悲益盛，将为死金乎？而死者生之根，魄死而明生矣，故开门加艮为受生。麋角之解，非不生也，应阴气也；蚯蚓之结，非不伸也，收阳气也。于时而有所生，则为始生之芸，挺出之荔，且庸讵知苋蕴之能成鳖者，非即剖鳖者哉！

兵事宫生门，利为客，兵宜先动。向正东出师，安营于东北，设伏于西南，以副将为先锋，背正北孤地，击其对冲，可以制胜。**出行**宜出正东方。一里三里逢工匠，或见水中不洁之物应。**阳宅**宜立震门，有黑禽自南方至。**阴宅**卯山酉向吉。作用时，有青衣女人携酒至。

附：**占胜败**两军相持，久必言和。**虚实**彼此皆实。**攻城**相持不决。**守城**可以固守。**天时**不雨。**地理**武曲行龙，穴结燕窝，山向不佳，必致损人。**人事**有丧葬事，或阴谋秘计。**田禾**丰。**家宅**宅长欠利，防有孝服。灶吉，长子兴家。**官禄**难升。**应试**难中。**求财**费口舌，可求。**婚姻**北方少女可成。**胎产**生女，难产，防损孕母。**疾病**大肠有伏火，药难效。**捕获**贼易拘。**失物**失防原处。**远信**近信不至。鸦鸣有惊恐。鹊噪喜信至。

阴遁九局

丁壬日壬寅时

夏至上元 寒露中元 白露上元 立冬中元

孤子丑虚午未
天心直符加五宫
开门直使加七宫

乾宫生门 生与丁合
坎宫门迫宫
艮宫门迫宫
震宫生门 门比和
巽宫生门
离宫生门
坤宫生门 开与乙合 宫门比和
兑宫开门加兑为天泽履
心符步五为天地否
辛仪加壬为天庭逢狱格

断曰：壬水为空中之雨，而着于土，则汨其清矣。辛来步五，亦寄于坤，非正位也。于是乎居土上，左为蛰，右为壁，壁逢水则倾，蛰因水则昏，其有烦溽之苦乎？若乃开门临兑，乙庚遇合，逮秋深而履泰矣。

兵事宫生星，利为客，兵宜先动。正兵出正西，奇兵出正北，安营于西北，设伏于东南，以参将为先锋，背北击南，可以制敌获胜。**出行**宜出正西正北二方。出正西七里逢人打四足，出正北八里逢公吏勾当人。**阳宅**宜立坎兑二门，有女人引小孩童至。**阴宅**酉山卯向、子山午向皆吉。作用时，有青衣童子持花应。

附：占胜败客弱，来求和。**虚实**客不欺主。**攻城**守将有援，其城难破。**守城**言和可守。**天时**晴。**地理**龙力旺，坤峰高起，可以发贵，穴下防有骸骨。**人事**有素服儒衣外来。**田禾**不丰。**家宅**宅长有意外财帛，但暗中有损，遂致破败，中男佳。**官禄**有意外特恩，秋月必升。**应试**乙庚命寅中占可中。**求财**不易得。**婚姻**不成。**胎产**生女。**疾病**肾虚，难治。**捕获**贼可拘。**失物**防毁坏，难觅。**远信**不至。**鸦鸣**有阴人事。**鹊噪**主得财产。

阴遁九局

夏至上元 寒露中元 白露上元 立冬中元

时卯癸日壬丁

孤丑寅虚未申
天心直符加四宫 开门直使加六宫

乾 门伏吟
坎 生与丙合
艮 奇格　真诈
震 符返吟
巽
离
坤
兑　心符加巽为天风姤
　　开门伏乾为乾
　　辛仪加癸为虎投罗网格
天网　丁日伏干格飞干格　丁日不遇

断曰：辛乘于癸，而癸复乘辛，何也？辛藏于戌，不若生于巳也；癸绝于巳，不若比于亥也。如郑鲁以祊许相易，各得所欲，而《春秋》讥其非义，此岂得讳天网反伏之咎乎？然暗有飞丙跌穴，则因钓而得玉璜，因猎而得熊罴，无非天家之庆矣。

兵事星克宫，利为客。扬兵于正南，设伏于东北，以参将为先锋。艮方格合真诈，向东北出师，夏月背巳击亥，可以胜敌。**出行**宜出东北方。八里十六里逢阴人着黄衣，或见雕琢新成之物。**阳宅**宜立艮门，三七日进财大发。**阴宅**艮山坤向吉。作用时，有师巫吹角声为应。

附：**占胜败**主客皆弱，久必言和。虚实闻见得实。**攻城**可攻，城中自乱。**守城**难守，防敌云梯之类。**天时**晴。**地理**巽龙入首，穴情极佳，但气杂沓，惜不纯。**人事**有文墨人至，正东有火惊。田禾收成照旧年。**家宅**住房利丁发财，少男极佳。**官禄**不升。**应试**不中。**求财**可得。**婚姻**成。**胎产**生女。**疾病**惊怒所致，昼夜不宁，北方医人能治。**捕获**逃人易拘。**失物**难寻。**远信**迟至。**鸦鸣**有长上事。**鹊噪**防有虚惊。

阴遁九局

夏至上元 寒露中元 白露上元 立冬中元

丁壬日甲辰时

孤寅卯虚申酉
天禽直符加五宫 死门直使加五宫

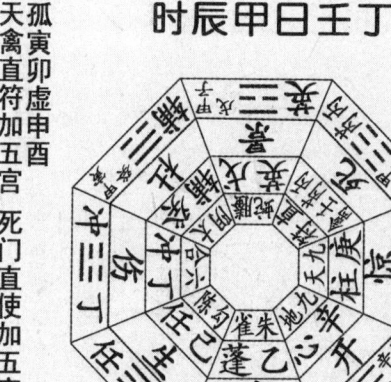

乾
坎 休与乙合
艮
震 龙遁
巽
离 门符伏吟
坤
兑 禽符伏五为坤
   死门伏五为坤
   壬仪加壬为天牢自刑格
天辅时

断曰：壬仪秉令于中，具虚灵之体，督信义之符，寄迹于西南，交欢于东北，可以朝百川，而游滇渤矣。无如旬首之甲，伏处于塞，而同宫之两丙复泄之。譬如瓦成于火，不能生火；竹生于水，不能生水。盖主暗者臣不能独明，子劣者亲不能独逸也。

兵事门符伏宫比和，主客均利。宜安营于西北，伏兵于东南，从正北出师，以应龙遁之吉。乘云雾掩袭，可以制胜。**出行**宜出北方。逢皂衣女人，或见红色羽毛水族物。**阳宅**立北门吉，有黑衣长瘦人至。七日后，进女人财帛应。**阴宅**宜子山午向吉。作用时，有师巫小艺人争斗应。

附：占胜败主无战意，终归和好。**虚实**主言不欺。**攻城**可攻。**守城**严备西门。**天时**晴。**地理**地系古墓，龙脉不真，葬后不发。**人事**有妇人抱病，或田产交易之事。**田禾**雨水调匀，禾麦俱登。**家宅**门庭清静，井灶不吉，长上有悔。**官禄**供职乎常，不升。**应试**卷呈堂，可望中。**求财**多求少得。**婚姻**成。女美身长，妆奁厚。**胎产**生女，产迟。**疾病**火亢之症，不能即瘳。**捕获**在东方，捕役有弊，不获。**失物**在南方可寻。**远信**有中途沉搁。**鸦鸣**有紧要事。**鹊噪**有喜事，或喜信至。

阴遁九局

夏至上元
寒露中元
白露上元
立冬中元

时巳乙日壬丁

孤卯辰虚酉戌
天禽直符加一宫 死门直使加四宫

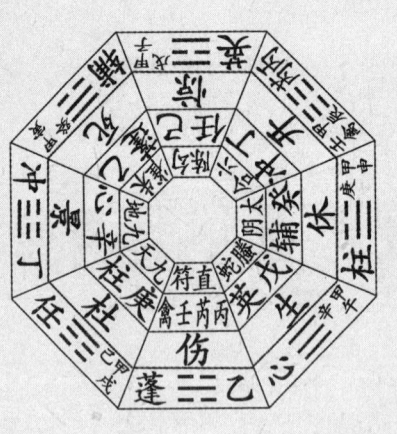

乾 门生宫
坎 相佐 宫生门
艮 刑格 门迫宫
震 宫生门
巽 宫克门
离 开与丁合 休诈
坤 小格 宫生门
兑 宫生门
禽符加坎为地水师
死门加巽为地风升
壬仪加乙为日入地户格

断曰：时干受生于坎，壬仪又复来生，择祸莫若轻，择福莫若重，重恩叠荫，不厌多也。且坎为北极紫微之宫，日月合璧于其舍，君义臣忠，上慈下爱，休哉三代之风矣。时干与门使入巽，而遇癸网，岂且翟公之门，真可罗雀耶？

兵事宫克门，星克宫，主客互有损伤，阳时宜先举。安营于东，伏兵于西，从西南出师，背震孤，击兑虚。不利副将为先锋。**出行**宜出西南方。二里十二里闻哭声，见老妇或逢酒食。**阳宅**宜立坤门。有青皂色衣女人来，或见黑禽飞鸣应。**阴宅**宜坤山艮向。作用时，有驼背老人持竹杖荷蓑笠至。

附：**占胜败**客胜。**虚实**客言不可信。**攻城**可攻。**守城**难守。**天时**正北起黄云，天阴有风。**地理**龙脉不真，结穴无情，非吉壤。**人事**当获鱼盐之利，宜栽花植木之事。**田禾**麦防虫，禾薄收，花豆大丰。**家宅**有口舌，宅长多病，更防失脱。**官禄**有荐举，可升。**应试**不中。**求财**不得。**婚姻**不成。**胎产**生男，易产，母安。**疾病**火盛于上，水亏于下，药石乱投，恐致不起。**捕获**在西南方，不获。**失物**失于西北方，近马厩或铁石处可寻。**远信**迟至。**鸦鸣**主淫泆之事。**鹊噪**有不吉之事。

阴遁九局

夏至上元
寒露中元
立冬中元
白露上元

时午丙日壬丁

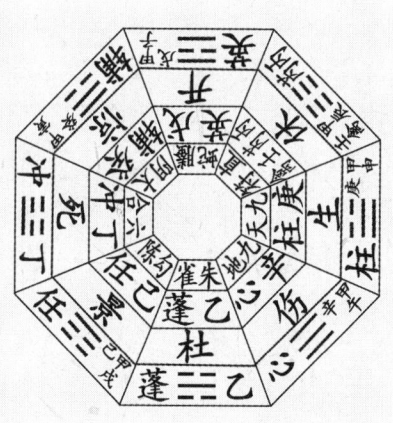

孤辰巳虚戊亥
天禽直符加二宫
死门直使加三宫

乾宫克门
坎宫生门
艮门生宫
震门迫宫
巽门克宫
离宫克门
坤休与丙合 龙返首 鸟跌穴
兑门生宫
禽符加坤为坤 勃符 符伏吟 宫克门
死门加震为地雷复
壬仪加丙为天牢伏奇格

断曰：丙干壬加，而寄宫之丙，亦复加壬，似是而非，似同而异。孔子也以为阳虎，燕石也以为美玉，芎藭也以为藁本，蛇床也以为蘪芜，天下之乱真者多矣。壬与丙，丙与壬，孰从而辨之？门有双丁，两美必合，洛浦之珮玢玢矣。

兵事宫克门，利为主。宜安营于西北，伏兵于东南，以逸待劳。敌至则从西南出师，以应青龙回首、朱鸟跌穴之吉，百战百胜。**出行**宜出西南方。路逢颁白妇人，黄袄丝裙，墨色膝袴。**阳宅**宜立坤门。闻鼓声，南方喜鹊噪应。**阴宅**宜坤山艮向。作用时，穿白衣人前来应。

附：**占胜败**主欲议和。**虚实**主言无伪。**攻城**宜用云梯，乘虚而入。**守城**未易守。**天时**晴。**地理**来龙火形，土山水星，屏案层笋，穴窝逆结。掘下有骸骨，或布帛。**人事**见老人乘舆探亲，或言医药事。**田禾**五谷俱丰。**家宅**发贵聚财，上下和睦，人口安宁，宅长喜服药饵。**官禄**遇恩超擢。**应试**中。**求财**所求如意。**婚姻**成。女贞静，男家富。**胎产**生男，贵显。易产，母安。**疾病**虚症，峻补即愈。**捕获**匿于东方，不获。**失物**在南方，可寻。**远信**无。鸦鸣有争斗事。鹊噪无干休咎。

阴遁九局

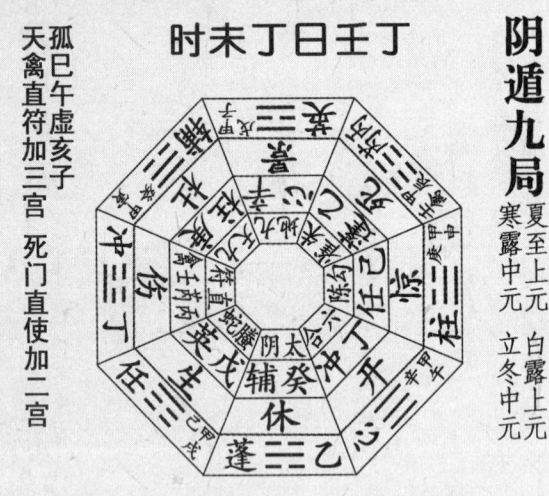

夏至上元 寒露中元 白露上元 立冬中元

时未丁日壬丁

孤巳午虚亥子
天禽直符加三宫 死门直使加二宫

乾 开与丁合 休诈 丁奇入墓
坎
艮
震 相佐
巽 大格
离 乙奇入墓 门伏吟
坤
兑 格刑
禽符加震为地雷复
死门加坤为坤
壬仪加丁为太阴被狱格

断曰：壬加于丁，为无情之合，合则无情而有情矣。丙与壬本非族类，而与丁为弟昆，乃牵率而东征，若左袒于壬，则城濮之战，为卫蔡之从楚；若左袒于丁；则鞌之战，为鲁卫之乞齐。门之伏吟于坤也，其曹宋陈郑之在行间者乎？

兵事宫克星，利为主。宜安营于南，伏兵于北，外乱内整，诱敌先举。从西北方出师，战骑居先，陷骑居后，背东击西，可以制胜。**出行**宜出西北方。路逢四足斗，或见水族之物。**阳宅**宜立乾门。有人持铁器来，或见角兽。**阴宅**宜乾山巽向。作用时，见牧羊童子，或鸦鹊飞噪。

附：占胜败胜负不决，终须议和。虚实探听未确。**攻城**攻其西南门可入。**守城**严守勿懈。天时无雨。地理木龙入首，内案右砂不吉，防有刑伤。**人事**见性暴之人，或言山林交易之事。田禾歉。**家宅**防口舌失脱，宅长有跌仆伤损之患。官禄不升。**应试**不中。求财不得。婚姻不成。胎产占孕防堕，占产生女，母有灾。疾病手少阳之症，淹缠。**捕获**匿于西北方，有豪贵护庇，捕役不致追缉。**失物**在东北方高阜处，可寻。远信无。鸦鸣有阴私事。鹊噪有凶问来。

阴遁九局

夏至上元　白露上元
寒露中元　立冬中元

丁壬日戊申时

孤午未虚子丑
天禽直符加九宫　死门直使加一宫

乾　龙逃走　乙奇入墓　门迫宫
坎　门迫宫
艮　丁奇入墓　宫生门
震　蛇天矫　门迫宫
巽　门生宫
离　生与丙合　丙奇升殿　天遁　宫生门
坤　白入荧　伏宫格　奇格　上格　门迫宫
兑　宫克门
禽符加离为地火明夷
死门加坎为地水师
壬仪加戊为青龙入狱格
壬日伏干格　壬日不遇

断曰：戊干居于离位，际文明之会，操羊刃之权，既以得柄而图之矣。壬乃以一杯之水，沃彼车薪，适足资戊之焰屡糇粮耳。况从旁之丙，又以翼蔽沛公乎？门使在坎，问津于乙，于是董泽之蒲，湘江之竹，皆可贮为国用者也。

兵事 门克宫，宫生星，利为客。宜安营于西，伏兵于东，利大将帅师，出正南方，背坤孤，击艮虚。有角风散漫于营中，当下令收军。**出行** 宜出正南方。路逢勾当人骑马，随从人步行应。**阳宅** 宜建午门。有大风，或黑白禽飞过应。**阴宅** 宜午山子向。作用时，有黄衣方外人至应。

附：占胜败 主欲议和。**虚实** 主言不欺。**攻城** 可以长驱直入。**守城** 谨备西南。**天时** 南方起素云，后变红黄色，状如飞鸦蔽日，天阴。**地理** 土色黄紫，左砂不抱，穴情花假，不吉。**人事** 见同气之人，或言文书田产事。**田禾** 麦丰，禾薄收。**家宅** 厨灶不利，防火怪，婢妾宅长多病。西北有破廊，修好发财。**官禄** 可久任，不升。**应试** 不中。**求财** 贵人之财，可得。**婚姻** 成，男女命有刑伤。**胎产** 生男，母有伤。**疾病** 可治。**捕获** 可获。**失物** 在东南。**远信** 无。**鸦鸣** 防口舌。**鹊噪** 无事。

阴遁九局

夏至上元　白露上元
寒露中元　立冬中元

时酉己日壬丁

孤未申虚丑寅
天禽直符加八宫　死门直使加九宫

乾　宫生门
坎　门迫宫
艮　符返吟　门迫宫
震　宫门比和
巽　宫生门
离　宫生门
坤　宫生门
兑　开与丁合　休诈　丁奇升殿　宫门比和
禽符加艮为地山谦
死门加离为地火明夷
壬仪加己为天地刑冲格
丁日飞干格伏干格

断曰：艮宫之己，与中宫之禽，本同一体，自寄居二宫而坤艮返吟矣，遁为甲辰而魁罡冲激矣。斯时也，高岸为谷，深谷为陵，而尚欲偃偃居息，岂可得哉！门使在南，志在温饱；而奇仪相制，火水纷争。譬诸不脂之户，开阖皆难，谨其键而守之可也。

兵事宫生门，利为客。宜安营于东南，伏兵于西北，从正西出师，用间谍，设奇兵，密察敌人之机，疾击其不意，可以制胜。出行宜出西方。路逢女人引孩儿，或见公吏言官事。阳宅宜立兑门，有渔人持网罟来为应。阴宅宜酉山卯向。作用时，西方有赤马及轿舆至应。

附：占胜败客胜。虚实敌言不实。攻城可用地道，从东北方而入。守城难守。天时晴。地理外案明堂不佳，右仙宫缺陷，有地风。人事见手艺人，或言长男浪费破家事。田禾防旱，小有年。家宅防口舌。宅长欠利，无与人争斗。官禄有荐举。秋月占，可望升。应试文晦，不能呈堂。求财防欺骗，反有所费。婚姻成。女多言善病，男聪明。胎产生女，母欠安。疾病木乘土位，脾虚之症，可治。捕获匿于西方，可获。失物在北方，可寻。远信至。鸦鸣主妇女之事。鹊噪鹊自闲鸣。

阴遁九局

夏至中元 寒露上元
白露上元 立冬中元

丁壬日庚戌时

孤申酉虚寅卯
天禽直符加七宫 死门直使加八宫

乾宫克门
坎门反吟 宫克门
艮门迫宫 宫门比和
震门迫宫
巽开与丁合 休诈 雀投江 门迫宫
离门迫宫
坤宫门比和
兑荧入白 飞宫格 宫克门
禽符加兑为地泽临
死门加艮为地山谦
壬仪加庚为天牢倚势格
壬日飞干格

断曰：以时干之地盘言之则为飞格，飞格者，与壬相战者也；以直符之地盘言之则有飞丁，飞丁者，与壬相合者也。相战则伤，若交绥而退则幸矣；相合则苟，若攀履而从则乱矣。门之反吟于艮也，之死而致生，其起白骨而肉之乎？

兵事宫受星生，宜安营于北，伏兵于南，俟敌先动，从东南出师，背西击东。恐敌将宵遁，可以幕夜袭击，必获辎重。**出行**宜出东南方，逢人言官事，或见斧折垂枝，车舆等物。**阳宅**宜立巽门。有小儿骑马牛至，三七日进财应。**阴宅**宜巽山乾向。作用时，有老人持杖至，葬后有白犬自至应。

附：**占胜败**两军相持，各无斗志。**虚实**情形多反覆，不可尽信。**攻城**宜用火攻，可破。**守城**宜备西北门，防敌人乘虚而入。**天时**晴。**地理**四势不佳，防碍后人。**人事**见武夫，或男女偶语，言交易事。**田禾**秧种不吉。夏有伤，收成平常。**家宅**虎首房高，炉灶位置不利。宅有怪异，老年常防疾悔。**官禄**不升，更防盗贼之事。**应试**卷有遗失。**求财**不利。**婚姻**成。媒人不良，男女性俱刚暴。**胎产**生男，母安。**疾病**防变症加重。**捕获**不获。**失物**在西南。**远信**无。**鸦鸣**主妇人事。**鹊噪**无事。

阴遁九局

丁壬日辛亥时

夏至上元 寒露中元 白露上元 立冬中元

孤癸戌虚卯辰
天禽直符加六宫
死门直使加七宫

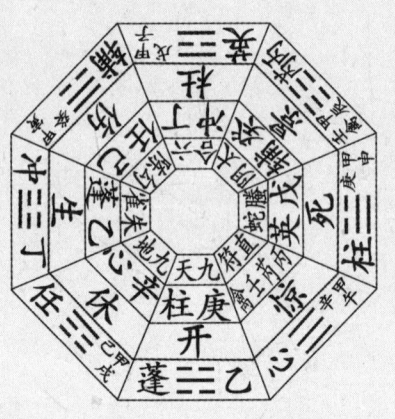

乾 丙奇入墓 宫门比和
坎 门生宫
艮 宫克门
震 宫门与乙合 云遁 乙奇升殿 宫克门
巽 门生宫
离 门生宫
坤 天乙与太白格
兑 门生宫
禽符加乾为地天泰
死门加兑为地泽临
壬仪加辛为白虎犯狱格

断曰：辛干遁于乾金九地之宫，为藏修息游之计，不意敌人之丙，贲然远来，亦可鸡黍言欢矣。而不知挚之来者，壬为之主，丙特其嵩矢耳。恨君不识平原，恨我不识鲁山，此之谓也。然阴癸缠于本宫，大宜慎简交游，无蹈比匪之戒。

兵事星门俱生宫，利为主。宜安营于东北，伏兵于西南，备具兵器，以逸待劳。敌至则从正东出师，以应日丽中天吉格。背乾击巽，可以制胜。**出行**宜出东方。逢匠人扛木行，或见财帛木实。**阳宅**宜小修震门，有渔人捕猎人至应。**阴宅**宜震山兑向。作用时，有女人把火，孩童啼叫应。

附：**占胜败**主胜。**虚实**主多欺诈。**攻城**可攻。**守城**难守。**天时**有风，晴。**地理**土色灰白，罗星外案俱佳。安稳，子孙清吉。**人事**见老人携幼女至，或言夫妻反目事。**田禾**麦丰，禾歉。**家宅**发财。小口欠安，防火烛。**官禄**迟升。**应试**不中。**求财**有得，费唇舌。**婚姻**成。女美，有奁田。**胎产**生女，母有灾。**疾病**血虚之症，可治。**捕获**匿于南方近陶冶人家，可获。**失物**失于西方近铁石处，可寻。**远信**迟至。**鸦鸣**阴私之事。**鹊噪**有进财帛之喜。

阴遁九局

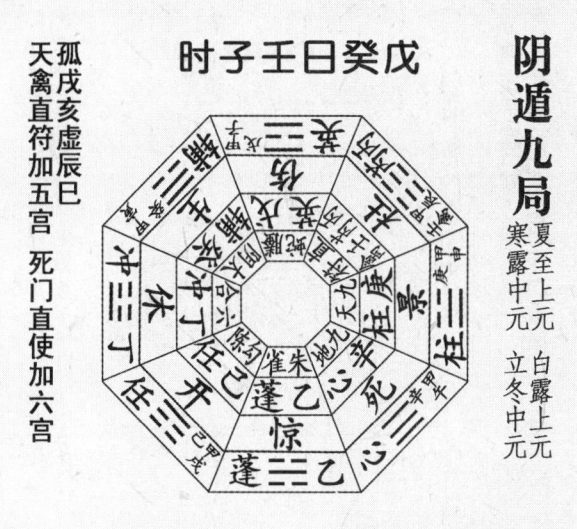

夏至上元 寒露中元 白露上元 立冬中元

戊癸日壬子时

孤戊亥虚辰巳
天禽直符加五宫 死门直使加六宫

乾 门生宫
坎 宫生门
艮 宫生门 休与丁合 休诈
震 门生宫
巽 宫克门 门迫宫
离 符伏吟 门迫宫
坤 门迫宫
兑 禽符伏五为坤
死门加乾为地天泰
壬仪加壬为天牢自刑格

断曰：壬加于壬，水落而石出，潦尽而潭清，既以归其壑矣。于是门使之土，飞于九地之乾宫，则所谓"泽上于天"者也。意者尾闾之所泄。即天乙之所生。造物运行。循环无始。独水云乎哉！然壬以寄宫受制。占者因不失亲可也。

兵事门生宫，利为主。宜安营于乾方，伏兵于巽位，待敌来而邀击之。利大将帅师，坐直符下，直击其冲；或出正东方，强弩长兵，攻其南方要害，可以致胜。**出行**宜出正东方。四里有匠人执木，或逢雷雨应。**阳宅**宜立震门，有武士执刀枪至为应。**阴宅**宜卯山酉向。作用时，闻金鼓声，见赤鼻人应。

附：占胜败主有和意。**虚实**主言无伪。**攻城**守将欲和。**守城**难守。**天时**晴。**地理**土色黄黑，地近庙宇，主山火星。**人事**见老妇人同少女来，或言联姻事。**田禾**年丰。**家宅**门庭清吉，可以聚财，惟防口舌。**官禄**案牍劳形，同僚忌妒，上司不悦，难于升转。**应试**不中。**求财**阴私之财，可以计取。**婚姻**成。男能文，性暴；女多言，胆怯。**胎产**生女，难产，母多病。**疾病**肝虚肺旺，水火俱亏。不遇名医，难瘥。**捕获**匿于东方，捕役受赂，欺蒙不解。**失物**南方近烟囱处，可寻。**远信**至。鸦鸣尊长之事。鹊噪有虚惊。

阴遁九局

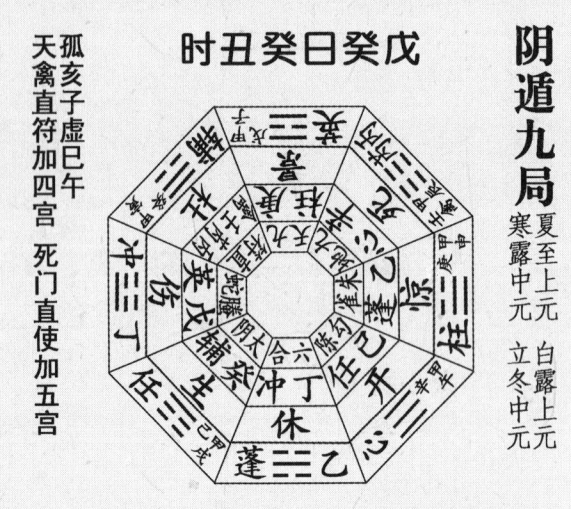

夏至上元
寒露中元
白露上元
立冬中元

时丑癸日癸戊

孤亥子虚巳午
天禽直符加四宫
死门直使加五宫

乾　休与丁合　休诈
坎
艮　门伏吟
震　太白与天乙格
巽　仪刑
离
坤　壬仪加癸为阴阳重地格
兑　死门伏五为坤
禽符加巽为地风升
天网　戊日伏干格

断曰：万物贵阳而贱阴，戊德在巽，故时干之癸德亦在巽。壬虽俨然阳水哉，加于巽，则非其地也。巧冶不能铸木，巧匠不能斲金，用之不得其所，则败乃公事矣。幸有丙之同事，与癸合德，正宜择善而从，但门伏仪刑，厉乃无咎。

兵事宫克星，利为主。宜安营于西南，伏兵于东北，俟敌先动，从正北方出师，令参将为先锋，攻其无备，可以制胜。水战尤吉。出行宜出正北方，路逢皂衣妇人，或见水族物。阳宅宜立坎门。有人执刀斧来，或见角兽。阴宅宜子山午向。作用时，闻鸡鸣犬吠，老人带皮帽至应。

附：占胜败主不欲战，议和。虚实主言实，可信。攻城守将欲来求好。守城谨备南门，可守。天时晴，有风。地理地近古墓，有斜沟穿伤龙脉，山向不佳。人事见医士，宜为暗昧阴私之事。田禾麦有收，禾欠丰。家宅发丁。惟老阴人有灾，防口舌。官禄升转迟滞。应试文佳。戊日占，可望中。求财不能如意。婚姻不成。胎产占胎防死，占产生女，难产。疾病火症，延北方医家易瘥。捕获匿于北方，难获。失物东方人拾去，寻亦不见。远信中途有阻，迟到。鸦鸣长上之事。鹊噪无关休咎。

阴遁九局

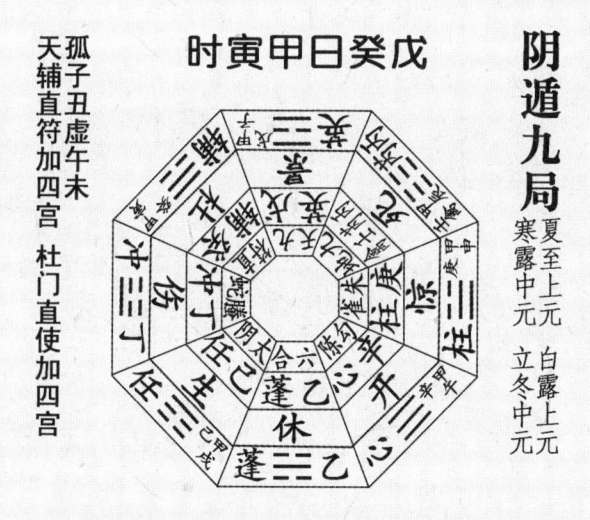

夏至上元 寒露中元 白露上元 立冬中元

戊癸日甲寅时

孤子丑虚午未
天辅直符加四宫 杜门直使加四宫

乾 坎 艮 震 巽 离 坤 兑
休与乙合 休诈 龙遁 仪刑 门符伏吟
辅符伏巽为巽 杜门伏巽为巽
癸仪加癸为天网重张格
天辅时 戊日不遇

断曰：癸加于癸，水之有波者也。天辅照临，杜门勾曲，其为文澜之起伏乎？抑为清歌之婉转乎？若乃气象阴森，有晚渡舟横，急桨入烟之景。如右丞之画，云水飞动，意在尘外，令观者思得并州快剪刀，剪取吴淞半江水矣。

兵事门符未分，时遇五阳，利于为客，兵宜先举。当出正北休门，安营于西南，伏兵于东北，背巽击乾，可获全胜。水战尤利。**出行**利出北门。行三十里逢青碧衣女人，或见水族物。**阳宅**利开北门。动作时，有皂衣人至。七日后，当进财喜。**阴宅**子山午向吉。作用时，有艺人携文书乐器之物至。葬后，有武人送财宝发。

附：占胜败士兵不胜。**虚实**客情多诈。**攻城**可招抚。**守城**缓兵至近，势当议和。**天时**晴，祷乃雨。**地理**龙脉极佳，土皂绿，癸日最利。**人事**贵人言墨事。**田禾**有收。**家宅**杜门株守，男妇安吉。**官禄**仕于东南，秋月可升。**应试**可中。**求财**本分之财，尚恐难获。**婚姻**可成。**胎产**产迟，生女。**疾病**壅滞之症，易瘥。**捕获**贼伤捕役，不能获。**失物**向正南寻觅。远信不至，近信至。鸦鸣有长上财物事。鹊噪有惊。

阴遁九局

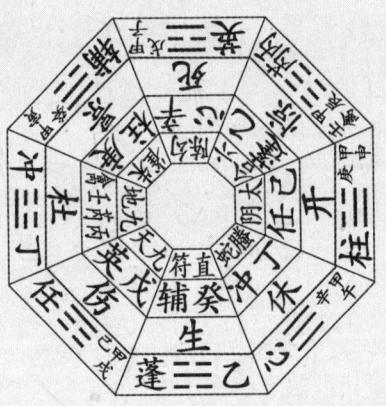

戊癸日乙卯时

夏至上元 寒露中元 白露上元 立冬中元

孤丑寅虚未申
天辅直符加一宫 杜门直使加三宫

辅符加坎为风水涣
杜门加震
癸仪加乙为日沉九地格
癸日伏干格

乾　休与丁合　丁奇入墓　宫生门
坎　门迫宫
艮　相佐　门迫宫
震　玉女守门　宫门比和
巽　伏宫格　大格　宫生门
离　乙奇入墓　宫生门
坤　格刑　宫门比和
兑

断曰：乙乘辅符，癸入坎庙，如木生枝叶，水超波澜，诚哉清华之选也。此得其滋培，彼得其利涉，岂非相得益彰者乎？杜门入震，逢守门之玉女，而九地多幽，丙奇多彩，则满船明月载西施，可以极林泉清集之乐矣。优游泮涣，亦何往适钦？

兵事宫生星，利为客，兵宜先举。出西北休门，安营于正东，伏兵于正西，背北击南，可以获胜。癸日格遇飞干，战亦防败。**出行**西北可行。出门十七里逢皂衣阴人，或闻唱叹声，或见尖赤之物。**阳宅**可修西北方屋宇，动作时有人执刀斧应。**阴宅**乾山巽向吉。作用时，闻水牛声。葬后六十日，因汤火伤小口，进血财。

附：**占胜败**主欲和。**虚实**主不欺客。**攻城**宜攻南门。**守城**难守。**天时**无雨。**地理**地近道路，土色黑，戊日不宜用。**人事**有阴私和合之事。**田禾**耕种不及时，却有收。**家宅**乾方厨灶最利，东方香火亦吉，须扫除尘土。**官禄**秋占可升。**应试**戊日当荐，癸日有阻。**求财**不利。**婚姻**不谐。**胎产**生女。**疾病**肝胆之疾，难痊。**捕获**盗贼难获。**失物**失于东北明亮处，可寻。远信至。鸦鸣有失脱事。鹊噪主有文书事。

阴遁九局

戊癸日丙辰时

孤寅卯虚申酉
天辅直符加二宫　杜门直使加二宫

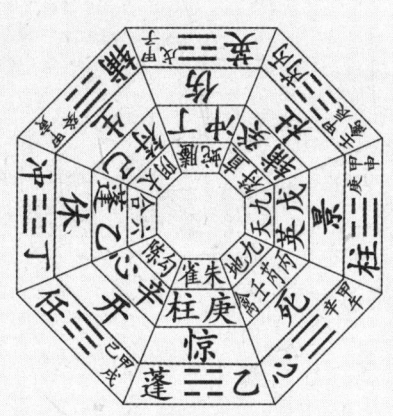

夏至上元
寒露中元　白露上元
立冬中元

乾　丙奇入墓　门生宫
坎　门生宫
艮　宫生门
震　乙奇升殿　休诈
巽　宫克门　云遁
离　门生宫
坤　龙反首　相佐　符勃　仪刑　门迫宫
兑　天乙与太白格　门迫宫
辅符加坤为风地观
杜门加坤为风地观
癸仪加丙为明堂犯悖格
丙奇得使遇甲　戊日飞干格

断曰：丙为南方之火，不利于北明矣。向居于坤，有母子相以之乐；今值辅杜并加，木来克土，癸仪同临，水又克火，是则既伤其母，何忍复伤其子乎？而飞丙入乾，与辛相化，又为投墓，金寒玦离，不敢爱死也。占在外必危，在内必安。

兵事星门俱克宫，利客不利主，兵宜先举。出正东休门，以合云遁之吉。安营于乾，设伏于巽，乘阴云四合之时，背坤击艮。有青色云气起，从西南来助战，大获全胜。**出行**利出正东。行三里逢匠人，或见木器。**阳宅**利开东门。动作时，有武士持刀枪应。**阴宅**卯山酉向吉。作用时，见白羊黄犬应。

附：占胜败主兵胜。**虚实**主军欺诈。**攻城**可下。**守城**利通和好。**天时**东方有云。**地理**穴下有朽骨，土色黑，癸日占可用。**人事**见素服人，或儒士至。**田禾**大丰。**家宅**长幼俱当贵显。南方厨灶吉，主发财。**官禄**利任西南，爵位甚隆。**应试**欠利。**求财**有得，季月占尤利。**婚姻**女美，易成。**胎产**生女，产母有病。**疾病**手少阴厥阴之症，难痊。**捕获**不获。**失物**向西方寻觅。远信至。鸦鸣有财帛之事。鹊噪有虚惊。

阴遁九局

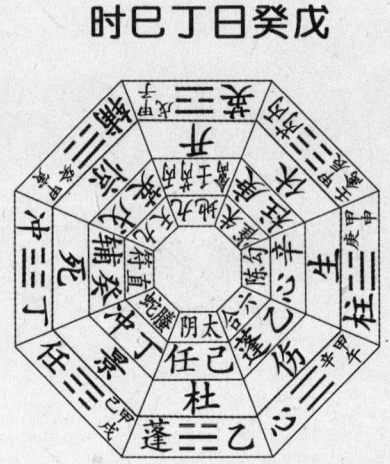

夏至上元　白露上元
寒露中元　立冬中元

戊癸日丁巳时

孤卯辰虚酉戌
天辅直符加三宫　杜门直使加一宫

乾　龙逃走　宫克门
坎　宫生门
艮　丁奇入墓　门生宫
震　蛇天矫　相佐　宫克门
巽　门迫宫
离　开与丙合　重诈　宫克门
坤　上格　白入荧　宫克门
兑　门生宫
辅符加震为风雷益
杜门加坎为风水涣
癸仪加丁为螣蛇天矫格

断曰：丁火藏于震木，其恩荫厚矣。兹值辅符来加，所谓"以彼径寸茎，荫此百尺条"者也。于是反受癸之克，而为蛇矫之灾，毋乃得不偿失乎？至飞而着于山，则光远而自他有耀矣。杜使前驱入坎，将为乘韦之先，更喜其有助焉。

兵事宫生星，利为客，兵宜先举。当出正南开门，安营于阵后，伏兵于正北，背坤宫游都，击艮宫鲁都，亦可获胜。当有虚声如雷之应。**出行**正南可行。出门九里十九里逢骑马人，或见旧物。**阳宅**利开南门。动作时，有患脚及患目人至。**阴宅**午山子向吉。作用时，有野人负薪过，或吏持盖至。

附：**占胜败**客当负。**虚实**敌兵即至，主兵欺敌。**攻城**可攻。**守城**有援，可守。**天时**卯日可望雨。**地理**土色青，穴中有破损木鱼，戊日可用。**人事**有人言酒醉之事。**田禾**苗而不秀。**家宅**厨厕不利，子女不安，香火极好，当发大财。**官禄**当掌财赋，未能即升。**应试**房考不荐者，反可夺标。**求财**本分亦不可得。**婚姻**女不佳，男不吉。**胎产**生男。**疾病**内伤之疾，不宜延西北方医士。**捕获**捕役欺蔽，贼当自露。**失物**向巽地觅。**远信**至。鸦鸣有劫迫事。鹊噪防贼。

阴遁九局

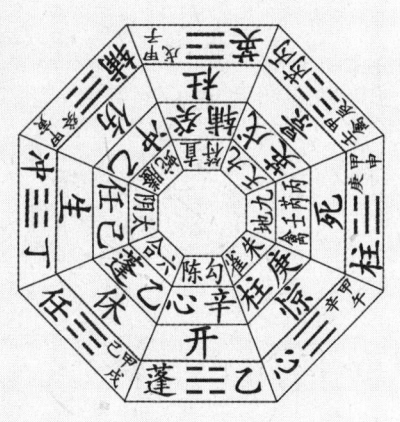

夏至上元
寒露中元
白露上元
立冬中元

戊日癸戊午时

孤辰巳虚戌亥
天辅直符加九宫
杜门直使加九宫

乾　宫门比和
坎　虎猖狂　门生宫
艮　宫克门　与乙合　休诈　宫克门
震　雀投江　宫门比和
巽　门生宫
离　荧入白　门生宫
坤　
兑　辅符加离为风火家人
杜门加离为风火家人
癸仪加戊为青龙入地格

断曰：戊加于午，已作火论，而乘以癸仪，又作合以化火，于是乎居离位，真为克肖之子矣。辅符杜使来加，以生火也，非以伤土也。由此上交则有鱼水之欢，下交则有胶漆之合，可以得君臣父子朋友之道焉。惟本宫飞雀投江，不利文书之事。

兵事 星门俱受宫克，利于为主，兵宜后举。出东北艮方，以合休诈之吉，安营于兑，伏兵于震，背南击北，可获全胜。惟九地临兑，不可以生击死。**出行** 宜出正北方。行一八里逢黑衣黄裳公吏，或见果实相合之物。**阳宅** 利开东北门。动作时，有白衣人过应。**阴宅** 艮山坤向吉。作用时，有文人把扇。葬后六十日，有贵人至，送异物发。

附：**占胜败** 客兵不胜。**虚实** 主军多诈，敌当去。**攻城** 当议和。**守城** 宜搜捕奸细，防御西北。**天时** 有北风。**地理** 地近山林，下有石碑，戊日不宜用。**人事** 见小卖买人，言交易事。**田禾** 大丰。**家宅** 香火不吉，多失耗，厨灶不安，多虚惊。**官禄** 地方有变，不能升。**应试** 癸日占不吉。**求财** 季月占大有得。**婚姻** 女佳。可谐。**胎产** 生女。**疾病** 脾胃受病，易治。**捕获** 不获。**失物** 失于近书籍处。**远信** 至。**鸦鸣** 有长上事。**鹊噪** 有惊。

阴遁九局

戊癸日己未时

夏至上元 白露中元
寒露中元 立冬上元

孤巳午虚亥子
天辅直符加八宫
杜门直使加八宫

乾 门生宫
坎 宫生门
艮 门迫宫
震 宫生门
巽 鸟跌穴 勃符 宫克门
离 太白与天乙格 宫克门
坤 宫生门
兑 休与乙合 休诈 宫生门
辅符加艮为风山渐
杜门加艮为风山渐
癸仪加己为华盖入明堂格
戊日伏干格
癸日不遇

断曰：己居于艮，土藏于山，已叹硕果之余矣。辅杜来加，癸仪并临，水以浸之，木以伤之，为柔土者，不亦难乎？夫登山而钓，入水而樵，非不谓有兼长也，然有不能者，用违其地耳。若植木于山，滋木以水，而土得其庇，亦因时变通之义也。

兵事 星门俱克其宫，不利主，兵宜先举。出正西休门，安营于巽，伏兵于乾，背东北，击西南，当获全胜。有赤蛇从东南来助战。**出行** 正西可行。出门一八里，逢皂衣人或唱歌。阳宅利开西门。动作时，有乌鹊报喜为应。阴宅酉山卯向吉。作用时，西北方有人争屋。葬后百日内，进商音人金银。遇文书入室，发。

附：占胜败客欲求和。虚实客不欺主。攻城不须攻击，传檄可下。守城议和为上。**天时** 风晴。**地理** 地近亭阁，土色黄，下有羽毛浊气，癸日可用。**人事** 见蓝衣女子，乘轿探亲。**田禾** 防旱蝗，却有收。**家宅** 屋宇佳，子女兄弟皆吉，且多贵戚。**官禄** 欠利。**应试** 不荐。**求财** 有得。**婚姻** 不成。**胎产** 生男。**疾病** 脾胃受伤，尚可治。**捕获** 易获。**失物** 宜向正东高处寻觅。**远信** 已发，远人不至。鸦鸣有文书财帛事。鹊噪有惊。

阴遁九局

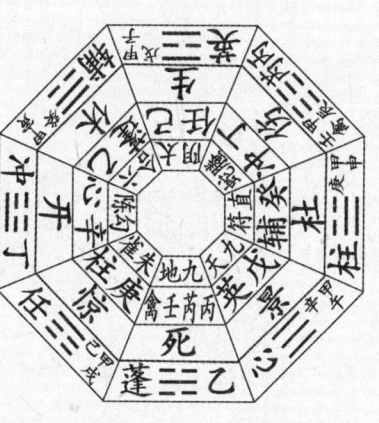

夏至上元 寒露中元 白露上元 立冬中元

戊癸日庚申时

孤午未虚子丑
天辅直符加七宫 杜门直使加七宫

乾 门迫宫
坎 门迫宫
艮 刑格 宫生门
震 门迫宫
巽 休与乙合 休诈 风遁 门生宫
离 门迫宫
坤 飞宫格 小格 宫克门
兑 辅符加兑为风泽中孚 杜门加兑为风泽中孚 癸仪加庚为天网冲犯格 癸日飞干格

断曰：庚居于兑，乃羊刃之位，金铦其锋者也。值巽宫符使来加，则虎正饥而得肉，鸟正渴而得泉，有不恣其贪饕者乎？然又飞加于己，欲以刑而取利，是逞酷虐之威，而浚民以生也。人方以伤肌肤为苦，而彼且以肉鼓吹为乐，于心忍乎哉！

兵事星门俱受宫克，不利为客，兵宜后举。出东南休门，以合风遁之吉。安营于坎。伏兵于离。背西击东。可获全胜。尤利于祭风布橄，焚草烧营。**出行**利出东南。行五里逢僧人文士，或见相合之物。**阳宅**利开东南门。动作时，有白衣人乘赤马至。**阴宅**巽山乾向吉。作用时，有患脚长人携酒果至。葬后，半年内因妇人财帛，大发。

附：占胜败客欲求和。**虚实**敌兵未至，且无虚诈。**攻城**可攻。宜凭高临下，或垒土登城。**守城**宜防东北，难守。**天时**无雨，有东南风。**地理**向道虽吉，癸日不宜。**人事**见妇人言婚姻事。**田禾**得和风长养，大丰。**家宅**卧榻得宜，男妇极和，惟炉灶不安。**官禄**不吉。**应试**不中。**求财**难得。**婚姻**不成。**胎产**生男，产母有疾。**疾病**肺与大肠之症，难愈。**捕获**不获。**失物**向西北寻觅。**远信**已发。鸦鸣有尊长财帛事。鹊噪防有刑伤。

阴遁九局

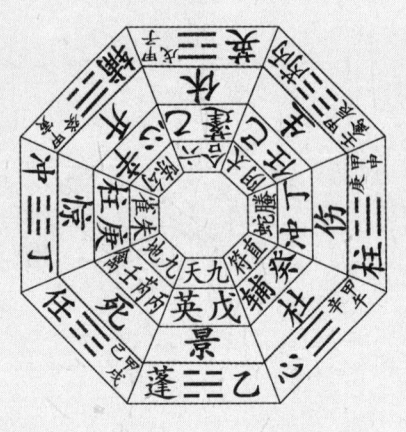

夏至上元 白露上元
寒露中元 立冬中元

戊癸日辛酉时

孤未申虚丑寅
天辅直符加六宫 杜门直使加五宫

乾 门符反吟 宫克门
坎 宫克门
艮 宫门比和
震 奇格 门迫宫
巽 门奇格 门迫宫
离 休与乙合
坤 宫门比和
兑 门奇升殿 宫克门
辅符加乾为风天小畜
杜门加乾为风天小畜
癸仪加辛为华盖受恩格

断曰：辛为珠玉之金，居于天藏，宜静而不宜动矣。时下值酉，纳音属木，因而飞入于巽，为珠还合浦，玉种蓝田之象；而辅杜之符使，亦反而相加，是席珍遇聘，而善价可沽也。但当自爱吾宝，勿轻出以求售，则声价连城矣。

兵事星门俱受克，不利为客，兵宜后举。出正南休门，以合休诈之吉，安营于艮，伏兵于坤，背乾击巽，亦可获胜。**出行**利出正南。行一里九里逢皂衣人骑骡马，或闻歌唱及鸟鹊鸣噪声。**阳宅**利开南门。动作时，有小儿骑牛马至。一七日，进六畜吉。**阴宅**午山子向吉。作用时，有远方人送书至应。

附：**占胜败**主兵胜。**虚实**敌兵尚远，主怀欺客。**攻城**宜用云梯楼橹攻之，可拔。**守城**东门当先受敌，难守。**天时**晴。**地理**土色灰白，地近曲涧，戊日可用，癸日不宜。**人事**见贵人言铨选事。**田禾**有收。**家宅**亭院极好，香火宜迁于南。**官禄**难升。**应试**不中。**求财**本分之财，迟久始得。**婚姻**女家富，可成。**胎产**生男。**疾病**病在内脏，不能即愈。**捕获**逃亡不获，盗贼易擒。**失物**失于正北，已不可得。**远信**不至。**鸦鸣**有财帛反覆事。**鹊噪**有惊。

阴遁九局

夏至上元 寒露中元 白露上元 立冬中元

戊日癸时壬戊时

孤申酉虚寅卯
天補道符加五宫 杜门直使加五宫

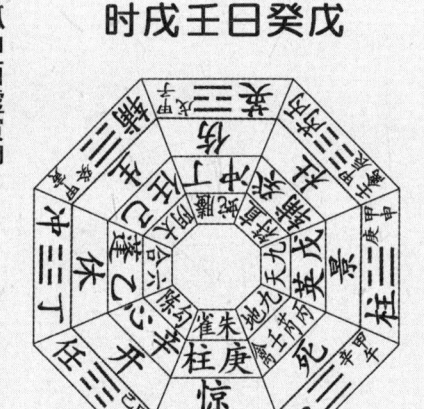

乾宫 丙奇入墓 门生宫
坎宫 奇格 门生宫
艮宫 休与乙合 乙奇升殿
震宫 休诈 云遁 门生宫
巽宫 门生宫
离宫 仪刑 门迫宫
坤宫 天乙与太白格 门迫宫
兑门 辅符步五为风地观
杜门步五为天网覆狱格
癸仪加壬为天网覆狱格
戊日飞干格

断曰：坤宫有壬，拗堂之水也，而乘以辅杜，为飞羽乎？抑浮芥乎？虽曰风行而着于土，然风太盛，则发屋拔木者有之，此被迫之为凶也。乃犹欲假手于木，以为水之用，是真欲以芥为舟，以羽为幛矣。是故君子恶夫假托者。

兵事星门俱克其宫，不利为主，兵宜先举。出正东休门，安营于乾，伏兵于巽，背坤击艮，可获全胜。当有青色云气，从西南方助战。**出行**正东可行。行四里，有匠人手执木棍，或见衣物及相合物。**阳宅**利开东门。动作时，有渔猎人至。二七日，进禽物大发。**阴宅**酉山卯向吉。作用时，有三牙须人至。葬后六十日，获羽音人财物发。

附：**占胜败**主兵大胜。**虚实**敌军自惊，尚未至。**攻城**可攻，守将自死。**守城**势孤，难御。**天时**雨后即晴。**地理**土色黑，下有骨，癸日可用。**人事**见素服儒医。**田禾**大丰。**家宅**香火不利，宅母欠利。**官禄**易于升擢，但有美中不足事。**应试**欠利。**求财**阴私之财最利。**婚姻**女极吉，可成。**胎产**生女，难产，母多病。**疾病**阴虚之症，难愈。**捕获**不获。**失物**向西方觅。**远信**已发。**鸦鸣**有尊长转动事。**鹊噪**有和好相合事。

阴遁九局

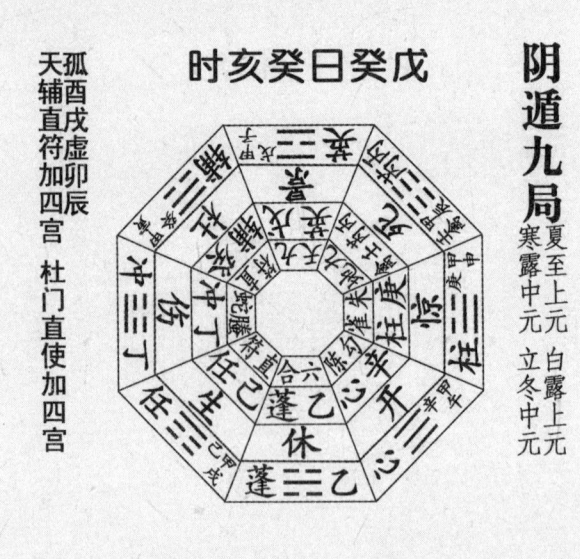

夏至上元　寒露中元　白露上元　立冬中元

时亥癸日癸戊

孤酉戊虚卯辰　天辅直符加四宫　杜门直使加四宫

天网四张　癸仪加巽为天网重张格　杜门加巽为巽　辅符加巽为巽

乾　休与乙合　休诈　龙遁

坎　仪刑　门符伏吟

艮

震

巽

离

坤

兑

断曰：癸伏于癸，水归于水，是犹广陵之潮，不失朝夕之信者也。而辅符杜使，依然并临，其有落帆黄鹤之浦，藏船鹦鹉之洲者乎？时值天网四张，又似有忧谗畏讥，满目凄凉者。惟北望云山，神龙掉尾，且有乙乙群飞之象，君子于是知遁矣。

兵事门符俱伏，时遇五阴，不利为客，兵宜后应。出正北休门，安营于坤，伏兵于艮，背东南，击西北，亦可胜敌。水战尤利。**出行**正北可行。出门二里九里逢妇人，或闻同伴歌声。**阳宅**宜立子向及建北门。动作时，有色衣人至，或进生炁物。**阴宅**坎山离向吉。作用时，有跛足青衣人至。葬后百日，进羽音人田地，得妻财大发。

附：**占胜败**客兵胜。**虚实**敌兵至，且多诈，不可信。**攻城**可招降。**守城**当乞和。**天时**无雨，祈祷可难得。**地理**土色绿，向道吉，可用。**人事**见方外人，或文士言网罗事。**田禾**有收。**家宅**亭院好，当发中男，但防宅长有刑伤。**官禄**迟升。**应试**戊日当荐。**求财**难得。**婚姻**女佳，可成。**胎产**胎恋母腹，产迟，生女。**疾病**水衰火旺之症，尚可治。**捕获**捕役被伤，贼不能获。**失物**向正南方寻觅。**远信**不至，近信至。**鸦鸣**有妇女财帛事。**鹊噪**防有口舌。